근대 조약과 동아시아 영토침탈 관련 자료 선집 Ⅱ

일러두기
- 이 책은 2018년, 2019년도 동북아역사재단 기획 연구 수행 결과물임(NAHF-2018-기획연구-7, NAHF-2019-기획연구-2).

| 책머리에 |

　19세기 개항 이후부터 20세기 초 일본에 강제 병합되기까지 한국(조선, 대한제국)이 일본, 중국(청), 러시아 등 주변 열강 및 미국, 영국 등 서구 국가들에게 간섭을 받고 영토와 주권 및 이권을 빼앗겼던 역사적 과정을 돌이켜볼 때, 이들 국가와 체결한 불평등 조약들이 영토침탈의 주된 요인으로 작용하였다. 근대 한국이 체결한 주요 조약들은 중국, 일본이 서구 열강과 먼저 체결한 조약들의 영향을 받은 것으로 보인다. 따라서 이들 중국, 일본의 조약이나 관련 자료들은 개항 이후 한국근대사 규명과 일제의 한국 침탈 과정을 파악하는 데 중요하다.

　네르친스크조약(1689)을 비롯하여 난징(南京)조약(1842), 톈진(天津)조약(1858), 베이징(北京)조약(1860)에 이르기까지 체결된 조약문들이 기존 연구에서 많이 인용되고 있지만, 조약 원문에 대한 자세한 소개와 조약문의 한국어 번역은 아직까지 제대로 이루어지지 않았다. 그리하여 국내에서 서구 열강의 동아시아 영토침탈사에 관한 조약 내용을 제대로 알 수 없었고, 조약 문구 내용에 포함된 영토침탈 과정에 대한 이해도 부족한 실정이다.

　그리고 중국과 일본이 체결한 톈진조약(1885), 청일강화조약[시모노세키조약](1895), 간도협약(1909) 등은 조선의 국제적 지위 및 위상에 커다란 영향을 끼친 조약들이다. 또한 난징(南京)조약(1842), 아이훈(璦琿)조약(1858), 베이징조약(1860), 이리(伊犁)조약[상트페테르부르크조약](1881), 러일화친조약[시모다조약](1855), 상트페테르부르크조약[사할린-치시마교환조약](1875), 랴오둥환부조약(1895), 러일강화조약[포츠머스조약](1905) 등은 중·러간 국경분쟁 및 홍콩, 신강, 사할린, 센카쿠열도[尖閣列島, 중국명 댜오위다오(釣魚島)] 등 동아시아 영토 문제의 기원이 되는 조약들이다. 그동안 한국 내에서 관련 문서들을 수집하여 자료집으로 발간한 경우는 일부 있지만, 이러한 조약, 자료들을 원문 내용과 한글 번역 및 해제 형태로 집대성한 것은 거의 없는 실정이다.

　따라서 서양 제국주의 국가들의 근대 한·중·일 등 동아시아 국가에 대한 간섭과 영토 및 주권 침탈 과정에서 관련 국가 간 체결된 불평등 조약에 대한 역사적, 국제관계적 측면에서 재조명이 필요하다. 근대 일본의 한반도와 동아시아 침략 과정에 대한 역사 왜곡이 아직 시정되지 않았으며, 일본의 독도영유권 주상과 중, 러 등 주변 국가 간 영도 분쟁이 계속되는 상황에서, 이에 대응하기 위해서도 조약의 역사적 연원과 구체적 내용들에 대해 정리한 자료집을 발간할 필요가 있다.

이에 동북아역사재단에서는 2018~2019년까지 2년에 걸쳐 재단 내외의 전문 연구자들과 함께 "제국주의의 동아시아 영토침탈사와 근대 조약 체결 연구"라는 주제로 공동 연구를 시작하였다.

이 기획연구에 참여한 연구자들이 맡은 지역 또는 국가는 다음과 같다. 2018년도에는 연구책임자인 김현철 책임연구위원이 전체 기획과 총괄을 맡아 자료집의 서론 및 한국이 서구 각국과 체결한 조약의 일부를 담당하였다. 유바다 교수는 중국이 각국과 체결한 조약들을, 이재훈 교수는 러시아가 각국과 체결한 조약들을 담당하였다. 조국 교수는 일본이 각국과 체결한 조약들을, 그리고 한승훈 교수가 미국, 영국, 독일 등 서구 각국이 한·중·일 3국과 체결한 조약들을 담당하였다. 2019년도에는 한승훈 교수 대신 이동욱 교수가 참가하여 티베트 관련 내용을 포함하여 중국이 서구 국가들과 체결한 조약들을 담당하였다. 이들 연구자들은 각자 해당 국가들의 조약 원문 자료를 입수하여 원문을 입력하고 한글로 번역하고 각각의 해제를 작성하였다.

연구 대상 시기는 중국이 러시아와 국경을 획정한 최초의 조약인 네르친스크조약이 체결된 1689년부터 일제가 한국을 강제병합한 1910년까지로 정하였다. 이 시기 한국, 중국, 일본이 미국, 영국, 러시아, 프랑스, 독일 등 서구 각국과 체결하거나 한중, 일중, 한일 등 동아시아 각국 간 체결한 조약들의 목록을 취합해 보니 매우 방대하였다. 이 중 1876년 조일수호조규부터 1910년 일본의 한국 강제병합 조약에 이르기까지 한일 양국 간에 체결된 각 조약들에 대해서는 동북아역사재단에서 2020년 발간한 『한일 조약 자료집(1876-1910)-근대외교로 포장된 침략』에 원문과 번역문, 해제 등을 정리하여 수록하였다. 따라서 이 자료집에서는 한·중·일 3국이 체결한 조약들 중 한일 간 조약 부분을 뺀 나머지 부분을 상세하게 다루었다.

특히 2권 분량의 이 자료집에서는 영토 침탈 또는 개방에 직접 관련되거나 정치, 경제, 외교, 사회적으로 불평등한 내용을 포함하는 조약이나 각서, 의정서 등 관련 자료들을 58개로 분류·선별하여 자료집에 수록하였다.

이 자료집에 실린 각 장의 주요 내용은 다음과 같다.

제I장, 서론에서는 김현철 책임연구위원이 근대 동아시아 조약 연구의 목적과 의의를 설명하고, 관련 국내외 조약자료집의 현황과 국가별 체결한 전체 조약 목록을 소개하며, 한중일 3국의 조약 체결 과정에 대해 개관하였다. 제II장 "근대 중국(청)이 서양 국가와 체결한 조약들"은 유바다, 이재훈, 한승훈, 이동욱 교수가 중국(청)이 서양국가와 체결한 조약들로 첫째, 러시아와 체결한 국경 획정 관련 조약들, 둘째, 영국과 체결한 홍콩 할양 관련 조약들, 셋째, 서양 국가와 체결한 조차지 관련 조약들, 넷째, 영국과 체결한 티베트 관련 조약들, 그리고 다섯째, 그 외 서양 국가와 체결한 조약들 중 영토 및 해양의 강제 개방과 불평등 조약 체제를 심화시킨 조약들에 대해 원문 입력, 한글 번역 및 해제를 하였다. 제III장 "근대 일본이 서양 국가와 체결한 조약들"은 조국, 이재훈, 한승훈 교수가 첫째, 일본이 러시아와 체결한 조약들 및 한국 관련 문서들, 둘째, 일-미, 영 간 화친조약, 그리고 셋째, 일-서양 간 통상조약 및 기타 문서들, 그리고 넷째, 일-서양 간 조약 개정에 대해 원문 입력, 한글 번역 및 해제를 하였다. 제IV장 "근대 한국(조선)이 서양 국가와 체결한 조약들"에서는 한승훈, 김현철, 이재훈 교수가 조선이 미국, 영국 및 프랑스와 체결한 수호통상조약들, 그리고 한-러 간 체결한 조약 및 문서들에 대해 원문 입력,

한글 번역 및 해제를 하였다. 제V장 "근대 중국(청)과 일본 간 체결한 조약들"은 조국, 유바다 교수가 중국과 일본 간 체결된 청일수호조규, 타이완 출병에 따른 양국 간 호환 조관, 류큐분할조약, 톈진조약, 청일전쟁 강화조약과 랴오둥환부조약, 청일통상항해조약 및 간도 협약 등에 대해 원문 입력, 한글 번역 및 해제하였다. 마지막으로 제VI장 "근대 한국(조선/대한제국)이 중국(청)과 체결한 조약"은 유바다 교수가 조중상민수륙무역장정과 한청통상조약에 대해 원문 입력, 한글 번역 및 해제하였다.

이 자료집에 실린 조약문 또는 문서들이 작성 또는 체결된 언어가 2개 국어 이상인 경우, 가급적 각각 해당 원문과 한글 번역문을 실었다. 이것은 해당 조약문의 작성 언어에 따라 그 용어나 의미 또는 내용상 차이가 있을 수 있음을 고려하였기 때문이다. 이 자료집에 수록된 각 조약문의 앞 부분에 간략하게 조약의 명칭, 체결 국가, 체결일 및 장소, 서명자, 체결 언어, 배경 및 과정, 주요 내용, 결과 또는 파급 효과, 출처 등을 각 항목별로 서술하였다. 다만 각 조약별 해제 부분에서 분량이나 서술 방식에서 일부 차이가 나는 경우도 있다.

이상과 같이 이 자료집에서는 재단 내외의 역사학, 국제관계, 지역학 등 관련 전문가들이 참가하여 한국뿐만 아니라 일본, 중국이 러시아, 영국, 프랑스, 독일 등 서구 열강과 체결한 조약 및 한중일 내 체결된 조약들의 원본을 수집, 분류하고 번역 및 해제 작업을 함으로써 그 역사적 배경과 전체적 모습을 그려 보려고 시도하였다.

이 자료집이 향후 관련 분야 전문가 및 연구자들에게 '조약'을 통해 동아시아 및 세계적 시각에서 한국근대사 및 한일, 한중, 일중 등 동아시아의 변화와 역사를 심층적으로 이해하는 데 좋은 자료가 될 것으로 기대한다. 또한 관심 있는 일반 시민 및 학생들에게 이 자료집이 근대 일본의 한국 및 동아시아 침략 과정을 전체적으로 이해하는 데에도 도움이 되리라고 기대한다.

2권에 걸친 방대한 자료집이 나오기까지 연구에 참여해 주신 유바다, 이재훈, 조국, 한승훈, 이동욱 교수님과 조약의 입력 및 번역 작업을 도와 준 대학원생들에게 기획 연구의 책임자로서 감사의 마음을 전한다. 또한, 2018, 2019년 재단에서 개최한 기획연구 결과 발표 세미나 때 토론과 재단 출판심의회에서 심사를 맡은 재단 내외 전문가들의 지적과 제안 사항은 이 자료집의 원고를 수정하는 데 많은 도움이 되었다. 마지막으로 이 책이 출간될 수 있도록 애써 준 재단 출판 관계자들에게도 감사의 말씀을 전한다.

2021년 3월
동북아역사재단 책임 연구위원
김현철 씀

| 차례 |

I. 서론: 근대 동아시아 영토 관련 조약 자료 및 연구 현황과 한중일의 조약 체결 과정 _ 김현철

1. 동아시아 근대 조약 연구의 목적과 의의 · 14

2. 관련 조약 자료집의 현황, 참고문헌 및 조약 목록 · 18
1) 관련 조약 자료집의 현황 · 18
2) 참고문헌 · 25
3) 국가별 체결한 전체 조약 목록 · 40

3. 개관: 기존 연구 현황 및 한중일 3국의 조약 체결 과정 · 45
1) 근대 중국(청)이 서양 국가와 체결한 조약들 · 45
2) 근대 일본이 서양 국가와 체결한 조약들 · 57
3) 근대 한국(조선)이 서양 국가와 체결한 조약들 · 60
4) 근대 중국(청)과 일본 간 체결한 조약들 · 61
5) 근대 한국이 중국(청)과 체결한 조약들 · 62

II. 근대 중국(청)이 서양 국가와 체결한 조약들 _ 유바다, 이재훈, 한승훈, 이동욱

1. 중국(청)과 러시아 간 국경 획정 관련 조약들 · 66
1) 네르친스크조약(1689) · 66
2) 캬흐타조약(1727) · 90
3) 아이훈(璦琿)조약(1858) · 106
4) (중러) 톈진(天津)조약(1858) · 116
5) (중러) 베이징(北京)조약(1860) · 134
6) 이리(伊犁)조약[상트페테르부르크조약, 1881] · 163

2. 중국(청)과 영국 간 홍콩 할양 관련 조약들 · 191

1) 난징(南京)조약(1842) · 191
2) (중영) 톈진(天津)조약(1858) · 218
3) (중영) 베이징(北京)조약(1860) · 273
4) 전척홍콩계지전조(展拓香港界址專條, 1898) · 288

3. 중국(청)이 서양 국가와 체결한 조차지 관련 조약들 · 298

1) (중독) 자오저우조계조약(膠澳租界條約, 1898) · 298
2) (중러) 뤼순다롄조차지조약(旅大租地條約, 1898) · 308
3) (중영) 웨이하이조차조약(訂租威海衛專條, 1898) · 315
4) (중불) 광저우만조계조약(廣州灣租界條約, 1899) · 321

4. 중국(청)과 영국 간 티베트 관련 조약들 · 328

1) 시킴-티베트 협약[장인(藏印)조약](1890) · 328
2) 장인(藏印)조관[시킴-티베트 협약 부속 조관](1893) · 334
3) 영장(英藏)조약[라싸조약](1904) · 342
4) (중영) 속정장인조약[中英續訂藏印條約](1906) · 352

5. 중국(청)이 서양 국가와 체결한 기타 조약들: 영토 및 해양의 강제 개방과 불평등 조약 체제의 심화 · 359

1) (중영) 후먼(虎門)조약(1843) · 359
2) (중미) 왕샤(望廈)조약(1844) · 375
3) (중불) 황푸(黃埔)조약(1844) · 398
4) (중미) 톈진조약(1858) · 416
5) (중불) 톈진조약(1858) · 439
6) (중불) 베이징조약(1860) · 460
7) (중영) 옌타이(煙臺)조약[즈푸(芝罘)조약](1876) · 467

찾아보기 · 481

III. 근대 일본이 서양 국가와 체결한 조약들 _ 조국, 이재훈, 한승훈

1. 일본이 러시아와 체결한 조약 및 한국 관련 문서들 · 14

1) 러일화친조약[시모다조약](1855) · 14
2) 상트페테르부르크조약[사할린-치시마교환조약](1875) · 34
3) 베베르-고무라 각서[조선문제에 관한 각서](1896) · 54
4) 로바노프-야마가타의정서[조선문제에 관한 러일 간 의정서](1896) · 61
5) 로젠-니시협정(1898) · 72
6) 러일강화조약[포츠머스조약](1905) · 79
7) (제1차) 러일협약(1907) · 105

2. 일-미, 영 간 화친조약 · 119

1) 미일화친조약(1854) 및 부록 · 119
2) 영일화친조약(1854) · 143
3) 미일약정[시모다조약, 1857] · 155

3. 일-서양 간 통상조약 및 기타 문서들 · 161

1) 미일수호통상조약 및 무역장정(1858) · 161
2) 영일수호통상조약 및 무역장정(1858) · 182
3) 에도협약[개세약서](일·영·미·불·란 5개국 간, 1866) · 229
4) 오(오스트리아-헝가리)일 수호통상항해조약 및 교역정칙(1869) · 240
5) 오가사와라 제도 귀속에 관한 서한(1876) · 268

4. 일-서양 간 조약 개정 · 278

1) 영일통상항해조약 및 부속 의정서, 세목(1894) · 278

Ⅳ. 근대 한국(조선)이 서양 국가와 체결한 조약들 _ 한승훈, 김현철, 이재훈

1. 조미수호통상조약(1882) · 304

2. 조영수호통상조약(1883) · 321

3. 조불수호통상조약(1886) · 375

4. 한-러 간 조약 및 문서들 · 419
   1) 조러수호통상조약(1884) · 419
   2) 조러육로통상장정(1888) · 442
   3) 마산포조차비밀협정[마산포 지소 조차에 관한 한러조약, 1900] · 459

Ⅴ. 근대 중국(청)과 일본 간 체결한 조약들 _ 조국, 유바다

1. 청일수호조규(1871) · 468

2. 타이완 출병에 따른 청일 양국 간 호환조관 체결[일청 양국 간 호환조관 및 호환증서] (1874) · 478

3. 류큐분할조약(1880) · 484

4. 톈진조약(1885) · 488

5. 청일강화조약[시모노세키조약] 및 부속 별약(1895) · 492

6. 랴오둥환부조약[펑톈반도 환부에 관한 조약](1895) · 514

7. 청일통상항해조약(1896) · 520

8. 청국 신개항장 일본 전관거류지 설치에 관한 의정서(1896) · 535

9. 간도협약[만주 및 간도에 관한 청일 협약](1909) · 539

VI. 근대 한국(조선/대한제국)이 중국(청)과 체결한 조약 _ 유바다

1. 조중상민수륙무역장정[朝中商民水陸貿易章程](1882) · 546

2. 한청통상조약[韓淸通商條約](1899) · 553

찾아보기 · 564

III

근대 일본이 서양 국가와 체결한 조약들

조국 성신여자대학교 사학과 조교수
이재훈 한국외국어대학교 연구교수
한승훈 건국대학교 글로컬캠퍼스 조교수

1. 일본이 러시아와 체결한 조약 및 한국 관련 문서들

조국, 이재훈

1) 러일화친조약(日露和親条約, 시모다〈下田〉조약, 1855)

○ 명칭
- 러시아어: Симодский трактат, Русско-японский трактат о торговле и границах, заключенный в Симоде 26 января (7 февраля) 1855 года.
- 일본어: 日本國魯西亞國通好條約[1]

○ 체결 국가: 일본, 러시아

○ 체결일: 1855년 2월 7일
- 비준일: 1856년 12월 7일

○ 체결 장소: 일본 시모다(下田)

○ 서명자(또는 전권대사)
- 러시아: 예브피미 푸탸틴(Евфимий Путятин)
- 일본: 쓰쓰이 마사노리(筒井政憲), 가와지 도시아키라(川路聖謨)

---

[1] 『구조약휘찬』의 제목에 따름. 『속통신전람』에는 '魯西亜修好条約'. 통칭 日魯通好条約, 日本國露西亞國和親條約, 下田条約, 日露和親条約. 이하 일본이 체결한 조약의 일본어 조약명은 인용한 원문 제목에 따른다.

○ 작성 언어
- 일본어, 러시아어, 네덜란드어, 한문

○ 체결 배경 및 과정

러시아와 일본은 이미 18세기 말부터 표류민 송환 문제로 관계를 맺기 시작했다. 1792년 일본인 표류민을 송환하면서 동시에 통상을 요구하기 위해 아담 락스만이 일본을 방문하지만 통상 관계로 이어지지는 않았다. 이후 레자노프가 1804년 통상을 요구하며 나가사키에 입항했으나 역시 뜻을 이루지 못했으며, 부하를 이용해 에조치를 습격하기도 했다. 1813년 고로브닌과 다카다야 가헤이의 신병 교환이 이루어진 이후 1850년대까지 양국 관계는 소강 상태에 있었다.

또한 18세기 말까지 쿠릴(=지시마) 열도와 사할린(=가라후토)에 대한 러일 양국의 통치권은 오늘날의 국경선과 같은 명확한 경계에 의해 구분되어 적용된 것이 아니었다. 하지만 19세기에 들어 러시아는 1849년 마미야 해협 발견, 1852년 사할린 북부 탐사 등을 통해 동 지역의 전략적 중요성을 인식하게 되면서, 사할린에 대한 본격적인 진출을 시작하였다. 그 일환으로 동시베리아 총독 무라비요프-아무르스키는 1853년 9월 사할린 남단 아니와 만의 쿠순코탄으로 군대를 보내 그곳에 포대와 초소를 설치하게 하였다.

한편 1852년에 미국이 함대를 파견하여 일본의 개항을 압박하려 한다는 소식이 들리자, 미국에 의한 중국과 일본의 식민지화를 염려한 러시아는 푸탸틴에게 함대를 이끌고 중국, 일본과 교섭에 나서도록 하였다. 이에 푸탸틴은 중국의 개항지 통상권 확보, 일본과의 국경 획정 및 개항 교섭 임무를 부여받고 일본으로 떠나 1853년 8월 22일 나가사키에 입항하였다.

나가사키에 입항한 푸탸틴 일행은 쇄국을 유지하고자 교섭을 회피하려는 막부에게 수차에 걸쳐 교섭을 요구하였고, 러시아 측의 독촉을 못 이긴 막부는 결국 교섭 담당자로 가와지 도시아키라 일행을 나가사키로 파견함에 따라, 나가사키에서 양측 간에 교섭이 시작되었다.

당시 국경 교섭의 쟁점은 사할린과 쿠릴 열도였다. 사할린 관련하여 일본 측은 북위 50도 분할을 주장한 반면, 러시아 측은 사할린 전역에는 러시아의 지배를 받는 "원주민"인

아이누만이 거주하고 있고, 최근에 사할린 남부에까지 자국 군대가 진출했으며, 일본인은 사할린 남부의 일부에만 거주한다는 점을 들어 상대방을 입박하였다. 결국 이러한 사할린 영유 논쟁은 양측이 현지조사를 위한 관리를 파견한 후 양측의 입회하에 결정한다는 결론이 내려졌다. 한편 쿠릴 열도와 관련해서는 에토로후 섬(択捉島)이 쟁점이었다. 러시아는 섬의 양분을 주장하였고, 일본은 그러한 러시아의 주장에 반발하면서, 쿠릴 열도의 국경 획정 문제는 별다른 진척을 보이지 못한 채 해를 넘겼다. 그리고 1884년 1월 푸탸틴 일행이 나가사키를 떠나면서 회담은 중단되었다.

1854년 12월 시모다에서 양국 간 회담이 재개되었다. 수호 통상 문제는 하코다테, 시모다, 나가사키의 개방과 러시아의 영사주재권에 일본 측이 동의하면서 쉽게 합의에 도달하는 듯했지만, 국경 획정 문제는 그렇지 못하였다. 1854년 봄에 막부의 지시에 의해 실시된 사할린과 남쿠릴 열도 실지조사에서 러시아인의 흔적을 발견하지 못한 일본 측의 반발이 거셌기 때문이었다. 이에 따라 사할린의 영유와 에토로후 섬의 분할을 도모했던 러시아의 목표는 좌절되었고, 1855년 2월 7일 사할린을 양국의 공동관리구역으로 하고 쿠릴 열도의 국경선을 에토로후 섬과 우르프 섬 사이로 획정한다는 내용을 포함한 조약을 체결하게 되었다.

○ 주요 내용

전체 9개 조로 구성되어 있다. 일본과 러시아의 현안 가운데 하나였던 양국 경계 획정과 관련해서는 제2조에서 에토로후 섬, 우르프 섬을 경계로 규정하였다. 한편 사할린의 경우는 경계를 나누지 않고 관례대로 하기로 하여 양국민의 잡거 상태가 이어졌다. 제8조는 양국민이 상대방 국에서 법을 어길 경우 본국의 법에 따르도록 한 영사재판권이 규정되었다. 제9조는 러시아에 대한 최혜국 대우를 규정하였다.

○ 결과 또는 파급 효과

러시아와 일본 간에 역사상 최초로 체결된 국경 획정 및 수호통상 조약이다. 하지만 이것이 사할린과 쿠릴 열도 영유 문제에 대한 양국 간의 최종 조약이 될 수는 없었다. 이후 러시아가 사할린 전체를 영유하려는 의지를 표명하면서 일본 측과 재교섭에 나섰기 때문이었다. 사할린에 대한 러시아의 입장은 러시아가 청과 아이훈조약을 체결했으므로 흑룡강 동북에 위치한 사할린은 당연히 러시아령이라는 것이었다. 러시아의 주장에 따르면 양국 간의 국경선은 사할린과 홋카이도 사이에 그어져야 할 것이었다. 이에 일본 측은 사할린의 역사적 경위와 사할린을 "종래의 관습대로" 공동관리구역으로 한다는 시모다조약의 조문을 거론하면서 러시아의 주장을 반박하였다.

이후에도 사할린 영유 문제가 양국 간에 지속적인 논란거리가 되었다. 하지만 러시아는 사할린의 근거지를 지속적으로 확대시켜 나가, 1867년 말에는 사할린 전체를 실질적으로 영유하게 되었다.

○ 관련 지도

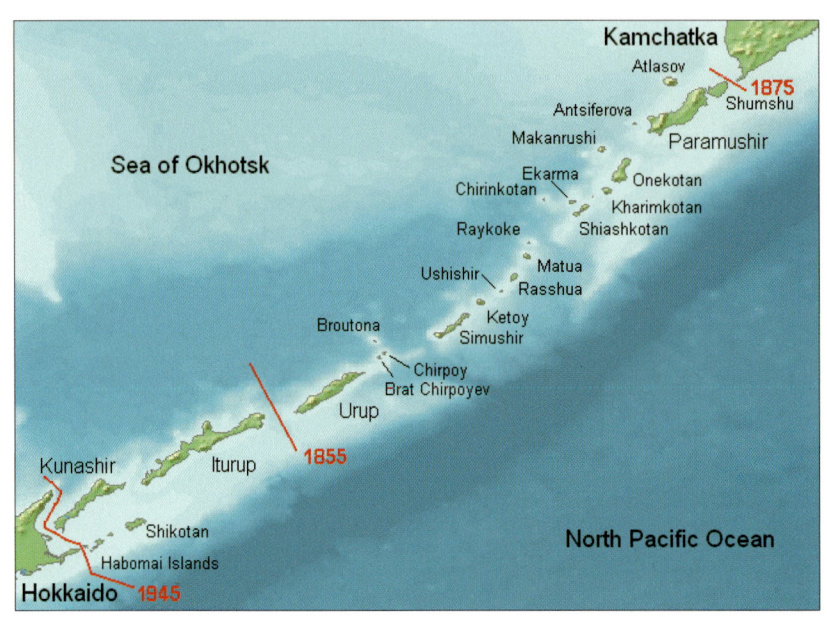

1855년 통상 조약 및 국경조약에 따라 획정된 국경

○ (조약문) 출처

- 『舊條約彙纂』제1권 제2부, 521~531쪽.
- Собрание важнейших трактатов и конвенцийб заключенных Россией с иностранными державами(1774-1906), Варшава, 1906, сс. 128-130.

러일화친조약(일본어본) 원문

日本國魯西亞國通好條約

安政元年甲寅十二月二十一日(西曆千八百五十五年第二月七日魯曆第一月二十六日)於下田調印
安政三年十一月十日(西曆千八百五十六年十二月七日魯曆十一月二十七日)於同所本書交換

日本國と魯西亞國と今より後懇切にして無事ならんことを欲して條約を定めんか爲め
魯西亞ゲイヅルは全權アヂユダント、ゼネラール、フィース、アドミラール、エフィミユス、プーチャチンを差越し日本大君は重臣筒井肥前守川路左衛門尉に任して左の條々を定む

第一條
今より後兩國未永く眞實懇にして各其所領に於て互に保護し人命は勿論什物に於ても損害なかるへし

第二條[2]
今より後日本國と魯西亞國との境「エトロプ」島と「ウルップ」島との間に在るへし「エトロプ」全島は日本に屬し「ウルップ」全島夫より北の方「クリル」諸島は魯西亞に属す「カラフト」島に至りては日本國と魯西亞國との間に於て界を分たす是まて仕來の通たるへし

第三條
日本政府魯西亞船の爲に箱館下田[3]長崎の三港を開く今より後魯西亞船難破の修理を加へ薪水食料缺乏の品を給し石炭ある地に於ては又是を渡し金銀錢を以て報ひ若し金銀乏き時は品物にて償ふへし魯西亞の船難破にあらされは此港の外決して日本他港に至る事なし尤難破船に付諸費あらは右三港の内にて是を償ふへし

第四條
難船漂民は兩國互に扶助を加へ漂民は許したる港に送るへし尤滯在中是を待つ事緩優なりと雖國の正法を守るへし

第五條
魯西亞船下田箱館へ渡來の時金銀品物を以て入用の品物を辨する事を許す

---

[2] 明治八年樺太千島兩島交換條約アリ
[3] 下田ハ安政五年ノ條約ニ依リ神奈川開港後六ケ月ニシテ鎖セリ

第六條
若し止む事を得さる事ある時は魯西亞政府より箱館下田の內一港に官吏を差置へし

第七條
若し評定を待へき事あらは日本政府是を熟考し取計ふへし

第八條
魯西亞人の日本國に在る日本人の魯西亞國に在る是を待つ事緩優にして禁錮する事なし然れ共若し法を犯すものあらは是を取押へ處置するに各其本國の法度を以てすへし

第九條
兩國近隣の故を以て日本國にて向後他國へ許す處の諸件は同時に魯西亞人にも差免すへし

右條約
魯西亞ケイヅルと
日本大君と又は別紙に記す如く取極め今より九箇月の後に至りて都合次第下田に於て取換すへし是に因りて兩國の全權互に名判致し條約中の事件是を守り雙方聊違變ある事なし

　安政元年十二月二十一日(魯曆千八百五十五年第一月二十六日)
　　筒井肥前守　花押
　　川路左衞門尉　花押
　　エフィミユス、プーチャチン　手記

日本國魯西亞國條約附錄

　安政元年甲寅十二月二十一日(西曆千八百五十五年第二月七日「魯曆第一月二十六日」)於下田調印

魯西亞國全權ゼネラール、アヂュタント、フイース、アトミラール、エフィミユス、プーチャチンと日本國委任の重臣筒井肥前守川路左衞門尉相定むる所の條約附錄

第三條
魯西亞人下田箱館に於て市中近邊自由に俳徊することを許すと雖も下田は犬走島より日本里數七里箱館に於ては同五里を限とす尤寺社市店見物且旅店取建迄は定むる所の休息所に至ると雖も人家には招待なくして決て立入る事を許さす長崎に於ては追て他國の爲に取極る所に從ふへし且港

毎に埋葬所を取極め置へし

第五條
日本にて役所を定め置品物渡方並魯西亞人持越たる金銀貨幣品物も其所に於て取扱ふへし魯西亞人市店にて撰みたる品は商人賣直段に應し船中持渡の品を以て辨すへし尤役所に於て日本役人取計へし

第六條
魯西亞官吏は安政三年(西暦千八百五十六年)より定むへし尤官吏の家屋並地所等は日本政府の差圖に任せ家屋中自國の作法にて日を送るへし

第九條
何事に依らす外民に許す所は魯西亞人にも談判なくして一同差許すへし

右附録の事件條約本文同樣是を守りて違失なき爲兩國の全權名判する者也
　安政元寅年十二月二十一日
魯曆千八百五十五年一月二十六日

　　筒井肥前守　花押
　　川路左衞門尉　花押
　　エフィミユス、プーチャチン　手記

러일화친조약(일본어본)의 한글 번역문

안세이 원년 갑인(甲寅) 12월 21일(서력 1855년 2월 7일, 러시아력 1월 26일) 시모다(下田)에서 조인
안세이 3년 11월 10일(서력 1856년 12월 7일, 러시아력 11월 27일) 시모다에서 본 문서 교환

일본국과 러시아국은 금후 친선과 무사함을 바라며 조약을 정하기 위해 러시아 전권 예프피미 푸탸틴을 보내고, 일본대군은 중신 쓰쓰이 히젠노카미(筒井肥前守), 가와지 사에몬노조(川路左衛門尉)에 임명하여 다음과 같은 조목을 정하다.

제1조
금후 양국은 언제까지나 진실로 친목하고 각각 그 소령에서 서로 보호하여 인명은 물론, 재산에도 손해가 없도록 한다.

제2조
금후 일본국과 러시아국과의 경계는 '에토로후' 섬과 '우르프' 섬 사이로 할 것이다. '에토로후' 모든 섬은 일본에 속하고 '우르프' 모든 섬과 이로부터 북방 '쿠릴' 열도는 러시아에 속한다. '가라후토' 섬에 관해서는 일본국과 러시아국 사이에 경계를 나누지 않고 지금까지의 관례대로 한다.

제3조
일본 정부는 러시아 선박을 위해 하코다테(箱館), 시모다, 나가사키(長崎)의 세 항구를 열어 금후 러시아 선박이 난파할 경우 수리를 하고, 물과 땔감, 식료품 등이 부족할 경우 물품을 보급하며 석탄이 있는 지역에서는 또한 이를 건네주어 금, 은, 동전으로 보상받는다. 만일 금은이 부족할 경우는 물품으로 보상한다. 러시아 선박은 난파한 것이 아니라면 이들 항구 외에 결코 일본의 다른 항구에 가서는 안 된다. 다만 난파선에 관해서는 제 비용이 발생한다면 위 세 항구 내에서 이를 보상해야 한다.

제4조
난파선, 표류민은 양국이 서로 돕고 표류민을 허락된 항구에 보내야 한다. 마땅히 체재 중에는 온건하고 후하게 대우할 것이나 나라의 정법(正法)을 지켜야 한다.

제5조
러시아 선박이 시모다, 하코다테에 내항할 때에는 금은 물품으로 필요한 물품을 변제할 것을 허락한다.

제6조
만일 어쩔 수 없는 일이 있을 경우 러시아 정부로부터 하코다테, 시모다 가운데 한 항구에 관리를 파견해 둘 수 있다.

제7조
만일 평정(評定)을 필요로 하는 일이 생기면 일본 정부는 이를 숙고하여 처리해야 한다.

제8조
러시아이이 일본국에 있을 때, 일본인이 러시아국에 있을 때 이들을 온화하게 대우하여 금고에 처하는 일이 없어야 한다. 그러나 만일 법을 어기는 자가 있다면 이를 붙잡아 처치함에 각각 그 본국의 법도에 따라야 한다.

제9조
양국은 근린의 연고로써 일본국에서 향후 타국에 허락할 모든 조건은 동시에 러시아인에게도 허락할 것이다.

이상 조약
러시아 황제와 일본대군(大君=쇼군)은 또한 별지에 기록한 바와 같이 결정하여 지금으로부터 9개월 후에 형편에 따라 시모다에서 교환한다. 이에 따라 양국 전권은 서로 서명하고 조약 조건을 지켜 쌍방에 조금도 위변(違變)함이 없을 것이다.

안세이 원년 12월 21일(러시아력 1855년 1월 26일)
　　쓰쓰이 히젠노카미 화압
　　가와지 사에몬노조 화압
　　예프피미 푸탸틴 수기

일본국 러시아국 조약 부록

안세이 원년 갑인 12월 21일(서력 1855년 2월 7일, 러시아력 1월 26일)
시모다에서 조인

러시아국 전권(全權) 제너럴 에이전트 오피스 어드미럴 예프피미 푸탸틴과 일본국 위임 중신(重臣) 쓰쓰이 히젠노가미, 가와지 사에몬노조가 정한 조약 부록

제3조
러시아인이 시모다, 하코다테에서 시가지와 주변을 자유롭게 배회하는 것을 허락하나 시모다는 이누바시리 섬(犬走島)에서 일본리로 7리, 하코다테에서는 일본리 5리를 한계로 한다. 다만 사사(寺社), 시가 상점 구경 및 여관 건물까지는 지정한 휴게소라 하더라도 인가에는 초대 없이 결코 들어가서는 안 된다. 나가사키에서는 추후 타국을 위해 결정하는 바에 따를 것이다. 또한 항구마다 매장지를 결정해 둔다.

제5조
일본에서 관청을 정하여 두고 물품을 건네는 방식 및 러시아인이 가지고 오는 금은 화폐 물품도 그곳에서 취급할 것이다. 러시아인이 시가 상점에서 고른 물품은 상인의 판매 가격에 응해 배 안에 가지고 가는 물품으로 처리한다. 다만 관청에서 일본 관리가 처리한다.

제6조
러시아 관리는 안세이 3년(서력 1856년)부터 정한다. 다만 관리의 가옥 및 지소 등은 일본 정부의 지시에 맡기고 가옥 안에서 자국의 작법에 따라 날을 보낸다.

제9조
어떠한 일이든 외국인(外民)에게 허락한 바는 러시아인에게도 담판 없이 똑같이 허락할 것이다.

이상 부록의 내용은 조약 본문과 마찬가지로 이를 지키고 잘못된 일이 없도록 양국의 전권이 명판(名判)한다.
안세이 원년 호랑이해 12월 21일
러시아력 1855년 1월 26일

쓰쓰이 히젠노카미 화압
가와지 사에몬노조 화압
예프피미 푸탸틴 수기

러일화친조약(러시아어본) 원문

Русско-японский трактат о торговле и границах, заключенный в Симоде 26 января (7 февраля) 1855 года.

Полномочные: Его Величества Императора и Самодержца Всероссийского Генерал-Адъютант, Вице-Адмирал Евфимий Путятин и Его Величества Великого Повелителя всей Японии Цуцуй-Хизенно-Ками и Кавадзи-Сайэмонно-Дзио постановили и заключили в двадцать шестой день Января 1855 года или Ансей в первый год двенадцатого месяца в двадцать первый день в городе Симода трактат и объяснительные к оному статьи, которые от слова до слова гласят тако:

Дабы постановить между Россиею и Яноннею мир и дружбу и утвердить оные трактатом Его Величество Император и Самодержец Всероссийский назначил Полномочным Своего Генерал-Адъютанта, Вице-Адмирала Евфимия Путятина и Его Величество Великий Повелитель всей Японии назначил Полномочными Своих Высоких подданных Цуцуя-Хизенно-Ками и Кавадзн-Сайэмонно-Дзио.

Упомянутые полномочные постановили следующие статьи:

Ст. 1. Отныне да будет постоянный мир и искренняя дружба между Россией и Японией. Во владениях обоих государств русские и японцы да пользуются покровительством и защитою как относительно их личной безопасности, так и неприкосновенности их собственности.

Ст. 2. Отныне границы между Россией и Японией будут проходить между островами Итурупом и Урупом. Весь остров Итуруп принадлежит Японии, а весь остров Уруп и прочие Курильские острова к северу составляют владение России. Что касается острова Крафто [Сахалина], то он остается неразделенным между Россией и Японией, как было до сего времени.

Ст. 3. Японское Правительство открывает для русских судов три порта: Симода, в княжестве Идзу, Хакодате, в области Хакодате и Нагасаки в княжестве Хизен. В этих трех портах Русские суда могут отныне исправлять свои повреждения, запасаться водою, дровами, съестными припасами и другими потребностями, даже каменным углем, где его можно иметь и платить за все это золотою или серебряною монетою, а в случае недостатка денег заменяют их товарами из своего запаса. За исключением упомянутых гаваней, Русские суда не будут посещать других портов, кроме случаев, когда по причине крайней нужды судно не будет в состоянии продолжать свой путь. Сделанные в таких случаях издержки будут уплачиваться в одном из открытых портов.

Ст. 4. Потерпевшим крушение судам и лицам в обоих Государствах будет оказываться всякого рода пособие и все спасшиеся будут доставляемы в открытые порты. В продолжение всего их пребывания в чужой земле они пользуются свободою, но подчиняются справедливым законам страны.

Ст. 5. В двух первых из открытых портов Русским дозволяется выменивать желаемые товары и имущества на привезенные товары, имущество и деньги.

Ст. 6. Российское Правительство назначит Консула в один из двух первых упомянутых портов, когда признает это необходимым.

Ст. 7. Если возникнет какой-либо вопрос или дело, требующее обсуждения или решения, то оное будет обстоятельно обсуждено и устроено Японским Правительством

Ст. 8. Как русский в Японии, так и японец в России всегда свободны и не подвергаются никаким стеснениям. Учинивший преступление может быть арестован, но судится не иначе как по законам своей страны.

Ст. 9. В уважение соседства обоих Государств, все права и преимущества, какие Япония предоставила ныне или даст впоследствии другим нациям, в то же самое время распространяются и на Русских подданных.

Трактат сей будет ратификован Его Величеством Императором и Самодержцем Всероссийским и Его Величеством Великим Повелителем всей Японии, или, как сказано в прилагаемом особом условии, их уполномоченными,— и ратификации будут разменены в Симоде не ранее девяти месяцев, или как обстоятельства позволят. Ныне же разменяваются копии с трактата за подписью и печатями Полномочных обоих Государств, и все статьи его получают обязательную силу со дня подписи и будут хранимы обеими договаривающимися сторонами верно и ненарушимо.

Заключен и подписан в городе Симода в лето от Рождества Христова в 1855, Января в двадцать шестой день, или Ансей в первый год, двенадцатого месяца в двадцать первый день.

Объяснительные статьи трактата, утвержденные Российским Полномочным Генерал-Адъютантом, Вице-Адмиралом Евфимием Путятиным и Японскими Полномочными Цуцуем-Хизенно-Ками и Кавадзи-Сайэмонио-Дзио

К статье III

а) В первых двух из означенных портов Русские могут свободно ходить: в городе Симода и его окрестностях на расстоянии семи Японских миль, считая от острова Ииубасири, а в Хакодате на расстоянии пяти Японских миль. Они также могут посещать лавки, храмы и, до устройства гостиниц, определенные дома для отдыхания; в частные же дома входят не иначе как по приглашению. В Нагасаки,— как в последствии будет определено для других.

б) Для погребения умерших в каждом порте будет отведено место и кладбища эти должны быть неприкосновенны.

К статье V

Отпуск товаров будет производиться в назначенном для сего казенном доме, куда будут доставляться и привезенные товары, золотая и серебряная монета. Русские,—избрав в лавках товары или имущество и согласясь с продавцом в цене, производят из них уплату или выменивают их за привезенные на судах товары в означенном доме, при посредстве Японских чиновников.

К статье VI

а) Русские Консулы будут назначены с 1856 года.
б) Места и дома для Консульства будут определены Японским Правительством и Русские живут в них по своим обычаям и законам.

К статье IX

Упомянутые в статье IX права и преимущества, какого бы рода они ни были, данные другим нациям, тем самым предоставляются России без дальнейших переговоров.

Эти объяснительные статьи имеют всю силу трактата и равно обязательны обеих договаривающихся сторон, в доказательство чего они скрепляются подписью и печатями Полномочных обоих Государств.

Заключены и подписаны в городе Симода, в лето от Рождества Христова 1855, января в двадцать шестой день, или Ансей в первый год, двенадцатого месяца в двадцать первый день.

Его Величество Государь Император Всероссийский, утвердив сей трактат и объяснительные к нему статьи во всем их содержании, Высочайше повелеть соизволил: ратификация оных на основании особого условия, вместе с помянутым трактатом заключенного, подписать Государственному канцлеру и укрепить Государственною печатью в доказательство, что все в означенном трактате и объяснительных к нему статьях постановляемое будет со стороны Российского Правительства свято и ненарушимо соблюдаемо и исполняемо

Его Величество Великий Повелитель всей Японии, утвердив сей трактат и объяснительные к нему статьи во всем их содержании, повелел: ратификации оных на основании особого условия вместе с помянутым трактатом заключенного, подписать Членам Государственного Совета Великой Японии: Готта Бичьюноками, Абе Изеноками, Макино Бизеноками, Кюзе Яматоноками и Найито Кийноками и укрепить печатью в доказательство, что все в означенном трактате и объяснительных к нему статьях постановленное будет со стороны Японского Правительства свято и ненарушимо соблюдаемо и исполняемо.

Подлинный трактат и дополнительные к нему статьи составлены на Русском, Японском, Голландском и Китайском языках и первый подписан Российским Полномочным, а второй Японскими Полномочными,—остальные два переводчиками обеих сторон.

Ратификации обменены в городе Симода двадцать пятого Ноября 1856 года, или в третий год Ансея, Гинойе Тате в десятый день одиннадцатого месяца.

러일화친조약(러시아본)의 한글 번역문

1855년 1월 26일(2월 7일) 시모다에서 체결된 통상 및 국경에 대한 러일조약

전권대표: 전 러시아 황제이자 전제군주의 시종무관장이자 해군중장인 예프피미 푸탸틴(Евфимий Путятин), 그리고 전 일본 황제이자 위대한 통치자의 중신(重臣) 쓰쓰이 히젠노카미(筒井肥前守)와 카와지 사에몬노이(川路左衛門尉)는 1855년 1월 26일 혹은 안세이(安政) 원년 12월 21일 시모다(下田)에서 조약을 결정하고 조인하였으며, 다음과 같은 내용의 조약을 결의 및 체결하고 그 내용을 한 글자 한 글자 다음과 같이 선포한다.

러시아와 일본 간에 평화와 우호를 제정하고 본 조약을 통하여 견고히 하기 위하여 전 러시아 황제이자 전제군주는 자신의 시종무관장이자 해군중장인 예프피미 푸탸틴을, 그리고 전 일본 황제이자 위대한 통치자는 자기의 중신인 쓰쓰이 히젠노카미와 사에몬노이를 전권대표로 임명하였다. 전술한 전권대표들은 다음의 조항들을 결의하였다.

제1조
금후 러시아와 일본 사이에 항구적인 평화와 진정한 우호가 있을 것이다. 양국 영역에서 러시아인과 일본인은 개인의 안전과 재산의 불가침성을 보호받고 수호받는다.

제2조
금후 러시아와 일본의 국경은 에토로후 섬(択捉島)과 우르프 섬(得撫島) 사이를 통과하게 될 것이다. 에토로후 섬 전체는 일본에 속하고, 우르프 섬 전체와 북쪽으로 쿠릴 열도의 다른 섬들은 러시아가 소유한다. 가라후토(樺太, 사할린) 섬은 이제까지와 마찬가지로 러시아와 일본 간에 분할하지 않고 남겨 둔다.

제3조
일본 정부는 러시아 선박을 위하여 이즈국(伊豆國)의 시모다, 하코다테(函館) 현의 하코다테, 히젠국(肥前國)의 나가사키(長崎) 등 3개의 항구를 개방한다. 금후 러시아 선박은 이 3개 항구에서 자기의 손상을 수리하고 물, 장작, 음식 및 여타 소요와, 심지어는 석탄까지도 충족할 수 있다. 러시아 선박은 3개 항구에서 이 모든 것을 확보할 수 있고 그 대가를 금화나 은화로 지불할 수 있으며, 금전이 부족한 경우에는 자신이 보유한 상품으로 교환한다. 러시아 선박은 극단적인 필요로 인해 선박이 항해를 계속할 수 없을 경우를 제외하고 상기 항구 이외의 다른 항구를 방문하지 않을 것이다. 이 경우 발생하는 비용은 개방된 항구들 중 한 곳에서 지불한다.

제4조
양국의 난파 선박과 개인에게 모든 유형의 원조가 제공될 것이며, 모든 생존자는 개방된 항구로 보

내질 것이다. 그들은 외국 땅에 머무는 동안 자유를 향유하지만 국가의 공정한 법률에 귀속된다.

제5조
러시아인은 개항장들 중 처음 2곳에서 희망하는 상품과 자산을 반입한 상품, 자산, 금전과 교환할 수 있다.

제6조
러시아 정부는 필요한 경우 상기 처음 두 곳 중 한 곳의 항구에 영사를 임명한다.

제7조
논의나 결정이 요구되는 여하한 문제나 사안이 발생할 경우, 일본 정부가 그것을 신중하게 논의하고 처리할 것이다.

제8조
일본의 러시아인과 러시아의 일본인은 항상 자유로우며 어떠한 제약도 받지 않는다. 범죄자는 체포될 수 있지만, 자국의 법률에 의해서만 재판을 받는다.

제9조
양국의 이웃에 대한 존중, 일본이 현재 다른 국가들에 부여했거나 부여하게 될 모든 권리와 특권은 러시아 공민들에게도 동시에 적용된다.
이 조약은 전 러시아 황제이자 전제군주와 전 일본 황제이자 위대한 통치자, 혹은 첨부된 특별 조건에 명시된 바와 같이 그들의 전권대표들에 의해 비준될 것이며, 비준서는 9개월 이후 혹은 상황이 허락될 때 시모다에서 교환될 것이다. 금일 양국 전권대표는 서명하고 날인한 조약의 복사본을 교환한다. 조약의 모든 조항은 서명일로부터 구속력을 가지며, 모든 조항은 양 체약국에 의하여 영원히 그리고 침해하지 못하도록 보존될 것이다.
1855년 1월 26일 성탄절로부터의 여름에 혹은 안세이 원년 12월 21일에 시모다에서 체결되고 서명되었다.

러시아 전권대표인 시종무관장이자 해군중장 예프피미 푸탸틴과 전 일본 전권대표인 쓰쓰이 히젠노가미와 가와지 사에몬노조가 비준한 조약 설명 조항

제3조에 대하여
a) 러시아인은 상기 항구들 중 첫 두 개 항구에서 시모다와 이누바시리 섬(犬走島)부터 계산하여 그 주변의 7 일본마일 거리를, 하코다테에서는 5 일본마일 거리를 자유롭게 보행할 수 있다. 또한 러시아인은 상점, 사원 및 휴게소로 지정된 숙박시설을 방문할 수 있다. 개인 주택은 초대한

경우에만 들어갈 수 있다. 나가사키의 경우 다른 사람들을 위하여 후에 결정될 것이다.
b) 각 항구에 시지(死者)의 매장을 위한 장소가 할당될 것이며, 이 묘지들은 불가침의 영역이 되어야 한다.

제5조에 대하여
상품의 처분은 그 목적을 위해 반입된 상품, 금화 및 은화 등이 도달하게 될 지정된 국유 건물에서 이루어지게 될 것이다. 상점에서 상품이나 자산을 선택하고 판매자와 가격을 합의한 러시아인은 일본인 관원을 통하여 이에 대하여 지불하거나 선박에서 운송하여 지정된 건물에 위치해 있는 상품과 교환한다.

제6조에 대하여
a) 러시아 영사는 1856년부터 임명될 것이다.
b) 영사관 부지와 건물은 일본 정부에 의하여 정해질 것이며, 러시아인은 그곳에서 자신의 풍습과 법률에 따라 거주한다.

제9조에 대하여
제9조에 언급된 다른 국가들에 부여되는 권리와 특권은 그것이 어떠한 것이건 별도의 협의 없이 러시아에도 부여된다.

이 설명 조항들은 본 조약의 모든 효력을 유보하며, 양 체약 당사국에 동일한 구속력이 있다. 그 증거로서 설명 조항들은 양국 전권들의 서명과 인장을 통하여 확고히 된다.
1855년 1월 26일 성탄절로부터의 여름에 혹은 안세이 원년 12월 21일에 시모다에서 체결되고 서명되었다.
전 러시아 제국 황제는 이 조약과 이에 부가된 설명 조항들의 내용을 모두 확인한 후 다음과 같이 지시하였다. 상기 조약과 함께 체결된 특별 조건에 기초한 이 조항들의 비준서를 왕실 관방장에게 인계하여 국가의 인장을 날인하게 함으로써 러시아 정부가 상기 조약과 이에 부가된 설명 조항의 모든 내용을 거룩하고 불가침적으로 준수하고 이행하기로 결의할 것임을 증명한다.
전 일본의 위대한 통치자는 이 조약과 이에 부가된 설명 조항들의 내용을 모두 확인한 후 다음과 같이 지시하였다. 상기 조약과 함께 체결된 특별 조건에 기초한 이 조항들의 비준서를 왕실 관방장에게 인계하여 대일본 국가평의회 위원인 고타 비츄노가미, 아베 이세노가미, 미키노 비제노가미, 구제 야마토노가미, 나이토 키이노가미에게 인계하여 인장을 날인하게 함으로써 일본 정부가 상기 조약과 이에 부가된 설명 조항의 모든 내용을 거룩하고 불가침적으로 준수 및 이행하기로 결의할 것임을 증명한다.
조약 원본과 부속 조항들은 러시아어, 일본어, 네덜란드어 및 중국어로 작성되었다. 첫 번째는 러시아 전권대표가, 그리고 두 번째는 일본 전권대표가 서명하였으며, 나머지 2개는 양국의 번역자들이 서명하였다.

비준서는 1856년 11월 25일 혹은 안세이 3년 기노이에 타테(Гинойе Тате) 11월 10일 시모다에서 교환된다.

2) 상트페테르부르크조약[사할린-치시마교환조약〈樺太·千島交換条約〉] (1875)

○ 명칭
- 러시아어: Санкт-Петербургский договор 1875 года; Русско-японский договор об обмене Курильских островов на Сахалин, заключенный в С.-Петербурге 25 апреля (7 мая) 1875 года.
- 일본어: 樺太千島交換条約

○ 체결 국가: 일본, 러시아

○ 체결일: 1875년 4월 25일(5월 7일)
- 비준일: 1875년 8월 22일

○ 체결 장소: 러시아 상트페테르부르크 / 도쿄(비준서 교환)

○ 서명자(또는 전권대사)
- 러시아: 알렉산드르 미하일로비치 고르차코프(Александр Михайлович Горчаков)
- 일본: 에노모토 다케아키(榎本武揚)

○ 작성 언어: 프랑스어

○ 체결 배경 및 과정

1855년 시모다조약은 사할린을 러시아와 일본의 공동 소유로 남겨 두었다. 하지만 시모다조약 체결 직후부터 러시아는 재차 사할린 개척에 나서 1859년에 섬의 북위 48도선까지 진출하는 한편, 같은 해 8월에는 동시베리아 총독 무라비요프-아무르스키가 이끄는 사절단을 일본에 파견하여 사할린 전역에 대한 러시아의 영유권을 주장하였다. 이후 양국 간에 몇 년간에 걸친 수차례의 회담을 통해 사할린을 둘러싼 다양한 논의들(북위 50도 분할론, 49

도 분할론, 48도 분할론)이 진행되었고, 1867년 3월 18(30)일 상트페테르부르크에서 '사할린 가규칙(Временные правила относительно острова Сахалин, 樺太島仮規則)'이 체결되었다. 이 협정에 따르면, 사할린은 소야해협을 경계로 러시아령이 되고, 러시아령이었던 우르프 섬과 인근 3개 섬은 일본령이 되도록 규정되어 있었다. 하지만 이후 일본 정부가 사할린을 러시아령으로 한다는 내용을 승인하지 않았고, 그 결과 사할린 문제는 동 협정 제4조 "위 사안의 합의에 이르지 못할 경우 사할린은 종래와 같이 양국의 소유로 한다"는 규정을 계속 적용받게 되었다.

일본에서 막부가 멸망하고 메이지 신정부가 성립된 이후인 1872년 5월 사할린 문제 해결을 위한 양국의 교섭이 다시 시작되었다. 당시 양국의 전권은 뷰초프와 소에지마였다. 애초 서로 사할린을 매수하겠다는 양국의 의사는 해를 지나면서 점차 바뀌게 되었고, 1873년 초가 되면 러시아는 일본인의 어업권, 광산 채굴권 및 기타 재산권의 보유를 인정하고 우르프 섬과 캄차카에 가장 가까운 섬을 제외한 쿠릴 열도를 일본에 양도한다는 제안을 하게 된다. 이는 사실상 2년 후에 있을 상트페테르부르크조약의 핵심 내용과 거의 동일한 것이었다.

이듬해인 1874년 양국의 전권이 고르차코프(Александр Горчаков)와 에노모토 다케아키(榎本武揚)로 바뀌었고, 11월에 시작된 교섭에서의 쟁점은 사할린을 양도받는 러시아가 일본에 어떠한 대가를 지불할 것인가의 문제였다. 애초 일본 측은 그 대가로 군함의 양도를 요구하였다. 하지만 러시아가 이를 거부함에 따라 쿠릴 열도의 양도로 좁혀졌다. 1875년 3월에 쿠릴 열도 최북단 섬의 양도를 주저했던 러시아 측이 이를 양보함에 따라 모든 쟁점이 해소되고, 5월 7일 양국 간에 조약이 조인되었으며, 8월 22일 도쿄에서 조약이 최종 비준되었다.

○ 주요 내용

총 8개 조항으로 구성되었다. 일본은 사할린(가라후토) 전역이 러시아에 속함을 인정하고 러일 간 경계를 소야(라페루즈) 해협으로 삼았다(제1조). 러시아는 그 대가로 쿠릴 열도 18개 섬을 일본에 양도하여 캄차카 지방 라파카 곶과 쿠릴 열도의 북단 슈무슈 섬 사이를 국경으로 하였다(제2조). 제3조 이하의 내용은 각 지역에 대한 인도, 수취를 위한 관리 파견과 현지인의 권한, 귀속 문제 등 구체적인 시행 방법과 관련한 규정이었는데, 러시아는 사할린에 있던 일본인의 재산을 배상하고 일본의 어업권을 승인한 점이 주목할 만하다.

○ 결과 또는 파급 효과

이 교환조약으로 러시아는 사할린 전체를 소유하고, 일본은 쿠릴 열도 전체를 소유하게 되면서 러일 간 현안이던 국경 획정 문제가 일단락되었다. 이러한 결과는 시모다조약 이후 사할린에 대하여 러시아로부터 지속적으로 압박을 받았던 일본의 어쩔 수 없는 선택이었으며, 다른 한편으로는, 당시 일본의 접근을 차단하고 있던 조선을 '징벌'하기 위하여 전쟁을 개시할 경우 러시아가 이에 개입하지 못하도록 하려는 의도로 생겨난 것이었다. 이 조약을 통해 획정된 국경은 이후 러일전쟁을 통해 일본이 사할린 남부 지역을 할양받기까지 유지되었다.

○ 관련 지도

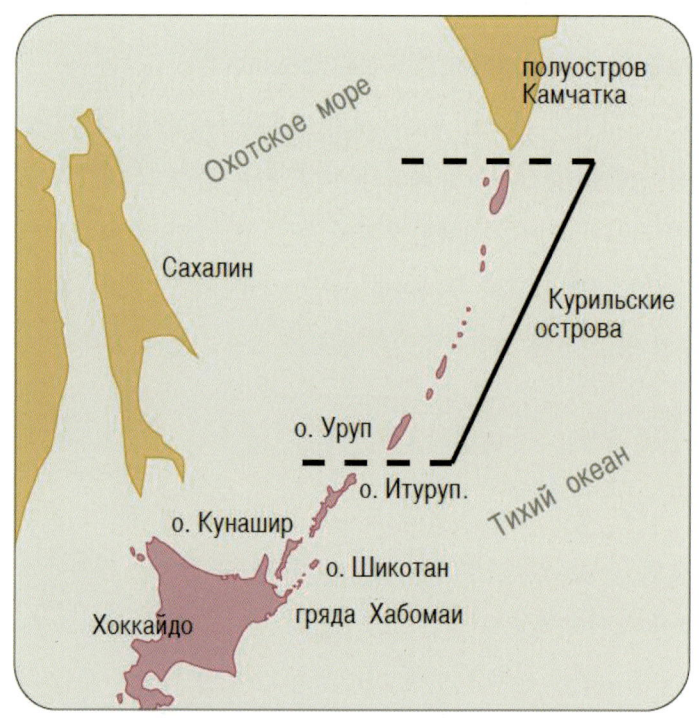

1875년 사할린-쿠릴열도 교환조약에 따라 획정된 국경

○ (조약문) 출처

- 『舊條約彙纂』제1권 제2부, 680~685쪽.

- *Ю. В. Ключников и А. Собакин*. Международная политика новейшего времени в договорах, нотах и декларациях. Часть I. М. 1925 г.

상트페테르부르크조약(사할린-치시마교환조약)(일본어본)의 원문

明治八年五月七日 比特堡府ニ於テ調印(佛文)
同年八月二十二日 批准
同年同月同日 東京ニ於テ批准書交換
同年十一月十日 太政官布告

(譯文)
條約
大日本國皇帝陛下ト

全魯西亞國皇帝陛下ハ今般樺太島^{即薩哈嗹島}是迄兩國雜領ノ地タルニ由リテ屢次其ノ間ニ起レル紛議ノ根ヲ斷チ現下兩國間ニ存スル交宜ヲ堅牢ナラシメンカ爲メ
大日本國皇帝陛下ハ樺太島^{即薩哈嗹島}上ニ存スル領地ノ權理
全魯西亞國皇帝陛下ハ「クリル」群島上ニ存スル領地ノ權理ヲ互ニ相交換スルノ約ヲ結ント欲シ
大日本國皇帝陛下ハ海軍中將兼在魯京特命全權公使從四位榎本武揚ニ其全權ヲ任シ
全魯西亞國皇帝陛下ハ太政大臣金剛石裝飾魯帝照像金剛石裝飾魯國シント、アンドレアス襃牌シント、ウラジミル一等襃牌アレキサンドル、ネフスキー襃牌白鷲襃牌シントアンナ一等襃牌及シントスタニスラス一等襃牌佛蘭西國レジウン、ド、オノール大十字襃牌西班牙國金膜大十字襃牌澳太利國シント、エチーネ大十字襃牌金剛石裝飾孛魯生國黑鷲襃牌及其他諸國ノ諸襃牌ヲ帶ル公爵アレキサンドル、ゴルチヤコフニ其全權ヲ任セリ
右各全權ノ者左ノ條款ヲ協議シテ相決定ス

第一款
大日本國皇帝陛下ハ其ノ後胤ニ至ル迄現今樺太島^{即薩哈嗹島}ノ一部ヲ所領スルノ權理及君主ニ屬スル一切ノ權理ヲ全魯西亞國皇帝陛下ニ讓リ而今而後樺太全島ハ悉ク魯西亞帝國ニ屬シ「ラペルーズ」海峽ヲ以テ兩國ノ境界トス

第二款
全魯西亞國皇帝陛下ハ第一款ニ記セ樺太島^{即薩哈嗹島}ノ權理ヲ受シ代トシテ其後胤ニ至ル迄現今所領「クリル」群島卽チ第一「シユムシユ」島第二「アライド」島第三「パラムシル」島第四「マカンルシ」島第五「ヲネコタン」島第六「ハリムコタン」島第七「エカルマ」島第八「シヤスコタン」島第九「ムシル」島第十「ライコケ」島第十一「マツア」島第十二「ラスツア」島第十三「スレドネワ」及「ウシシル」島第十四「ケトイ」島第十五「シムシル」島第十六「ブロトン」島第十七「チエルポイ」竝ニ「ブラット、チエルボエフ」島第十八「ウルップ」島共計十八島ノ權理及ヒ君主ニ屬スル一切ノ權理ヲ大日本國皇帝陛下ニ讓リ而今

而後「クリル」全島ハ日本帝國ニ屬シ柬察加地方「ラパツカ」岬ト「シュムシュ」島ノ間ナル海峽ヲ以テ兩國ノ境界トス

第三款
前條所載各地竝ニ其地產ハ此條約批准爲取換ノ日ヨリシテ直ニ全ク新領主ニ屬スル者トス但其各地受取渡ノ式ハ批准後雙方ヨリ官員一名又ハ數名ヲ撰テ受取掛トシ實地立會ノ上執行フヘシ

第四款
前條所記交換ノ地ニハ其地ニアル公同ノ土地、人ノ下手セサル地所、一切公共ノ造築、壘壁、屯所及ヒ人民ノ私有ニ屬セサル此種ノ建物等ヲ所領スルノ權理モ兼存ス
現下各政府ニ屬スル一切ノ建物及動產ハ第三款ニ載スル雙方ノ受取掛役取調ノ上其代價ヲ按查シ其金額ハ其地ヲ新ニ領スル政府ヨリ出ス者ナリ

第五款
交換セシ各地ニ住ム各民(日本人及魯人)ハ各政府ニ於テ左ノ條件ヲ保證ス、各民竝共ニ其本國藉ヲ保存スルヲ得ルコト、其本國ニ歸ラント欲スル者ハ常ニ其意ニ放セテ歸ルヲ得ルコト、或ハ其交換ノ地ニ留ルヲ願フ者ハ其生計ヲ充分ニ營ムヲ得ルノ權理及其所有物ノ權理及隨意信敎ノ權理ヲ悉ク保全スルヲ得ル全ク其新領主ノ屬民(日本人及魯人)ト差異ナキ保護ヲ受ル事雖然其各民ハ竝共ニ其保護ヲ受ル政府ノ支配下〔ジュリスヂクション〕ニ屬スル事

第六款
樺太島(卽薩哈嗹島)ヲ讓ラレシ利益に酬ユル爲メ全魯西亞國皇帝陛下ハ次ノ條件ヲ准許ス
第一條 日本船ノ「コルサコフ」港(卽クシュンコタン)ニ來ル者ノ爲メニ此條約批准爲取換ノ日ヨリ十ケ年間港稅モ海關稅モ免スルコト、此年限滿期ノ後ハ猶之ヲ延スモ又ハ稅ヲ收メシムルモ全魯西亞國皇帝陛下ノ意ニ任ス全魯西亞國皇帝陛下ハ日本政府ヨリ「コルサコフ」港ヘ其領事官又ハ領事兼任ノ吏員ヲ置クノ權理ヲ認可ス
第二條 日本船及商人通商航海ノ爲メ「ヲホツク」海諸港及柬察加ノ海港ニ來リ又ハ其海及海岸ニ沿ンテ漁業ヲ營ム等渾テ魯西亞最懇親ノ國民同樣ナル權理及特典ヲ得ル事

第七款
海軍中將榎本武揚全權委任狀ハ未タ到來セスト雖モ電信ヲ以テ其送致スル旨ヲ確定セラル丶ニ由リ其到ルヲ待タスシテ此條約面ニ記名シ其到ルヲ待テ各全權委任狀ヲ相示スノ式ヲ行ヒ別ニ其事ヲ記シテ以テ左券トスヘシ

第八款

此條約ハ大日本國皇帝陛下並ニ全魯西亞國皇帝陛下互ニ相許可シ而シテ批准スヘシ但各皇帝陛下ノ批准爲取換ハ各全權記名ノ日ヨリ六ケ月間ニ東京ニ於テ行フヘシ

此條約ニ權力ヲ附スル爲メ各全權各其姓名ヲ記シ並ニ其印ヲ鈐スルモノナリ
　明治八年五月七日卽一千八百七十五年四月二十五日、五月七日比特堡府ニ於テ
　　榎本武揚(印)
　　ゴルチャコフ(印)

상트페테르부르크조약(사할린-치시마 교환조약)〈일본어본〉의 한글 번역문

메이지 8년 5월 7일 상트페테르부르크에서 조인(프랑스어)
메이지 8년 8월 22일 비준
메이지 8년 8월 22일 도쿄에서 비준서 교환
메이지 8년 11월 10일 태정관 포고

(번역문)

조약

대일본국 황제 폐하와 전(全) 러시아국 황제 폐하는 이번 가라후토(樺太島) 즉 사할린가 지금까지 양국의 잡거지인 까닭에 누차 그동안 발생한 분의의 근원을 잘라내고 현재 양국 사이에 존재하는 교의를 견고히 하기 위해 대일본국 황제 폐하는 가라후토 즉 사할린상에 존재하는 영지의 권리, 전 러시아국 황제 폐하는 '쿠릴' 열도상에 존재하는 영지의 권리를 서로 교환하는 조약을 체결하고자 한다. 이에 대일본국 황제 폐하는 해군 중장 겸 재러시아수도 특명전권공사 종4위 에노모토 다케아키(榎本武揚)에게 전권을 위임하고 전 러시아국 황제 폐하는 태정대신 금강석 장식 러시아 제국 조상(照像) 금강석 장식 러시아국 성 안드레아스 포패(褒牌) 성 블라디미르 1등 포패, 알렉산드르 넵스키 포패 흰 수리 포패(白鷲褒牌), 성녀 안나 1등 포패 및 성 스타니슬라스 1등 포패, 프랑스 레종 도뇌르 대십자 포패, 스페인 금막(金膜) 대십자 포패, 오스트리아국 성 에티엔 대십자 포패, 금강석 장식 프러시아 검은 수리 포패(黑鷲褒牌) 및 기타 여러 나라의 제 포패를 두른 공작(公爵) 알렉산드르 고르차코프에 전권을 위임하여 이상의 각 전권은 다음과 같은 조관을 협의하여 결정한다.

제1관

대일본국 황제 폐하는 그 후예에 이르기까지 현재 가라후토 즉 사할린의 일부를 소령으로 하는 권리 및 군주에 속하는 일체의 권리를 전(全) 러시아국 황제 폐하에 양보한다. 금후 가라후토 전도는 모두 러시아 제국에 속하며 '라페루즈' 해협을 양국의 경계로 삼는다.

제2관

전(全) 러시아국 황제 폐하는 제1관의 가라후토 즉 사할린의 권리를 받는 대신에 그 후예에 이르기까지 현재 소령의 '쿠릴' 열도 즉 제1 '슈무슈' 섬, 제2 '아라이도' 섬, 제3 '파람시르' 섬, 제4 '마칸루시' 섬, 제5 '오네코탄' 섬, 제6 '하리뮤탄' 섬, 제7 '에카루마' 섬, 제8 '샤슈탄' 섬, 제9 '무실' 섬, 제10 '라이코케' 섬, 제11 '마쓰아' 섬, 제12 '라스쓰아' 섬, 제13 '스레드네와' 및 '우시시르' 섬, 제14 '케토이' 섬, 제15 '심시르' 섬, 제16 '브로톤' 섬, 제17 '체르포이' 및 '브라트, 체르보예프' 섬, 제18 '우르프' 섬 등 합계 18섬의 권리 및 군주에 속한 일체의 권리를 대일본국 황제 폐하에 양보한다.

그리고 금후 '쿠릴' 전 섬은 일본 제국에 속하며 캄차카 지방 '라파카' 곶과 '슈무슈' 섬 사이 해협을 양국의 경계로 한다.

제3관
위 조항 기재 각 지역 및 산물은 이 조약 비준을 위한 교환일로부터 곧바로 완전히 신영주에 속하는 것으로 한다. 다만 각 지역 수취, 인도 방식은 비준 후 쌍방에서 관원 1명 혹은 수명을 선발하여 수취 관리로 하여 실지에서 입회하여 집행한다.

제4관
위 조약 기재 교환 지역에는 그 지역에 있는 공동 토지, 사람 손이 닿지 않은 지소, 일체의 공공 건축, 누벽, 둔전 및 인민의 사유에 속하지 않는 이들 종류의 건물 등을 소령하는 권리도 겸존한다. 현재 각 정부에 속한 일체 건물 및 동산은 제3관에 기재한 쌍방의 수취 관리의 조사 후에 대가를 심사하고 금액은 그 지역을 새롭게 영유하는 정부가 지출한다.

제5관
교환한 각 지역에 사는 인민(일본인 및 러시아인)은 각 정부가 다음 조건을 보증한다.
각 인민은 모두 본국의 적(籍)을 보존할 수 있으며, 본국에 돌아가고자 하는 자는 항상 그 뜻에 따라 돌아갈 수 있다. 혹 교환 지역에 잔류를 희망하는 자는 생계를 충분히 꾸릴 수 있는 권리 및 소유물 권리와 뜻에 따른 종교의 권리를 온전히 보전할 수 있다. 온전히 신 영주의 속민(일본인 및 러시아인)과 차이가 없는 보호를 받을 것임은 물론이다. 그러나 그 각 인민은 모두 그 보호를 받는 정부의 지배하 사법권에 속한다.

제6관
가라후토 즉 사할린를 양보받은 이익을 보상하기 위해 전(全) 러시아국 황제 폐하는 다음의 조건을 윤허한다.
제1조 일본선의 '코르사코프' 항 즉 '크슈코탄(クシュンコタン)'에 오는 자를 위해 이 조약 비준 교환 날로부터 10년 동안 항세, 해관세를 면제할 것. 이해 만기 후는 또한 이를 연장하거나 세를 징수하여도 전 러시아국 황제 폐하의 뜻에 맡긴다. 전 러시아국 황제 폐하는 일본 정부가 '코르사코프' 항에 영사관 또는 영사 겸임의 관리를 두는 권리를 인가한다.
제2조 일본선 및 상인이 통상 항해를 위해 '오호츠크' 해의 제 항구 및 캄차카의 해항에 오거나 그 바다 및 해안을 따라 어업을 하는 등 모든 러시아의 최우호국 국민과 동등한 권리와 특전을 얻을 것.

제7관
해군 중장 에노모토 다케아키(榎本武揚) 전권위임장은 아직 도착하지 않았으나 전신으로 그 송치를 확정할 수 있기에 도착을 기다리지 않고 이 조약면에 명기하고 도착함을 기다려 각 전권 위임장을 서로 보여 주는 의식을 거행하며 별도로 이를 기록하여 증좌로 삼는다.

제8관
이 조약은 대일본국 황제 폐하 및 전(全) 러시아국 황제 폐하가 상호 허가하여 비준한다. 다만 각 황제 폐하의 비준 교환은 각 전권 기명의 날로부터 6개월 사이에 도쿄에서 거행한다.

이 조약에 권력을 부여하기 위해 각 전권은 성명을 기록하고 검인(鈐印)한다.
메이지 8년 5월 7일 즉 1875년 4월 25일, 5월 7일 상트페테르부르크에서

    에노모토 다케아키 (인)
    고르차코프 (인)

상트페테르부르크조약(러시아어본) 원문

Русско-японский договор об обмене Курильских островов на Сахалин, заключенный в С.-Петербурге 25 апреля (7 мая) 1875 года.

Трактат, заключенный 25 Апреля(7 Мая) 1875 года в С.-Петербурге между Его Величеством Императором Всероссийским и Его Величеством Императором Японским, с дополнительною статьёю, подписанною в Токио 10(22) Августа 1875 года.

Божиею поспешествующею милостию Мы, Александр Вторый, Император и Самодержец Всероссийский, Московский, Киевский, Владимирский, Новогородский; Царь Казанский, Царь Астраханский, Царь Польский, Царь Сибирский, Царь Херсониса Таврического, Царь Грузинский; Государь Псковский и Великий Князь Смоленский, Литовский, Волынский, Подольский и Финляндский; Князь Эстляндский, Лифляндский, Курляндский и Семигальский, Самогитский, Белостокский, Корельский, Тверский, Югорский, Пермский, Вятский, Болгарский и иных; Государь и Великий Князь Новагорода Низовския земли, Черниговский, Рязанский, Полотский, Ростовский, Ярославский, Белозерский, Удорский, Обдорский, Кондийский, Витебский, Мстиславский, и всея Северныя страны Повелитель; и Государь Иверские, Карталинские и Кабардинские земли и области Армейские, Черкасских и Горских Князей и иных Наследный Государь и Обладатель, Наследник Норвежский, Герцог Шлезвиг-Голстинский, Сторманский, Дитмарсенский и Ольденбургский, и прочая, и прочая, и прочая.

Объявляем через сие, что вследствие взаимного соглашения между Нами и Его Величеством Императором Японии, Полномочные Наши заключили и подписали в С.-Петербурге 25 апреля(7 мая) 1875 года трактат об уступке Нам Его Величеством Императором Японии всей принадлежащей Ему части острова Сахалина взамен уступаемой Нами Японии всей группы Курильских островов, который от слова до слова гласит тако:

Его Величество Император Всероссийский и Его Величество Император Японский, желая положить конец многочисленным неудобствам, проистекающим от совместного владения островом Сахалином, и упрочить существующее между Ними доброе согласие, постановили заключить трактат о взаимной уступке, со стороны Его Величества Императора Всероссийского группы Курильских островов, а со стороны Его Величества Императора Японского Его прав на остров Сахалин (Крафто), и назначили на сей конец своими Уполномоченными, а именно:

Его Величество Император Всероссийский, Князя Александра Горчакова, Своего Государственного Канцлера, имеющего портрет Его Величества Императора, украшенный бриллиантами, Кавалера Российских орденов Св. Андрея Первозванного с бриллиантами, Св. Владимира 1-ой степени, Св. Александра Невского, Белого Орла, Св. Анны 1-ой степ. и Св. Станислава 1-ой степ., Кавалера Французского ордена Почетного легиона Большого Креста, Испанского золотого Руна, Итальянского Анунциады, Австрийского Св. Стефана, Прусского Черного Орла с бриллиантами, и разных других иностранных орденов;

а Его Величество Император Японский, Вице-Адмирала Иусие Эномотто Такеаки, Своего Чрезвычайного Посланника и Полномочного Министра при Дворе Его Величества Императора Всероссийского;

каковые Уполномоченные постановили и подписали нижеследующие статьи:

Ст. 1. Его Величество Император Японский, за Себя и Своих наследников, уступает Его Величеству Императору Всероссийскому часть территории острова Сахалина (Крафто), которою он ныне владеет, со всеми верховными правами, истекающими из этого владения, так что отныне означенный остров Сахалин (Крафто) весь вполне будет принадлежать Российской Империи и пограничная черта между Империями Российскою и Японскою будет проходить в этих водах через Лаперузов пролив.

Ст. 2. В замен уступки России прав на остров Сахалин, изъясненной в статье первой, Его Величество Император Всероссийский, за Себя и Своих Наследников, уступает Его Величеству Императору Японскому группу островов, называемых Курильскими, которыми Он ныне владеет, со всеми верховными правами, истекающими из этого владения, так что отныне сказанная группа Курильских островов будет принадлежать Японской Империи. Эта группа заключает в себе нижеозначенные восемнадцать островов, а именно: 1) Шумшу, 2) Алаид, 3) Парамушир, 4) Маканруши, 5) Онекотан, 6) Харимкотан, 7) Экарма, 8) Шиашкотан, 9) Муссир, 10) Райкоке, 11) Матуа, 12) Растуа, 13) островки Среднева и Ушисир, 14) Кетой, 15) Симусир, 16) Бротон, 17) островки Черпой и Брат Черпоев и 18) Уруп, так что пограничная черта между Империями Российскою и Японскою в этих водах будет проходить через пролив, находящийся между мысом Лопаткою полуострова Камчатки и островом Шумшу.

Ст. 3. Взаимная передача означенных в двух предыдущих статьях территорий последует немедленно по обмене ратификаций настоящего трактата, и сказанные территории перейдут к их новым владельцам вместе с доходами, со дня вступления во владение оными; но взаимная уступка, с правом непосредственного владения, должна, однакож, считаться полною и безусловною со дня обмена ратификаций.

Формальная передача будет произведена смешанною Комиссиею, составленною из одного или нескольких агентов, назначенных каждою из Высоких договаривающихся Сторон.

Ст. 4. В состав территорий, взаимно уступаемых предыдущими статьями, включается право собственности на все государственные земли, земли никем не занятые, все казённые строения, укрепления, казармы и прочие здания, не составляющие частной собственности. Однакож, строения и движимые имущества, принадлежащие ныне обоюдным Правительствам, будут приведены в известность и оценка оных будет поверена означенною в статье третьей Комиссиею; оценочная сумма будет уплачена тем Правительством, к которому переходит владение уступленною территориею.

Ст. 5. Жителям территорий, уступаемых с той и с другой стороны, Русским и Японским подданным, предоставляется сохранить свою национальность и возвратиться в свое отечество, но если они предпочтут остаться в уступаемых территориях, то им будет оказываемо покровительство в сохранении полной свободы их занятий своими промыслами, их права собственности и веры наравне с туземными подданными, с тем, чтобы они подчинялись законам и судебным властям той страны, к которой перешло владение обоюдных территорий.

Ст. 6. В уважение выгод, проистекающих от уступки острова Сахалина, Его Величество Император Всероссийский предоставляет:

1. Японским судам право посещать порт Карсакова (Куссун-Котан), без платежа всяких портовых и таможенных пошлин, в продолжение десятилетнего срока, считая оный со дня обмена ратификаций. По истечении этого срока, от Его Величества Императора Всероссийского будет зависеть сохранить еще или отменить эту льготу. Сверх того, Его Величество Император Всероссийский предоставляет Японскому Правительству право назначить Консула или Консульского Агента в порт Карсакова.

2. Японским судам и купцам, для судоходства и торговли в портах Охотского моря и Камчатки, а также для рыбной ловли в этих водах и вдоль берегов, те же права и преимущества, которыми пользуются в Российской Империи суда и купцы наиболее благоприятствуемых наций.

Ст. 7. Принимая во внимание, что хотя полномочие Вице-Адмирала Эномотто Такеаки еще не дошло к месту своего назначения, но так как телеграммою удостоверено, что оное уже отправлено из Японии, то условились не откладывать более подписания настоящего трактата, постановляя в оном, что обряд обмена полномочий последует немедленно по получении Японским Уполномоченным своих полномочий и что для удостоверения исполнения этого обряда составлен будет особый протокол.

Ст. 8. Настоящий трактат будет одобрен и ратификован Его Величеством Императором Всероссийским и Его Величеством Императором Японским и ратификации онаго будут обменены в Токио (Иеддо) в течение шести месяцев, считая со дня подписания оного, или ранее, если можно.

В удостоверение чего обоюдные Уполномоченные подписали настоящий трактат и приложили к оному печати своих гербов.

Учинено в двух экземплярах, в С.-Петербурге, двадцать пятого Апреля(седьмого Мая) тысяча восемьсот семьдесят пятого года, что соответствует седьмому дню пятого месяца восьмого года Мэйжи.

Подписали:

(М. П.) Горчаков.
(М. П.) Эномотто Такеаки.

Того ради, по довольном рассмотрении сего трактата, Мы приняли оный за благо, подтвердили и ратификовали, яко же сим за благо приемлем, подтверждаем и ратификуем во всем его содержании, обещая Императорским Нашим Словом, за Нас, Наследников и Преемников Наших, что все в помянутом трактате постановленное соблюдаемо и исполняемо будет ненарушимо. В удостоверение чего Мы сию Нашу Императорскую ратификацию собственноручно подписав, повелели утвердить Государственной Нашей печатью. Дана в С.-Петербурге, Апреля двадцать шестого дня в лето от Рождества Христова тысяча восемьсот семьдесят пятое, Царствования же Нашего в двадцать первое.

На подлинном Собственною Его Императорского Величества рукою подписано тако:

《Александр》

(Контрасигнировал:) Государственный Канцлер Князь А. Горчаков.

Декларация

Вследствие желания Правительства Его Величества Императора Российского и Правительства Его Величества Императора Японского дополнить постановления статьи 4 трактата, подписанного сего числа между Российскою и Японскою Империями, нижеподписавшиеся, будучи к сему надлежащим образом уполномочены, условились в нижеследующих статьях:

Статья 1.

Императорско-Российское Правительство принимает за основание оценочной суммы, подлежащей уплате Японскому Правительству за строения и движимые имущества, которые должны быть ему переданы согласно трактату от сего числа, цифры сообщенные Японским Правительством, а именно за строения в числе 194—семьдесят четыре тысячи иен (Японских долларов), а за движимые имущества—девятнадцать тысяч восемьсот четырнадцать иен.

Статья 2.

Смешанная Комиссия, определённая статьёю 3 трактата от сего числа, приступит сообща к приведению в известность и поверке стоимости строений и движимых имуществ, долженствующих обоюдно перейти в собственность Российского и Японского Правительств. По получении донесения от Комиссии, касательно обоюдной передачи территорий, строений и движимых имуществ, а также приведения в известность суммы стоимости, окончательно определенной, как следующее Японскому правительству вознаграждение, эта сумма, по вычете из оной всего, что на том же основании доводилось бы Российскому Правительству, будет уплачено в С.-Петербурге, или дипломатическому Представителю Японской Империи, или всякому другому агенту Его Величества, надлежащим образом к тому уполномоченному, не позже как в течение шести месяцев по официальной передаче ныне взаимно уступаемых территорий, строений и движимых имуществ.

Статья 3.

Для дополнения и изъяснения статьи 5 трактата подписанного сего числа, касательно прав и положения обоюдных подданных, остающихся на взаимно уступаемых территориях, равно как и относительно природных жителей этих территорий будет составлена и заключена дополнительная статья.

Статья 4.

Постановления, заключающиеся в трех предыдущих статьях, будут иметь ту же силу и то же действие, как бы оные были включены в самый текст трактата, подписанного сего числа.

В удостоверение чего обоюдные Уполномоченные подписали настоящую декларацию и приложили к оной печати своих гербов.

Учинена в двух экземплярах, в С.-Петербурге,
двадцать пятого Апреля(седьмого Мая) тысяча восемьсот семьдесят пятого года, что соответствует седьмому дню пятого месяца восьмого года Мэйжи.

Подписали:

(М. П.) Горчаков.
(М. П.) Эномотто Такеаки.

Дополнительная статья

Согласно статье 3 декларации, подписанной в С.-Петербурге 25 Апреля(7 Мая) 1875 года (7 день 5 месяца 8 года Мэйжи) и в дополнение и изъяснение статьи 5 трактата, подписанного того же числа, касательно прав и положения обоюдных подданных, остающихся на взаимноуступленных территориях, а также относительно природных жителей этих территорий, Его Величество Император Всероссийский и Его Величество Император Японский назначили своими Уполномоченными, а именно:

Его Величество Император Всероссийский Своего Камергера и Действительного Статского Советника Карла Струве, Своего Министра Резидента в Японии;

а Его Величество Император Японский, Своего Министра Иностранных дел Терасима Мунепори;

каковые Уполномоченные, по взаимном предъявлении своих полномочий, найденных в доброй и надлежащей форме, постановили нижеследующее:

а) Жители территорий, уступленных с той и с другой стороны, Русские и Японские подданные, которые пожелают остаться на постоянное жительство в занимаемых ими ныне местностях, сохраняют полную свободу занятий своими промыслами. Они сохраняют право рыбной ловли и охоты в пределах принадлежащего им ныне пространства и будут изъяты, по смерть свою, от всякого налога на их промыслы.

б) Русские подданные, которые останутся на Курильских островах, и Японские подданные, которые останутся на острове Сахалине, сохраняют полную свободу пользования их настоящим правом собственности. Им будут выданы свидетельства, служащие удостоверением их права собственности на находящиеся ныне в их владении недвижимости и права пользования доходами с оных.

в) Русским подданным, жительствующим на Курильских островах, равно как и Японским подданным, жительствующим на острове Сахалине, предоставляется полная и совершенная свобода отправления их веры. Церкви, храмы и кладбища будут неприкосновенными.

г) Природные жители, как Курильских островов, так и острова Сахалина, оставаясь на постоянное жительство в занимаемых ими ныне местностях, не могут при этом сохранять своего нынешнего подданства. Если они пожелают остаться подданными своего нынешнего Правительства, то должны оставить свое местожительство и удалиться на территорию, принадлежащую их Государю; если же они хотят остаться на постоянное жительство в занимаемых ими ныне местностях, то должны переменить подданство. Им однакож, будет предоставлен трехгодичный срок, считая со дня объявления им настоящей дополнительной статьи, для принятия ими решения по сему предмету. В продолжении этих трех лет они сохраняют свое право рыбной ловли, охоты или всякого иного промысла, которым они доселе занимались, на тех же условиях относительно преимуществ и обязанностей, которые существовали для них доселе на Курильских островах и острове Сахалине, но все это время они будут подчинены местным законам и постановлениям. По истечении этого срока все природные жители, которые окажутся на жительстве на взаимно уступленных территориях, делаются подданными того Правительства, к которому перешло владение территориею.

д) Всем природным жителям Курильских островов и острова Сахалина предоставляется полная и совершенная свобода отправления их веры. Храмы и кладбища будут неприкосновенными.

е) Постановления, заключающиеся в пяти предшествующих параграфах, будут иметь ту же силу и то же действие, как бы они были включены в текст трактата, подписанного в С.-Петербурге 25 Апреля(7 Мая) 1875 года. В удостоверение чего обоюдные Уполномоченные настоящую дополнительную статью подписали и приложили к оной печати своих гербов.

Учинено в двух экземплярах, в Токио, десятого(двадцать второго) Августа лета от Рождества Христова тысяча восемьсот семьдесят пятого, что соответствует двадцать второму дню восьмого месяца восьмого года Мэйжи.

Подписали:

(М. П.) К. Струве.
(М. П.) Терасима Мунепори.

상트페테르부르크조약(러시아어본)의 한글 번역문

1875년 4월 25일(5월 7일) 상트페테르부르크에서 체결된 쿠릴 열도와 사할린 교환에 대한 러일조약

사할린-치시마교환조약

전 러시아, 모스크바, 키예프, 블라디미르, 노브고로드의 황제이자 군주이며, 카잔의 차르, 아스트라한의 차르, 폴스크의 차르, 시베리아의 차르, 헤르소니스 타브리다의 차르, 그루지아의 차르이며, 프스코프의 군주이며, 스몰렌스크, 라트비아, 볼린스크, 포돌스크, 핀란드의 대공이며, 에스틀란디아, 리플란디아, 쿠를란디아, 세미갈스키, 사모깃스키, 벨로스톡스키, 코렐스키, 트베르, 유고르스키, 페름, 비야츠크, 불가리아 등등의 공후이며, 노브고로드 니제프스키, 체르니고프, 랴잔, 폴로트스크, 로스토프, 야로슬라블, 므스틸라프의 군주이자 대공이며, 나라의 북부 전역의 주권자이며, 이베르스크, 카르탈린스크, 카바르딘스크 땅과 아르메니아, 체르카스크 지역의 군주이며, 고르스크의 공후이며, 다른 모든 지역의 계승 군주이자 소유자이며, 노르웨이, 게르쬬그 슐레즈비크-골스틴스크, 스토르만스크, 디트마르센스크, 올덴부르그 등등, 등등, 등등의 계승자인 우리의 알렉산드르 2세에게 신의 은총이 깃들기를 기원하면서 우리와 일본국 황제 간에 진행된 협상의 결과를 통하여 1875년 4월 25일(5월 7일) 우리의 전권대표들이 상트페테르부르크에서 우리가 일본에 쿠릴 열도의 모든 부분을 양도하는 대신에 일본국 황제가 우리에게 사할린의 자기 소유의 모든 토지를 양도하는 조약을 체결하고 서명하였음을 공포한다. 조약의 문구는 다음과 같다.

러시아 제국 황제이자 전 러시아의 군주와 일본국 황제는 사할린 공동 소유로부터 기인하는 무수한 불편을 해소하고 기존에 그들 사이에 존재하는 우호적 조화가 공고화되기를 희망하면서, 전 러시아 제국 황제가 쿠릴 열도의 모든 부분을, 그리고 일본 제국 황제가 사할린(가라후토)에 대한 자기의 권리를 상호 양보하는 데 대한 조약을 체결하기로 결정하고 각기 자기의 전권대표를 다음과 같이 임명하였다.

전 러시아 제국 황제는 자기의 왕실 관방장이자, 금강석으로 장식된 황제의 초상화를 가지고 있고, 금강석으로 장식된 첫 사도 성 안드레이 러시아훈장, 성 블라디미르 1급 훈장, 성 알렉산드르 넵스키 훈장, 흰 독수리 훈장, 성 안나 1급 훈장, 성 스타니슬라브 1급 훈장의 수훈자이며, 프랑스 대십자가 명예부대 훈장, 에스파냐 황금 달 훈장, 이탈리아 아눈찌아다(Анунциада) 훈장, 오스트리아 성 스테판 훈장, 금강석으로 장식된 프러시아 검은 독수리 훈장 및 여타 다양한 외국 훈장의 수훈자인 알렉산드르 고르차코프(Александр Горчаков) 공작을 임명하였다.

일본국 황제는 자기의 최고 외교관이자 전 러시아 황제 궁전의 전권대신인 해군중장 이우시에 에노모토 다케아키를 임명하였다.

전술한 전권들은 아래의 조항들을 합의 및 결정하였다.

제1조
일본 제국 황제는 그 자신과 상속자들을 위하여 전 러시아 제국 황제에게 현재 자신이 소유하고 있는 사할린(가라후토) 영역 부분을 그것의 소유로부터 파생되는 모든 최고의 권한들과 함께 양도한다. 이로써 금후 상기 사할린(가라후토)은 그 전부가 러시아 제국에 속하게 될 것이며, 러시아 제국과 일본제국의 경계선은 라페루즈 해협을 따라 이 수역을 통과하게 될 것이다.

제2조
제1조에 설명된 바와 같이 사할린에 대한 권리를 러시아에 양보하는 대가로, 전 러시아 제국 황제는 그 자신과 상속자들을 위하여 일본 제국 황제에게 자신이 현재 소유하고 있는 쿠릴이라고 불리는 섬 집단을 그것의 소유로부터 파생되는 모든 최고의 권한들과 함께 양도한다. 이로써 금후 상기 쿠릴의 섬 집단은 일본 제국에 속하게 될 것이다. 이 집단은 하기의 18개 섬을 포함한다. 1) 슈무슈(Шумшу), 2) 알라이드(Алаид), 3) 파라무쉬르(Парамушир), 4) 마칸루쉬(Маканруши), 5) 오네코탄(Онекотан), 6) 하림코탄(Харимкотан), 7) 에카르마(Экарма), 8) 쉬아슈코탄(Шиашкотан), 9) 무시르(Муссир), 10) 라이코케(Райкоке), 11) 마투아(Матуа), 12) 라스투아(Растуа), 13) 스레드네프와 우쉬시르 섬(островки Среднева и Ушисир), 14) 케토이(Кетой), 15) 시무시르(Симусир), 16) 브로톤(Бротон), 17) 체르포이와 체르포예프 형제 섬(островки Черпой и Брат Черпоев), 18) 우루프(Уруп). 이로써 러시아 제국과 일본 제국의 경계선은 캄차카반도의 로파트카 곶과 슈무슈 섬 사이에 위치한 해협을 통과하게 될 것이다.

제3조
상기 2개의 이전 조항에 적시된 영역의 상호 양도는 본 조약의 비준서가 교환되는 즉시 시행되며, 상기 영역은 그것에 대한 소유가 개시되는 날로부터 자신의 새로운 소유자에게로 이전되지만, 직접 소유권이 수반되는 상호 양도는 비준서 교환일로부터 완전하고 무조건적인 것으로 간주되어야 한다.
공식 인도는 상기 각 체약 당사국이 지명한 1인 혹은 다수의 대리인으로 구성된 혼성위원회에 의해 시행될 것이다.

제4조
이전 조항들에 의하여 상호 양도되는 영역의 구성에는 사유재산이 아닌 모든 국유지, 무주지, 모든 국유 건물, 요새, 막사 및 여타 건물의 소유권이 포함된다. 그러나 현재 양국 정부가 소유하고 있는 건물과 동산은 정확하게 통보될 것이며, 이에 대한 평가는 제3조에 언급된 위원회에서 대리하게 될 것이다. 평가 금액은 양도된 영역에 대한 소유권이 이전되는 정부가 이 평가 금액을 지불하게 될 것이다.

제5조
일방과 타방으로부터 양도되는 영역의 거주민인 러시아 신민과 일본 신민에게는 자기의 국적을 유지하고 자국으로 돌아갈 수 있는 권한이 부여되지만, 만약 그들이 양도된 영역에 머물러 있고자 할 경우에는 그들에게 원주민인 신민들과 동일하게 생산활동을 영위할 수 있는 완전한 자유와 재산권 및 종교의 권한에 대하여 보호를 제공받게 될 것이며, 그들은 상호 간 영역의 소유권을 이전한 국가의 법률과 사법권에 종속된다.

제6조
사할린의 양도로부터 나오는 이익의 양보로 전 러시아 황제는 다음을 제공한다.
1. 비준서 교환일로부터 계산하여 10년 동안 여하한 항구세와 관세를 지불하지 않고 카르사코프(Карсаков) 항(쿠순코탄, Куссун-Котан)을 방문할 수 있는 권리를 일본 선박에 제공한다. 동 기간 만료 시 이 혜택의 유지 또는 취소는 전 러시아 황제의 의지에 따르게 될 것이다. 또한 전 러시아 황제는 카르사코프 항에 영사 또는 영사대리를 임명할 권리를 일본 정부에 부여한다.
2. 오호츠크 해 및 캄차카 항구에서의 해상 운송과 무역을 위하여, 그리고 동일 해역과 연안에서의 어로 활동을 위하여 러시아 제국의 선박과 상인이 누리는 권리 및 특권과 동일한 최혜국 권리와 특권을 일본의 선박과 상인에게 부여한다.

제7조
전권대표 에노모토 다케아키 해군중장의 위임장이 아직 임명된 장소에 도달하지 않았음에도 전보를 통하여 그것이 이미 일본으로부터 출발했다는 사실이 증명되었음에 주목하면서, 그리고 일본 전권대표들이 자기의 위임장을 부여받은 후 즉시 전권대표들의 교환 의식이 뒤따를 것이고 본 의식의 이행을 증명하기 위하여 특별의정서가 작성될 것임을 결정하면서, 본 조약의 서명을 더 이상 지체시키지 않기로 약속하였다.

제8조
본 조약은 전 러시아 황제와 일본 황제에 의해 승인되고 비준될 것이며, 이 비준서는 서명일로부터 6개월 이내에 또는 가능하면 보다 이르게 도쿄(에도)에서 교환될 것이다.
그 증표로 양국 전권대표들이 본 조약에 서명하고 인감을 날인하였다.
메이지 8년 5월 7일에 해당하는 1875년 4월 25일(5월 7일) 상트페테르부르크에서 2부가 작성되었다.

서명
고르차코프(Горчаков) [서명, 날인]
에노모토 다케아키(Эномотто Такеаки) [서명, 날인]

3) 베베르-고무라 각서(조선문제에 관한 각서〈朝鮮問題ニ關スル覺書〉, 1896)

○ 명칭
- 러시아어: Меморандум Вебера—Комура; Русско-японский меморандум, заключенный и подписанный в Сеуле 14/2 мая 1896 г. о Корее
- 일본어: 朝鮮問題ニ關スル覺書

○ 체결 국가: 일본, 러시아

○ 체결일: 1896년 5월 14일

○ 체결 장소: 서울(경성)

○ 서명자(또는 전권대사)
- 러시아: 카를 베베르(K. Вебер)
- 일본: 고무라 주타로(小村壽太郎)

○ 작성 언어: 영어

○ 체결 배경 및 과정

명성황후 시해 사건 이후, 고종은 일본의 위협을 피해 러시아 공사관으로 피신한다. 1896년 2월 발생한 아관파천 사건이다. 이로 인해 조선에서는 일본의 영향력이 약화되고 반대로 러시아가 급속히 영향력을 확대했다. 조선 정부도 이러한 상황을 이용하고자 니콜라이 2세 대관식에 축하사절을 보내 군사, 재정적 도움을 요청하였다. 그러나 러시아는 일본과의 관계를 고려해 소극적으로 대응하였고, 오히려 한성에서 러시아 공사 베베르와 일본 공사 고무라 주타로가 이른바 베베르-고무라 각서를 체결하게 된다. 일본은 조선에 대한 자국의 영향력 약화를 막기 위해 러시아와 협상에 나섰고, 러시아 역시 조선보다는 만주를 우선시하는 정책을 추진하고 있었기 때문에 조선문제로 인해 일본과 충돌하는 것을 원하지 않았다. 이처럼 양국의 이해 관계가 서로 부합하여 조약 체결에 이르게 된 것이다.

○ 주요 내용

총 4조항으로 이루어졌으며 제1, 2조는 고종의 환궁 문제를 비롯하여 당시 조선 내의 정치 상황을 인정하는 내용이었다. 즉 신변 안전이 확보될 때까지 환궁은 고종의 뜻에 따르는 것이며 현재 내각 또한 고종의 생각대로 임명되었음을 강조하고 있다. 제3, 4조는 일본이 조선에서 전신선과 자국민 보호를 명목으로 군대를 주둔시킬 수 있음을 러일 간 상호 협의한 내용이었다. 러시아도 일본군 인원을 초과하지 않는다는 조건으로 군대를 주둔시킬 권리를 획득했다.

○ 결과 또는 파급 효과

아관파천으로 조선에 대한 러시아의 영향력이 확대되는 와중에 체결된 조약이었다. 그럼에도 조약을 통해 일본군의 주둔을 인정하는 내용이 포함된 것은 당시 러시아가 조선보다는 만주에 관심을 기울이며 조선에서의 일본의 이권을 인정한 것이라 할 수 있다. 일본은 이 각서를 통해 조선에 군대를 주둔시킬 수 있는 권한을 보장받았지만, 러시아 역시 조선에 대한 영향력을 인정받으면서, 군대 주둔 권한까지 보장받게 되었다. 각서는 러시아와 일본이 한국과 만주를 둘러싸고 자국의 이해를 확보하기 위한 협상의 결과물이었다. 그렇지만 협상의 대상이었던 한국의 입장에서는 대신 임명에 관한 외국의 충고, 외국 군대의 주둔과 같이 자주권과 독립을 침해받는 내용을 담고 있었다. 러시아와 일본은 이후에도 본 각서의 연장선상에서 로바노프-야마가타 의정서, 로젠-니시 협정을 차례로 체결한다.

○ (조약문) 출처
- 『舊條約彙纂』제1권 제2부, 695~697쪽.
- Сборник договоров и дипломатических документов по делам Дальнего Востока. СПб. 1906 (Министерство иностранных дел), стр. 146~148.

베베르-고무라 각서(일본어본) 원문

朝鮮問題ニ關スル覺書

明治二十九年五月十四日京城ニ於テ調印(英文)
明治三十年二月二十六日發表

(譯文)
在京城日露兩國代表者ハ其ノ各自ノ政府ヨリ同樣ノ訓令ヲ受ケ協議ノ上左ノ通リ議定セリ

一、朝鮮國王陛下ノ王宮ヘ還御ノコトハ陛下御一己ノ裁斷ニ一任スヘキモ日露兩國代表者ハ陛下ガ王宮ニ還御アラセラルヽモ其ノ安全ニ付キ疑懼ヲ抱クニ及バザル時ニ至ラバ還御アランコトヲ忠告スヘシ又日本國代表者ハ茲ニ日本壯士ノ取締ニ付キ嚴密ナル措置ヲ執ルベキ保證ヲ與フ

二、現任內閣大臣ハ陛下ノ御一存ヲ以テ任命セラレタルモノニシテ多クハ過ル二年間國務大臣若クハ其ノ他ノ顯職ニ在リテ寬大溫和主義ヲ以テ知ラレタル人々ナリ日露兩國代表者ハ陛下ガ寬大溫和ノ人物ヲ其ノ閣臣ニ任命セラレ且ツ寬仁以テ其ノ臣民ニ對セラレンコトヲ陛下ニ勸告スルコトヲ以テ常ニ其ノ目的ト爲スベシ

三、露國代表者ハ左ノ點ニ付キ全ク日本國代表者ト意見ヲ同フス卽チ朝鮮國ノ現況ニテハ釜山京城間ノ日本電信線保護ノ爲メ或場處ニ日本國衛兵ヲ置クノ必要アルベキコト及現ニ三中隊ノ兵丁ヲ以テ組成スル所ノ該衛兵ハ可成速ニ撤回シテ之ニ代フルニ憲兵ヲ以テシ左ノ如ク之ヲ配置スベキコト卽チ大邱ニ五十人可興ニ五十人釜山京城間ニ在ル十箇所ノ派出所ニ各十人トス尤右ノ配置ハ變更スルコトヲ得ベキ憲兵隊ノ總數ハ決シテ二百人ヲ超過スベカラズ而シテ此等憲兵モ將來朝鮮政府ニ於テ安寧秩序ヲ囘復シタル各地ヨリ漸次撤囘スベキコト

四、朝鮮人ヨリ萬一襲擊セラルヽ場合ニ對シ京城及各開港場ニ在ル日本人居留地ヲ保護スル爲メ京城ニ二中隊釜山ニ一中隊元山ニ一中隊ノ日本兵ヲ置クコトヲ得但シ一中隊ノ人員ハ二百名ヲ超過スベカラズ該兵ハ各居留地ノ最寄ニ屯營スベク而シテ前記襲擊ノ虞ナキニ至リ次第之ヲ撤囘スベシ又露國公使館及領事館ヲ保護スル爲メ露國政府モ亦右各地ニ於テ日本兵ノ人數ニ超過セザル衛兵ヲ置クコトヲ得而シテ右衛兵ハ內地全ク靜謐ニ歸シ次第之ヲ撤囘スベシ

明治二十九年五月十四日京城ニ於テ
　日本國代表者　小村壽太郎
　露國代表者　ウエーバー

베베르-고무라 각서(일본어본)의 한글 번역문

메이지 29년 5월 14일 경성에서 조인(영문)
메이지 30년 2월 26일 발표

(번역문)

재경성(在京城) 러일 양국 대표자는 각자 정부로부터 같은 훈령을 받아 협의한 후에 다음과 같이 의정한다.

1. 조선 국왕 폐하가 왕궁에 환어(還御)하는 일은 폐하의 재단에 일임하나, 러일 양국 대표자는 폐하가 왕궁에 환어하시더라도 안전에 관해 의구를 품지 않게 될 때에 이른다면 환어하시도록 충고한다. 또한 일본국 대표자는 이에 일본 장사(壯士)의 단속에 관해 엄밀한 조치를 취할 것을 보증한다.

2. 현임 내각대신은 오로지 폐하의 생각으로 임명된 것으로 대부분 지난 2년간 국무대신 혹은 기타 현직(顯職)에 있어 관대, 온화주의로 알려진 사람들이다. 러일 양국 대표자는 폐하께서 관대, 온화한 인물을 내각 대신으로 임명하시고 또한 관인(寬仁)으로 신민을 대하실 것을 폐하게 권고하는 것을 항상 목적으로 한다.

3. 러시아 대표자는 다음의 사항에 관해 완전히 일본 대표자와 의견을 같이한다. 즉, 조선국의 현황에서 부산-경성 사이의 일본 전신선 보호를 위해 어느 곳에 일본 헌병을 둘 필요가 있을 것, 그리고 현재 3중대 병력으로 조성된 해당 위병은 가능한 조속히 철회하고 이를 대신하여 헌병으로 다음과 같이 배치할 것. 즉 대구에 50명, 가흥(可興)에 50명, 부산-경성 사이에 있는 10개소 파출소에 각 10명으로 한다. 다만 위 배치는 변경할 수 있어도 헌병대의 총수는 결코 200명을 초과해서는 안 된다. 그리고 이들 헌병 또한 장래 조선 정부가 안녕, 질서를 회복할 지역에서부터 점차 철회할 것이다.

4. 조선인으로부터 만일 습격을 당할 경우에 경성 및 각 개항장에 있는 일본인 거류지를 보호하기 위해 경성에 2중대, 부산에 1중대, 원산에 1중대의 일본병을 둘 수 있다. 다만 1중대의 인원은 200명을 초과해서는 안 된다. 해당 병력은 각 거류지 가까운 곳에 둔영(屯營)하며 위와 같은 습격의 우려가 없게 되는 대로 철회한다. 또한 러시아 공사관 및 영사관을 보호하기 위해 러시아 정부도 또한 위 각 지역에 일본군의 인원을 초과하지 않는 위병(衛兵)을 둘 수 있다. 그리고 이상의 위병은 내지가 온전히 정밀(靜謐)해지는 대로 철회한다.

메이지 29년 5월 14일 경성에서
　　일본 대표자 고무라 주타로
　　러시아 대표자　베베르

베베르-고무라 각서(러시아어본) 원문

Русско-японский меморандум, заключенный и подписанный в Сеуле 14/2 мая 1896 г. о Корее

Представители России и Японии в Сеуле, по совещании между собой, в силу тожественных инструкций своих правительств, пришли к следующим заключениям:

1. Предоставляя собственному усмотрению и решению корейского короля вопрос о возвращении его в свой дворец, оба представителя дружески посоветуют его величеству возвратиться туда, как скоро исчезнет всякое сомнение в его безопасности. Японский представитель даст со своей стороны заверение в том, что самые полные и действительные меры будут приняты для надзора за японскими ≪соси≫

2. Министры, составляющие настоящий кабинет, были назначены по свободному выбору его величества и большей частью уже занимали министерские или иные высокие должности в течение последних двух лет, будучи известны все как люди просвещенные и умеренные. Оба правительства всегда будут стараться советовать его

величеству назначать министров из лиц просвещенных и умеренных, а также выказывать милосердие к своим подданным.

3. Представитель России вполне разделяет мнение представителя Японии, что при настоящем положении вещей в Корее, повидимому, необходимо содержать в некоторых местностях японскую стражу для охраны японской телеграфной линии между Пусаном и Сеулом, а также, что охрану эту, состоящую ныне из трех строевых рот, следует отозвать при первой возможности и заменить жандармами, распределенными следующим образом: 50 чел. в Тайку, 50 чел. в Гахыне и по 10 чел. в каждом из промежуточных постов между Пусаном и Сеулом. Хотя распределение это может подлежать некоторым изменениям, но общее число жандармов никогда не должно превышать 200 чел., которые впоследствии будут постепенно отозваны из местностей, где мир и порядок будут восстановлены корейским правительством.

4. Для охраны японских поселений в Сеуле и в открытых портах от возможного нападения со стороны корейцев японские войска могут быть расположены: в составе двух рот в Сеуле, одной—в Пусане и одной—в Вонсане, причем численность каждой роты не должна превышать 200 чел. Эти войска будут размещены вблизи поселений и могут быть отозваны, как скоро опасность исчезнет. Для охраны русского посольства и консульств русское правительство может также содержать стражу, не превышающую количества японских войск в тех же местностях; она будет отозвана, как только восстановится спокойствие внутри страны.

Подписание такого документа означало, в сущности, признание Японией военно-политического преобладания России в Корее. Заслуживают внимания с этой точки зрения статьи 3 и 4 меморандума—они ограничивают численность японских вооруженных сил в Корее и предусматривают эвакуацию их при исчезновении опасности нападения на японцев со стороны «туземной черни». Вместе с тем, согласно этим статьям, Россия приобретала равное с Японией право посылать в Корею свои войска. Это было серьезной победой русской политики в Корее.

Сеул, 2 (14) мая 1896 года.

ПОДПИСАЛИ:

К. Вебер,

Ф. Комура

Сборник договоров и дипломатических документов по делам Дальнего Востока. СПб. 1906 (Министерство иностранных дел), стр. 146—148

베베르-고무라 각서(러시아본)의 한글 번역문

베베르-고무라 각서

경성에 주재하는 러시아와 일본 양국 대표자는 각자의 정부로부터 이 같은 내용의 훈령을 받고 협의한 후 다음과 같이 협정한다.

1. 조선 국왕의 환궁 문제는 국왕 자신의 재도(裁度)와 판단에 일임할 것이로되 러시아와 일본 양국의 대표자는 국왕이 환궁하더라도 그의 안전상 의구심을 품을 필요가 없다고 인정될 때에는 환궁하기를 충고할 것이다. 또 이때 일본국 대표는 일본인 장사(壯士)의 단속에 엄중한 조치를 취할 것을 보증한다.

2. 현임의 내각대신들은 국왕의 자유의사로 임명되었으며, 대다수는 지난 2년간 각부 대신 혹은 기타의 고위관직에 있으면서 관대하고 온화한 인물들로 알려져 있다. 러시아와 일본 양국 대표자는 국왕이 관대 온화한 인물을 그 내각대신에 임명하고, 또 관대하고 온건하게 그 신민을 대하기를 국왕에게 권고하는 것을 항상 그 목적으로 한다.

3. 러시아 대표자는 다음 사항에 대하여 전적으로 일본 대표와 의견을 같이한다. 즉 조선국의 현 상황에서 부산과 경성 사이에 놓여 있는 일본 전신선 보호를 위하여 몇몇 지점에 일본 위병을 배치할 필요가 있으며, 현재 3개 중대의 병정으로 구성된 위병은 가급적 속히 이를 철수하고 대신에 헌병을 아래와 같이 배치한다. 즉 대구에 50명, 가흥(可興)에 50명, 부산에서 경성 간에 있는 10개 파출소에 각 10명을 배치한다. 또한 위의 배치는 변경될 수도 있지만 헌병대의 총원은 결코 200명을 초과할 수 없다. 그리고 이들 헌병도 장래 조선 정부가 안녕 질서를 회복하게 되는 각 지역부터 점차 철수한다.

4. 조선인에게서 습격당하게 될 경우 경성과 개항장의 일본인 거류지를 보호하기 위하여 경성에 2개 중대, 부산에 1개 중대, 원산에 1개 중대의 일본군을 배치할 수 있다. 단 1개 중대 병력은 200명을 초과할 수 없다. 이들 병대는 각 거류지 인근에 주둔하되 전술한 습격의 우려가 없게 되면 이를 철수한다. 또 러시아 공사관과 영사관을 보호하기 위하여 러시아 정부도 역시 위의 각 지역에서 일본군의 숫자를 초과하지 않는 위병을 배치할 수 있다. 그리고 이 위병은 내지가 완전히 평온하게 되는 대로 이를 철수한다.

1896년 5월 14일 경성에서

일본 대표자 고무라 주타로 (인)
러시아 대표자 베베르 (인)

4) 로바노프-야마가타의정서(조선문제에 관한 러일 간 의정서〈朝鮮問題ニ關スル議定書〉, 1896)

○ 명칭
- 러시아어: Протокол Лобанова—Ямагаты
- 일본어: 朝鮮問題ニ關スル議定書, 朝鮮問題ニ關スル日露間議定書

○ 체결 국가: 일본, 러시아

○ 체결일: 1894년 5월 28일(6월 9일).

○ 체결 장소: 모스크바

○ 서명자(또는 전권대사)
- 러시아: 로바노프 로스토브스키(А. Б. Лобанов-Ростовский)
- 일본: 야마가타 아리토모(山縣有朋)

○ 작성 언어: 프랑스어

○ 체결 배경 및 과정

명성황후 시해 사건과 단발령으로 인해 조선 내에서 반일감정이 강화된 상황에서 1896년 2월 11일 고종마저 러시아 공사관으로 피신하자 조선에 대한 일본의 영향력은 급속도로 약화되었다. 이에 일본은 조선문제에 관해 러시아와 협상을 시도했고, 러시아 역시 이에 응하였다. 조선에서 러시아의 영향력이 확대되고 있었지만 당시 러시아의 동아시아 정책의 주요 대상은 한국이 아닌 중국, 특히 만주 지방이었다. 또 러시아는 공사 중이었던 시베리아 횡단 철도가 완성되어 동아시아에서 러시아의 군사적 우위가 확보되는 시점까지 일본과의 직접 충돌을 피한다는 방침을 세우고 있었다. 이와 같은 일본과 러시아의 의도하에 먼저 1896년 5월 14일 서울에서 베베르-고무라 각서가 체결되었고, 이 각서를 바탕으로 러시아 황제 니콜라이 2세 대관식에 참석한 야마가타 아리토모 특사와 러시아 외상 로바노프가 수차례 회담을 갖게 되었다. 주요 안건은 조선 및 동아시아 문제로, 회담에서 야마가타는 조선에 대한 남북 분할안을 제시하였다. 아관파천으로 조선에서의 영향력을 확대하고 있던 러시아로서는 분할 제안을 받아들일 이유가 없었다고도 할 수 있다. 그러나 만주 이권에 대한 관심이 높았던 러시아는 일본과의 마찰을 피하고자 했고, 타협 결과 베베르-고무라 각서의 연장선상에서 로바노프-야마가타 의정서가 체결되었다.

○ 주요 내용

본 조약 4개 조항과 비밀조관 2조로 구성되었다. 제1조는 러일 양 정부의 조선에 대한 재정 원조를 규정하고 있었다. 제2조는 조선 정부에 의한 군대 및 경찰 유지를 규정해 러일 간의 상호 견제 조치로 마련되었다. 제3조는 전신선과 관련하여 이전에 체결한 베베르-고무라 각서에서 일본의 전신선 보호를 규정한 것에 더하여 러시아 또한 전신선 가설 권리를 명문하였다. 이상의 내용에 더하여 제4조는 추가적인 협의 사항이 필요할 경우 재차 논의할 것을 규정하였다. 이상의 본 조약에 더하여 당시 비밀조관으로 2조항이 첨부되었다. 제1조는 러일 양국 군대의 조선 주둔에 대한 내용이었는데 베베르-고무라 각서에서 제한된 인원만이 주둔하도록 규정된 것에 비해, 본 비밀조관에서는 별도의 제한 없이 양국 군대 파견이 협의되었으며 양군의 충돌을 막기 위한 각각의 용병 지역을 확정할 것까지 규정하고 있었다. 제2조는 이상의 군대 조직과 주둔이 실현되기 전까지는 베베르-고무라 각서가 유효함을 확인하는 내용이다.

○ 결과 또는 파급 효과

이 의정서는 러시아와 일본 중 어느 한 국가의 조선에 대한 영향력이 절대적으로 증대되는 것을 막기 위한 상호 견제 조치였다. 그러나 조선의 입장에서는 러시아와 일본이 자신들의 이권을 지키기 위해 자의적으로 조선에 군대 파견을 결정하는 등 정치적, 군사적 자주권을 크게 침해받는 내용을 담고 있었다. 비밀조관이 포함된 의정서는 고종 환궁 이후 일본에 의해 조선 정부에도 알려지게 되었다. 아관파천 후 러시아에 특사를 파견하며 도움을 요구하던 와중에 이 같은 러일 간 협상이 이루어졌다는 사실로 인해 러시아에 대한 조선의 신뢰는 무너지게 되었다. 한편 러시아와 일본은 이후 본 조약 제4조에 따라 로젠-니시 협정을 맺으며 본 조약은 사실상 폐지되었다.

○ (조약문) 출처
- 『舊條約彙纂』제1권 2부, 697~698쪽.
  『日本外交年表竝主要文書』上卷, 176쪽.
- *АВПРИ. фонд Секретный архив. Опись 467. Год 1897 гг. дело 153/159. Листы 13-14 об.*

로바노프-야마가타의정서(일본어본) 원문

朝鮮問題ニ關スル日露間議定書

明治二十九年六月九日「モスクウ」ニ於テ調印(佛文)
明治三十年二月二十六日發表

(譯文)
日本國皇帝陛下ノ特命全權大使陸軍大將山縣侯爵及露西亞國外務大臣ル、スクレテール、デター、プランス、ロバノフ、ロストウスキーハ朝鮮國ノ形勢ニ關シ其ノ意見ヲ交換シ左ノ諸條ヲ協議決定セリ

第一條
日露兩國政府ハ朝鮮國ノ財政困難ヲ救濟スルノ目的ヲ以テ朝鮮國政府ニ向テ一切ノ冗費ヲ省キ且其ノ歲出入ノ平衡ヲ保ツコトヲ勸告スヘシ若シ萬止ヲ得ザルモノト認メタル改革ノ結果トシテ外債ヲ仰クコト必要トナルニ到レバ兩國政府ハ其ノ合意ヲ以テ朝鮮國ニ對シ其ノ援助ヲ與フベシ

第二條
日露兩國政府ハ朝鮮國財政上及經濟上ノ狀況ノ許ス限リハ外援ニ藉ラスシテ內國ノ秩序ヲ保ツニ足ルベキ內國人ヲ以テ組織セル軍隊及警察ヲ創設シ且ツ之ヲ維持スルコトヲ朝鮮國ニ一任スルコトヽスベシ

第三條
朝鮮國トノ通信ヲ容易ナラシムル爲メ日本國政府ハ其ノ現ニ占有スル所ノ電信線ヲ引續キ管理スベシ
露國ハ京城ヨリ其ノ國境ニ至ル電信線ヲ架設スルノ權利ヲ留保ス
右諸電信線ハ朝鮮國政府ニ於テ之ヲ買收スベキ手段附キ次第之ヲ買收スルコトヲ得ルモノトス

第四條
前記ノ原則ニシテ尙ホ一層精確且詳細ノ定義ヲ要スルカ又ハ後日ニ至リ商議ヲ要スベキ他ノ事項生ジタルトキハ兩國政府ノ代表者ハ友誼的ニ之ヲ妥協スルコトヲ委任セラルベシ

千八百九十六年六月九日/五月二十八日「モスクウ」府ニ於テ之ヲ書ス
　　　　山縣　手署
　　　　ロバノフ　手署

秘密條款

第一條

原因ノ内外タルヲ問ハズ若シ朝鮮國ノ安寧秩序亂レ若クハ將ニ亂レントスルノ危懼アリテ而シテ若シ日露兩國政府ニ於テ兩國臣民ノ安寧ヲ保護シ及電信線ヲ維持スルノ任務ヲ有スル軍隊ノ外其ノ合意ヲ以テ更ニ軍隊ヲ派遣シ内國官憲ヲ援助スルヲ必要ト認メタルトキハ兩帝國政府ハ其ノ軍隊間ニ總テノ衝突ヲ豫防スル爲メ兩國政府ノ軍隊ノ間ニ全ク占領セサル空地ヲ存スル樣各軍隊ノ用兵地域ヲ確定スヘシ

第二條

朝鮮國ニ於テ本議定書ノ公開條款第二條ニ揭クル内國人ノ軍隊ヲ組織スルニ至ル迄ハ朝鮮國ニ於テ日露兩國同數ノ軍隊ヲ置クコトノ權利ニ關シ小村氏ト「ル、コンセイエー、デタ―、アクチユエル、ド、ウエバー」氏ノ記名シタル假取極ハ其ノ效力ヲ有スヘシ朝鮮國大君主ノ護身上ニ關シ現ニ存在スル狀態モ亦特ニ此ノ任務ヲ有スル内國人ヲ以テ組織セル一隊創設セラルヽ迄ハ均シク之ヲ繼續スヘシ

千八百九十六年六月九日・五月廿八日「モスクワ」府ニ於テ之ヲ書ス
    山縣　手署
    ロバノフ　手署

로바노프-야마가타의정서(일본어본)의 한글 번역문

메이지 29년 6월 9일 '모스크바'에서 조인(프랑스어)
메이지 30년 2월 26일 발표

(번역문)
일본국 황제 폐하의 특명전권 대사 육군대장 야마가타(山縣) 후작과 러시아 외무대신 로바노프 로스토브스키는 조선국의 형세에 관해 의견을 교환하고 다음의 조항들을 협의, 결정하였다.

제1조
러일 양국 정부는 조선국의 재정 곤란을 구제하는 목적으로 조선국 정부에 일체의 헛된 비용을 아끼고 또한 세출입의 균형을 유지하기를 권고한다. 만일 어쩔 수 없다고 인정되는 개혁의 결과 외채를 청할 필요에 이른다면 양국 정부는 합의하여 조선국에 대해 원조를 제공할 것이다.

제2조
러일 양국 정부는 조선국 재정상 및 경제상의 상황이 허락하는 한 외부의 원조를 빌리지 않고 내국 질서를 유지하기에 충분할 내국인으로 조직한 군대 및 경찰을 창설하고 또한 이를 유지하는 것을 조선국에 일임하기로 한다.

제3조
조선국과의 통신을 용이하게 하기 위해 일본국 정부는 현재 점유한 전신선을 계속하여 관리할 것이다.
러시아는 경성에서 그 국경에 이르는 전신선을 가설할 권리를 보유한다.
이상 모든 전신선은 조선국 정부가 이를 매수할 수단이 생기는 대로 매수할 수 있다.

제4조
위의 원칙으로 또한 한층 정확, 상세한 정의(定義)를 필요로 하거나 후일에 이르러 상의를 요할 다른 사항이 발생할 경우, 양국 정부 대표자는 우호적으로 이를 타협하는 것을 위임한다.

비밀조관

제1조
원인의 내외를 불문하고 만일 조선국의 안녕, 질서가 흔들리거나 장차 혼란해질 우려가 있으며 만일 러일 양국 정부가 양국 신민의 안녕을 보호하고 전신선을 유지할 임무를 가진 군대 외에, 합의를 통해 재차 군대를 파견하고, 내국 관헌을 원조할 필요가 인정될 경우 양 제국 정부는 군대 사이에 모든 충돌을 예방하기 위해 양국 정부의 군대 사이에 완전히 점령하지 않은 공지(空地)를 갖도록 각 군대의 용병 지역(用兵地域)을 확정한다.

제2조
조선국이 본 의정서의 공개 조관 제2조에 게재한 내국인의 군대를 조직하는 데 이르기까지는 조선국이 러일 양국이 같은 수의 군대를 둘 권리에 관해 고무라 씨와 웨버 씨가 기명한 임시 결정(假取極)은 효력을 가질 것이다. 조선국 대군주의 호신상에 관해 현존하는 상태 또한 특별히 이 임무를 가진 내국인으로 조직한 일대(一隊)를 창설할 때까지 모두 이를 계속할 것이다.

1896년 6월 9일/5월 28일 '모스크바'에서 쓰다.
    야마가타　수서(手署)
    로바노프　수서(手署)

로바노프-야마가타 의정서(러시아어본) 원문

Протокол

Стац-Секретарь Князь Лобанов-Ростовский, Министр иностранных дел России и Маршал Маркиз Ямагата, Чрезвычайный Посланник Его Величества Императора Японского, обменявшись взглядами на положение в Корее, согласились на следующих статьях:

I

Правительства России и Японии с целью помочь финансовым затруднениям Кореи посоветуют Корейскому правительству отменить все бесполезные расходы и установить равновесие между его расходами и его доходами. Если вследствие реформ, признанных необходимыми, нужно было бы прибегнуть к займам за границей, то оба Правительства окажут взаимным соглашением их поддержку Корее.

II

Правительства Русское и Японское попытаются предоставить Корее, насколько это позволит финансовое и экономическое положение этой страны, создание и содержание сильной армии и туземной полиции, в пропорциях достаточных, чтобы поддерживать внутренний порядок, не прибегая к посторонней помощи.

III

В целях облегчить сношения с Кореей, Японское правительство будет продолжать заведовать телеграфными линиями, которые в настоящее время находятся в ее руках.
За Россией сохраняется право установить телеграфную линию от Сеула к ее границам.
Эти различные линии могут впоследствии быть выкуплены Корейским правительством, когда у него на это будут средства.

IV

В случае, вышеуказанные принципы потребовали бы более точного определения, или если впоследствии возникли бы новые вопросы, на которые было бы необходимо вновь уславливаться, на представителей обоих Правительств будет возложено по-дружески согласоваться поэтому поводу.

Секретные статьи

I

Если бы спокойствие и порядок были нарушены, или если бы им угрожала опасность в Корее, вследствие каких-либо причин внутренних или внешних, или если бы Правительства Русское и Японское взаимным соглашением признали необходимым придти на помощь местным властям посылкой войск в помощь тем, на которых возложена охрана безопасности туземцев и предохранение телеграфных линий-оба Императорские Правительства, ввиду предупреждения всякого конфликта между их вооруженными силами, точно укажут сферы их взаимных действий, таким образом, чтобы оставить между войсками обоих Правительств пространство, абсолютно свободное от оккупации.

II

До сформирования в Корее туземных войск, упоминаемых в статье II-ой явных статей настоящего, предварительное соглашение, подписанное Действительным Статским Советником Фон Бевером и Г-ном Комура по поводу права России и Японии содержать по равному числу войск в Королевстве, останется в силе.

Что же касается личной безопасности короля, то заведенный для этой цели порядок, также будет в настоящее время сохранен в ожидании создания туземного отряда, специально предназначенного для этой службы.

Написан в Москве 28 мая/9 июня 1896 г.

(Подпись) Лобанов (Подпись) Ямагата

АВПРИ. фонд Секретный архив. Опись 467. Год 1897 гг. дело 153/159. Листы 13-14 с об.

로바노프-야마가타 의정서(러시아어본)의 한글 번역문

의정서

상서 로바노프-로스토브스키 백작과 대일본 제국 비상공사인 야마가타 후작 원수는 조선문제에 대한 견해를 교환하고 다음과 같은 조항들에 합의하였다.

I
러시아와 일본 정부는 조선의 재정적 난관에 도움을 주기 위하여 조선 정부에 모든 불필요한 지출을 없애고 수입과 지출의 균형을 유지하도록 조언한다. 만약 필요하다고 인정된 개혁의 결과 외국으로부터 차관을 공여받을 필요가 있을 경우 양국 정부는 상호 협정으로 조선에 지원을 한다.

II
러시아와 일본 정부는 조선의 재정적, 경제적 상황이 허용하는 한 외국의 도움 없이 국내의 무질서를 진압하기에 충분한 비율로 강력한 군대와 원주민 경찰을 창설하고 유지하는 것을 조선에 제공하도록 노력할 것이다.

III
일본 정부는 조선과 교류를 원활히 하기 위해 현재 보유 중인 전신선을 계속 확보할 것이다.
러시아에게는 서울부터 러시아 국경까지 전신선 가설권이 보존된다.
이 전신선들은 향후 조선 정부가 필요한 자금을 마련하면 매수할 수 있다.

IV
이상에서 언급한 원칙들이 더 정확한 정의를 필요로 할 경우 또는 이후 재논의를 필요로 하는 새로운 문제들이 발생할 경우 양국 정부 대표자들은 이에 대한 우호적 협의를 할 의무가 있다.

비밀조항

I
만약 국내의, 또는 국가 외부적 원인들로 인하여 조선의 평온과 질서가 붕괴되었거나 위험에 처할 경우, 또는 원주민들의 안전을 도모하고 전신선을 방어해야 하는 의무를 가진 러시아와 일본 정부가 군대를 파견하여 조선 정부를 도와야 한다고 상호 협정으로 인정할 경우 양 제국 정부는 양국 군사력이 충돌하는 경우를 절대 방지하기 위하여 양국 정부의 군대 사이에 완전 중립 지대를 남겨두는 방법으로 상호 활동 영역을 정확히 지정한다.

II

본 의정서의 공개 조항 2항에서 언급하고 있는 조선의 원주민 군대가 형성될 때까지는, 러시아와 일본이 왕국에 동일한 숫자의 군대를 유지할 권리를 가진다는 4등 문관 베베르와 고무라가 조인한 이전의 협정은 효력을 유지한다.

조선 국왕의 개인 경호는 특별히 이 임무만을 담당하고 있는 원주민 부대가 창설될 때까지 기다리면서 이러한 목적으로 현재까지 만들어진 질서를 유지한다.

1896년 5월 28일(6월 9일) 모스크바에서 작성되었다.

(서명) 로바노프 (서명) 야마가타

5) 로젠-니시협정(1898)

○ 명칭
- 러시아어: Протокол Ниси—Розена; Токийский протокол; Соглашение 25 апреля 1898 года между Российской империей и Японской империей о Корее
- 일본어: 朝鮮問題ニ關スル議定書

○ 체결 국가: 일본, 러시아

○ 체결일: 1898년 4월 25일

○ 체결 장소: 도쿄

○ 서명자(또는 전권대사)
- 러시아: 로만 로마노비치 로젠(Роман Романович Розен)
- 일본: 니시 도쿠지로(西德二郎)

○ 작성 언어: 프랑스어

○ 체결 배경 및 과정

러시아와 일본은 1896년 베베르-고무라 각서와 로바노프-야마가타 의정서 체결로 한국에 관한 입장을 정리하였다. 하지만 1897년 2월에 1년간 러시아 공사관에 머물고 있던 고종이 환궁하면서 조선의 정치 상황이 변하게 되었다.

1896년의 로바노프-야마가타 의정서 제2조의 군대, 경찰 조직 구성을 조선국에 일임하기로 한 규정에도 불구하고 러시아는 군사 교관 및 재정 고문을 파견한다. 그러나 러시아 내부의 정치 변동, 독일의 자오저우만 점령 등에 따라 조선에 대한 적극적인 진출 정책은 수정되어 다시금 만주로의 세력 확대에 힘을 쏟게 된다. 1898년 3월 러시아는 군사 교관과 재정 고문을 조선에서 철수시키고 중국의 뤼순, 다롄을 강점, 조차한다. 일본은 이 같은 러시아의 움직임을 예의주시하여 러시아는 만주를, 일본은 한국을 통치하는 것을 각각 인정하는 이른바 만환교환론을 러시아에 제의하였다. 로바노프-야마가타 의정서 제4조에서 향후 상의를 필요로 하는 사항이 발생할 경우 양국이 다시 타협할 수 있다는 규정을 근거로 일본과 러시아 사이에 재차 교섭이 이루어진 것이다. 그 결과 니시 도쿠지로 일본 외무대신과 로젠 러시아 주일 공사 사이의 협정이 체결되기에 이른다.

○ 주요 내용

전체 3개 조로 구성되었으며 러일 양국이 한국 내정에 직접적인 간섭을 하지 않으며(제1조), 재정 고문 및 군사 교관 임명에 대한 양국의 협의(제2조)가 규정되었다. 마지막 제3조에서는 일본의 상공업 우위와 일본인 거류민이 다수임을 인정하고 한국에서의 일본의 이권을 인정하여 러시아가 한일 사이의 상공업 발달 관계에 간섭하지 않을 것임을 명시했다.

동 협정은 총 3개조로 이루어져 있으며, 주요 내용은 다음과 같다.

제1조 러시아와 일본은 조선의 주권 및 완전한 독립을 확인하고 그 내정에 직접 간섭하지 않는다.

제2조 러시아와 일본 양국 정부는 조선이 일본 혹은 러시아에 도움을 요청할 경우 군사 교관 혹은 재정 고문관의 임명에 관해서 상호 협상 없이는 어떠한 조치도 취하지 않는다.

제3조 러시아 정부는 조선에서 일본의 상업 및 공업 기업이 크게 발달한 것과 일본 거류민이 다수라는 점을 인정하여 한일 양국 간에 상업상 및 공업상 관계 발전을 방해하지 않는다.

○ 결과 또는 파급 효과

러시아와 일본은 이 협정을 통해 조선에서 어느 한쪽의 정치적 영향력이 우세해지는 것을 막고자 하였다. 하지만 실질적으로는 조선에 군사 교관과 재정 고문을 파견하여 영향력을 확대했던 러시아를 견제하려는 일본의 의도가 더 크게 작용하였다. 또한 일본은 러시아로부터 조선에서 일본의 경제적 이해가 크다는 것을 인정받았다. 러시아는 자국의 만주 진출에 대한 일본의 반발을 무마하기 위해서 이처럼 조선문제에서 일본에게 일정하게 양보한 것이었다.

다만 러시아 또한 완전히 한국 진출을 포기한 것은 아니었다. 조선이 아닌 중국을 통한 부동항 획득을 위해 뤼순, 다롄을 조차했지만 한계가 있었고, 이에 마산포를 조차했던 것이다. 한편 중국에서 발생한 의화단 운동을 계기로 러시아는 만주를 점령하였다. 러시아의 이 같은 움직임에 대응하기 위해 영국과 일본은 1902년 영일동맹을 체결하게 된다. 한국과 만주를 둘러싼 러일의 긴장관계는 마침내 1904년의 러일전쟁 발발로 이어지는 원인을 제공한 것이다.

○ (조약문) 출처
- 『舊條約彙纂』제1권 제2부, 699~700쪽.

로젠-니시협정(일본어본) 원문

朝鮮問題ニ關スル議定書

明治三十一年四月二十五日東京ニ於テ調印(佛文)
同年五月十日官報彙報欄揭載

(譯文)
日本國皇帝陛下ノ外務大臣西男爵及全露西亞國皇帝陛下ノ「コンセイユー、デター、アクチユエル」侍從特命全權公使「ローゼン」男爵ハ之カ爲メ各相當ノ委任ヲ受ケ千八百九十六年(六月九日、五月二十八日)「モスクウ」ニ於テ陸軍大將山縣侯爵ト「スクレテール、プター、プランス、ロバノフ」トノ間ニ調印セラレタル議定書第四條ニ準據シ左ノ條款ヲ協定セリ

第一條　日露兩帝國政府ハ韓國ノ主權及完全ナル獨立ヲ確認シ且ツ互ニ同國ノ內政上ニハ總テ直接ノ干涉ヲ爲サルヽコトヲ約定ス

第二條　將來ニ於テ誤解ヲ來スノ虞ヲ避ケンカ爲メ日露兩帝國政府ハ韓國カ日本國若ハ露國ニ對シ勸言及助力ヲ求ムルトキハ練兵敎官若ハ財務顧問官ノ任命ニ就テハ先ツ相互ニ其協商ヲ遂ケタル上ニアラサレハ何等ノ處置ヲ爲サヽルコトヲ約定ス

第三條　露西亞帝國政府ハ韓國ニ於ケル日本ノ商業及工業ニ關スル企業ノ大ニ發達セルコト及同國居留日本國臣民ノ多數ナルコトヲ認ムルヲ以テ日韓兩國間ニ於ケル商業上及工業上ノ關係ノ發達ヲ妨碍セサルヘシ

千八百九十八年四月二十五日東京ニ於テ本書二通ヲ作ル
西 (印)
ローゼン (印)

로젠-니시협정(일본어본)의 한글 번역문

메이지 31년 4월 25일 도쿄에서 조인(프랑스어)
같은 해 5월 10일 관보 휘보란 게재

(번역문)
일본국 황제 폐하의 외무대신 니시(西) 남작과 전(全) 러시아국 황제 폐하의 '콘세예 디 타 액츄엘(conseiller d'etat actuel)' 시종(侍從) 특명전권 공사 '로젠' 남작은 각각 상당한 위임을 받아 1896년(6월 9일, 5월 28일) 모스크바에서 육군대장 야마가타 후작과 로바노프 사이에 조인된 의정서 제4조에 준거하여 다음과 같은 조관을 협정하였다.

제1조
러일 양 제국 정부는 한국의 주권 및 완전한 독립을 확인하고 또한 서로 한국의 내정에는 모두 직접적인 간섭을 하지 않기로 약정한다.

제2조
장래 오해를 불러올 우려를 피하기 위해, 러일 양 제국 정부는 한국이 일본국 혹은 러시아국에 대해 권언(勸言)과 조력을 요구할 경우 연병교관(練兵敎官) 혹은 재무고문관(財務顧問官)의 임명에 관해 우선 서로 그 협상을 거친 후가 아니라면 어떠한 조치도 취하지 않을 것을 약정한다.

제3조
러시아 제국 정부는 한국에서 일본의 상업 및 공업에 관한 기업이 크게 발달한 것, 한국 거류 일본국 신민이 다수인 것을 인정하여 한일 양국 사이에 상업상, 공업상의 관계 발달을 방해하지 않는다.

1898년 4월 25일 도쿄에서 본서 2통을 작성하다.
니시 (인)
로젠 (인)

로젠-니시 협정(러시아어본) 원문

Протокол

Доставлена при записке Министра Иностранных дел
от 27 апреля 1898 года за No. 29.

Действительный Статский Советник и Камергер Барон Розен, Чрезвычайный Посланник и Полномочный Министр Его Величества Императора Всероссийского и Барон Нисси, Министр Иностранных Дел Его Величества Императора Японии, на основании IV статьи протокола, подписанного в Москве 28 мая/9 июня 1896 года Статс-Секретарем Князем Лобановым-Ростовским и Маршалом Маркизом Ямагата, и надлежаще к сему уполномоченные, согласились о нижеследующих статьях:

Статья 1.
Российское и Японское Императорские Правительства окончательно признают державные права и полную независимость Кореи и взаимно обязуются воздерживаться от всякого непосредственного втечательства во внутренние дела этой страы.

Статья 2.
Желая избежать всякий повод к недоразумениям в будущем, Российское и Японское Императорские Правительства взаимно обязуются, в случае если Корея обратиться за советами или помощью либо к России, либо к Японии не принимать никаких мер к назначению военных инструкторов и финансовых советников, без предварительного между собой соглашения по сему предмету.

Статья 3.
Ввиду широкого развития торговых и промышленных предприятий Японии в Корее и значительного числа японской-подданых, проживающих в этой стране, Российское Императорское Правительство не будет препятствовать развитию торговых и промышленных сношении между Японией и Кореей.

Составлен в Токио, в двух экземплярах, 13/25 апреля 1898 года.

Подписали:
Розен. Нисси.

로젠-니시 협정(러시아어본)의 한글 번역문

협정서

전(全) 러시아 제국 황제의 비상공사이자 전권공사인 4등관이며 시종인 로젠 남작과 일본 제국 황제의 외무상 니시 남작은 1896년 5월 28일(6월 9일) 상서 로바노프-로스토브스키 백작과 후작이자 원수인 야마가타가 모스크바에서 조인한 의정서 제4항에 기초하여 다음과 같은 조항들에 합의하였다.

제1항
러시아 제국 정부와 일본 제국 정부는 대한제국의 국권과 완전한 자주권을 최종적으로 인정하며, 이 나라의 내정에 대한 모든 종류의 직접적 간섭을 자제할 상호 의무를 가진다.

제2항
향후 여하한 오해의 소지도 피하기를 희망하면서 러시아와 일본 제국 정부는 만약 대한제국이 러시아 또는 일본에 조언이나 지원을 요청할 경우 이 문제에 관해 상호 간 맺은 사전 협정 없이는 군사 교관단과 재정 고문의 지정에 관한 여하한 조치도 취하지 말아야 할 상호 의무를 가진다.

제3항
대한제국에서 일본의 통상 및 산업 기업들이 폭넓게 발전되어 있고 이 나라에 거주하는 일본 공민들의 숫자가 상당히 많은 점을 고려하여 러시아 제국 정부는 일본과 대한제국 간 통상 및 산업 교류의 발전을 방해하지 않을 것이다.

1898년 4월 13/25일 도쿄에서 2부 작성됨.

서명함.
로젠   니시

6) 러일강화조약[포츠머스조약](1905)

○ 명칭
- 러시아어: Мирный Договор между Россией и Японией, заключенный в Портсмуте 23 августа, (5 сентября) 1905 года.
- 일본어: 講和条約

○ 체결 국가: 일본, 러시아

○ 체결일: 1905년 9월 5일(8월 23일)
- 조약 비준일: 1905년 11월 25일(11월 14일)

○ 체결 장소
- 미국 뉴햄프셔주 포츠머스(체결) / 워싱턴(비준서 교환)

○ 서명자(또는 전권대사)
- 러시아: 세르게이 비테(Сергей Витте.)
   로젠(Рома́н Рома́нович Ро́зен)
- 일본: 고무라 주타로(小村壽太郞)
   다카히라 고고로(高平小五郞)

○ 작성 언어: 영어, 프랑스어

○ 체결 배경 및 과정

1904년 2월 일본군이 중국 뤼순의 러시아 해군기지를 기습하면서 러일전쟁이 시작되었다. 1905년 1월 펑톈전투와 5월의 동해해전에서 일본군이 러시아군에 승리하면서 일본이 전쟁의 승기를 잡았다. 한편 일본은 펑톈전투 직후인 3월 30일 러시아와의 강화를 유리하게 이끌기 위한 사할린 점령 계획을 세웠고, 6월 18일에는 사할린 점령을 위하여 남부 코르사코프와 알렉산드로프에 상륙시킨다는 세부 계획이 확정되었다. 이에 따라 7월 9일에 선발대가 남부 코르사코프에 상륙했고, 24일에는 주력이 알렉산드로프에 상륙하였으며, 31일 사할린 주둔 러시아군이 항복함에 따라 일본군은 사할린 전역을 장악하게 되었다.

사실 일본군은 전쟁의 장기화로 인해 막대한 재정적 부담을 지고 있었고, 이에 따라 봉천전투 이후 더 이상 북진할 수 있는 여력이 없는 처지였다. 러시아 역시 일본군에 계속 패전하는 상황에서 프랑스와 독일을 상대로 전쟁 비용을 부담하기 위해 발행한 외채의 부담이 가중되는 등 재정난에 직면해 있었다. 더구나 1905년 1월 9일 상트페테르부르크의 '피의 일요일' 사건은 러시아 정부의 위기감을 한층 가중시키고 있었다. 요컨대 러시아에 결코 유리하지 않은 이와 같은 내외 상황은 러시아로 하여금 일본과의 강화에 관심을 가지지 않을 수 없게 만들었다.

일본은 이러한 유리한 전황을 활용하여 미국의 루스벨트(Theodore Roosevelt) 대통령에게 러시아와의 강화를 알선해 주도록 요청하였다. 그 결과 1905년 8월 10일부터 비테(Витте)와 고무라 주타로(小村壽太郞)가 포츠머스에서 만나 협상에 돌입하였다.

사할린 문제가 논의된 것은 8월 15일부터였다. 당연히 양자 간의 절충은 쉽지 않았다. 사할린 문제와 관련한 러시아 측 최초 주장은 다음과 같았다. 첫째, 영토의 할양 등은 전쟁을 계속할 수 없을 정도로 결정적으로 패배한 나라가 하는 것이므로 러시아는 이를 받아들일 수 없다. 둘째, 러시아의 사할린 영유가 일본의 안전을 위협한다고 할 수 없다. 셋째, 어업권 등의 이권은 일본에 부여해도 무방하다.

반면 일본 측 주장은 다음과 같았다. 첫째, 일본 국민들은 1875년 조약에 의한 러시아의 사할린 영유를 러시아에게 침략당했다고 생각하면서 사할린의 회복을 요구하고 있다. 둘째, 사할린은 러시아에 있어서는 변경이지만, 일본에게는 본토와 가까우므로 안전상의 문제와 직결된다. 셋째, 현재 일본이 사할린을 점령하고 있으므로 러시아는 이 점령을 계속 묵인하거나 할양할 수밖에 없다.

이러한 양측 주장이 접근할 여지는 그다지 많지 않았지만, 결국에는 배상금과 사할린 할양을 포기하더라도 강화 교섭을 타결시키고자 하는 일본 측의 의도와 북위 50도를 경계로 사할린 남부를 일본에 양도한다는 러시아 측의 제안이 접점을 찾아서 교섭이 극적으로 타결되었다.

회담에서 양국이 첨예하게 대립한 또 하나의 사안은 한국과 관련된 문제였다. 러시아는 일본이 요구한 한국에서의 일본의 우월한 이익을 승인하면서도 한국의 주권을 침해해서는 안 된다는 조건을 달고자 하였다. 그러나 일본은 이를 받아들일 수 없다는 자세를 고수하였고 전장에서의 승리를 바탕으로 이를 관철할 수 있었다. 1905년 9월 5일 양국 대표 사이에 '포츠머스강화조약'이 조인됨으로써 러일전쟁은 종결되었다.

○ 주요 내용

본 조약은 총 15개 조항과 추가 약관 2개 항목으로 구성되었다. 제1조는 러일 양국의 '평화 및 친목'을 규정한 일반적인 내용으로, 실질적인 첫 조항인 제2조가 한반도에 관한 내용이었다. 즉, 러시아는 일본의 한국에 대한 권익을 인정하고 한국에 대한 일본의 보호, 감리 조치에 간섭하지 않음을 선언한 것이다. 이어지는 제3조~제8조는 만주에서의 군사적, 경제적 조치와 이해관계에 대한 규정으로 러시아는 뤼순, 다롄 조차지와 창춘-뤼순을 잇는 철도 경영권을 일본에 양도하였다. 제9조, 제10조는 러시아 영토였던 사할린(가라후토) 북위 50도 이남의 일본 양도 및 이에 따른 해당 지역 러시아인의 거주권 등을 규정하였다. 제11조, 제12조는 어업권 및 통상에 관해 규정하였으며 제13조는 포로의 인도, 제14조와 제15조는 조약 비준 및 조인에 관련된 사항이었다. 추가 약관 2개 항목은 제3조 및 제9조에 대한 구체적인 시행 방침을 규정한 것이었다.

○ 결과 또는 파급 효과

사할린에서는 포츠머스조약이 체결된 다음 해부터 1908년까지 세밀한 측량을 통해 양국 국경 획정 작업이 진행되어, 동쪽의 오호츠크 해에서 서쪽의 마미야(間宮) 해협까지 천측경계표 4개, 중간표석 17곳, 목재표지 19곳이 세워졌다.

한편 일본은 이 조약을 통해 대한제국에 대한 독점권을 열강으로부터 인정받았으며, 만주에서의 이권을 확보하고 만주 침략을 위한 강력한 교두보를 구축할 수 있었다. 이에 따라 만주 및 한반도에서의 일본의 이권 침탈과 독점이 가속화되었다. 일본은 한국과 보호조약 체결을 추진하며 식민지 지배를 위한 행보를 펼쳤으며 만주에 대해서도 관동도독부와 남만주철도주식회사를 설치하며 식민 정책을 추진하였다.

하지만 교전 당사국에 대한 일방적 승리가 아닌 제3자의 중재에 의해 체결된 조약은 그 자체로 불안정성을 내포하였고, 이후 러시아와 일본은 만한 문제를 둘러싸고 서로 결탁하여 1907년의 제1차 러일협약을 시작으로 세 차례 협약을 체결하여 상호 세력권을 인정하기에 이른다.

○ 관련 지도

1905년 포츠머스조약에 따라 획정된 국경

○ (조약문) 출처

- 『條約彙纂』 제1권 개정판, 2473~2490쪽.
- Собрание важнейших трактатов и конвенцийб заключенных Россией с иностранными державами(1774-1906), Варшава, 1906, сс. 562-567.

러일강화조약(일본어본) 원문

講和条約

明治三十八年(一九〇五年)九月五日「ポーツマス」ニ於テ記名
明治三十八年(一九〇五年)十月十四日批准
明治三十八年(一九〇五年)十月十五日帝國批准通告
明治三十八年(一九〇五年)十月十五日露國批准通告
明治三十八年(一九〇五年)十月十六日公布
明治三十八年(一九〇五年)十一月二十五日「ワシントン」ニ於テ批准書交換

日本國皇帝陛下及全露西亞國皇帝陛下ハ兩國及其ノ人民ニ平和ノ幸福ヲ回復セムコトヲ欲シ講和條約ヲ締結スルコトニ決定シ之カ爲ニ日本國皇帝陛下ハ外務大臣從三位勳一等男爵小村壽太郎閣下及亞米利加合衆國駐劄特命全權公使從三位勳一等高平小五郎閣下ヲ全露西亞國皇帝陛下ハ「プレシデント、オヴ、ゼ、コムミッチー、オヴ、ミニスタース、オヴ、ゼ、エムパイア、オヴ、ロシア」セクレタリー、オヴ、ステート「セルジ、ウヰッテ」閣下及亞米利加合衆國駐劄特命全權大使「マスター、オヴ、ゼ、イムピリアル、コールト、オヴ、ロシア」男爵「ローマン、ローゼン」閣下ヲ各其ノ全權委員ニ任命セリ因テ各全權委員ハ互ニ其ノ委任狀ヲ示シ其ノ良好妥當ナルヲ認メ以テ左ノ諸條款ヲ協議決定セリ

第一條
日本國皇帝陛下ト全露西亞國皇帝陛下トノ間及兩國並兩國臣民ノ間ニ將來平和及親睦アルヘシ

第二條
露西亞帝國政府ハ日本國カ韓國ニ於テ政事上、軍事上及經濟上ノ卓絶ナル利益ヲ有スルコトヲ承認シ日本帝國政府カ韓國ニ於テ必要ト認ムル指導、保護及監理ノ措置ヲ執ルニ方リ之ヲ阻礙シ又ハ之ニ干涉セサルコトヲ約ス
韓國ニ於ケル露西亞國臣民ハ他ノ外國ノ臣民又ハ人民ト全然同樣ニ待遇セラルヘク之ヲ換言スレハ最惠國ノ臣民又ハ人民ト同一ノ地位ニ置カルヘキモノト知ルヘシ
兩締約國ハ一切誤解ノ原因ヲ避ケムカ爲露韓間ノ國境ニ於テ露西亞國又ハ韓國ノ領土ノ安全ヲ侵迫スル事アルヘキ何等ノ軍事上措置ヲ執ラサルコトニ同意ス

第三條
日本國及露西亞國ハ互ニ左ノ事ヲ約ス

一　本條約ニ附屬スル追加約款第一ノ規定ニ從ヒ遼東半島租借權カ其ノ效力ヲ及ホス地域以外ノ滿洲ヨリ全然且同時ニ撤兵スルコト

二　前記地域ヲ除クノ外現ニ日本國又ハ露西亞國ノ軍隊ニ於テ占領シ又ハ其ノ監理ノ下ニ在ル滿洲全部ヲ擧ケテ全然淸國專屬ノ行政ニ還附スルコト
露西亞帝國政府ハ淸國ノ主權ヲ侵害シ又ハ機會均等主義ト相容レサル何等ノ領土上利益又ハ優先的若ハ專屬的讓與ヲ滿洲ニ於テ有セサルコトヲ聲明ス

第四條
日本國及露西亞國ハ淸國カ滿洲ノ商工業ヲ發達セシメムカ爲列國ニ共通スル一般ノ措置ヲ執ルニ方リ之ヲ阻礙セサルコトヲ互ニ約ス

第五條
露西亞帝國政府ハ淸國政府ノ承諾ヲ以テ旅順口、大連並其ノ附近ノ領土及領水ノ租借權及該租借權ニ關聯シ又ハ其ノ一部ヲ組成スル一切ノ權利、特權及讓與ヲ日本帝國政府ニ移轉讓渡ス露西亞帝國政府ハ又前記租借權カ其ノ效力ヲ及ホス地域ニ於ケル一切ノ公共營造物及財産ヲ日本帝國政府ニ移轉讓渡ス
兩締約國ハ前記規定ニ係ル淸國政府ノ承諾ヲ得ヘキコトヲ互ニ約ス
日本帝國政府ニ於テハ前記地域ニ於ケル露西亞國臣民ノ財産權カ完全ニ尊重セラルヘキコトヲ約ス

第六條
露西亞帝國政府ハ長春(寬城子)旅順口間ノ鐵道及其ノ一切ノ支線並同地方ニ於テ之ニ附屬スル一切ノ權利、特權及財産及同地方ニ於テ該鐵道ニ屬シ又ハ其ノ利益ノ爲メニ經營セラルル一切ノ炭坑ヲ補償ヲ受クルコトナク且淸國政府ノ承諾ヲ以テ日本帝國政府ニ移轉讓渡スヘキコトヲ約ス
兩締約國ハ前記規定ニ係ル淸國政府ノ承諾ヲ得ヘキコトヲ互ニ約ス

第七條
日本國及露西亞國ハ滿洲ニ於ケル各自ノ鐵道ヲ全ク商工業ノ目的ニ限リ經營シ決シテ軍略ノ目的ヲ以テ之ヲ經營セサルコトヲ約ス
該制限ハ遼東半島租借權カ其ノ效力ヲ及ホス地域ニ於ケル鐵道ニ適用セサルモノト知ルヘシ

第八條
日本帝國政府及露西亞帝國政府ハ交通及運輸ヲ增進シ且之ヲ便易ナラシムルノ目的ヲ以テ滿洲ニ於ケル其ノ接續鐵道業務ヲ規定センカ爲成ルヘク速ニ別約ヲ締結スヘシ

第九條

露西亞帝國政府ハ薩哈嗹島南部及其ノ附近ニ於ケル一切ノ島嶼並該地方ニ於ケル一切ノ公共營造物及財産ヲ完全ナル主權ト共ニ永遠日本帝國政府ニ讓與ス其ノ讓與地域ノ北方境界ハ北緯五十度ト定ム該地域ノ正確ナル境界線ハ本條約ニ附屬スル追加約款第二ノ規定ニ從ヒ之ヲ決定スヘシ

日本國及露西亞國ハ薩哈嗹島又ハ其ノ附近ノ島嶼ニ於ケル各自ノ領地内ニ堡壘其ノ他之ニ類スル軍事上工作物ヲ築造セサルコトニ互ニ同意ス又兩國ハ各宗谷海峽及韃靼海峽ノ自由航海ヲ防礙スルコトアルヘキ何等ノ軍事上借置ヲ執ラサルコトヲ約ス

第十條

日本國ニ讓與セラレタル地域ノ住民タル露西亞國臣民ニ付テハ其ノ不動産ヲ賣却シテ本國ニ退去スルノ自由ヲ留保ス但シ該露西亞國臣民ニ於テ讓與地域ニ在留セムト欲スルトキハ日本國ノ法律及管轄權ニ服從スルコトヲ條件トシテ完全ニ其ノ職業ニ從事シ且財産權ヲ行使スルニ於テ支持保護セラルヘシ日本國ハ政事上又ハ行政上ノ權能ヲ失ヒタル住民ニ對シ前記地域ニ於ケル居住權ヲ撤回シ又ハ之ヲ該地域ヨリ放逐スヘキ充分ノ自由ヲ有ス但シ日本國ハ前記住民ノ財産權カ完全ニ尊重セラルヘキコトヲ約ス

第十一條

露西亞國ハ日本海、「オコーツク」海及「ベーリング」海ニ瀕スル露西亞國領地ノ沿岸ニ於ケル漁業權ヲ日本國臣民ニ許與セムカ爲日本國ト協定ヲナスヘキコトヲ約ス

前項ノ約束ハ前記方面ニ於テ既ニ露西亞國又ハ外國ノ臣民ニ屬スル所ノ權利ニ影響ヲ及ササルコトニ雙方同意ス

第十二條

日露通商航海條約ハ戰爭ノ爲廢止セラレタルヲ以テ日本帝國政府及露西亞帝國政府ハ現下ノ戰爭以前ニ效力ヲ有シタル條約ヲ基礎トシテ新ニ通商航海條約ヲ締結スルニ至ルマテノ間兩國通商關係ノ基礎トシテ相互ニ最惠國ノ地位ニ於ケル待遇ヲ與フルノ方法ヲ採用スヘキコトヲ約ス而シテ輸入税及輸出税、税關手續、通過税及噸税竝一方ノ代辨者、臣民及船舶ニ對スル他ノ一方ノ領土ニ於ケル入國ノ許可及待遇ハ何レモ前記ノ方法ニ依ル

第十三條

本條約實施ノ後成ルヘク速ニ一切ノ俘虜ハ互ニ之ヲ還付スヘシ日本帝國政府及露西亞帝國政府ハ各俘虜ヲ引受クヘキ一名ノ特別委員ヲ任命スヘシ一方ノ政府ノ收容ニ係ル一切ノ俘虜ハ他ノ一方ノ政府ノ特別委員又ハ正當ニ其ノ委任ヲ受ケタル代表者ニ引渡シ同委員又ハ其ノ代表者ニ於テ之ヲ受領スヘク而シテ其ノ引渡及受領ハ引渡國ヨリ豫メ受領國ノ特別委員ニ通知スヘキ便宜ノ人員及引渡國ニ於ケル便宜ノ出入地ニ於テ之ヲ行フヘシ

日本國政府及露西亞國政府ハ俘虜引渡完了ノ後成ルヘク速ニ俘虜ノ捕獲又ハ投降ノ日ヨリ死亡又ハ引渡ノ時ニ至ルマテ之カ保護給養ノ爲ニ各負擔シタル直接費用ノ計算書ヲ互ニ提出スヘシ同計算書交換ノ後露西亞國ハ成ルヘク速ニ日本國カ前記ノ用途ニ支出シタル實際ノ金額ト露西亞國カ同樣ニ支出シタル實際ノ金額トノ差額ヲ日本國ニ拂戻スヘキコトヲ約ス

第十四條
本條約ハ日本國皇帝陛下及全露西亞國皇帝陛下ニ於テ批准セラルヘシ該批准ハ成ルヘク速ニ且如何ナル場合ニ於テモ本條約調印ノ日ヨリ五十日以内ニ東京駐劄佛蘭西國公使及聖彼得堡駐劄亞米利加合衆國大使ヲ經テ日本帝國政府及露西亞帝國政府ニ各之ヲ通告スヘシ而シテ其ノ終ノ通告ノ日ヨリ本條約ハ全部ヲ通シテ完全ノ效力ヲ生スヘシ正式ノ批准交換ハ成ルヘク速ニ華盛頓ニ於テ之ヲ行フヘシ

第十五條
本條約ハ英吉利文及佛蘭西文ヲ以テ各二通ヲ作リ之ニ調印スヘシ其ノ各本文ハ全然符合スト雖モ其ノ解釋ニ差異アル場合ニハ佛蘭西文ニ據ルヘシ

右證據トシテ兩國全權委員ハ茲ニ本講和條約ニ記名調印スルモノナリ

明治三十八年九月五日即一千九百五年八月二十三日(九月五日)「ポーツマス」(「ニュー、ハムプシャ」州)ニ於テ之ヲ作ル

小村壽太郎(記名)　印
高平小五郎(記名)　印
セルジ、ウヰッテ(記名)　印
ローゼン(記名)　印

追加約款

明治三十八年(一九〇五年)九月五日「ポーツマス」ニ於テ記名
明治三十八年(一九〇五年)十月十六日公布

本日附日本國及露西亞國間講和條約第三條及第九條ノ規定ニ從ヒ下名ノ全權委員ハ左ノ追加條款ヲ締結セリ

第一　第三條ニ付
日本帝國政府及露西亞帝國政府ハ同時ニ且講和條約ノ實施後直ニ滿洲ノ地域ヨリ各其ノ軍隊ノ撤

退ヲ開始スヘキコトヲ互ニ約ス而シテ講和條約實施ノ日ヨリ十八箇月ノ期間内ニ兩國ノ軍隊ハ遼東半島租借地以外ノ滿洲ヨリ全然撤退スヘシ

前面陣地ヲ占領スル兩國軍隊ハ最先ニ撤退スヘシ

兩締約國ハ滿洲ニ於ケル各自ノ鐵道線路ヲ保護セムカ爲守備兵ヲ置クノ權利ヲ留保ス該守備兵ノ數ハ一「キロメートル」毎ニ十五名ヲ超過スルコトヲ得ス而シテ日本國及露西亞國軍司令官ハ前記最大數以内ニ於テ實際ノ必要ニ顧ミ之ヲ使用セラルヘキ守備兵ノ數ヲ雙方ノ合意ヲ以テ成ルヘク小數ニ限定スヘシ

滿洲ニ於ケル日本國及露西亞國軍司令官ハ前記ノ原則ニ從ヒ撤兵ノ細目ヲ協定シ成ルヘク速ニ且如何ナル場合ニ於テモ十八箇月ヲ超エサル期間内ニ撤兵ヲ實行セムカ爲雙方ノ合意ヲ以テ必要ナル措置ヲ執ルヘシ

第二　第九條ニ付

兩締約國ニ於テ各任命スヘキ同數ノ人員ヨリ成ル境界劃定委員ハ本條約實施後成ルヘク速ニ薩哈嗹島ニ於ケル日本國及露西亞國領地間ノ正確ナル境界ヲ永久ノ方法ヲ以テ實地ニ就キ劃定スヘシ該委員ハ地形ノ許ス限リ北緯五十度ヲ以テ境界線トナスコトヲ要ス若シ何レカノ地點ニ於テ同緯度ヨリ偏倚スルノ必要ヲ認ムルトキハ他ノ地點ニ於ケル對當ノ偏倚ニ依リテ之ヲ填補スヘシ該委員ハ讓與中ニ包含セラルル附近島嶼ノ表及明細書ヲ調製スルノ任ニ當リ且讓與地域ノ境界ヲ示ス地圖ヲ調製シ之ニ署名スヘシ該委員ノ事業ハ兩締約國ノ承認ヲ經ルコトヲ要ス

前記追加約款ハ其ノ附屬スル講和條約ノ批准ト共ニ批准セラレタルモノト看做サルヘシ

明治三十八年九月五日即一九〇五年八月二十三日(九月五日)「ポーツマス」ニ於テ

小村壽太郎(記名)

高平小五郎(記名)

セルジ、ウヰッテ(記名)

ローゼン(記名)

러일강화조약(일본어본)의 한글 번역문

메이지 38년(1905) 9월 5일 포츠머스에서 기명
메이지 38년(1905) 10월 14일 비준
메이지 38년(1905) 10월 15일 제국 비준 통고
메이지 38년(1905) 10월 15일 러시아국 비준 통고
메이지 38년(1905) 10월 16일 공포
메이지 38년(1905) 11월 25일 워싱턴에서 비준서 교환

일본국 황제 폐하와 전(全) 러시아국 황제 폐하는 양국과 그 인민에 평화의 행복을 회복케 하고자 강화조약을 체결하기로 결정하였다. 이를 위해 일본국 황제 폐하는 외무대신 종3위 훈1등 남작 고무라 주타로 각하 및 아메리카 합중국 주차 특명전권공사 종3위 훈1등 다카히라 고고로 각하를, 전 러시아국 황제 폐하는 대신회의의장 세르게이 비테 각하 및 아메리카 합중국 주차 특명전권대사 남작 로만 로젠 각하를 각각 그 전권위원으로 임명하였다. 이에 각 전권위원은 상호 위임장을 보여 양호, 타당함을 인정하고 다음의 제 조관을 협의, 결정하였다.

제1조
일본국 황제 폐하와 전 러시아국 황제 폐하 사이 및 양국과 양국 신민 사이에 장래 평화 및 친목이 있을 것이다.

제2조
러시아 제국 정부는 일본국이 한국에서 정사상(政事上), 군사상(軍事上), 경제상(經濟上) 특별한 이익을 가진 것을 승인하고 일본 제국 정부가 한국에서 필요하다고 인정하는 지도, 보호 및 감리(監理) 조치를 취함에 있어 이를 방해하거나 간섭하지 않을 것을 약속한다.
한국에서 러시아 제국 신민은 다른 외국 신민 또는 인민과 완전히 같은 대우를 받으며 이를 환언하면 최혜국 신민 혹은 인민과 동일한 지위에 놓여지는 것임을 안다.
양 체약국은 일절 오해의 원인을 피하기 위해, 한·러 사이의 국경에서 러시아국 또는 한국의 영토 안전을 침해할 수 있는 어떠한 군사상의 조치를 취하지 않는 것에 동의한다.

제3조
일본국 및 러시아국은 서로 다음의 사항을 약속한다.
하나, 본조약에 부속하는 추가 조관 제1의 규정에 따라, 랴오둥반도 조차권이 그 효력을 미치는 지역 이외의 만주에서 완전히 또한 동시에 철병할 것.
둘, 위 지역을 제외하고, 현재 일본국 혹은 러시아국의 군대가 점령 혹은 감리하에 있는 만주 전부를 들어 완전히 청국 전속(專屬)의 행정으로 환부할 것.

러시아 제국 정부는 청국의 주권을 침해하거나 기회균등주의에 상응하지 않는 하등의 영토상 이익 또는 우선적, 전속적 양여를 만주에서 갖지 않음을 성명한다.

제4조
일본국과 러시아국은 청국이 만주의 상공업을 발달시키기 위해 열국에 공통하는 일반 조치를 취함에 있어 이를 방해하지 않음을 서로 약속한다.

제5조
러시아 제국 정부는 청국 정부의 승낙으로 뤼순구, 다롄 및 그 부근의 영토와 영수(領水)의 조차권, 해당 조차권에 관련하여 혹은 그 일부를 조성하는 일체의 권리, 특권 및 양여를 일본 제국 정부에 이전 양도한다. 러시아 제국 정부는 혹 위 조차권이 효력을 미치지 않는 지역에 관한 일체의 공공 영조물과 재산을 일본 제국 정부에 이전, 양도한다.
양 체약국은 위 규정에 관한 청국 정부의 승낙을 얻어야 함을 상호 약속한다.
일본 제국 정부는 위 지역에서 러시아국 신민의 재산권이 완전하게 존중될 것을 약속한다.

제6조
러시아 제국 정부는 창춘(콴청즈), 뤼순 사이의 철도와 그 일체의 지선, 같은 지방에서 이에 부속한 일체의 권리, 특권 및 재산, 같은 지방에서 해당 철도에 속하거나 그 이익을 위해 경영되는 일체의 탄광에 관한 보상을 받는 일 없이 또한 청국 정부의 승낙으로 일본 제국 정부에 이전, 양도할 것을 약속한다.
양 체약국은 위 규정에 관한 청국 정부의 승낙을 얻을 것을 상호 약속한다.

제7조
일본국 및 러시아국은 만주에서 각자의 철도를 온전히 상공업 목적에 한하여 경영하고 결코 군략(軍略) 목적으로 이를 경영하지 않음을 약속한다.
해당 제한은 랴오둥반도 조차권이 그 효력을 미치는 지역의 철도에 적용되지 않음을 안다.

제8조
일본 제국 정부 및 러시아 제국 정부는 교통과 운수를 증진하고 또한 이를 편리하게 하는 목적으로 만주에서 그 접속 철도 업무를 규정하기 위해 가능한 빨리 별약(別約)을 체결한다.

제9조
러시아 제국 정부는 사할린 섬 남부 및 그 부근에서 일체의 도서 및 해당 지방에서 일체의 공공 영조물과 재산을 완전한 주권과 함께 영원히 일본 제국 정부에 양여한다. 그 양여 지역의 북방 경계는 북위 50도로 정하고 해당 지역의 정확한 경계선은 본조약에 부속한 추가 약관 제2 규정에 따라 이를 결정한다.

일본국과 러시아국은 사할린 섬 또는 그 부근의 도서에서 각자의 영역 내에 보루, 기타 이와 유사한 군사상 공작물을 축조하지 않은 것에 서로 동의한다. 또한 양국은 각각 소야 해협과 닷탄 해협의 자유 항해를 방해할 하등의 군사상 조치를 취하지 않을 것이라 약속한다.

제10조
일본국에 양여될 지역의 주민인 러시아국 신민에 관해서는 부동산을 매각하여 본국에 퇴거할 자유를 갖는다. 다만 해당 러시아 국민이 양여 지역에 재류하고자 할 경우, 일본국 법률 및 관할권에 복종함을 조건으로 완전히 그 직업에 종사하고 재산권을 행사함에 지지, 보호받을 것이다. 일본국은 정사상 혹은 행정상의 권능을 잃은 주민에 대해 위 시역에서 주거권을 철회 혹은 이를 당해 지역에서 방축(放逐)할 충분한 자유를 갖는다. 다만 일본국은 위 주민의 재산권이 완전히 존중될 것임을 약속한다.

제11조
러시아국은 일본해·오오츠크해 및 베링해와 맞닿은 러시아국 영지의 연안에서 어업권을 일본국 신민에 허여(許與)하기 위해 일본국과 협정을 맺을 것을 약속한다.
위 항의 약속은 위 방면에서 이미 러시아국 또는 외국 신민에게 속한 권리에 영향을 미치지 않음에 쌍방은 동의한다.

제12조
러일통상항해조약은 전쟁으로 폐지되었기에 일본 제국 정부 및 러시아 제국 정부는 현재 전쟁 이전에 효력을 가진 조약을 기초로 새로이 통상항해조약을 체결하기에 이를 때까지, 양국 통상 관계의 기초로 상호 최혜국 지위 대우를 부여하는 방법을 채용할 것을 약속한다. 그리고 수입세 및 수출세, 관세 절차, 통과세, 톤세 및 어느 한쪽의 대변인, 신민, 선박에 대한 다른 한쪽의 영토에서 입국 허가 및 대우는 모두 위의 방법에 의한다.

제13조
본 조약 실시 후 가능한 빨리 모든 포로는 서로 환부한다. 일본 제국 정부 및 러시아 제국 정부는 각 포로를 인수할 1명의 특별위원을 임명해야 한다. 일방의 정부 수용에 관한 모든 포로는 타방 정부의 특별위원 또는 정당히 그 위임을 받은 대표자에게 인도하고 그 위원 또는 대표자가 이를 수령한다. 그리고 그 인도 및 수령은 인도국으로부터 미리 수령국의 특별 위원에 통지할 편의의 인원 및 인도국에서 편의의 출입지에서 이를 행한다.
일본국 정부 및 러시아국 정부는 포로 인도 완료 후 가능한 빨리 포로의 포획 또는 투항한 날로부터 사망 또는 인도 시기에 이르기까지 그 보호 급양을 위해 각각 부담한 직접비용의 계산서를 서로 제출한다. 그 계산서 교환 후, 러시아국은 가능한 빨리 일본국이 위 용도에 지출한 실제 금액과 러시아국이 동일하게 지출한 실제 금액과의 차액을 일본국에 되돌려줄 것을 약속한다.

제14조
본 조약은 일본국 황제 폐하 및 전 러시아국 황제 폐하가 비준하며 해당 비준은 가능한 빨리 또한 어떠한 경우에서도 본 조약 조인 날로부터 50일 이내에 도쿄 주재 프랑스 공사 및 상트페테르부르크 주재 미합중국대사를 거쳐 일본 제국 정부 및 러시아 정부가 각각 통고할 것이다. 그리고 그 마지막 통고날로부터 본 조약은 전부 완전한 효력을 낳을 것이다.
정식 비준 교환은 가능한 빨리 워싱턴에서 이를 행할 것이다.

제15조
본 조약은 영어 및 프랑스어로 각 2통을 만들고 조인할 것이다. 각 본문은 전연 부합한다고 하더라도 해석에 차이가 있을 경우에는 프랑스어에 따를 것이다.

위 증거로 양국 전권 위원은 이에 본 강화조약에 기명 조인한다.

1905년 9월 5일, 즉 1905년 8월 23일(9월 5일) 포츠머스(뉴 햄프셔 주)에서 작성하다.

고무라 주타로 (기명)   인
다카히라 고고로 (기명)   인
세르게이 비테 (기명)   인
로젠 (기명)   인

추가 약관
1905년 9월 5일 포츠머스에서 기명
1905년 10월 16일 공포

본 일부 일본국 및 러시아국 사이에 강화조약 제3조 및 제9조 규정에 따라 하명의 전권위원은 다음 추가 조관을 체결한다.

1. 제3조에 관해
일본 제국 정부 및 러시아 제국 정부는 동시에 또한 강화조약 실시 직후에 만주 지역으로부터 각 그 군대의 철퇴를 개시할 것을 상호 약속한다. 그리고 강화조약 실시일로부터 18개월 기한 내에 양국 군대는 랴오둥반도 조차지 이외의 만주에서부터 전부 철수한다.
전면진지(前面陣地)를 점령한 양국 군대는 최우선으로 철수한다.
양 체약국은 만주에서 각자 철도노선을 보호하기 위해 수비병을 둘 권리를 보유한다. 해당 수비병

수는 1킬로미터당 15명을 초과할 수 없다. 그리고 일본국 및 러시아국 사령관은 위 최대수 이내에 실제 필요에 비추어 사용될 수비병 수를 쌍방 합의로 가능한 소수로 한정한다.

만주에서 일본국 및 러시아국 사령관은 위 원칙에 따라 철병의 세목을 협정하고 가능한 빨리 또한 여하한 경우에도 18개월을 초과하지 않는 기간 내에 철병을 실행하기 위해 쌍방 합의하에 필요한 조치를 취한다.

2. 제9조에 관해

양 체약국이 각각 임명할 동수(同數)의 인원으로 구성된 경계 획정 위원은 본조약 실시 후 가능한 신속히 사할린 섬에서 일본국 및 러시아국 영지 사이의 정확한 경계를 영구적인 방법으로써 실지(實地)에 가 획정한다. 해당 위원은 지형이 허락하는 한 북위 50도를 경계선으로 할 필요가 있다. 만일 어느 쪽 지점에서 동위도보다 치우치게 될 필요를 인정할 경우, 다른 지점에서 대등한 편차에 따라 이를 보전한다. 해당 위원은 양여 중에 포함될 부근 도서의 표와 명세서를 조제(調製)하는 임명을 맡고 또한 양여 지역 경계를 표시한 지도를 조제하여 이에 서명한다. 해당 위원의 사업은 양 체약국의 승인을 거칠 필요가 있다.

위 추가 약관은 부속한 강화조약의 비준과 함께 비준된 것으로 간주될 것이다.

1905년 9월 5일, 즉 1905년 8월 23일(9월 5일) 포츠머스에서

고무라 주타로 (기명)
다카히라 고고로 (기명)
세르게이 비테 (기명)
로젠 (기명)

포츠머스조약(러시아어본)의 원문

Мирный Договор между Россией и Японией, заключенный в Портсмуте 23 августа, (5 сентября) 1905 года.

Его Величество Император Всероссийский, с одной стороны, и Его Величество Император Японии, с другой, будучи одушевлены желанием восстановить пользование благами мира для их стран и народов, решили заключить Мирный Договор и назначили для сего Своими Уполномоченными, а именно:
Его Величество Император Всероссийский-Его Высокопревосходительство г. Сергея Витте, Своего Статс-Секретаря и Председателя Комитета Министров Российской Империи, и
Его Превосходительство Барона Романа Розена, Гофмейстера Императорского Российского Двора и Своего Чрезвычайного и Полномочного Посла при Американских Соединенных Штатах; и
Его Величество Император Японии-Его Превосходительство Барона Комура Ютаро, Юсамми, кавалера Императорского ордена Восходящего Солнца первой степени, Своего Министра Иностранных Дел, и
Его Превосходительство г. Такахира Когоро, Юсамми, кавалера Императорского Ордена Священного Сокровища первой степени, Своего Чрезвычайного Посланника и Полномочного Министра при Американских Соединенных Штатах.
Каковые, по размене своих полномочий, найденных в надлежащей форме, постановили следующие Статьи:

Статья I.
Мир и дружба пребудут отныне между Их Величествами Императором Всероссийским и Императором Японии, равно как между Их Государствами и обоюдными подданными.

Статья II.
Российское Императорское Правительство, признавая за Японией в Корее преобладающие интересы политические, военные и экономические, обязуется не вступаться и не препятствовать тем мерам руководства, покровительства и надзора, кои Императорское Японское Правительство могло бы почесть необходимым принять в Корее.
Условлено, что русско-подданные в Корее будут пользоваться совершенно таким же положением, как подданные других иностранных Государств, а именно, что они будут поставлены в те же условия, как и подданные наиболее благоприятствуемой страны.

Равным образом установлено, что, во избежание всякого повода к недоразумениям, обе Высокие Договаривающиеся Стороны воздержатся от принятия на русско-корейской границе каких-либо военных мер, могущих угрожать безопасности русской или корейской территории.

Статья III.

Россия и Япония взаимно обязуются:

1) Эвакуировать совершенно и одновременно Маньчжурию, за исключением территории, на которую распространяется аренда Ляодунского полуострова, согласно постановлениям дополнительной I Статьи, приложенной к сему Договору, и

2) Возвратить в исключительное управление Китая вполне и во всем объеме все части Маньчжурии, которые ныне заняты русскими или японскими войсками или которые находятся под их надзором, за исключением вышеупомянутой территории.

Российское Императорское Правительство объявляет, что оно не обладает в Маньчжурии земельными преимуществами либо преференциальными или исключительными концессиями, могущими затронуть верховные права Китая или не совместимыми с принципом равноправности.

Статья IV.

Россия и Япония взаимно обязуются не ставить никаких препятствий общим мерам, которые применяются равно ко всем народам и которые Китай мог бы принять в видах развития торговли и промышленности в Маньчжурии.

Статья V.

Российское Императорское Правительство уступает Императорскому Японскому Правительству, с согласия Китайского Правительства, аренду Порт-Артура, Талиена и прилегающих территорий и территориальных вод, а также все права, преимущества и концессии, связанные с этою арендою или составляющие ее часть, и уступает равным образом Императорскому Японскому Правительству все общественные сооружения и имущества на территории, на которую распространяется вышеупомянутая аренда.

Обе Высокие Договаривающиеся Стороны взаимно обязуются достигнуть упоминаемого в вышеуказанном постановлении согласия Китайского Правительства.

Императорское Японское Правительство заверяет, со своей стороны, что права собственности русско-подданных на вышеупомянутой территории будут вполне уважены.

Статья VI.

Российское Императорское Правительство обязуется уступить Императорскому Японскому Правительству, без вознаграждения, с согласия Китайского Правительства, железную дорогу между Чан-чунь (Куан-чен-цзы) и Порт-Артуром и все ее разветвления со всеми принадлежащими ей правами, привилегиями и имуществом в этой местности, а также все каменноугольные копи в названной местности, принадлежащие означенной железной дороге или разрабатываемые в ее пользу.

Обе Высокие Договаривающиеся Стороны взаимно обязуются достигнуть упоминаемого в приведенном постановлении согласия Китайского Правительства.

Статья VII.

Россия и Япония обязуются эксплуатировать принадлежащие им в Маньчжурии железные дороги исключительно в целях коммерческих и промышленных, но никоим образом не в целях стратегических.

Установлено, что это ограничение не касается железных дорог на территории, на которую распространяется аренда Ляодунского полуострова.

Статья VIII.

Императорские Правительства Российское и Японское, в видах поощрения и облегчения сношений и торговли, заключать, в скорейшем по возможности времени, отдельную Конвенцию, для определения условий обслуживания соединенных железнодорожных линий в Маньчжурии.

Статья IX.

Российское Императорское Правительство уступает Императорскому Японскому Правительству в вечное и полное владение южную часть острова Сахалина и все прилегающие к последней острова, равно как и все общественные сооружения и имущества, там находящиеся. Пятидесятая параллель северной широты принимается за предел уступаемой территории. Точная граничная линия этой территории будет определена согласно постановлениям дополнительной II Статьи, приложенной к сему Договору.

Россия и Япония взаимно соглашаются не возводить в своих владениях на острове Сахалин и на прилегающих к нему островах никаких укреплений, ни подобных военных сооружений. Равным образом они взаимно обязуются не принимать никаких военных мер, которые могли бы препятствовать свободному плаванию в проливах Лаперузовом и Татарском.

Статья X.

Русским подданным, жителям уступленной Японии территории, предоставляется продавать свое недвижимое имущество и удаляться в свою страну, но, если они предпочтут остаться в пределах уступленной территории, за ними будут сохранены и обеспечены покровительством, в полной мере, их промышленная деятельность и права собственности, при условии подчинения японским законам и юрисдикции. Япония будет вполне свободна лишить права пребывания в этой территории всех жителей, не обладающих политической или административной правоспособностью, или же выселить их из этой территории. Она обязуется, однако, вполне обеспечить за этими жителями их имущественные права.

Статья XI.

Россия обязуется войти с Японией в соглашение в видах предоставления японским подданным прав по рыбной ловле вдоль берегов русских владений в морях Японском, Охотском и Беринговом.

Условлено, что таковое обязательство не затронет прав, уже принадлежащих русским или иностранным подданным в этих краях.

Статья XII.

Так как действие Договора о торговле и мореплавании между Россией и Японией упразднено было войною, Императорские Правительства Российское и Японское обязуются принять в основание своих коммерческих сношений, впредь до заключения нового Договора о торговле и мореплавании на началах Договора, действовавшего перед настоящей войной, систему взаимности на началах наибольшего благоприятствования, включая сюда тарифы по ввозу и вывозу, таможенные обрядности, транзитные и тоннажные сборы, а также условия допущения и пребывания агентов, подданных и судов одного Государства в пределах другого.

Статья XIII.

В возможно скорейший срок по введению в действие настоящего Договора, все военнопленные будут взаимно возвращены. Императорские Правительства Российское и Японское назначат каждое со своей стороны особого комиссара, который примет на свое попечение пленных. Все пленные, находящиеся во власти одного из Правительств будут переданы комиссару другого Правительства или его представителю, надлежащим образом на то уполномоченному, который примет их в том числе и в тех удобных портах передающего Государства, кои будут заблаговременно указаны последним комиссару принимающего Государства.

Российское и Японское Правительства представят друг другу, в скорейшем по возможности времени, после окончания передачи пленных, документами оправданный счет прямых расходов, произведенных каждым из них по уходу за пленными и их содержанию со дня пленения или сдачи до дня смерти или возвращения. Россия обязуется возместить Японии, в возможно скорейший срок по обмене этих счетов, как выше установлено, разницу между действительным размером произведенных таким образом Японией расходов и действительным размером равным образом произведенных Россией издержек.

Статья XIV.
Настоящий Договор будет ратификован Их Величествами Императором Всероссийским и Императором Японии. О таковой ратификации, в возможно короткий срок и во всяком случае не позднее, как через пятьдесят дней со дня подписания Договора, будет взаимно сообщено Императорским Правительствам Российскому и Японскому через посредство Посла Американских Соединенных Штатов в С.-Петербурге и Французского Посланника в Токио, и со дня последнего из таковых оповещений этот Договор вступит, во всех своих частях, в полную силу.
Формальный размен ратификаций последует в Вашингтоне в возможно скорейшем времени.

Статья XV.
Настоящий Договор будет подписан в двух экземплярах на Французском и Английском языках. Оба текста совершенно сходны; но, в случае разногласия в толковании, Французский текст будет обязательным.
В удостоверение чего, обоюдные Уполномоченные подписали настоящий Мирный Договор и приложили к нему свои печати.
Учинено в Портсмуте (Нью-гэмпшир) двадцать третьего августа (пятого сентября) тысяча девятьсот пятого года, что соответствует пятому дню девятого месяца тридцать восьмого года Мейджи.

(М. П.) (Подписал): Ютаро Комура.
(М. П.) (Подписал): Сергей Витте.
(М. П.) (Подписал): К. Такахира.
(М. П.) (Подписал): Розен.

Дополнительные Статьи.

Согласно постановлениям Статей III и IX Мирного Договора между Россией и Японией от сего числа, нижеподписавшиеся Уполномоченные постановили следующие дополнительные Статьи:

I. К Статье III.
Императорские Правительства Российское и Японское взаимно обязуются начать вывод своих военных сил из территории Маньчжурии одновременно и немедленно по введении в действие Мирного Договора; и в течение восемнадцати месяцев с того дня войска обеих Держав будут совершенно выведены из Маньчжурии, за исключением арендной территории Ляодунского полуострова.
Войска обеих Держав, занимающие фронтальные позиции, будут отведены первыми.
Высокие Договаривающиеся Стороны представляют себе право сохранить стражу для охраны своих железнодорожных линий в Маньчжурии. Количество этой стражи не будет превышать пятнадцати человек на километр; и, в пределах этого максимального количества, Командующие русскими и японскими войсками установят, по обоюдному соглашению, число стражников, которые будут назначены, в возможно меньшем количестве, согласно действительным потребностям.
Командующие русскими и японскими войсками в Маньчжурии условятся обо всех подробностях, относительно выполнения эвакуации, согласно вышеуказанным началам и примут, по обоюдному соглашению, меры, необходимые для осуществления эвакуации в возможно скорейший срок и во всяком случае не позднее как в течение восемнадцати месяцев.

II. К Статье IX.
В возможно скорейший срок по введении в действие настоящего Договора, Разграничительная Комиссия, составленная из равного числа членов, назначенных каждой из Высоких Договаривающихся Сторон, обозначит на месте постоянными знаками точную линию между владениями русскими и японскими на острове Сахалине. Комиссия будет обязана, посколько топографические условия позволят, придерживаться 50-й параллели северной широты для проведения разграничительной линии и, в случае, если отклонения от таковой линии на некоторых пунктах будут найдены необходимыми, должные компенсации будут установлены соответственными отклонениями в других местах. Упомянутая Комиссия обязана будет также изготовить перечень и описание прилегающих островов, входящих в состав уступленного, а в заключение Комиссия изготовит и подпишет карты, устанавливающие пределы уступленной территории. Работы Комиссии будут представлены на утверждение Высоких Договаривающихся

Сторон.

Вышеупомянутые дополнительные Статьи будут считаться ратифицированными путем ратификации Мирного Договора, к коему они приложены.

Портсмут, двадцать третьего августа (пятого сентября) тысяча девятьсот пятого года, что соответствует пятому дню девятого месяца тридцать восьмого года Мейдзи.

(Подписал): Ютаро Комура.

(Подписал): Сергей Витте.

(Подписал): К. Такахира.

(Подписал): Розен.

포츠머스조약(러시아어본)의 한글 번역문

1905년 8월 23일(9월 5일) 포츠머스에서 체결된 러시아와 일본 간의 강화조약

전 러시아 황제와 일본 제국 황제는 양국 및 그 인민에게 평화와 행복을 회복시키고자 강화조약을 체결하기로 결정하고, 이를 위하여 아래와 같이 전권 대표들을 임명하였다.
전 러시아 제국 황제는 러시아 제국 내각총리대신 세르게이 비테(Сергей Витте)와 미국 주재 특명전권대사 로젠(Розен) 남작을, 그리고
일본 제국 황제는 외무대신 종3위 훈1등 남작 고무라 주타로(Комура Ютаро)와 미합중국 주차 특명전권공사 종3위 훈1등 다카히라 고고로(Такахира Когоро)를,
각 전권 대표는 각자의 위임장을 제시하고 그 양호 타당함을 인정한 후 아래의 조항들을 협의 결정하였다.

제1조
전 러시아 황제와 일본 제국 황제 간에, 그리고 양국 간 및 양국 신민 간에 향후 평화와 우호가 있을 것이다.

제2조
러시아 제국 정부는 일본의 한국에 대한 정치상, 군사상 및 경제상의 우월한 이익을 인정하고, 일본 제국 정부가 한국에서 필요하다고 인정하는 지도, 보호 및 감독의 조치를 취함에 있어 이를 방해하거나 간섭하지 않는다.
러시아 신민은 한국에서 다른 외국의 신민과 완전히 동등하게 대우받을 것이다. 즉 최혜국 신민과 동일한 지위에 놓일 것이다.
양 체약국은 일체의 오해의 원인을 피하기 위하여 러시아와 한국 간 국경에서 러시아 또는 한국의 영토적 안전을 침해할 수 있는 하등의 군사적 조치를 취하지 않는다는 데 동의한다.

제3조
러시아와 일본은 아래의 사항을 상호 약정한다.
1) 본 조약에 부속하는 추가 조관 제1의 규정에 따라 랴오둥반도 조차권의 효력이 미치는 지역 이외의 만주로부터 완전히 그리고 동시에 철병한다.
2) 상기 지역을 제외하고 현재 일본 또는 러시아 군대가 점령하거나 또는 그 감리하에 있는 만주의 전부를 완전히 청국 전속의 행정으로 환부한다.
러시아 제국 정부는 중국의 주권을 침해하거나 기회균등주의와 양립되지 않는 하등의 영토상 이익 또는 우선적 혹은 배타적인 양여를 만주에서 가지지 않음을 선언한다.

제4조
러시아와 일본은 중국이 만주에서 모든 나라들에 적용되고 상공업을 발전시키기 위해 취할 수 있는 일반적 방책들에 대하여 어떠한 방해도 하지 않을 것을 상호 약정한다.

제5조
러시아 제국 정부는 중국 정부의 동의하에 뤼순 항, 다롄 및 그 부근의 영토 및 수역의 조차권과 해당 조차권과 관련된 혹은 그 일부를 구성하는 일체의 권리, 특권 및 양여를 일본 제국 정부에 양도하며, 상기 조차권의 효력이 미치는 지역의 모든 공공 영조물과 재산을 일본 제국 정부에 양도한다. 양 체약국은 상기 규정에 관하여 중국 정부의 동의를 받을 것을 상호 약정한다. 이에 일본 제국 정부는 상기 지역에서 러시아 신민의 재산권이 완전히 존중될 것임을 보증한다.

제6조
러시아 제국 정부는 중국 정부의 동의하에 창춘(魔城子)-뤼순 항 간 철도와 모든 지선 및 그 지역에서 거기에 속하는 일체의 권리, 특권 및 재산, 그리고 상기 철도 혹은 그것을 위해 운영되는 일체의 탄광을 아무런 보상 없이 일본 제국 정부에 양도하기로 약정한다.
양 체약국은 상기 규정에 관하여 중국 정부의 동의를 받을 것을 상호 약정한다.

제7조
러시아와 일본은 만주에서 각자에 속한 철도를 배타적으로 상공업의 목적을 위해서만 운영하고, 전략적 목적으로는 결코 운영하지 않을 것임을 약정한다.
이러한 제한은 랴오둥반도 조차권의 효력이 미치는 지역의 철도와는 관련이 없는 것으로 이해한다.

제8조
러시아 제국 정부와 일본 제국 정부는 교통과 통상을 증진하고 또 이를 편리하게 할 목적으로 가능한 한 조속히 만주에서 통합철도선이 기능하는 조건을 확정하기 위한 별도의 협약을 체결한다.

제9조
러시아 제국 정부는 사할린 섬 남부 및 그 부근에 있는 일체의 도서와 해당 지방에 있는 일체의 공공 영조물 및 재산을 완전한 주권과 함께 영원히 일본 제국 정부에 양도한다. 북위 50도를 양도하는 지역의 경계로 한다. 해당 지역의 정확한 경계선은 본 조약에 속하는 추가 조관 제2조에 따라 결정될 것이다.
러시아와 일본은 사할린 섬과 그 부근 도서의 각자 영지에 요새와 유사한 군사시설을 축조하지 않을 것에 상호 동의한다. 또 양국은 라페루즈 해협과 타타르 해협에서의 자유항해를 방해할 수 있는 어떠한 군사적 조치도 취하지 않을 것을 상호 약정한다.

제10조
일본에 양도된 지역의 주민인 러시아 신민에게는 자신의 부동산을 매각하고 본국으로 퇴거하는 권리가 부여되지만, 이들이 양도 지역에 잔류하기를 선호할 경우에는 일본의 법률 및 사법권에 종속하는 조건에서만 그들의 생산 활동과 재산권에 대한 완전한 보호가 유지 및 보호될 것이다.
일본은 정치적 또는 행정적 권능을 보유하지 않은 모든 주민들의 상기 지역에서의 거주권을 박탈하거나 그들을 동 지역으로부터 퇴거시키는 자유를 전적으로 유보하게 될 것이다. 그러나 일본은 동 주민들에게 그들의 재산권을 전적으로 보장하기로 약정한다.

제11조
러시아는 일본해, 오호츠크 해 및 베링 해의 러시아 소유 연안에서의 어업권을 일본 신민에게 허여하기 위해 일본과 협정할 것을 약정한다.
이 책무가 동 지역에서 이미 러시아 또는 외국 신민에게 속한 권리를 침해하지 않는 것으로 약정한다.

제12조
러시아와 일본 간의 통상항해조약이 전쟁으로 인해 폐지되었으므로 러시아 제국 정부와 일본 제국 정부는 이번 전쟁 이전에 실재했던 조약에 의거하여 새로운 통상항해조약을 체결할 때까지 양국 통상 관계의 근간에 수입세 및 수출세, 세관 수속, 통과세 및 톤세와 다른 나라의 영역에 한 나라의 대리인, 신민 및 선박이 입국하고 체류하는 조건 등을 포함하여 최혜국 지위에 의거한 상호체제를 도입할 것을 약정한다.

제13조
본 조약이 개시되고 가능한 한 가장 이른 시기에 일체의 포로가 상호 송환될 것이다. 러시아 제국 정부와 일본 제국 정부는 자국 포로들을 보호할 특별위원을 각기 임명한다. 일방 정부가 수용하고 있는 모든 포로는 타방 정부의 특별위원이나 정당하게 위임을 받은 대표자에게 인도되는데, 동 위원이나 대표자는 인도국의 편리한 항구들에서 그들을 수령하며, 인도국은 인수국 위원에게 포로들을 적시에 통지한다.
러시아 정부와 일본 정부는 포로 인도가 완료된 후 가능한 한 가장 이른 시기에 포로가 포획되거나 투항한 날부터 사망 또는 인도에 이르기까지 이를 보호 급양하기 위해 각기 부담한 직접 비용의 계산서를 상호 제출한다. 동 계산서를 교환한 후 러시아는 가능한 한 가장 이른 시기에 일본이 앞의 용도에 지출한 실제 금액과 러시아가 마찬가지로 지출한 실제 금액과의 차액을 일본에 지불할 것을 약정한다.

제14조
본 조약은 전 러시아 제국 황제와 일본 제국 황제에 의하여 비준될 것이다. 본 비준서는 가급적 이른 시기에 그리고 어떠한 경우에도 본 조약이 조인된 날로부터 50일 이내에 상트페테르부르크 주차 미합중국 대사와 도쿄 주차 프랑스 공사를 통해 러시아 제국 정부와 일본 제국 정부에 상호 통지될 것이며, 마지막 통고일로부터 본 조약은 모든 부분에서 완전한 효력을 발생한다. 비준서의 공식적 교환은 가능한 한 가장 이른 시기에 워싱턴에서 행한다.

제15조
본 조약은 프랑스어 및 영어 2부에 서명될 것이다. 2개의 본문은 완전히 부합하지만, 그 해석에 이견이 발생할 경우에는 프랑스어에 의거할 것이다.

위의 증거로써 양 제국 전권대표가 본 강화조약에 서명하고 조인하였다.

1905년 8월 23일(9월 5일), 메이지 38년 9월 5일 포츠머스(뉴햄프셔)에서 행하여졌다.

고무라 주타로(小村壽太郞) [서명, 날인]
다카히라 고고로(高平小五郞) [서명, 날인]
세르게이 비테 (Сергей Витте) [서명, 날인]
로젠(Розен) [서명, 날인]

추가 조관
러시아와 일본 간 강화조약 제3조 및 제9조의 규정에 따라 전권대표들은 동일부로 아래의 추가 조관을 체결한다.

1. 제3조에 대하여
러시아 제국 정부와 일본 제국 정부는 강화조약의 효력이 발휘되면 동시에, 그리고 즉각 만주 지역으로부터 자기 군대의 철퇴를 개시할 것을 상호 약정한다. 그리고 강화조약 실시일로부터 18개월 내에 양국 군대는 랴오둥반도 조차지를 제외한 만주로부터 완전히 철퇴한다.
전선의 진지들을 점령하고 있는 양국 군대가 가장 먼저 철퇴한다.
양 체약국은 만주에서 각자의 철도선을 방호하기 위하여 수비병을 유지하는 권리를 유보한다. 수비병의 수는 매 1킬로미터당 15명을 초과할 수 없으며, 이 최대 인원의 한도 내에서 쌍방의 합의하에 러시아와 일본 군사령관은 실제의 필요에 따라 가능한 한 소수가 임명될 수비병의 수를 확정한다.
만주에서 러시아와 일본 군사령관은 전술한 원칙에 따라 철병의 이행에 대하여 모든 세부 항목을 협정하며, 가능한 한 가장 이른 시기에, 그리고 어떠한 경우에도 18개월을 경과하지 않는 기한 내에 철병을 실행하기 위하여 쌍방의 합의하에 필요한 조치를 취한다.

2. 제9조에 대하여

본 조약 실시 후 가능한 한 가장 이른 시기에 양 체약국 각자가 임명한 동수의 인원으로 구성된 경계획정위원회는 사할린 섬에 러시아와 일본 간의 정확한 경계선을 항구적인 표식을 사용하여 현지에 표시한다. 위원회는 지형적 조건이 허락하는 한 북위 50도선을 경계선으로 견지해야 할 것이며, 만약 일부 지점들에서 동 선으로부터의 이탈이 불가피한 것으로 보이게 될 경우에는 다른 지점들에서 합당한 이탈을 통하여 적절한 보상이 이루어지게 될 것이다. 또한 상기 위원회는 양도에 포함되는 인근 도서의 목록과 명부를 작성해야 할 것이며, 위원회는 최종적으로 양도 지역의 경계가 표시된 지도를 작성하고 이에 서명하게 될 것이다. 위원회의 사업은 양 체약국의 승인을 거치게 될 것이다.

상기 추가 조관은 조관이 속하는 강화조약의 비준에 의하여 비준된 것으로 간주될 것이다.
포츠머스. 1905년 8월 23일(9월 5일), 메이지 38년 9월 5일.

고무라 주타로(小村壽太郎) [서명, 날인]
다카히라 고고로(高平小五郎) [서명, 날인]
세르게이 비테 (Сергей Витте.) [서명, 날인]
로젠(Розен) [서명, 날인]

7) (제1차) 러일협약(1907)

○ 명칭
- 러시아어: Русско-японская (общеполитическая) конвенция
- 일본어: 第一回協約, 日露第一回協約

○ 체결 국가: 일본, 러시아

○ 체결일: 1907년 7월 30일

○ 체결 장소: 러시아 상트페테르부르크

○ 서명자(또는 전권대사)
- 러시아: 알렉산드르 이즈볼스키(Алекса́ндр Петро́вич Изво́льский)
- 일본: 모토노 이치로(本野一郎)

○ 작성 언어: 프랑스어

○ 체결 배경 및 과정

러일협약은 포츠머스조약에서 만주와 청국, 한국에 대한 구체적인 조치를 확정 짓지 못한 데 따라 이를 보완할 필요에서 나온 것이었다.

사실 이 조약으로 러일 양국이 가지고 있던 불만이 완전히 해소되는 것은 애초에 불가능하였다. 조약 체결을 전후하여 일본에서는 종전은 시기상조이고 러시아를 동아시아에서 축출할 때까지 전쟁을 지속해야 한다고 주장하는 호전파가 건재해 있었고, 러시아에서도 대일 복수전을 요구하는 세력이 득세하고 있었다.

하지만 1906년 5월 러시아 외상 이즈볼스키를 중심으로 한 대일타협파의 대일교섭 시도와 이에 대한 일본 정부의 긍정적인 답변으로 같은 해 6월 양국 간에 교섭이 시작되었다. 1907년 2월 4일 러시아 측이 일본에 정식으로 협약 체결을 제의하면서 교섭 속도가 빨라졌으며, 러시아 주재 일본공사 모토노 이치로와 러시아 외상 알렉산드르 이즈볼스키 사이에 3월경부터 본격적인 협상이 시작되었다. 이는 만주를 러시아의 독점적 권익이 확보되지 않은 지역으로 규정한 포츠머스조약이 도리어 만주를 열강에 개방된 지역으로 만들면서 일본 또한 러시아와 협조할 필요성을 낳게 한 것이다. 협상 과정에서 러일 양국의 특수 이익을 인정하는 지역을 둘러싸고 러시아는 몽골과 만주 이외의 중국 베이징 지방을, 일본은 조선을 각각 주장하며 의견이 충돌하였으나 결국 일본이 외몽골로 한정한 러시아의 권익을 인정하고 러시아 또한 조선에서의 일본의 우월적 지위를 존중하기로 협의가 이루어 졌다. 그리고 같은 해 7월 마지막 미타협 과제로 남아 있던 동청철도 문제가 해결되면서 1907년 7월 17(30)일 이 협약이 체결되었다.

○ 주요 내용

공개 조약 2개조와 비밀 협약 4개조, 그리고 추가 약관으로 구성되었다. 만주의 세력권을 남부와 북부로 나누어 북만주와 외몽골을 러시아의 세력권으로, 남만주와 한국을 일본의 세력권으로 상호 인정하였다. 만주의 이권 범위(하얼빈과 지린의 중간 지역을 남북 분계로 설정), 조선, 몽골 문제 등 주요 사항은 모두 공개 조항이 아닌 비밀 협약 및 추가 약관의 형태로 체결되었다.

○ 결과 또는 파급 효과

이즈볼스키는 이 협약과 관련하여 "이제 일본은 적어도 10년간은 우리를 건들지 않을 것이며, 유럽에서 사태가 심각해지고 있기 때문에 배후를 보장한다는 측면에서 이는 매우 중요하다"고 하였고, 당시 주미대사인 로젠은 이 협약이 "미완의 포츠머스조약을 완성시켰다"고 평가하였다.

하지만 이 협약은 러시아에 강경한 입장을 가지고 있던 일본 군부와 대일 복수전을 주장하는 러시아의 강경파를 만족시키지 못하였다. 이들의 강경한 태도를 누그러뜨리기 위해서는 양국 간에 놓여 있는 동아시아에 엄존하는 양국 간 갈등 요인을 제거할 필요가 있었고, 그 중심에는 중국, 만주와 내몽고가 놓여 있었다. 따라서 이후 세 차례의 협약을 더 체결하면서 양국은 동 지역에서의 권익을 분점하게 된다.

○ (조약문) 출처
- 『條約彙纂』제1권 개정판, 2522~2524쪽.

  『日本外交年表竝主要文書』上卷, 280~281쪽.
- Э.Д.Гримм "Сборник договоров и других документов по истории международных отношения на Дальнем Востоке (1842-1925)".-Москва, 1927. С.168-170.

(제1차) 러일협약(일본어본) 원문

　　明治四〇年(一九〇七年)七月三〇日「セント、ピータースブルグ」ニ於テ記名
　　明治四〇年(一九〇七年)八月一五日官報揭載

日本國皇帝陛下ノ政府及全露西亞國皇帝陛下ノ政府ハ幸ニ日本國及露西亞國間ニ克復セラレタル平和及善鄰ノ關係ヲ鞏固ナラシメムコトヲ希望シ且將來兩帝國ノ關係ニ於ケル一切誤解ノ原因ヲ除去セムコトヲ欲シ左ノ條款ヲ協定セリ

　第一條
締約國ノ一方ハ他ノ一方ノ現在ニ於ケル領土保全ヲ尊重スルコトヲ約ス又締約國間ニ謄本ヲ交換セル締約國ト淸國トノ現行諸條約及契約ヨリ生スル一切ノ權利(但シ機會均等主義ニ反セサル權利ニ限ル)竝一千九百五年九月五日卽露曆八月二十三日「ポウツマス」ニ於テ調印セラレタル條約及日本國ト露西亞國トノ間ニ締結セラレタル諸特殊條約ヨリ生スル一切ノ權利ハ互ニ之ヲ尊重スルコトヲ約ス

　第二條
兩締約國ハ淸帝國ノ獨立及領土保全竝同國ニ於ケル列國商工業ノ機會均等主義ヲ承認シ且自國ノ執リ得ヘキ一切ノ平和的手段ニ依リ現狀ノ存續及前記主義ノ確立ヲ擁護支持スルコトヲ約ス

右證據トシテ下名ハ各其ノ政府ヨリ正當ノ委任ヲ受ケ之ニ記名調印スルモノナリ

明治四十年七月三十日卽露曆一千九百七年七月十七日(七月三十日)聖彼得堡ニ於テ本書ヲ作ル

　　本野一郎
　　イズヴォルスキー

　秘密協約

日本國皇帝陛下ノ政府及全露西亞國皇帝陛下ノ政府ハ滿洲、韓國及蒙古ニ關シ一切ノ紛爭又ハ誤解ノ原因ヲ除去セムコトヲ欲シ左ノ條款ヲ協定セリ

　第一條　日本國ハ滿洲ニ於ケル政事上及經濟上ノ利益及活動ノ集注スル自然ノ趨勢ニ顧ミ且競爭ノ結果トシテ生スルコトアルヘキ紛議ヲ避ケムコトヲ希望シ本協約追加約款ニ定メタル分界線以北ノ滿洲ニ於テ自國ノ爲又ハ自國臣民若ハ其ノ他ノ爲何等鐵道又ハ電信ニ關スル權利ノ讓與ヲ求

メス又同地域ニ於テ露西亞國政府ノ扶持スル該權利讓與ノ請求ヲ直接間接共ニ妨礙セサルコトヲ約ス露西亞國ハ亦同一ノ平和的旨意ニ基キ前記分界線以南ノ滿洲ニ於テ自國ノ爲又ハ自國臣民若ハ其ノ他ノ爲何等鐵道又ハ電信ニ關スル權利ノ讓與ヲ求メス又同地域ニ於テ日本國政府ノ扶持スル該權利讓與ノ請求ヲ直接間接ニ妨礙セサルコトヲ約ス

一千八百九十六年八月二十八日卽露曆八月十六日及一千八百九十八年六月二十五日卽露曆六月十三日ノ東淸鐵道敷設契約ニ依リ東淸鐵道會社ニ屬スル一切ノ權利及特權ハ追加約款ニ定メタル分界線以南ニ在ル同鐵道ノ部分ニ對シ有效ニ存續スルモノトス

第二條　露西亞國ハ日本國ト韓國トノ間ニ於テ現行諸條約及協約(日本國ヨリ露西亞國政府ニ其ノ謄本ヲ交付セルモノ)ニ基キ存在スル政事上利害共通ノ關係ヲ承認シ該關係ノ益々發展ヲ來スニ當リ之ヲ妨礙シ又ハ之ニ干涉セサルコトヲ約ス又日本國ハ韓國ニ於テ露西亞國ノ政府、領事官、臣民、商業、工業及航海業ニ對シ特ニ之ニ關スル條約ノ締結セラルルマテ一切最惠國待遇ヲ與フルコトヲ約ス

第三條　日本帝國政府ハ外蒙古ニ於ケル露西亞國ノ特殊利益ヲ承認シ該利益ヲ損傷スヘキ何等ノ干涉ヲ爲ササルコトヲ約ス

第四條　本協約ハ兩締約國ニ於テ嚴ニ秘密ニ附スヘシ

　右證據トシテ下名ハ各其ノ政府ヨリ正當ノ委任ヲ受ケ之ニ記名調印スルモノナリ
　明治四十年七月三十日卽露曆一千九百七年七月十七日聖彼堡{前3文字ママ}ニ於テ本書ヲ作ル
　　本野一郞
　　イズヴォルスキー

　追加約款
本條約第一條ニ揭ケタル北滿洲及南滿洲ノ分界線ハ左ノ如ク之ヲ定ム
同分界線ハ露韓國境ノ北西端ニ始マリ琿春及必爾藤湖北端ヲ經テ秀水站ニ至ルマテ逐次直線ヲ劃シ秀水站ヨリハ松花江ニ沿ヒ嫩江ノ河口ニ至リ之ヨリ嫩江ノ水路ヲ遡リテ托羅河ノ河口ニ達シ此ノ地點ヨリ托羅河ノ水路ニ沿ヒ同河ト「グリニッチ」東經百二十二度ノ交叉點ニ至ル
　　本野一郞
　　イズヴォルスキー

(제1차) 러일협약(일본어본)의 한글 번역문

메이지 40년(1907년) 7월 30일 상트페테르부르크에서 기명
메이지 40년(1907년) 8월 15일 관보 게재

일본국 황제 폐하의 정부 및 전(全) 러시아국 황제 폐하의 정부는 다행히 일본국과 러시아국 사이에 회복된 평화와 선린의 관계를 견고히 할 것을 희망하고 또한 장래 양 제국 관계에 일절 오해의 원인을 제거하고자 하여 다음의 조약을 협정하였다.

제1조
체약국의 일방은 타방의 현재 영토 보전을 존중할 것을 약속한다. 또한 체약국 사이에 등본을 교환한 체약국과 청국과의 현행 조약들 및 계약으로부터 발생하는 일체의 권리(다만 기회균등주의에 반하지 않는 권리에 한정) 및 1905년 9월 5일 즉, 러시아력 8월 23일 포츠머스에서 조인된 조약 및 일본국과 러시아국 사이에 체결된 모든 특수 조약으로부터 발생하는 일체의 권리는 상호 이를 존중하기로 약속한다.

제2조
양 체약국은 청 제국의 독립 및 영토 보전과 청국에서 열국의 상공업의 기회균등주의를 승인한다. 또한 자국이 취할 수 있는 일체의 평화적 수단에 의해 현상 존속 및 이상의 주의의 확립을 옹호, 지지할 것을 약속한다.

이상 증거로 하명(下名)은 각각 정부로부터 정당한 위임을 받아 이에 기명, 조인한다.

메이지 30년 7월 30일, 즉 러시아력 1907년 7월 17일(7월 30일) 상트페테르부르크에서 본 서를 작성하다.

모토노 이치로(本野一郎)
이즈볼스키

비밀 협약
일본국 황제 폐하의 정부 및 전(全) 러시아국 황제 폐하의 정부는 만주, 한국, 몽골에 관한 일체의 분쟁 또는 오해의 원인을 제거하고자 다음의 조약을 협정한다.

제1조
일본국은 만주에서 정사상(政事上), 경제상의 이익 및 활동이 집주(集注)하는 자연적 추세에 비추

어, 또한 경쟁의 결과로 발생할 분의를 피할 것을 희망하여 본 협약 추가 조관에 정한 분계선 이북의 만주에서 자국을 위해, 또는 자국 신민이나 그 밖을 위해 어떠한 철도 또는 전선에 관한 권리의 양여를 요구하지 않는다. 또한 동 지역에서 러시아국 정부가 부지(扶持)하는 해당 권리 양여의 청구를 직간접적으로 방해하지 않을 것을 약속한다. 러시아국은 또한 동일한 평화적 취지에 기반하여 위 분계선 이남의 만주에서 자국을 위해 혹은 자국 신민이나 그 밖을 위한 하등의 철도, 전신에 관한 권리의 양여를 요구하지 않는다. 또한 동 지역에서 일본국 정부가 부지(扶持)하는 해당 권리 양여의 청구를 직간접적으로 방해하지 않을 것을 약속한다.
1896년 8월 28일, 즉 러시아력 8월 16일 및 1898년 6월 25일 즉, 러시아력 6월 13일의 동청철도(東淸鐵道) 부설 계약에 의해 동철철도회사에 속한 일체의 권리 및 특권은 추가 약관에서 정한 분계선 이남에 존재하는 동 철도의 부분에 대해 유효히 존속하는 것으로 한다.

제2조
러시아국은 일본국과 한국 사이에서 현행 모든 조약 및 협약(일본국으로부터 러시아국 정부에 등본을 교부한 것)에 기반하여 존재하는 정사상 이해 공통의 관계를 승인하고 해당 관계가 차차 발전함에 있어 이를 방해하거나 간섭하지 않을 것을 약속한다. 또한 일본국은 한국에서 러시아국의 정부, 영사관, 신민, 상업, 공업 및 항해업에 대해 특별히 이에 관한 조약을 체결하기까지 일체의 최혜국 대우를 부여받을 것을 약속한다.

제3조
일본 제국 정부는 외몽골에서 러시아국의 특수이익을 승인하고 해당 이익을 손상할 만한 어떠한 간섭도 하지 않을 것을 약속한다.

제4조
본 협약은 양 체약국이 엄격히 비밀에 붙인다.

이상 증거로 하명은 각각 그 정부로부터 정당한 위임을 받아 이에 기명, 조인한 것이다.

메이지 40년 7월 30일, 즉 러시아력 1907년 7월 17일 상트페테르부르크에서 본서를 작성하다.

모토노 이치로(本野一郎)
이즈볼스키

추가 약관
본 조약 제1조에 게재한 북만주 및 남만주의 분계선은 다음과 같이 정한다.
위 분계선은 한러 국경의 북서단(北西端)에서 시작하여 훈춘(琿春)과 경박호(必爾藤湖) 북단을 거쳐 수수참(秀水站)에 이르기까지 축차 직선을 긋고 수수참부터는 송화강에 연한 넌장(嫩江)의 하구에 이르기까지, 이로부터 넌장의 수로를 거슬러 탁라하(托羅河)의 하구에 달하고 이 지점에서 탁라하의 수로에 연하여 그리니치 동경 122도의 교차점에 이른다.

모토노 이치로
이즈볼스키

(제1차) 러일협약(러시아어본) 원문

Русско-японская (общеполитическая) конвенция 13 февр.(31 янв.) 1907 года.

I. Договор опубликованный.

Правительство его величества императора всероссийского и правительство его величества императора Японии, желая упрочить мирные и добрососедские отношения, столь счастливо восстановившиеся между Россией и Японией, и устранить всякие поводы к недоразумениям в будущем в сношениях между двумя империями, согласились на следующие условия:

Ст. 1. Каждая из высоких договаривающихся сторон обязуется уважать существующую территориальную целость другой и все права, вытекающие для той и другой стороны из действующих трактатов между ними и Китаем, копии которых были обменены между договаривающимися сторонами, поскольку эти права совместимы с принципом общего равноправия, из Портсмутского договора 5 сентября—23 августа 1905 года, а равно из специальных соглашений, заключенных между Россией и Японией.

Ст. 2. Обе высокие договаривающиеся стороны признают независимость и целость территории Китайской империи и принцип общего равноправия (opportunite egale) по отношению к торговле и промышленности всех наций, в этой империи и обязуются поддерживать и защищать сохранение статус-кво и означенный принцип всеми мирными средствами, имеющимися в их распоряжении...

II. Договор секретный.

Правительство его величества императора, всероссийского и правительство его величества императора Японии, желая устранить на будущее время всякие причины трений или недоразумений касательно некоторых вопросов, относящихся до Манчжурии, Кореи и Монголии, согласились в следующих положениях.

Ст. 1. Принимая во внимание естественное тяготение интересов, политической и экономической деятельности в Манчжурии и желая избегнуть всякие осложнения, которые могли бы возникнуть из соревнования, Япония обязывается не искать за свой счет или в пользу японских или иных подданных никакой железнодорожной или телеграфной концессии в

Манчжурии к северу от линии, установленной дополнительной статьей к настоящей конвенции, и не затруднять ни прямо, ни косвенно всякого рода действия, поддержанные российским правительством, имеющие в виду такого рода концессии в указанном районе; и Россия, с своей стороны, руководимая тем же миролюбивым побуждением, обязуется не искать за свой счет или в пользу российских или иных подданных никакой жел.–дор. или телеграфной концессии к югу от вышеназванной линии и не затруднять ни прямо, ни косвенно всякого рода действия, поддержанные японским правительством, имеющие в виду такого рода концессии в указанном районе.

При сем твердо разумеется, что все права и привилегии, принадлежащие О. К.–В. ж. д. в силу договоров о сооружении этой железной дороги от 16/28 августа 1896 и от 13/25 июня 1898 г.г., останутся в силе на части этой железной дороги, расположенной, к югу от демаркационной линии, установленной дополнительной статьей.

Ст. 2. Россия, признавая отношения политической солидарности между Японией и Кореей, вытекающие из конвенций и соглашений, ныне имеющих силу между ними, копии коих были сообщены росс. правительству яп. прав-м, обязуется не вмешиваться и не чинить препятствий, дальнейшему развитию этих отношений; и Япония, со своей стороны, обязуется распространить на правительство, консульских агентов, подданных, торговлю, промышленность и мореплавание России в Корее во всех отношениях права наиболее благоприятствуемой нации впредь до заключения окончательного договора.

Ст. 3. Импер. яп. прав-о, признавая во Внешней Монголии специальные интересы России, обязуется воздержаться от всякого вмешательства, способного нанести ущерб этим интересам.

Ст. 4. Настоящая конвенция будет строго конфиденциальной между двумя высокими договаривающимися сторонами…

Дополнительная статья.

Демаркационная линия между Сев. и Южн. Манчжурией, упомянутая в ст. 1 настоящей конвенции устанавливается следующим образом:

Исходя из сев.-зап. пункта русско-корейской границы и представляя совокупность прямых линий, линия идет, проходя через Хунчун и крайний северный пункт озера Пиртанг на

Сюшуйган; оттуда она следует по Сунгари до устья Наньцзяня и подымается оттуда вверх по течению этой реки до устья реки Толахо. Начиная от этого пункта линия следует по течению этой реки до пересечения ее с 122 меридианом к вост. от Гринвича.

(제1차) 러일협약(러시아어본)의 한글 번역문

1907년 2월 13일(1월 31일) 러일(일반정치) 협약

전 러시아 황제 폐하 정부와 일본 제국 황제 폐하 정부는 러시아와 일본 간에 무사히 복귀된 평화와 선린 관계를 견고히 할 것을 희망하고, 장래 양 제국 간 관계에서 일체의 오해 원인을 제거하기를 희망하면서 다음의 조관에 합의하였다.

제1관
고귀한 양 체약국 각자는 현존하는 타방의 영토적 완전성과 일체의 권리를 존중해야 한다. 이하의 권리가 일반적 평등의 원칙에 부합할 경우 체약 양측 간에 등본을 교환한 각 체약국과 청국 간의 현행 조약들로부터 각 체약국에 발생하고, 1905년 9월 5일(8월 23일) 포츠머스조약에서 발생하며, 러시아와 일본 간에 체결된 특수 조약들에서 발생하는 일체의 권리를 존중하도록 한다.

제2관
고귀한 양 체약국은 청 제국의 독립과 영토적 완전성, 동 제국에서 모든 민족의 통상과 산업상 일반적 평등 원칙을 인정하면서, 양 체약국이 보유한 일체의 평화적 수단을 동원하여 현상 유지 및 상기 원칙을 지지하고 수호하도록 한다.

이상의 증거로 이하의 자들이 각 정부로부터 정당한 위임을 받아 이에 기명 및 조인한다.

모토노 이치로(本野一郎)
알렉산드르 이즈볼스키(Алекса́ндр Петро́вич Изво́льский)

러시아력 1907년 7월 17일(7월 30일), 메이지 30년 7월 30일 상트페테르부르크에서 본 협약문을 작성하였다.

비밀 조약

전 러시아 황제 폐하 정부와 일본 제국 황제 폐하 정부는 향후 만주, 한국, 몽골 관련 몇몇 문제에 대한 분쟁과 오해의 모든 원인을 제거하기를 희망하면서 다음의 조관에 합의하였다.

제1관

일본국은 만주에 이익과 정치 및 경제 활동이 자연스럽게 집중되는 데 주목하고, 경쟁으로 인하여 발생할 수 있는 일체 분규의 회피를 희망하면서, 본 협약의 추가 조관에 규정된 분계선 이북의 만주에서 자국을 위하여, 혹은 일본국이나 여타 국가의 신민을 위하여 여하한 철도 혹은 전신선 권리의 양여를 요구하지 않으며, 동 지역에서 러시아 정부가 보유한 해당 권리의 양여 청구를 직접적으로든 간접적으로든 방해하지 않도록 한다. 또한 러시아는 동일한 평화 애호의 동기에 의거하여 상기 분계선 이남에서 자국을 위하여, 혹은 러시아나 여타 국가의 신민을 위하여 여하한 철도 혹은 전신선 권리의 양여를 요구하지 않으며, 동 지역에서 일본국 정부가 보유한 해당 권리의 양여 청구를 직접적으로건 간접적으로건 방해하지 않도록 한다.

1896년 8월 16(28)일 및 1898년 6월 13(25)일자 동청철도 부설 계약에 의하여 동청철도회사에 속한 일체의 권리와 특권은 추가 조관에 규정된 분계선의 이남에 존재하는 동 철도 부분에 대하여 유효한 것으로 간주한다.

제2관

러시아는 일본국 정부가 러시아 정부에 전달한 등본이 있는 일본국과 한국 간에 현재 유효한 조약 및 협약들에 의거한 양국 간의 정치적 연대 관계를 인정하면서, 동 관계의 지속적인 발전을 방해하거나 간섭하지 않도록 한다. 또한 일본국은 한국에서 러시아의 정부, 영사관, 신민, 상업, 공업 및 항행에 대하여 이에 관한 최종적인 조약이 체결될 때까지 일체의 최혜국 대우를 적용하도록 한다.

제3관

일본 제국 정부는 외몽골에서의 러시아의 특수이익을 인정하면서, 동 이익을 손상시킬 수 있는 여하한 간섭도 하지 않도록 한다.

제4관

본 협약은 고귀한 양 체약국 간에 엄격한 비밀로 하게 될 것이다.

이상의 증거로 이하의 자들이 각 정부로부터 정당한 위임을 받아 이에 기명 및 조인한다.
러시아력 1907년 7월 17일(7월 30일), 메이지 30년 7월 30일 상트페테르부르크에서 본 협약문을 작성하였다.

모토노 이치로(本野一郎)

알렉산드르 이즈볼스키(Алекса́ндр Петро́вич Изво́льский)

추가 조관

본 협약 제1조에 언급된 북만주와 남만주의 분계선은 다음과 같이 정한다.
한러 국경의 서북단에서 시작하여 직선으로 훈춘(Хунчун)과 징보호(озер Пиртанг) 북단을 거쳐 수수참(Сюшуйган)에 이른다. 분계선은 수수참으로부터 쑹화강(Сунгари)을 따라 넌장(Наньцзян) 어귀까지 가고, 그곳으로부터 이 강의 물길을 따라 탁라하(река Толахо) 어귀까지 올라간다. 분계선은 이 지점으로부터 시작하여 탁나하 물길을 따라 이 물길이 그리니치 동경 122도와 교차되는 지점에 이른다.

모토노 이치로(本野一郎)
알렉산드르 이즈볼스키(Алекса́ндр Петро́вич Изво́льский)

2. 일-미, 영 간 화친조약

조국, 한승훈

1) 미일화친조약(1854) 및 부록

○ 명칭
- 일본어: 日本國米利堅合衆國和親條約
- 영어: Treaty of Peace and Amity between the United States of America and The Empire of Japan, (Convention of Kanagawa, Kanagawa Treaty)

○ 체결 국가: 미국, 일본

○ 체결일: 1854년 3월 31일(음력 3월 3일)
- 조약 비준일: 1855년 2월 21일(음력 1월 5일)

○ 체결 장소
- 일본 가나가와(조인) / 시모다(비준)

○ 서명자(또는 전권대사)
- 미국: 매튜 칼브레이스 페리(Matthew Calbraith Perry)
- 일본: 하야시 후쿠사이(林復斎), 이도 사토히로(井戸覚弘), 이자와 마사요시(伊沢政義), 우도노 규오(鵜殿鳩翁)

○ 작성 언어: 일본어, 영어, 한문(화친조약 부록에서는 폐지), 네덜란드어

○ 체결 배경 및 과정

페리가 이끄는 미국 동인도함대가 대통령의 국서를 지참하여 에도만 우라가에 정박한 것은 1853년 7월 8일(가에이 6년 6월 3일)이었다. 국서의 주요 내용은 난파선의 수리를 위한 입항 및 보급품 지급, 조난 승무원의 보호, 일본 근해의 무인도에 석탄 저장소 설치, 무역 혹은 물물교환을 위한 항구 개항 등이었다. 당시 미국은 태평양 횡단 항로의 개발과 포경업을 위한 보급항, 기항지로 일본을 주목하고 있는 상황이었다. 페리는 교섭에 앞서 본국으로부터 발포 엄금의 명령을 받았으나 당시 최신예, 최대급의 증기군함을 이끌고 무력 시위를 하며 일본을 압박하였다. 일본 측의 즉각적인 대답을 받지 못한 페리는 대통령 국서만을 전달하고 떠났으며 이듬해 2월 재차 내항하여 조약 체결을 위한 본격적인 협상을 시작하였다.

1854년 3월 8일(2월 10일), 요코하마에 마련된 응접소에서 정식 교섭이 시작되었다. 미국 측이 제시한 조약 초안은 '평화, 친목, 통상'을 모두 포함한 포괄적인 내용이었다. 하야시 대학두를 필두로 한 일본 측은 통상에 관한 거부 의사를 명확히 하는 한편, 독자적인 초안 작성 작업에 착수하였다. 3월 15일에 제출된 일본 측 초안은 총 7개조로 구성되었으며, 전통적인 대외 창구인 나가사키의 개항과 표류민, 난파선에 대해 인도적인 지원을 약속하였으나 입항하는 선원의 자유를 상당 부분 제약하는 규정을 담고 있었다. 이에 대해 3월 17일 열린 회담에서 페리는 나가사키 데지마의 네덜란드인과 같이 통제를 받을 수는 없다며 나가사키 개항을 거부, 이를 대신하여 우라가, 마쓰마에, 나하의 3항을 제시하였다.

개항장 선정을 둘러싼 양측의 의견 대립은 결국 3월 28일 대담에서, 우라가를 대신하여 시모다를 개항하는 것으로 협의를 보게 되었다. 이후 시모다에서의 유보(遊步) 규정, 개항 일시 등을 비롯한 각 조문의 심의가 3월 29일, 30일까지 이어졌고 31일에 화친조약 체결이 이루어졌다.

조약 체결 이후 페리 일행은 개항장으로 지정된 하코다테에 5월 17일에 도착, 2주에 걸친 현지 조사를 마치고 시모다에 돌아와 화친조약 세칙을 둘러싼 협의를 시작하였다. 조약 언어와 유보 규정 획정 등을 주요 논점으로 협의가 진행되어 6월 17일 화친조약 부록(시모다 추가 조약)이 체결되었다.

○ 주요 내용

전체 12개조로 구성된 화친조약은 제1조에서 양국이 '화친'을 위해 조약을 체결하였음을 밝히고 제2조에서 시모다, 하코다테의 개항 및 식료품과 석탄, 그 밖의 결핍품 공급을 규정하였다. 제3, 4조는 표류민 송환과 대우에 관한 내용이었다. 제5조는 입항한 미국인의 일정한 구역(시모다 항 중심으로 일본리 7리) 내의 자유로운 이동 권한에 대한 내용이었다. 기타 개항장 내에서의 물품 거래에 관한 구체적인 내용이 규정되었으며, 특히 제9조는 편무적 최혜국 대우를 규정한 점에서 화친조약의 불평등한 성격을 보여 주고 있다. 화친조약에 이어 체결된 화친조약 부록은 전체 13개 조항으로 구성되었으며 사망한 미국인의 매장지 선정, 수렵 금지 등과 함께 조약 언어로 영어와 일본어를 정문(正文)으로 규정하였다. 한편 화친조약 부록의 영어본은 12개 조항으로 구성되어 있다. 일본본과 미국본을 확인해 본 결과, 일본 측 12, 13조가 미국 측 12조와 동일함을 확인할 수 있다.

화친조약의 구체적인 내용을 항목별로 구분하여 정리하면 다음과 같다.

(1) 우호 증진 약속 및 영사 파견 규정

전문과 제1조에서는 미국과 일본이 '화친'과 우호 관계 구축을 위해서 조약을 체결하였음을 밝혔다.

제11조는 18개월 이후 미국은 시모다 주재 영사 혹은 대리인을 파견할 수 있도록 보장받았다.

(2) 시모다와 하코다테의 개항과 개항장 운영 규정

제2조는 일본 내 미국 선박의 정박을 보장받을 수 있는 항구로 시모다와 하코다테가 지정되었다. 시모다는 조약 체결 즉시, 그리고 하코다테는 1년 뒤 개항할 것을 약속하였다. 미국 선박은 시모다와 하코다테에서 석탄과 식료품을 비롯한 필수품의 공급을 보장받았다. 부속장정 제2조는 미국 선박과 포경선의 정박지를 별도로 세 곳에 두기로 규정하였다.

제5조는 시모다와 하코다테에 입항한 미국인에게 일정한 구역(시모다항 중심으로 일본리 7리) 내의 자유로운 이동을 보장하였다.

부속장정 제1조는 개항장에 거주하는 미국인이 일본법을 어겼을 경우 경비대에 의해서 미국 선박으로 보낼 것을 규정하였다.

(3) 난파선 보호 규정

제3조는 미국 선박의 난파 및 조난 시에 일본 선박의 구제 및 송환 절차, 그 과정에서 발생하는 비용 처리 방침을 규정하였다.

제4조는 난파 혹은 조난된 미국인의 자유를 보장함으로써 그들에 대한 감금 등을 금지시켰다.

제10조는 악천후 등의 불가피한 사정이 발생하였을 경우 미국 선박은 개항장 이외의 일본 내 항구에 입항할 수 있도록 규정하였다.

(4) 최혜국 대우 규정

제9조는 일본이 타 국가 및 국민들에게 부여한 특권 및 이권을 미국 측이 지체 없이 이를 균점할 수 있다는 최혜국 대우 규정을 담고 있다.

(5) 통상 규정

제6조는 필요한 상품의 구매와 관련한 검토의 필요성을 명문화하였다.

제7조는 개항장에서 미국인의 상업 활동을 제한적으로 보장하였다. 다만 일본 측은 교역을 제한하는 물품을 미국 선박으로부터 회수할 수 있도록 했다. 다만 '상품'이 아닌 '화물'의 교환을 당분간 허용하는 것으로 규정하여 향후 '통상' 조약의 필요성을 남겨 놓았다.

제8조는 일본 관리의 대리인에 의한 무역 상품 조달을 명시함으로써, 미국 상인과 일본 상인의 자유로운 무역 행위를 제한하였다.

(6) 조약 비준

제11조에서는 본 조약의 비준 기한을 18개월로 규정하였다. 특히 이 조항에서는 미국의 비준 절차(상원-대통령)를 명시하고 있다.

○ 결과 또는 파급 효과

미일화친조약은 일본이 서양과 체결한 최초의 조약이다. 미일화친조약을 근거로 미국 공사의 파견 및 주재가 이루어졌으며 이후 통상 조약을 체결하는 바탕을 마련하였다. 일본

국내적으로는 에도 막부의 '쇄국 체제'가 무너지고 '개국'을 맞이하게 되었다.

미일화친조약은 미국 선박의 난파 및 조난에 따른 일본 측의 대응 및 조치 사항을 상세히 규정하였다. 이는 미국이 일본과 조약 체결에서 역점을 두었던 사항이 안전한 항해 보장에 있음을 확인할 수 있다.

한편 미일화친조약은 서구 열강이 동아시아에 관철시킨 불평등 조약 중에서 일본의 경우를 대표하는 조약이기도 하다. 특히 미국 페리 함대가 무력시위를 통한 포함외교(Gunboat-Diplomacy)로 조약 체결을 관철시켰기에, 불평등 조약으로서의 상징성이 크다. 조약의 불평등성을 상징하는 대표적인 조항은 미국의 최혜국 대우를 보장한 9조이다. 일본은 미국에 최혜국 대우를 보장함으로써, 일본 내에서 미국의 이익 균점을 약속하였다. 개항 및 개항장에서 미국인의 거주 및 상업 활동(필수품의 거래)을 보장함으로써 장차 서구 열강의 일본 진출을 가능하게 하였다.

그런데 미일화친조약에는 일본의 요구가 반영된 조문도 삽입되었다. 일본 정부의 통제 하에 필수품의 거래만을 허용한 조항들이 그러하다. 그중에서도 일본 정부는 미국 상인과 무역 활동을 전개할 수 있는 일본 측 상인을 지정하도록 했을 뿐만 아니라, 일본 정부가 정하는 품목의 수출을 제한할 수 있을 뿐만 아니라 미국 선박으로부터 상품을 회수할 수 있도록 했다. 그리고 불평등 조약의 대표적 내용에 해당하는 영사재판권(치외법권)에 관한 규정도 없었으며, 일본 정부는 일본법을 어기는 미국인을 미국 선박으로 보내는 조치를 취할 수 있었다. 그 밖에도 미일화친조약은 영사의 주재 문제를 비롯해서 미국 선박에게 부족한 품목을 보급하는 내용을 둘러싸고 조문 해석의 여지가 남아 있었다. 그런 이유로 일본이 동아시아 불평등 조약체제에 편입되는 과정을 살펴보기 위해서는 1858년 이후 일본이 서구 열강과 체결한 통상 조약의 내용을 함께 살펴봐야 한다.

○ (조약문) 출처
- 『舊條約彙纂』제1권 各國之部 제1부, 1~7쪽
- 미국 상원 도서관 홈페이지:

  (https://www.loc.gov/law/help/us-treaties/bevans/b-jp-ust000009-0351.pdf)

미일화친조약(일본어본) 원문

日本國米利堅合衆國和親條約

安政元年(嘉永七年)甲寅三月三日(西曆千八百五十四年第三月三十一日)於神奈川調印
安政二年乙卯正月五日(西曆千八百五十五年第二月二十一日)於下田批准書交換

亞墨利加合衆國と帝國日本兩國の人民誠實不朽の親睦を取結ひ兩國人民の交親を旨とし向後可守箇條相立候ため合衆國より全權マッゼウ、カルブレズ、ペルリ人名を日本に差越し日本君主よりは全權林大學頭井戸對馬守伊澤美作守鵜殿民部少輔を差遣し勅諭を信して雙方左の通取極候

第一條
日本と合衆國とは其人民永世不朽の和親を取結ひ場所人柄の差別無之事

第二條
伊豆下田松前地箱館の兩港は日本政府に於て亞墨利加船薪水食料石炭缺乏の品を日本人にて調候丈は給し候爲め渡來の儀差免し候尤下田港は約條書面調印の上即時相開き箱館は來年三月より相始候事
給すへき品物直段書の儀は日本役人より相渡可申右代料は金銀錢を以て可相辨候事

第三條
合衆國の船日本海濱漂着の時扶助致し其漂民を下田又は箱館に護送致し本國の者受取可申所持の品物も同樣に可致候尤漂民諸雜費は兩國互に同樣の事故不及償候事

第四條
漂着或は渡來の人民取扱の儀は他國同樣緩優に有之閉籠候儀致間敷乍併正直の法度には伏從致し候事

第五條
合衆國の漂民其他の者共當分下田箱館逗留中長崎に於て唐和蘭人同樣閉籠窮屈の取扱無之下田港内の小島周り凡七里の内は勝手に徘徊いたし箱館港の儀は追て取極候事

第六條
必用の品物其外可相叶事は雙方談判の上取極候事

第七條
合衆國の船右兩港に渡來の時金銀錢並品物を以て入用の品相調候を差免し候尤日本政府の規定に相從可申且合衆國の船より差出候品物を日本人不好して差返候時は受取可申事

第八條
薪水食料石炭並缺乏の品求る時には其地の役人にて取扱すへく私に取引すへからさる事

第九條
日本政府外國人へ當節亞墨利加人へ不差許候廉相許し候節は亞墨利加人へも同樣差許可申右に付談判猶豫不致候事

第十條
合衆國の船若し難風に逢さる時は下田箱館兩港の外猥に渡來不致候事

第十一條
兩國政府に於て無據儀有之候時は模樣に寄り合衆國官吏の者下田に差置候儀も可有之尤約定調印より十八箇月後に無之候ては不及其儀候事

第十二條
今般の約定相定候上は兩國の者堅く相守可申尤合衆國主に於て長公會大臣と評議一定の後書を日本大君に致し此事今より後十八箇月を過きすして君主許容の約定取換せ候事

右の條日本亞墨利加兩國の全權調印せしむる者也
嘉永七年三月三日
千八百五十四年三月三十一日
林大學頭　　　花押
井戶對馬守　　花押
伊澤美作守　　花押
鵜殿民部少輔　　花押
マツゼウ、カルブレズ、ペルリ　　手記

日本國米利堅合衆國和親條約附錄

安政元年(嘉永七年)五月二十二日(西曆千八百五十四年第六月十八日)下田ニ於テ調印(日、英文)

日本國え合衆国よりの使節提督ペルリと、日本大君の全権林大学頭井戸對馬守伊澤美作守都筑駿河守鵜殿民部少輔竹内淸太郎松崎滿太郎、兩國政府の爲、取極置候條約附錄

第一ケ條
一 下田鎭臺支配所の境を定めんか爲、關所を設るは、其意の儘たるへし、然れとも亞墨利加人も、亦既に約せし日本里數七里の境關所出入するに障ある事なし、但日本法度に悖る者あらは、番兵是を捕へ其船に送るへし

第二ケ條
一 此湊に來る商船捕鯨船(鯨漁一本)の爲、上陸場三ケ所定置し、其一は下田、其一は柿崎、其一は港內の中央にある小島の東南に當る澤邊に設くへし、合衆國の人民必日本官吏に對し叮嚀を盡すへし

第三ケ條
一 上陸の亞墨利加人、免許を請すして、武家町家に一切立寄へからす、但寺院市店見物は勝手たるへし

第四ケ條
一 俳個の者休息所は、追て其爲旅店設くるまて、下田了仙寺、柿崎玉泉寺二箇寺を定置くへし

第五ケ條
一 柿崎玉泉寺境內に、亞墨利加人埋葬所を設け、麁略ある事なし

第六ケ條
一 神奈川にての條約に、箱館において、石炭を得へきとあれとも、其地にて渡し難き趣は、提督ペルリ承諾いたし、箱館にて石炭用意に及はさる様、其政府に告へし

第七ケ條
一 向後兩国政府において公顯の示告に、蘭語譯司居合さる時の外は、漢文譯書を取用ふる事なし

第八ケ條
一 港取締役壹人港內案內者三人定置くへし

第九ケ條
一 市店の品を撰求むるに、買主の名と品の價とを記し、御用所に送り、其價は同所にて日本官吏に辨し、品は官吏より渡すへし

第十ケ條
一 鳥獸遊獵は、都て日本において禁する所なれは、亞墨利加人も亦此制度に伏すへし

第十一ケ條
一 此度箱館の境日本里數五里を定置き、其地にての作法は、此條約第一ケ条に記す處の規則に倣ふへし

第十二ケ條
一 神奈川にての條約取極の書翰を差越し、是に答ふるには、日本君主に於て誰に委任あるとも、意の儘たるへし

第十三ケ條
一 茲に取極置く處の規定は、何事によらす、若神奈川にての條約に違ふ事あるとも、又是を變る事なし

右條約附錄、エケレス語日本語に取認め、名判致し、是を蘭語に飜譯して、其書面合衆國と日本全權双方取替すもの也

嘉永七年五月廿二日、下田に於て

林大學頭 花押
井戸對馬守 花押
伊澤美作守 同
都筑駿河守 同
鵜殿民部少輔 同
竹内清太郎 同
松崎滿太郎 同

미일화친조약(일본어본)의 한글 번역문

일본국 미합중국 화친조약

안세이 원년(가에이 7) 갑인년 3월 3일(서력 1854년 3월 31일) 가나가와에서 조인
안세이 2년 을묘년 정월 5일(서력 1855년 2월 21일) 시모다에서 비준서 교환

아메리카 합중국과 제국 일본 양국의 인민이 성실 불휴(不朽)한 친목을 맺고 양국 인민의 친교를 주지로 하여 향후 지켜야 할 조항을 세우기 위해 합중국에서는 전권 매튜 칼브레이스 페리를 일본에 파견하고 일본 군주는 전권 하야시 대학두, 이도 쓰시마노카미, 이자와 미마사카노카미, 우도노 민부소보를 보내 칙유(勅諭)에 따라 쌍방은 다음과 같이 결정하였다.

제1조
일본과 합중국은 그 인민들에 대해 영세불휴의 화친을 맺고 장소, 사람에 차별을 두지 않는다.

제2조
이즈 시모다, 마쓰마에 하코다테 두 항구에 대해 일본 정부는 아메리카 선박이 땔나무, 식수, 식료, 석탄 등 부족한 물품을 일본인으로부터 조달, 지급받기 위해 도래하는 것을 허락한다. 다만 시모다 항은 약조 서면 조인 후에 즉시 개항하며 하코다테는 내년 3월부터 열 것이다.
제공 물품의 가격표는 일본 관리가 건넬 것이다. 이상의 금액은 금, 은, 동전으로 지급한다.

제3조
합중국 선박이 일본 해변에 표착할 경우 구조하며, 표류민을 시모다 혹은 하코다테에 호송하여 본국인이 인수한다. 소지품 또한 동일하게 취급한다. 다만 표류민에 관한 모든 잡비는 양국이 서로 동일하기에 변상하지 않는다.

제4조
표착 혹은 도래한 인민 취급에 관해서는 타국과 같이 온화하게 대우하며 속박당하지 않을 것이나, 올바른 법도에는 복종한다.

제5조
합중국의 표류민과 그 밖의 자들이 당분간 시모다, 하코다테에 체류 중에는 나가사키 중국인, 네덜란드인과 같이 속박, 제한된 취급을 받지 않는다. 시모다 항 내의 소도(小島)들 주변 7리 이내는 자유로이 돌아다닐 수 있으며 하코다테 항의 경우는 차후에 결정한다.

제6조
필요 물품 및 그 밖에 원하고자 하는 바는 쌍방 담판 후에 결정한다.

제7조
합중국 선박이 이상의 두 항구에 도래할 때에 금, 은, 동전 및 물품을 가지고 필요한 물건을 조달하는 것을 허락한다. 다만 일본 정부의 규정에 따라야 할 것이고 또한 합중국의 선박에서 제출한 물건에 대해 일본인이 마음에 들어하지 않아 반납할 경우에는 이를 받아들인다.

제8조
땔나무와 물, 식료, 석탄 및 결핍품을 요구할 때에는 그곳 관리가 취급해야 하며, 사사로이 거래해서는 안 된다.

제9조
일본 정부는 외국인에게 현재 미국인에게 허가하지 않은 사항들을 허락할 경우에는 미국인에게도 동일하게 허락해야 할 것이며 이상에 관해 담판, 유예하지 않는다.

제10조
합중국의 선박은 만약 난풍(難風)을 맞은 것이 아닌 경우에는 시모다, 하코다테 양항 이외에 함부로 도래하지 않는다.

제11조
양국 정부 부득이한 경우에는 사정에 따라 합중국 관리자를 시모다에 둘 수 있다. 다만 약정 조인으로부터 18개월 후가 아니면 실시하지 않는다.

제12조
이번 약정을 정한 이상, 양국 사람들은 착실히 지켜야 할 것이다. 다만 합중국 대통령〔國主〕은 장공회 대신과 평의한 후에 문서를 일본 대군에 보낼 것이며 이는 지금으로부터 18개월을 넘기지 않은 상태에서 군주가 허용한 약정을 교환한다.

이상 조약은 일본과 아메리카 양국의 전권이 조인한 바이다.
가에이 7년 3월 3일
1854년 3월 31일

하야시 대학두 화압(花押)
이도 쓰시마노카미 화압

이자와 미마사카노카미 화압
우도노 민부소보 화압
매튜 칼브레이스 페리 수기(手記)

일본국 미합중국 화친조약 부록
안세이 원년(가에이 7) 5월 22일(서력 1854년 6월 18일) 시모다에서 조인(일, 영문)

일본국에서 합중국 사절인 페리와 일본 대군 전권인 하야시 대학두, 이도 쓰시마노카미, 이자와 미마사카노카미, 쓰즈키 스루가노카미, 우도노 민부소보, 다케우치 세이타로, 마쓰자키 미치타로가 양국 정부를 위해 결정한 조약 부록.

제1조
하나, 시모다 진대(鎭臺) 관할 구역의 경계를 정하기 위해 관소(關所)를 설치하는 것은 임의로 한다. 그러나 아메리카인도 이미 약정한 일본 리수 7리의 경계에서 관소를 출입하는 것에 지장은 없다. 다만 일본 법도에 위배되는 경우에는 번병이 이를 붙잡아 선박으로 보낸다.

제2조
하나, 이 항구에 오는 상선, 포경선을 위해 상륙 장소 3곳을 정해 두는데 한 곳은 시모다, 한 곳은 가키자키(柿崎), 한 곳은 항내 중앙에 있는 소도의 동남에 해당하는 해변에 둘 것이다. 합중국 인민은 반드시 일본 관리를 정중히 대해야 한다.

제3조
하나, 상륙한 아메리카인은 허가 없이 청하여 상인들의 집에 일체 들어가지 못한다. 다만 사원, 시가 상점의 구경은 자유로이 한다.

제4조
하나, 배회하는 자들의 휴식 장소는 차후에 이를 위한 여관, 점포를 마련하기 전까지 시모다 료센지, 가키자키 교쿠센지 두 사찰로 정해 둔다.

제5조
하나, 가키자키 교쿠센지 경내에서 아메리카인 매장 장소를 마련하고 소홀히 하지 않는다.

제6조
하나, 가나가와에서의 조약에 하코다테에서 석탄을 얻을 수 있다고 하여도, 그곳에서 건네주기 어렵다는 뜻을 제독 페리가 승낙하여, 하코다테에서 석탄을 준비해 두는 일은 없도록 미 정부에 알린다.

제7조
하나, 향후 양국 정부의 공적인 고시에 네덜란드어 통역이 동석하지 않은 때 이외에는, 한문 역서를 사용하지 않는다.

제8조
하나, 항구 단속 관리역 1인, 항내 안내자 3인을 정해 둔다.

제9조
하나, 시가지의 상점에서 물품을 구할 때는, 구매자의 이름과 상품의 가격을 기록하여 관리소에 보내고, 그 가격은 그곳에서 일본 관리에게 지불하고 상품은 관리로부터 건네받는다.

제10조
하나, 동물 수렵은 모두 일본에서 금지한 바이므로 아메리카인도 또한 이 제도에 따라야 한다.

제11조
하나, 이번 하코다테 경계는 일본 리수 5리를 정해 두고, 그곳에서의 법제는 이 조약 제1조에 기록한 바의 규칙에 따른다.

제12조
하나, 가나가와에서의 조약 결정 서한을 보내 이에 답신함에는 일본 군주로서 누구에게 위임을 하더라도 임의대로 한다.

제13조
하나, 이곳에 정해 둔 규정은 어떠한 경우라도 만약 가나가와에서 조약과 다른 것이 있다고 하더라도 또한 이를 바꾸지 않는다.

이상 조약 부록은 영어와 일본어로 기록, 서명하고 이를 네덜란드어로 번역하여, 그 서면을 합중국과 일본 전권 쌍방이 서로 교환한 것이다.

가에이 7년 5월 22일, 시모다에서

하야시 대학두 화압

이도 쓰시마노카미 화압
이자와 미마사카노카미 화압
쓰즈키 스루가노카미 화압
우도노 민부소보 화압
다케우치 세이타로 화압
마쓰자키 미치타로 화압

미일화친조약(영어본) 원문

The United States of American and the empire of Japan, desiring to establish firm, lasting and sincere friendship between the two nations, have resolved to fix, in a manner clear and positive by means of a treaty or general convention of peace and amity, the rules which shall in future be mutually observed in the intercourse of their respective countries; for which most desirable object the President of the United States has conferred full powers on his commissioner, Matthew Calbraith Perry, special ambassador of the United States to Japan and the august sovereign of Japan has given similar full powers to his commissioners, Hayashi-Daigaku-no-kami, Ido, Prince of Tsus-Sima; Izawa, Prince of Mimasaki; and Udono, member of the Board of Revenue.

And the said commissioners after having exchanged their said full powers and duly considered the premises, have agreed to the following articles:

Article I

There shall be a perfect, permanent and universal peace, and a sincere and cordial amity, between the United States of American on the one part and between their people, respectfully, (respectively,) without exception of persons or places.

Article II

The port of Simoda, in the principality of Idzu and the port of Hakodade, in the principality of Matsmai are granted by the Japanese as ports for he reception for American ships, where they can be supplied with wood, water, provisions and coal, and other articles their necessities may require, as far as the Japanese have them. The time for opening the first named port is immediately on signing this treaty; the last named port is to be opened immediately after the same day in the ensuing Japanese year.

Note- A tariff of prices shall be given by the Japanese officers of the things which they can furnish, payment for which shall be made in gold, and silver coin.

Article III

Whenever ships of the United States are thrown or wrecked on the coast of Japan, the Japanese vessels will assist them, and carry their crews to Simoda or Hakodade and hand them over to their countrymen appointed to receive them. Whatever articles the shipwrecked men may have preserved shall likewise be restored and the expenses incurred in the rescue and support of Americans and Japanese who may thus be thrown up on the shores of either nation are not to be refunded.

Article IV

Those shipwrecked persons and other citizens of the United States shall be free as in the other countries and not subjected to confinement but shall be amenable to just laws.

Article V

Shipwrecked men and other citizens of the United States, temporarily living at Simoda and Hakodade, shall not be subject to such restrictions and confinement as the Dutch and Chinese are at Nagasakil but shall be free at Simoda to go where they please within the limits of seven Japanese miles from a small island in the harbor of Simoda, marked on the accompanying chart hereto appended; and shall in like manner be free to go where they please at Hakodade, within limits to be defined after the visit of the United States squadron to that place.

Article VI

If there be any other sort of goods wanted or any business which shall require to be arranged, there shall be careful deliberation between the particles in order to settle such matters.

Article VII

It is agreed that ships of the United states resorting to the ports open to them, shall be permitted to exchange gold and silver coin and articles of goods for other articles of goods under such regulations as shall be temporarily established by the Japanese government for that purpose. It is stipulated, however that the ships of the United States shall be permitted to carry away whatever articles they are unwilling to exchange.

Article VIII

Wood, water provisions, coal and goods required shall only be procured through the agency of Japanese officers appointed for that purpose, and in no other manner.

Article IX

It is agreed, that if, at any future day, the government of Japan shall grant to any other nation or nations privileges and advantages which are not herein granted to the United states and the citizens thereof, that these same privileges and advantages shall be granted likewise to the United States and to the citizens thereof without any consultation or delay.

Article X

Ships of the United States shall be permitted to resort to no other ports in Japan but Simoda and

Hakodade, unless in distress or forced by stress of weather.

Article XI
There shall be appointed by the government of the United States consuls or agents to reside in Simoda at any time after the expiration of eighteen months from the date of the signing of this treaty; provided that either of the two governments deem such arrangement necessary.

Article XII
The present convention, having been concluded and duly signed, shall be obligatory, and faithfully observed by the United States of America, and Japan and by the citizens and subjects of each respective power; and it is to be ratified and approved by the President of the United States, by and with the advice and consent of the Senate thereof, and by the august Sovereign of Japan, and the ratification shall be exchanged within eighteen months from the date of the signature therefore, or sooner if practicable.

In faith, whereof, we, the respective plenipotentiaries of the United States of America and the empire of Japan aforesaid have signed and sealed these presents.

Done at Kanagawa, this thirty-first day of March, in the year of our Lord Jesus Christ one thousand eight hundred and fifty-four and of Kayei the seventh year, third month and third day.

Additional Regulations

Agreed to between Commodore Matthew C. Perry, Special Envoy to Japan, from the United States of America, and Hayashi, Daigaku Nokami; Ido, Prince of Tsus-sima; Izawa, Prince of Mimasaki; Tsudzuki, Prince of Suruga; Udono, Member of the board of Revenue; Take no Uchi Sheitaro, and Matsusaki Michitaro; Commissioners of the Emperor of Japan, on behalf of their respective governments.

Article 1st. The Imperial Governors of Simoda will place Watch Stations wherever they deem best, to designate the limits of their jurisdiction;—but Americans are at liberty to go through them, unrestricted, within the limits of seven Japanese Ri, or miles; and those who are found transgressing Japanese laws, may be apprehended by the police and taken on board their ships.

Art. 2nd: Three landing places shall be constructed for the boats of Merchant ships and Whale ships resorting to this port; one at Simoda, one at Kakizaki, and the third at the brook lying South East of Centre Island. The Citizens of the United States, will, of course, treat the Japanese Officers with proper respect.

Art. 3d: Americans, when on shore, are not allowed access to Military establishments or private houses, without leave; but they can enter shops and visit Temples as they please.

Art. 4th: Two Temples, the Rioshen at Simoda, and the Yokushen at Kakizaki, are assigned as resting places for persons in their walks, until public houses and inns are erected for their convenience.

Art. 5th: Near the Temple Yokushen at Kakizaki, a burial ground has been set apart for Americans; where their graves and tombs shall not be molested.

Art. 6th: It is stipulated in the treaty of Kanagawa, that coal will be furnished at Hakodadi, but as it is very difficult for the Japanese to supply it at that port, Commodore Perry promises to mention this to his government, in order that the Japanese government may be relieved from the obligation of making that port a coal depot.

Art. 7th: It is agreed that henceforth the Chinese language shall not be employed in Official communications between the two Governments, except when there is no Dutch Interpreter.

Art. 8th: A Harbor master and three skillful Pilots have been appointed for the port of Simoda.

Art. 9th: Whenever goods are selected in the shops, they shall be marked with the name of the purchaser and the price agreed upon, and then be sent to the Goyoshi, or Government office, where the money is to be paid to Japanese officers, and the articles delivered by them.

Art. 10th: The shooting of birds and animals is generally forbidden in Japan, and this law is therefore to be observed by all Americans.

Art. 11th: It is hereby agreed that five Japanese Ri, or miles, be the limit allowed to Americans at Hakodadi, and the requirements contained in Article 1st, of these Regulations are hereby made also applicable to that port within that distance.

Art. 12th: His Majesty, the Emperor of Japan, is at liberty to appoint whoever he pleases, to receive the ratification of the Treaty of Kanagawa, and give an acknowledgement on his part.
It is agreed that nothing herein contained, shall in any way affect or modify the stipulations of the Treaty of Kanagawa, should that be found to be contrary to these Regulations.

In Witness whereof, copies of these Additional Regulations have been signed and sealed in the English and Japanese languages by the respective parties, and a certified translation in the Dutch language, and exchanged by the Commissioners of the United States and Japan.

Simoda, Japan, June 17th, 1854.
M. C. Perry
Commander-in-chief of the U.S. Naval Forces in the East India, China, and Japan seas;
and Special Envoy to Japan

미일화친조약(영어본)의 한글 번역문

아메리카 합중국과 일본 제국은 양국 간의 확고하고 영원하며 진실한 우호관계의 구축을 바라오며 평화 우호 조약 또는 일반적인 협약을 통해서 어느 정도 명확하고 분명하게 하는 규칙을 준비하기로 결정하였다. 그 규칙은 향후 상대 국가와의 교류에서 상호 간에 준수되어야 할 것이다. 가장 바람직한 목적으로 미국 대통령은 페리(Matthew Calbraith Perry)에게 일본으로 파견하는 미국의 특별대사로서 전권을 부여하였으며, 일본 천황이 임명한 하야시 다이가쿠 노카미(하야시 후쿠사이; 林復斎-역자 주), 쓰시마 번주 이도(이도 사토히로; 井戸覚弘-역자 주), 미마사카 번주 이자와(이자와 마사요시; 伊沢政義-역자 주), 스루가 번주 쓰즈키(쓰즈키 미네시게; 都筑峯重-역자 주), 국세청(일본어 원문; 民部) 관리(일본어 원문; 少輔) 우도노(우도노 규오; 鵜殿鳩翁-역자 주)에게 동일한 전권을 부여하였다.

그리고 위에서 언급한 위원들은 언급된 전권 위임장을 교환한 이후에 다음 조항을 동의하였다.

제1조
아메리카 합중국 측과 그들 국민 사이에는 사람과 장소의 예외없이 존경심을 가지고 완벽하고, 영구적이며, 보편적인 평화, 그리고 진실되고 따뜻한 우호관계가 있을 것이다.

제2조
이즈관의 시모다 항구, 그리고 마쓰마이관의 하코다테 항구는 일본에 의해서 미국 선박을 위한 항구로서 보장을 받으며, 그곳에서 미국 선박들은 목재, 식수, 식량, 석탄, 그리고 그들이 필요로 하는 다른 필수품들을 공급받을 수 있다. 처음 명명된 항구를 개방하는 시기는 조약 체결 즉시가 된다. 후자의 항구는 일본력으로 다음 해의 같은 날 이후에 즉시 개방될 것이다.

참고: (상품) 가격의 관세는 일본 관리들에 의해서 그들이 제공할 수 있는 물건들에게 부과될 것이다. 관세의 지불은 금은 동전으로 할 것이다.

제3조
미국 선박이 일본 해안에서 전복되거나 파손될 때마다 일본 선박은 그들을 구제해 주며, 승무원을 시모다 또는 하코다테로 데려다주어서, 그들 국가에 임명된 사람들에게 인도한다. 난파된 사람들이 보존할 수 있는 모든 물품은 마찬가지로 복원되어야 하며 따라서 양국의 해안가에서 던져 질 수 있는 미국인과 일본인의 구출 및 지원에 드는 비용은 환급되지 않는다. 난파된 선원들을 보호할 수 있는 품목들 또한 복원되어야 하며 각 국가의 해안가에 전복된 일본인과 미국인의 구출과 지원에 소요되는 금액들은 환급되지 않는다.

제4조
난파된 사람들과 미국의 다른 시민들은 다른 나라들과 마찬가지로 자유로울 것이며, 감금되지 않을 것이나, 법을 준수해야 할 것이다.

제5조
시모다와 하코다테에서 일시적으로 거주하는 난파된 사람들과 다른 미국 시민들은 네덜란드인과 중국인들이 나가사키에서 거주하는 것과 같이 그러한 제한과 감금의 대상이 되지 않을 것이다. 그러나 난파된 사람들은 시모다 항구의 작은 섬으로부터 일본식 7마일을 넘지 않는 범위에서 자유롭게 어디든 다닐 수 있다. 동일한 방법으로 하코다테에서도 같은 방식으로 하코다테에서도 어디든 자유롭게 다닐 수 있으되, 미국 함대가 그곳을 방문한 이후에 제한 범위가 규정될 것이다.

제6조
만약 다른 종류의 물품이 필요하거나 준비가 요구되는 사업이 있다면, 그러한 문제를 해결하기 위해 각 조항 간의 세심한 검토가 있어야 한다.

제7조
개방된 항구에 머무르는 미국의 선박들은 일본 정부에 의해서 그러한 목적으로 일시적으로 제정된 규정에 의거해서 금화, 은화, 상품의 교환을 허락하는 데 동의한다. 그러나 미국 선박에게 그들이 교환하기를 꺼리는 어떤 물품을 빼가는 것이 허락된다.

제8조
목재, 식수, 석탄 및 필요한 물품은 그러한 목적으로 임명된 일본 관리의 대리인을 통해서만 조달될 수 있으며, 다른 방법으로는 조달할 수 없다.

제9조
만약 일본 정부가 향후 미국과 그 시민들에게 부여되지 않은 특권과 이익을 다른 국가나 국가에게 보장한다면, 지체 없이 이와 같은 특권과 이익을 미국과 그 시민들에게 보장할 것을 합의한다.

제10조
악천후로 인한 곤란함과 어쩔수 없는 경우 이외에 미국 선박은 시모다와 하코다테를 제외한 일본 내 다른 항구에 정박할 수 없다.

제11조
양국 정부 중 한 국가가 배치가 필요하다고 간주하는 경우에, 이 조약의 서명일로부터 18개월이 경과한 후에는 언제든지 미국 정부에 의해서 시모다에 거주할 미국 영사 또는 대리인이 임명될 수 있다.

제12조
체결되고 정식으로 서명된 이 협약은 미합중국과 일본 및 각각 권한을 갖는 시민과 신민에 의해서 의무적이고 성실하게 준수되어야 한다. 그리고 미국 상원의 권고와 동의를 얻은 미국 대통령과 일본의 군주에 의해서 비준 및 동의를 받아야 한다. 비준서는 조약 서명일로부터 18개월 이내로 가능한 빠른 시일에 교환되어야 한다.

믿음으로 앞에서 언급한 미합중국 전권대사와 일본 제국의 전권대사인 우리는 이 조약에 서명하고 봉인하였다.

가나가와에서 그리스도력으로 1854년 3월 31일, 그리고 가에이(嘉永) 7년 음력 3월 3일에 체결하였음.

부속 장정

미국에서 일본으로 파견된 특별대사 페리(Matthew Calbraith Perry)와 일본 정부를 위해서 일본 천황이 임명한 하야시 다이가쿠 노카미(하야시 후쿠사이; 林復斎-역자 주), 쓰시마 번주 이도(이도 사토히로; 井戸覚弘-역자 주), 미마사카 번주 이자와(이자와 마사요시; 伊沢政義-역자 주), 스루가 번주 쓰즈키(쓰즈키 미네시게; 都筑峯重-역자 주), 국세청(일본어 원문; 民部) 관리(일본어 원문; 少輔) 우도노(우도노 규오; 鵜殿鳩翁-역자 주), 타케노우치 세이타로, 마쓰사키 미치타로가 동의함.

제1조
시모다의 제국 사령관은 관할 구역의 한계를 지정하기 위해 가장 좋다고 생각하는 곳에 감시소를 배치한다. 그러나 미국인은 일본의 리수 7리 또는 마일의 한계 내에서 제한 없이 통과할 수 있다. 일본 법을 위반한 것으로 밝혀진 사람은 경비대에 체포되어 선박으로 보낼 것이다.

제2조
이 항구에 도착하는 상선 및 포경선의 선박을 위해서 3곳의 상륙 장소를 건설한다. 한 곳은 시모다, 한 곳은 가키자키, 한 곳은 중심 도서의 남동쪽에 위치한 해변에 둘 것이다. 미국 시민들은 물론 일본 장교들을 적절한 예우로 대할 것이다.

제3조
미국인들은 해안에 있을 때, 군사 시설이나 개인 주택에 무단으로 출입할 수 없다. 그러나 그들은 상점에 들어가고 그들이 원하는 대로 사원을 방문할 수 있다.

제4조
두 사찰에 해당하는 시모다에 위치한 리오센과 가키자키에 위치한 요쿠센은 배회하는 사람들의 편의를 위해 공공주택과 여관이 세워질 때까지 그들의 휴식처로 정한다.

제5조
가키자키의 사찰인 요쿠센 근처에 미국인을 위해 묘지를 둔다. 그들의 무덤은 방해받지 않는 곳에 둔다.

제6조
가나가와조약에서 석탄을 하코다테에서 공급하겠다고 규정하고 있지만, 일본 측에서 그 항구에서 석탄을 공급하기가 매우 어려우므로 페리 제독은 일본 정부가 그 항구에 석탄 창고를 설치하는 의무에서 벗어나기 위해서 이 사항을 미국 정부에 언급할 것을 약속한다.

제7조
향후 네덜란드어 통역이 없는 경우를 제외하고는 양국 정부 간의 공식 교섭에서 중국어 통역을 채용하지 않기로 합의한다.

제8조
시모다 항구에 항만 관리소장 1명과 숙련된 도선사 3명을 임명한다.

제9조
상점에서 상품을 선정할 때마다 구매자의 이름과 합의된 가격을 표시한 후, 관리소 혹은 관공서로 송부하고, 관리소 혹은 관공서에서 일본 관리에게 금액을 지불한 후, 일본 관리에 의해서 상품이 전달된다.

제10조
일본에서는 조류와 동물의 사냥이 일반적으로 금지되어 있으므로, 이 법은 모든 미국인이 준수해야 한다.

제11조
하코다테에서 미국인에게 제한적으로 허용되는 경계는 일본 리수 5리 혹은 마일이며, 이 규정의 제1조에 포함된 요건은 해당 거리 내의 해당 항구에도 적용된다.

제12조
일본 천황은 가나가와조약의 비준을 받고 그의 역할을 인정하기 위해서 그가 원하는 사람을 자유롭게 임명한다.
본 장정에 반하는 것으로 판명될 경우라도 가나가와조약의 조항에 어떤 식으로든 영향을 미치거나 수정하지 않는다는 데 동의한다.

그 증명으로 부속 장정은 각각의 담당자에 의해 영어와 일본어로 서명되고 봉인되었으며, 미국과 일본의 위원들에 의해서 네덜란드어로 인증된 번역본이 교환되었다.

시모다, 일본, 1854년 6월 17일

동인도, 중국, 일본 해역 주둔 미국 해군 함대사령관 겸 대일 일본의 특별 전권공사/페리 제독

2) 영일화친조약(1854)

- 명칭
  - 일본어: 日本國大不列顛國約定(日英和親条約, 日英約定)
  - 언어: Anglo-Japanese Friendship Treaty(Convention Between Great Britain and Japan)

- 체결 국가: 영국, 일본

- 체결일: 1854년 10월 14일(음력 8월 23일) 조인
  - 비준일: 1855년 10월 9일(음력 8월 29일) 비준

- 체결 장소: 일본 나가사키

- 서명자(또는 전권대사)
  - 영국 전권대사: 제임스 스털링(James Stirling)
  - 일본: 나가이 나오유키(永井尚志), 미즈노 다다노리(水野忠徳)

- 작성 언어: 영어, 일본어

- 체결 배경 및 과정

페리가 일본과 화친조약을 체결한다는 정보를 접한 영국은 당시 일본에 큰 관심을 기울이지 않았으며 향후 미국이 일본과 통상조약을 체결하면 그 성공을 이용하고자 하는 방관적인 태도를 취했다. 1854년 크림전쟁이 발발하자, 동아시아 주둔 영국 해군은 프랑스와 공동으로 그해 8월 캄차카를 공격하였다. 그런데 러시아의 푸탸틴(Evfimi Putiatin)이 일본과 조약 체결을 위해서 나가사키에 입항한 소식이 전해지자, 영국 정부는 제임스 스털링(James Stirling)을 일본으로 급파하였다. 1854년 9월 7일(안세이 원년 윤7월 15일) 나가사키에 입항한 스털링은 나가사키 부교에 서한을 보내 영국이 러시아와 개전하였음을 정식으로 알리고

러시아 군함이 영국 상선을 나포하는 일 등을 막기 위해 일본에 내항하기를 원한다는 뜻을 전했다.

나가사키 부교 미즈노 다다노리(水野忠德)는 9월 9일, 막부에 의견서를 보내 영국의 입항 요구에 대해 무조건 거부하기 어렵기 때문에 입항 장소를 나가사키와 미국에 입항을 허가한 하코다테 등으로 한정하여 교섭에 착수하고자 하며, 추가적인 요구에 대해서는 막부의 지시를 받아 교섭하고자 하였다. 이에 대해 막부는 21일, 영국이 타국과의 전쟁 수행을 위해 항구를 이용하는 것은 거부하되 식료품 보급과 선박 수리를 위한 입항은 허가하기로 하였으며 경우에 따라 나가사키, 하코다테에 더하여 시모다 항까지 추가하여 허가한다는 지시를 내렸다.

막부의 지시를 얻은 미즈노는 10월 4일 스털링과의 회담을 개시하였고 이튿날 스털링은 협약안을 첨부한 서한을 나가사키 부교에 보냈다. 영국의 협약안은 일본에 대한 중립국 요구를 골자로 한 것으로 이에 대한 나가사키 부교의 회답은 10월 9일에 이루어졌다. 즉 전쟁을 위한 기항·입항 금지와 항내 및 근해에서의 전쟁 금지, 항내에서의 일본법 준수 등을 요구한 것이다. 10월 12일 스털링은 일본의 요구를 받아들여 새로운 협약안을 작성하였고 14일 일부 조항을 추가한 것 외에 큰 개정 없이 조약 체결이 이루어졌다.

○ 주요 내용

영일화친조약은 전문과 총 7개조로 구성되어 있다. 전문에는 영국과 일본의 전권대사 임명 및 파견을 명시하였다.

(1) 영국 선박의 자유로운 입항을 위한 항구 지정 및 규정

제1조는 선박의 수리, 보급을 위해 나가사키와 하코다테를 영국 선박의 입항지로 지정하였다.

제2조는 조약 체결일에 나가사키를 개항하며, 하코다테는 영국 측 전권대사의 나가사키 출발일로부터 50일 이내로 규정하였다.

제4조는 개항장에서 영국 선박의 일본법 준수를 명문화하였다. 그리고 일본법을 어겼을 경우 일본 정부는 개항장 폐쇄를 단행할 수 있도록 규정하되, 그 처벌의 권리는 선박 지휘

관에게 부여되었다.

제5조는 영국 신민의 자유로운 개항장 출입을 명문화하였다.

(2) 난파선 보호 규정

제3조는 악천후 등의 불가피한 사정이 발생하였을 경우 영국 선박은 개항장 이외의 일본 내 항구에 입항할 수 있도록 규정하였다.

제4조는 난파 혹은 조난된 영국인의 자유를 보장함으로써 그들에 대한 감금 등을 금지시켰다.

(3) 최혜국 대우 규정

제5조는 일본이 타 국가 및 국민에게 부여한 특권 및 이권을 영국 측이 이를 균점할 수 있다는 최혜국 대우 규정을 담고 있다. 다만 나가사키에서 네덜란드인과 중국인에게 부여한 특권은 균점의 대상에서 제외되었다.

(4) 조약 비준

제6조에서는 본 조약의 비준 기한을 12개월로 규정하였다.

제7조에서는 조약을 비준할 때 임의로 조약 내용을 변경할 수 없도록 명문화하였다.

○ 결과 또는 파급 효과

영일화친조약은 일본과 영국이 체결한 최초의 조약이다. 영국이 동아시아 불평등 조약 체제 구축을 선도한 사실과는 달리 이 조약은 내용 자체가 적을 뿐만 아니라 일본 측 권리를 보장한 내용이 삽입되어 있다. 개항장에서 영국인들에게 일본법을 준수하도록 규정한 제4조는 대표적 사례라 할 수 있다. 제5조에서는 최혜국 대우를 규정하고 있으나, 제한된 형태이나 쇄국 체제하에서부터 이루어진 네덜란드, 중국과의 무역은 영국의 최혜국 대우 대상에서 제외되었다. 즉 영일화친조약은 영국인이 현재까지 일본이 타국인에게 부여한 특권을 균점하는 시도에 제약을 두었던 것이다.

영일화친조약에 조약의 불평등성이 부각되지 않은 이유는 크림전쟁이라는 특수한 상황에 따른 것으로 보인다. 일본 측이 조약 체결을 희망하였다는 점을 보노라면, 크림전쟁에 집중하였던 영국 측 전권대사가 일본과의 조약 체결을 사전에 준비하지 않았을 가능성이 크다. 실제 영일화친조약에는 일본에서 영국의 최혜국 대우 권리를 보장하였다. 영국은 최혜국 대우 조항에 근거해서 언제든지 일본이 타 국가와 체결한 조약의 내용을 균점할 준비를 마련하였던 것이다.

나아가 영일화친조약은 미일화친조약과 비교가 되면서 영국 내에서 문제를 야기하였다. 미일화친조약에서는 일정한 조건하에 미국인이 화폐나 화물을 일본 물산과 교환할 권리가 규정되었지만, 영일화친조약에는 일본에서 영국인 무역을 수행함에 있어서 적용을 받아야 할 관세를 중심으로 한 통상 관련 규정이 명문화되지 않았기 때문이다. 이에 영국은 미국이 확보한 이 같은 권리를 무조건으로 일본에게 요구할 방침을 취했으며 나아가 중국에서 제2차 아편전쟁이 발발하자 대일교섭을 대청교섭의 성공과 연결하여 수행할 것이 구상되기도 하는 등 이후 통상조약 체결의 기반을 마련하였다. 결국 일본은 1858년 조약을 기점으로 영국을 비롯한 서구 열강에 영사재판권을 인정해 주었으며, 일본에 불평등한 통상 내용이 후속 조약에 반영되었다.

○ (조약문) 출처

Convention between Her Majesty and The Emperor Of Japan, *Presented to both Houses of Parliament by Command of Her Majesty* 1856, LONDON: Printed by Harrison and Sons.

영일화친조약(일본어본) 원문

日本國大不列顚國約定

嘉永七年(安政元年)甲寅八月二十三日(西曆千八百五十四年第十月十四日)於長崎調印
安政二年乙卯八月二十九日(西曆千八百五十五年第十月九日)於同所本書交換

日本大君の命を請たる長崎奉行水野筑後守御目付永井岩之丞と東印度及ひ其近海の英國軍艦を指揮する第三等水師提督ナイト爵名ゼームス、スチルリングと同意約定する條々左の如し

第一條
長崎箱館の兩港を英國船修復清水食料其外都て船中必需の貯品を供せん爲め開くへし

第二條
長崎は右のため今より開き箱館は水師提督當港を出帆の日より五十日後に開くへし尤も右兩港の法律規則は都て聽從すへし

第三條
暴風雨の爲に困難し或は不得止時のみは日本政府の免許を受けす前條に取極し港の外他港へ入津するを許すへし

第四條
日本の港に入津する英船は日本の法律に從ふへし船中の高官或は指揮官右法律を犯す時は其港を鎖し其以下の人々之を犯す時は其船の指揮官に引渡し罰を加ふへし

第五條
他の外國の船或は人民の爲に今開きたる港或は此後開くへき港に於ては英國の船並人民も其港に入津し且最も恩惠を加へらるゝ國に與へらるゝ利益は同樣之を受くへし然れ共日本と先前より交際を存する和蘭並支那に與ふる利益は常に此例に非さるへし

第六條
此約書確證の上本書は日本大君と英國女王の爲め今より十二箇月の中に長崎に於て取替すへし

第七條
此約書本書爲取替相濟たる上は日本に來る高官誰にても此約を變更する事なし

右證據として於長崎此書に手記調印する者也

　嘉永七年甲寅八月二十三日
　千八百五十四年十月十四日
　　水野筑後守 花押
　　永井岩之丞 花押
ゼームス、スチルリング　手記

영일화친조약(일본어본)의 한글 번역문

일본국 대영국 약정

가에이 7년(안세이 원년) 갑인 8월 23일(서력 1854년 10월 14일) 나가사키에서 조인
안세이 2년 을묘 8월 29일(서력 1855년 10월 9일) 같은 곳에서 본 서를 교환

일본 대군의 명을 받은 나가사키 부교 미즈노 지쿠고노카미, 오메쓰케 나가이 이와노조와 동인도 및 그 근해의 영국 군함을 지휘하는 제3등 수사제독(水師提督) 기사작명 제임스 스털링과 동의 약정한 조목들은 다음과 같다.

제1조
나가사키, 하코다테 양 항을 영국 선박 수리, 식수, 식료, 그밖에 모든 선중에 필요한 저장품을 제공하기 위해 개방한다.

제2조
나가사키는 이상을 위해 지금부터 열 것이고, 하코다테는 수사제독이 당 항구를 떠난 날부터 50일 이후에 개방한다 것. 다만 이상 양 항의 법률 규칙은 모두 따라야 한다.

제3조
폭풍우로 인한 곤란, 혹은 부득이한 경우에는 일본 정부의 면허를 얻지 않은 채 전조(前條)에서 결정한 항 이외 다른 항으로 입진(入津)하는 것을 허락한다.

제4조
일본 항구에 입진하는 영국 선박은 일본의 법률에 따른다. 선박 안의 고관 혹은 지휘관이 이상의 법률을 범할 때에는 그 항구를 닫을 것이며 그 이하의 사람들이 범할 때에는 그 선박의 지휘관에게 인도하여 벌을 내린다.

제5조
다른 외국의 선박 혹은 인민을 위해 현재 열린 항구 혹은 이후 열릴 항구에서는 영국의 선박 및 인민 또한 그 항구에 입진하며, 또한 최혜국 대우로 부여된 이익은 동일하게 받는다. 그러나 일본과 앞서부터 교제가 있었던 네덜란드, 중국에 부여한 이익은 언제나 이 예에 해당하지 않는다.

제6조
이 약서 확증 후에 본 서는 일본 대군과 영국 여왕을 위해 지금부터 12개월 안에 나가사키에서 교환한다.

제7조
이 약서의 비준이 끝난 후에는 일본에 오는 고관 누구라도 이 약서를 변경하지 않는다.

이상 증거로 나가사키에서 이 문서에 수기 조인하다.

가에이 7년 갑인 8월 23일
1854년 10월 14일
미즈노 지쿠고노카미 화압
나가이 이와노조 화압
제임스 스털링 수기

영일화친조약(영어본) 원문

IT is agreed between Sir James Stirling, Knight, Rear-Admiral, and Commander-in-chief of the ships and vessels of Her Britannic Majesty in the East Indies and seas adjacent, and Mezi-no Chekfu-no Kami, Obunyo of Nagasaki, and Nagai Evan Ocho, Omedski of Nagasaki, ordered by His Imperial Highness the Emperor of Japan to act herein, that : -

1st.
The ports of Nagasaki (Fisen) and Hakodade (Matsmai) shall be open to British ships for the purposes of effecting repairs, and obtaining fresh water, provisions, and other supplies of any sort they may absolutely want for the use of the ships.

2nd.
Nagasaki shall be open for the purposes aforesaid from and after the present date, and Hakodade from and after the end of fifty days from the Admiral's departure from this port. The rules and regulations of each of these ports are to be complied with.

3rd.
Only ships in distress from weather, or unmanageable, will be permitted to enter other ports than those specified in the foregoing Articles, without permission from the Imperial Government.

4th.
British ships in Japanese ports shall conform to the laws of Japan. If high officers or commanders of ships shall break any such laws, it will lead to the ports being closed. Should inferior persons break them, they are to be delivered over to the commanders of their ships for punishment.

5th.
In the ports of Japan, either now open, or which may hereafter be opened, to the ships or subjects of any foreign nation, British ships and subjects shall be entitled to admission, and to the enjoyment of an equality of advantages with those of the most favoured nation, always excepting the advantages accruing to the Dutch and Chinese from their existing relations with Japan.

6th.
This Convention shall be ratified, and the ratifications shall he exchanged at Nagasaki on behalf of Her Majesty the Queen of Great Britain, and on behalf of His Highness the Emperor of Japan,

within twelve months from the present date.

7th.
When this Convention shall be ratified, no high officer coming to Japan shall alter it.

In witness whereof we have signed the same, and have affixed our seals thereunto, at Nagasaki, this fourteenth day of October, 1854.

영일화친조약(영어본)의 한글 번역문

기사, 해군 제독, 그리고 동인도와 이웃 해역의 영국 선박과 배의 사령관인 제임스 스털링(James Stirling) 경과 일본 제국 천황의 명령을 받은 나가사키의 부교인 미즈노 체푸노 카미, 나가사키의 오메쓰케인 나가이 에반 오쇼 사이에 동의된 것이다.

제1조
나가사키와 하코다테 항구는 선박의 수선, 정수된 물 확보, 보급품 및 기타 영국 선박의 사용 목적으로 정말로 원하는 기타 물품을 얻기 위한 목적으로 영국 선박에게 개방될 것이다.

제2조
나가사키는 현 날짜 이후, 하코다테는 본 항구에서 출발한 후 50일 이내에 개방된다. 이들 항구 각각의 규칙과 규정은 준수되어야 한다.

제3조
기상 악화 또는 다루기 어려운 선박만이 제국 정부의 허가 없이 전술한 조항에서 명시한 이외의 다른 항구에 입항할 수 있다.

제4조
일본 항구에 있는 영국 선박은 일본법을 준수해야 한다. 선박의 고위 관리나 지휘관이 그와 같은 법을 어긴다면, 항구가 폐쇄될 것이다. 하급 선원들이 법을 어겼을 경우, 처벌을 위해서 그들의 선박의 지휘관에게 인도되어야 한다.

제5조
현재 개항 중이거나 앞으로 어떠한 외국 국가의 선박이나 신민들에게 개방될 수 있는 일본 항구에서, 영국 선박과 신민들은 통행 허가를 부여받을 수 있다. 그리고 최혜국 대우로서 균등한 이익의 향유를 부여받을 수 있으며, 일본과 현존하는 관계로서 네덜란드와 중국에게 부여한 이익들은 언제나 제외된다.

제6조
이 협약은 비준되어야 하며, 비준서는 영국 여왕과 일본 천황을 대신해서 오늘부터 12개월 이내에 나가사키에서 교환되어야 한다.

제7조
이 협약이 비준될 때, 일본에 오는 어떠한 고위 관리도 그것을 변경할 수 없다.

이에 대해서는 우리는 1854년 10월 14일에 나가사키에서 동일하게 서명하고 우리의 봉인을 부착하였다.

3) 미일약정(시모다⟨下田⟩조약, 1857)

○ 명칭
- 일본어: 日本國米利堅合衆國條約
- 영어: Treaty Between The United States of America And The Empire of Japan

○ 체결 국가: 영국, 일본

○ 체결일: 1857년 6월 17일(음력 5월 26일)

○ 체결 장소: 일본 시모다(下田)

○ 서명자(또는 전권대사)
- 일본: 이노우에 기요나오(井上清直), 나카무라 도키쓰무(中村時万)
- 미국: 타운젠드 해리스(Townsend Harris)

○ 작성 언어: 일본어, 영어, (네덜란드어)

○ 체결 배경 및 과정

화친조약 제11조에 따라 일본 주재 총영사로 부임한 타운젠드 해리스의 최우선 사명은 일본과의 통상조약 체결이었다. 해리스는 1855년 10월 17일 뉴욕을 출발해 이듬해 5월 29일 태국과의 조약 체결에 성공한 후, 홍콩을 거쳐 1856년 8월 21일 시모다에 입항하였다. 해리스는 시모다 부교 오카다 다다야스(岡田忠養)와 회견을 한 후 시모다 주재에 대한 막부의 허가를 받는 데 이르렀으나 시모다 부교에게 통상조약에 대한 의론을 개시할 권한이 없음을 깨닫고 화친조약 한계 내에서의 개선 문제를 우선적으로 논의하게 되었다.

이에 따라 1857년 2월 25일(안세이 4년 2월 2일), 27일, 30일 세 차례에 걸쳐 시모다 부교와 회견이 이루어졌다. 여기에서 해리스는 첫째, 내외 화폐는 동종(同種), 동중량(同重量)하에 교환하고 5%의 개주비를 낼 것. 둘째, 나가사키 항을 미국인에게 추가로 개항할 것. 셋째, 일본에서 죄를 저지른 미국인은 영사의 심리를 받고 유죄라면 미국 법률에 따라 벌할 것. 넷째, 총영사의 사용인은 일본 관리의 개입을 배제하고 총영사와 그 가족을 위해 직접 물건을 구입할 수 있을 것, 그리고 다섯째, 총영사는 시모다 및 하코다테의 유보 범위에 제한받지 않고 일본 내지 전역을 여행할 수 있을 것 등을 요구하였다.

이상의 요구에 대해 시모다 부교는 막부의 지시에 따라 거부 의사를 표시하였고 이후의 교섭 결과, 물품의 구입은 총영사의 사용인이 아닌 총영사와 그 가족에 한정하고 총영사의 내지 여행 권리도 긴급한 경우를 제외하고는 권리 행사를 연기한다는 조건으로 막부가 받아들이게 되었다. 또한 하코다테와 시모다에서의 미국인 거류에 관해 해리스의 제안을 받아들여 하코다테에서는 1858년 7월 4일부터, 시모다에서는 1860년 7월 4일부터 시행하기로 하면서 1867년 5월 26일 교섭 타결에 이르렀다.

○ 주요 내용

전체 9개 조항으로 구성되었으며 나가사키의 추가 개항(제1조)과 시모다, 하코다테에서의 미국 시민의 거주 및 부영사를 하코다테에 주재하도록 규정(제2조)하였다. 특히 하코다테에서의 거주권이 우선 시행된 것은 북태평양에서 활발히 활동하던 미국 포경 선박이 하코다테에서 생활 필수품을 획득하기 위한 조치의 일환이었다. 제3조는 미국과 일본의 화폐를 동종, 동중량으로 교환하고 개주 비용으로 6%를 징수하기로 하였다. 그 밖에 영사재판권의 규정(제4조)을 비롯하여 입항한 미국 선박의 필수품 구입에 관한 세부 조항이 마련되었다.

○ 결과 또는 파급 효과

해리스의 요구가 대부분 반영된 형태로 조약 체결이 이루어졌으나 자유 무역을 인정한 통상조약에는 이르지 못했다. 해리스는 본 조약을 토대로 본격적인 통상조약 교섭에 나서게 된다. 당시 막부 측이 특별히 문제시하지 않았던 영사재판권 규정은 대표적인 불평등 조항 가운데 하나로 이후 체결된 통상조약을 통해 그대로 계승되었다.

○ (조약문) 출처

• 『舊條約彙纂』 제1권 各國之部 제1부

미일약정(시모다조약)(일본어본) 원문

日本國米利堅合衆國條約

安政四年巳五月廿六日(西曆千八百五十七年六月十七日)於下田調印(日, 英, 蘭文)

帝國日本に於て亞米利加合衆國人民の交を猶處置せん爲に全權下田奉行井上信濃守中村出羽守と合衆國のコンシュル、ゼネラール(官名)エキセルレンシー(敬稱)トウンセンド、ハルリスと各政府の全權を持て可否を評議し約定する條々左の如し

第一條
日本國肥前長崎の港を亞米利加船の爲に開き其地に於て其船の破損を繕ひ薪水食料或は欠乏の品を給し石炭あらは又夫をも渡すへし

第二條
下田並箱館の港に來る亞米利加船必用の品日本に於て得難き分を辨せん爲に亞米利加人右の二港に在住せしめ且合衆國のワイス、コンシュルを箱館の港に置く事を免許す
　　但此箇條は日本安政五午年六月中旬合衆國千八百五十八年七月四日より施すへし

第三條
亞米利加人持來る所の貨幣を計算するには日本金壹分或は銀壹分を日本分銅の正きを以て金は金銀は銀と秤し亞米利加貨幣の量目を定め然して後吹替入費の爲六分丈の餘分を日本人に渡すへし

第四條
日本人亞米利加人に對し法を犯す時は日本の法度を以て日本司人罰し亞米利加人日本人へ對し法を犯す時は亞米利加の法度を以てコンシュル、ゼネラール或はコンシュル(共に官名)罰すへし

第五條
長崎下田箱館の港に於て亞米利加船の破損を繕ひ又は買ふ所の諸欠乏品代等は金或は銀の貨幣を以て償ふへし若し金銀共所持せさる時は品物を以て辨すへし

第六條
合衆國のエキセルレンシー(敬稱)コンシュル、ゼネラール(官名)は七里境外に出へき權ある事を日本政府に於て辨知せり然りと雖も難船等切迫の場合にあらされは其權を用ふるを延す事を下田奉行望めり此に於てコンシュル、ゼネラール(官名)承諾せり

第七條
商人より品物を直買にする事はエキセルレンシー(敬稱)コンシュル、ゼネラール(官名)並其館内に在る者に限り差免し尤其用辨の爲に銀或は銅錢を渡す可し

第八條
下田奉行はイギリス語を知らす合衆國のエキセルレンシー(敬稱)コンシュル、ゼネラール(官名)は日本語を知らす故に眞義は條々の蘭譯文を用ふ可し

第九條
前箇條の内第二條は記す所の日より其餘は各約定せる日より行ふ可し

右の條々日本安政四巳年五月二十六日亞米利加合衆國千八百五十七年六月十七日下田御用所に於て兩國の全權調印せしむるものなり
　　井上信濃守　花押
　　中村出羽守　花押

미일약정(시모다조약)(일본어본)의 한글 번역문

일본국 미합중국 조약

안세이 4년 5월 26일(서력 1857년 6월 17일) 시모다에서 조인(일본어, 영어, 네덜란드어)

제국 일본에서 미 합중국 인민의 교류를 더욱 처리하기 위해 전권 시모다 부교 이노우에 시나노노카미, 나카무라 데와노카미와 합중국 총영사 타운젠드 해리스가 각 정부의 전권을 가지고 가부를 평의하여 약정한 조목은 다음과 같다.

제1조
일본국 히젠 나가사키의 항구를 미 선박을 위해 개항하고 그 지역에서 선박의 파손을 수선하고 땔나무와 식수, 식료 혹은 결핍품을 공급하며 석탄 또한 건네줄 것이다.

제2조
시모다 및 하코다테 항구에 내항하는 미국 선박이 필요한 물품을 일본에서 얻기 어려운 부분을 처리하기 위해 미국인을 이상의 두 항구에 주재하게 하고 합중국 부영사를 하코다테 항구에 둘 것을 허락한다.
다만 이 조항은 일본 안세이 5년 6월 중순, 합중국 1858년 7월 4일부터 실시한다.

제3조
미국인이 지참한 화폐를 계산할 때에는 일본 금 1부 혹은 은 1부를 일본 분동(分銅)을 기준으로 금화는 금화로, 은화는 은화로 칭량하여 미 화폐의 무게를 정하고, 이후 개주 비용을 위해 6부의 여분을 일본인에게 건네준다.

제4조
일본인이 미국인에 대해 법을 어길 경우 일본의 법도로 일본 관리가 벌하며, 미국인이 일본인에 대해 법을 어길 경우 미국의 법도로 총영사, 혹은 영사가 벌한다.

제5조
나가사키, 시모다, 하코다테 항에서 미국 선박의 파손을 수선하거나 또는 구입하는 제반의 결핍품 대금은 금 혹은 은 화폐로 지불한다. 만약 금, 은 모두 소지하지 않은 때에는 물품으로 변제한다.

제6조
미 총영사는 7리 경계 밖으로 나갈 권리가 있음을 일본 정부도 숙지한 바이다. 그러나 난파선 등

절박한 경우가 아니라면 그 권한을 사용하는 것을 보류할 것을 시모다 부교가 바라고 있으며, 이에 총영사는 승낙하였다.

제7조
상인에게 물품을 직접 구입하는 일은 총영사 및 관내에 있는 자에 한하여 허락한다. 다만 구입을 위해서 은 혹은 동전을 건넬 것이다.

제8조
시모다 부교는 영어를 모르고, 합중국 총영사는 일본어를 모르기 때문에 진의(眞義)는 각 조목의 네덜란드어 번역문을 사용한다.

제9조
이상의 조목들 가운데 제2조는 조목에 기재된 날 이후로, 나머지는 각 약정한 날부터 시행한다.

이상 조목들 일본 안세이 4년 5월 26일, 미 합중국 1857년 6월 17일 시모다 어용소에서 양국 정권이 조인한 바이다.

이노우에 시나노카미 화압
나카무라 데와노카미 화압

3. 일-서양 간 통상조약 및 기타 문서들

조국, 한승훈

1) 미일수호통상조약 및 무역장정(1858)

○ 명칭
- 일본어: 日本國米利堅合衆國修好通商條約
- 영어: Treaty of Amity And Commerce Between The United States of America And The Empire of Japan

○ 체결 국가: 미국, 일본

○ 체결일: 1858년 7월 29일(음력 6월 19일)
- 비준일: 1860년 5월 20일(음력 4월 3일)

○ 체결 장소: 일본 에도(조인) / 미 워싱턴(비준)

○ 서명자(또는 전권대사)
- 일본: 이노우에 기요나오(井上淸直), 이와세 다다나리(岩瀨忠震)
- 미국: 타운젠드 해리스(Townsend Harris)

○ 작성 언어: 일본어, 영어, 네덜란드어

○ 체결 배경 및 과정

주일 미국 총영사 타운젠드 해리스는 부임 이래 에도로의 출부를 막부에 누차 요구하였으며 결국 1857년 음력 10월 21일 당시 쇼군이었던 도쿠가와 이에사다를 접견, 미 대통령의 친서를 전달하였다. 쇼군 접견이 성사된 이후 해리스는 로주 홋타를 음력 10월 26일에 방문하여 통상조약 체결의 필요성을 역설하였다. 또한 미국은 영국의 침략주의와 달리 평화주의를 내세우고 있으며 아시아에서의 영토 획득 야욕이 없음을 강조하였다.

11월 6일, 해리스는 통상조약에 대한 보다 구체적인 내용을 담은 서면을 홋타에게 보냈다. 즉, 첫째, 상호 간 수도에 공사를 설치할 것, 둘째, 추가적인 개항, 셋째, 수입품에 대한 과세, 넷째, 아편 수입 금지의 명문화, 그리고 다섯째, 일본인 관리의 개입 없는 양국 간의 무역 거래 등을 제안하며 막부 측의 회답을 요구한 것이다. 회답이 늦어지자 해리스는 1858년 1월 9일 내방한 이노우에 기요나오에게 중국에서의 아편전쟁을 거론하며 일본에 대해서도 무력 시위가 가능하다고 위협하였고 이에 막부가 굴복하며 결국 통상조약에 대한 본격적인 교섭에 들어가게 되었다.

일본은 이노우에, 이와세를 교섭 전권위원으로 임명하였으며 이후 15회에 걸쳐 교섭이 진행되었다. 교섭의 주요 안건은 자유무역의 형태, 추가적인 개항장 설정, 일본 내지 여행권, 영사재판권과 관세율, 화폐 관계 조항 등이었다. 애초에 막부는 네덜란드, 러시아와 체결한 추가 조약을 모델로 한 제한적인 형태의 무역을 상정하였으나 해리스는 이를 거부하며 중국이 당시 체결한 텐진조약과 마찬가지로 국제법에 기반한 외교 사절의 주재와 자유무역 논리에 기반한 상업활동을 인정하는 조약을 요구하였다. 교섭 과정에서 막부 측은 교토의 개시(開市)와 일본 국내 여행의 거부를 관철하였으나 외교 사절의 에도 주재, 효고 개항, 에도와 오사카의 개시, 자유무역 활동을 용인하며 해리스의 주장을 대부분 수용하는 형태로 조약 조인에 이르게 되었다.

○ 주요 내용

영사의 주재 및 국내 여행권을 명문화한 제1조는 해리스의 요구가 관철된 것이라 할 수 있다. 제2조에서는 무역활동을 위한 개항장과 외국인 거류지 설정, 무역품의 통과 절차, 관세 납부 등이 규정되었다. 제3조에서 관세 납부 후의 물품에 관해 일본 국내에서의 수송에서 추가 징세를 금지한 규정은 중국에서의 이금 문제를 둘러싼 교섭의 영향이라 할 수 있다. 반면 아편 수입의 묵인, 허용으로 이어진 청국의 대(對)서양 조약과 달리 아편 수입 금지와 처벌 규정(제4조)이 마련된 점이 주목된다. 또한 제6조의 영사재판권 규정은 일본 영토에서의 영사재판권만을 규정하였고 미국에서의 일본인에 대한 영사재판권은 별도로 규정하지 않은 편무적 형태였다. 이는 불평등 조약의 대표적 내용이나, 당시 일본 측은 일반 일본인들의 해외 도항을 상정하지 않았기 때문이기도 했다. 그밖에 개항장에서의 신앙의 자유, 국내외 화폐 교환과 일본 화폐 수출 허가 등을 주요 내용으로 하였다. 미국과 이전에 체결한 화친조약, 미일약정을 답습한 조문이 포함되어 있었으며 최혜국 대우와 같이 이미 체결된 조약 규정의 유효성을 전제로 통상조약에서는 별도로 규정되지 않은 항목도 존재하였다. 제13조를 통해 조약 개정의 가능성을 남겨 두었다.

○ 결과 또는 파급 효과

자유무역을 인정한 최초의 대외 통상조약이다. 이는 미국의 외교 정책에 기반한 해리스의 요구가 상당 부분 반영된 결과였으며 단순히 경제 무역의 관점뿐 아니라 향후 일본이 서구 열강과의 외교 관계 수립에서 미국이 중재자의 역할을 할 것임을 규정한 조항들도 포함되었다. 한편으로 관세 부과 방법이나 관세율 규정에서는 수입세를 기본 20%로 설정하되 미국 선원이 일상적으로 사용하는 품목 대부분은 무관세로 하였으며, 영국과 프랑스의 주요 무역품인 면제품, 와인은 각각 20%, 35%의 고액 수입세로 규정하여 대일무역에서 타국을 견제하는 의도를 드러냈다.

○ (조약문) 출처
- 『舊條約彙纂』제1권 各國之部 제1부 13쪽~30쪽(통상조약); 31쪽~43쪽(무역장정).

미일수호통상조약(일본어본) 원문

日本國米利堅合衆國修好通商條約

安政五年戊午六月十九日(西暦千八百五十八年第七月二十九日)於江戸調印(日、英、蘭文)
萬延元年庚申四月三日(西暦千八百六十年第五月廿二日)於華盛頓本書交換

帝國大日本大君と亞米利加合衆國大統領と親睦の意を堅くし且永續せしめん爲に兩國の人民貿易を通する事を處置し其交際の厚からん事を欲するか爲に懇親及ひ貿易の條約を取結ふ事を決し日本大君は其事を井上信濃守岩瀬肥後守に命し合衆國大統領は日本に差越たる亞米利加合衆國のコンシュルゼネラール、トウンセント、ハルリスに命し雙方委任の書を照應して下文の條々を合議決定す

第一條
向後日本大君と亞米利加合衆國と世々親睦なるへし
日本政府は華盛頓に居留する政事に預る役人を任し又合衆國の各港の内に居留する諸取締の役人及ひ貿易を處置する役人を任すへし其政事に預る役人及ひ頭立たる取締の役人は合衆國に到着の日より其國の部内を旅行すへし〇合衆國の大統領は江戸に居留するヂプロマチーキ、アゲントを任し又此約書に載る亞米利加人民貿易の爲に開きたる日本の各港の内に居留するコンシュル又はコンシュラル、アゲント等を任すへし其日本に居留するヂプロマチーキ、アゲント並にコンシュル、ゼネラールは職務を行ふ時より日本國の部内を旅行する免許あるへし

第二條
日本國と歐羅巴中の或る國との間に差障起る時は日本政府の囑に應し合衆國の大統領和親の媒と爲りて扱ふへし
合衆國の軍艦大洋にて行過たる日本船へ公平なる友睦の取計あるへし且亞米利加コンシュルの居留する港に日本船の入る事あらは其各國の規定によりて友睦の取計あるへし

第三條
下田箱館の港の外次にいふ所の場所を左の期限より開くへし
 神奈川 午三月より凡十五箇月の後より 西洋紀元千八百五十九年七月四日
 長崎 午三月より凡十五箇月の後より 西洋紀元千八百五十九年七月四日
 新潟 午三月より凡二十箇月の後より 西洋紀元千八百六十年一月一日
 兵庫 午三月より凡五十六箇月後より 西洋紀元千八百六十三年一月一日
  若し新潟港を開き難き事あらは其代りとして同所前後に於て一港を別に撰ふへし

神奈川港を開く後六箇月にして下田港は鎖すへし此箇條の内に載たる各地は亞米利加人に居留を許すへし居留の者は一箇の地を價を出して借り又其所に建物あれは之を買ふ事妨なく且住宅倉庫を建る事をも許すへしと雖之を建るに托して要害の場所を取建る事は決して成ささるへし此掟を堅くせん爲に其建物を新築改造修補なと爲る事あらん時には日本役人是を見分する事當然たるへし

亞米利加人建物の爲に借り得る一箇の場所並に港々の定則は各港の役人と亞米利加コンシュルと議定すへし若し議定し難き時は其事件を日本政府と亞米利加ヂプロマチーキ、アゲントに示して處置せしむへし

其居留場の周圍に門墻を設けす出入自在にすへし

　　江戸　午三月より凡四十四箇月の後より
　　　　　　千八百六十二年一月一日
　　大阪　同斷凡五十六箇月の後より
　　　　　　千八百六十三年一月一日

右二箇所は亞米利加人只商賣を爲す間にのみ逗留する事を得へし此兩所の町に於て亞米利加人建家を價を以て借るへき相當なる一區の場所並に散步すへき規程は追て日本役人と亞米利加のヂプロマチーキ、アゲントと談判すへし

雙方の國人品物を賣買する事總て障りなく其拂方等に付ては日本役人是に立會はす諸日本人亞米利加人より得たる品を賣買し或は所持する俱に妨なし○軍用の諸物は日本役所の外へ賣るへからす尤外國人互の取引は差構ある事なし此箇條は條約本書爲取替濟の上は日本國内へ觸渡すへし

米並に麥は日本逗留の亞米利加人並に船に乘組たる者及ひ船中旅客食料の爲の用意は與ふとも積荷として輸出する事を許さす○日本產する所の銅餘分あれは日本役所にて其時々公けの入札を以て拂渡すへし○在留の亞米利加人日本の賤民を雇ひ且諸用事に充る事を許すへし

第四條

總て國地に輸入輸出の品々別册の通日本役所へ運上を納むへし

日本の運上所にて荷主申立ての價を奸ありと察する時は運上役より相當の價を付け其荷物を買入る事を談すへし荷主若し之を否む時は運上所より付たる價に從て運上を納むへし承允する時は其價を以て直に買上へし

合衆國海軍用意の品神奈川長崎箱館の内に陸揚し庫内に藏めて亞米利加番人守護するものは運上の沙汰に及はす若し其品を賣拂ふ時は買入る人より規定の運上を日本役所に納むへし

阿片の輸入嚴禁たり若し亞米利加商船三斤以上を持渡らは其過量の品は日本役人之を取上へし

輸入の荷物定例の運上納濟の上は日本人より國中に輸送すとも別に運上を取立る事なし亞米利加人輸入する荷物は此條約に定めたるより餘分の運上を納る事なく又日本船及ひ他國の商船にて外國より輸入せる同し荷物の運上高と同樣たるへし

第五條
外國の諸貨幣は日本貨幣同種類の同量を以て通用すへし、(金は金銀は銀と量目を以て比較するを云)雙方の國人互に物價を償ふに日本と外國との貨幣を用ゆる妨なし
日本人外國の貨幣に慣されは開港の後凡一箇年の間各港の役所より日本の貨幣を以て亞米利加人願次第引換渡すへし向後鑄替の爲め分割を出すに及はす日本諸貨幣は(銅錢を除く)輸出する事を得並に外國の金銀は貨幣に鑄るも鑄さるも輸出すへし

第六條
日本人に對し法を犯せる亞米利加人は亞米利加コンシュル裁斷所にて吟味の上亞米利加の法度を以て罰すへし亞米利加人へ對し法を犯したる日本人は日本役人糺の上日本の法度を以て罰すへし日本奉行所亞米利加コンシュル裁斷所は雙方商人逋債等の事をも公けに取扱ふへし
都て條約中の規定並に別冊に記せる所の法則を犯すに於てはコンシュルへ申達し取上品並に過料は日本役人へ渡すへし兩國の役人は雙方商民取引の事に付て差構ふ事なし

第七條
日本開港の場所に於て亞米利加人遊歩の規程左の如し
　神奈川　六郷川筋を限として其他は各方へ凡十里
　箱館　各方へ凡十里
　兵庫　京都を距る事十里の地へは亞米利加人立入さる筈に付き其方角を除き各方へ十里且兵庫に來る船々の乘組人は猪名川より海灣迄の川筋を越ゆへからす
　　都て里數は各港の奉行所又は御用所より陸路の程度なり(一里は亞米利加の四千二百七十五ヤルド日本の凡三十三町四十八間一尺二寸五分に當る)
　長崎　其周圍にある御料所を限りとす
　新潟は治定の上境界を定むへし
亞米利加人重立たる惡事ありて裁斷を請又は不身持にて再ひ裁許に處せられし者は居留の場所より一里外に不可出其者等は日本奉行所より國地退去の儀を其地在留の亞米利加コンシュルに達すへし
其者共諸引合等奉行所並にコンシュル糺濟の上退去の期限猶豫の儀はコンシュルより申立に依て相協ふへし尤其期限は決して一箇年を越ゆへからす

第八條
日本に在る亞米利加人自ら其國の宗法を念し禮拜堂を居留場の內に置も障りなし並に其建物を破壞し亞米利加人宗法を自ら念するを妨る事なし亞米利加人日本人の堂宮を毀傷する事なく又決して日本神佛の禮拜を妨け神體佛像を毀る事あるへからす
雙方の人民互に宗旨に付ての爭論あるへからす日本長崎役所に於て踏繪の仕來は既に廢せり

第九條
亞米利加コンシュルの願に依て都て出奔人並に裁許の場より逃去し者を召捕又はコンシュル捕へ置たる罪人を獄に繋く事協ふへし且陸地並に船中に在る亞米利加人に不法を戒め規則を遵守せしむるか爲にコンシュル申立次第助力すへし右等の諸入費並に願に依て日本の獄に繋きたる者の雜費は都て亞米利加コンシュルより償ふへし

第十條
日本政府合衆國より軍艦蒸滊船商船鯨漁船大砲軍用器並に兵器の類其他要需の諸物を買入れ又は製作を誂へ或は其國の學者海陸軍法の士諸科の職人並に船夫を雇ふ事意の儘たるへし
都て日本政府注文の諸物品は合衆國より輸送し雇入るゝ亞米利加人は差支なく本國より差送るへし合衆國親交の國と日本國萬一戰爭ある間は軍中制禁の品々合衆國より輸出せす且武事を扱ふ人々は差送らさるへし

第十一條
此條約に添たる商法の別册は本書同樣雙方の臣民互に遵守すへし

第十二條
安政元年寅三月三日(卽千八百五十四年三月三十一日)神奈川に於て取替したる條約の中此條々に齟齬する廉は取用ひす同四年巳五月二十六日(卽千八百五十七年六月十七日)下田に於て取替したる約書は此條約中に盡せるに依て取捨へし
日本貴官又は委任の役人と日本に來れる合衆國のヂプロマチーキアゲントと此條約の規則並に別册の條を全備せしむる爲に要すへき所の規律等談判を遂くへし

第十三條
今より凡百七十一箇月の後(卽千八百七十二年七月四日に當る)雙方政府の存意を以て兩國の内より一箇年前に通達し此條約並に神奈川條約の内存し置く箇條及ひ此書に添たる別册共に雙方委任の役人實驗の上談判を盡し補ひ或は改る事を得へし

第十四條
右條約の趣は來る未年六月五日(卽千八百五十九年七月四日)より執行ふへし此日限或は其以前にても都合次第に日本政府より使節を以て亞米利加華盛頓府に於て本書を取替すへし若無餘儀子細ありて此期限中本書取替し濟すとも條約の趣は此期限より執行ふへし

本條約は日本よりは大君の御名と奧印を署し高官の者名を記し印を調して證とし合衆國よりは大統領自ら名を記しセクレタリース、ファンスター、と共に自ら名を記し合衆國の印を鈐して證とすへ

し尤日本語英語蘭語にて本書寫共に四通を書し其譯文は何れも同義なりと雖蘭語譯文を以て證據と爲すへし此取極の爲安政五年午六月十九日(卽千八百五十八年亞米利加合衆國獨立の八十三年七月二十九日)江戸府に於て前に載たる兩國の役人等名を記し調印する者也
　　井上信濃守　花押
　　岩瀬肥後守　花押
　　タウンセンド、ハルリス　手記

미일무역장정(일본어본)의 원문

日本開きたる港々に於て亞米利加商民貿易の章程

第一則
日本開港の場所へ亞米利加商船入津次第二十四時中(亞米利加の四十八時但日曜日を除く)に船司又は頭立たる者より日本役所へ亞米利加コンシュルの請取の書付を差出すへし
此請取書は亞米利加國の掟通り認たる船目錄其外の書類を亞米利加コンシュルへ預けたる請取書なり
並に其者共其船の差出書を出すへし
右は入津の船の名其船の仕出し場の港の名噸數船司或は頭立たる者の名乘來る旅人の名(乘組有之節は認入る)一船の乘組人數を認たる者にして書面の通相違無之旨を船司或は頭立たる者奧書致し證據として當人の名前を認入たる者なり
同時に其船積荷の告書を役所に預くへし
右は其荷物の譜牒並に番付且其入目斤數等を送狀に認めし通に寫し荷物引請先の人々の名を記せる者なり
船中用意の品物の目錄も告書へ加ふへし
但船中用意の品も書面の通相違無之旨船司又は頭立たる者奧書し其名前を記すへし
此告書の文面相違の廉日本十二時(亞米利加の二十四時但日曜日を除く)の中に心附改るに於ては過料の沙汰に及はす若其期限後に至り書改る歟又は告書に書入れするに於ては十五ドルラルの過料を日本役所に納むへし〇積荷總目錄告書中に載せさる品を陸揚するに於ては其品二重の運上を日本役所に納むへし船司或は頭立たる者入港の手數納方前書の期限に後るゝ時は過料として一日怠る每に六十ドルラルの過料を日本役所に納むへし

第二則
日本政府より其港內入津の船々(軍艦を除く)に運上方改の役人乘組ます儀當然たるへし
乘組の者共は右役人に對し不敬無之丁寧に取扱いたし船中可成丈相當の用便を爲すへし夜中は日本役所より許なくして荷卸すへからす荷揚前船々出入口荷物仕舞置戶口〆り口共夜中は日本役人錠を卸し或は印封し夫々の取締を爲し置へし萬一許なく之を開き又は錠印封を破り品物を引出等の者は其犯せる人每に六十ドルラルの過料を日本役所に取立へし
日本役所へ當前の差出書を出さすして荷卸いたし或は其事を謀れる品々は次の箇條に定めたる通取押へ日本役所に取上へし
荷物の中積荷目錄に載さる品々を取隱し置收納を減せんと仕組たる者は其品を日本役所に取上へし日本の開かさる港にて密賣買を爲すは勿論其仕組有之亞米利加船は其品を日本役所に取上の上犯せる每に千ドルラルの過料を納むへし

修復の爲に入津の船々は運上なく積荷を陸揚し日本役所へ預るへしと雖藏敷作事並に番人等の諸入用は相當の償を出すへし
若し其荷物の內を賣拂ふ時は其荷物丈は規定の通日本役所に運上を納むへし
積荷を同港內の他船へ移す時は日本役人見分の上事情明白に相分り免狀を請る上は定の運上なし
阿片の輸入嚴禁たり然るに密商し又其事を謀る輩は阿片一斤每に十五ドルラルの過料を日本役所に納むへし其組合の人數の多少に拘らす此法を以てすへし

第三則
品物を送る荷主又は引請先の者より入津の荷物を陸揚せんとする者は其積荷の差出書を日本役所に出すへし
此書面は荷主又は引請人の名前積送たる船の名荷物の譜牒番付其積荷の斤數石高每品の代料を認め其總〆高を其書付の末に認むへし
都て此差出書付は荷主又は引請人認たる僞なき價を申立る書面にて日本役所の規定に觸れたる隱し荷物なき證據として銘々名前を記すへし
右之通積荷目錄差出等の書類日本役所に差出し右書付引合せ積荷用意品等取調濟迄は品物とも日本役所の預りたるへし
日本役人右之通差出たる荷物の內或は總體を定式の通改むへし
若し運上役所に引上け改る事ある時は輸入人の失費相掛けす可成丈品物の損せさる樣に致し改濟の上は元の如く取始末すへし尤取調方格外時日を費さゝるへし
荷主或は輸入人銘々持受の品改濟役所より引渡さゝる以前輸入の途中(日本役所へ差出さゝる以前の事をいふ)破壞損傷の品品心附く時は當人より其段運上役所に申立其品取扱ふ職業の廉潔なる者兩人以上出會直組致させ其荷物每に損し高を分割に記し其譜牒番數共に證書に相認込へし尤日本役人立合にて直組人等名を記すへし右の證札兼々持參の差出書へ添へ總高の內を引落すへし尤條約第四箇條の取極の通運上役所にて取扱ふ事故障あるへからす
諸運上納濟の後運上役所より陸揚不苦段免許狀を渡すへし品物渡方は運上役所にても船中にても其者の願に任すへし
輸出に極りたる荷物は船に輸送する前廣に運上役所へ船名荷物の譜牒番付入高斤數量目性合並に代料を記せる差出書付を出し書面の通聊僞なき由を輸出入等證據として其名前を認むへし運上役所へ差出し以前船中へ積込たる荷物並に運上役所へ差出し濟の上禁制の品を竊に荷積の內へ入れ有之は改の上日本役所に取上へし船中當用の品又は乘組旅客の當用衣類等は運上役所に差出さゝるへし

第四則
出港手數を願ふ船々は日本十二時(亞米利加の二十四時)前に運上役所へ申立へし此期限中に右手數遲々せさる樣取扱ふは勿論たるへし右手數差止る事あらは日本役人より船司又は頭立たる者並

に其船

荷の取引人等へ其段申渡し亞米利加コンシュルに申達すへし合衆國の軍艦は入港出港運上筋の手數に及はす運上役人並に番兵等差構ふ事なし

合衆國飛脚の爲めの蒸氣船は入港出港の手數を一日に致し日本に上陸する旅客並に品々の外は告書差出し書面の手數なしと雖何箇度にても入港の度每に出港入港の手數はいたすへし薪水食料等用意の爲入港の鯨漁船或は難船は其積荷の告書を出さすと雖若其積荷を賣拂はんと願ふ時は第一則の通定式輸入の手數をいたすへし

稅則並に條約書中に船と唱ふるものはシキップ，バルク，ブリッキ，スクーネル，スループ，蒸氣船等を總ていふなり

第五則

日本運上役所の規則に違ひたる僞差出し積荷目錄を出し並に證書に名前を記せる輩は其犯す每に百二十五ドルラルの過料を日本役所に納むへし

第六則

噸稅は日本開港の場所に於て亞米利加商船より取立すと雖左の規定の通其地其地の運上役所に納むへし

壹船の入港手數に付 十五ドルラル

壹船の出港手數に付 七ドルラル

夫々の免狀に付 一ドルラル半

場所々々健固狀に付 一ドルラル半

其外の各書に付 一ドルラル半

第七則

總て日本開港の場所へ陸揚する物品には左の運上目錄に從ひ其地の運上役所に租稅を納むへし

第一類

貨幣に造りたる金銀並に造らさる金銀當用の衣服

家財並に商賣の爲にせさる書籍

何れも日本居留のため來る者の所持の品に限るへし

右の品々は運上なし

第二類

凡て船の造立綱具修復或は船裝の爲に用ふる品々鯨漁具の類鹽漬食物の諸類

パン並にパンの粉，

生たる鳥獸類,
石炭,
家を造るための材木,
米, 籾, 蒸氣の器械,
トタン, 鉛, 錫, 生絹
右の品々は五分の運上を納むへし

第三類
都て蒸溜或は釀し種々の製法にて造りたる一切の酒類
右は三割五分の運上を納むへし

第四類
凡そ前條に擧さる品々は何に寄らす二割の運上を納むへし金銀貨幣並に棹銅の外日本産の物積荷として輸出する時は五分の運上を納むへし
右は神奈川開港後五年に至り日本役人より談判次第入港出港の税則を再議すへし

미일수호통상조약(일본어본)의 한글 번역문

일본 미합중국 수호통상조약

안세이 5년 무오 6월 19일(서력 1858년 7월 29일) 에도에서 조인(일본어, 영어, 네덜란드어)
만엔 원년 경신 4월 3일(서력 1860년 5월 22일) 워싱턴에서 조약서 교환

제국 대일본 대군과 아메리카 합중국 대통령과의 친목의 뜻을 견고히 하고 또한 영속하게 하기 위해, 양국 인민이 무역을 통하도록 하고 교제를 두텁게 하기 위해 화친[懇親] 및 무역 조약을 체결하기로 결정하였다. 일본 대군은 이를 이노우에 시나노노카미, 이와세 히고노카미에 명하였고, 합중국 대통령은 일본에 건너온 미 합중국 공사 타운젠드 해리스에 명하여 쌍방은 위임 문서를 확인하고 아래와 같은 조목을 합의, 결정하였다.

제1조
향후 일본 대군과 아메리카 합중국은 대대로 친목할 것이다. 일본 정부는 워싱턴에 거류하며 정사(政事)를 담당할 관리를 임명하고 또한 미국 각 항에서 거류하며 제반을 관리하는 관리 및 무역을 처리할 관리를 임명할 수 있다. 정사를 담당할 관리와 관리의 장(長)은 합중국에 도착한 날부터 그 나라 내부를 여행할 수 있다. 합중국 대통령은 에도에 거류하는 공사를 임명하고 또한 이 조약에 실린 미국인의 무역을 위해 개방하는 일본의 각 항 내에서 거류할 영사 등을 임명할 수 있다. 일본에 거류하는 공사, 영사는 직무를 수행할 때부터 일본국 내부를 여행할 수 있다.

제2조
일본국과 유럽의 어느 나라 사이에 문제가 발생할 때에는 일본 정부의 촉탁에 응해 합중국 대통령은 화친을 주선해야 한다.
합중국 군함은 대양을 통과하는 일본선에 공평한 우의를 꾀할 것이다. 또한 미국 영사는 거류항에 일본선이 들어오는 경우 각국의 규정에 따라 우의를 꾀할 것이다.

제3조
시모다, 하코다테 항구 외에 아래의 장소를 다음과 같은 기한으로 개방한다.
가나가와 무오년 3월에서 15개월 후부터(1858년 7월 4일)
나가사키 무오년 3월에서 15개월 후부터(1858년 7월 4일)
니가타 무오년 3월에서 20개월 후부터(1860년 1월 1일)
효고 무오년 3월에서 56개월 후부터(1863년 1월 1일)

만약 니가타를 개항하기 어려울 경우 이를 대신하여 인근에 항구 하나를 별도로 선정한다.

가나가와 항을 개항한 후 6개월 안에 시모다 항을 닫는다. 이 조약에 기재한 각 지역은 미국인에게 거류를 허가한다. 거류자는 일정한 토지를 값을 지불하고 빌리거나, 그곳의 건물을 사도 지장 없다. 또한 주택, 창고를 세우는 일도 허락한다. 다만 이들 건물에 기대어 요새를 만들어서는 결코 안 된다. 이 규칙을 견고히 하기 위해 건물을 신축, 개조, 보수하고자 할 때는 일본 관리가 이를 조사하는 것 또한 당연한 일이다.

미국인이 건물을 빌릴 수 있는 일정 장소 및 항구마다의 정칙(定則)은 각 항 관리와 미 영사가 의정한다. 만약 의론하여 정하기 어려울 경우는 그 사건을 일본 정부와 미 공사에 보여 처치하게 한다.
거류지 주위에 문과 담을 세우지 말고 출입을 자유롭게 한다.

에도 오년(午年) 3월에서 44개월 후부터 1862년 1월 1일
오사카 위 같은 달에서 56개월 후부터 1863년 1월 1일
위 두 장소는 미국인이 상업 행위를 하는 동안만 두류(逗留)할 수 있다. 이 두 장소에서 미국인이 가옥을 빌릴 수 있는 일정 구역 및 산보 규정은 추후 일본 관리와 미국인 공사가 담판할 것이다.
쌍방 국민이 물품을 매매하는 일은 모두 지장이 없고 지불 방법 등에 대해서는 일본 관리가 관여하지 않는다. 모든 일본인, 미국인이 얻고자 하는 물품을 매매, 혹은 소지함에 지장이 없다. 군용 물품은 일본 관청 외에 판매할 수 없다. 다만 외국인들 사이의 거래는 상관없다. 이 조문은 조약 본서 교환이 끝난 후 일본 국내에 널리 알려야 한다.
쌀, 보리는 일본 두류 미국인과 승무원, 여객의 식료를 위해 준비하여 제공할 수 있으나 적하, 수출하는 일은 금지한다. 일본산 동에 여분이 있다면 일본 관청에서 그때마다 공매 입찰을 통해 지불한다. 재류 미국인이 일본의 천민을 고용하여 제반의 일들을 충당하는 것을 허가한다.

제4조
모든 국내로의 수입·수출품은 별책과 같이 일본 관청에 관세를 납부한다.
일본 세관[運上所]에서 하주(荷主)가 신청한 가격에 간악함이 있음을 알게 된 때에는 세관원이 상당한 가격을 붙여 하물을 사들이는 것을 담판해야 한다. 하주가 만약 이를 거절할 경우 세관에서 부가한 가격에 따라 관세를 납부해야 하며 받아들일 경우는 그 가격으로 곧바로 사들일 것이다.
합중국 해군의 비품을 가나가와, 나가사키, 하코다테 내에서 양륙하여 창고에 저장하고 미국인 경비가 이를 지키는 것은 관세 대상이 되지 않는다. 만약 그 물품을 판매할 경우는 매입자에게 규정대로 관세를 매겨 일본 관청에 납부해야 한다.
아편 수입은 엄격히 금지한다. 만약 미국 상선이 3근 이상을 지참하여 온다면 초과량의 아편은 일본 관리가 압수할 것이다.
수입 하물은 정례의 관세가 납부된 후에는 일본인을 통해 일본 국내로 수송해도 별도의 세금을 징수하지 않는다. 미국인이 수입하는 하물은 이 조약에 정해진 것 이상의 관세를 납부하는 일은 없고

또한 일본선 및 타국의 상선을 통해 외국에서 수입한 같은 하물의 관세액과 동등한 것으로 한다.

제5조
외국의 모든 화폐는 일본 화폐 동종류, 동량으로 통용할 수 있다(금은 금, 은은 은으로 비교함을 말함). 쌍방의 국민이 상호 간 물건 가격을 지불할 때에 일본 또는 외국 화폐를 사용해도 무방하다. 일본인이 외국 화폐에 익숙해지면 개항 후 대략 1년간 각 항 관청에서 일본 화폐로 미국인이 원하는 만큼 교환할 수 있다. 향후 개주를 위해 분할하여 내지 않는다. 일본의 모든 화폐는(동전은 제외) 수출할 수 있으며 외국의 금은은 화폐로 주조한 것이든 아니든 수출할 수 있다.

제6조
일본인에게 법을 어긴 미국인은 미국 영사재판소에서 조사한 후 미국의 법도로 벌할 것이다.
미국인에게 법을 어긴 일본인은 일본 관리가 조사 후에 일본의 법도로 벌할 것이다. 일본 부교소, 미국 영사재판소는 쌍방 상인들의 포채(逋債) 등도 공적으로 취급할 것이다.
조약 규정 및 별책에 기록한 바의 법칙을 어길 경우에는 모두 영사에 알리고 취급품 및 과료는 일본 관리에게 건넬 것이다. 양국 관리는 쌍방의 상민이 거래함에 상관하지 않는다.

제7조
일본 개항 장소에서 미국인 유보 규정은 다음과 같다.
가나가와: 로쿠고가와(六鄕川) 근방을 한계로 기타 사방 약 10리.
하코다테: 사방 약 10리.
효고: 교토에서 10리 떨어진 곳은 미국인 출입이 금지되므로 이를 제외한 사방 10리, 또한 효고에 오는 배들의 승무원은 이나가와(猪名川)에서 해변까지 강줄기를 넘어서는 안 된다.
모든 리수는 각 항 부교소 또는 어용소에서 육로를 기준으로 한다(1리는 미국 4,275야드, 일본의 약 33정(町) 38칸(間) 1척(尺) 2촌(寸) 5분(分)에 해당함).
나가사키: 그 주위의 어료소(御料所)를 한계로 한다.
니가타: 치정(治定) 후 경계를 정한다.

미국인 중 중대한 악행이 있을 경우 재단(裁斷)을 청하거나 품행이 좋지 않아 다시금 재판에 처해지는 자는 거류 장소에서 1리 밖으로 나갈 수 없다. 이들에 대해서는 일본 부교소에서 퇴거의 뜻을 해당 재류 미국 영사에 통달한다.
이러한 일들의 문의는 부교소 및 영사 조사 후에 퇴거 기한 유예를 영사가 신청함에 따라 협의한다. 다만 그 기한은 결코 1년을 넘지 않는다.

제8조
일본 재류 미국인은 스스로 자국의 종법(宗法)을 중시하여 예배당을 거류지 내에 두어도 지장 없다. 또한 그 건물을 파괴하거나 미국인이 종법을 스스로 중시하는 것을 방해해서는 안 된다. 미국인은 일본인의 사원을 훼손해서는 안 되며 또한 결코 신불(神佛)에 대한 예배를 방해하거나 신체(神體), 불상을 훼손해서는 안 된다.

쌍방 인민은 서로 종지(宗旨)에 대해 쟁론해서는 안 된다. 일본 나가사키 관청에서 후미에[踏繪]의 관례는 남김없이 폐지하였다.

제9조
미국 영사의 희망에 따라 모든 도망자 및 허가된 장소에서 벗어난 자를 체포하거나 영사가 체포한 죄인을 옥에 가두는 일은 협의해야 한다. 또한 육지 및 선중에 있는 미국인에게 불법을 경계하고 규칙을 준수하게 하기 위해 영사가 제안하는 대로 조력해야 한다. 이상의 제 비용 및 희망에 따라 일본의 감옥에 가두는 자에 관한 잡비는 모두 미국 영사가 보상한다.

제10조
일본 정부는 합중국으로부터 군함, 증기선, 상선, 포경선, 대포 군용기 및 병기류, 기타 수요의 제 물품을 사들이거나 제작을 주문, 혹은 그 나라 학자, 육해군법의 전문가, 직인 및 뱃사람을 고용하는 일을 뜻대로 할 수 있다.

일본 정부가 주문하는 모든 물품은 합중국으로부터 수입할 수 있고 고용된 미국인은 지장 없이 본국에서부터 올 수 있다. 합중국과 친교를 맺은 나라와 일본 사이에 만약 전쟁이 일어난다면 군사 금제품들은 합중국에서 수출하지 않고 군사를 취급하는 사람들을 보내지 않아야 한다.

제11조
이 조약에 첨부한 상법 별책은 본 서와 같이 쌍방의 신민이 상호 준수해야 한다.

제12조
안세이 원년 3월 3일(즉 1854년 3월 31일) 가나가와에서 교환한 조약 가운데 이 조문과 상충하는 항목은 적용하지 않는다. 안세이 4년 5월 26일(즉 1857년 6월 17일) 시모다에서 교환한 약서는 이 조약 중에 포함되기에 파기한다.

일본 고관 혹은 위임 관리와 일본에 오는 합중국 공사는 이 조약 규칙 및 별책 조목을 모두 갖추기 위해 필요한 규율 등을 담판해야 한다.

제13조
지금부터 약 171개월 후(즉 1872년 7월 4일에 해당함) 쌍방 정부의 의사로써 양국 내에 1년 전에 통달하고 이 조약 및 가나가와 조약 가운데 염두에 두고 있었던 조목 및 이 책에 첨부한 별책 모두 쌍방 위임 관리가 실험 후에 담판을 다하여 보강, 혹은 개정할 수 있다.

제14조

이상 약조의 취지는 오는 미년(未年) 6월 5일(즉 1859년 7월 4일)부터 집행할 것이다. 이날을 기한으로 혹은 그 이전에도 사정에 따라 일본 정부가 사절을 미국 워싱턴으로 보내 본 서를 교환해야 한다. 만약 어쩔 수 없는 사정이 있어 이 기한 중에 본 서 교환을 이루어도 조약의 취지는 이 기한에서부터 집행할 것이다.

본 조약은 일본에서는 대군의 어명과 도장을 서명으로 하고 고관의 성명을 기록하여 조인의 증거로 한다. 합중국에서는 대통령 스스로 이름을 기록하고 비서와 함께 스스로 이름을 기록한 합중국 도장을 날인하여 증빙으로 삼는다. 다만 일본어, 영어, 네덜란드어로 본 서 필사본을 모두 4통을 만들고 번역은 모두 같은 뜻이라고 하더라도 네덜란드어 번역문을 증거로 삼는다. 이상의 결정으로 안세이 5년 6월 19일(즉 1858년 미 합중국 독립 83년 7월 29일) 에도부에서 앞서 기재한 양국 관리들의 이름을 기록하고 조인한다.

이노우에 시나노노카미 화압
이와세 히고노카미 화압
타운젠드 해리스 수기

미일무역장정(일본어본) 원문

일본 개항장에서 미국 상민 무역 장정

제1칙
일본 개항 장소에 미국 상선이 입진(入津)하는 대로 24시 안에(미국의 48시, 다만 일요일을 제외) 선장 혹은 책임자가 되는 자로부터 일본 관청에 미국 영사의 수취 기록을 제출할 것.
이 수취서는 미 합중국의 규칙에 따라 기록한 선박 목록, 그 외 서류를 미국 영사에 맡긴 수취서이다. 더불어 이들은 선박의 제출서를 제출해야 한다.
위는 입진하는 선박명, 선박의 출발 항구명, 톤 수, 선장 혹은 제일 높은 자의 성명, 승객 성명(승조원이 있을 경우 기입한다), 승조 인원 수를 기록한 것으로 서면대로 틀림없다는 뜻을 선사 혹은 제일 높은 자의 증문을 증거로 해당자의 이름을 기입한 것이다.

동시에 선적 하물의 신고서를 관청에 맡겨야 한다.
위는 선적물의 보첩 및 목록, 근수 등을 송장에 기입한 대로 필사하고 하물 수취자의 이름을 기록한 것이다.

선중 준비 물품의 목록도 신고서에 더한다.
다만 선중 준비품도 서면대로 틀림없다는 뜻을 선장 혹은 제일 높은 자의 증서로 그 이름을 기록해야 한다.

이 신고서 문면의 차이 항목은 일본 12시(미국 24시, 다만 일요일은 제외한다) 안에 신경을 써 수정할 경우 과료의 처분에는 이르지 않는다. 만약 그 기한 후에 이르러 고쳐 쓰거나 신고서에 추가 기입하면 15달러의 과료를 일본 관청에 납부해야 한다. 적하 총목록 보고서에 기록되지 않은 물품을 하역하면 그 품목에 이중의 관세를 일본 관청에 납부해야 한다.

제2칙
일본 정부가 그 항구 내에 입진하는 선박들(군함을 제외)에게 관세 조사의 관리를 승조시키는 것은 당연한 일이다.
승조자들은 위 관리에게 불경함이 없어야 하고, 정중히 취급하며 선중에서 가능한 상당한 편의를 제공해야 한다. 밤중에는 일본 관청의 허가 없이 물건을 팔아서는 안 된다. 물건을 선적하기 전에 출입구 하물을 두는 입구를 잠가 놓고 밤중에는 일본 관리가 열쇠를 걸거나 봉인해 각각 단속을 행할 것이다. 만일 허가 없이 이를 열거나 열쇠 봉인을 부수고 물품을 꺼내는 자는 어긴 자마다 60달러의 과료를 일본 관청에서 징수할 것이다.
하물 가운데 적하 목록에 기재된 물품들을 숨겨 두고 수납을 줄이고자 하는 자는 그 물품을 일본 관청에서 압수할 것이다. 일본이 개방하지 않은 항구에서 밀매매를 하는 것은 물론 시도하는 미국 선박은 물품을 일본 관청에서 몰수하며 어길 때마다 1,000달러의 과료를 납부해야 한다.

수리를 위해 입진하는 선박들은 관세 없이 적하를 하역하고 일본 관청에 맡길 수 있다. 그러나 창고 작업 및 경비 인원 등의 제 소요 비용은 상당한 값을 지불해야 한다.

만약 그 하물을 팔 경우 하물만은 규정대로 일본 관청에서 관세를 납부해야 한다.

적하를 같은 항구 내에서 다른 선박으로 옮길 때에는 일본 관리의 검사 후에 사정을 명백히 알리는 면장을 받으면 정례의 관세를 부과하지 않는다.

아편 수입은 엄금한다. 그럼에도 밀상 혹은 이를 꾀하는 무리들은 아편 1근당 15달러의 과료를 일본 관청에 납부해야 한다. 꾀하는 인원 수에 상관없이 이 법을 적용할 것이다.

제3칙

물품을 보내는 하주 또는 수취자가 입진 하물을 하역하고자 할 경우 적하 제출서를 일본 관청에 제출해야 한다.

이 서면은 하주 또는 수취인의 이름, 적송 선박명, 하물의 보첩 목록, 하물 무게, 양, 품목별 요금 등을 기록하여 총수량을 문서 말미에 써 두어야 한다.

모든 제출 문서는 하주 또는 수취인이 인정한 거짓 없는 가격을 상신한 서면으로, 일본 관청의 규정에 저촉되는 은닉한 하물이 없는 증거로 각각의 이름을 기록해야 한다.

이상과 같이 하물 목록을 제출한 서류는 일본 관청에 제출하여 위 기록을 대조하여 하물 준비품 등의 조사가 끝날 때까지 물품들은 일본 관청이 맡아 둘 것이다.

일본 관리들은 이상과 같이 제출한 하물 중 일부 혹 전체를 정식대로 조사해야 한다.

만약 세관에서 인양하여 조사할 경우는 수입인은 비용을 내지 않으며 가능한 물품의 손실이 없도록 하고, 조사가 끝난 후에는 원 상태로 해 놓아야 한다. 물론 조사에 격외의 시일을 소비하지 말아야 한다.

하주 혹은 수입인 각각의 물품은 조사가 끝나고 관청에서 건네받기 이전, 수입 도중(일본 관청에 제출되기 이전을 말함) 파괴 손상의 물품에 대해 알게 되었을 때는 당사자로부터 그 사정을 세관에 상신하고 그 물품 취급 직업에서 청렴결백한 자 두 명 이상과 만나 조를 꾸미고 하물별로 손실액을 분할하여 기록한다. 그 보첩 번호 모두 증서에 기록해 두어야 한다. 다만 일본 관리가 입회하여 이들의 이름을 기록해야 한다. 이상의 증찰 사정 등을 지참한 제출서에 첨부하여 총액 가운데 제외할 것이다. 다만 조약 제4조의 취급대로 세관에서 취급하는 일에 장애가 없어야 한다.

모든 관세 납부 후, 세관에서 하역해도 상관없다는 내용의 면허장을 건넬 것이다. 물품을 건네는 방법은 세관에서든 선중에서든 원하는 대로 맡길 것이다.

수출이 결정된 하물은 선박에 수송하기 전에 세관에 선박명, 하물의 보첩 목록, 무게, 수량, 비율, 가격을 기록한 서류를 제출하고, 서면과 같이 조금도 거짓 없다는 뜻을 수출입 등 증거로 그 이름을 기록해야 한다. 세관에 제출하기 이전 선중에 적하한 하물 및 세관에 제출이 끝난 금제품을 몰래 하물 내에 넣는다면, 조사 후에 일본 관청에서 압수할 것이다. 선중 당용 물품 또는 승조원, 여객 등 당용 의류 등은 세관에 제출하지 않는다.

제4칙
출항 수속을 원하는 선박들은 일본 12시(미국 24시) 이전에 세관에 상신해야 한다. 이 기한 안에 위 수속이 늦어지지 않도록 취급하는 것은 물론이다. 위 수속이 중지되는 일이 있다면 일본 관리가 선장, 혹은 제일 높은 자와 선박 하물의 거래인 등에게 그 사정을 설명하고 미국 영사에게도 알릴 것이다. 합중국 군함은 입출항에서 관세 관련 수속을 거치지 않는다. 세관 관리인 및 경비 등은 상관하지 않는다.
합중국 우편 증기선은 입항, 출항의 수속을 하루 만에 이루고, 일본에 상륙하는 여객 및 물품 외에는 신고서를 제출하고 서면의 수속은 없다고 하더라도 매번 입항 때마다 출항, 입항의 수속을 거쳐야 한다. 땔나무와 식수, 식료 등의 준비를 위해 입항하는 포경선 혹은 난파선은 적하 보고서를 내지 않더라도 만일 그 적하 물품을 판매하고자 할 때에는 제1칙의 규정대로 정식 수입의 수속을 거쳐야 한다.
세칙 및 조약서 가운데 "ship"이라는 단어는 선박(ship), 바크(barque), 브리그(brig), 스쿠너(schooner), 슬루프(sloop), 증기선(steamer) 등을 총칭한다.

제5칙
일본 세관 규칙과 달리 거짓으로 적하 목록을 제출하고 더불어 증서에 이름을 기록한 자들은 어길 때마다 125달러의 과료를 일본 관청에 납부해야 한다.

제6칙
톤세는 일본 개항 장소에서 미국 상선으로부터 징수하며 다음의 규정대로 각지 세관에서 납부한다.
1선의 입항 수수료 15달러
1선의 출항 수수료 7달러
각각 허가증 1달러 반
장소별 검역증 1달러 반
기타 각 문서 1달러 반

제7칙
모든 일본 개항 장소에 하역하는 물품에는 다음의 관세 목록에 따라 그 지역 세관에 조세를 납부해야 한다.

제1류
화폐로 만든 금은 및 만들어지지 않은 금은
당용의 의복
가재 및 상업을 위한 것이 아닌 서적
모두 일본 거류를 위해 내항한 자의 소지품에 한할 것.

이상의 품목들은 관세 없음.

제2류
모든 선박의 제조 망구, 수리 혹은 선박 장식을 위해 사용되는 품목
포경 도구류
절임 식품 종류
빵과 제분
살아 있는 조수류
석탄
집을 만들기 위한 재목
쌀, 겨, 증기 기계, 토탄, 연, 주석, 생견
이상의 품목은 5%의 관세를 납부할 것.

제3류
모든 증류, 혹은 양조하여 만든 일체의 주류
이상은 35%의 관세를 납부할 것.

제4류
무릇 앞선 조목에 거론하지 않은 물품은 모두 20%의 관세를 납부할 것. 금은 화폐 및 탁동(棹銅) 외 일본산 물품을 적하하여 수출할 때에는 5%의 관세를 납부할 것

이상은 가나가와 개항 후 5년에 이르러 일본 관리와의 담판에 따라 입항, 출항의 세칙에 대해 재차 의논할 수 있다.

2) 영일수호통상조약 및 무역장정(1858)

○ 명칭
- 일본어: 日本國大不列顚國修好通商條約
- 영어: Treaty of Peace Amity and Commerce Between Great Britain and Japan

○ 체결 국가: 영국, 일본

○ 체결일: 1858년 8월 26일(음력 7월 18일)
- 조약 비준일: 1859년 7월 11일(음력 6월 12일)

○ 체결 장소: 일본 에도(도쿄)

○ 서명자(또는 전권대사)
- 영국 전권대사: 엘긴(the Earl of Elgin and Kincardine)
- 일본 전권대신: 미즈노 다다노리(水野忠德), 나가이 나오유키(永井尚志), 이노우에 기요나오(井上淸直), 호리 도시히로(堀利熙), 이와세 타다나리(岩瀨忠震), 쓰다 마사미치(津田正路)

○ 작성 언어: 일본어, 영어, 네덜란드어

○ 체결 배경 및 과정

안세이 5개국 조약(安政五ヵ国条約)의 하나로 영국은 미국, 네덜란드, 러시아에 이어서 4번째로 일본 막부 정권과 수호통상조약을 체결하였다. 미국은 미일수호통상조약을 통해서 치외법권(영사재판권)을 확보하고 일본의 관세 자주권을 부정하는 협정관세를 관철시켰다. 그리고 에도와 워싱턴에 각각 외교관을 상주시킬 수 있는 권리를 확보하였다. 미국에 이어서 네덜란드, 러시아가 미일수호통상조약과 거의 동일한 내용의 조약을 체결하였다. 그러

자 텐진조약의 영국 측 전권대사였던 엘긴(Elgin)이 통상조약을 체결하기 위해 일본으로 파견되었다. 1858년 8월 10일, 나가사키를 거쳐 시모다에 도착한 엘긴은 시모다에서 미국 총영사 해리스와 회견하고 일미통상조약 사본을 건네받았고 본국에서의 훈령도 접하였다. 대일국교 원칙은 대청 관계와 동일한 수준의 조약 체결을 추구하되 무력행사를 피하라는 훈령에 기반한 교섭이 에도에서 시작되었다. 8월 18일과 21일에 신임 로주인 오타 스케모토(太田資始), 마나베 아키카쓰(間部詮勝)와 회견 후, 양국 간의 본격적인 교섭은 엘긴과 막부 측 전권위원 미즈노 다다노리, 나가이 나오유키, 이와세 다다나리 사이에 이루어졌다. 사전 교섭을 더하여 6개월이 소요된 미일통상조약과 비교하여 영국과의 교섭은 불과 3일 만에 마무리되었다. 당시 교섭 언어는 네덜란드어를 매개로 하여 이루어졌으나 상하이에서 네덜란드 통역을 구하는 데 실패한 영국 측은 미일통상조약에서 활약했던 휴스캔을 고용하여 교섭을 진행하였다. 결과적으로 미일통상조약과 큰 차이가 없는 내용으로 조약이 체결되었으나 그 과정에서 엘긴은 만약 일본 측이 현 조약 실시를 연기한다면 50척의 함대를 끌고 올 것이며 그때에는 지금보다 더 많은 요구를 할 것이라고 위협하였다. 즉 현 조약에서 영국이 양보했던 일본 내지 여행이나 일본인의 기독교 신앙 자유를 요구하게 될 것이라는 의미로, 이는 애초에 텐진조약과 동일한 내용을 일본에도 요구하고자 했던 영국의 저의를 드러낸 것이기도 했다.

○ 주요 내용

영일수호통상조약은 전문과 총 24개조, 그리고 일본에서 수행되는 영국 무역에 관한 장정, 그리고 영국 무역에 대한 일본 측 세칙으로 구성되어 있다.

(1) 우호 증진 약속 및 영사 파견 규정

전문과 제1조에서는 영국과 일본이 우호관계 구축을 위해서 조약을 체결하였음을 밝혔다.

제2조는 영국과 일본이 에도와 런던에 주재하는 외교관을 임명할 수 있으며, 일본의 개항장과 영국의 항구에 영사 혹은 대리인을 임명할 수 있도록 규정하였다. 아울러 해당 국가에 주재하는 외교관들이 자유롭게 여행을 다닐 수 있는 권리를 부여하였다.

(2) 하코다테, 가나가와, 나가사키, 니가타, 효고의 개항과 개항장 운영 규정

제3조는 일본의 하코다테, 가나가와, 나가사키, 니가타, 효고의 개항을 규정하고 있다. 아울러 해당 항구에서 영국인들이 거주할 수 있는 범위를 설정하고, 그 해당 지역에서 영국인들이 자유롭게 토지를 매매하거나 임차할 수 있도록 규정하였다.

(3) 에도에서 영국인 거주 및 무역 활동 승인

제3조는 1862년부터 에도에서 영국인의 거주를 승인하며, 이듬해인 1863년부터는 무역을 목적으로 영국인의 에도 거주를 가능하게 했다. 에도에서 영국인의 거주 및 통행 지역의 지정은 추후 영국 외교관과 일본 당국 간의 협의를 통해서 규정하도록 했다.

(4) 일본에서 영국인의 영사재판권 인정

제4조는 일본에 거주하는 영국인 사이에 발생하는 민사상의 문제에 대해서는 영국의 재판 당국에 관할권이 있음을 명시하였다.

제5조는 일본인과 영국인 사이에 발생하는 형사상의 사건에 대해서는 각각 가해자 측 국적의 당국에서 재판 및 처벌을 할 수 있도록 규정하였다.

제6조는 영국인과 일본인의 갈등을 조정하는 기관으로 영국 영사관을 지정하였으며, 분쟁이 해결되지 않을 경우에 일본 당국의 도움을 받을 수 있도록 했다.

제7조는 영국인과 일본인 사이에 채무 문제나 사기 사건이 발생했을 경우, 각각 가해자 측 국적의 당국에서 재판을 담당하도록 규정했다.

(5) 통상에 관한 규정

제10조는 일본에서 모든 외국 화폐가 통용되고, 화폐의 가치에 따른 일본 화폐로의 교환을 규정하고 있다.

제13조는 일본 개항장에 상륙 혹은 이륙하는 모든 영국 상선은 도선사를 고용할 수 있도록 명문화하였다.

제14조는 영국인이 일본 개항장에서 관세 규정에 의거해서 자유롭게 물건을 매매할 수 있도록 규정하였다. 아울러 영국인의 매매 과정에서 일본 당국자의 개입 혹은 간섭을 금지

하였으며, 모든 일본인들은 자유롭게 영국인들이 판매하는 상품을 구매, 판매, 보관, 혹은 사용할 수 있도록 명문화하였다.

제15조는 일본 세관이 수출입 상품의 가격을 검토할 수 있지만 상품의 소유주가 가격을 최종적으로 결정할 수 있다는 내용을 담고 있다.

제16, 17조는 일본 세관에 관세를 지불한 상품에 대해서는 추가적으로 세금을 부과할 수 없으며, 영국 상인은 일본 세관으로부터 관세를 납부했다는 증명서를 추가로 발급받을 수 있다.

제20조에서는 영국 외교관과 일본 당국자 간에 추가적으로 무역장정을 마련하도록 규정하였다.

세칙에 의거해서 일본 정부는 영국으로부터 수입하는 물품에 대해서 무관세, 5%, 20%, 35%의 관세율을 부과할 수 있게 되었다. 한편 일본으로 수출하는 물품에 대해서는 일괄적으로 5%의 관세를 부과하도록 했다.

(6) 최혜국 대우 규정

제23조는 일본이 타 국가에 부여한 특권, 면제, 이권을 영국이 균점할 수 있도록 최혜국 대우를 부여하였다.

(7) 기타 규정

제8조는 일본에서 영국인이 일본인을 자유롭게 고용할 수 있도록 했다.

제9조는 일본에 거주하는 영국인에게 종교의 자유를 승인하였다.

제11조는 영국 해군이 가나가와, 하코다테, 나가사키에 물품을 하역할 수 있으며, 영국 정부 관리의 감독 아래 창고에 해군 물품을 보관할 수 있도록 규정하였다.

제12조는 난파되거나 좌초된 영국 선박의 경우 일본 당국의 원조를 받을 수 있도록 규정하였다.

제19, 20조는 일본 당국이 사기 혹은 밀수를 방지하기 위한 조치를 취할 수 있는 권리가 있음을 규정하였다.

제23조는 영어, 일본어, 네덜란드어로 조약문을 작성하되, 네덜란드어를 조약 원문으로

간주하도록 했다. 아울러 영국 외교관은 일본 당국자에게 전달하는 공식 문서를 영어로 작성할 수 있도록 규정하였다.

제24조는 조약 체결 후 1년 이내 조약 비준서를 교환하도록 규정하였다.

영일수호통상조약은 미일통상조약을 답습하여 큰 차이가 있지는 않았으나 다음과 같은 점에서 약간의 차이를 보였다. 우선 영사재판권 규정에서 미일통상조약보다 정밀하고 광범위한 내용이 포함되었다. 형사재판에서 영국인에게 죄를 범한 일본인은 일본 관헌이 일본의 법률에 따라, 일본인 혹은 제3국인에게 죄를 빔힌 영국인은 영국의 영사가 영국의 법률에 따르도록 했으며 민사재판에 관해서는 양국 관헌이 공동 심리하는 규정을 두었다. 이는 청국에서와 마찬가지로 혼합재판소 설치 요구로 발전할 가능성을 내포한 규정이라고도 할 수 있다.

미일통상조약에는 별도로 두지 않았던 최혜국 조항도 구체화된 형태로 명문화되었으며 그 내용은 톈진조약과 동일했다. 마지막으로 관세율에서도 미국과 차이를 보였다. 관세 면제품, 양모 제품이 5% 항목에 편입된 것이다. 이는 영국의 주요 수출품에 대한 무역 장벽을 낮춘 것이었으며 기타 자유무역에 관한 규정도 보다 완전한 형태로 삽입되었다.

○ 결과 또는 파급 효과

일본 막부는 고메이텐노(孝明天皇)로부터 미일수호통상조약 체결에 관한 칙허를 얻고자 했으나, 고메이텐노가 조약 체결을 승인하지 않았다. 그러자 막부 내에서는 교토 조정에 굴하지 않고 막부의 권위를 바로잡는다는 명분으로 텐노(천황)의 칙허를 받지 못한 채 미일수호통상조약을 체결하였고 네덜란드, 러시아, 영국, 프랑스 등과도 차례로 통상조약을 체결하였다(안세이 5개 조약). 양이(洋夷)파가 우세하였던 교토 조정은 텐노의 칙허가 없이 단행된 이들 조약이 유효하지 않다고 주장하였다. 이로 인해 교토 조정과 막부 사이의 갈등은 고조되었으며, 그 과정에서 막부는 효고(兵庫)의 개항을 비롯해 조약의 일부 내용을 이행할 수 없게 되었다. 1865년 11월 4일 영국 공사 파크스(Harry Parkes)가 주도하는 영국-프랑스-네덜란드 연합함대가 효고 항구에 정박해서 텐노가 조약을 칙허할 것과 시모노세키조약 배상금을 감액하는 것을 조건으로 효고 항구의 개항을 요구하였다. 결국 1865년

11월 22일 고메이텐노는 안세이 5개 조약을 공인하기에 이르렀다.

한편 1866년 6월 25일 파크스는 프랑스, 네덜란드, 미국과 함께 개세약서(改稅約書)를 일본에 관철시켰다. 이 약서는 안세이 5개 조약의 세칙을 개정하는 성격을 갖고 있으며, 이를 통해 영국, 프랑스, 네덜란드, 미국은 안세이 5개 조약에서 규정한 수입 관세율 5%, 20%, 35%를 폐기하고 5%의 일률적인 세율을 일본에 관철시켰다.

○ (조약문) 출처
- 『구조약휘찬』 제1권 각국지부 제2부 8~38쪽.
- Treaty of Peace, Friendship, and Commerce, between Her Majesty and The Tycoon of Japan. *Presented to both Houses of Parliament by Command of Her Majesty 1860*, LONDON: Printed by Harrison and Sons.

영일수호통상조약 및 무역장정(일본어본) 원문

日本國大不列顚國修好通商條約

安政五年戊午七月十八日(西曆千八百五十八年第八月二十六日)於江戸調印(日, 英, 蘭文)
同六年己未六月十二日(西曆千八百五十九年第七月十一日)於同所批准書交換

帝國大日本大君と大貌利太尼亞及ひ意而蘭土女王と永く親睦の意を堅くし且其各臣民貿易の交通を容易にせん事を欲して此平和懇親及ひ貿易の條約に及はん事を決し日本大君は水野筑後守永井玄蕃頭井上信濃守堀織部正岩瀬肥後守津田半三郎に此事を任し貌利太尼亞及ひ意而蘭土の女王は日本に越たるエルギン、エンド、キンカルデネに命し雙方委任の書を照應して下文の條々を合議決定す

第一條
日本大君と貌利太尼亞及ひ意而蘭土の女王其親族並に世々と其互の所領臣民の間に永久の平和懇親あるへし

第二條
日本大君はロンドンに在留する政事に預る役人を任し並に貌利太尼亞の各港の中に在留する諸取締の役人及ひ貿易を處置する役人を任すへし其政事に預る役人及ひ頭立たる取締の役人は故障なく貌利太尼亞の國內を旅行すへし
貌利太尼亞及ひ意而蘭土女王は江戸府に在留する爲のヂプロマチーキ、アゲント並に此條約にて貌利太尼亞貿易の爲に開きたる日本の各港の中に在留するコンシュル或はコンシュライルアゲントを命すへし其ヂプロマチーキ、アゲント及ひコンシュルゼネラールは故障なく日本國內を旅行すへし

第三條
神奈川 長崎箱館港及ひ町は安政六未年六月二日(西洋紀元千八百五十九年七月一日)に貌利太尼亞臣民の爲に開くへし其外次に云ふ所の場所を期限の通り貌利太尼亞臣民の爲に開くへし

兵庫 午七月より凡五十二箇月の後より(千八百六十三年一月一日)
新潟若し不都合の事あらは代りの港を日本の北海岸にて午七月より凡十六箇月の後より(千八百六十年一月一日)開くへし

前に載せし各港及ひ町に於て貌利太尼亞臣民居留を許すへし彼等一箇の地を賃を以て借り其地に在る建物を買ふ事妨なく且住宅倉庫を建る事を許すと雖是を建るに托して要害の場所を營むへか

らす此掟に從はしむる爲其建物を普請修補する時日本役人見分する事當然たるへし

貌利太尼亞臣民其建物の爲得る一箇の場所及ひ港々の規定は各所の日本役人と貌利太尼亞コンシュルと定むへし若し同意し難き時は其事件を日本政府と貌利太尼亞チプロマチーキ、アゲントに示し處置せしむへし其居留場の周圍には門墻を設けす出入自在にすへし

日本開港の場所に於て貌利太尼亞臣民遊步の規程左の如し

神奈川 六鄕川筋を限とし其他は各方へ凡十里

    箱館 各方へ凡十里
    兵庫 京都を距る事十里の地へは貌利太尼亞人立入さる筈に付其方角を除き各方へ十里且兵庫に來る船々乘組人は猪名川より海灣迄の川筋を越ゆへからす

    都て里數は各港の奉行所又は御用所より陸路の程度なり

    長崎 其町の周圍に在る御料所を限とす

新潟は治定の上境界を定むへし

江戶 午七月より凡四十箇月の後より(千八百六十二年一月一日)
大坂 同斷凡五十二箇月の後より(千八百六十三年一月一日)
右二箇所は只商賣を爲す爲にのみ逗留すへし此兩町に於て貌利太尼亞臣民家屋を價を以て借るへき相當なる一區の場所及ひ步行すへき規程は追て日本役人と貌利太尼亞チプロマチーキアゲントと定むへし

第四條
日本に在る貌利太尼亞臣民の間に起る爭は貌利太尼亞司人の裁斷たるへし

第五條
貌利太尼亞臣民に對し惡事を爲せる日本人は日本司人にて糺し日本法度に隨て罪すへし日本人或は外國の臣民に對し惡事をなせる貌利太尼亞臣民はコンシュル或は其他の官人にて糺し貌利太尼亞の法度に隨て罪すへし裁斷は雙方に於て偏頗なかるへし

第六條

貌利太尼亞人日本人に付て訴ふへき事あらはコンシュル館に赴き其旨を告へしコンシュル吟味の上實意に處置すへし萬一差掛り日本人より貌利太尼亞人に就てコンシュルへ訟を爲す事ある共又コンシュル實意に處置すへし若コンシュル是を處置し難き時は日本司人へ申立俱に吟味し當然の判斷を爲すへし

第七條
貌利太尼亞人日本商人に逋債ありて償を怠り又は奸曲ある時はコンシュル之を裁斷して嚴重に償はしむへし日本商人の貌利太尼亞人に逋債あるも日本司人之を處置するは同樣たるへし

日本奉行所貌利太尼亞コンシュルは雙方の國人の逋債を償ふ事なし

第八條
在留の貌利太尼亞人日本の賤民を雇ひ諸用事に充る事妨なし

第九條
在留の貌利太尼亞人自ら其國の宗旨を念し拜所を居留の場所に營む事障なし

第十條
外國の諸貨幣は日本の貨幣と同種の同量を以て通用すへし

雙方の國人互に物價を拂ふに日本と外國との貨幣を用る事妨なし

日本人外國の貨幣に慣されは開港の後凡一箇年の間各港の役所より日本の貨幣を以て貌利太尼亞人願次第引替渡すへし鑄直しの分割は差出すに及はす

日本諸貨幣は(銅錢を除く)輸出する事を得並に外國の金銀は貨幣に鑄るも鑄さるも輸出すへし

第十一條
貌利太尼亞海軍の爲用意の品は神奈川長崎箱館の内に陸揚し庫内に納め貌利太尼亞番人守護する者は運上の沙汰に及はす若其品を賣拂ふ時は買得る人より規定の運上を日本役所に納むへし

第十二條
貌利太尼亞船日本海岸にて破船又は漂着し或は危難を遁れ來る事を知らは其所の司人是を救ひ厚く扶助を加へて最寄のコンシュルへ送り渡すへし

第十三條
貌利太尼亞商船日本の開きたる港に來る時並に規定の租税及ひ逋債拂濟にて港を出る時水先案内を雇ふ事勝手たるへし

第十四條
貌利太尼亞人開きたる各港に諸品物を輸入し賣拂又は買入輸出する事自由なるへし
制禁外の品物規定の運上納濟の上は其他の運上を拂ふ事なし
軍用の諸物日本役所の外へ賣へからす尤外國人互の取引は差構ある事なし
雙方の國人品物を賣買する事總て障なく其拂方等に就ては日本役人之に立會はす諸日本人は貌利太尼亞人より得たる品を賣買し或は所持する事倶に妨なし

第十五條
日本の運上所にて荷主申立の價を奸ありと察する時は運上役より相當の價を付其荷物を買入る事を談すへし荷主若之を否む時は運上所より付たる價に從て運上を納むへし承引する時は其價を以て直に買上へし

第十六條
輸入の荷物定例の運上拂濟の上は日本人より國中に輸送する共別に運上を取立る事なし

第十七條
貌利太尼亞商船開きたる港に品物を輸入し規定の運上納濟の證書あれは再ひ其品物を他の開きたる港に轉致し陸揚する共重税を取立さるへし

第十八條
開きたる港の日本司人密商奸曲を防く爲め相當の規則を立へし

第十九條
過料取上物の類は都て日本役所に屬すへし

第二十條
此條約に添たる商法の別冊は本書同樣雙方の臣民互に遵守すへし

日本貴官又は委任の役人と日本に來れる貌利太尼亞國ヂプロマチーキ、アゲントと此條約の規則並別冊の條を全備せしむる爲の規律等談判を遂くへし

第二十一條
此條約は日本英吉利及和蘭語にて書し各同義同意にして和蘭文を元と見るへし
都て貌利太尼亞のヂプロマチーキアゲント及コンシュライルアゲントより日本司人にいたす公事の書通は向後英語にて書すへし尤此條約調判の月日より五箇年の間は日本或は和蘭の譯書を添へし

第二十二條
兩國にて條約の實地を驗し改革せん事を求る時は其一年前に通達して再驗を爲すへし其事は今より凡十四年の後に在るへし

第二十三條
日本政府より向後外國の政府及臣民に許すへき殊典ある時は貌利太尼亞政府國民へも同樣の免許あるへし

第二十四條
此本書は日本よりは大君の御名と奧印を署し貌利太尼亞よりは女王自ら名を記し印を調し一年の内江戸に於て取替すへし右取極の爲安政五年七月十八日(西曆千八百五十八年八月廿六日)江戸に於て前に載たる兩國の役人等名を記し調印する者也

　　　　エルギン、エンド、キンカルデネ　手記
水野筑後守　花押
永井玄蕃頭　花押
井上信濃守　花押
堀織部正　花押
岩瀨肥後守　花押
津田半三郎　花押

日本開きたる港々に於て貌利太尼亞商民貿易の章程

第一則
日本開港の場所へ貌利太尼亞商船入津次第二十四時中(貌利太尼亞の四十八時但日曜日を除く)に船司又は頭立たる者より日本役所へ貌利太尼亞コンシュルの請取の書付を差出すへし
　此請取書は貌利太尼亞國の掟通認たる船目錄其外の書類を貌利太尼亞コンシュルへ預けたる請取書なり
並に其者共其船の差出書を出すへし

右は入津の船の名其船の仕出し場の港の名噸數船司或は頭立る者の名乘來る旅人の名(乘組有
之節は認入る)一船の乘組人數を認たる者にして書面の通相違なき旨を船司或は頭立たる者奧書い
たし證據として當人の名前を認入たる者なり
同時に其船積荷の告書を役所に預くへし
　　　右は其荷物の記號並に番付且其入目斤數等を送狀に認し通に寫し荷物引受先の人々の名を記せ
るものなり
船中用意の品物の目錄も告書へ加ふへし
　　　但船中用意の品も書面の通相違なき旨船司又は頭立たる者奧書し其名前を記すへし
此告書の文面相違の廉日本十二時(貌利太尼亞の二十四時但日曜日を除く)の中に心附き改るに於
ては過料の沙汰に及はす若其期限後に至り書改る歟又は告書に書入するに於ては十五ドルラルの
過料を日本役所に納むへし

積荷總目錄告書中に載さる品を陸揚するに於ては其品二重の運上を日本役所へ納むへし船司或は
頭立たる者入港の手數納方前書の期限後るゝ時は過料として一日怠る每に六十ドルラルの過料を
日本役所へ納むへし

第二則
日本政府より其港內入津の船々(軍艦を除く)に運上方改の役人乘組ます儀當然たるへし
乘組の者共は右役人に對し不敬無之丁寧に取扱致し船中可成丈相當の用便を爲すへし
夜中は日本役所より許なくして荷卸すへからす荷揚前船々出入口荷物仕舞置戶口〆り口共夜中は
日本役人錠を卸し或は印封し夫々の取締を爲し置へし萬一許なく是を開き又は錠印封を破り品物
を引出等の者は其犯せる人每に六十ドルラルの過料を日本役所に取立へし
日本役所へ當然の差出書を出さすして荷卸いたし或は其事を謀れる品々は次の箇條に定めたる通
取押へ日本役所に取上へし
荷物の中積荷目錄に載さる品々を取隱し置收納を減せんと仕組たる者は其品を日本役所に取上へし
日本の開かさる港にて密賣買を爲すは勿論其仕組有之貌利太尼亞船は其品を日本役所に取上の上
犯せる每に千ドルラルの過料を納むへし修復の爲に入津の船々は運上なく積荷を陸揚し日本役所
へ預るへしと雖藏舖作事並に番人等の諸入用は相當の償を出すへし
若其荷物の內を賣拂ふ時は其荷物丈は規定の通日本役所へ運上を納むへし
積荷を同港內の他船へ移す時は日本役人見分の上事情明白に相分り免狀を受る上は定の運上なし
阿片の輸入は嚴禁なる故若日本に商賣に來る貌利太尼亞船阿片の量目三斤以上船中に所持する時
其餘量は日本司人取上へし且阿片を密商し或は其事を謀る輩は阿片一斤每に十五ドルラルの過料
を日本役所へ取立へし

第三則
品物を送る荷主又は引受先の者より入津の荷物を陸揚せんとする者は其積荷の差出書を日本役所

に出すへし

此書面は荷主又は引受人の名前積送たる船の名荷物の記號番付其積荷の斤數石高毎品の代料を認め其總〆高を其書付の末に認むへし

都て此差出書付は持主又は引受人認むる僞なき價を申立る書面にて日本役所の規定に觸たる隱し荷物なき證據として銘々名前を記すへし右の通積荷目錄差出等の書類日本役所に差出右書付引合せ積荷用意品等取調濟迄は品物共日本役所の預たるへし

日本役人右の通差出たる荷物の內或は總體を定式の改むへし

若運上役所に引上け改る事ある時は輸入人の失費不相掛品物の損せさる樣に致し改濟の上は可成丈元の如く始末すへし尤取調方格外時日を費さゝるへし

荷主或は輸入人銘々持受の品改濟役所より引渡さゝる以前輸入の途中(日本役所へ差出さゝる以前の事をいふ)破壞損傷の品々心附時は當人より其段運上役所に申立其品取扱ふ職業の廉潔なる者兩人以上出會直組爲致其荷物毎に損し高を步割に記し其譜牒番數共に證書に認込へし尤日本役人立合にて直組人等名を記すへし右の證札兼々持參の差出書へ添總高の內を引落すへし尤條約第十五箇條の取極の通運上役所にて取扱ふ事故障あるへからす

諸運上納濟の後運上役所より陸揚不苦段免許狀を渡すへし品物渡方は運上役所にても船中にても其者の願に任すへし

輸出に極りたる荷物は船に輸送する前廣に運上役所へ船名荷物の記號番付入高斤數量目性合並代料を記せる差出書付を出し書面の通聊僞なき由を輸出入等證據として其名前を認むへし

運上役所へ差出し以前船中へ積込たる荷物並に運上役所へ差出し濟の上禁制の品を竊に荷積の內へ入れ有之は改の上日本役所へ取上へし船中當用の品又は乘組旅客の當用衣類等運上役所へ差出さゝるへし

第四則

出港手數を願ふ船々は日本十二時(貌利太尼亞の二十四時)前に運上役所へ申立へし此期限中に右手數遲々せさる樣取扱ふは勿論たるへし右手數差止る事あらは日本役人より船司又は頭立たる者並に其船荷の取引人等へ其段申渡貌利太尼亞コンシュルに申達すへし

貌利太尼亞軍艦は入港出港運上筋の手數に及はす運上役人並番兵等差構ふ事なし

貌利太尼亞飛脚の爲の蒸氣船は入港出港の手數を一日に致し日本に上陸する旅客並に品々の外は告書差出し書面の手數なしと雖何箇度にても入港の度毎に出港入港の手數は致すへし薪水食料等用意の爲入港の鯨漁船或は難船は其積荷の告書を出さすと雖若其積荷を賣拂んと願ふ時は第一則の通定式輸入の手數を致すへし

稅則並に條約書中に船と唱ふるものはシキップ,バルク,ブリッキ,スクーネル,スループ,蒸氣船等を總ていふなり

第五則
日本運上役所の規則に違ひたる僞差出し積荷目錄を出し並に證書に名前を記せる輩は其犯す毎に百二十五ドルラルの過料を日本役所に納むへし

第六則
噸税は日本開港の場所に於て貌利太尼亞商船より取立すと雖左の規定の通其地其地の運上役所に納むへし
一船の入港手數に付 十五ドルラル
一船の出港手數に付 七ドルラル
夫々の免狀に付 一ドルラル半
場所場所健固狀に付 一ドルラル半
其外の各書に付 一ドルラル半

第七則
總て日本開港の場所へ陸揚する物品には左の運上目錄に從ひ其地の運上役所に租税を納むへし

第一類
貨幣に造たる金銀並に造らさる金銀當用の衣服家材並に商賣の爲にせさる書籍
何れも日本居留の爲來る者の所持の品に限るへし
右の品々は運上なし

第二類
凡て船の造立綱具修復或は船裝の爲に用ふる品品
鯨漁具の類
鹽漬食物の諸類
パン並にパンの粉
生たる鳥獸類
石炭
家を造るための材木，米穀，蒸氣の器械，木棉及羊毛の織物，トタン，鉛，錫，生絹
右の品々は五分の運上を納むへし

第三類
都て蒸溜或は釀し種々の製法にて造りたる一切の酒類
右は三割五分の運上を納むへし

第四類
凡て前條に擧さる品々は何に寄らす二割の運上を納むへし
金銀貨幣棹銅の外都て日本に産し積荷として輸出する物品には五分の運上を納むへし

米並に麥は日本逗留の貎利太尼亞人並に船々乗組たる者及船中旅客食料の爲めの用意は與ふ共積荷として輸出する事を許さす
貎利太尼亞船にて開きたる港に持渡りし外國の穀物若し陸揚せさる時は故障なく再ひ輸出すへし
日本に産する所の銅は日本要用の餘分あれは其時々分けの入札にて賣渡すへし
神奈川を開港の後五ケ年に至り日本或は貎利太尼亞政府の望にて出港入港の税則を再議すへし

エルギン,エンド,キンカルデネ 手記
水野筑後守 花押
永井玄蕃頭 花押
井上信濃守 花押
堀織部正 花押
岩瀬肥後守 花押
津田半三郎 花押

영일수호통상조약 및 무역장정(일본어본)의 한글 번역문

일본국 대영국 수호통상조약

안세이 5년 무오 7월 18일(서력 1858년 8월 26일) 에도에서 조인(일본어, 영어, 네덜란드어)
동 6년 기미 6월 12일(서력 1859년 7월 11일) 같은 곳에서 비준서 교환

제국 대일본 대군과 대영국 및 아일랜드 여왕은 영구히 친목의 뜻을 견고히 하고 또한 각 신민 무역의 교통을 용이하게 하고자 하여 이 평화 간친 및 무역 조약에 이를 것을 결하였다. 일본 대군은 미즈노 치쿠고노카미, 나가이 겐반노카미, 이노우에 시나노노카미, 호리 오리베노카미, 이와세 히고노카미, 쓰다 한자부로에게 이 일을 맡기었고, 영국 및 아일랜드 여왕은 일본에 건너온 엘긴·킹 가든에게 명하여 쌍방 위임의 문서를 조응하고 아래의 조목을 합의 결정하였다.

제1조
일본 대군과 영국 및 아일랜드 여왕, 그 친족 및 대대로 상호 영 내의 신민 사이에 영구한 평화 친목이 있을 것이다.

제2조
일본 대군은 런던에 재류하며 정사를 맡을 관리를 임명하고 영국 각 항에 재류하며 제반 단속을 위한 관리, 무역을 처리할 관리를 임명할 것이다. 정사를 맡을 관리 및 수장이 되는 단속 관리는 지장 없이 영국 국내를 여행할 수 있다.
영국 및 아일랜드 여왕은 에도부에 재류하기 위해 대사 및 이 조약에서 영국 무역을 위해 개방한 일본의 각 항 중에 재류하는 영사, 공사를 명할 것이다. 대사, 공사는 지장 없이 일본 국내를 여행할 수 있다.

제3조
가나가와, 나가사키, 하코다테 각 항과 시가지는 안세이 6년 6월 2일(1859년 7월 1일)에 영국 신민을 위해 개방할 것이다. 그 외 다음의 장소를 기한 대로 영국 신민에게 개방할 것이다.
효고 무오년 7월부터 대략 52개월 후(1863년 1월 1일)
니가타 만약 사정이 여의치 않을 경우 대신할 항구를 일본 북해안에서 오(午) 7월부터 약 16개월 후(1860년 1월 1일)

앞서 기재한 각 항 및 시가지에서 영국 신민 거류를 허락한다. 이들은 어느 한 곳의 땅을 임차하고 그곳에 있는 건물을 구매할 수 있다. 또한 주택, 창고를 건설할 수 있으나 이를 세움에 있어 요해의 장소를 영위할 수 없다. 이 규칙에 따르기 위해 그 건물을 건축, 수선할 때에는 일본 관리가 검사하

는 것은 당연한 일이다.

영국 신민 건축을 할 수 있는 한 장소 및 항구별 규정은 각 곳의 일본 관리와 영국 영사가 정할 것이다. 만일 동의하기 어려울 때에는 그 사건을 일본 정부와 영국 대사에게 보이고 처치하게 할 것이다. 거류 장소의 주위에는 문과 담장을 세우지 않으며 출입을 자유롭게 해야 한다.

일본 개항 장소에서 영국 신민의 유보 규정은 다음과 같다.
가나가와 로쿠고가와(六鄕川) 근방을 한계로 기타 사방 약 10리
  하고나테 시방 약 10리
  효고 교토에서 10리 떨어진 곳은 영국인 출입이 금지되므로 이를 제외한 사방 10리, 또한 효고에 오는 배들의 승무원은 이나가와(猪名川)에서 해변까지 강줄기를 넘어서는 안 된다.
모든 리수는 각 항 부교소 또는 어용소에서 육로를 기준으로 한다.
  나가사키 그 마치 주위의 어료소(御料所)를 한계로 한다.
  니가타 치정(治定) 후 경계를 정한다.

에도 무오년 7월부터 약 40개월 후부터(1862년 1월 1일)
오사카 무오년 7월부터 약 52개월 후부터(1863년 1월 1일)

이상 두 곳은 단지 상업을 하기 위해서만 두류할 수 있다. 이 양 시가지에서 영국 신민 가옥을 임차할 수 있는 상당한 구역 장소와 유보할 수 있는 규정은 차후 일본 관리와 영국 공사 간에 결정한다.

제4조
일본 재류 영국 신민 사이에 일어나는 다툼은 영국 관리가 재단할 것이다.

제5조
영국 신민에게 악행을 하는 일본인은 일본 관리가 조사하고 일본 법도에 따라 벌한다. 일본인 혹은 외국인 신민에게 악행을 저지른 영국 신민은 영사 혹은 기타 관인에게 조사를 받고 영국 법도에 따라 벌한다. 재단은 쌍방 편파가 있어서는 안 된다.

제6조
영국인이 일본인에 대해 소를 제기할 일이 있다면 영사관에 그 뜻을 고하고 영사의 조사 후에 실의(實意)로 처치해야 한다. 만일 일본인이 영국인에 대해 영사관에서 소송을 할 일이 있어도 또한 영사가 실의(實意)로 처치할 것이다. 만약 영사가 이를 처치하기 어려울 경우 일본 관리에 신청하여 함께 조사하고 당연한 처단을 내릴 것이다.

제7조
영국인이 일본 상인에게 갚아야 할 채무가 있음에 이를 태만히 하거나, 간책을 쓸 경우에는 영사가 이를 재단하여 엄중히 갚게 할 것이다. 일본 상인이 영국 상인에게 갚을 빚이 있어도 일본 관리가 이를 처치하는 것은 위와 같을 것이다.

일본 부교소 영국 영사는 쌍방의 국민의 채무를 갚아 주지 않는다.

제8조
재류 영국인은 일본의 천민을 고용하여 제반의 용무에 충당시켜도 무방하다.

제9조
재류 영국인 스스로 그 나라의 종지(宗旨)를 따르고 예배소를 거류 장소에 만들어도 무방하다.

제10조
외국의 제 화폐는 일본 화폐와 동종, 동량의 것으로 통용할 수 있다.

쌍방 국민이 서로 물건 가격을 지불함에 일본, 외국의 화폐를 사용해도 상관없다.

일본인이 외국의 화폐에 익숙해지면 개항 후 약 1년 사이 각 항 관청에서 일본 화폐를 영국인이 원하는 대로 교환할 수 있다. 개주를 위한 분할은 하지 않는다

일본의 제 화폐는(동화를 제외함) 수출할 수 있으며 외국 금은은 화폐로 주조된 것도 주조되지 않은 것도 수출할 수 있다.

제11조
영국 해군을 위해 준비한 물품은 가나가와, 나가사키, 하코다테에서 하역하여 창고에 두고 영국인 경비가 지키는 것은 관세 조치에 이르지 않는다. 만약 그 품목을 팔고자 할 때는 사려는 자로부터 규정의 관세를 일본 관청에 납부해야 한다.

제12조
영국 선박이 일본 해안에서 난파, 혹은 표착, 혹은 위난을 피해 온 것을 알 경우 그곳 관리가 이들을 구하고 두터이 부조를 더하여 가장 가까운 곳의 관청에 보내야 한다.

제13조
영국 상선은 일본의 개항장에 올 때, 규정의 조세 및 부채를 지불 완료하고 항구를 떠날 때는 도선사를 고용해도 좋다.

제14조
영국인이 개항장에서 제 물품을 수입하여 판매하거나 사들여 수출하는 일은 자유로이 할 수 있다. 금지품 외의 물건은 규정대로 관세를 납부한 후에는 기타 관세를 지불할 필요가 없다.
군용의 제 물품은 일본 관청 외에 판매할 수 없다. 다만 외국인 상호 거래는 상관없다.
쌍방 국민이 물품을 매매하는 것은 모두 지장이 없으며 그 지불 방법 등에 대해서는 일본 관리가 입회하지 않으며 모든 일본인은 영국인으로부터 획득한 물품을 매매, 혹은 소지하는 일은 모두 상관없다.

제15조
일본 세관에서 하주가 상신한 가격에 간책 있음을 간파할 때에는 세관 관리로부터 상당한 가격을 붙여 그 하물을 사들이는 것을 담판할 것이다. 하주가 혹시 이를 거절할 경우는 세관역으로부터 부여한 가격에 따라 관세를 납부해야 하며 승인할 경우는 그 가격으로 곧바로 사들일 수 있다.

제16조
수입 하물은 정례의 관세 지불 후에는 일본인으로부터 일본 국내로 수송하는 일에 별도의 관세를 징수하지 않는다.

제17조
영국 상선이 개항장에서 물품을 수입하여 규정 관세를 납부한 증서가 있다면 재차 그 물품을 다른 개항장에 전송, 하역해도 중복으로 세금을 거두지 않을 것이다.

제18조
개항장의 일본 관리는 밀상의 간교함을 방지하기 위해 상당한 규칙을 세울 수 있다.

제19조
과료, 몰수 종류는 모두 일본 관청이 관할한다.

제20조
이 조약에 첨부한 상법의 별책은 본 서와 같이 쌍방 신민이 서로 준수해야 한다.

일본의 귀관 혹은 위임을 받은 관리와 일본에 도항한 영국 대사와 이 조약의 규칙 및 별책의 조목을 온전히 갖추기 위한 규율 등을 담판할 수 있다.

제21조
이 조약은 일어, 영어, 네덜란드어로 기록하며 각각 동일한 의미이나 네덜란드어를 기본으로 한다.

모든 영국 대사, 공사로부터 일본 관리에 보내는 공적 문서는 향후 영어로 쓸 것이다. 다만 이 조약 담판 월일에서 5개년 간은 일본 혹은 네덜란드 번역서를 첨부해야 한다.

제22조
양국에서 조약의 실지를 경험하고 개혁을 요구할 경우 1년 전에 이를 통달하여 재협할 것이다. 이는 지금으로부터 약 14년 후로 할 것이다.

제23조
일본 정부에서 향후 외국의 정부 및 신민에게 허락할 특전이 있을 경우 영국 정부 국민에게도 동일한 허락이 있어야 한다.

제24조
본 서는 일본에서 대군의 어명과 인장으로 서명하고, 영국에서는 여왕 스스로의 이름을 기록하여 조인하였고 1년 이내 에도에서 교환해야 한다. 위 결정을 위해 안세이 5년 7월 8일(서력 1858년 8월 26일) 에도에서 앞서 기록한 양국 관리 등의 이름을 기록하여 조인한다.

엘긴·킹가든 수기
미즈노 치쿠고노카미 화압
나가이 겐반노카미 화압
이노우에 시나노노카미 화압
호리 오리베노카미 화압
이와세 히고노카미 화압
쓰다 한자부로 화압

일본 개항장에서 영국 상민 무역 장정

제1칙
일본 개항 장소에 영국 상선이 입진하는 대로 24시간 안(영국 48시간, 다만 일요일을 제외함)에 선장 혹은 수장인 자가 일본 관청에서 영국 영사의 수취 서류를 제출해야 한다.
이 수취서는 영국의 규칙대로 기록한 선박 목록 외 기타 서류를 영국 영사에 맡긴다는 수취서이다. 더불어 선박 보고서를 제출해야 한다.
위는 입진 선박의 이름, 선박 출발 항구명, 톤 수, 선장 혹은 수장인 자의 성명, 여객 인명(승무원이 있을 경우 기입한다), 일반 승무원 수를 기입한 것이다.
동시에 그 선적 하물의 보고서를 관청에 맡겨야 한다.
이상은 그 하물의 기호 및 번호, 근수 등을 송장에 기록한 대로 필사하여 하물 인수자들의 이름을 기록한 것이다.

선중 준비품의 목록도 보고서에 더해야 한다.

다만 선중 준비품도 서면대로 틀림없다는 뜻을 선장 혹은 수장인 자의 인증서와 그 성명을 기록해야 한다.

이 보고서의 문면에 차이가 있을 경우 일본 12시(영국 24시, 다만 일요일 제외함) 내에 알아차려 수정함에는 과료 처분에 이르지 않는다. 만약 그 기한 후에 이르러 보고서 개찬을 하거나 보고서에 기입할 경우 15달러의 과료를 일본 관청에 지불해야 한다.

적하 총목록 보고서 중에 기재되지 않은 물품을 하역함에는 그 품목에 대한 이중의 과세를 일본 관청에 납입해야 힌다. 선장 혹은 수장인 자가 입항 수속 납입 방법에 대해 위의 기한에 늦어진 경우는 과료로 하루 태만히 할 때마다 60달러를 일본 관청에 납부해야 한다.

제2칙

일본 정부로부터 그 항내에 입진하는 선박(군함을 제외함)에 관세 방면 조사 관리를 승조하게 함은 당연한 일이다.

승조원들은 위 관리에게 불경하지 않고 정중히 취급하여 선중에게 가능한 상당한 편의를 보여 주어야 한다.

밤중에 일본 관청의 허락 없이 하물을 하역할 수 없다. 하물을 내리기 전에 선박들은 출입구 하물을 잠그고 밤중 일본 관리가 열쇠를 걸거나 봉인하여 각각 단속을 행한다. 만일 허가 없이 이를 열거나 열쇠를 부수어 물품을 꺼내는 등의 일을 하면 어기는 자마다 60달러의 과료를 일본 관청에서 징수할 것이다.

일본 관청에 당연한 보고서를 제출하지 않고 짐을 판매하거나 이를 꾀한 물건들에 대해서는 다음의 조목에서 정한 대로 압수하여 일본 관청에서 거둘 것이다.

하물 가운데 적하 목록에 기재된 물품들을 은닉해 두거나 납세를 줄이고자 꾀한 자는 그 물품을 일본 관청에서 몰수할 것이다.

일본의 개항장에서 밀매매를 하는 자는 물론, 시도한 영국 상선의 물품은 일본 관청에 몰수당하고, 어길 때마다 1,000달러의 과료를 지불해야 한다. 수선을 위해 입진한 배들은 관세 없이 하물을 내려 일본 관청에 맡길 수 있으나 창고 작업 및 경비 인원 등의 소요 비용은 상응하여 지불해야 한다. 만일 하물을 판매할 때는 규정대로 일본 관청에 관세를 납부해야 한다.

하물을 동항 내의 다른 선박으로 옮길 때는 일본 관리가 검사한 후 사정을 명백히 이해하고 면장을 받은 후라면 소정의 관세는 없다.

아편 수입은 엄금하기에 만약 일본에 사업을 위해 내항한 영국 선박에 아편 3근 이상을 선중에서 소지한 때에 그 남은 양은 일본 관리가 압수할 것이다. 또한 아편을 밀상하거나 이를 꾀한 무리들은 아편 1근에 15달러의 과료를 일본 관청에서 징수할 것이다.

제3칙

물품을 보내는 하주 또는 수취자로부터 입진의 하물을 하역하고자 하는 자는 적하 보고서를 일본 관청에 제출해야 한다.

이 서면은 하주 또는 수취인의 성명, 적송 선박의 이름, 하물의 기호, 번호, 무게, 액수, 품목별 가격을 기록하여 그 총액을 말미에 써야 한다.

모든 보고서는 수취인이 기록한, 거짓 없는 가격을 상신한 서면으로 일본 관청의 규정에 저촉하여 숨긴 하물이 없다는 증거로 각각의 이름을 기록해야 한다. 위의 적하 목록 보고 등의 서류를 일본 관청에 제출, 위 서류와 비교하여 적하 준비품 등 조사가 끝날 때까지 일본 관청이 이를 맡아 둘 것이다.

일본 관리는 위의 보고 하물 중, 일부 혹은 전체를 정식대로 조사해야 한다.

만약 세관에서 인양하여 조사한 일이 있을 때는 수입인의 추가 비용은 들지 않으며 품물이 손상되지 않도록 한다. 조사가 끝난 후에는 가능한 원 상태와 같이 돌릴 것이다. 다만 조사 방법에서 격외의 시일이 소용되어서는 안 된다.

하주 혹은 수입인은 각각 가지고 있는 물품의 조사 완료 후 관청으로부터 수취하기 이전의 수입 도중(일본 관청에 신고되지 않은 이전의 것을 말함) 파괴, 손상된 물품들을 알아차린 때에는 당사자가 사정을 세관에 이야기하고 그 물품을 취급하는 직업의 청렴결백한 자 2인 이상과 만나 계약하게 하여 그 하물별로 손해액을 분할하여 기록하고 그 보첩, 순위표 등에 증서로 삽입할 것이다. 마땅히 일본 관리가 입회하여 계약인 등을 기록한다. 위의 증찰을 지참 보고서에 첨부하면 총액 가운데 제외할 것이다. 모름지기 조약 제15조 규정대로 세관에서 취급하는 일은 지장이 있어서는 안 된다. 모든 관세 납부 완료 후, 세관으로부터 하역해도 좋다는 면허장을 건넬 것이다. 물품 인도 방법은 세관에서든 선중에서든 그 원하는 바에 맡길 것이다.

수출이 결정된 하물은 배로 수송하기 전에 세관에서 선명, 하물 기호 순서표, 무게, 수량, 비율 및 가격을 기록한 보고서를 제출하고 서면대로 조금도 거짓이 없다고 하는 수출입 등의 증거로 그 이름을 기록해야 한다.

세관에 제출하기 이전 선적한 하물 및 세관에서 제출 완료 후 금지 제품을 몰래 적하물 내에 넣은 경우, 조사 후에 일본 관청에서 몰수할 것이다. 선중 당용품 또는 승조원, 여객 당용 의류 등은 세관에 제출하지 않아도 된다.

제4칙

출항 수속을 바라는 선박들은 일본 12시(영국 24시) 전에 세관에 신청하고 이 기한 안에 위 수속이 늦어지지 않도록 취급하는 것은 물론이다. 위 수속을 정지하는 일이 있다면 일본 관리로부터 선장 혹은 수장인 자 및 그 하물 거래인 등에게 사정을 전달하고 영국 영사에 알릴 것이다.

영국 군함은 입출항의 관세 관련 수속을 거치지 않으며 세관 관리 및 번병(番兵) 등도 상관하지 않는다.

영국의 우편을 위한 증기선은 입항, 출항의 수속을 하루에 마치며 일본에 상륙하는 여객 및 각종 물품 외에는 신고서를 제출하는 서면 수속은 없다. 다만 몇 번이라도 입항 때마다 입항, 출항의 수속을 해야 한다. 땔감, 식수, 식료 등의 준비를 위해 입항하는 포경선 혹은 난파선은 적하 신고서를 제출하지 않아도 상관없다. 다만 적하물을 판매하고자 할 때는 제1칙대로 정식 수입의 절차를 거쳐야 한다.

세칙과 조약서에서 "sihp"이라는 단어는 배(ship), 바크(barque), 브리그(brig), 스쿠너(schooner), 슬루프(sloop), 증기선(steamer) 등을 총칭한다.

제5칙
일본 세관 규칙과 달리 거짓으로 보고하여 적하 목록을 제출하고 더불어 증서에 이름을 기록한 무리들은 이를 어길 때마다 125달러의 과료를 일본 관청에 납부해야 한다.

제6칙
톤세는 일본 개항 장소에서 영국 상선으로부터 징수한다고 해도 다음의 규정대로 각지 세관에서 납부한다.
1선의 입항 수수료 15달러
1선의 출항 수수료 7달러
각각 면장 1달러 반
장소별 검역장 1달러 반
기타 각 문서 1달러 반

제7칙
모든 일본 개항 장소에 하역하는 물품에는 다음의 관세 목록에 따라 그 지역 세관에 조세를 납부해야 한다.

제1류
화폐로 만든 금은 및 만들어지지 않은 금은
당용의 의복
가재 및 상업을 위한 것이 아닌 서적
모두 일본 거류를 위해 내항한 자의 소지품에 한할 것
이상의 품목들은 관세 없음

제2류
모든 선박의 제조 망구, 수리 혹은 선박 장식을 위해 사용되는 품목
포경 도구류
절임 식품 종류

빵과 제분
살아 있는 조수류
석탄
집을 만들기 위한 재목
미곡, 증기 기계, 목면 및 양모 직물
토탄, 연, 주석, 생견
이상의 품목은 5푼의 관세를 납부할 것

제3류
증류, 양조 제법으로 만든 일체 주류
이상은 3할 5푼의 관세를 납부할 것

제4류
모든 앞선 조목에 거론하지 않은 물품은 모두 2할의 관세를 납부할 것.
금은 화폐 및 탁동(棹銅) 외 일본산 물품을 적하하여 수출할 때에는 물품에는 5푼의 관세를 납부할 것.

쌀과 보리는 일본 두류 영국인 및 선박 승조원과 선중 여객들의 식료를 위한 준비는 제공하여도 적하하여 수출하는 것은 금지한다.

영국선으로 개항장에 가지고 온 외국 곡물을 만약 하역하지 않을 경우에는 문제없이 재수출할 수 있다.
일본산 동은 일본 필요의 여분이 있다면 그때마다 입찰하여 팔아넘길 수 있다.
가나가와 개항 후 5년에 이르러 일본 혹은 영국 정부의 희망에 따라 출항, 입항의 세칙을 재차 의논할 수 있다.

엘긴·킹가든 수기
미즈노 지쿠고노카미 화압
나가이 겐반노카미 화압
이노우에 시나노노카미 화압
호리 오리베노카미 화압
이와세 히고노카미 화압
쓰다 한자부로 화압

영일수호통상조약 및 무역장정(영어본) 원문

TREATY of Peace, Friendship, and Commerce between Her Majesty and the Tycoon of Japan.

HER Majesty the Queen of the United Kingdom of Great Britain and Ireland, and His Majesty the Tycoon of Japan, being desirous to place the relations between the two countries on a permanent and friendly footing, and to facilitate commercial intercourse between their respective subjects, and having for that purpose resolved to enter into a Treaty of Peace, Amity, and Commerce, have named as their Plenipotentiaries, that is to say:

Her Majesty the Queen of Great Britain arid Ireland, the Right Honourable the Earl of Elgin and Kincardine, a Peer of the United Kingdom, and Knight of the Most Ancient and Most Noble Order of the Thistle;

And His Majesty the Tycoon of Japan, Midzuo Tsikfgono Kami; Nagai Gembano Kami; Inouwye Sinano no Kami; Hori Oribeno Kami; Iwase Higono Kami; and Isuda Hauzabrp;

Who, after having communicated to each other their respective full powers, and found them to be in good and due form, have agreed upon and concluded the following Articles:

ARTICLE I.

There shall be perpetual peace and friendship between Her Majesty the Queen of the United Kingdom of Great Britain and Ireland, her heirs and successors, and His Majesty the Tycoon of Japan and between their respective dominions and subjects.

ARTICLE II.

Her Majesty the Queen of Great Britain and Ireland may appoint a Diplomatic Agent to reside at the city of Yedo, and Consuls or Consular Agents to reside at any or all the ports of Japan, which are opened for British commerce by this Treaty.

The Diplomatic Agent and Consul-General of Great Britain shall have the right to travel freely to any part of the Empire of Japan.

His Majesty the Tycoon of Japan may appoint a Diplomatic Agent to reside in London, and Consuls, or Consular Agents, at any or all the ports of Great Britain.

The Diplomatic Agent and Consul-General of Japan shall have the right to travel freely to any part of Great Britain.

ARTICLE III.

The ports and towns of Hakodade, Kanagawa, and Nagasaki, shall be opened, to British subjects on the first of July, one thousand eight hundred and fifty-nine. In addition to which, the following ports and towns shall be opened to them at the dates hereinafter specified:

Nee-e-gata, or, if Nec-e-gata be found to be unsuitable as a harbour, another convenient port on the west coast of Nipon, on the first day of January, one thousand eight hundred and sixty.

Hiogo, on the first day of January, one thousand eight hundred and sixty-three.

In all the foregoing ports and towns British subjects may permanently reside. They shall have the right to lease ground, and purchase the buildings thereon, and may erect dwelling and warehouses; but no fortification, or place of military strength, shall be erected under pretence of building dwelling or warehouses: and to see that this Article is observed, the Japanese authorities shall have the right to inspect, from time to time, any buildings which are being erected, altered, or repaired.

The place which British subjects shall occupy for their buildings, and the harbour regulations, shall be arranged by the British Consul and the Japanese authorities of each place, and, if they cannot agree, the matter shall be referred to and settled by the British Diplomatic Agent and the Japanese Government. No wall, fence, or gate shall be erected by the Japanese around the place where British subjects reside, or anything done which may prevent a free egress or ingress to the same.

British subjects shall be free to go where they please, within the following limits, at the opened ports of Japan:

At Kanagawa to the river Logo (which empties into the bay of Yedo, between Kawasaki and Sinagowa), and ten ri in any other direction.

At Hakodade ten ri in any direction.

At Hiogo ten ri in any direction, that of Kioto excepted, which city shall not be approached nearer than ten ri. The crews of vessels resorting to Hiogo shall not cross the River Enagawa, which empties into the bay between Hiogo and Osaca.

The distance shall be measured by land from the goyoso, or town hall, of each of the foregoing ports, the ri being equal to four thousand two hundred and seventy-five yards English measure.

At Nagasaki, British subjects may go into any part of the Imperial domain in its vicinity.

The boundaries of Nee-e-gata, or the place that may be substituted for it, shall be settled by the British Diplomatic Agent and the Government of Japan.

From the first day of January, one thousand eight hundred and sixty-two, British subjects shall be allowed to reside in the city of Yedo, and from the first day of January, one thousand eight hundred and sixty-three, in the city of Osaca, for the purposes of trade only. In each of these two cities a suitable place, within which they may hire houses, and the distance they may go, shall be arranged by the British Diplomatic Agent and the Government of Japan.

ARTICLE IV.

All questions in regard to rights, whether of property or person, arising between British subjects in the dominions of His Majesty the Tycoon of Japan, shall be subject to the jurisdiction of the British authorities.

ARTICLE V.

Japanese subjects, who may be guilty of any criminal act towards British subjects, shall be arrested and punished by the Japanese authorities according to the laws of Japan.

British subjects who may commit any crime against Japanese subjects, or the subjects or citizens of any other country, shall be tried and punished by the Consul or other public functionary authorized thereto, according to the laws of Great Britain.

Justice shall be equitably and impartially administered on both sides.

ARTICLE VI.

A British subject having reason to complain of a Japanese must proceed to the Consulate and state his grievance.

The Consul will inquire into the merits of the case, and do his utmost to arrange it amicably; In like manner, if a Japanese have reason to complain of a British subject, the Consul shall no less listen to his complaint, and endeavour to settle it in a friendly manner. If disputes take place ot such a nature that the Consul cannot arrange them amicably, then he shall request the assistance of the Japanese authorities, that they may together examine into the merits of the cast, and decide it equitably.

ARTICLE VII.

Should any Japanese subject fail to discharge debts incurred to a British subject, or should he fraudulently abscond, the Japanese authorities will do their utmost to bring him to justice, and to enforce recovery of the debts; and should any British subject fraudulently abscond or fail to discharge debts incurred by him to a Japanese subject, the British authorities will, in like manner, do their utmost to bring him to justice, and to enforce recovery of the debts.

Neither the British or Japanese Governments are to be held responsible for the payment of any debts contracted by British or Japanese subjects.

ARTICLE VIII.

The Japanese Government will place no restrictions whatever upon the employment, by British subjects, of Japanese in any lawful capacity.

ARTICLE IX.

British subjects in Japan shall be allowed the free exercise of their religion, and for this purpose shall have the right to erect suitable places of worship.

ARTICLE X.

All foreign coin shall be current in Japan, and shall pass for its corresponding weight in Japanese coin of the same description.

British and Japanese subjects may freely use foreign or Japanese coin, in making payments to each other.

As some time will elapse before the Japanese will become acquainted with the value of foreign coin, the Japanese Government will, for the period of one year after the opening of each port, furnish British subjects with Japanese coin in exchange for theirs, equal weights being given, and no discount taken for re-coinage.

Coins of all description (with the exception of Japanese copper coin), as well as foreign gold and silver uncoined, may be exported from Japan.

ARTICLE XI.

Supplies for the use of the British navy may be landed at Kanagawa, Hakodade, and Nagasaki, and stored in warehouses, in the custody of an officer of the British Government, without the payment of any duty; but if any such supplies are sold in Japan, the purchaser shall pay the proper duty to the Japanese authorities.

ARTICLE XII.

If any British vessel be at any time wrecked or stranded on the coasts of Japan, or be compelled to take refuge in any port within the dominions of the Tycoon of Japan, the Japanese authorities, on being apprized of the fact, shall immediately render all the assistance in their power; the persons on board shall receive friendly treatment, and be furnished, if necessary, with the means of conveyance to the nearest Consular station.

ARTICLE XIII.

Any British merchant vessel arriving off one of the open ports of Japan, shall be at liberty to hire a pilot to take her into port. In like manner, after she has discharged all legal dues and duties, and is ready to take her departure, she shall be allowed to hire a pilot to conduct her out of port.

ARTICLE XIV.

At each of the ports open to trade, British subjects shall be at full liberty to import from their own or any other ports, and sell there and purchase therein, and export to their own or any other ports, all manner of merchandize, not contraband, paying the duties thereon, as laid down in the tariff annexed to the present Treaty, and no other charges whatsoever.

With the exception of munitions of war, which shall only be sold to the Japanese Government and foreigners, they may freely buy from Japanese, and sell to them, any articles that either may have for sale, without the intervention of any Japanese officers in such purchase or sale, of in making or receiving payment for the same; and all classes of Japanese may purchase, sell, keep, or use any articles sold to them by British subjects.

ARTICLE XV.

If the Japanese Custom-house officers are dissatisfied with the value placed on any goods by the owner, they may place a value thereon, and offer to take the goods at that valuation. If the owner refuses to accept the offer he shall pay duty on such valuation. If the offer be accepted by the owner, the purchase-money shall be paid to him without delay, and without any abatement or discount.

ARTICLE XVI.

All goods imported into Japan by British subjects, and which have paid the duty fixed by this Treaty, may be transported by the Japanese into any part of the Empire without the payment of any tax, excise, or transit duty whatever.

ARTICLE XVII.

British merchants who may have imported merchandize into any open port in Japan, and paid duty thereon, shall be entitled, on obtaining from the Japanese Custom-house authorities a certificate stating that such payment has been made, to re-export the same, and land it in any other of the open ports without the payment of any additional duty whatever.

ARTICLE XVIII.

The Japanese authorities at each port will adopt the means that they may judge most proper for the prevention of fraud or smuggling.

ARTICLE XIX.

All penalties enforced, or confiscations made under this Treaty, shall belong to, and be appropriated by the Government of His Majesty the Tycoon of Japan.

ARTICLE XX.

The Articles for the regulation of trade which are appended to this Treaty, shall be considered as forming a part of the same, and shall be equally binding on both the Contracting Parties to this Treaty, and on their subjects.

The Diplomatic Agent of Great Britain in Japan, in conjunction with such person or persons as may be appointed for that purpose by the Japanese Government, shall have power to make such rules as may be required to carry into full and complete effect the provisions of this Treaty, and the provisions of the Articles regulating trade appended thereto.

ARTICLE XXI.

This Treaty being written in the English, Japanese, and Dutch languages, and all the versions having the same meaning and intention, the Dutch version shall be considered the original; but it is understood that all official communications addressed by the Diplomatic and Consular Agents of Her Majesty the Queen of Great Britain to the Japanese authorities, shall henceforward be written in English. In order, however, to facilitate the transaction of business, they will, for a period of five years from the signature of this Treaty, be accompanied by a Dutch or Japanese version.

ARTICLE XXII.

It is agreed that either of the High Contracting Parties to this Treaty, on giving one year's previous notice to the other, may demand a revision thereof, on or after the first of July, one thousand eight hundred and seventy-two, with a view to the insertion therein of such amendments as experience shall prove to be desirable.

ARTICLE XXIII.

It is hereby expressly stipulated that the British Government and its subjects will be allowed free and equal participation in all privileges, immunities, and advantages, that may have been, or may be hereafter, granted by His Majesty the Tycoon of Japan to the Government or subjects of any other nation.

ARTICLE XXIV.

The ratification of this Treaty, under the hand of Her Majesty the Queen of Great Britain and Ireland, and under the name and seal of His Majesty the Tycoon of Japan, respectively, shall be exchanged at Yedo, within a year from this day of signature.

In token whereof, the respective Plenipotentiaries have signed and sealed this Treaty.

Done at Yedo, this twenty-sixth day of August, one thousand eight hundred and fifty-eight, corresponding to the Japanese date the eighteenth day of the seventh month of the fifth year of Ansei Tsut sinonye mma.

Elgin And Kincardine.
Midzuo Tsikfogono Kami.
Nagai Gembano Kami.
Inouwye Sinano No Kami.
Hori Oribeno Kami.
Iwase Higono Kami.
Isuda Hauzabro.

Regulations under which British Trade is to be conducted in Japan.

REGULATION I.

WITHIN forty-eight hours (Sundays excepted) after the arrival of a British ship in a Japanese port, the captain or commander shall exhibit to the Japanese custom-house authorities the receipt of the British Consul, showing that he has deposited all the ship's papers, the ship's bills of lading, &c., at the British Consulate, and he shall then make an entry of his ship, by giving a written paper, stating the name of the ship, and the name of the port from which she comes, her tonnage, the name of her captain or commander, the names of her passengers (if any), and the number of her crew, which paper shall be certified by the captain or commander to be a true statement, and shall be signed by him; he shall, at the same time, deposit a written manifest of his cargo setting forth the marks and numbers of the packages and their contents, as they are described in his bills of lading, with the names of the person or persons to whom they are consigned. A list of the stores of the ship shall be added to the manifest. The captain or commander shall certify the manifest to be a true account of all the cargo and stores on board the ship, and shall sign his name to the same.

If any error is discovered in the manifest, it may be corrected within twenty-four hours (Sundays excepted) without the payment of any fee, but for any alteration or post entry to the manifest made after that time, a fee of fifteen dollars shall be paid.

All goods not entered on the manifest shall pay double duties on being landed.

Any captain or commander that shall neglect to enter his vessel at the Japanese Custom-house within the time prescribed by this regulation, shall pay a penalty of sixty dollars for each day that he shall so neglect to enter his ship.

REGULATION II.

The Japanese Government shall have the right to place Custom-house officers on board of any ship in their ports (men-of-war excepted). All Custom-house officers shall be treated with civility, and such reasonable accommodation shall be allotted to them as the ship affords.

No goods shall be unladen from any ship between the hours of sunset and sunrise, except by special permission of the Custom-house authorities; and the hatches, and all other places of entrance into that part of the ship where the cargo is stowed, may be secured by Japanese officers between the hours of sunset and sunrise, by fixing seals, locks, or other fastenings ; and if any person shall, without due permission, open any entrance that Has been so secured, or shall break or remove any seal, lock, or other fastening that has been affixed by the Japanese Custom-house officers, every person so offending shall pay a fine of sixty dollars for each offence.

Any goods that shall be discharged, or attempted to be discharged, from any ship, without having been duly entered at the Japanese Custom-house as hereinafter provided, shall be liable to seizure and confiscation.

Packages of goods made up with an intent to defraud the revenue of Japan, by concealing therein articles of value which are not set forth in the invoice, shall be forfeited.

If any British ship shall smuggle, or attempt to smuggle, goods in any of the nonopened harbours of Japan, all such goods shall be forfeited to the Japanese Government, and the ship shall pay a fine of one thousand dollars for each offence.

Vessels needing repairs may land their cargo for that purpose, without the payment of duty. All goods so landed shall remain in charge of the Japanese authorities, and all just charges for storage, labour, and supervision, shall be paid thereon. But if any portion of such cargo be sold, the regular duties shall be paid on the portion so disposed of.

Cargo may be transshipped to another vessel in the same harbour without payment of duty, but all transshipments shall be made under the supervision of Japanese officers, and after satisfactory proof has been given to the Custom-house authorities of the bonâ fide nature of the transaction, and also under a permit to be granted for that purpose by such authorities.

The importation of opium being prohibited, any British vessel coming to Japan for the purposes of trade, and having more than three catties' weight of opium on board, the surplus quantity may be seized and destroyed by the Japanese authorities; and any person or persons smuggling, or attempting to smuggle opium, shall be liable to pay a fine of fifteen dollars for each catty of opium so smuggled or attempted to be smuggled.

REGULATION III.

The owner, or consignee of any goods who desires to land them, shall make an entry of the same at the Japanese Custom-house. The entry shall be in writing, and shall set forth the name of the person making the entry, and the name of the ship in which the goods were imported, and the marks, numbers, packages, and the contents thereof, with the value of each package extended separately in one amount, and at the bottom of the entry shall be placed the aggregate value of all the goods contained in the entry. On each entry, the owner or consignee shall certify in writing that the entry then presented exhibits the actual cost of the goods, and that nothing has been concealed whereby the Customs of Japan would be defrauded, and the owner or consignee shall sign his name to such certificate.

The original invoice or invoices of the goods so entered shall be presented to the Custom-house authorities, and shall remain in their possession until they have examined the goods contained in the entry.

The Japanese officers may examine any or all the packages so entered, and for this purpose may take them to the Custom-house; but such examination shall be without expense to the importer or injury to the goods; and, after examination, the Japanese shall restore the goods to their original condition in the packages (so far as may be practicable), and such examination shall be made without any unreasonable delay.

If any owner or importer discovers that his goods have been damaged on the voyage of importation before such goods have been delivered to him, he may notify the Customhouse authorities of such damage, and he may have the damaged goods appraised by two or more competent and disinterested persons, who, after due examination, shall make a certificate, setting forth the amount per cent, of, damage on each separate package, describing it by its mark and number, which certificate shall be signed by the appraisers, in presence of the Custom-house authorities, and the importer may attach the certificate to his entry, and make a corresponding deduction from it. But this shall not prevent the Custom-house authorities from appraising the goods in the manner provided in Article XV of the Treaty to which these Regulations are appended.

After the duties have been paid, the owner shall receive a permit, authorising the delivery to him of the goods, whether the same are at the Custom-house or on shipboard.

All goods intended to be exported shall be entered at the Japanese Custom-house before they are placed on shipboard. The entry shall be in writing, and shall state the name of the ship by which the goods are to be exported, with the marks and numbers of the packages, and the quantity, description, and value of their contents. The exporter shall certify, in writing, that the entry is a true account of all the goods contained therein, and shall sign his name thereto.

Any goods that are put on board of a ship for exportation before they have been entered at the Custom-house, and all packages which contain prohibited articles, shall be forfeited to the Japanese Government.

No entry at the Custom-house shall be required for supplies for the use of ships, their crews and passengers, nor for the clothing, &c., of passengers.

REGULATION IV.

Ships wishing to clear shall give twenty-four hours notice at the Custom-house, and at the end of that time they shall be entitled to their clearance, but if, it be refused, the Custom-house authorities shall immediately inform the captain or consignee of the ship of the reasons why the clearance is refused; and they shall also give the same notice to the British Consul.

British ships of war shall not be required to enter or clear at the Custom-house, nor shall they be visited by Japanese Custom-house or police officers.

Steamers conveying the mails of Great Britain may enter and clear on the same day, and they shall not be required to make a manifest, except for such passengers, and goods as are to be landed in Japan. But such steamers shall, in all cases, enter and clear at the Custom-house.

Whale-ships touching for supplies, or ships in distress, shall not be required to make a manifest of their cargo; but if they subsequently wish to trade, they shall then deposit a manifest, as required in Regulation I.

The word "ship," wherever it occurs in these Regulations, or in the Treaty to which they are attached, is to be held as meaning ship, barque, brig, schooner, sloop, or steamer.

REGULATION V.

Any person signing a false declaration or certificate, with the intent to defraud the revenue of Japan, shall pay a fine of one hundred and twenty-five dollars for each offence.

REGULATION VI.

No tonnage duties shall be levied on British ships in the ports of Japan, but the following fees shall he paid to the Japanese custom-house authorities:

For the entry of a ship, fifteen dollars;
For the clearance of a ship, seven dollars;
For each permit, one dollar and a-half;
For each bill of health, one dollar and a-half;
For any other document, one dollar and a-half.

REGULATION VII.

Duties shall be paid to the Japanese Government, on all goods landed in the country, according to the following Tariff.

CLASS I.

All articles in this class shall be free of duty: —

Gold and silver, coined or uncoined.

Wearing apparel, in actual use.

Household furniture and printed books, not intended for sale, but the property of persons who come to reside in Japan.

CLASS II.

A duty of five per cent. shall be paid on the following articles:

All articles used for the purpose of building, rigging, repairing, or fitting out of ships.

Whaling gear of all kinds.

Salted provisions of all kinds.

Bread and bread stuffs. Living animals of all kinds. Coals.

Timber for building houses.

Rice.

Paddy.

Steam machinery.

Zinc.

Lead.

Tin.

Raw silk.

Cotton and woollen manufactured goods.

CLASS III.

A duty of thirty-five per cent. shall be paid on all intoxicating liquors, whether prepared by distillation, fermentation, or in any other manner.

CLASS IV.

All goods not included in any of the preceding classes shall pay a duty of twenty per cent.

All articles of Japanese production, which are exported as cargo, shall pay a duty of five per cent., with the exception of gold and silver coin, and copper in bars.

Rice and wheat, the produce of Japan, shall not be exported from Japan as cargo, but all British subjects resident in Japan, and British ships for their crews and passengers, shall be furnished with sufficient supplies of the same.

Foreign grain, brought into any open port of Japan in a British ship, if no part thereof has been landed, may be re-exported without hindrance.

The Japanese Government will sell, from time to time, at public auction, any surplus quantity of copper that may be produced.

Five years after the opening of Kanagawa, the import and export duties shall be subject to revision, if either the British or Japanese Government desires it.

Elgin And Kincardine.
Midzuo Tsikfogono Kami.
Nagai Gembano Kami.
Inouwye Sinano No Kami.
Hori Oribeno Kami.
Iwase Higono Kami.
Isuda Hauzabro.

영일수호통상조약(영어본)의 한글 번역문

영국 여왕 폐하와 일본 쇼군의 폐하 사이에 맺은 평화, 수호, 그리고 통상조약
영어, 일본어, 그리고 네덜란드어로 작성되어서 1858년 8월 26일에 에도에서 체결하였음.

대영 및 아일랜드 연합왕국의 여왕 폐하와 일본의 쇼군 폐하는 양국 관계를 항구적이고 우호적인 토대 위에 놓고, 각자의 신민들 간의 상업적 교제를 용이하게 하는 목적을 위해서 전권대사의 명의로 평화, 우호, 그리고 상업 조약에 돌입하기 위한 조약 관계에 돌입하도록 한다. 그 내용은 다음과 같나.

대영 및 아일랜드 연합왕국의 여왕 폐하는 영국의 상원의원이자 가장 역사가 깊고 가장 존귀한 존경스러운 엘긴 백작,
그리고 일본 미즈노 타다노리(水野筑後守), 나가이 나오유키(永井玄蕃頭), 이노우에 기요나오(井上信濃守), 호리 도시히로(堀織部正), 이와세 다다나리(岩瀨肥後守), 쓰다 마사미치(津田半三郎), 그들은 각각의 전권위임장을 서로 교환하고 그 전권위임장이 양호하고 타당함을 확인한 후에, 다음 조항들에 동의하고 조약을 체결하였다.

제1조
대영 및 아일랜드의 여왕 폐하와 그녀의 후계자 및 계승자, 그리고 일본 쇼군 폐하, 그리고 각각 통치자와 신민들 사이에 영원한 평화와 우정이 있을 것이다.

제2조
대영 및 아일랜드의 여왕 폐하는 에도에 주재하는 외교관을 임명할 수 있으며, 이 조약에 의해서 영국의 상업활동을 위해서 개항된 일본의 어떠한 혹은 모든 조약 항에 거주하는 영사 혹은 영사 대리인을 임명할 수 있다.
대영 제국의 외교관 및 총영사는 일본 제국의 어떠한 지역도 자유롭게 여행할 권리가 있다.
일본의 쇼군 폐하는 런던에 주재하는 외교관을 임명할 수 있으며, 영국의 일부 또는 모든 항구에 거주하는 영사 또는 영사 대리인을 임명할 수 있다.
일본의 외교관 및 총영사는 대영 제국의 어떠한 지역도 자유롭게 여행할 권리가 있다.

제3조
하코다테, 가나가와 및 나가사키의 항구 및 시내는 1859년 7월 초하룻날에 영국 신민들에게 개방되어야 한다. 추가적으로 다음 항구와 시내도 지정된 날짜에 개방되어야 한다.
니가타가 항구로서 부적합하다는 점이 발견되면, 1860년 1월 초하룻날에 일본 서쪽 해안의 다른 편리한 항구를 개항한다.
효고는 1863년 1월 초하룻날에 개항한다.

앞서 언급한 모든 항구와 도시에서는 영국인들이 영구히 거주할 수 있다. 그들은 땅을 임차하고, 그 위에 건물을 매입할 권리를 가져야 하며, 거주지와 창고를 세울 수 있다. 그러나 건물이나 창고를 가장한 요새나 군대 주둔 지역은 없어야 한다. 그리고 이 조항이 준수되고 있음을 확인하기 위해서 일본 당국은 수시로 건축, 개조, 또는 수리 중인 모든 건물을 검사할 권리를 갖는다.

영국 신민이 건물을 차지할 장소와 항구 규정은 영국 영사와 각 지역의 일본 당국자에 의해서 조정되며, 만약 그들이 동의하지 않는 경우, 그 문제는 영국 외교 대표와 일본 정부에 의해서 조정될 것이다. 영국 신민이 거주하는 장소 주변에 일본인이 벽이나 울타리 또는 문을 세우지 않아야 하며 자유로운 출입이나 진입을 막는 일이 없어야 한다.

영국 신민은 일본의 개항장에서 다음 제한 범위에서 그들이 원하는 곳으로 자유롭게 갈 수 있다.

가나가와, 로고강(에도 만으로 흘러 들어가는 가와사키와 시나고와 사이)에서 어떠한 다른 지역으로 10리.

하코다테, 어떠한 다른 지역으로 10리.

효고, 어떠한 다른 지역으로 10리, 기오토는 제외되는데, 그 도시는 10리 내에 위치해 있지 않다. 효고로 향하는 상선의 선원들은 효고와 오사카 사이의 만으로 흐르는 이나가와강을 가로지를 수 없다.

그 거리는 상기 각 항구의 부교소(奉行所) 또는 시청에서 육지로 측정되어야 하며, 리는 4,255야드의 영국 측량과 동일하다.

나가사키에서 영국 신민은 그 부근 제국의 일부 지역에 들어갈 수 있다.

니가타의 경계 또는 대체될 수 있는 장소는 영국 외교관과 일본 정부에 의해 해결되어야 한다.

1862년 1월 초하룻날 영국 신민은 에도시에 거주할 수 있도록 하고, 1863년 1월 초하룻날부터는 단지 무역을 목적으로만 영국 신민이 거주할 수 있다. 각각 이 두 도시의 적절한 장소에서 그들은 집을 빌리고 그들이 통행할 수 있는 거리는 영국 외교관과 일본 정부에 의해서 조정될 것이다.

제4조
일본의 타이쿤 폐하 지배하에 있는 지역에서 영국 신민 사이에 발생하는 재산권 또는 개인의 권리와 관련한 모든 문제는 영국 당국의 관할권을 따른다.

제5조
영국 신민에 대한 범죄행위에 대해 유죄가 될 수 있는 일본 신민은 일본의 법에 따라 일본 당국에 체포되어 처벌받아야 한다.

일본 신민 또는 다른 국가의 신민 또는 시민을 상대로 범죄를 저지르는 영국 신민은 대영 제국의 법률에 따라 영사 또는 기타 공인된 관리에 의해서 재판 및 처벌되어야 한다.

재판은 공평하고 공정하게 양쪽 면에서 관리해야 한다.

제6조
일본인에 대해 불평할 이유가 있는 영국 신민은 영사관으로 가서 불만을 진술해야 한다.
영사는 이 사건의 시비를 조사하고, 그것을 원만히 정리하기 위해 최선을 다할 것이다. 이와 같이, 일본인이 영국 신민에 대해 불평할 이유가 있다면, 영사들도 그에 못지않게 그의 불평을 듣고, 우호적으로 해결하려고 노력해야 한다. 만약 영사 측이 우호적으로 주선할 수 없는 그런 성격에서 분쟁이 일어난다면, 그는 일본 당국의 도움을 요청해야 하며, 그들은 함께 그 사건의 시비를 살펴보고, 그것을 공평하게 결정할 수 있어야 한다.

제7조
만약 일본 신민이 영국 신민에게 발생한 빚을 갚지 못하거나, 그가 사기 행각을 벌인다면, 일본 당국은 그를 법정에 세우고, 그 빚을 회수하기 위해 최선을 다할 것이며, 영국 신민이 부정하게 일본 신민에게 빚을 갚지 못하거나 갚지 않으면 영국 당국도 그와 마찬가지로 그를 법정에 세우고 부채의 회수를 강제하기 위해 최선을 다할 것이다.
영국이나 일본 정부 모두 영국이나 일본 신민이 계약한 채무의 지불에 대해 책임을 지지 않는다.

제8조
일본 정부는 영국 신민에 의해서 합법적인 자격으로 일본인을 고용하는 데 어떠한 제한도 두지 않는다.

제9조
일본에서 영국 신민은 종교의 자유로운 활동이 허용되어야 하며, 이를 위해 적절한 예배 장소를 세울 권리가 있다.

제10조
일본에서 모든 외국 화폐는 통용되며, 동급의 일본 화폐에서 이에 상응하는 중량이 통한다.
영국 신민과 일본 신민은 상호 간에 돈을 지불할 때 외국 혹은 일본 화폐를 자유롭게 사용할 수 있다. 일본이 외국 화폐의 가치에 대해 알게 되기까지 시간이 조금 걸릴 것이기 때문에 일본 정부는 각 항구가 개항한 후 1년 동안 영국 신민에게 일본 화폐를 그들의 것과 교환해 주고, 주어진 재화의 할인은 없다.
화폐로 주조되지 않은 외국 금과 은뿐만 아니라 모든 종류의 화폐(일본의 구리 동전 제외)는 일본에서 수출될 수 있다.

제11조
영국 해군용 물품은 가나가와, 하코다테, 나가사키에 상륙할 수 있으며, 의무를 이행하지 않고 영국 정부 관리의 감독 아래 창고에 보관될 수 있다. 그러나 그러한 물품이 일본에서 판매되는 경우,

구매자는 일본 당국자에게 적절한 의무를 지불해야 한다.

제12조
어떤 영국 선박이 일본 해안에서 난파되거나 좌초되거나 또는 일본 쇼군의 지배 아래 있는 항구에 피난할 수밖에 없다면, 일본 당국은 사실을 통지하면서 즉시 힘을 다해서 모든 원조를 해야 한다. 선상에 있는 사람들은 우호적인 대우를 받아야 하며, 필요한 경우 가장 가까운 영사관으로 이송되는 수단이 제공되어야 한다.

제13조
일본의 개항장 중 한 곳에 도착한 모든 영국 상선은 자유롭게 상선을 항구로 데려가기 위해 도선사를 고용할 수 있다. 마찬가지로 영국 상선이 모든 법적 수수료와 의무를 다하고 출국 준비를 마친 후, 영국 상선은 항구를 출발하기 위해서 도선사를 고용하는 것이 허가된다.

제14조
교역을 위해 개방된 각 항구에서 영국 신민은 그가 속한 항구 또는 다른 항구에서 수입하고, 그곳에서 판매하고, 그곳에서 구입하며, 현재의 조약에 부속된 관세에 따라, 밀수품이 아닌 그 밖의 모든 형태의 상품을 수출할 수 있는 모든 자유를 행사할 수 있다. 이 조약에 부속된 관세에 정한 바에 따라 그 의무를 부담하며 다른 어떠한 부담도 없다.
일본 정부와 외국인에게만 판매될 전쟁 군수품을 제외하고, 그들은 일본인으로부터 자유롭게 구매하고 판매할 수 있으며, 이와 같은 구매와 판매에서 어떠한 일본 관리들의 간섭이나 동일한 목적으로 지불하거나 지불을 받는 데 간섭이 없어야 한다. 그리고 일본의 모든 계층들은 영국 신민에 의해서 그들에게 판매되는 어떠한 물품을 구매, 판매, 보관, 혹은 사용할 수 있다.

제15조
만약 일본 세관 관리들이 소유주가 상품에 부여한 가격에 만족하지 못하면, 그들은 가격을 부과하고 해당 가격으로 상품을 취할 수 있다고 제안할 수 있다. 소유주가 제안을 수락하기를 거절한다면, 그는 그러한 가격에 의해서 관세를 지불해야 한다. 만약 소유주에 의해서 그 제안이 받아들여진다면, 구매 자금은 경감이나 할인 없이 지체 없이 지불되어야 한다.

제16조
영국 신민에 의해 일본으로 수입되고, 이 조약에 의해 정해진 관세를 지불한 모든 물품은 어떠한 세금, 물품세 또는 통과세도 지불하지 않고 일본인에 의해 제국의 어느 지역으로 운송될 수 있다.

제17조
일본의 항구에 상품을 수입하여 지불한 영국 상인은 일본 관세 당국으로부터 그러한 지불이 이루어졌음을 나타내는 증서를 다시 발급받을 자격이 있으며, 어떠한 추가 의무도 지불하지 않고 동일한 상품을 재수출하고 다른 항구로 보낼 수 있다.

제18조
각 항구의 일본 당국은 사기 또는 밀수 예방에 가장 적절하다고 판단할 수 있는 방법을 채택한다.

제19조
이 조약에 따라 집행된 모든 벌금 또는 압수품은 일본 쇼군 폐하 정부에 의해 귀속되고 전용된다.

제20조
이 조약에 부가된 무역장정에 관한 조항은 동일한 부분을 구성하는 것으로 간주되며, 이 조약의 계약 당사자와 그 당사자의 신민 모두에게 동등하게 구속력이 있다.
일본에서 대영제국의 외교관은 이와 같은 인물, 혹은 일본 정부가 임명하는 인물과 함께 본 조약의 조항을 최대한 완전하게 이행하는 데 필요한 규정을 제정할 수 있는 권한을 가지며, 그에 따라 교역을 규제하는 조항이 추가되어야 한다.

제21조
이 조약은 영어, 일본어, 네덜란드어로 작성되고 있으며, 모든 버전은 동일한 의미와 의도를 가지고 있으며, 네덜란드어 버전이 원본으로 간주되어야 하지만, 대영 제국 여왕의 외교관 및 영사가 일본 당국자에게 전달하는 모든 공식 문서들은 영어로 작성된다. 그러나, 업무의 처리를 용이하게 하기 위해, 그들은 본 조약의 서명으로부터 5년 동안 네덜란드어 또는 일본어 문서를 첨부한다.

제22조
이 조약의 체약 당사국 중 어느 일방 체약 당사자는 1년 전에 다른 쪽 체약 당사국에게 사전 통보를 하는 경우 1872년 7월 초하루부터 또는 그 이후에 개정을 요구할 수 있으며, 그러한 수정안을 삽입하는 것이 바람직한 것으로 입증되어야 한다.

제23조
영국 정부와 그 신민은 일본 쇼군 폐하가 어떠한 다른 국가의 정부 혹은 신민에게 보장한 모든 특권, 면제 그리고 이권을 자유롭고 공평하게 참여할 수 있도록 명시적으로 규정된다.

제24조
이 조약의 비준은 대영 및 아일랜드의 여왕 폐하의 서명 아래, 그리고 일본 쇼군 폐하의 서명과 봉인 아래 각각 서명일로부터 1년 이내에 에도에서 교환된다.
이에 대한 증거로 각국의 전권대사는 이 조약에 서명하고 봉인한다.

1858년 8월 26일 에도에서 조약 체결이 이루어졌으며, 이는 일본력으로 안세이 5년 7월 18일에 해당한다.

엘긴(Elgin and Kincardine)
미즈노 다다노리
나가이 나오유키
이노우에 기요나오
호리 도시히로
이와세 다다나리
쓰다 마사미치

일본에서 수행되는 영국 무역에 관한 장정(영어본)의 한글 번역문

규정 1.
영국 선박이 일본 항구에 도착한 지 48시간(일요일 제외) 이내에, 선장이나 지휘관은 영국 영사관에 모든 선박 서류, 선박서류와 선하증명서 등을 제출했음을 보여 주는 영국 영사의 확인서를 일본 세관 당국에 제시하며, 그 후 영국 영사관에 보관한다. 선박의 입항, 선박의 이름, 선박이 다녀간 항구의 이름, 톤수, 선박의 선장이나 지휘관의 이름, 승객의 이름(있는 경우), 그리고 선박의 승무원 수가 포함되어 있어야 하며, 이 서류는 선장이나 지휘관에 의해서 사실임이 증명되어야 하고, 그에 의해서 시명되이야 한다. 그와 동시에, 그는 그의 선하증권에 기술된 바와 같이, 화물 운송의 표시와 번호와 그 내용물에 대해 위탁받은 사람 또는 사람의 이름과 함께 명시되어 있는 서면 진술서를 제출해야 한다. 선박의 적재품 목록은 적하 목록에 추가되어야 한다. 선장이나 지휘관은 선내에 있는 모든 화물과 적재품이 사실임을 증명해야 하며, 그에 의해서 서명되어야 한다.
적하 목록에서 오류가 발견되면 24시간 이내에(일요일을 제외하고) 수수료를 지불하지 않고 정정될 수 있지만 그 이후에 작성된 적하 목록에 변경이나 수정이 있을 경우 15달러의 수수료가 부과되고 지불되어야 한다.
적하 목록에 기재되지 않은 모든 물품은 착륙 시 이중 관세를 지불해야 한다.
본 규정에서 정한 시간 내에 일본 세관에서 자신의 선박 입항 절차를 하지 않는 선장이나 지휘관은 선박의 입항 절차를 하지 않는 날마다 60달러의 벌금을 물어야 한다.

규정 2.
일본 정부는 항구에 있는 모든 선박에 세관원을 배치할 수 있는 권리를 가진다. 모든 세관원은 적절한 대우를 받아야 하며, 선박이 감당할 수 있는 대로 그들에게 이러한 합당한 편의가 할당되어야 한다.
세관의 특별 허가를 제외하고는 일몰과 일출 시간 사이에 어떤 선박에서든 물품을 적재할 수 없다.
화물이 적재된 선박의 해치와 그 밖의 모든 진입 장소는 일몰과 일출 사이에 도장, 자물쇠 또는 기타 고정 장치를 고정시킴으로써 일본 관리에 의해서 책임지게 된다. 만일 누구든지 정당한 허락 없이 일본 세관원이 안전하게 고정해 부착한 인장, 자물쇠 또는 기타 고정 장치를 훼손하거나 파기하는 모든 불법을 저지른 사람은 각 범죄에 대해서 60달러의 벌금을 지불해야 한다.
아래에 명시된 바와 같이 일본 세관에 정식으로 신고되지 않고 선박에서 반출하거나 반출을 시도하는 물품은 압류 및 몰수의 책임이 있다.
송장에 명시되지 않은 가치 있는 물품을 숨겨서 일본으로 들여서 사취하려는 의도를 가진 상품의 묶음은 압수된다.
만약 어떤 영국 선박이 일본의 개방되지 않은 항구에서 상품을 밀반입하거나 밀반입하려 할 경우, 그러한 모든 물품은 일본 정부에 몰수되고, 선박은 각각의 범죄 행위에 대해 1,000달러의 벌금을 내야 한다.

수리가 필요한 선박은 그 의무를 이행하지 않고 화물을 상륙시킬 수 있다. 이렇게 상륙한 모든 물품은 일본 당국자의 책임으로 하며, 저장, 노동력 및 감독에 대한 모든 정당한 비용이 지불되어야 한다. 그러나 그러한 화물의 일부가 판매되는 경우, 그렇게 처분된 부분에 대해서는 일반적인 관세가 지불되어야 한다.

화물은 관세 지불 없이 동일 항구의 다른 선박으로 환적될 수 있으나, 거래에 대한 진실되고 만족스러운 증서가 세관 당국자의 손에 제출된 이후에, 그리고 물론 이러한 당국자에 의해서 그 목적을 보증하는 허가 아래에서, 모든 환적은 일본 관리의 감독 아래에 이루어진다.

아편 수입 금지의 중요성, 무역 목적으로 일본에 오는 모든 영국 선박은 3캐티 이상의 아편을 선상에 보유하는 경우, 일본 당국에 의해서 잉여분이 압수되어 분쇄될 수 있다. 그리고 아편 밀수입 또는 아편 밀수입을 시도하는 사람은 아편 1캐티를 밀수입 혹은 밀수입을 시도할 때마다 15달러의 벌금을 내야 한다.

규정 3.

입항을 희망하는 물품의 소유자 또는 위탁자는 일본 세관에 같은 물품을 등록해야 한다. 입항자는 서면으로 하고, 그 항목에는 입항하는 사람의 이름과 물품을 수입한 선박의 이름, 상표, 개수, 묶음, 그것의 내용물, 각 묶음은 하나의 가격으로 별도로 하며, 항목의 하단에는 항목에 포함된 상품의 총가격을 기재한다. 각각의 항목에서 소유자 또는 위탁자는 서면으로, 당시 제시된 기재사항이 물품의 실제 원가를 나타내고, 일본 세관에 은폐된 것이 없음을 증명해야 하며, 소유자 또는 위탁자는 그러한 증명서에 자신의 이름을 서명해야 한다.

그렇게 작성된 상품의 원본 송장 또는 송장은 세관 당국에 제출되어야 하며, 그들이 항목에 포함된 상품을 검사할 때까지 그것을 소지하고 있어야 한다.

일본 관리들은 항목에 있는 일부 또는 전부의 묶음을 검사할 수 있으며, 이를 위해 그것을 세관으로 가지고 갈 수 있다. 그러나 이와 같은 검사는 수입업자에게 비용을 지불해서는 안 되며, 손상 없이 이루어져야 한다. 심사 후에 일본 관리는 물품을 원래의 포장 상태(지금까지 실행 가능하게)로 복원하며, 그러한 검사는 불합리한 지체 없이 이루어져야 한다.

만약 어떤 소유자 또는 수입업자가 그러한 상품이 그에게 배달되기 전에 수입의 항해 중에 자신의 상품이 파손되었다는 것을 발견하면, 그는 그러한 피해를 세관 당국에 알릴 수 있으며, 그는 두 명 이상의 유능하고 사심이 없는 사람들에게 손상된 상품을 평가하게 할 수 있다. 그는 적절한 검토를 거친 후, 증명서를 만들어야 한다. 각 개별 묶음에 대한 손해액의 백분율(%)을 명시하고, 해당 상표와 개수에 의해서 그것을 서술하며, 감정인, 현재 세관 당국자가 증명서에 서명하고, 수입업자는 자신의 항목에 증명서를 첨부하고, 그에 상응하는 공제를 할 수 있다. 그러나 이는 본 규정이 적용되는 조약 제15조에 규정된 방식으로 상품을 평가하는 세관 당국의 경적을 막지 못한다. 단, 이 규정이 적용되는 조약 제15조에 규정된 방식으로 물품에 대한 세관 당국의 평가를 방해해서는 안 된다. 관세 지불이 끝난 후 소유주는 물품이 세관 또는 선상에 있는지 여부와 관계없이 물품 출하를 허가하는 허가증을 받는다.

수출하고자 하는 모든 물품은 선상에 놓이기 전에 일본 세관에 들어가야 한다. 항목은 서면으로 이루어져야 하며, 물품의 상표와 번호, 내용물의 수량, 설명 및 가격과 함께 물품이 수출되는 선박 이름을 명시해야 한다. 수출업자는 서면으로 해당 항목이 포함된 모든 물품에 대해서 사실과 다르지 않은 보고임을 증명해야 하며, 이에 서명해야 한다.

세관에 입항하기 전에 배에 실어 수출하는 물품과 금지 물품을 포함한 모든 묶음은 일본 정부에 몰수된다.

세관에서는 선박, 선원, 승객이 사용하는 물품뿐만 아니라 의복 등에 대해서 항목을 요구할 수 없다.

규정 4.

출항을 희망하는 선박은 세관에 24시간 전에 통보해야 하며, 그 시간이 끝나면 통관 수락을 받을 수 있지만, 거절당하면 관할 당국은 즉시 선장 또는 선박의 지휘관과 영국 영사에게 통관이 거절된 이유를 동일하게 통보한다.

영국 군함은 세관에 입국 또는 출국 신고할 필요가 없으며, 일본 세관원이나 경찰관이 방문하지 않는다.

영국의 우편물을 전달하는 증기선은 당일에 입장할 수 있으며, 승객과 일본에 상륙할 물품을 제외하고는 증명서를 제출하지 않아도 된다. 그러나 그러한 증기선은 어떠한 경우에도 세관에 입국 및 출국 신고를 해야 한다.

고래선이 보급품이나 조난 중인 선박과 접촉하면 화물의 적하를 요구하지 않아야 한다. 그러나 이후에 교역하고자 하는 경우 규칙 1에서 요구하는 바와 같이 적하 목록을 제출해야 한다.

본 규정에서 또는 본 규정이 첨부된 조약에서 어디에서 발생하든 "ship"이라는 단어는 선박(ship), 바크(barque), 브리그(brig), 스쿠너(schooner), 슬루프(sloop) 또는 증기선(steamer)을 의미한다.

규정 5.

일본의 수익을 사취할 목적으로 허위 신고서나 증명서에 서명하는 사람은 범죄당 1달러 25센트의 벌금을 내야 한다.

규정 6.

일본 항구에 있는 영국 선박에는 톤수 관세가 부과되지 않지만, 다음과 같은 수수료를 일본 세관 당국에 지불해야 한다.

선박의 입항 15달러
선박의 출항 7달러
각종 허가 1달러 반
건강증명서 한 장당 1달러 50센트
다른 서류는 1달러 50센트

규정 7.
관세는 다음의 요금표에 따라 일본에 상륙한 모든 물품에 대하여 일본 정부에 지불되어야 한다.

항목 I.
이 항목에 있는 모든 물품은 무관세로 한다.
금과 은, 주조된 것이나 주조되지 않은 것
입고 있는 의상, 실제 사용 중인 것
가정용 가구와 인쇄된 책, 팔려고 한 것이 아니라 일본에 거주하러 오는 사람의 재산

항목 II.
다음 물품에 대해서는 5%의 관세가 지불된다.
선박의 건조, 고정, 수리 또는 설치 목적으로 사용되는 모든 물품
온갖 종류의 포경 기구
온갖 종류의 소금에 절인 음식들
빵과 빵 원료, 온갖 종류의 살아 있는 동물들, 석탄
건축용 목재
쌀
벼
증기 기계
아연
납
주석
생사
면과 모직물 제조품

항목 III.
증류주, 발효주 또는 기타 방법으로 제조된 모든 주류에 대해 35%의 관세가 지불되어야 한다.

항목 IV.
앞선 항목에 포함되지 않은 모든 물품은 20%의 관세를 내야 한다.
화물로 수출되는 모든 일본 생산품은 금화, 은화, 구리 등을 제외하고 5%의 관세를 내야 한다.
일본의 생산물인 쌀과 밀은 일본에서 화물로 수출할 수 없지만 일본에 거주하는 모든 영국인과 선원 및 승객을 위한 영국 선박에는 동일한 공급품이 제공되어야 한다.
영국 선박을 타고 일본의 어떤 개방된 항구로 반입된 외국산 곡물은, 만약 그 일부가 착륙하지 않았다면, 방해 없이 다시 수출될 수 있다.

일본 정부는 공개 경매에서 생산될 수 있는 구리의 잉여분을 때때로 판매할 것입니다.

가나가와의 개항 5년 후, 영국 혹은 일본 정부가 희망하는 경우, 수출입 관세를 개정할 수 있다.

엘긴(Elgin and Kincardine)
미즈노 다다노리
나가이 나오유키
이노우에 기요나오
호리 도시히로
이와세 다다나리
쓰다 마사미치

3) 에도협약[개세약서](일·영·미·불·란 5개국간, 1866)

○ 명칭
- 일본어: 改税約書
- 영어: Tariff Convention Between Japan, France, Great Britain, Netherlands and the United States of America

○ 체결 국가: 영국, 미국, 프랑스, 네덜란드, 일본

○ 체결일: 1866년 6월 25일(음력 5월 13일)

○ 체결 장소: 일본 에도

○ 서명자(또는 전권대사)
- 일본: 미즈노 다다키요(水野忠精)
- 해리 파크스(Harry S. Parkes), 레온 롯슈(Leon Roches), 안톤 포트만(Anton L. C. Portman), 더크 폰 폴스부르크(Dirk. de Graeff van Polsbroek)

○ 작성 언어: 일본어, 프랑스어, 영어, (네덜란드어)

○ 체결 배경 및 과정

각국과 수호통상조약을 체결함으로써 일본은 열강의 자본주의 체제에 편입되었다. 통상조약의 근간은 자유무역 규정이었으나 막부는 정권 유지를 위해 무역활동에 대한 개입과 통제에 나섰다. 이에 열강은 막부 측의 조약 위반을 비난하며 조약의 성실한 이행을 요구하였다. 그러나 한편으로 일본 국내에서는 존왕양이 운동의 고양으로 과격한 배외주의, 외국인 습격 사건 등이 잇따라 발생하였다. 결국 영국 공사 올코크를 비롯한 각국 대표는 조약에 규정된 신규 개항장, 개시장 설치를 연기하기로 결정하였다. 이에 다케우치 야스노

리를 전권으로 한 막부의 견구(遣歐) 사절단은 1862년 6월 6일 개항(효고, 오사카), 개시(오사카, 에도)를 1868년 1월 1일까지 연기하고 현행 조약의 엄정한 이행을 재차 확인한 각서를 런던에서 체결하였다(런던각서). 그러나 일본 내에서는 정국 안정을 위한 막부와 교토 조정 간의 '공무합체' 움직임 속에서 막부의 양이 결행이 결정되고, 이를 근거로 조슈번에서는 시모노세키 해협을 통과하는 외국 선박을 공격하였다. 이에 대한 보복으로 1864년 영국을 비롯한 4개국 연합함대가 시모노세키를 공격하고 포대를 점령하였다. 그리고 막부에는 조약 칙허, 효고 조기 개항, 관세율 경감을 요구하였다. 4개국 대표와 막부의 교섭 결과, 효고 조기 개항을 철회하는 대신 관세율 경감을 비롯한 열강의 대일 무역에 대한 전반적인 개선을 도모하기로 협의하여 체결된 것이 에도협약(개세약서)이다.

○ 주요 내용

안세이 연간에 체결된 통상조약에서 수입품의 세율은 품목별로 5%에서 35%가 종가세로 부과되었다. 이를 청국과 서구 열강 사이의 조약에서 규정한 것처럼 수출입품의 가격 5%를 기준으로 한 품목별 종량세로 변경하였다. 이에 더하여 보세창고제도(제4조)의 실시, 화폐주조소의 설치(제6조), 여권제도에 의한 일본인의 해외 도항 해금(제9조) 등을 규정한 자유무역 협정이었다.

○ 결과 또는 파급 효과

에도협약을 통해 막부의 통제와 개입에서 벗어난 개개인, 특히 각 번의 외국 교제, 무역 활동이 본격화되었다. 영국 공사 파크스는 위 협약에 대해 본국에 보고하며 여권제도 실시를 통해 일본을 국제관계 속에 편입시키고, 각 번의 무역 제한 철폐가 외국인에 대한 배외사상을 완화, 소멸시킬 것이라 기대하였다. 에도협약의 자유무역 규정을 기존 통상조약의 실질적인 개정으로 본 것이다.

다만 보세창고제도는 실제로 거의 이용되지 않으면서 이후 재수출의 편의 수단을 둘러싼 대일 무역의 장기간 현안 문제가 되었다.

○ (조약문) 출처
- 『舊條約彙纂』 제1권 各國之部 제1부, 45~78쪽.

에도협약(일본어본)의 원문

改税約書
慶應二年五月十三日(西曆千八百六十六年六月廿五日)英佛米蘭四公使ト於江戸各國文ヲ以テ五通ニ認メ各通ニ連名調印(日、佛、英、蘭文)

日本安政五戊午(西洋千八百五十八年)日本政府と大貌利太泥亞, 佛蘭西, 亞米利加合衆國, 荷蘭, 四箇國と取結ひ條約に添たる交易規則第七則に定め置し通り其輸入輸出の運上目錄を改むへき旨右四箇國の名代人夫々の政府より一樣の命令を受け且又日本慶應元年乙丑十月(西洋千八百六十五年第十一月)四箇國の名代人大坂に赴きし折日本政府より輸入輸出の諸品都て價五分の運上を基本とし右運上目錄を猶豫なく改むへき趣を約束し將日本政府は外國との交易を盛んにし和親の交際益篤からん事を欲するの證を更に顯はさんか爲め日本外國事務老中水野和泉守殿大貌利太泥亞の名代人シル、ハルリー、エス、パークス佛蘭西の名代人モツシュル、レオンロセス亞米利加合衆國の名代人エ、ル、シ、ポルトメン、エスクワイル荷蘭の名代人モツシュユル、ド、デ、ガラーフ、ファン、ポルスブルツク合議の上左の十二條を決定せり

第一條
各政府の名代として此度約書を議定せし全權は此約書に添たる運上目錄を採用し各政府の臣民皆堅く之を遵奉すへき事とせり
其運上目錄は日本と右四箇國と取結たる條約に添たる元の運上目錄に代るのみならす又日本政府と大貌利太泥亞、佛蘭西、亞米利加合衆國政府、と是迄度々取結たる右運上目錄に關係せる別約にも代れるものとす右新運上目錄取行ふ事神奈川に於ては日本慶應二年丙寅五月十九日(西洋千八百六十六年第七月一日)より長崎箱館に於ては同六月廿一日(第八月一日)よりとす

第二條
此度の約書に添たる運上目錄は調印の日より日本と右四箇國と取結たる條約の內に併せたれは日本來壬申年中(西洋千八百七十二年第七月一日)に至り改むへしと雖も茶生絲運上の分は此度の約書調印より二箇年の後雙方の內何れの方よりなりとも六箇月前に告知し前三箇年中平均相場の五分に基き之を改る事を求むへし又材木の運上は此度の約書調印より六箇月後に告知して時相場に從ひ運上を納る事を改めて品物に從ひ運上高を定むる事を得へし

第三條
元條約に添たる交易規則の第六則に從ひ是迄取立來れる免狀料は此度より相廢せり尤荷物陸揚船積に付ての免狀は是迄通りたるへしと雖も以後は其謝銀を出す事なかるへし

第四條
神奈川於て日本慶應二年丙寅五月十九日(西洋千八百六十六年第七月一日)長崎箱館於て日本慶應二年丙寅八月二十三日(西洋千八百六十六年第十月一日)より日本政府輸入する者の求に應し運上を納る事なく其輸入品を藏に入置用意を爲すへし日本政府にて其品を預り置間は盗難並風雨の損害なき樣引受へし尤火難は政府にては引受すと雖も外國商人共右荷物火難の受合十分出來すへき樣堅固の土藏を取建へし就ては荷物を輸入する人又は荷主之を藏より引取んとする時は運上目錄通りの運上を拂ふへし其品物を再ひ輸出せんと欲する時は輸入運上を納むるに及はす荷物を引取る節は何れにも藏敷を拂ふへし右藏敷高並貸藏取扱向規則は雙方相談の上議定すへし

第五條
日本の産物は運送の陸路水路修復の爲諸商賣に付て取立る通例の運上の外は別に運送運上を納むる事なく日本の内何れの地よりも外國交易の爲開きたる各港へ運送する事勝手たるへし

第六條
日本と外國との條約中に外國貨幣は日本貨幣と同種同量の割合を以て通用すへしと取極たる箇條に從ひ是迄日本運上所にて墨是哥ドルラルを以て運上を納むる時は壹分銀の量目に比較しドルラル百枚を一分銀三百十一个の割合を以て請取來れり然る處日本政府に於て右仕來を改め總て外國の貨幣日本の貨幣と引替る事に障りなき樣にし又日本通用の貨幣を不足なき樣にし交易を便利にせん事を欲するにより日本金銀吹立所を盛大にせん事を既に決せり然る上は日本人又は外國人より差出すへき總て外國金銀貨幣並地金は日本貨幣に吹替へ其諸雜費を差引其質の眞位を以て其爲め定めたる場所に於て引替んとす此處置を行ふ爲め日本と條約を取締ひし各國は其條約に書載たる貨幣通用に關係せる箇條を改むる事緊要なれは右箇條を改むる樣日本政府より申談し承諾の上日本來丁卯年十一月中(西洋千八百六十八年第一月一日)より其處置を取行へし
吹替の雜費として取立へき高の割合は向後雙方の全權協議の上定むへし

第七條
運上所諸取扱向荷物の陸揚船積及ひ船人足小遣等雇方に付開港場に於て是迄訴出たる不都合を除かんか爲に各開港場の奉行速に外國のコンシュルと談判に及ひ雙方協議の上右の不都合決して無之樣規則を立て交易の道並各人の所務を可成丈容易くし且安全ならしむる樣雙方爰に議定せり
右規則の内には各港に於て外國人荷物陸揚船積の爲に用ふる波戸場の内にて荷物雨露に損せさる樣小屋掛を作る事を書入へし

第八條
日本人身分に拘はらす日本開港場又は海外に於て旅客又は荷物を送るへき各種の帆前船蒸氣船共買入る〻事勝手たるへし尤軍艦は日本政府の免許なけれは買入るる事を得す

日本人買入たる諸外國船は蒸氣船は一噸に付一分銀三箇帆前船は一噸に付一分銀一箇の運上を定通り相納る時は日本の船として船籍に書載すへし尤其船の噸數を定むる爲め日本長官の需に應し其筋のコンシュルより本國の船目録の寫を相示し其眞を證すへし

第九條
日本と右四箇國と取結ひたる條約且日本政府の使節日本文久二年壬戌五月九日(西洋千八百六十二年第六月六日)大貌利太泥亞政府へ送れる覺書及ひ同閏八月十三日(第十月六日)佛蘭西政府へ送れる覺書に載せたる別約に從ひ日本人と外國人と交易又は交通する事の妨を全く除くへき趣を以て日本政府より既に觸書を達したり就ては日本の諸商人政府役人の立合なく相對に日本の開港場及ひ此約書中第十條に載せたる仕方にて海外へ出る許しを得れは各外國に於ても外國商人と交易する事勝手たるへく尤日本商人通例商賣に付て取立る運上より餘分は日本政府へ收むる事なし且諸大名並に其使用する人々現在取締の規則を守り定通の運上を納る時は日本役人の立合なく諸外國又は日本の諸開港場に赴き其場所にて交易する事右同樣勝手次第たるへし

第十條
日本人身分に拘はらす日本の開港場又は各外國の港々より日本の開港場又は各外國の港々に赴くへき日本人所持の船又は條約濟外國船にて荷物を積入るゝ事勝手たるへし且既に日本慶應二年丙寅四月九日(西洋千八百六十六年第五月廿三日)日本政府より觸書を以て布告せし如く其筋より政府の印章を得れは修行又は商賣する爲め各外國に赴く事並に日本と親睦なる各外國の船中に於て諸般の職事を勤むる事故障なし外國人雇置く日本人海外へ出る時は開港場の奉行へ願出政府の印章を得る事妨けなし

第十一條
日本政府は外國交易の爲め開きたる各港最寄船々の出入安全のため燈明臺浮木瀬印木等を備ふへし

第十二條
此約書取行ふ以前雙方政府許允の沙汰を待に及はさる故日本慶應二年丙寅五月十九日(西洋千八百六十六年第七月一日)より取行ふへし

右約書を政府許允の上は雙方全權其段互に通達すへし右通達の書面は雙方
君主保證の代りとす
此證據として前文全權此約書に名を記し調印せり
日本慶應二年丙寅五月十三日(西洋千八百六十六年第六月廿五日)江戸に於て雙方全權各其國語を以て之を記せり
　　水野和泉守　花押

佛國全權公使
　　　　レオン、ロセス　印
　　英國特派全權公使
　　　　ハリー、エス、パークス　印
　　合衆國代理公使
　　　　エ、エル、シ、ポルトマン　印
　　蘭國目代兼
　　　　コンシュルゼネラール
　　　　　ドアグラーフ、ファン、ポルスブルック　印

目錄
省略

規則
第一則
輸入目錄に載せさる品は輸出目錄に載する事あり共之に隨て税を納むへからす元代に隨て税を納むへし輸出目錄に載せさる品も右同樣たるへし

第二則
日本に在留せる外國人及ひ外國船の乘組人又旅客に自己の入用に足れる丈は輸出目錄に載せたる穀物竝に粉を買入るる事を許すへし尤右穀物竝に粉を外國船に積込んとする以前に通例の通運上所より船積の免許狀を得る事を必用とす

第三則
此税則に載する所の日本一斤(則百六十目)は英吉利アホイルヂュボイツ貫目一ポンド及三分一に當り一ヤールド(日本曲尺三尺餘)は英吉利尺度三フートに當り一分(目方二文目三分)は日本の銀貨にして其重さトロイ貫目百三十四ゲレインに下らす其質は純銀の九分に下らす其交せ物は一分より多からさるへし壹分以下の數は一分を百分にせし算勘なり

　　水野和泉守　花押
　　英國特派全權公使
　　　　ハルリー、エス、パークス　手記
　　佛國全權公使
　　　　レオン, ロセス　手記
　　合衆國代理公使
　　　　エデ, ポルトマン　手記

蘭國目代兼コンシュル、ゼネラール
　ファン,ポルスブルック　手記

에도협약(일본어본)의 한글 번역문

개세약서

게이오 2년 5월 13일(서력 1866년 6월 25일) 영, 불, 미, 네덜란드 4공사와 에도에서 각국 언어로 5통을 기록하고 각 통에 연서하여 조인(일본어, 프랑스어, 영어, 네덜란드어)

일본 안세이 5년(1858) 일본 정부와 영국, 프랑스, 미합중국, 네덜란드 4개국과 체결한 조약에 덧붙여 교역 규칙 제7치에 정해 놓은 대로 수입 수출 관세 목록을 개정할 뜻을 위 4개국 대표가 각각 정부로부터 동일한 명령을 받았다. 또한 일본 게이오 원년 10월(서력 1865년 11월) 4개국 대표가 오사카로 가 일본 정부로부터 수입·수출의 제 물품 모두 가격 5푼의 관세를 기본으로 하고 위의 관세 목록을 유예 없이 개정할 뜻을 약속하였다. 이에 일본 정부는 외국과의 교역을 왕성히 하여 화친의 교제를 더욱 돈독히 할 것이라는 증표로 일본 외국 사무 로주 미즈노 이즈미노카미와 대영국 대표 실 할리 S 파크스, 프랑스 대표 모슈 레온렐스, 미합중국 대표 포트맨 에스콰일, 네덜란드 대표 모슈 드 가라프 폰 폴스브루쿠가 합의한 끝에 다음의 12개조를 결정하였다.

제1조
각 정부 대표로 이번 조약을 의정하였다. 전권은 이 조약서에 첨부한 관세 목록을 채용하고 각 정부 신민 모두 엄히 이를 준봉해야 할 것이다.
관세 목록은 일본과 위 4개국이 체결한 조약에 첨부한 원 관세 목록을 대신한다. 뿐만 아니라 일본 정부와 대영국, 프랑스, 미합중국 정부와 지금까지 빈번히 체결해 온 위 관세 목록에 관계하는 별도의 약정도 대신한다. 위의 새로운 관세 목록을 실행하는 일은 가나가와에서는 게이오 2년 5월 18일(서력 1866년 7월 1일)부터, 나가사키, 하코다테에서는 같은 해 6월 21일(8월 1일)부터로 한다.

제2조
이번 약서에 첨부한 관세 목록은 조인한 날로부터 일본과 위 4개국과 체결한 조약 안에 합쳐지므로 일본은 오는 임신년 중(서력 1872년 7월 1일)에 이르러 개정할 수 있다. 그러나 차, 생사의 관세분은 이번 약서 조인부터 2년 후 쌍방 누군가가 6개월 전에 통고하여 전 3년 중 평균 물가 5%에 기반해 개정을 요구할 수 있다. 또한 재목의 관세는 이번 약서 조인으로부터 6개월 후에 고지하고, 시세에 따라 관세 납부를 개정하고 물품에 따라 관세액을 정할 수 있다.

제3조
원 조약에 첨부된 교역 규칙의 제6칙에 따라 지금까지 징수해 온 면장료는 이번에 폐지한다. 다만 하물 하역 선적에 대한 면허장은 지금까지와 같이 한다고 해도 이후는 그 사례금을 내지 않을 것이다.

제4조
가나가와에서 일본 게이오 2년 5월 19일(서력 1866년 7월 1일) 나가사키, 하코다테에서 일본 게이오 2년 8월 23일(서력 1866년 10월 1일)부터 일본 정부는 수입자의 요구에 응하여 관세를 납부하는 일 없이 수입품을 창고에 넣어 두는 준비를 할 것이다. 일본 정부에서 그 물품을 받아 두고 있는 동안 도난 및 풍우의 손해가 없도록 인수해야 한다. 다만 화재에 대해서는 정부로서는 인수한다고 하더라도 외국 상인과 함께 위 하물이 화재 피해가 충분히 생기지 않도록 견고히 창고를 세워야 할 것이다. 이에 대해서는 하물을 수입하는 자, 또는 하주가 이를 창고에서 수취할 때는 모두 보관비를 지불해야 한다. 위 보관 액수 및 창고 취급 규칙은 쌍방 상담을 통해 결정할 것이다.

제5조
일본의 물산은 운송의 육로, 수로 수복을 위해 제 상업에 대해 거두는 통례의 관세 외에는 별도의 운송 관세를 납부하지 않으며 일본의 어느 곳에서도 외국 교역을 위해 개방된 항구에 운송하는 일은 자유롭게 할 수 있다.

제6조
일본과 외국과의 조약 중에 외국 화폐는 일본 화폐와 동종, 동량의 비율로 통용한다고 결정한 조목에 따라 지금까지 일본 세관에서 멕시코 달러로 관세를 납부할 때에는 1분은(이치부긴)과 비교하여 달러 100매를 1분은 131개의 비율로 수취해 왔다. 그런데 일본 정부로서 이상의 관례를 고쳐 모든 외국 화폐와 일본 화폐의 교환에 장애가 없도록 하고 또한 일본 통용의 화폐를 부족함이 없도록 하여 교역의 편리를 꾀하고자 함에 따라 일본 금은 주조소를 성대히 할 것을 이미 결정하였다. 연후에는 일본인 또는 외국인이 제출할 모든 외국 금은 화폐 및 지금(地金)은 일본 화폐로 교환하고 제 잡비를 제외한 실질의 진위로 하여 이를 위해 정한 장소에서 교환한다. 이 처치를 행하기 위해 일본과 조약을 체결한 각국은 그 조약에 기록한 화폐 통용에 관계한 조목을 개정하는 것이 긴요하므로 위 조목을 개정하도록 일본 정부와 상의, 승낙한 후에 일본력으로 오는 정묘년 11월 중(서력 1868년 1월 1일)부터 그 처치를 행할 것이다.
교환 잡비로 징수할 요금 비율은 향후 쌍방 전권 협의를 통해 정한다.

제7조
세관에서 취급하는 모든 하물의 하역, 선적 및 뱃사람, 잡역부 등 고용에 대해, 개항장에서 지금까지 소송에 이르는 불합리한 일을 없애기 위해 각 개항장 부교는 신속히 외국 영사와 담판을 하고 쌍방 협의 후에 위의 불합리한 일들이 결코 생기지 않도록 규칙을 세우고 교역의 길과 각 사람들이 맡은 바를 가능한 용이하고 안전하게 하도록 쌍방이 이에 의정하였다.
위 규칙 내에서는 각 항에서 외국인 하물 하역, 선적을 위해 사용한 제방에서 하물이 비와 이슬에 손상되지 않도록 가건물을 세운다는 내용을 기입할 것이다.

제8조
일본인은 신분에 상관없이 일본 개항장 또는 해외에서 여객 또는 하물을 보내는 각종 범선, 증기선 등을 사들이는 것을 자유로이 할 수 있다. 다만 군함은 일본 정부의 허락이 없다면 사들일 수 없다. 일본인이 사들인 제 외국선은 증기선은 1톤에 1분은 3개, 범선은 1톤에 1분은 1개의 관세를 규정대로 납부한다. 이때 일본선으로 선적을 기록한다. 다만 톤수를 정하기 위해 일본 장관의 요구에 따라 관계 영사로부터 본국의 선박 목록의 사본을 보이고 진위를 증명해야 한다.

제9조
일본과 위 4개국이 체결한 조약 및 일본 정부의 사절은 일본력 분큐 2년 5월 9일(서력 1862년 6월 6일) 대영국 정부에 보낸 각서와 같은 해 윤8월 13일(10월 6일) 프랑스 정부에 보낸 긱시에 기재된 별약에 따라 일본인과 외국인이 교역 또는 교통에 방해되는 것은 모두 없앨 것이라는 뜻을 일본 정부로부터 이미 고지가 있었다. 이에 대해서는 일본의 제 상인, 정부 관리의 입회 없이 상대로 일본 개항장 및 이 약서 중 제10조에 기재한 방법으로 해외에 나가는 것을 허락한다면 각 외국에서도 외국 상인과 교역하는 일을 자유롭게 할 것이다. 다만 일본 상인이 통례의 상업에서 수취한 관세 이상을 일본 정부가 징수하는 일은 없을 것이다. 또한 제 다이묘 및 사용인들이 현재 단속 규칙을 지키고 정례의 관세를 납부할 때는 일본 관리의 입회 없이 제 외국 또는 일본의 제 개항장에 가 그 장소에서 교역하는 일 등은 이상과 같이 자유롭게 할 것이다.

제10조
일본인은 신분에 상관없이 일본 개항장 또는 각 외국 항구들에서 일본의 개항장 또는 각 외국 항구들로 나아갈 일본인 소유의 선박 또는 조약 체결 외국 선박에서 하물을 선적하는 일을 자유롭게 할 수 있다. 또한 이미 일본 게이오 2년 4월 9일(서력 1866년 5월 23일) 일본 정부로부터 고시한 바와 같이 관계자로부터 정부 인장을 획득하면 수행 또는 상업을 위해 각 외국에 나아가는 일, 일본과 친목이 있는 각 외국 선박에서 제반의 직무를 담당하는 것에 지장이 없다. 외국인을 고용해 두고 일본인이 해외에 나갈 때에는 개항장 부교에 청원하여 정부의 인장을 얻는 것은 무방하다.

제11조
일본 정부는 외국 교역을 위해 열린 각 항구에 정박하는 선박들의 출입은 안전을 위해 등대, 부표목 등을 갖추어야 한다.

제12조
이 약서 시행 이전 쌍방 정부의 윤허 조치를 기다리지 않는다. 때문에 일본 게이오 2년 5월 19일(서양 1866년 7월 1일)부터 시행할 것이다.

위 약서를 정부 윤허 후에는 쌍방 전권이 그 사정을 서로 통달할 것이다. 이상의 통달 서면은 쌍방

군주 보증을 대신한다.

이 증거로 전문의 전권이 이 조약에 서명하고 조인하였다.

일본 게이오 2년 5월 13일(서력 1866년 6월 25일) 에도에서 쌍방 전권이 각국 언어로 이를 기록하였다.

미즈노 이즈미노카미 화압
프랑스 전권 공사 레온 롯슈 인
영국 특파 전권공사 해리 파크스 인
미합중국 대리공사 안톤 포트만 인
네덜란드 대리 겸 공사 폰 폴스부르크 인

〈목록〉
생략

〈규칙〉
제1칙
수입 목록에 기재되지 않은 물품은 수출 목록에 기재되어 있어도 이를 따라 세금을 납부하지 않고 원 가격에 따라 세금을 납부한다. 수출 목록에 기재되지 않은 품목도 위와 동일하게 취급할 것이다.

제2칙
일본에 재류하는 외국인과 외국선 승조원 또는 여객에게 자기 필요에 충분한 만큼은 수출 목록에 기재된 곡물 및 제분을 사들일 수 있다. 다만 위 곡물 및 제분을 외국선에 선적하기 이전에 통례의 세관 선적 허가증을 받을 필요가 있다.

제3칙
이 세칙에 기재된바 일본 1근(즉 160목)은 영국 상용중량(avoirdupois) 관목 1과 3분의 1파운드에 해당한다. 1야드(일본 3척 정도)는 영국 척도 3피트에 해당한다. 1부(2문목 3분)는 일본 금은으로 무게 트로이 관목 134게레인보다 내려가지 않는다. 그 실질은 순은 9부보다 내려가지 않는다. 혼합물은 1부보다 많지 않아야 한다. 1부 이하의 수는 1부를 100분으로 하여 계산한다.

미즈노 이즈미노카미 화압
프랑스 전권 공사 레온 롯슈 인
영국 특파 전권공사 해리 파크스 인
미합중국 대리공사 안톤 포트만 인
네덜란드 대리 겸 공사 폰 폴스부르크 인

4) 오(오스트리아-헝가리)일 수호통상항해조약 및 교역정칙(1869)

○ 명칭
- 일본어: 日本國澳地利洪噶利國修好通商航海條約
- 영어: Treaty of Friendship commerce and Navigation Between The Empire of Japan and The Austro-Hungarian Monarchy

○ 체결 국가: 일본, 오스트리아-헝가리

○ 체결일: 1869년 10월 18일(9월 14일)
- 비준일: 1872년 1월 12일(음력 12월 3일)

○ 체결 장소: 도쿄

○ 서명자(또는 전권대사)
- 일본: 사와 요시노부(澤宣嘉), 데라지마 무네노리(寺島宗則)
- 오스트리아-헝가리: 안톤 폰 페츠(Anton von Petz)

○ 작성 언어: 일본어, 독일어, 영어

○ 체결 배경 및 과정

에도 막부가 멸망하고 수립된 메이지 신정부하에서도 서구 국가들과의 불평등 조약 체결은 이어졌다. 1868년 스웨덴, 스페인에 이어 이듬해 북독일 연방과의 통상조약이 체결되었으며 최종적으로 오스트리아-헝가리 제국과의 조약이 1869년 10월 18일 체결되었다. 오스트리아-헝가리 제국과의 조약은 막부 말기 이래의 조약을 수정, 보완하고 외국 측에 유리한 관례들을 성문화함으로써 불평등 조약의 집대성이라는 평가를 받는다. 이 조약의 내용들은 편무적 최혜국 대우 규정에 따라 다른 열강들도 균점할 수 있었다. 때문에 영국 공사 해리 파크스를 비롯해 프랑스, 미국 등도 조약문 작성에 내밀히 참가하였으며 이들의 요구가 반영된 형태로 조약이 체결되었다.

○ 조약의 주요 내용

기존의 불평등 조약 내용을 더 구체적이고 상세하게 규정한 조항들로 구성되어 있다. 제2조에서는 선박 난파 혹은 오스트리아-헝가리인의 인명, 재산에 위해가 발생할 경우 영사관이 현지조사를 파견할 수 있는 권한을 규정하였다. 제3조를 통해서는 개항장, 개시장을 확정하였으며 외국인들이 자유롭게 활보할 수 있는 유보 구역을 정하고 이를 위반한 자에 대한 처벌 규정도 명문화하였다. 영사재판권을 규정한 제5조에서는 오스트리아인뿐 아니라 다른 조약국 간의 재판에서 피고 소속 영사관의 관할권을 명확히 하고 일본 측 관헌의 개입을 배제하여, 영사재판권의 치외법권적 요소가 강화되었다. 제11조, 제13조는 일본 연안에서의 교역과 개항장 간 화물 수송에 관한 규정이었다. 이는 일본의 개항 이후 개항장별로 고립되어 이루어진 무역활동을 개선하고 연안 무역을 완전 개방하여 대일본 무역의 활성화를 꾀하고자 한 파크스 등 열강의 의도가 반영된 것이었다. 그밖에 밀수출입에 대한 단속 규정(14조), 화폐 주조에 대한 규정(16조), 무역규칙 수출입 관세의 개정 조건(제21조) 등이 규정되었다.

○ 결과 또는 파급 효과

막부 말기의 불평등 조약은 메이지 정부 수립 이후 체결된 이 조약으로 불평등성을 더욱 강화, 구체화했다. 이에 따라 불평등 조약에 대한 문제의식이 높아지며 조약 개정은 메이지 정부의 중요한 외교적 과제가 되었고 이를 요구하는 국내의 여론 또한 다양한 형태로 표출되었다. 일본의 대서구 조약 개정 시도는 대내외의 복잡한 정치·외교적 요건에 의해 수차례 좌절을 겪으나, 1894년 영국과의 조약 개정을 시작으로 차례로 열강과의 조약 개정에 성공하기에 이른다.

○ (조약문) 출처
- 『舊條約彙纂』제1권 各國之部 제2부, 903~942쪽.

오(오스트리아-헝가리)일 수호통상항해조약(일본어본) 원문

日本澳地利條約書
(日本國澳地利洪噶利國修好通商航海條約)
明治二年己巳九月十四日(西曆千八百六十九年第十月十八日)於東京調印(日、獨、英文)
明治四年辛未十二月三日(西曆千八百七十二年第一月十二日)於東京本書交換

日本天皇陛下澳地利皇帝婆希密等のキン兼洪噶利アポストリックキン陛下兩國の交際を永久親睦にし且兩國臣民の貿易を容易ならしめん事を欲し其か爲和親貿易航海の條約を結ん事を決し日本天皇陛下澤外務卿守從三位淸原朝臣宣嘉寺嶋外務大輔守從四位藤原朝臣宗則を其全權に命じ澳地利皇帝兼洪噶利アポストリックキン陛下は第三等水師提督特派全權公使ナイトヲフズミリタリーヲルドル、ヲフ、マリア、テレサ貴族アンゾニー、デ、ペッツを其全權に命じ雙方互に其委任狀を示し其狀實良好にして適當たるを察し以て左の條々を協議決定せり

第一條
爰に條約を結べる兩國幷其人民の間に永世の平穩無窮の和親あるへし

第二條
日本天皇陛下ハウイエンナの宮中にヂプロマチックエゼントを置く事を得又他國のコンシュラル官吏の在留する事を許せる澳地利及洪噶利の港及市中に日本コンシュラル官吏をも命し得べし
日本のヂプロマチックエゼント及びコンシュラル官吏は互の約束にて澳地利及洪噶利に於て他國のヂプロマチックエゼント幷コンシュラル官吏と同樣今或は此後受くべき別段の免許幷權を受くべきなり
澳地利皇帝兼洪噶利アポストリックキン陛下は日本に其ヂプロマチックエゼントコンシュル、ゼネラールを命じ又日本何れの開港場何れの開市場にもコンシュル或は副コンシュル或はコンスラルエゼントを命じ得べし此官吏等は日本政府と最も懇親なる國のコンシュラル官吏と同樣別段の免許及び權を受け得へし
澳地利皇帝兼洪噶利アポストリックキン陛下より命ずるヂプロマチックエゼント幷コンシュルゼネラールは日本の諸部を故障なく旅行し得べし且裁判すべき權ある澳地利兼洪噶利のコンシュラル官吏は若し其裁判すべき境界中にて澳地利及洪噶利船の破船するか或は人命及び貨物に危害等の事ある時は其事實を監察する爲め其場所に赴き得べし然りと雖も澳地利兼洪噶利コンシュラル官吏其時に當て先つ其土地の日本官府へ其趣意幷其赴く處の場所を書翰にて告知すべし其節は日本官府より重立たる官吏をして必ず之と同導せしむべきなり

第三條
橫濱神奈川縣の內兵庫大坂長崎新潟幷に佐州夷港箱館の市街及び港幷に東京の市街を此條約施行の日より澳地利及洪噶利の人民及び其交易の爲めに開くべし

前條の市街及び港に於て澳地利及洪噶利の人民永久居住する事を得べし故に地所を借り家屋を買ひ住宅倉庫を建る事勝手たるべし

澳地利及洪噶利人民の住すべき場所幷に其家屋を建べき場所は澳地利兼洪噶利コンシュラル官吏其地に在る相當の日本官吏と相談の上之を定むべし亦港則も右同樣たるべし若し澳地利兼洪噶利コンシュラル官吏及び日本官吏此事に付議定し得ざる事あらば之を澳地利兼洪噶利のヂプロマチックエゼント及び日本政府へ申立べし

日本人は澳地利及洪噶利人民住すべき場所の周圍に牆壁或は柵門を設けず其他自由の出入を妨ぐべき圍ひを營まざるべし

澳地利及洪噶利の臣民無故障步行すべき境界は左之如し
橫濱神奈川縣內にては六鄉川を限とし其外は諸方凡十里とす

兵庫にては京師の方は京を距る事十里の地に限り他の諸方は皆十里とす

大坂にては南は大和川口より舟橋村迄夫より敎興寺村を通し左佐太まて線を引き之を限りとす境の市中は右線の外なれとも澳地利及洪噶利人に步行を免すべし

長崎にては其周圍に在る長崎縣の支配地を限とす

新潟箱館に於ては諸方へ十里とす

夷港にては佐州全島とす

東京に於ては新利根川口より金町まで夫より水戶街道に沿ひ千住宿迄夫より隅田川の川上へ登り古谷上鄉まで夫より小室村高倉村小矢田村荻原村宮寺村三木村田中村の諸村落より六鄉川に於て日野の渡場までを限とす

右十里の距離は前條各所の裁判所より陸上を算すべし

其一里は澳地利の一万二千三百六十七フート英吉利四千二百七十五ヤールド佛蘭西三千九百十メートルに宛る

若し澳地利及洪噶利の人民前條の規則を犯し境界に出る事あらば墨斯哥銀百枚の罰金を拂ふべく若し再ひ犯す時は二百五十枚の罰金を拂ふべし

第四條
日本に在留する澳地利及洪噶利人民は其自國の宗敎を自由に行ひ得べし故に其居留地に其宗敎を奉ずる爲め宮社を營む事勝手たるべし

第五條
日本に在留する澳地利及洪噶利人の間に身上或は其所持の品物に付て爭論起る事あらば澳地利兼洪噶利官吏の裁斷に任すべし

日本長官は澳地利及洪噶利の人民と他の條約濟外國人との間に起る爭論にも亦關係する事なかるべし

若し澳地利及洪噶利の人民より日本の人民に對し訴訟する事あらば日本長官此事件を裁斷すべし

若し日本人より澳地利及洪噶利人に對し訴訟する事あらば澳地利兼洪噶利長官之を裁斷すべし

若し日本人澳地利及洪噶利人に逋債ありて之を償ふ事を怠り或は欺僞を以て逃走せんとする時は相當の日本長官是を裁斷して其債主より逋債を償はしむる爲め諸事に力を盡すべし又澳地利及洪噶利人欺僞を以て逃走せんとし或は日本人に逋債を償ふ事を怠る時は澳地利兼洪噶利長官正しく裁斷し逋債を償はしむる爲め諸事に力を盡すべし

澳地利兼洪噶利長官も日本長官に於ても兩國の人民互に相關する逋債は償ふ事なかるべし

第六條
日本人民或は他國の人民に對し惡事をなせる澳地利及洪噶利人民は澳地利兼洪噶利コンシュラル官吏に訟へ澳地利及洪噶利の法度を以て罰すべし
澳地利及洪噶利の人民に對し惡事をなせる日本人民は日本長官に訟へ日本の法度を以て之を罰すべし

第七條
此條約或は之に附屬する貿易の規律又は税則を犯せるにつき取立べき罰金或は其物を取揚る事は澳地利兼洪噶利コンシュラル官吏の裁斷に因るべし其取立たる罰金或は取揚品は都て日本政府に屬すべし

取押へたる荷物は日本長官幷に澳地利兼洪噶利コンシュラル長官にて其荷物に封印をなし澳地利コンシュラルにて裁斷する迄は運上所の倉庫に取押へ置べし

若し澳地利兼洪噶利コンシュル其荷主又は引請人正理なりと裁斷する時は其品物を速にコンシュルへ引渡すべし然りと雖も日本長官若し右コンシュルの裁斷に同意せず尙高官の裁判によらん事を欲せば右荷主又は引請人其品物の代料を其裁斷濟迄澳地利兼洪噶利コンシュルへ預くべし

取押へたる荷物容易に腐敗損傷すべき質の物なれば其裁判濟さる共其代價を澳地利兼洪噶利コンシュル所に預り荷物は荷主或は其引請人に渡すべし

第八條
貿易の爲め開き又は開くべき日本の諸港に於て澳地利及洪噶利人民は澳地利及洪噶利領或は他邦の港より禁制に非ざれ諸種の貿易品を輸入し是を販賣し又は是を買入れ澳地利及洪噶利或は他邦の港に輸出する事勝手たるべし此條約に附屬する税目に擧たる租税而已を相納め他の諸税は總て拂ふに及ばず

若し日本運上所の官吏商人より申立し價に付て異存ある時は其商物に價を極め其極めたる價にて買入する事を談し得べし

若し荷主此價附にて承諾せざる時は日本運上所官吏の極めたる價に從て其税銀を收むへし若し其價付にて承諾する時は其談ぜし價を少しも減ずる事なく直ちに荷主に拂ふべし

第九條
澳地利及洪噶利の商人は日本の開港場へ商物を輸入し其租税を納めし上は日本運上所長官より其商税收め濟の證書を請ひ得べし且此證書あらば右商物を再び日本の他の開港場に出入する共また商税を納むるに及はざるべし

第十條
日本政府諸開港場に倉庫を取建る事を務むべし且其倉庫は輸入する人或は荷主の願に任せ其品物の運上を納る事なく其品を藏め置き得べし

日本政府にて其品物を預り置間は損害なき様に引受くべし尤外國商人等の入置ける品物のため火難の受合をたて得る樣政府に於て總て肝要なる設けをなすべし又其商物を輸入する人或は荷主是を倉庫より引取らんとする時は運上目錄通りの運上を拂ふべし其品物を再び輸出せんと欲する時は運上を納るに及ばず

品物を引取節は孰れにも藏敷を拂ふべし右藏敷高幷に貸藏取扱向の規則は雙方相談の上之を定むべし

第十一條
澳地利及洪噶利人民日本國の開港場に於て買入たる日本產物を日本他の開港場に諸稅を拂ふ事なく輸送する事勝手たるべし

若し澳地利及洪噶利商人日本の產物を日本の開港場より他の開港場へ輸送せんと欲する時は其品物を輸出する時拂ふべき運上を運上所へ預け置べし六ケ月の內に他の開港場へ右何物を陸揚せし趣を示せる證書を其他の運上所より持參せば右預り置たる運上は無異論速に返却すべし

他邦の港へ輸出するを禁ずる品物は前條に定めたる期限中に前條の證書を差出さざる時は荷積せしもの右品物の代價を殘らず日本官吏へ拂ふべき趣を認めたる證書を差出すべし

然りといへども其船若し開港場より他の開港場へ運送する航海中破船する事あらば右運送先の運上所證據の代りに破船せしといふ證據を別に持來るべし尤商人は右證據を一ケ年の內に差出すべし

第十二條
澳地利及洪噶利の人民日本開港場內に輸入し此條約に定たる商稅納濟の諸貨物は日本人又は澳地利及洪噶利人に拘はらず其荷主より日本國の諸部に輸送せしめ得べし勿論之に租稅或は道路の運上等何等の稅をも拂ふ事なかるべし

日本の產物は陸路水路修復の爲め諸商賣に付て取立る通例の運上の外別に運送の運上を收る事なく日本人は日本の內何れの地よりも諸開港場へ運送する事勝手たるべし

第十三條
澳地利及洪噶利の人民は諸種の商物を日本人より買入れ又は日本人に賣渡す事を得べし其賣買或は代價請取り拂ひの時に當て日本官吏之に關係する事なかるべし

日本人は澳地利及洪噶利或は日本の開港場に於て澳地利及洪噶利人民より諸類の商物を日本官吏

の立合なく買入れ又之を貯藏し及び之を其用に供し或は再び販賣する事勝手たるべし尤日本人民澳地利及洪噶利の人民と貿易するに付ては日本人相共に商買するに付取立る運上の外は日本政府にて取立ざるべし

總て日本人民は現在取締の規則を守り定例の運上を納る時は一般の通則に從つて澳地利及洪噶利又日本諸開港場に赴き其場所にて日本官吏の立合なく澳地利及洪噶利人民と交易する事勝手たるべし

總て日本人は日本產物又は他國の產物を日本開港場へ或は日本の開港場より或は日本開港場の間に或は他國の港より或は他國の港へ日本人民或は澳地利及洪噶利人民所持の船に積入輸送する事勝手たるべし

第十四條
此條約に添ゆる交易の規律幷に運上目錄は此條約と一體をなせるものにして雙方とも堅く之を守るべし

日本に於て澳地利兼洪噶利ヂプロマチックエゼント日本政府より任する官吏と協議して此條約に添ゆる交易規律の趣意を施行するため交易の爲開きたる諸港に於て繁要至當の規律を立るの權あるべし

日本官吏各港に於て奸曲幷に密商を防ぐため至適の規律を設くべす

第十五條
日本政府は日本に在留する澳地利及洪噶利の人民日本人を通辯或は師表召使等の諸役に使用し是を法度に違背せざる諸用に給する事を妨げざるべし然りといへども若し此日本人罪科を犯す時は日本の法度を以て罰すべし

日本人澳地利及洪噶利の船中に於て諸般の職事に雇はるゝ事勝手たるべし

澳地利及洪噶利人の雇置ける日本人若し其雇主に同道し海外に出れ事を其地の官府に願出る時は政府の免許を得べし
既に日本慶應二年丙寅四月九日西洋千八百六十六年第五月廿三日日本政府より觸書を以て布告せしごとく日本人は其筋より政府の印章を得れば修業或は商買のため澳地利及洪噶利に赴く事妨けなかるべし

第十六條
日本政府は速に日本貨幣製造法に緊要の改正を爲すを務むべし且日本重立たる貨幣製造局幷に諸開港場に於て取建つべき貨幣局にて外國人及び日本人は其身分に拘はらず諸種の外國貨幣及び棹金銀を其吹換入用を差引き日本貨幣と同し眞價の割合を以引換ゆべし此吹換入用は雙方協議の上定むべし

澳地利及洪噶利人と日本人民互に拂方を爲すに外國或は日本の貨幣を用ゆる事勝手たるべし

日本銅錢を除き諸種の貨幣幷に貨幣に造らざる外國の金銀は日本國より輸出する事を得べし

第十七條
日本政府は澳地利及洪噶利人貿易の爲め開きたる各港の最寄に船々の出入安全のため燈明臺燈明船浮木幷に瀨標を備ふべし

第十八條
澳地利及洪噶利の船日本の海岸にて或は破船し或は漂着し或は已むを得ず日本の港內に避け來ることあらば相當の日本長官是を知るや否速に其船に可成丈け扶助を加へ其船中の人々懇に取扱ひ要用なる時は其人々に最寄の澳地利兼洪噶利コンシュル館に赴くべき方便を與ふべし

第十九條
澳地利及洪噶利海軍備用の諸品は日本國の諸開港場に陸揚し澳地利及洪噶利官吏の保護する倉庫に藏め置べし尤夫が爲め租税を納むる事なしと雖も若し此備用品を日本人或は外國人に賣る事あらば其買主より相當の租税を日本長官に納むべし

第二十條
日本天皇陛下他國の政府及び其人民に與へ或は爾後與へんとする總て別段の免許及び便宜は澳地利及洪噶利政府幷に其人民にも此條約實施の日より免許あるべきを今爰に確定せり

第二十一條
來る壬申年則千八百七十二年第七月第一日或は其後に至り此條約貿易定則幷輸入輸出の商税を實驗し緊要なる變革或は改正を加ふる爲め是を再議し得べし然りと雖も此再議の趣は一ケ年前に告知すべし若し日本天皇陛下此期限前に各國の條約を改議せん事を欲し其事に就て他の條約濟の各國にて同意せば澳地利及洪噶利政府も亦日本政府の望みに從ひ此會議に加るべし

第二十二條
澳地利兼洪噶利のヂプロマチックエゼント或はコンシュラル官吏より日本長官に贈る總て公の書翰は獨逸語を以て記すべし然と雖も便利の爲め此條約施行の日より三ケ年の間は英語或は日本語の譯文を添ゆべし

第二十三條
此條約は獨逸文二通英文三通日本文二通各七通に認め其文意は各同義なりと雖も文意相違する事あらは英文を原と見るべし

第二十四條
此條約は日本天皇陛下及び澳地利皇帝兼洪噶利アポストリックキン陛下互に名を記し印を調して確定し本書は十二ケ月の内或は可成は其以前に取替すべし
此條約は今日より施行すべし
右證據として雙方の全權此條約に名を記し印を調するもの也

日本明治二己巳年九月十四日
西洋千八百六十九年第十月十八日
於東京
澤外務卿從三位清原宣嘉 花押
寺島外務大輔從四位 藤原宗則 花押
Freiherr von Petz, 印 Contre Admiral

日本に於て澳地利及洪噶利人交易を爲す定則

第一則
澳地利及洪噶利船日本の港に着して後西洋四十八時中〔日曜日を除く〕甲比丹或は船司より日本運上所の官吏へ澳地利及洪噶利コンシュルの請取書を見すべし右は都て船中の書類積荷目錄等を澳地利兼洪噶利コンシュル館へ預けたる旨を示せるもの也其上右甲比丹或は船司より書付を差出し其船の入港手數を爲すべし右書付は船號幷に其船の出帆し來りし港の名噸數甲比丹或は船司の名又船中に旅客あらば其旅客の名幷に其船の乘組人數を認めたるものにして右甲比丹或は船司其書付の無相違趣を證し其名を自記するもの也右書付と共に右甲比丹或は船司其積荷の告書をも預くべし是は包貨の記號及び番號幷に其品物の種類斤數を其送狀に認めある通りに記載し荷物引請人の名を記したるものなり且船中用意品の目錄も右書付へ加ふべし但し甲比丹或は船司右告書は其船の總積荷及び船中用意品の無相違書付なる事を證し是に其名を自記すべし
若し右告書中相違の廉を心付きたる時西洋二十四時〔日曜日を除く〕中は之を書き改むる其罰金を

拂ふに及はす然りといへども此期限後に之を書改むるか或は之に書入するに於ては墨斯哥銀十五枚の罰金を拂ふべし

告書中に漏れたる諸品物の爲運上の外別に罰金を拂ふべし其罰金の高は其品物の爲に拂ふ運上と同し

甲比丹若しくは船司此定則に示したる期限中に日本運上所へ其船の入港手數を爲すを怠らば右入港手數を怠る日每に墨斯哥銀六十枚の罰金を拂ふべし

第二則
日本政府は其港內へ入津せし各船(軍艦を除く)に運上所官吏を差置き得べし
船中にては右運上所官吏を丁寧に取扱ひ且成るべき丈け相當の用便をなすべし

日沒より日出迄の間は運上所官吏より別段の免許なければ船より品物を卸すべからす且艙口其外總て船中荷物の納れある場所の入口には日沒より日出迄の間は日本官吏是に封印をなし或は錠を鎖し或は堅く固封し置べし若し免許なくして日本運上官吏の固封し置たる入口の封印等を破り又は取除く事あらば其犯したる人々犯せし每に墨斯哥銀六十枚の罰金を拂ふべし

日本運上所へ相當の差出書を出さずして荷物を船中より卸し或は卸さんと謀れる時は其品は次に定めたる通り捕押へ且取上べし

包貨の中目錄中に載ざる價ある品々を藏し以て日本の收納を減せん趣意にて仕組たるものは取上べし

若し澳地利及洪噶利船日本の開かざる港に於て諸品を密商し或は密商せんと謀る時は其諸品を日本政府に取上け犯せし每に其船より墨斯哥銀一千枚の罰金を拂ふべし

修復を要する船は運上を拂はずして其積荷を陸揚し得べし右陸揚したる諸品は日本官吏にて預りあるべし且藏敷人足賃幷に守護のため都て相當の入費は拂ふべし然りといへども若し其荷物の內を賣拂ふ事あらは其賣たる分は定例の運上を拂ふべし

積荷を同港內の他船へ移すには別に運上を拂ふに及ばずといへども日本官吏見分して事實無相違を知り然る後船移のため日本官吏より渡す免狀を以て移すべきなり若し右免狀を受ずして船移せしものは其犯せる每に墨斯哥銀六十枚の罰金を日本政府に納むべし

阿片を輸入するは禁制なれば交易のため日本に渡來する澳地利及洪噶利の各船其船中に三斤以上の阿片を所持する時は其餘量は日本政府へ取押滅却すべし且阿片を密商し又は密商せんと謀りしものは右密商し或は密商せんと謀りし阿片の高一斤每に墨斯哥銀十五枚の罰金を拂ふべし

第三則
荷主或は荷物の引受人荷物を陸揚する事を願ふ時は其荷物の差出書を日本運上所へ出すべし此差出書は差出を爲す人の名又其荷物を輸入せし船の名其記號番號積荷の種類斤數幷に各種の價を認めたるものにして此差出書中に載たる諸物價の總計を其書面の末に記すべし荷主又は荷物引請人其差出書は諸品の眞價を載する趣を差出書に記し以て之を證し又日本運上の害となるべきものは隱し置かざる旨を證すべし且荷主或は荷物引請人此證書に其名を自記すべし

差出したる荷物目錄の本書は運上所の官吏へ差出し官吏其差出書中に記したる品々を調べ終る迄其本書は官吏の手に留め置べし

日本官吏は右差出したる荷物の一部或は總體をも改め得べし又改むる爲め其荷物を運上所へ持來り得べし然りと雖も之を改むるに付ては輸入人は其失費を拂ふ事なく又品物の損ぜざるよふ取扱ひ改濟の上は日本人再び其荷物を可成丈け其元形に包裝すべし且之を改むるに不用の時日は費さゞるべし

荷主又は輸入人其荷物を請取らざる前輸入の途中にて損傷あるを見出す時は運上所の官吏へ其損傷の趣を知らせ其職にして廉潔なる人貳人或は貳人以上にて其價を極めしむべし但し其人々篤と檢查の後各包の損じ高を步割に記し其記號番號を認め證書を出すべし尤其證書には運上所官吏の立會にて右價附をなしたる人々其名を自記すべし且輸入人は其證書を差出書へ添へ相當の高を引落すべし

然りといへども此定則の添ふたる條約第八ケ條に載する通り荷物に價付する事に付運上所の官吏之を妨ぐべからず

運上拂濟の後は荷物を渡すべき免狀を荷主へ渡すべし荷物は運上所にても船中にても渡すべし

輸出せんとする諸品は船中へ輸送する前日本運上所に差出を爲すべし其差出は書面にして其荷物を輸出すべき船名幷に包貨の記號番號其荷物の員數種類斤數及び代價を記載すべし輸出人右差出書中に載たる諸品の無相違趣を認め以て之を證し之に其名を自記すべし

運上所に差出を爲さゞる以前輸出のため船中に送りたる品々幷に禁制の品々を包入せし荷物は總

て日本政府へ取上べし
船々其乘組又旅客の用物或は旅客の衣服等は運上所へ差出を爲すに及ばす

日本官吏疑敷思ふ品物は右官吏是を取押置べし然りといへども日本官吏直ちに其事を澳地利兼洪噶利コンシュラル官吏に告知すべし

澳地利兼洪噶利コンシュラル官吏取上る事に裁判せし品物は直ちに日本長官へ渡すべし且澳地利兼洪噶利コンシュラル官吏より言付し罰金の拂方は其官吏最も速に催促し日本長官に收むべし

第四則
出港を願ふ船々は西洋二十四時前に運上所に告知すべし此期限後は其船出港すべき理ありと雖も其出港を否む時は運上所の官吏等速に甲比丹又は其船の引請人に右出港を否む譯を告げ又其趣を澳地利兼洪噶利コンシュルに知らすべし船司運上所より與ふる諸運上拂濟の證書を持參せざれば澳地利兼洪噶利コンシュルは預り置きたる書類を船司へわたすべからず

澳地利兼洪噶利の軍艦は運上所へ入港又は出港手數をなすを要せず又其軍艦には日本運上所官吏或は取締の官吏來る事なし

澳地利兼洪噶利の蒸氣飛脚船は同日に入港と出港を爲し得べし且日本に上陸する旅客幷に陸揚する品々の外は告書を差出す事を要せざるべし然りといへども右蒸氣船は何れの時にあつても運上所へ入港幷に出港手數を爲し得べし

船中用意品の爲めに入津する鯨漁船或は困難船は其積荷の告書を出す事を要せず然りといへども引續き商賣を願ふ時は第一則に掲る通りの告書を預くべし

此定則中又は此定則を添る條約中船と稱するものは何れの處にあるともシップ、バルク、ブリッキ、ショーナル、シャループ「船名」又蒸氣船を云

第五則
日本の收納を害せん爲に僞の告書或は證書へ名を自記したる者は其犯す每に墨斯哥銀百二十五枚の罰金を拂ふべし

第六則
噸税は日本の港に於て澳地利及洪噶利船より取立る事なし但し次に定めたる謝銀は運上所官吏に差出すべし

一船の入港手數に付 墨斯哥銀十五元
一船の出港手數に付 墨斯哥銀七元
總て此規則に載する荷物船積陸揚の免許に付ては謝銀を出す事なかるべし

健固狀等の如き他の證書に付て墨斯哥銀一元半

第七則
總て日本に陸揚したる品々幷に輸出せんと欲する品々は此書に添ゆる次の運上目錄に從ひ日本政府へ運上を拂ふべし

第八則
何れの日本人も日本開港場又は海外に於て旅客又は荷物を運送すべき各種の帆前船蒸氣船とも買入るゝ事勝手たるべし尤軍艦は日本政府の免許なければ買入るゝ事を得ず

日本人買入たる諸外國船は蒸氣船は一噸に付一分銀三個帆前船は一噸に付一分銀一個の運上を定め通り相納る時は日本の船として船目錄に書載すべし尤其船の噸數を定むる爲日本長官の需に應し其筋のコンシュルより本國の船目錄の寫を相示し其眞を證すべし

軍用諸品は日本政府及び外國人に而已賣渡すべし

第九則
日本に在留する澳地利及洪噶利人及び澳地利及洪噶利船の乘組人又は旅客自己の入用に滿つる丈ケは輸出目錄に載たる輸出禁制の穀物幷に紛を買入るゝ事を許すべし尤右穀物幷に紛を澳地利及洪噶利船に積入んとする前必ず通例の通り運上所より船積の免許狀を得べきなり

禁制穀物及び諸紛類を諸開港場の間に輸送する事に付日本政府是に故障をなさゞるべし
然りといへとも若し日本人幷に外國人右品物を開港場より運送する事に付格別の事故ありて當分の內是を禁ぜんと欲せば日本政府右の趣意を二ケ月前に外國の長官に告知すべし且此禁制は事實不得止の時而已にして速に此禁を解く事に日本政府は注意すべし

第十則
此稅則に載する日本一斤卽百六十目は佛蘭西の六百零四ガラム五十三センチガラム又は英吉利一ポンド三分の一澳地利の一ポンド零八釐に當る
一ヤールドは英吉利尺度三フートに當り佛蘭西の九百十四ミリメートルに當る
英吉利の一フートは佛蘭西の三百四ミリメートル七に當り日本曲尺の一尺より一寸の八分一丈ケ

長し
材木の一コクは英吉利十立方フート又は米利堅厚サ一インチの木尺百二十フートに當る
一分目方二文目三分は銀貨にして其重サ佛蘭西の八ガラム六十七センチガラム〔英トロイ量百三十四ゲレーン〕より下らず其質は純銀九分に下らず其交せ物は一分より多からざるべし
一セントは一分を百分せし一を云ふ

第十一則
運上所諸取扱向荷物の陸揚船積及び船人足小遣等雇方に付開港場に於て是迄訴訟の起りし不都合を除かんがために各開港場の長官速に外國のコンシュルと談判し雙方協議の上右不都合決して生せざる樣規則を立て日本人と外國人の交易幷に其用向を可成丈ケ都合能相便し且安全ならしむる樣雙方こゝに議定せり諸開港場に於て荷物陸揚船積のために用ゆる波戸場の内に品物を船積する前又陸揚する後暫時假に納るため小屋掛ケを日本政府にて作るべし

明治二己巳年九月十四日
千八百六十九年第十月十八日
於東京
澤外務卿從三位淸原宣嘉 花押
寺島外務大輔從四位藤原宗則 花押
Freiherr von Petz, Contre Admiral.

〈輸入品運上目錄〉 생략함.

오(오스트리아-헝가리)일 수호통상항해조약(일본어본)의 한글 번역문

일본 오스트리아 조약서(일본국 오스트리아헝가리국 수호통상 항해조약)
메이지 2년 9월 14일(서력 1869년 10월 18일) 도쿄에서 조인(일본어, 독일어, 영어)
메이지 4년 12월 3일(서력 1872년 1월 12일) 도쿄에서 본서 교환

일본 천황 폐하, 오스트리아 황제 보헤미아 및 헝가리 왕 폐하는 양국의 교제를 영구 친목으로 삼고 또한 양국 신민의 무역을 용이하게 하고자 한다. 이를 위해 화친 무역 항해 조약을 체결하기로 결정하고 일본 천황 폐하는 사와 외무경 종3위 기요하라 아손 노부요시, 데라지마 외무대보 종4위 후지와라 아손 무네노리를 전권으로 명하고, 오스트리아 헝가리 황제 폐하는 3등 수사제독 특파전권공사 안톤 폰 페츠를 전권에 명하여 쌍방 서로 그 위임장을 보여 그 양호, 적당함을 확인하였으니 아래와 같은 조목을 협의 결정하였다.

제1조
이 조약을 체결하는 양국 및 인민 사이에 영세, 평온, 무궁의 화친이 있을 것이다.

제2조
일본 천황 폐하는 비엔나 궁중에 외교 대사를 둘 수 있다. 또한 타국의 영사 관리가 재류하는 것을 허락한 오스트리아 헝가리의 각 항구, 시중에 일본 영사 관리를 명할 수 있다.
일본의 외교 대사 및 영사 관리는 상호 약속으로 오스트리아 헝가리에서 타국 대사 및 영사 관리와 똑같이 현재 혹은 차후 받을 수 있는 별단의 허가와 권리를 누릴 수 있다.
오스트리아 헝가리 황제 폐하는 일본에 그 외교관, 총영사를 명하고 또한 일본 어느 곳의 개항장 어느 곳의 개시장이라도 영사, 부영사, 혹은 영사 관원을 명할 수 있다. 이 관리들은 일본 정부와 가장 친밀한 나라의 영사 관리들과 동일하게 별단의 허가 및 권리를 누릴 수 있다.
오스트리아 헝가리 황제 폐하로부터 명 받은 외교관, 총영사는 일본 각지를 지장 없이 여행할 수 있다. 또한 재판할 권리가 있는 오스트리아 헝가리 영사 관리는 만일 재판할 수 있는 경계 가운데에서 오스트리아 헝가리 선박이 파선당하거나 인명 및 화물의 위해 등이 있을 때에는 그 사실을 감찰하기 위해 장소에 갈 수 있다. 그렇지만 오스트리아 헝가리 관리는 그때에 우선 그 지역 일본 관부에 취지를 설명하고, 가는 장소를 서한으로 고지해야 한다. 그때에는 일본 관부에서 주요 관리가 반드시 동행해야 한다.

제3조
요코하마(가나가와현 내), 효고, 오사카, 나가사키, 니가타(및 사슈 에비스 항), 하코다테 시가 및 항구와 도쿄 시가지를 이 조약 시행일로부터 오스트리아 헝가리 인민 및 그 교역을 위해 개방할 것이다.

앞선 조목의 시가 및 항구에서 오스트리아 헝가리 인민은 영구히 거주할 수 있다. 때문에 지소를 빌리거나 가옥을 구입하고 주택, 창고를 세우는 일을 자유로이 할 수 있다.

오스트리아 헝가리 인민이 사는 장소 및 그 가옥을 세울 장소는 오스트리아 헝가리 영사 관리, 그 지역에 있는 상당한 일본 관리와 상담 후에 이를 정해야 한다. 또한 항칙(港則)도 위와 같이 해야 한다. 만일 오스트리아 헝가리 영사 관리 및 일본 관리가 이에 의정할 수 없는 일이 있다면 이를 오스트리아 헝가리 공사 및 일본 정부에 알려야 할 것이다.

일본인은 오스트리아 헝가리 인민이 거주할 장소 주위에 장벽 혹은 책문을 설치하지 않으며 기타 자유로운 출입을 제한하는 시설을 세워서는 안 된다.

오스트리아 헝가리 인민이 지장 없이 보행 가능한 경계는 다음과 같다.
요코하마(가나가와현 내)에서는 로쿠고가와(六鄕川)를 한계로 그 밖에는 사방 10리로 한다.

효고에서는 교토 방향은 교토에서 10리 떨어진 지역을 한계로, 다른 곳은 모두 사방 10리로 한다.

오사카에서는 남쪽으로는 야마토가와(大和川) 강 어귀부터 후나하시무라(舟橋村)까지, 그로부터 교코지무라(敎興寺村)를 통과하여 사다(佐太)까지 선을 이어 이를 한계로 한다. 사카이(境) 시가는 위 한계선 밖에 있지만 오스트리아 헝가리인의 보행을 허락한다.

나가사키에서는 주위에 있는 나가사키현 지배지를 한계로 한다.

니가타, 하코다테에서는 사방 10리로 한다.

에비스 항에서는 사슈 섬 전역으로 한다.

도쿄에서는 신토네가와(新利根川) 강 어귀에서 가나마치(金町)까지, 그로부터 미토(水戶) 가도를 따라 센주슈쿠(千住宿)까지, 그로부터 스미다가와(隅田川)의 상류로 올라가 후루야카미고(古谷上鄕)까지, 그로부터 고무로무라(小室村), 다카쿠라무라(高倉村), 오야타무라(小矢田村), 오기하라무라(荻原村), 미야데라무라(宮寺村), 미쓰기무라(三木村), 다나카무라(田中村)의 제 촌락에서 로쿠고가와(六鄕川) 히노(日野) 나루터까지를 한계로 한다.

이상 10리 거리는 앞선 조목 각 소의 재판소에서부터 육상 거리로 계산할 것.

1리는 오스트리아 12,367피트, 영국 4,275야드, 프랑스 3,910미터에 해당한다.

만일 오스트리아 헝가리 인민이 앞선 조목 규칙을 어기고 경계를 넘어가는 일이 있다면 멕시코은 100매의 벌금을 내야 한다. 만일 재차 어길 경우는 250매의 벌금을 내야 한다.

제4조
일본에 재류하는 오스트리아 헝가리 인민은 자국의 종교 자유를 가질 수 있다. 때문에 거류지에 그 종교를 위한 시설을 만드는 것 또한 자유로이 할 수 있다.

제5조
일본에 재류하는 오스트리아 헝가리인 사이에 신상, 소지품을 둘러싼 쟁론이 발생한다면 오스트리아 헝가리 관리의 재단에 맡길 것이다.

일본 장관은 오스트리아 헝가리 인민과 다른 조약 체결국인 사이에 일어난 쟁론에 관계하지 않을 것이다.

만일 오스트리아 헝가리 인민이 일본 인민에게 소송을 제기한다면 일본 장관이 그 사건을 재단할 것이다.

만일 일본인이 오스트리아 헝가리인에게 소송을 제기하면 오스트리아 헝가리 장관이 이를 재단할 것이다.

만일 일본인이 오스트리아 헝가리인에게 채무가 있어 이를 갚아야 함에도 게을리하거나 기만하여 도주하려고 할 때는 상당한 일본 장관이 이를 재단하여 채권자가 부채를 돌려받도록 모든 일에 진력하여야 한다. 또한 오스트리아 헝가리인이 기만하여 도망하거나 할 경우, 혹은 일본인에게 빚이 있음에도 갚기를 게을리할 경우는 오스트리아 헝가리 장관이 정당하게 재단하여 채무 변상을 위해 진력해야 한다.

오스트리아 헝가리 장관도 일본 장관도 양국 인민이 상호 관계된 채무에 대해서 변제할 의무는 없다.

제6조
일본 인민 혹은 타국의 인민에게 악행을 행한 오스트리아 헝가리인은 오스트리아 헝가리 관리에 의해, 오스트리아 헝가리 법도로 벌을 받을 것이다.
오스트리아 헝가리 인민에게 악행을 행한 일본 인민은 일본 장관에 의해 일본의 법도로 벌을 받을 것이다.

제7조
이 조약 혹은 이에 부속한 무역 규칙 혹은 세칙을 어길 경우 징수해야 할 벌금 혹은 압수힐 경우는 오스트리아 헝가리 영사 관리의 재단에 의할 것이다. 징수한 벌금, 혹은 몰수품은 모두 일본 정부에 귀속할 것이다.

압수 하물은 일본 장관 및 오스트리아 헝가리 영사 장관에 의해 봉인을 할 것이며, 오스트리아 영사에 의해 재단하기까지 세관 창고에 보관해 둔다.

만일 오스트리아 헝가리 영사가 그 하물주 또는 수취인에게 정리(正理)가 있다고 재단할 경우 그 물품은 신속히 영사에 인도해야 한다. 그러나 일본 장관이 만약 위 영사 재난에 동의하지 않고 더 고관의 재판에 의하고자 할 경우 위 하주 또는 수취인은 그 물품의 대금을 재판이 완료될 때까지 오스트리아 헝가리 영사에 맡겨야 한다.

압수 하물은 부패하기 쉬운 성질의 물건이라면 재판이 끝나지 않았더라도 그 대가를 오스트리아 헝가리 영사관에 맡기고 하물은 하주 또는 수취인에게 건네야 한다.

제8조
무역을 위해 열리거나 열리게 될 일본의 제 항구에서 오스트리아 헝가리 인민은 오스트리아 헝가리령 혹은 타국의 항구에서 금제하지 않은 제종의 무역품을 수입하고 이를 판매 혹은 이를 사들여 오스트리아 헝가리 혹은 타국 항구에 수출을 자유로이 할 수 있다. 이 조약에 부속한 세목에 게재된 조세만을 납부하고 다른 세금은 모두 내지 않는다.

만일 일본 세관의 관리는 상인이 상신한 가격에 이의가 있을 때는 그 물품의 가격을 조사해 결정한 가격으로 사들이는 것을 상담해야 한다.

만일 하주가 이 가격에 승낙하지 않을 경우 일본 세관 관리는 결정된 가격에 따라 그 세은을 거두고, 만일 그 가격으로 승낙할 경우는 상담한 가격을 조금도 줄이지 않고 곧바로 하주에게 지불해야 한다.

제9조
오스트리아 헝가리 상인은 일본 개항장에 상품을 수입하고 그 조세를 납부한 후에는 일본 세관 장관으로부터 그 상세 납부 완료 증서를 청하여 받을 수 있다. 또한 이 증서가 있다면 이상의 상품을 재차 일본의 다른 개항장에 출입하여도 상세를 거두지 않는다.

제10조
일본 정부는 제 개항장에 창고를 세워야 한다. 또한 그 창고는 수입인 혹은 하주의 희망에 맡겨 물품의 관세를 납부하는 일 없이 그 물품을 저장해 둘 수 있다.

일본 정부는 그 물품을 보관하는 동안은 손해가 없도록 인수해야 한다. 다만 외국 상인 등이 들여놓은 물품 등으로 인한 화재의 보증을 설 수 있도록 정부에서 모든 긴요한 설비를 마련해야 한다. 또한 그 상품을 수입하는 자 또는 하주 등은 창고에서 수취하고자 할 때 관세 목록대로 관세를 지불하고 그 물품을 다시금 수출하고자 할 때에는 관세를 납부하지 않는다.

물품을 거래할 때에는 모두 보관료를 내야 한다. 위 보관료 액수 및 대여 창고 취급에 대한 규칙은 쌍방 상담 후에 이를 정할 것이다.

제11조
오스트리아 헝가리이 인민 일본국 개항장에서 사들인 일본 물산은 일본의 다른 개항장에서 일체 세금을 내지 않으며 수송하는 일은 자유롭게 할 것이다.

만일 오스트리아 헝가리 상인이 일본 산물을 일본 개항장에서 다른 개항장으로 수송하고자 할 때는 그 물품을 수출 시 내야 할 관세를 세관에 맡겨 두고 6개월 내에 다른 개항장에서 위 하물을 하역할 뜻을 보이는 증서를 기타 세관에 지참하면 위의 맡아 둔 관세는 이론 없이 신속히 반환될 것이다.

타국의 항구에 수출이 금지된 물품은 앞선 조목에 규정된 기간 중에 앞선 조목의 증서를 제출하지 않을 때에는 적하하여도 위 물품의 대가를 남김없이 일본 관리에게 지불해야 한다는 뜻을 적은 증서를 제출해야 한다.

그렇다고 하여도 그 선박이 만일 개항장에서 다른 개항장으로 운송하는 항해 중 난파한다면 위 운송지의 세관 증거를 대신하여 파선했다는 증거를 별도로 가져와야 한다. 다만 상인은 위 증거를 1년 내에 제출해야 한다.

제12조
오스트리아 헝가리 인민이 일본 개항장 내에서 수입하고 이 조약에 정한 상세 납부를 완료한 제 화물은 일본인 또는 오스트리아 헝가리에 상관없이 하주가 일본국 각 곳에 수송하게 할 수 있다. 물론 이에 조세 혹은 도로 관세 등 어떠한 세금도 지불할 필요 없다.

일본 산물은 육로, 수로 수복을 위해 제 상업에 대해 징수하는 통례의 관세 외에 별도로 운송의 관세를 납부하는 일 없이 일본인은 일본 국내 어느 지역에서도 제 개항장으로 운송하는 일을 자유로이 할 수 있다.

제13조
오스트리아 헝가리인은 각종 상품을 일본인으로부터 사들이거나 일본인에게 팔아넘길 수 있다. 매매 혹은 대가 수취, 지불에 있어 일본 관리가 이에 관계하지 않는다.

일본인은 오스트리아 헝가리인 혹은 일본 개항장에서 오스트리아 헝가리 인민으로부터 각종 상품을 일본 관리의 입회 없이 사들이거나 이를 저장하고 용도에 맞춰 제공하거나 다시금 판매하는 일을 자유로이 할 수 있다. 다만 일본 인민이 오스트리아 헝가리 인민과 무역함에 있어 일본인이 함께 상업을 함에 징수 관세 외에는 일본 정부가 징수하지 않는다.

모든 일본 인민은 현재 단속 규칙을 지키고 정례의 관세를 납부한 때에는 일반 통칙에 따라 오스트리아 헝가리 또는 일본 각 개항장에 가 그 장소에서 일본 관리의 입회 없이 오스트리아 헝가리 인민과 교역을 자유로이 할 수 있다.

모든 일본인은 일본 산물 혹은 타국 산물을 일본 개항장으로, 혹은 일본 개항장에서부터, 혹은 일본 개항장 사이에서, 혹은 타국의 항구에서부터, 혹은 타국의 항구로 일본 인민이나 오스트리아 헝가리 인민 소유의 선박에 적하하고 수송하는 일을 자유로이 할 수 있다.

제14조
이 조약에 첨부한 교역 규율 및 관세 목록은 이 조약과 일체를 이루는 것으로 쌍방을 엄격히 지켜야 한다.

일본의 오스트리아 헝가리 공사는 일본 정부가 임명한 관리와 협의하여 이 조약에 첨부한 교역 규율의 취의를 시행하기 위해, 교역을 위해 열린 제 항구에서 긴요, 지당한 규율을 세울 권한이 있다.

일본 관리는 각 항에서의 간책 밀상을 막기 위해 적합한 규율을 세워야 할 것.

제15조
일본 정부는 일본에 재류하는 오스트리아 헝가리 인민이 일본인을 통변 혹은 사표, 소사 등의 제 역에 사용하고 이들을 법도에 위배되지 않는 제반 일에 부리는 것에 방해받지 않는다. 그렇지만 만일 이 일본인이 죄를 범할 경우 일본의 법도로 벌할 것이다.

일본인이 오스트리아 헝가리 선중에서 제반의 직무에 고용되는 것은 자유이다.

오스트리아 헝가리인이 고용해 둔 일본인이 만약 그 고용주와 동행하여 해외로 나갈 것을 해당 지역 관청에 출원할 때에는 정부의 허가를 받아야 한다.

이미 일본력 게이오 2년 4월 9일(서력 1866년 5월 23일) 일본 정부의 고시가 포고된 것처럼, 일본인은 관계자로부터 정부의 인장을 받으면 수업 혹은 상업을 위해 오스트리아 헝가리로 자유롭게 갈 수 있다.

제16조
일본 정부는 신속히 일본 화폐 제조법에 긴요한 개정을 이루는 데에 힘써야 한다. 또한 일본의 주요한 화폐 제조국 및 제 개항장에서 건설할 화폐국에서 외국인과 일본인은 그 신분에 구애됨 없이 각종 외국 화폐와 탁금은(棹金銀)을 개주하는 비용을 제외하고 일본 화폐와 동일한 가격의 비율로 교환할 수 있다. 이 개주 소요 비용은 쌍방 협의 후에 정할 것이다.

오스트리아 헝가리인과 일본 인민이 서로 간 지불 방법을 정하는 데에 외국 혹은 일본의 화폐를 사용하는 것은 자유이다.

일본 동전을 제외하고 각종 화폐 및 화폐로 만들어지지 않은 외국 금은은 일본국에서 수출할 수 있다.

제17조
일본 정부는 오스트리아 헝가리인 무역을 위해 열린 각 항의 최근방의 선박들 출입의 안전을 위해 등명대, 등명선, 부목 및 뇌표(瀨標)를 준비해야 한다.

제18조
오스트리아 헝가리 선박이 일본의 해안에 파선 혹은 표착, 혹은 어쩔 수 없이 일본의 항내로 피신해 온다면 해당 일본 장관이 이를 알게 된 즉시 신속히 그 선박에 가능한 부조를 더하여 그 선중 사람들에게 친절히 대우하고 필요한 경우 그 사람들에게 최근방의 오스트리아 헝가리 영사관에 갈 방편을 제공한다.

제19조
오스트리아 헝가리 해군 비용 제품은 일본국 제 개항장에 하역하고 오스트리아 헝가리 관리가 보호하는 창고에 보관해 둘 것이다. 다만 이를 위해 조세를 납부하는 일은 없다고 하더라도 만약 이 비용품을 일본인 혹은 외국인에게 팔 일이 있으면 구매자가 상당한 조세를 일본 장관에 납부해야 한다.

제20조
일본 천황 폐하가 타국 정부 및 그 인민에 부여한 혹은 이후에 부여하고자 하는 모든 특별 허가와 편의는 오스트리아 헝가리 정부 및 그 인민에게도 이 조약 실시일로부터 허락할 것임을 지금 여기에 확정한다.

제21조
오는 임신년 즉 1872년 7월 1일 혹은 그 후에 이 조약 무역 규칙 및 수입·수출 상세를 실험하여 긴요한 변혁 혹은 개정을 하기 위해 이를 재차 논의할 수 있다. 그렇지만 재론의 뜻은 1년 전에 고지해야 한다. 만일 일본 천황 폐하가 이 기한 전에 각국 조약에 대한 개정 논의를 하고자 하고 이에 타 조약 체결국들이 동의한다면 오스트리아 헝가리 정부도 또한 일본 정부의 희망에 따라 그 회의에 참가해야 한다.

제22조
오스트리아 헝가리 공사 혹은 영사 관리가 일본 정부에 보내는 모든 공적 서한은 독일어로 기록할 것이다. 그렇지만 편리를 위해 이 조약 시행일로부터 3년 동안은 영어 혹은 일본어 번역문을 첨부해야 한다.

제23조
이 조약은 독일어 2통, 영어 3통, 일본어 2통 등 각 7통에 기록하여 그 문의는 각각 같지만 차이가 있다면 영문을 기본으로 할 것이다.

제24조
이 조약은 일본 천황 폐하와 오스트리아 헝가리 황제 폐하가 서로 이름을 기록하고 조인하여 확정하며 본 서는 12개월 이내에 혹은 가능한 그 이전에 교환할 것이다.
이 조약은 금일부터 시행할 것이다.
이상의 증거로 쌍방 전권들은 이 조약에 이름을 기록하고 조인한다.

일본력 메이지 2년 9월 14일
서양력 1869년 10월 18일

도쿄에서
사와 외무경 종3위 기요하라 노부요시 화압
데라지마 외무대보 종5위 후지와라 무네노리 화압

페츠 남작 (인) 해군소장

일본에서 오스트리아 헝가리인 교역 정칙

제1칙
오스트리아 헝가리 선박이 일본의 항구에 도착 후 서양 48시(일요일은 제외) 내에 선장은 일본 세관의 관리에 오스트리아 헝가리 영사의 수취서를 보여야 한다. 이상은 모두 선중 서류 적하 목록 등을 오스트리아 헝가리 영사관에 보관한다는 뜻을 보이는 것이다. 그 후 위의 선장은 서류를 제출하고 그 선박 입항 수속을 거쳐야 한다. 위의 서류는 선박호, 출발 항구명, 톤수, 선장 이름, 선중 여객이 있다면 여객 명부와 승조원 수 등을 기록한 것으로 위 선장은 그 서류 내용이 틀림없음을 증명한다는 서명을 한다. 위 서류와 함께 선장은 적하 보고서를 맡겨야 한다. 이는 포장 화물 기호 및 번호와 그 물품의 종류, 무게를 송장 기록대로 기재하고 하물 수취인의 이름을 기록한 것이다. 또한 선중 준비품 목록도 위 보고서에 더해져야 한다. 다만 선장의 상기 보고서는 선박의 총적하 및 선중 준비품이 틀림없다는 것을 증명하는 서명을 한다.
만약 위 보고서 중에 잘못된 부분을 알게 되었을 때에는 서양 24시(일요일 제외) 안에 이를 수정하며 벌금을 내지 않는다. 그러나 이 기한을 넘어 수정할 경우 멕시코는 15매를 벌금으로 내야 한다.

보고서 중에 누락품은 관세 외에 별도로 벌금을 내야 한다. 금액에 대해서는 물품의 관세 지불액과 동일하다.

선장은 이 정칙에 제시된 기한 중에 일본 세관에 그 선박 입항 수속을 태만히 한다면 입항 수속을 태만히 한 날마다 멕시코는 60매를 벌금으로 내야 한다.

제2칙
일본 정부는 그 항구에 입진하는 각 선박(군함 제외)에 세관 관리를 배치할 수 있다.
선중에서는 위 세관 관리를 정중히 대하고 또한 가능한 상당한 편의를 제공해야 한다.

일몰부터 일출까지는 세관 관리가 특별한 허가 없이 선박에서 물품을 내리지 않는다. 또한 선창 외에 모든 선중 하물 납입 장소의 입구에는 일몰에서 일출까지 일본 관리가 이에 봉인을 하거나 열쇠로 잠그거나, 견고히 봉해 둔다. 만일 허가 없이 일본 세관 관리가 봉인해 둔 입구를 파손하거나 제거하면 이를 어긴 자는 그때마다 멕시코는 60매의 벌금을 내야 한다.

일본 세관에 상당한 보고서를 제출하지 않고 하물을 선박에서 내리거나 내리려고 할 때에는 그 품목은 다음에 정한 대로 압수할 것이다.

포장 화물 가운데 목록 중에 기재되지 않은 가치 있는 물품을 숨기고 일본의 수납액을 줄이고자 꾀한 자는 몰수한다.

만일 오스트리아 헝가리 선박이 일본의 개방하지 않은 항구에서 제 물품을 밀상하거나 밀상하고자 꾀할 때에는 그 물품을 일본 정부가 몰수하고 어길 때마다 그 선박에 멕시코은 1,000매의 벌금을 부과한다.

수리를 필요로 하는 배는 관세를 내지 않고 적하물을 하역할 수 있다. 위의 하역한 제품들은 일본 관리가 맡아 둔다. 또한 창고 보관료, 인건비 등의 상당 비용은 지불해야 한다. 만일 하물 가운데 판매할 것이 있다면 판매한 분은 정례의 관세를 내야 한다.

적하를 같은 항 내의 다른 선박으로 옮기는 것에는 별도로 관세를 내지 않아도 된다. 그러나 일본 관리가 검사하고 사실에 틀림없음을 안 연후에 선박 이동을 위해 일본 관리가 발급한 허가증을 가지고 옮겨야 한다. 만일 위 면허증 없이 옮기면 어길 때마다 멕시코은 60매 벌금을 일본 정부에 납부해야 한다.

아편 수입하는 것은 금제이므로 교역을 위해 일본에 도래한 오스트리아 헝가리 각 선박은 선중에 3근 이상의 아편을 소지할 경우 남은 분량은 일본 정부가 압수, 처분할 것이다. 또한 아편을 밀상하거나 하려고 꾀할 경우에는 아편 1근마다 멕시코은 15매의 벌금을 내야 한다.

제3칙
하주 혹은 하물 인수인이 하물을 하역고자 할 때는 하물의 보고서를 일본 세관에 제출해야 한다. 이 보고서는 보고자의 성명, 하물 수입한 선박명, 기호, 번호, 적하 종류 무게 및 각종 가격을 기록한 것으로 이 보고서 중에 게재된 제 가격 총계를 그 서면 말미에 기록해야 한다. 하주 또는 하물 수취인은 보고서의 제 품목에 실제 가격을 기록했다는 뜻을 보고서에 기록함으로써 이를 증거로 한다. 또한 일본 세관에 해가 될 만한 것은 숨기지 않는다는 내용을 증명해야 한다. 다만 하주 혹은 하물 수취인은 이 증서에 서명을 자필로 해야 한다.

제출 하물 목록의 본 서는 세관 관리에 제출하고 관리는 그 보고서에 기록된 물품들에 대한 조사가 끝날 때까지 가지고 있어야 한다.

일본 관리는 위와 같이 제출한 하물의 일부 혹은 전체를 조사할 수 있다. 또한 조사를 위해 그 하물을 세관에 가져올 수 있다. 다만 이를 조사함에 있어 수입인은 소요 비용을 내지 않으며 또한 물품에 손상이 가지 않도록 취급하고 조사가 끝난 후에는 일본인은 다시금 그 하물을 가능한 원 형태로 포장해야 한다. 또한 이를 조사함에 불필요한 시일을 소요하지 말아야 한다.

하주 또는 수입인은 그 하물을 수취하기 전, 수입 도중에 손상이 있음을 발견할 경우는 세관 관리에 그 손상의 내용을 알려 청렴결백한 사람 2명 혹은 2명 이상이 그 가격을 결정해야 한다. 다만 그 사람들이 충실히 조사한 후에 각 상품의 손해액을 분할 기록하고 그 기호, 번호를 기록한 증서를 제출해야 한다. 다만 그 증서에는 세관 관리의 입회하에 가격을 산정한 사람들의 성명을 자필로 기록해야 한다. 또한 수입인은 그 증서를 보고서에 첨부하여 상당 액수를 제외할 수 있다.

그렇지만 이 정칙에 첨부한 조약 제8조에 기재된 대로 하물에 가격을 붙이는 일에 대해 세관의 관리는 이를 방해할 수 없다.

관세 지불 후에는 하물을 건넬 수 있다는 면허장을 하주에게 발급하고 하물은 세관에서도 선중에서도 건넬 수 있다.

수출하고자 하는 물품은 선중에 수송하기 전 일본 세관에 보고해야 한다. 그 제출 서면에는 하물 수출 선박명과 포장 제품의 기호, 번호, 하물의 수량, 종류, 무게, 가격을 기재해야 한다. 수출인은 위 보고서 중에 게재된 물품이 틀림없다는 뜻을 기록하고 그 증거로 서명을 자필로 기재해야 한다.

세관에 보고하기 이전 수출을 위해 선박에 보낸 물품 및 금제품들을 포장하여 넣은 하물은 모두 일본 정부가 압수한다.

각 선박 승조원 또는 여객의 사용품 혹은 여객의 의복 등은 세관에 보고하지 않아도 된다.

일본 관리는 수상히 생각되는 물품을 위 관리가 이를 압수하여 둘 수 있다. 그렇지만 일본 관리는 곧바로 이를 오스트리아 헝가리 영사 관리에 고지해야 한다.

오스트리아 헝가리 영사 관리는 압수하여 재판한 물품은 바로 일본 장관에 건네야 한다. 또한 오스트리아 헝가리 영사 관리에 의해 내려진 벌금의 지불 방법은 빠르고 신속하게 일본 장관이 징수해야 할 것이다.

제4칙
출항을 원하는 선박은 서양 24시 전에 세관에 고지해야 한다. 이 기한 후에는 그 선박이 출항할 이유가 있다고 하더라도 출항을 거부할 때는 세관 관리 등이 신속히 선장 또는 선박 인수인에게 출항을 거부하는 이유를 고하고 또한 그 취지를 오스트리아 헝가리 영사에 알려야 한다. 선장은 세관에서 부여한 제 관세 지불 완료 증서를 가지고 있지 않으면 오스트리아 헝가리 영사는 맡아 둔 서류를 선장에게 건넬 수 없다.

오스트리아 헝가리 군함은 세관에 입항 또는 출항 수속을 할 필요가 없다. 또한 군함에는 일본 세관 관리 혹은 단속 관리가 들어가지 않는다.
오스트리아 헝가리 증기 우편선은 같은 날에 입항과 출항을 할 수 있다. 또한 일본에 상륙한 여객 및 하역하는 물품 외에는 보고서를 제출할 필요가 없다. 다만 위 증기선은 언제든 세관에 입항·출항의 수속을 할 수 있다.

선중 사용품을 위해 입진하는 포경선 혹은 난파선은 적하 보고서를 제출할 필요가 없다. 그러나 이어 상품 판매를 원할 때에는 제1칙에 게재한 대로 보고서를 맡아 두어야 한다.

이 정칙 중 또는 이 정칙에 첨부한 조약 중 "ship"이라 칭하는 것은 모두 선박(ship), 바크(baruque), 브리그(brig), 스쿠너(shooner), 슬루프(sloop), 또는 증기선(steamer)을 말한다.

제5칙
일본의 징수에 해가 되는 거짓 보고, 혹은 증서에 서명한 자는 어길 때마다 멕시코은 125매의 벌금을 내야 한다.

제6칙
톤세는 일본 항구에서 오스트리아 헝가리 선박에 징수하는 일은 없다. 다만 다음과 같은 사례은은 세관 관리에 제출해야 한다.
1선박 입항 수속에 대해 멕시코은 15매
1선박 출항 수속에 대해 멕시코은 7매
모두 이 규칙에 기재한 하물 선적 하역의 허가에 대해 사례금을 내지 않아도 된다.

건강증서 등은 다른 증서에 대해 멕시코은 1원 반

제7칙
모든 일본에 하역하는 물건 및 수출하고자 하는 물품들은 이 서류에 첨부한 다음의 관세 목록에 따라 일본 정부에 관세를 내야 한다.

제8칙
어떤 일본인이라도 일본 개항장 혹은 해외에서 여객 또는 하물을 운송할 각종 범선, 증기선 모두 자유로이 구입할 수 있다. 다만 군함은 일본 정부의 허가가 없으면 구입할 수 없다.

일본인이 구입하는 제 외국선은 증기선의 경우 1톤에 1부은 3개, 범선은 1톤에 1부은 1개의 관세를 규정대로 납부한다면 일본의 선박으로서 선박 목록에 기재해야 한다. 다만 그 선박 톤수를 정하기 위해 일본 장관의 요구에 따라 관계 영사가 본국의 선박 목록의 사본을 보여 사실을 증명해야 한다.

군용 물품은 일본 정부 및 외국인에게만 팔 수 있다.

제9칙

일본에 재류하는 오스트리아 헝가리인 및 오스트리아 헝가리 선박의 승조인 또는 여객은 스스로의 필요를 충당할 만큼은 수출 목록에 기재한 수출 금제 곡물 및 제분을 구입할 수 있다. 다만 위 곡물 및 제분을 오스트리아 헝가리 선박에 싣기 전에 반드시 통례와 같이 세관에서 선적 허가증을 받아야 한다.

금제 곡물과 제분류를 제 개항장 사이에서 수송하는 경우 일본 정부는 이에 상관하지 않는다. 그렇지만 만일 일본인 및 외국인이 위 물품을 개항장에서 운송함에 각별한 사유가 있어 당분간 이를 금하고자 할 경우 일본 정부는 위의 취지를 2개월 전에 외국 장관에 고지해야 한다. 또한 이 금제는 사실상 어쩔 수 없는 경우에만 한정하며 신속히 이 금제를 해제하는 데에 일본 정부는 주의해야 한다.

제10칙

이 세칙에 기재한 일본 1근 즉 160목은 프랑스 604그램 53센치그램 또는 영국 1파운드 3분의 1, 오스트리아의 1파운드 8리에 해당한다.
1야드는 영국 척도 3푸트에 해당한다. 프랑스의 914밀리미터에 해당한다.
영국의 1푸트는 프랑스 304밀리미터 7에 해당하고 일본 길이 1척에서 1촌 8분의 1의 길이이다.
재목 1코크는 영국 10입방 푸트, 또는 미국 1인치 두께의 목척 120푸트에 해당한다.
이치부긴(一分銀) 2.3몬메는 은화로 그 무게는 프랑스의 8그람 67센티그램(영 트로이량 134게런) 보다 낮지 않다. 그 질(質)은 순은 9푼보다 내려가지 않으며 혼합물은 1푼보다 많지 않다.
1센트는 이치부긴의 100분의 1을 말한다.

제11칙

관세 제 취급 하물의 하역, 선적 및 뱃사람, 시종 등의 고용에 대해 개항장에서 지금까지 소송이 일어나 불합리함을 제외하기 위해 각 개항장 장관은 신속히 외국 영사와 담판하여 쌍방 협의 후에 위의 불합리한 일들이 결코 발생하지 않도록 규칙을 세우고 일본인과 외국인의 교역 및 그 사용을 가능한 한 상황이 좋도록 변경하고 또한 안전하기 위해 쌍방이 이에 의정하였다. 제 개항장에서 하물 하역, 선적을 위해 사용하는 방파제 가운데 물품을 선적하기 전 또는 하역한 후 임시로 납부를 위한 가건물을 일본 정부가 만든다.

메이지 2년 9월 14일
1869년 10월 18일 도쿄에서
사와 외무경 종3위 기요하라 노부요시 화압
데라지마 외무대보 종5위 후지와라 무네노리 화압
남작 폰 페츠 해군 소장

〈수입품 관세 목록〉 생략

5) 오가사와라 제도 귀속에 관한 서한(1876)

○ 명칭: 오가사와라 제도(諸島) 귀속에 관한 서한

○ 체결 국가: 일본과 서구 각국

○ 체결일: 1876년 10월 7일(서한 발송일).

○ 체결 장소: 도쿄

○ 서명자(또는 전권대사)
- 데라지마 무네노리(寺島宗則) 발송, 각국 공사 앞

○ 작성 언어: 일본어, 영어

○ 체결 배경 및 과정

오가사와라 제도는 도쿄도 중심부에서 남쪽으로 약 1,000km 떨어진 곳에 산재하는 섬들로, 무코지마(聟島)·지치지마(父島)·하하지마(母島) 세 열도에 속한 30여 개의 섬으로 구성되어 있다. 막부는 1675년에 사람을 파견하여 섬을 조사하게 하였으나 그 후 개척은 중단되어 오랫동안 무인도로 방치되었다. 섬의 귀속 문제가 불거진 것은 서구 열강의 접근이 본격화된 19세기부터이다. 1827년 영국함 브로삼호 함장 비치가 이곳을 탐색하고 영국령을 선언하였고, 1830년에는 미국인 나카니엘 사보리 등이 이주하여 개척에 착수하였다. 이어 1853년 페리가 일본 내항 도중에 지치시마의 후타미(二見港) 항에 기항해 석탄 저장고 부지를 매수하면서 영·미 사이에 분쟁이 발생하기도 하였다. 오가사와라 제도에 대한 열강의 움직임을 인지한 막부는 1861년 말, 외국 부교 미즈노 다다노리를 파견해 일본령을 선언하고 오바나 사쿠스케(小花作助) 등 관리 6인을 섬에 재류시켰으며 이듬해에는 하치조지마(八丈島)의 주인 30여 명에게 이주, 개척 사업을 명하였다. 그러나 1863년 관리가 귀환하며 개척 사업은 중단되고 막부 말기~메이지 초기의 혼란 속에서 이들 섬은 재차 방치되었다. 이후 1873년 오가사와라 제도의 관할, 관리 문제가 정부 내에서 논의되었고 이에 따라 1875년 외무성, 내무성 관리들이 섬으로 파견되어 일본령이 선언되었다. 이듬해인

1876년 오가사와라 제도를 내무성 소관으로 정했으며 각국 공사에 이를 통지하는 서한을 보내게 된다.

○ 주요 내용

총 6개 조로 이루어진 섬 규칙과 총 7개 조의 항 규칙 및 13개 조의 세칙을 각국에 통지하였다. 우선 섬 규칙에서는 섬 주민의 거주 및 섬 밖으로의 이동, 귀도(歸島)에 대한 신고제를 규정하였다(제1조, 제2조). 또한 개간을 장려하기 위해 개간지에 대한 사유권 인정(제4조)과 세금 혜택(제5조) 등이 규정되었다. 항 규칙과 세칙에서는 일본 개항장의 각 규칙에 의거하여 실시될 것을 명시하면서도 당분간 출입항 수속료, 선박세, 수출입세 등의 면제를 규정하였다. 다만 이를 악용하는 것을 방지하기 위해 본 섬을 경유해 일본 본토로 수출입되는 경우에는 관세를 부과하는 것으로 하였다.

○ 결과 또는 파급 효과

메이지 정부의 오가사와라 영유 선언 통지를 접한 열강은 섬 주민 외국인에 대한 영사재판권 적용을 요구하였다. 그러나 일본 측은 오가사와라가 조약상 규정된 개항장이 아니라는 논리로 거부하였다. 나아가 오가사와라 제도에 영주를 허가받은 외국인은 이곳에 설치된 내무성출장소·도쿄부출장소를 통해 차차 일본에 귀화되었다. 1886년 11월에는 출장소를 대신하여 오가사와라 도청(島廳)이 설치되어 현지 관리의 재량을 강화시켰으며, '귀화 외국인'에 대한 일본의 법 도입을 정착시키는 데 성공하였다.

○ (조약문) 출처

• 『舊條約彙纂』 제1권 各國之部 제1부, 274~281쪽.

오가사와라 제도(諸島) 귀속에 관한 서한(일본어본) 원문

往翰
御手紙致啓上候然は我南海中之一屬島小笠原島之儀昨明治八年中我政府より官吏を派遣し實際を檢せしめ候處追々移住之者相殖候に付今般該島に官廳を設け官吏を派任せしめ別紙規定に從ひ取締爲致候條此段及御通知候 敬具
九年十月七日
寺島外務卿
各國公使姓名 閣下

(別紙)
島規則

第一條
島中ノ人民永住寄留ヲ論セス總テ島廳ヘ屆出島則ヲ守ルヘキ事

第二條
島中ノ人民生死婚嫁及他行歸島共總テ島廳ヘ可屆出事

第三條
島廳ニテ不許地ハ私有スルヲ得ス私有ヲ許ス地ハ總テ劵狀ヲ與フヘシ尤之ヲ賣買セント欲スルトキハ是又島廳ヘ申立改テ劵狀ヲ請ヘキ事

第四條
島廳ノ許可ヲ得テ新規開墾セシ地ハ其者ヘ授與シ私有ノ地劵ヲ渡スヘシ

第五條
從來開墾ノ地ハ今ヨリ十ケ年新規開墾ノ地ハ開墾落成ノ後ヨリ十ケ年其間無稅タルヘシ右期限ノ後ハ土地ノ實況ニヨリテ詮議アルヘキ事
但一度開墾セシ地タリトモ三ケ年間打捨置荒蕪ニ屬スルトキハ私有ノ權ハ無之事

第六條
右ノ外追々島則ヲ增補スル事アラハ其都度之ヲ布告スヘシ

港規則

第一條
內外ノ船舶軍艦ヲ除ク本港ニ投錨セハ二十四時間ニ其船長ヨリ其國名船號船長ノ姓名噸數乘組ノ人員發港地名積荷ノ品名數量及渡來ノ趣意ヲ島廳ヘ屆出テ滯泊免許狀ヲ受クヘキ事

第二條
內外ノ船舶本港ヘ入迫セハ日本政府ニテ定メタル島規則港規則稅則及其他ノ規則ヲ遵守スヘキ事

第三條
內外ノ船舶出入港手數料或ハ船稅等當分ノ間總テ之ヲ取立テサル事

第四條
港內ニテ人畜ノ死骸ハ勿論石其他輕荷等船中ヨリ取棄ツヘカラサル事

第五條
內外ノ船舶本港ヘ到着ノ節其船中ニ疱瘡其他ノ傳染病相煩フモノアラハ常例ノ通避病旗ヲ檣上ニ引揚ケ置キ島廳ヨリ許可スル迄ハ他ノ船舶及小舟又ハ陸路等ヘ往來スヘカラス且所用アリテ右船舶ヘ相越シタル官吏ヘハ前以テ病症等ヲ告知シ病氣傳染セサル樣注意スヘキ事

第六條
出港セント欲スル船舶ハ其旨ヲ十二時間前ニ島廳ヘ屆出テ出港免許狀ヲ得テ後出港スヘキ事

第七條
此規則ノ條款ニ違犯スルモノアルトキハ島廳ニ於テ取糺シ罪ノ輕重ヲ酌量シ金百圓ヨリ多カラス五圓ヨリ少カラサル罰金ヲ其船長ヨリ取立ツヘキ事

稅則

第一條
本島ヨリ貨物ヲ輸出シ或ハ本島ヘ貨物ヲ輸入シ又ハ他船ヘ積移サント欲スルモノハ總テ島廳ヘ願出テ檢查ヲ受ケ內地開港場海關ニ於テ現今施行スル方法ニ隨ヒ其取扱ヲ受クヘシ

第二條
本島ヨリ輸出スル貨物及本島ヘ輸入スル貨物ハ當分ノ內無稅タルヘキ事

第三條

外國渡航免許ヲ受ケタル內國船及外國船ヲ以テ本島ノ産物ヲ內地ヘ回漕スルトキハ固ヨリ無稅タルヘシト雖モ該貨物ニハ必ス回漕免狀ヲ添テ回漕スヘキ事

第四條
外國渡航免許ヲ受ケタル內國船及外國船ヲ以テ本島ノ産物ヲ內地ヨリ本島ヘ積戾ストキハ前條同樣該貨物ニハ必ス積戾免狀ヲ添ヘテ回漕スヘキ事

第五條
外國渡航免許ヲ受ケタル內國船及外國船ヲ以テ內地ノ産物ヲ本島ヘ回漕スルトキハ定則ノ輸出稅金ヲ內地開港場稅關ニ預ケ置キ該貨物ヲ本島ニ回漕陸揚セシ證書ヲ島廳ニ請ヒ該證書ヲ六ケ月間ニ前キニ輸出セシ開港場稅關ニ差出ス可シ然ルトキハ稅關ニテ最前預リ置キタル稅金ヲ返附スヘキ事

第六條
外國渡航免許ヲ受ケタル內國船及外國船ヲ以テ內地ノ産物ヲ本島ヨリ內地ヘ積戾ストキハ定則ノ輸出稅金ヲ島廳ヘ預ケ置キ該貨物ヲ內地開港場ニ回漕陸揚セシ證書ヲ該稅關ニ請ヒ右證書ヲ六ケ月間ニ島廳ニ差出スヘシ然ルトキハ島廳ニテ最前預リ置タル稅金ヲ返附スヘキ事

第七條
內地ノ産物ヲ本島ニ回漕スルハ無稅タルヘシト雖モ本島ヨリ更ニ之ヲ外國ニ輸出スルトキハ本島ニテ定則ノ輸出稅ヲ取立ツヘキ事

第八條
外國ノ産物ヲ本島ヘ輸入スルハ當分無稅タルヘシト雖モ本島ヨリ更ニ之ヲ內地ヘ輸送スルトキハ本島ニテ定則ノ輸入稅ヲ取立ツヘキ事

第九條
一旦內地開港場ヘ輸入セシ外國品ヲ再ヒ本島ヘ回漕スルトキハ前キニ內地ニ於テ收入セシ輸入稅ハ爲メニ返附スヘカラサル事

第十條
阿片ヲ本島ニ輸入スルヲ許サス若シ密ニ輸入シ又ハ輸入セント謀リシトキハ現品ヲ沒收シ內地開港場ニ現今施行スル所ノ罰則ニ從ヒ其罰金ヲ課スヘシ

第十一條
本島ニ於テ納稅及預ケ稅ヲナスハ內地開港場ニ於テ現今施行スル所ノ輸入ノ稅目ニ從フヘシ若シ

從價品代價不相當ト看認ルトキハ官吏其價値ヲ鑑定シ税額ヲ増スコトアルヘシ若シ船長或ハ貨主其監定ノ價値ヲ不相當ト看做ストキハ直ニ島廳ヘ買上クヘキ事

第十二條
此規則ノ條款ニ違犯スルモノアルトキハ島廳ニ於テ取糺シ罪ノ輕重ヲ酌量シ金五百圓ヨリ多カラス五圓ヨリ少カラサル罰金ヲ犯人ヨリ取立ツヘキ事

第十三條
此規則ヲ改メ或ハ貨物ニ課税スル事アルトキハ必ス三ケ月前ニ其旨公布スヘキ事

오가사와라 제도(諸島) 귀속에 관한 서한(일본어본)의 한글 번역문

서한
서한으로 말씀 드립니다. 우리 남해 중의 한 부속 도서 오가사와라는 작년 메이지 8년 중 우리 정부가 관리를 파견해 실정을 살펴보게 한바, 점차 이주하는 자들도 늘고 있으므로 금번 해당 섬에 관청을 설치하고 관리를 파견하고 별지 규정에 따라 단속하게 하였습니다. 이에 통지합니다. 경구
(메이지) 9년 10월 7일
데라지마 외무경
각국 공사 삭하

(별지)
섬 규칙

제1조
섬 안의 인민 영주, 기류를 막론하고 모두 섬 관청에 신고하고 섬의 규칙을 지켜야 할 것.

제2조
섬 안의 인민은 생사, 혼인 및 다른 곳으로 떠나거나 귀도하는 경우 모두 섬 관청에 신고해야 할 것.

제3조
섬 관청에서 허가하지 않은 지역은 사유할 수 없다. 사유가 허락된 지대는 모두 지권을 지급할 것이다. 다만 이를 매매하고자 할 때에는 이 또한 관청에 상신하고 새로이 지권을 받을 것.

제4조
섬 관청의 허가를 얻어 신규 개간한 땅은 개간자에 수여해 사유 지권을 발급할 것이다.

제5조
종래 개간지는 지금부터 10년, 신규 개간지는 개간 완료 후 10년간 세금이 없을 것이다. 위 기한 후에는 토지의 실황에 따라 심의할 것.
다만 한번 개간한 땅이라 하더라도 3년간 방치되어 황무지가 된 경우는 사유 권리를 무효로 할 것.

제6조
이상 외에 점차 섬 규칙을 증보하는 일이 있으면 그때마다 포고할 것이다.

항 규칙

제1조
내외 선박(군함 제외) 본항에 정박하면 24시간 내에 선장으로부터 국명, 선박명, 선장의 성명, 톤수, 승무원 수, 발항지명, 적하 품명, 수량, 도래 목적을 섬 관청에 신고하고 채류, 정박의 허가증을 받을 것.

제2조
내외의 선박은 본 항에 입항하면 일본 정부에서 정한 섬 규칙, 항 규칙, 세칙 및 기타 규칙을 준수할 것.

제3조
내외 선박 출입항 수속료 혹은 선박세 등은 당분간 모두 징수하지 않을 것.

제4조
항 내에 사람, 가축의 사체는 물론 돌, 기타 가벼운 짐 등을 선박에서 버리지 말 것.

제5조
내외 선박이 본 항에 도착하면 선중에 포창, 기타 전염병에 걸린 자가 있다면 상례대로 피병(避病) 깃발을 돛대 위에 계양해 두고 섬 관청의 허가가 내려지기까지 다른 선박 및 소형선 또는 육로 등으로 왕래할 수 없다. 또한 용무가 있어 위의 선박에 가는 관리에게는 사전에 병증 등을 고지해 병기가 전염되지 않도록 주의할 것.

제6조
출항하고자 하는 선박은 그 뜻을 12시간 전에 섬 관청에 신고하고 출항 허가증을 얻은 후에 출항할 것.

제7조
이 규칙 조관을 어기는 자가 있을 경우 섬 관청에서 조사하여 죄의 경중에 따라 금 100원 이하 5원 이상의 벌금을 선장에게 징수할 것.

세칙

제1조
본 섬에서 화물을 수출, 혹은 본 섬으로 화물을 수입하거나 또는 다른 선박에 화물을 옮기고자 하면 모두 섬 관청에 청원히여 검사를 받고 내지 개항장 세관에서 현재 시행 중인 방법에 따라 취급을 받아야 한다.

제2조
본 섬에서 수출하는 화물 및 본섬으로 수입하는 화물은 당분간 관세를 징수하지 않음.

제3조
외국 도항 허가를 받은 내국선 및 외국선으로 본 섬 산물을 내지에 운송할 때에는 본디 세금이 없다 하더라도 반드시 운송 허가증을 첨부해 운송할 것.

제4조
외국 도항 허가를 받은 내국선 및 외국선으로 본 섬의 산물을 내지에서 본 섬으로 가져올 때에는 앞선 조항과 같이 해당 화물에 반드시 허가증을 첨부하여 운송할 것.

제5조
외국 도항 허가를 받은 내국선 및 외국선으로 내지 산물을 본 섬에 운송할 때에는 정칙의 수출세금을 내지 개항장 세관에 납부하고 해당 화물을 본 섬에 운송, 하역하였다는 증서를 섬 관청에 청하여 해당 증서를 6개월 사이에 앞서 수출한 개항장 세관에 제출하면 세관에서 맡아 두었던 세금을 반환할 것.

제6조
외국 도항 허가를 받은 내국선 및 외국선으로 내지 산물을 본 섬에서 내지로 운송할 때에는 정칙 수출 세금을 섬 관청에 납부하고 화물을 내지 개항장에 운송, 하역한 증서를 해당 세관에 청하여 위 증서를 6개월 사이에 섬 관청에 제출하면 섬 관청에서 맡아 두었던 세금을 반환할 것.

제7조
내지 산물을 본 섬에 운송하는 것은 세금을 징수하지 않는다고 해도 본 섬에서 나아가 이를 외국에 수출할 때에는 본 섬에서 정칙의 수출세를 징수할 것.

제8조
외국 산물을 본 섬에 수입할 때에는 당분간 세금이 없다 하더라도 본 섬에서 나아가 이를 내지에 수송할 때에는 본 섬에서 정칙의 수입세를 징수할 것.

제9조
일단 내지 개항장에 수입한 외국품을 재차 본 섬에 운송할 때에는 앞서 내지에서 수취한 수입세는 반환하지 않을 것.

제10조
아편을 본 섬에 수입하는 것을 허락하지 않는다. 만약 몰래 수입하거나 수입하고자 할 경우에는 현품을 몰수하고 내지 개항장에서 현재 시행 중인 벌칙에 따라 벌금을 부과할 것이다.

제11조
본 섬에서 납세 및 예치 세금은 내지 개항장에서 현재 시행 중인 수입 세목에 따를 것이다. 만일 종가품 대가가 맞지 않는다고 인정될 경우에는 관리가 그 가격을 감정하고 세액을 증가할 것이다. 만일 선장 혹은 화주가 감정가를 부당하다고 여길 경우 섬 관청에서 사들일 것.

제12조
이 규칙 조관을 어길 경우 섬 관청에서 조사하여 죄의 경중에 따라 500엔 이하 5엔 이상의 벌금을 징수할 것.

제13조
이상의 규칙을 개정하거나 화물 과세를 할 경우에는 반드시 3개월 전에 그 뜻을 공포할 것.

4. 일-서양 간 조약 개정

조국

1) 영일통상항해조약 및 부속 의정서, 세목(1894)

○ 명칭
- 영어: Treaty of Commerce and Navigation
- 일본어: 通商航海條約

○ 체결 국가: 영국, 일본

○ 체결일: 1894년 7월 16일
- 비준일: 1894년 8월 24일

○ 체결 장소: 영국 런던(조인) / 일본 도쿄(비준서 교환)

○ 서명자(또는 전권대사)
- 일본: 아오키 슈조(青木周蔵)
- 영국: 킴벌리(John Wodehouse, 1st Earl of Kimberley)

○ 작성 언어: 영어, 일본어(번역문)

○ 체결 배경 및 과정

일본이 열강과 체결한 불평등 조약에 대한 개정 교섭 결과 맺어진 최초의 개정 조약으로 1894년 7월 16일 런던에서 주영공사 아오키 슈조와 영국 외상 킴벌리에 의해 조인, 8월 24일 비준, 27일 공포되어 1899년 7월 17일부터 시행되었다.

열강과의 불평등 조약 개정은 메이지 정부 수립 초기부터의 숙원 사업이었으나 그동안 국내 여론과 정치 동향, 국제 관계 속에서 번번히 실패로 돌아갔다. 최초의 본격적인 개정 교섭은 이노우에 가오루 외무경 시기에 시작되었다. 데라지마 외무경 시기의 '관세 주권 회복'에 중점을 둔 개정 교섭이 실패로 돌아간 이후, 이노우에는 '법권 회복=영사재판권 철폐'를 전면에 내세우고 이를 조건으로 외국인에게 내지 개방(내지 잡거)을 선언하였다. 이노우에의 뒤를 이어, 오쿠마 시게노부, 아오키 슈조, 에노모토 다케아키, 무쓰 무네미쓰를 거치며 이루어진 개정 교섭에서 조약국 전체 회의가 각국 담판으로 변경되고, 외국인 판사 임용안이 폐지되는 등, 개별 항목에서 차이가 있었으나 '법권 회복'과 '내지 개방'의 기본적 노선은 관철되었다.

애초 개정 교섭에 소극적이었던 영국이 러시아의 남하 정책, 독일과 일본의 밀접한 연계를 경계하여 태도를 바꾸면서 조약 개정은 급물살을 타게 되었다. 외무대신으로 취임한 무쓰는 아오키 슈조 주독 공사에게 영국 공사의 겸무를 명하고 영국과의 교섭을 지시하였다. 이 가운데 일본 내부에서는 내지 잡거 시기 상조, 현행 조약의 엄격한 이행 등을 주장하며 개정 교섭에 반대하는 움직임이 거세게 나타났고 정부는 의회를 해산하는 강경한 조치를 취하였다. 대영 교섭에서의 난관은 거류지의 토지 소유권, 신조약 발효일, 관세 협정을 둘러싼 문제였으나 결국 외국인의 거류지 토지 소유권을 인정하지 않되 영대차지권을 존중하고, 신조약은 근대적인 법전이 실시되기까지 발효하지 않기로 하였으며, 관세 협정 품목을 제정하기로 합의하면서 신조약이 체결되기에 이른다.

○ 주요 내용

본문은 22개조로 구성되었다. 상호 대등한 조약으로 영사재판권의 폐지, 관세 자주권에 대한 부분적 회복, 상호 최혜국 대우 등을 규정하였다. 조약 실시 기일은 조인 후 5년 후로 하여 그 사이에 제 법전을 제정, 시행하기로 하였다.

○ 결과 또는 파급 효과

일본은 영국과의 조약 개정에 성공한 이후, 이를 기반으로 미국, 프랑스, 독일, 러시아 등과도 차례로 신조약을 체결하게 된다. 이로써 일본은 영사재판권과 편무적 최혜국 대우를 폐지하고 서구 열강과 대등한 조약 관계를 수립하였다. 다만 관세 자주권은 협정 세율에 따르는 38개 항목이 규정됨에 따라 부분적인 회복에 그쳤으며 완전한 관세 자주권의 회복은 1911년 일미통상항해조약 개정에 이르러서야 달성하게 된다. 한편 영국과의 조약 개정에 성공한 직후 일본은 청일전쟁을 통해 동아시아 지역에 대한 침략과 패권 획득의 야욕을 노골적으로 드러내며 서양, 동양에 대한 '이중 외교'를 전개해 나갔다.

○ (조약문) 출처
- 『舊條約彙纂』 제1권 各國之部 제2부, 46~60쪽, 61~64쪽(의정서), 64~66쪽(관세목록)

영일통상항해조약 및 부속 의정서, 세목(일본어본) 원문

通商航海條約
明治二十七年七月十六日倫敦ニ於テ調印(英文)
同年八月二十四日批准
同年八月二十五日東京ニ於テ批准書交換
同年八月二十七日公布

(譯文)
日本國皇帝陛下及大不列顛愛蘭聯合王國兼印度國皇帝陛下ハ兩國臣民ノ交際ヲ皇張增進シ以テ幸ニ兩國間ニ存在スル所ノ厚誼ヲ維持セムコトヲ欲シ而シテ此ノ目的ヲ達セムニハ從來兩國間ニ存在スル所ノ條約ヲ改正スルニ如カサルヲ確信シ公正ノ主義ト相互ノ利益ヲ基礎トシ其ノ改正ヲ完了スルコトニ決定シ之カ爲メニ日本國皇帝陛下ハ英國駐劄帝國特命全權公使從二位勳一等子爵靑木周藏ヲ大不列顛愛蘭聯合王國兼印度國皇帝陛下ハ其ノ外務大臣ガーター勳章ノ「ナイト」、ゼー、ライト、オノレーブル、ジョン、キムバーレー伯爵ヲ各其ノ全權委員ニ任命セリ因テ各全權委員ハ互ニ其ノ委任狀ヲ示シ其ノ良好妥當ナルヲ認メ以テ左ノ諸條ヲ協議決定セリ

第一條
兩締盟國ノ一方ノ臣民ハ他ノ一方ノ版圖內何レノ所ニ到リ、旅行シ或ハ住居スルモ全ク隨意タルヘク而シテ其ノ身體及財產ニ對シテハ完全ナル保護ヲ享受スヘシ

該臣民ハ其ノ權利ヲ伸張シ及防護セムカ爲メ自由ニ且容易ニ裁判所ニ訴出ルコトヲ得ヘク又該裁判所ニ於テ其ノ權利ヲ伸張シ及防護スルニ付內國臣民ト同樣ニ代言人,辯護人及代人ヲ選擇シ且使用スルコトヲ得ヘク而シテ右ノ外司法取扱ニ關スル各般ノ事項ニ關シテ內國臣民ノ享有スル總テノ權利及特典ヲ享有スヘシ
住居權、旅行權及各種動產ノ所有,遺囑又ハ其ノ他ノ方法ニ因ル所ノ動產ノ相續竝ニ合法ニ得ル所ノ各種財產ヲ如何ニ處分スルコトニ關シ兩締盟國ノ一方ノ臣民ハ他ノ一方ノ版圖內ニ在リテ內國若ハ最惠國ノ臣民或ハ人民ト同樣ノ特典, 自由及權利ヲ享有シ且此等ノ事項ニ關シテハ內國若ハ最惠國ノ臣民或ハ人民ニ比シテ多額ノ稅金若ハ賦課金ヲ徵收セラルヽコトナカルヘシ兩締盟國ノ一方ノ臣民ハ他ノ一方ノ版圖內ニ於テ良心ニ關シ完全ナル自由及法律、勅令及規則ニ從テ公私ノ禮拜ヲ行フノ權利, 竝ニ其ノ宗敎上ノ慣習ニ從ヒ埋葬ノ爲メ設置保存セラルル所ノ適當便宜ノ地ニ自國人ヲ埋葬スルノ權利ヲ享有スヘシ

何等ノ名義ヲ以テスルモ該臣民ヲシテ內國若ハ最惠國ノ臣民或ハ人民ノ納ムル所若ハ納ムヘキ所ニ異ナルカ又ハ之ヨリ多額ノ取立金若ハ租稅ヲ納メシムルヲ得ス

第二條
兩締盟國ノ一方ノ臣民ニシテ他ノ一方ノ版圖內ニ居住スル者ハ陸軍、海軍、護國軍、民兵等ニ論ナク總テ强迫兵役ヲ免カレ且其ノ服役ノ代リトシテ取立ル所ノ一切ノ納金ヲ免カレ又一切ノ强募公債及軍事上ノ賦歛或ハ捐資ヲ免カルヘシ

第三條
兩締盟國ノ間ニハ相互ニ通商及航海ノ自由アルヘシ

兩締盟國ノ一方ノ臣民ハ他ノ一方ノ版圖內何レノ所ニ於テモ總テ正業ニ屬スル各種ノ生產物、製造品及貨物ノ卸賣若ハ小賣營業ニ從事スルヲ得ヘシ右營業ニ從事スルニ於テ自身ニ之ヲ爲シ、或ハ代理人ヲ以テシ、又ハ一人ニテ之ヲ爲シ、或ハ外國人若ハ內國臣民ト組合ヲ結ヒテ之ヲ爲スモ隨意タルヘク又必要ナル家屋、製造所、倉庫、店舖及附屬構造物ヲ所有シ或ハ之ヲ借受ケ又ハ使用シ、且住居及商業ノ爲メニ土地ヲ借受クルコトヲ得ヘシ但シ內國臣民ト同樣其ノ國ノ法律、警察規則及稅關規則ヲ遵守スルヲ要ス

該臣民ハ他ノ一方ノ版圖內ノ各地、諸港及諸河ニシテ外國通商ノ爲メ開カレ又ハ開カルヘキ場所ヘ船舶及貨物ヲ以テ自由ニ到ルヲ得且通商及航海ニ關シテハ政府、官吏、公吏、一私人或ハ會社若ハ何等施設ノ名義ヲ以テスルカ又ハ其ノ利益ノ爲メニ課セラルヽ所ノ稅金或ハ取立金ハ其ノ性質若ハ名稱ノ如何ヲ論セス內國臣民若ハ最惠國民或ハ人民ノ拂フ所ニ異ナルカ或ハ之ヨリ多額ノモノヲ拂フコトナク內國臣民若ハ最惠國民或ハ人民ト同一ノ取扱ヲ受クヘシ但シ常ニ各其ノ國ノ法律、勅令及規則ニ從フヘキモノトス

第四條
兩締盟國ノ一方ノ臣民カ他ノ一方ノ版圖內ニ於テ住居若ハ商業ノ爲メニ供スル家宅、製造所、倉庫、店舖及之ニ屬スル總テノ附屬構造物ハ侵スヘカラス

右家宅等ヘハ猥ニ侵入搜索スヘカラス又帳簿、書類或ハ簿記帳ヲ檢查點閱スヘカラス但シ內國臣民ニ對シ法律、勅令及規則ヲ以テ制定セル條件及定式ニ據ルトキハ此ノ限ニ在ラス

第五條
大不列顚國皇帝陛下ノ版圖內ノ生產或ハ製造ニ係ル物品ハ何レノ地ヨリ日本國皇帝陛下ノ版圖內ニ輸入シ又日本國皇帝陛下ノ版圖內ノ生產或ハ製造ニ係ル物品モ何レノ地ヨリ大不列顚國皇帝陛下ノ版圖內ニ輸入スルニモ總テ別國ノ生產或ハ製造ニ係ル同種ノ物品ニ課スル所ノ稅ニ異ナルカ或ハ之ヨリ多額ノ稅ヲ課セラルヽコトナカルヘシ又締盟國ノ一方ノ版圖內ヘ別國ノ生產或ハ製造ニ係ル物品ノ輸入ヲ禁止スルニ非サレハ他ノ一方ノ版圖內ノ生產或ハ製造ニ係ル同種ノ物品ヲ何レノ地ヨリ輸入スルコトヲモ禁止スルコトナカルヘシ但シ此ノ末段ノ取極ハ人畜或ハ農業ニ有用ナル植物ノ安全ヲ保護スルニ必要ナル衞生上及其ノ他ノ禁止ニハ適用スヘカラサルモノトス

第六條
兩締盟國ノ一方ノ版圖內ヨリ他ノ一方ノ版圖內ヘ輸出スル一切ノ物品ヘハ他ノ各外國ヘ輸出スル同種物品ニ對シテ賦課シ若ハ賦課スヘキ所ニ異ナルカ或ハ之ヨリ多額ノ稅金又ハ雜費ヲ賦課スルコトナカルヘシ又兩締盟國ノ一方版圖內ニ於テ他ノ各外國ニ向ヒ物品ノ輸出ヲ禁止スルニ非サレハ他ノ一方ノ版圖內ヘ同種ノ物品ヲ輸出スルコトヲモ禁止セサルヘシ

第七條
兩締盟國ノ一方ノ臣民ハ他ノ一方ノ版圖內ニ在リテ總テノ內地通過稅ハ免除セラルヘク又倉入、獎勵金、便益及稅金拂戾等ノ事項ニ就テハ全ク內國臣民ト均等ノ取扱ヲ享クヘシ

第八條
日本國皇帝陛下ノ版圖內ノ諸港ヘ日本國ノ船舶ヲ以テ適法ニ輸入シ若ハ輸入セラルヘキ總テノ物品ハ亦大不列顚國ノ船舶ヲ以テ同樣ニ之ヲ右諸港ニ輸入スルコトヲ得此ノ場合ニ於テハ日本國船舶カ右樣ノ物品ヲ輸入スルトキ課スヘキ稅金或ハ雜費ノ外何等ノ名義ヲ以テスルモ更ニ別種或ハ多額ノ稅金雜費等ヲ課セサルヘシ又大不列顚國皇帝陛下ノ版圖內ノ諸港ヘ大不列顚國ノ船舶ヲ以テ適法ニ輸入シ若ハ輸入セラルヘキ總テノ物品ハ亦日本國ノ船舶ヲ以テ同樣ニ之ヲ右諸港ヘ輸入スルコトヲ得此ノ場合ニ於テハ大不列顚國船舶カ右樣ノ物品ヲ輸入スルトキ課スヘキ稅金或ハ雜費ノ外何等ノ名義ヲ以テスルモ更ニ別種或ハ多額ノ稅金雜費等ヲ課セサルヘシ右相互對等ノ取扱ハ右物品ノ直ニ原產地ヨリ到ルト其ノ他ノ場所ヨリ到ルトヲ問ハス必ス之ヲ施スモノトス
輸出ニ關シテモ前項ノ場合ト同樣全ク均等ノ取扱ヲ施スヘシ故ニ締盟國ノ一方ヨリ適法ニ輸出シ若ハ輸出セラルヘキ物品ハ其ノ輸出ニ日本國船舶ニ依ルト大不列顚國船舶ニ依ルトニ拘ハラス又其ノ仕向先ノ締盟國ノ一港タルト第三國ノ一港タルトヲ問ハス締盟國ノ版圖內ニ於テハ之ニ課スルニ同一ノ輸出稅ヲ以テシ又之ニ許スニ同一ノ獎勵金竝ニ稅金拂戾ノコトヲ以テスヘシ

第九條
政府、官吏、公吏、一私人、會社若ハ何等施設ノ名義ヲ以テスルカ又ハ其ノ利益ノ爲メニ課セラルヽ所ノ噸稅、港稅、水先案內料、燈臺稅、檢疫費其ノ他之ト同種ノ稅金ハ其ノ性質竝ニ名義ノ如何ニ拘ハラス同一ノ條件ヲ以テ同樣ノ場合ニ於テ內國船舶一般若ハ最惠國船舶ニ課スルモノニ非サレハ兩締盟國ノ一方ハ其ノ版圖內ノ港ニ於テ之ヲ他ノ一方ノ船舶ニ課セサルヘシ此ノ如キ均等ノ取扱ハ兩國ノ船舶カ何レノ地或ハ港ヨリ來リ又何レノ所ニ往クモノタリトモ相互同一タルヘキモノトス

第十條
兩締盟國ノ一方ノ版圖內ノ海港, 海灣, 船渠, 川河或ハ其ノ他ノ碇泊所ニ於テ船舶ノ繫留又ハ貨物ノ船積, 船卸ニ關スル一切ノ事項ニ就テハ內國船舶ニ許與セサル特典ハ均シク他ノ一方ノ締盟

國ノ船舶ニモ許與セサルヘシ但シ本件ニ關シテモ亦兩締盟國ノ目的ハ兩國ノ船舶ニ對シ互ニ全ク均等ノ取扱ヲ施スニ在ルモノトス

第十一條
兩締盟國ノ沿海貿易ハ本條約ニ於テ規定スルノ限ニ在ラス各其ノ法律, 勅令及規則ニ從ヒ之ヲ規定スヘキモノトス然レトモ日本國皇帝陛下ノ版圖內ニ於ケル大不列顚國臣民又ハ大不列顚國皇帝陛下ノ版圖內ニ於ケル日本國臣民ハ此ノ事項ニ關シテハ各右法律, 勅令及規則ヲ以テ他ノ外國臣民或ハ人民ニ許與シ若ハ許與セラルヘキ諸權利ヲ享有スヘキモノトス

大不列顚國皇帝陛下ノ版圖內ノ二箇以上ノ港ヘ仕向ケタル荷物ヲ外國ニ於テ積載シタル日本國船舶及日本國皇帝陛下ノ版圖內ノ二箇以上ノ港ヘ仕向ケタル荷物ヲ外國ニ於テ積載シタル大不列顚國船舶ハ外國貿易ヲ許サレタル仕向港ノ一ニ於テ其ノ積荷ノ一部ヲ陸揚シ而シテ其ノ最初ニ積載シタル荷物ノ剩餘ヲ陸揚スル爲メ他ノ一港若ハ數港ヘ進航スルコトヲ得ヘシ但シ常ニ兩國ノ法律及稅關規則ニ從フヘキモノトス
但シ日本國政府ハ本條約ノ期限間是迄ノ通リ大不列顚國船舶カ帝國ノ現開港場間ニ積荷ヲ運搬スルコトヲ許スコトヲ承諾ス尤大阪, 新潟及夷港ハ此ノ限ニ在ラス

第十二條
兩締盟國ノ一方ノ軍艦或ハ商船ニシテ暴風又ハ其ノ他ノ危難ニ遭遇シ避難ノ爲メ已ムヲ得ス他ノ一方ノ海港ニ進入スルモノハ內國船舶ノ拂フヘキ稅金ノ外何等ノ稅金ヲ拂フコトナク其ノ港ニ於テ更ニ艤裝ヲ爲シ一切ノ需用品ヲ求メ再ヒ航行スルヲ得ヘシ但シ商船ノ船長ニシテ其ノ費用ヲ支辨スル爲メ其ノ積荷ノ一部ヲ賣卸スルヲ要スル場合ニハ該船長ハ其ノ寄港地ノ規則及稅目ヲ遵守スヘキモノトス

兩締盟國ノ一方ノ軍艦或ハ商船ニシテ他ノ一方ノ沿岸ニ於テ淺瀨ニ乘上ケ或ハ難破シタルトキハ地方官ヨリ其ノ事件ノ生シタル地方ニ在ル所ノ總領事、領事、副領事又ハ代辨領事ヘ其ノ旨ヲ通知スヘシ但シ若其ノ地方ニ領事官ノ駐在セサルトキハ最近地方ノ總領事、領事、副領事又ハ代辨領事ヘ通知スヘシ

日本國皇帝陛下ノ領海ニテ難破シ若ハ海岸ニ乘上ケタル大不列顚國船舶ノ救助ニ關スル一切ノ手續ハ日本國法律、勅令及規則ニ從テ之ヲ爲スヘク又相互ノ主義ニ基キ大不列顚國皇帝陛下ノ領海ニテ難破シ若ハ海岸ニ乘上ケタル日本國船舶ニ關スル一切ノ救助ノ處分ハ大不列顚國法律、勅令及規則ニ從テ之ヲ爲スヘシ

右難破若ハ乘上ケタル船舶竝ニ其ノ器具及其ノ他一切ノ附屬品及該船舶ヨリ救上ケタル貨物竝ニ

商品及右等ノ諸物件ニシテ海中ニ投棄セラレタルモノ又ハ之ヲ賣却シタルトキハ其ノ收得金竝ニ該遭難船內ニ發見セラレタル一切ノ書類ハ右船舶ノ持主或ハ代理人ヨリ要求スルトキハ之ニ引渡スヘシ右持主或ハ代理人ノ現場ニ在ラサルトキハ內國法律ニ定メタル期限內ニ當該總領事、領事、副領事或ハ代辨領事ヨリ請求アレハ之ヲ引渡スヘシ而シテ右領事官、持主或ハ代理人ハ內國船舶難破ノ場合ニ於テ拂フヘキ所ノ物品保存費竝ニ難破救助費及其ノ他ノ費用ノミヲ拂フヘキモノトス

難破船ヨリ救上ケタル貨物及商品ハ消費ノ爲メニ通關手續ヲ爲スモノニ非サレハ一切ノ關稅ヲ免除スヘシ但シ消費ノ爲メニ賣捌ク場合ニハ普通ノ關稅ヲ納ムルヲ要スルモノトス

兩締盟國ノ一方ノ臣民ニ屬スル船舶ニシテ他ノ一方ノ版圖內ニ於テ淺瀨ニ乘上ケ或ハ難破シタルトキ其ノ持主、船長若ハ他ノ持主代理人不在ノ場合ニハ當該總領事、領事、副領事若ハ代辨領事ハ其ノ自國臣民ニ必要ノ輔助ヲ與フル爲メ職權上ノ助力ヲ爲スヲ許サルヘキモノトス此ノ規定ハ持主、船長若ハ他ノ代理人現ニ其ノ場ニ在ルトキト雖モ右樣ノ輔助ヲ與フルヲ請求スル場合ニハ亦適用スヘキモノトス

第十三條
本條約ニ於テハ日本國ノ國法ニ從ヒ日本國船舶ト見做サルヘキ一切ノ船舶ハ之ヲ日本國船舶ト見認メ又大不列顚國ノ國法ニ從ヒ大不列顚國船舶ト見做サルヘキ一切ノ船舶ハ之ヲ大不列顚國船舶ト見認ムヘシ

第十四條
兩締盟國ノ一方ノ版圖內ニ駐在スル他ノ一方ノ總領事、領事、副領事及代辨領事ハ自國ノ脫船人ヲ取戾ス爲メ法律ノ許ス所ノ輔助ハ之ヲ地方官ヨリ受クヘキモノトス

但シ海員カ其ノ各自ノ所屬國ニ於テ脫船シタルトキハ此ノ規定ヲ適用セサルモノト知ルヘシ

第十五條
兩締盟國ハ其ノ一方ノ通商及航海ヲ他ノ一方ニ於テ總テ最惠國ノ基礎ニ置ク主意ヲ有スルニ因リ通商及航海ニ關スル一切ノ事項ニ關シ其ノ一方ヨリ別國ノ政府、船舶、臣民或ハ人民ニ現ニ許與シ或ハ將來許與スヘキ一切ノ特典、殊遇若ハ免除ハ他ノ一方ノ政府、船舶、臣民或ハ人民ニモ卽時ニ且條件ヲ附セスシテ之ヲ許與スヘキコトヲ兩締盟國ニ於テ約定ス

第十六條
兩締盟國ノ一方ハ他ノ一方ノ海港, 都府及其ノ他ノ場所ニ總領事, 領事, 副領事, 領事代及代辨領事ヲ置クコトヲ得ヘシ但シ領事官ノ駐在ヲ認許スルニ便宜ナラサル場所ハ此ノ限ニ在ラス

然レトモ右ノ制限ハ他ノ諸外國ニ對シ之ヲ適用スルニ非サレハ一方ノ締盟國ニ對シテ之ヲ適用スルヲ得サルモノトス

總領事, 領事, 副領事, 領事代及代辨領事ハ一切ノ職務ヲ執行スルコトヲ得且其ノ在留國ニ於テ最惠國ノ領事官ニ現ニ許與シ或ハ將來許與セラルヘキ一切ノ特典、特權及免除ハ總テ之ヲ享有スヘキモノトス

第十七條
兩締盟國ノ一方ノ臣民ハ他ノ一方ノ版圖内ニ於テ法律ニ定ムル所ノ手續ヲ履行スルトキハ專賣特許、商標及意匠ニ關シ内國臣民ト同一ノ保護ヲ受クヘシ

第十八條
大不列顚國政府ハ同政府ニ關スル限ハ左ノ取極ニ同意スヘシ

日本國ニ在ル各外國人居留地ハ全ク其ノ所在ノ日本國市區ニ編入シ爾後日本國地方組織ノ一部トナルヘシ

然ル上ハ日本國當該官吏ハ之ニ關シテ其ノ地方施政上ノ責任義務ヲ悉皆負擔スヘシ又之ト同時ニ右外國人居留地ニ屬スル共有資金若ハ財産アルトキハ之ヲ右日本國宮吏ヘ引渡スヘキモノトス

尤前記外國人居留地ヲ日本國市區ニ編入ノ場合ニハ該居留地内ニテ現ニ因テ以テ財産ヲ所持スル所ノ現在永代借地券ハ有效ノモノト確認セラルヘシ而シテ右財産ニ對シテハ右借地券ニ載セタル條件ノ外ハ別ニ何等ノ條件ヲモ附セサルヘシ但シ借地券中ニ領事官トアルハ總テ日本國當該官吏ヲ以テ之ニ代ユヘキコトト知ルヘシ
外國人居留地公共ノ目的ノ爲メニ無借料ニテ既ニ貸與シタル各地所ハ永代ニ保存セラルヘシ且該地所ニシテ最初貸與シタルトキノ目的ニ使用セラル、限ハ總テノ租税及徴收金ヲ免スヘシ但シ土地收用權ニハ從フヘキモノトス

第十九條
本條約ノ規定ハ法律ノ許ス限ハ大不列顚國皇帝陛下ノ殖民地竝ニ其ノ海外領地ニ適用スヘシ但シ左ニ列記スル所ハ此ノ限ニ在ラス
　印度
　加奈太領地
　ニユー, フワウンドランド
　喜望峰殖民地

ナタル
　　ニユー、サウス、ウエールス
　　ヴヰクトリヤ
　　クヰンスランド
　　タスマニヤ
　　南濠太利
　　西濠太利
　　ニユー、ジーランド
然レトモ東京駐剳大不列顛國皇帝陛下ノ代表者ヨリ本條約批准交換ノ日ヨリ二箇年內ニ本條約ノ規定ヲ前記ノ殖民地若ハ領地ノ孰レヘナリトモ適用スヘキ旨ヲ通知シタルトキハ之ヲ適用スヘキモノトス

第二十條
本條約ハ其ノ實施ノ日ヨリ兩締盟國間ニ現存スル嘉永七年八月二十三日卽千八百五十四年十月十四日締結ノ約定慶應二年五月十三日卽千八百六十六年六月二十五日締結ノ改稅約定安政五年七月十八日卽千八百五十八年八月二十六日締結ノ修好通商條約及之ニ附屬スル一切ノ諸約定ニ代ハルヘキモノトス而シテ該條約及諸約定ハ右期日ヨリ總テ無效ニ歸シ隨テ大不列顛國カ日本帝國ニ於テ執行シタル裁判權及該權ニ屬シ又ハ其ノ一部トシテ大不列顛國臣民カ享有セシ所ノ特典、特權及免除ハ本條約實施ノ日ヨリ別ニ通知ヲナサス全然消滅ニ歸シタルモノトス而シテ此等ノ裁判管轄權ハ本條約實施後ニ於テハ日本帝國裁判所ニ於テ之ヲ執行スヘシ

第二十一條
本條約ハ調印ノ日ヨリ少クモ五箇年ノ後迄ハ實施セラレサルモノトス而シテ日本帝國政府ニ於テ本條約ヲ實施セント欲スル旨ヲ大不列顛國政府ニ通知シタル後一箇年ヲ經ルニ非サレハ實施セラレサルモノトス尤此ノ通知ハ調印ノ日ヨリ四箇年ヲ經タル後何時ニテモ爲スコトヲ得ヘシ又本條約ハ其ノ實施ノ日ヨリ十二箇年間效力ヲ有スルモノトス

兩締盟國ノ一方ハ本條約實施ノ日ヨリ十一箇年ヲ經過シタル後ハ何時タリトモ本條約ヲ終了セント欲スル旨ヲ他ノ一方ヘ通知スルノ權利ヲ有スヘシ而シテ此ノ通知ヲ爲シタル後十二箇月ヲ經過シタルトキハ本條約ハ消滅ニ歸スヘキモノトス

第二十二條
本條約ハ兩締盟國ニ於テ之ヲ批准シ其ノ批准ハ本日ヨリ六箇月以內ニ可成速ニ東京ニ於テ交換スヘシ
右證據トシテ各全權委員ハ之ニ記名調印スルモノナリ

明治二十七年七月十六日倫敦ニ於テ本書二通ヲ作ル
　青木周藏　印
　キムバーレー　印

同上附屬議定書

(譯文)
日本國皇帝陛下ノ政府及大不列顚愛蘭國兼印度國皇帝陛下ノ政府ハ本日調印セシ通商航海條約ノ外ニ雙方ニ關スル特別ノ事項ヲ規定スルコト兩國ノ利益上便宜ナルヲ以テ雙方ノ全權委員ハ左ノ約定ニ同意セリ

第一　本日調印シタル通商航海條約批准交換後一箇月ノ後ハ本書附屬輸入稅目ハ兩締盟國間ニ現存スル所ノ安政五年條約ノ有效ナル間ハ其ノ第二十三條ノ規定ニ準據シ又右安政五年條約ノ無效ニ歸シタル後ハ本日調印シタル條約第五條及第十五條ノ規定ニ準據シ大不列顚國皇帝陛下ノ版圖内ノ生產若ハ製造ニ係ル物品ニシテ該稅目ニ揭クルモノヲ日本國ヘ輸入スル場合ニ之ヲ適用スルモノトス但シ日本國政府ニ於テ純良ナラサル藥材、製藥、食物若ハ飮料，猥褻ノ印刷物、圖畫、書籍、紙牌、石版若ハ其ノ他ノ彫刻畫、寫眞及其ノ他總テ猥褻ノ物品、日本帝國ノ專賣特許、商標及版權ニ關スル法律ニ違背スル物品又ハ其ノ他衞生，公安若ハ風俗ニ關シ危害ヲ生スヘキ物品ノ輸入ヲ制限シ若ハ禁止スルノ權利ハ本議定書又ハ其ノ附屬稅目ノ爲メ制限セラル、コトナカルヘキモノトス

　該稅目ニ定メタル從價稅ハ之ヲ實行シ得ヘシト認メラル、限ハ本議定書ノ日附ヨリ六箇月間ニ兩國政府間ニ締結セラルヘキ追加條約ヲ以テ從量稅ニ換算スヘシ本議定書ノ日附ヨリ前六曆月間ニ於ケル日本國稅關報告ニ載セタル平均價格ニ仕入地、產出地若ハ製造地ヨリ陸揚港ニ至ル迄ノ保險料及運賃ヲ加算シ又手數料アルトキハ之ヲモ加算シタルモノヲ以テ右換算ノ基礎トナスヘシ若又追加條約ニシテ前記稅目ヲ實施スル爲メニ定メタル期限ヲ終ル迄ニ實施セラレサル場合ニハ其ノ間ハ前記ノ稅目ノ末尾ニ揭ケタル規定ニ從ヒ從價稅ヲ徵收スヘシ

　右稅目ニ揭ケサル物品ニ對シテハ前項ニ記載セシ期日ヨリ前項ニ記載セシ如ク各安政五年條約第二十三條及本日調印シタル條約第五條及第十五條ノ規定ニ準據シ日本國ニテ其ノ時現ニ行ハル、所ノ普通國定稅則ヲ適用スルモノトス
　大不列顚國臣民カ日本國ニ輸入スル貨物及商品ニ對シ現今日本國ニ於テ實施スル所ノ輸入稅目ハ前項ニ記載セシ各稅目實施ノ日ヨリ無效ニ歸スヘキモノトス
　尤此ノ外總テノコトニ付テハ現行條約ノ規定ハ本日調印シタル通商航海條約ノ實施セラル、ニ至ル迄ハ無條件ニテ保續セラルヘキモノトス

第二　日本國政府ハ大不列顛國臣民ニ對シ內國ヲ開ク迄ハ現行ノ旅券方法ヲ擴張スルコトニ同意ス即大不列顛國臣民カ在東京同國公使若ハ日本國開港場ニ駐在スル大不列顛國領事官ヨリノ紹介證書ヲ所持シテ出願スルニ於テハ十二箇月以內ノ期限間國內何レノ地ヘモ到ルコトヲ得ヘキ旅券ヲ東京外務省若ハ開港場所在地方長官ヨリ交付スヘシ但シ帝國ノ內地ニ旅行スル大不列顛國臣民ニ關スル現行規定ハ之ヲ保續スヘキモノト知ルヘシ

第三　日本國政府ハ日本國ニ於ケル大不列顛國領事裁判權ノ廢止ニ先タチ工業ノ所有權及版權ノ保護ニ關スル列國同盟條約ニ加入スヘキコトヲ約ス

第四　若日本國ニ於テ何時ニテモ其ノ精糖ノ產出若ハ製造ニ對シ增稅ヲ課スルコトヲ必要ト見做ストキハ其ノ增加セシ內國稅ヲ課スル間ハ日本國ヘ輸入スル所ノ大不列顛國ノ精糖ニ對シ前記內國稅ト同額ニ增加スル所ノ關稅ヲ課スルコトヲ得ヘキコトヲ兩締盟國ニ於テ承諾ス

　但シ右ニ關シ大不列顛國ノ精糖ハ常ニ最惠國ノ產出若ハ製造ニ係ル精糖ト同一ノ取扱ヲ享クヘキモノトス

第五　左ニ記名スル所ノ全權委員ハ本議定書ハ本日調印シタル通商航海條約ト同時ニ兩締盟國政府ニ提供シ而シテ右條約批准セラルヽトキハ本議定書ニ掲載スル所ノ諸約定モ別ニ正式ノ批准ヲ要セスシテ亦兩締盟國政府ノ可認セシモノト看做スヘキコトヲ約ス

又本議定書ハ前記條約ノ無效ニ歸スルト同時ニ終了スヘキコトヲ約ス

右證據トシテ兩國全權委員ハ之ニ記名調印スルモノナリ

明治二十七年七月十六日倫敦ニ於テ本書二通ヲ作ル

　青木周藏　印

　キムバーレー　印

附屬稅目

(譯文)
　品目　　　從價稅率
護謨製品　…　百ニ付十
セメント　…　同　五
綿織絲類　…　同　八
綿織物類、純綿ト麻、亞麻若ハ毛絲又ハ他ノ交セモノアルトヲ問ハス但シ綿ノ重ナル　…　同　十
窓玻璃片(尋常ノ)
　甲　無色及無著色ノ　…　同　八
　乙　有色、著色、若ハ砂磨ノ　…　同　十
帽子(氈帽トモ)　…　同　十

乾藍 … 同　　十
塊鐵及塊鋼 … 同　　五
道鐵及道鋼 … 同　　五
條鐵、條鋼、竿鐵、竿鋼、板鐵、板鋼…同　　七二分ノ一
葉鐵(チンドプレーツ) … 同　　十
電鍍板鐵、板鋼 … 同　　十
筒鐵、筒鋼、管鐵、管鋼 … 同　　十
鉛(塊、錠ノ別ナク) … 同　　五
靴底皮 … 同　　十五
他ノ熟皮 … 同　　十
麻織絲類 … 同　　八
麻織物類 … 同　　十
水銀 … 同　　五
乳膏、乳粉 … 同　　五
鐵釘類 … 同　　十
無味香油 … 同　　十
色油 … 同　　十
印刷料紙 … 同　　十
精糖 … 同　　十
硝石 … 同　　五
鐵螺旋釘及鐵牝牡螺旋類…同　　十
絹綿繻子 … 同　　十五
錫(塊、錠ノ別ナク) … 同　　五
葉錫(チンプレーツ) … 同　　十
無味香蠟 … 同　　五
電線 … 同　　五
鐵線、鋼線、及徑一因ノ四分一ヲ超ヘサル細竿鐵、細竿鋼 … 同　　十
毛織絲類 … 同　　八
毛織物類、純毛ト他ノ交セモノアルトヲ問ハス但シ毛ノ重ナル … 同　　十
其ノ他本税目ニ掲定セサル織絲類 … 同　　十
亞鉛(塊、錠ノ別ナク) … 同　　五
板亞鉛 … 同　　七二分ノ一
　　　從價税算定ノ規定
此ノ税目ニ從ヒ輸入物品ニ課スヘキ從價税ハ其ノ物品ノ仕入地、產出地、若ハ製造地ニ於ケル原價ニ其ノ仕入地、產出地、若ハ製造地ヨリ陸揚港ニ至ル迄ノ保險料、運賃ヲ加算シ又手數料アルトキハ之ヲモ加算シテ算定スヘシ

영일통상항해조약 및 부속 의정서, 세목(일본어본)의 한글 번역문

통상항해조약
메이지 27년 7월 16일 런던에서 조인(영문)
같은 해 8월 24일 비준
같은 해 8월 25일 도쿄에서 비준서 교환
같은 해 8월 27일 공포

(번역문)
일본국 황제 폐하와 대영국 아일랜드 연합 왕국 겸 인도 황제 폐하는 양국 신민의 교제를 황장증진(皇張增進)하고 이로써 기꺼이 양국 사이에 존재하는 후의를 유지하고자 한다. 이에 이 목적을 달성하기 위해 종래 양국 간에 존재하는 조약을 개정하는 것만 한 것이 없음을 확신한다. 공정한 주의와 상호 이익에 기초하여 그 개정을 완료하기로 결정하였다. 이를 위해 일본국 황제 폐하는 영국 주차 제국 특명전권공사 종2위 훈1등 자작 아오키 슈조를, 대영국 아일랜드 연합왕국 겸 인도 황제 폐하는 외무대신 가타 훈장의 기사, 더 라이트 어너러블 존 킴벌리 백작을 각각 그 전권위원으로 임명하였다. 따라서 각 전권위원은 그 위임장을 보여 양호 타당함을 인정하고 아래와 같이 협의, 결정하였다.

제1조
양 체맹국의 한쪽의 신민은 다른 한쪽의 판도 내 어느 곳에 이르든, 여행하거나 주거하는 것은 완전히 임의로 할 수 있다. 그 신체, 재산에 대해서는 완전한 보호를 누릴 것이다.

해당 신민은 그 권리를 신장하고 방호하기 위해 자유로이 또한 용이하게 재판소에 출소할 수 있다. 또한 해당 재판소에서 그 권리를 신장 및 방호함에 있어 내국 신민과 동일하게 대변인, 언론인 및 그 대리인을 선택하고 이용할 수 있다. 이외에 사법 취급에 관한 각 사항에 관해서 내국 신민이 향유하는 모든 권리와 특전을 향유할 수 있다.

주거권, 여행권 및 각종 동산의 소유, 유촉 또는 기타 방법에 따른 동산의 상속 및 합법적으로 획득한 각종 재산을 어떻게 처분할 것인지에 관해 양 체맹국 한쪽의 신민은 다른 한쪽의 판도 내에서 내국 혹은 최혜국 신민, 혹은 인민과 동등한 특전, 자유와 권리를 향유한다. 또한 이러한 사항에 관해 내국 혹은 최혜국 신민 혹은 인민에 비하여 다액의 세금 혹은 부과금을 징수해서는 안 된다.

양 체맹국의 한쪽 신민은 다른 한쪽의 판도 내에서 양심의 완전한 자유와 법률, 칙령 및 규칙을 따라 공사의 예배를 행할 권리 및 그 종교상의 관습에 따라 매장을 위해 설치 보존될 적당, 편의의 땅에 자국인을 매장할 권리를 향유할 수 있다.

어떠한 명의로도 해당 신민으로 하여금 내국 혹은 최혜국 신민 혹은 인민이 납부하는 바, 혹은 납부해야 하는 바와 다르거나 그보다 다액의 징수금, 혹은 조세를 납부하게 할 수 없다.

제2조
양 체맹국 중 한쪽의 신민으로 다른 한쪽의 판도 내에 거주하는 자는 육군, 해군, 호국군, 민병 등을 막론하고 모두 강제 병역을 면제받는다. 또한 그 복역을 대신하여 거두는 일체 납부금을 면제한다. 또한 일체의 강제 모집 공채 및 군사상의 부역 혹은 의연금을 면제받는다.

제3조
양 체맹국 사이에 상호 통상 및 항해는 자유로이 한다.

양 체맹국 중 한쪽의 신민은 다른 한쪽의 판도 내 어느 곳에서도 모든 정업(正業)에 속하는 각종 생산물, 제조품 및 화물의 판매 혹은 소매 영업에 종사할 수 있다. 이상의 영업에 종사함에 있어 스스로가 이를 하거나 대리인으로 하거나 또는 한 사람이 혹은 외국인이나 내국 신민과 조합을 결성하는 것 모두 뜻대로 할 수 있다. 또한 필요한 가옥, 제조소, 창고, 점포 및 부속 구조물을 소유 혹은 임차하여 사용하고 또한 주거 및 상업을 위한 토지를 대차할 수 있다. 다만 내국 신민과 동일하게 그 나라의 법률, 경찰 규칙 및 세관 규칙을 준수할 필요가 있다.
해당 신민은 다른 한쪽의 판도 내의 각지, 모든 항구 및 하천에서 외국 통상을 위해 열리거나 열리지 않은 장소에 선박 및 화물을 자유롭게 보낼 수 있다. 또한 통상 및 항해에 관해서는 정부, 관리, 공리, 한 사람의 개인 혹은 회사 혹은 어떠한 시설의 명의를 가지고 또는 그 이익을 위해 부과된바 세금 혹은 징수금은 그 성질 혹은 명칭 여하를 막론하고 내국 신민 혹은 최혜국 신민 혹은 인민이 지불하는 바와 다르거나 그보다 다액을 지불하는 일 없이 내국 신민 혹은 최혜국 신민 혹은 인민과 동일한 취급을 받아야 한다. 다만 항상 각각 그 나라의 법률, 칙령 및 규칙에 따라야 한다.

제4조
양 체맹국 중 어느 한쪽의 신민이 다른 한쪽의 판도 내에서 주거 혹은 상업을 위해 제공하는 가옥, 제조소, 창고, 점포 및 그에 속하는 모든 부속 구조물은 침해받아서는 안 된다.

이상의 가택에는 함부로 침입, 수색할 수 없다. 또한 장부, 서류 혹은 부기장을 검사, 검열할 수 없다. 다만 내국 신민에게 법률, 칙령 및 규칙으로 제정한 조건 및 정식에 따른 경우는 이에 해당하지 않는다.

제5조
대영국 황제 폐하의 판도 내에 생산 혹은 제조에 관계된 물품은 어느 곳에서든 일본국 황제 폐하의 판도 내로 수입하고 또한 일본국 황제 폐하의 판도 내에서 생산 혹은 제조에 관계한 물품도 어느 곳에서든 대영국 황제 폐하의 판도 내로 수입해도 모두 별국 생산 혹은 제조에 관계한 동종 물품에 부과되는 세금과 다르거나 그보다 다액의 세금을 부과할 수 없다. 또한 체맹국 한쪽의 판도 내에서 별국 생산 혹은 제조에 관계된 물품의 수입을 금지하지 않는다면 다른 한쪽의 판도 내에서 생산 혹은 제조에 관계된 동종의 물품을 어느 곳에서든 수입해도 금지해서는 안 된다. 다만 말단 결정은 사람, 가축, 혹은 농업에 유용한 식물의 안전을 보호함에 필요한 위생상, 기타 금지 사항에는 적용하지 않는다.

제6조
양 체맹국 중 어느 한쪽의 판도 내에서 다른 한쪽의 판도 내로 수출하는 일체의 물품에는 다른 각 외국에 수출하는 동종 물품에 부과하는 혹은 부과할 바와 다르거나 그보다 다액의 세금 또는 잡비를 부과해서는 안 된다. 또한 양 체맹국의 어느 한쪽의 판도 내에서 다른 각 외국으로의 물품 수출을 금지하지 않는다면 다른 한쪽의 판도 내에 동종 물품을 수출하는 것도 금지할 수 없다.

제7조
양 체맹국의 어느 한쪽의 신민은 다른 한쪽의 판도 내에서 모든 내지 통과세는 면제받는다. 또한 창고 보관세, 장려금, 편익 및 세금 환부 등의 사항에 대해서는 온전히 내국 신민과 균등한 취급을 받을 수 있다.

제8조
일본국 황제 폐하의 판도 내의 제 항구에 일본국 선박으로 적법하게 수입하거나 수입하려고 하는 모든 물품은 또한 대영국 선박으로 동일하게 이를 위 제 항구에서 수입할 수 있다. 이 경우에 일본국 선박이 위와 같은 물품을 수입할 때에 부과하는 세금 혹은 잡비 외에 어떠한 명의로도 이에 더하여 별종의 혹은 다액의 세금, 잡비를 부과해서는 안 된다. 또한 대영국 황제 폐하의 판도 내의 제 항구에서 대영국 선박으로 적법하게 수입 혹은 수입하려고 하는 모든 물품은 또한 일본국 선박으로 동일하게 이를 위 제 항구에 수입할 수 있다. 이 경우 대영국 선박이 위와 같은 물품을 수입할 때에 부과하는 세금 혹은 잡비 외에 어떠한 명의로도 이에 더하여 별종의 혹은 다액의 세금, 잡비 등을 부과해서는 안 된다. 이상의 상호 대등한 취급은 위 물품의 가격에 대해 원산지에서 도달하든 다른 곳에서 도달하든 반드시 시행해야 한다.
수출에 관해서도 앞선 항목의 경우와 동일하게 완전히 균등한 취급을 취해야 한다. 때문에 체맹국의 어느 한쪽에서 적법하게 수출하거나 수출하려고 하는 물품은 그 수출하는 것이 일본국 선박에 의한 것이든, 대영국 선박에 의한 것이든, 또한 행선지가 체맹국의 일항이든, 제3국의 일항이든 체맹국 판도 내에서는 그에 부과할 동일한 수출세로 할 것이며 또한 이를 허락한 동일한 장려금 및 세금 환부를 할 것이다.

제9조
정부, 관리, 공리, 한 사람의 개인, 회사 또는 어떠한 시설 명의로든 그 이익을 위해 부과된 바의 톤세, 항구세, 물길 안내료, 등대세, 검역비 및 기타 그와 동종의 세금은 그 성질 및 명의가 어떠하든 동일한 조건으로 동일한 경우에 내국 선박 일반 혹은 최혜국 선박에 부과하는 것이 아니면, 양 체맹국 어느 한쪽은 그 판도 내의 항구에서 이를 다른 한쪽의 선박에 부과해서는 안 된다. 이 같은 균등 취급은 양국 선박이 어느 지역 혹은 항구에서 오거나 어느 곳으로 가더라도 상호 동일하게 할 것이다.

제10조
양 체맹국 중 어느 한쪽의 판도 내의 해항, 해만, 선거(船渠), 하천 혹은 기타 정박소에서 선박의 계류 또는 화물의 선적, 하역에 관한 일체의 사항에 대해서는 내국 선박에 허여하지 않은 특전은 동일하게 다른 한 쪽의 체맹국 선박에게도 허여하지 않는다. 다만 본건에 관해서도 또한 양 체맹국의 목적은 양국의 선박에 상호 완전히 균등한 취급을 시행하는 데 있는 것이다.

제11조
양 체맹국 중 연해 무역은 본 조약에서 규정한 것에 한정되지 않는다. 각 그 법률 칙령 및 규칙에 따라 이를 규정한다. 그렇지만 일본국 황제 폐하의 판도 내에서 대영국 신민 또는 대영국 황제 폐하의 판도 내에서 일본국 신민은 이 사항에 관해 각 이상의 벌률, 칙령 및 규칙으로 다른 외국 신민 혹은 인민에 허여하거나 허여할 제 권리를 향유할 수 있다.

대영국 황제 폐하의 판도 내에 2개 이상의 항구로 발송하는 하물을 외국에서 적재한 일본국 선박 및 일본국 황제 폐하의 판도 내에서 2개 이상의 항구에 발송한 하물을 외국에서 적재한 대영국 선박은 외국 무역을 허락한 발송항의 한 곳에서 적하한 일부를 하역하고 최초 적재한 하물의 잉여품을 하역하기 위해 다른 한 항구 혹은 여러 항구에 진항할 수 있다. 다만 항상 양국 법률 및 세관 규칙에 따라야 한다. 다만 일본국 정부는 본 조약의 기한 사이에 지금까지대로 대영국 선박이 제국의 현 개항장 사이에 적하물 운반을 허락한다. 다만 오사카, 니가타 및 에비스 항은 이에 해당하지 않는다.

제12조
양 체맹국 중 어느 한쪽의 군함 혹은 상선이 폭풍 또는 기타 위난을 만나 피난을 위해 어쩔 수 없이 다른 한쪽의 해항에 진입할 경우 내국 선박이 내야 하는 세금 외에 어떠한 세금도 내지 않고 그 항구에서 나아가 의장을 하고 일체의 수용품을 구하여 다시금 항행할 수 있다. 다만 상선의 선장으로 그 비용을 지불하기 위해 적하 일부를 판매할 필요가 있을 경우 해당 선장은 그 기항지의 규칙 및 세목을 준수해야 한다.

양 체맹국의 한쪽 군함 혹은 상선으로 다른 한쪽의 연안의 수심이 얕은 곳에 올라가거나 난파한 경우 지방관은 그 사건 발생 지방에 있는 총영사, 영사, 부영사 또는 대행 영사에 통지해야 한다. 다만 그 지방에 영사관이 주재하지 않을 경우 최근방의 총영사, 영사, 부영사 또는 대행 영사에 통지해야 한다.

일본국 황제 폐하의 영해에서 난파하거나 해안에 좌초한 대영국 선박의 구조에 관한 일체 수속은 일본국 법률, 칙령 및 규칙에 따라 이뤄질 것이다. 또한 상호주의에 기반해 대영국 황제 폐하의 영해에서 난파 혹은 해안에 좌초한 일본국 선박에 관한 일체의 구조, 처분은 대영국 법률, 칙령 및 규칙에 따라 이뤄질 것이다.

이상 난파 혹은 좌초한 선박 및 그 기구와 기타 일체 부속품 및 해당 선박에서 건져 올린 화물 및 상품과 이상의 제 물건으로 해중에 투기된 것 또는 이를 매각할 때에는 획득 금액 및 해당 조난 선박 내에 발견된 일체의 서류는 위 선박 주인 혹은 대리인의 요구가 있다면 이를 인도해야 한다. 이상의 선주 혹은 대리인이 현장에 없을 경우 내국 법률에 정한 기한 내에 해당 총영사, 영사, 부영사 혹은 대변 영사로부터 청구가 있다면 이를 인도해야 한다. 그리고 이상의 영사관, 선주 혹은 대리인은 내국 선박 난파의 경우에 내야 할 물품 보존비 및 난파 구조비와 기타 비용만을 낼 것이다.

난파선에서 건져 올린 화물 및 상품은 소비를 위해 통관 수속을 한 것이 아니라면 일체 관세를 면제한다. 다만 소비를 위해 판매할 경우에는 보통의 관세를 납부할 필요가 있다.
양 체맹국의 한쪽 신민에 속한 선박으로 다른 한쪽의 판도 내에 천변에 좌초 혹은 난파할 때에 그 선주와 선장 혹은 선주 대리인이 부재한 경우에는 해당 총영사, 영사, 부영사 혹은 대변 영사는 자국 신민에게 필요한 보조를 제공하기 위해 직권상의 조력을 행하는 것이 허가된다. 다만 이 규정은 선주, 선장, 대리인이 현재 그 장소에 있더라도 위와 같은 보조를 제공할 것을 청구하는 경우에도 또한 적용되는 것으로 한다.

제13조
본 조약에서 일본국 국법에 따라 일본국 선박으로 간주될 일체의 선박은 이를 일본국 선박으로 인정하고 또한 대영국 국법에 따라 대영국 선박으로 간주될 일체의 선박은 이를 대영국 선박으로 인정할 것이다.

제14조
양 체맹국 중 한쪽의 판도 내에 주재하는 다른 한쪽의 총영사, 영사, 부영사 및 대행 영사는 자국 탈선인을 되돌려보내기 위해 법률이 허가하는 바의 조력은 이를 지방관으로부터 받을 수 있다.

다만 승무원이 그 각자 소속국에서 탈선했을 경우에는 이 규정을 적용하지 않는 것으로 한다.

제15조
양 체맹국은 그 한쪽의 통상 및 항해를 다른 한쪽에서 모두 최혜국의 기초에 둔 주의를 가지고 있으므로 통상 및 항해에 관한 일체의 사항에 관해 그 한쪽에서 별국의 정부, 선박, 신민 혹은 인민에게 현재 허여한 혹은 장래 허여할 일체의 특전, 특별 대우 혹은 면제는 다른 한쪽의 정부, 선박, 신민 혹은 인민에게도 즉시 또한 조건을 붙이지 않고 이를 허여해야 할 것을 양 체맹국이 약정한다.

제16조
양 체맹국의 어느 한쪽은 다른 한쪽의 해항, 도부 및 기타 장소에 총영사, 영사, 부영사, 영사 대리 및 대행 영사를 둘 수 있다. 다만 영사관 주재를 허가함에 편의가 없는 장소는 이에 해당하지 않는다.

그러나 이상의 제한은 다른 제 외국에 이를 적용하지 않는다면 한 쪽의 체맹국에 이를 적용할 수 없다.

총영사, 영사, 부영사, 영사 대리 및 대변 영사는 일체의 직무를 집행할 수 있다. 또한 재류국에서 최혜국 영사관으로 현재 허여한 혹은 장래 허여할 일체의 특전, 특권 및 면제는 모두 이를 향유할 수 있다.

제17조
양 체맹국의 어느 한쪽은 다른 한쪽의 판도 내에서 법률에 정한 바의 수속을 이행할 경우 전매 특허, 상표 및 의장에 관하여 내국 신민과 동일한 보호를 받을 수 있다.

제18조
대영국 정부는 동 정부에 관한 한, 다음의 결정에 동의한다.

일본국에 있는 각 외국인 거류지는 완전히 그 소재가 일본국 시구에 편입되고 이후 일본국 지방조직의 일부가 될 것이다.

그런 연후에는 일본국 해당 관리는 이에 관해 그 지방 시정상 책임 의무를 모두 부담할 것이다. 또한 이와 동시에 이상의 외국인 거류지에 속한 공유 자금 혹은 재산이 있을 경우는 이를 이상의 일본국 관리에게 인도해야 한다.

다만 앞서와 같은 외국인 거류지를 일본국 시구에 편입할 경우에는 해당 거류지 내에 현재 재산을 소지한 바의 현재 영대 차지권은 유효한 것으로 확인된다. 이에 이상의 재산에 대해서는 이상의 차지권에 기록된 조건 외에 별도로 하등의 조건도 붙여서는 안 된다. 다만 차지권 가운에 영사관이 있으면 모두 일본국 해당 관리로 이를 대신함을 알아 둘 것이다.
외국인 거류지 중 공공 목적을 위해 차지료 없이 이미 대여한 각 지소는 영대 보존할 것이다. 또한 해당 지소에서 최초 대여의 목적으로 사용되는 한, 모두 조세 및 징수금을 면제할 것이다. 다만 토지 수용권에는 따라야 한다.

제19조
본 조약 규정은 법률이 허락하는 한 대영국 황제 폐하의 식민지 및 그 해외 영지에 적용한다. 다만 다음에 열거하는 곳은 해당하지 않는다.
인도
캐나다 영지
뉴펀들랜드
희망봉 식민지
나탈
뉴사우스웨일스
빅토리아
퀸즈랜드
태즈메이니아
남호주
서호주
뉴질랜드

그렇지만 도쿄 주차 대영국 황제 폐하의 대표자로 도쿄 주차 대영국 황제 폐하의 대표자가 본 조약 비준 교환일로부터 2년 내에 본 조약의 규정을 앞서 기록한 식민지 혹은 영지의 어느 곳이라도 적용할 뜻을 통지할 경우는 이를 적용할 것이다.

제20조
본 조약은 그 실시일로부터 양 체맹국 사이에 현존하는 가에이 7년 8월 23일 즉 1854년 10월 14일 체결한 약정, 게이오 2년 5월 13일 즉 1866년 6월 25일 체결한 개세약정(改稅約定), 안세이 5년 7월 18일 즉 1858년 8월 26일 체결한 수호통상조약 및 그에 부속한 일체의 약정을 대신한다. 그리고 해당 조약 및 제 약정은 위 기일로부터 모두 무효로 돌아가며 따라서 대영국, 일본 제국 모두 재판권 및 해당 권한에 속하고 또는 그 일부로 대영국 신민이 향유한 특전, 특권 및 면제는 본 조약 실시일로부터 별도의 통지 없이 모두 소멸될 것이다. 그리고 이러한 재판 관할권은 본 조약 실시 후에는 일본 제국 재판소에서 이를 집행할 것이다.

제21조
본 조약은 조인일로부터 적어도 5년 후까지 실시하지 않는 것으로 한다. 그리고 일본 제국 정부에서 본 조약을 실시하고자 하는 뜻을 대영국 정부에 통지한 후 1년을 거치지 않으면 실시하지 않는 것으로 한다. 다만 이 통지는 조인일로부터 4년을 거친 후 어느 시기라도 할 수 있다. 또한 본 조약은 그 실시일로부터 12년간 효력을 갖는 것으로 한다.

양 체맹국 중 한쪽은 본 조약 실시일로부터 11년을 경과한 후는 언제라도 본 조약을 종료하고자 하는 뜻을 다른 한쪽에 통지할 권리를 가진다. 그리고 이 통지가 이루어진 후 12개월을 경과할 때에는 본 조약은 소멸되는 것으로 한다.

제22조
본 조약은 양 체맹국에서 이를 비준하고 그 비준은 본일부터 6개월 이내에 가능한 신속히 도쿄에서 교환할 것이다.
이상의 증거로 각 전권위원은 이에 서명, 조인한다.

메이지 27년 7월 16일 런던에서 본서 2통을 작성.
아오키 슈조 인
킴벌리 인

통상 부속의정서(일본어본)의 한글 번역문

일본국 황제 폐하의 정부 및 대영국아일랜드 겸 인도국 황제 폐하의 정부는 본일 조인한 통상항해조약 외에 쌍방에 관한 특별 사항을 규정하여 양국의 이익상 편의로 쌍방 전권위원은 다음의 약정에 동의하였다.

제1

본일 조인한 통상항해조약 비준 교환 후 1개월 후, 본서 부속 수입세목은 양 체맹국 사이에 현존하는 안세이 5년 조약이 유효한 동안은 제23조 규정을 준거로 한다. 또한 위 안세이 5년 조약이 무효로 돌아간 후는 본일 조인한 조약 제5조 및 제15조 규정을 준거로 대영국 황제 폐하의 판도 내에 생산 혹은 제조에 관계된 물품으로 해당 세목에 게재된 것을 일본국에 수입할 경우 이를 적용하는 것으로 한다. 다만 일본국 정부로 순량한 약재, 제약, 음식물 혹은 식료, 외설 인쇄물, 도서, 서적, 지패(紙牌), 석판, 기타 조각화, 사진 및 기타 모든 외설 물품, 일본 제국의 전매특허, 상표 및 판권에 관한 법률에 위배하는 물품 또는 기타 위생, 공안 혹은 풍속에 관한 위해를 낳을 수 있는 물품의 수입을 제한하거나 금지하는 권리는 본 의정서 또는 부속세목 때문에 제한되는 일이 없도록 한다. 해당 세목에서 정한 종가세는 이를 실행하기로 인정한 한에는 본 의정서의 날짜로부터 6개월 동안 양국 정부 사이에 체결될 추가 조약을 통해 종량세로 환산해야 한다. 본 의정서의 날짜로부터 6개월 간에 일본국 세관 보고에 게재한 평균 가격에 매입처, 산출지 혹은 제조지에서 하역항에 이르기까지 보험료 및 운임을 가산하고 또한 수수료가 있을 경우 이를 가산한 것으로 위의 환산 기초로 할 것이다. 만약 또한 추가 조약에서 전술한 세목을 실시하기 위해 정한 기한이 끝날 때까지 실시되지 않을 경우에는 그 사이에는 세목의 말미에 게재한 규정에 따라 종가세를 징수할 것이다.

위의 세목에 게재되지 않은 물품에 대해서는 전 항목에 기재한 기일에서 전 항목에 기재한 것처럼 각각 안세이 5년 조약 제23조 및 본일 조인하는 조약 제5조 및 제15조 규정을 준거로 일본국에서 그때에 현재 이루어지고 있는 보통 국정 세칙을 적용하는 것으로 한다.
대영국 신민이 일본국에 수입하는 화물 및 상품에 대해 현재 일본국에서 실시하는 수입 세목은 전 조항에 기재한 각 세목 실시일로부터 무효로 돌아가는 것으로 한다.
다만 이 외 모든 것에 대해서는 현행 조약 규정은 본일 조인한 통상항해조약 실시에 이르기까지 무조건 유지하는 것으로 한다.

제2

일본국 정부는 대영국 신민에 대해 내국을 개방하기까지는 현행 여권 방법을 확장하는 것에 동의한다. 즉 대영국 신민이 재도쿄 동국 공사 혹은 일본국 개항장에 주재하는 대영국 영사관으로부터 소개 증서를 소지해 출원하면 12개월 이내의 기한으로 국내 어느 곳이라도 갈 수 있는 여권을 도쿄 외무성 혹은 개항장 소재 지방장관이 교부해야 한다. 다만 제국 내지에 시행하는 대영국 신민에 관한 현행 규정은 이를 유지하는 것으로 이해한다.

제3
일본국 정부는 일본국에서 대영국 영사재판권의 폐지에 앞서 공업 소유권 및 판권 보호에 관한 열국 동맹 조약에 가입할 것을 약속한다.

제4
만약 일본국에서 언제라도 정당(精糖)의 산출 혹은 제조에 관한 증세를 부과할 필요로 간주할 때는 그 증가한 내국세를 부과하는 동안은 일본국에 수입하는 대영국의 정당에 대해 전술한 내국세와 같은 액수의 증가 관세를 부과할 수 있음을 양 체맹국이 승낙하였다.
다만 위와 관련하여 대영국 정당은 항상 최혜국 산출 혹은 제조에 관한 정당과 동일한 취급을 받아야 한다.

제5
다음에 기명한 전권위원은 본 의정서는 본일 조인한 통상항해조약과 동시에 양 체맹국 정부에 제공하고 위 조약이 비준될 때에는 본 의정서에 게재한 제 약정도 별도의 정식 비준을 필요로 하지 않으며 또한 양 체맹국 정부가 인가한 것으로 간주할 것임을 약정한다. 또한 본 의정서는 전술한 조약이 무효로 돌아감과 동시에 종료될 것임을 약정한다.
이상의 증거로 양국 전권위원은 아래와 같이 서명한다.

메이지 27년 7월 16일 런던에서 본서 2통을 작성함.

아오키 슈조 인
킴벌리 인

〈부속 세목〉

(번역문)

품목	종가세율
고무 제품	100에 10
시멘트	100에 5
면직사류(綿織絲類)	100에 8
면직물류(綿織物類), 순면과 마, 아마(亞麻) 혹은 모사(毛絲) 또는 다른 합성물이라 면(綿)의 비중이 큰 것	100에 10

일반 유리창
  갑(甲) 무색 무착색   100에 8
  을(乙) 유색, 착색, 혹은 사마(砂磨) 유리 100에 10
모자(털모자 포함)   100에 10
건람(乾藍)   100에 10
철, 강철   100에 5
도철(道鐵)과 도강(道鋼)   100에 5
조철(條鐵), 조강(條鋼), 간철(竿鐵), 간강(竿鋼), 판철(板鐵), 판강(板鋼)
                                        100에 7.5
엽철(葉鐵)(틴 플레이트)   100에 10
전도판철(電鍍板鐵), 판강(板鋼)   100에 10
통철(筒鐵), 통강(筒鋼), 관철(管鐵), 관강(管鋼)
                                        100에 10
연(鉛)   100에 5
구두 피혁   100에 15
기타 숙피(熟皮)   100에 10
마직사류(麻織絲類)   100에 8
마직물류(麻織物類)   100에 10
수은   100에 5
고형, 가루 우유   100에 5
철, 못류   100에 10
기름, 파라핀   100에 10
색 기름   100에 10
인쇄 종이   100에 10
정당(精糖)   100에 10
초석(硝石)   100에 5
철 나사, 볼트, 너트류   100에 10
견면수자(絹綿繻子)   100에 15
주석   100에 5
엽석(葉錫)(틴 플레이트)   100에 10
왁스 파라핀(無味香蠟)   100에 5
전선(電線)   100에 5
철선(鐵線), 강선(鋼線), 직경 1/4인치를 넘지 않는 세간철(細竿鐵), 세간강(細竿鋼)
                                        100에 10
모직사류(毛織絲類)   100에 8

모직물류(毛織物類), 순모(純毛) 모의 비중이 큰 합성물
                              100에 10
기타 본 세목에 언급하지 않은 직사류(織絲類)
                              100에 10
아연   100에 5
판(板) 아연   100에 7.5

종가세 산정 규정

이 세목에 따라 수입 물품에 부과할 종가세는 그 물품의 구입처, 산출지, 혹은 제조지에서의 원가에 그 구입처, 산출지, 혹은 제조지로부터 하역장에 이르기까지의 보험료, 운임을 가산하고 또한 수수료가 있을 경우는 이 또한 가산하여 산정할 것이다.

IV

근대 한국(조선)이 서양 국가와 체결한 조약들

한승훈 건국대학교 글로컬 캠퍼스 조교수
김현철 동북아역사재단 책임연구위원
이재훈 한국외국어대학교 연구교수

1. 조미수호통상조약(1882)

한승훈

○ 명칭
- 영어: Treaty of Peace, Amity, Commerce and Navigation between the United States of America and the Kingdom of Chosen

○ 체결 국가: 조선, 미국

○ 체결일: 1882년 5월 22일(음력 4월 6일)
- 비준일: 1883년 5월 19일(비준서 교환일)

○ 체결(및 비준) 장소: 제물포(체결) / 서울(비준)

○ 서명자(또는 전권대사)
- 조선 전권대신: 신헌(申櫶) / 부대신: 김홍집(金弘集)
- 미국 전권대사: 슈펠트(R. W. Shufeldt, Commodore)

○ 작성(체결) 언어: 영어, 한문

○ 체결 배경 및 과정

1880년 조선 정부는 수신사 김홍집을 일본 도쿄로 파견했다. 김홍집의 주요 임무는 조일수호조규에서 규정하지 않은 관세 규정을 정하기 위함이었다. 하지만 일본 정부는 김홍집이 조선 정부로부터 전권을 위임받지 못했다는 이유로 협상 자체를 거부하였다. 그 대신 김홍집은 주일 청국공사 허루장(何如章)으로부터 관세 자주권에 입각한 통상정책의 수립과 러시아의 조선 침략을 방지하기 위한 방안으로 조선과 미국의 수교를 제안받았다. 이에 김홍집은 미국을 비롯한 서구 열강과의 조약 체결의 필요성을 강조한 별단(別單)과 황쭌셴의 『조선책략(朝鮮策略)』을 고종에 제출하였다.

1880년 11월 고종은 미국을 필두로 서구 열강과 조약을 체결하겠다는 뜻과 조약 체결을 위한 중재를 요청하는 내용을 청국에 전달하였다. 1881년 조선 정부는 통리기무아문(統理機務衙門)을 설치하고, 조사시찰단을 각각 일본에 파견함으로써, 서구 열강과 외교 및 통상 업무를 수행하기 위한 근대적 제도적 장치를 마련하기 시작했다. 아울러 조선 정부는 위정척사 세력의 상소 운동을 억누름과 동시에 위정척사 운동을 계기로 삼으려는 흥선대원군의 기세를 꺾음(안기영 사건)으로써 서구 열강과 조약 체결의 걸림돌을 사전에 차단하고자 했다.

1881년 11월 조선 정부는 김윤식을 톈진으로 파견해서 미국과의 조약 체결을 협의하고자 했다. 김윤식은 리훙장과의 사전 교섭에서 수입 관세율 10%와 관세 자주권을 관철시키고자 했다. 이에 리훙장은 '조선은 청의 속방'이라는 구절을 조약 내에 삽입하고자 했다. 김윤식은 이 문구의 삽입에 반대하지 않았다.

1882년 2월부터 시작된 리훙장과 슈펠트 사이에 진행된 회담에서 슈펠트는 속방 문구의 삽입을 반대하였다. 반면에 조선의 관세 자주권을 보장하고 수입관세율을 10%(일반품)와 30%(사치품) 이내로 규정한 세칙 안에는 찬성하였다. 리훙장은 조약 내에 거중조정(居中調整; good office)을 명문화함으로써, 러시아와 일본의 조선 침략에 미국이 외교적으로 개입할 수 있는 근거를 마련하였다. 1882년 3월에 리훙장과 슈펠트는 속방 문구를 규정한 1조를 제외한 15조로 구성된 조약 초안에 합의하였다.

1882년 5월에 슈펠트와 청국 측 중재자인 마젠중(馬建忠)이 제물포에 도착하였다. 조선 정부는 신헌과 김홍집을 각각 전권대신과 부대신으로 임명하였다. 조약 협상 과정에서 김홍집은 조미수호통상조약에 미곡 수출 금지 조항의 추가를 요구하였다. 슈펠트가 김홍집의 요구를 수용함으로써, 미곡 수출 금지 규정이 조약 내에 명문화되었다. 반면에 슈펠트는 속방 조문의 명문화에 반대함으로써, 마젠중은 조약 체결 직후에 고종 명의의 속방 조회문을 미국 대통령에게 보내는 것으로 대신하기로 했다. 1882년 5월 22일 신헌, 김홍집, 그리고 슈펠트는 14개조로 이루어진 조약에 서명하였다.

○ 주요 내용

조미수호통상조약은 전문과 총 14개조로 구성되어 있다. 제1조에는 체결국 중 한 국가가 타 국가로부터 침략을 받았을 때, 다른 체결국이 평화적으로 분쟁의 해결을 위해서 외교적으로 도와준다는 거중조정이 삽입되어 있다.

제4조에서는 치외법권(영사재판권) 조항이 명문화되었다. 제4조에 의하면 조선에서 발생하는 민·형사 사건에서 미국인이 피고 혹은 가해자인 경우, 미국 법률에 의해서 미국 국적의 재판관에 의해서 재판을 받도록 규정하였다. 미국인이 피해자인 경우, 미국 관리들은 청심관 제도에 의해서 조선 재판에 개입해서 증인을 심문하고 소환할 수 있는 권리를 보장받았다.

제5조에서는 조선과 영국의 통상에 관한 규정을 명문화하였다. 먼저 조선의 관세 자주권을 보장하였으며, 조선으로 수입하는 물품의 관세율의 경우 일반 상품에 대해서는 10%, 사치품에 대해서는 30%의 세율을 명문화하였다. 그리고 조선에서 미국인의 내지 통상, 개항장 간 무역이 금지되었다. 제14조에서는 조선에서 미국의 최혜국 대우 권리를 보장하였다. 이에 따라 미국은 조선이 제3국에게 부여한 권리 혹은 이익을 균점할 수 있는 특권을 확보하였다.

○ 결과 또는 파급 효과

조미수호통상조약의 체결 소식이 동아시아에 전해지자, 영국과 미국은 청국에 조선과의 조약 체결을 위한 중재를 요청하였다. 이에 청국 정부는 영국과 독일에 조미수호통상조약과 동일한 내용의 조약을 체결해야 한다는 조건을 제시하였다. 이에 합의한 영국과 독일은 1882년 6월에 조선과 수호통상조약을 체결할 수 있었다. 이들 조약은 조미수호통상조약과 내용이 동일하였다.

1883년 1월 9일 미국 상원은 조약 비준에 동의하였으며, 2월 13일 미국 대통령은 조약 비준을 인준하였다. 1883년 5월 19일 조선과 미국은 서울에서 비준서를 교환함으로써, 조미수호통상조약은 효력을 발휘하였다. 그런데 영국과 독일은 조선과 체결한 조약이 동아시아에서 적용 중이던 조약의 내용보다 자국에 불리하다는 이유를 들어서 1882년에 체결한 조약의 비준을 거부하였다. 결국 1883년 11월 영국은 동아시아에서 적용 중이던 조약의 내용을 집약한 수호통상조약을 조선과 다시 체결하였다. 1884년 4월 조선과 영국이 조약 비준서를 교환하자, 미국은 최혜국 대우 규정을 이용해서 조영수호통상조약(1883.11)의 균점을 관철시켰다.

○ (조약문) 출처
- 『고종실록』
- 미국 상원 도서관 홈페이지 : (https://www.loc.gov/law/help/us-treaties/bevans/b-korea-ust000009-0470.pdf)

조미수호통상조약(한문본) 원문

大朝鮮國與大亞美理駕合衆國, 切欲敦崇和好, 惠顧彼此人民。是以大朝鮮國君主, 特派【全權大官申櫶, 全權副官金宏集】, 大美國伯理璽天德, 特派全權大臣水師總兵薛斐爾, 各將所奉全權字據, 互相較閱, 俱屬妥善, 訂立條款, 臚列於左。

第一款, 嗣後大朝鮮國君主、大美國伯理璽天德, 竝其人民, 各皆永遠和平友好。若他國有何不公輕藐之事, 一經照知, 必須相助, 從中善爲調處, 以示友誼關切。

第二款, 此次立約通商和好後, 兩國可交派秉權大臣, 駐紮彼此都城, 竝於彼此通商口岸, 設立領事等官, 均聽其便。此等官員, 與本地官交涉往來, 均應用品級相當之禮。兩國秉權大臣與領事等官, 享獲種種恩施, 與彼此所待最優之國官員無異。惟領事官, 必須奉到駐紮之國批準文憑, 方可視事。所派領事等官, 必須眞正官員, 不得以商人兼充, 亦不得兼作貿易。倘各口未設領事官, 或請別國領事兼代, 亦不得以商人兼充, 或卽由地方官, 照現定條約代辦。若駐紮朝鮮之美國領事等官, 辦事不合, 須知照美國公使, 彼此意見相同, 可將批準文憑追回。

第三款, 美國船隻在朝鮮左近海面, 如遇颶風, 或缺糧食煤水, 距通商口岸太遠, 應許其隨處收泊, 以避颶風, 購買糧食, 修理船隻, 所有經費, 係由船主自備。地方官民, 應加憐恤援助, 供其所需。如該船在不通商之口, 潛往貿易拿獲, 船貨入官。如美國船隻在朝鮮海岸破壞, 朝鮮地方官, 一經聞知, 卽應飭令將水手先行救護, 供其糧食等項, 一面設法保護船隻貨物, 竝行知照領事官, 俾將水手送回本國。竝將船貨撈起一切費用, 或由船主, 或由美國認還。

第四款, 美國民人在朝鮮居住, 安分守法, 其性命財産, 朝鮮地方官, 應當代爲保護, 勿許稍有欺凌損毀。如有不法之徒欲將美國房屋業産搶劫燒毀者, 地方官一經領事告知, 卽應派兵彈壓, 竝查拿罪犯, 按律重辦。朝鮮民人, 如有欺凌美國民人, 應歸朝鮮官, 按朝鮮律例懲辦。美國民人, 無論在商船在岸上, 如有欺凌騷擾, 損傷朝鮮民人性命財産等事, 應歸美國領事官或美國所派官員, 按照美國律例, 查挐懲辦。其在朝鮮國內, 朝鮮、美國民人。如有涉訟, 應由被告所屬之官員, 以本國律例審斷, 原告所屬之國, 可以派員聽審, 審官當以禮相待。聽審官如欲傳訊、查訊、分訊、訂見, 亦聽其便。如以審官所斷爲不公, 亦許其詳細駁辨。大美國與大朝鮮國, 彼此明定。如朝鮮日後改定律例及審案辦法, 在美國視與本國律例, 辦法相符, 卽將美國官員在朝鮮審案之權, 收回以後, 朝鮮境內美國人民, 卽歸地方官管轄。

第五款, 朝鮮國商民竝其商船, 前往美國貿易, 凡納稅船鈔, 竝一切各費, 應遵照美國海關章程辦理, 與征收本國人民及相待最優之國, 稅鈔不得額外加增。美國商民竝其商船, 前往朝鮮, 貿易, 進出口貨物, 均應納稅, 其收稅之權, 應由朝鮮自主。所有進出口稅項及海關禁防偸漏諸弊, 悉聽朝鮮

政府設立規則, 先期知會美國官, 布示商民, 遵行現擬。先訂稅則大略, 各色進口貨, 有關民生日用者, 照估價值百抽稅不得過一十, 其奢靡玩要等物, 如洋酒、呂宋煙、鍾表之類, 照估價值百抽稅不得過三十。至出口土貨, 槪照值百抽稅不得過五。凡進口洋貨, 除在口岸完納正稅外, 該項貨物, 或入內地, 或在口岸, 永遠不納。別項稅費美國商船進朝鮮口岸, 須納船鈔, 每噸銀五錢, 每船按中, 歷一季抽一次。

第六款, 朝鮮國商民前往美國各處, 准其在該處居住, 賃房買地起蓋棧房, 任其自便, 其貿易工作, 一切所有土產, 以及製造之物, 與不違禁之貨, 均許買賣。美國商民前往朝鮮已開口岸, 准其在該處所定界內居住, 賃房租地建屋, 任其自便, 其貿易工作, 一切所有土產, 以及製造之物, 與不違禁之貨, 均許賣買。惟租地時, 不得稍有勒逼, 該地租價, 悉照朝鮮所定等則完納, 其出租之地, 仍歸朝鮮版圖。除案此約內, 所持明歸美國官員應管商民錢產外, 皆仍歸朝鮮地方官管轄。美國商民不得以洋貨運入內地, 售買亦不得自入內地。採買土貨, 幷不得以土貨由此口販運彼口。違者將貨物入官, 並將該商, 交領事官懲辦。

第七款, 朝鮮國與美國, 彼此商定, 朝鮮商民, 不准販運洋藥, 入美國通商口岸, 美國商民, 亦不准販運洋藥, 入朝鮮通商口岸, 並由此口運往彼口, 亦不准作一切買賣洋藥之貿易。所有兩國商民, 無論僱用本國船別國船, 及本國船為別國商民僱用販運洋藥者, 均由各本國自行, 永遠禁止, 查出從重懲罰。

第八款, 如朝鮮國, 因有事故, 恐致境內缺食, 大朝鮮國君主, 暫禁米糧出口, 經地方官照知後, 由美國官員轉飭在各口, 美國商民一體遵辦。惟於已開仁川一港, 各色米糧, 槪行禁止。運出紅蔘一項, 朝鮮舊禁出口, 美國人如有潛買出洋者, 均查拏入官, 仍分別懲罰。

第九款, 凡砲位、鎗刀、火藥、鉛丸一切軍器, 應由朝鮮官自行采辦。或美國人奉朝鮮官准買明文, 方准進口。如有私販查貨, 入官, 仍分別懲罰。

第十款, 凡兩國官員、商民, 在彼此通商地方居住, 均可僱請各色人等, 勤執分內工藝。唯朝鮮人遇犯本國例禁, 或牽涉被控, 凡在美國商民寓所行棧及商船隱匿者, 由地方官照知領事官, 或准差役, 自行往拏, 或由領事, 派人拿交, 朝鮮差役。美國官民不得稍有庇縱捎留。

第十一款, 兩國生徒往來學習語言、文字、律例、藝業等事, 彼此均宜勸助, 以敦睦誼。

第十二款, 玆朝鮮國初次立約所訂條款, 姑從簡略, 應遵條約, 已載者, 先行辦理, 其未載者, 俟五年後, 兩國官民, 彼此言語稍通, 再行議定。至通商詳細章程, 須酌照萬國公法通例, 公平商訂, 無有輕重大小之別。

第十三款. 此次兩國訂立條約, 與夫日後往來公牘, 朝鮮專用華文, 美國亦用華文, 或用英文, 必須以華文註明, 以免岐誤。

第十四款. 現經兩國議定嗣後, 大朝鮮國君主, 有何惠政恩典利益, 施及他國, 或其商民, 無論關涉海面行船, 通商貿易交往等事, 爲該國幷其商民, 從來未霑, 抑爲此條約所無者, 亦准美國官民, 一體均霑。惟此種優待他國之利益, 若立有專條互相酬報者, 美國官民, 必將互訂酬報之專條, 一體遵守, 方准同霑優待之利益。

其上各款, 現經【大朝鮮、大美】國大臣, 同在朝鮮 仁川府, 議定繕寫【華、洋】文各三分, 句法相同, 先行畫押蓋印, 以昭憑信, 仍俟兩國御筆批准, 總以一年爲期, 在朝鮮 仁川府互換。然後, 將此約各款, 彼此通諭本國官員、商民, 俾得咸知遵守。大朝鮮國開國四百九十一年卽中國 光緒八年四月初六日。全權大官經理統理機務衙門事申櫶。全權副官經理統理機務衙門事 金弘集。大美國一千八百八十二年五月二十二日。全權大臣水師總兵 薛斐爾。

조미수호통상조약(영어본) 원문

The United States of America and the Kingdom of Chosen, being sincerely, desirous of establishing permanent relations of amity and friendship between their respective peoples, have to this end appointed, that is to say, the President of the United States, R.W. Shufeldt, Commodore, U.S. Navy as his Commissioner Plenipotentiary, and His Majesty, the King of Chosen, Shin-Chen, President of the Royal Cabinet, Chin-Hong-Chi, Member of the Royal Cabinet, as his Commissioners Plenipotentiary, who, having reciprocally examined their respective full Powers, which have been found to be in due form, have agreed upon the several following articles:

Article I.
There shall be perpetual peace and friendship between the President of the United States and the King of Chosen and the citizens and subjects of their respective Governments. If other Powers deal unjustly or oppressively with either Government, the other will exert their good offices, on being informed of the case, to bring about an amicable arrangement, thus showing their friendly feelings.

Article II.
After the conclusion of this Treaty of amity and commerce, the High Contracting Powers may each appoint Diplomatic Representatives to reside at the Court of the other, and may each appoint Consular Representatives at the ports of the other, which are open to foreign commerce, at their own convenience.
These officials shall have relations with the corresponding local authorities of equal rank upon a basis of mutual equality.
The Diplomatic and Consular Representatives of the two Governments shall receive mutually all the privileges, rights and immunities without discrimination, which are accorded to the same classes of Representatives from the most favored nation.
Consuls shall exercise their functions only on receipt of an exequatur from the Government, to which they are accredited. Consular authorities shall be bona fide officials. No merchants shall be permitted to exercise the duties of the office, nor shall Consular officers be allowed to engage in trade. At ports, to which no Consular Representatives have been appointed, the Consuls of other Powers may be invited to act, provided, that no merchant shall be allowed to assume Consular functions, or the provisions of this Treaty may, in such case, be enforced by the local authorities.
If Consular Representatives of the United States in Chosen conduct their business in an improper manner, their exequaturs may be revoked, subject to the approval previously obtained, of the Diplomatic Representative of the United States.

Article III.

Whenever United States vessels, either because of stress of weather, or by want of fuel or provisions cannot reach the nearest open port in Chosen, they may enter any port or harbour, either to take refuge therein, or to get supplies of wood, coal and other necessaries, or to make repairs, the expenses incurred thereby being defrayed by the ship's master. In such event the officers and people of the locality shall display their sympathy by rendering full assistance, and their liberality by furnishing the necessities required.

If a United States vessel carries on a clandestine trade at a port not open to foreign commerce, such vessel with her cargo shall be seized and confiscated.

If a United States vessel be wrecked on the coast of Chosen, the local authorities, on being informed of the occurrence, shall immediately render assistance to the crew, provided for their present necessities, and take the measures necessary for the salvage of the ship and the preservation of her cargo. They shall also bring the matter to the knowledge of the nearest Consular Representative of the United States, in order that steps may be taken to send the crew home and to save the ship and cargo. The necessary expenses shall be defrayed either by the ship's master or by the United States.

Article IV.

All citizens of the United States of America in Chosen, peaceably attending to their own affairs, shall receive and enjoy for themselves and everything appertaining to them the protection of the local authorities of the Government of Chosen, who shall defend them from all insult and injury of any sort. If their dwellings or property be threatened or attacked by mobs, incendiaries, or other violent or lawless persons, the local officers on requisition of the Consul, shall immediately dispatch a military force to disperse the rioters, apprehend the guilty individuals, and punish them with the utmost rigour of the law.

Subjects of Chosen, guilty of any criminal act towards citizens of the United States, shall be punished by the authorities of Chosen according to the laws of Chosen; and citizens of the United States, either on shore or in any merchant-vessel, who may insult, trouble or wound the persons or injure the property of the people of Chosen, shall be arrested and punished only by the Consul or other public functionary of the United States thereto authorized, according to the laws of the United States.

When controversies arise in the Kingdom of Chosen between citizens of the United States and the subjects of His Majesty, which need to be examined and decided by the public officers of the two nations, it is agreed between the two Governments of the United States and Chosen, that such cases shall be tried by the proper official of the nationality of the defendant, according to the laws of that nation. The properly authorized official of the plaintiff's nationality shall be freely permitted to attend the trial, and shall be treated with courtesy due to his position. He shall be granted all proper facilities for watching the proceedings in the interests of justice. If he so desires, he shall have the right to present, to examine and to cross examine witnesses. Â If he is dissatisfied with the proceedings, he shall be permitted to protest against them in detail.

It is however mutually agreed and understood between the High Contracting Powers, that whenever the King of Chosen shall have so far modified and reformed the statutes and judicial procedures of his Kingdom that, in the judgment of the United States, they conform to the laws and course of justice in the United States, the right of exterritorial jurisdiction over United States citizens in Chosen shall be abandoned, and thereafter united States citizens, when within the limits of the Kingdom of Chosen, shall be subject to the jurisdiction of the native authorities.

Article V.

Merchants and merchant-vessels of Chosen visiting the United States for purposes of traffic, shall pay duties and tonnage-dues and all fees according to the Customs-Regulations of the United States, but no higher or other rates of duties and tonnage-dues shall be exacted of them, than are levied upon citizens of the United States or upon citizens or subjects of the most favoured nation.

Merchants and merchant-vessels of the United States visiting Chosen for purposes of traffic, shall pay duties upon all merchandise imported and exported. The authority to levy duties is of right vested in the Government of Chosen. The tariff of duties upon exports and imports, together with the Customs-Regulations for the prevention of smuggling and other irregularities, will be fixed by the authorities of Chosen and communicated to the proper officials of the United States, to be by the latter notified to their citizens and duly observed.

It is however agreed in the first instance as a general measure, that the tariff upon such imports as are articles of daily use shall not exceed an ad valorem duty of ten per centum; that the tariff upon such imports as are luxuries, as for instance foreign wines, foreign tobacco, clocks and watches, shall not exceed an ad valorem-duty of thirty per centum, and that native produce exported shall pay a duty not to exceed five percentum ad valorem. And it is further agreed that the duty upon foreign imports shall be paid once for all at the port of entry, and that no other dues, duties, fees, taxes or charges of any sort shall be levied upon such imports either in the interior of Chosen or at the ports.

United States merchant-vessels entering the ports of Chosen shall pay tonnage-dues at the rate of five mace per ton, payable once in three months on each vessel, according to the Chinese calendar.

Article VI.

Subjects of Chosen who may visit the United States shall be permitted to reside and to rent premises, purchase land, or to construct residences or warehouses in all parts of the country. They shall be freely permitted to pursue their various callings and avocations, and to traffic in all merchandise, raw and manufactured, that is not declared contraband by law. Citizens of the United States who may resort to the ports of Chosen which are open to foreign commerce, shall be permitted to reside at such open ports within the limits of the concessions and to lease buildings or land, or to construct residences or warehouses therein. They shall be freely permitted to pursue their various callings and avocations within the limits of the port, and to traffic in all merchandise, raw and manufactured, that is not declared contraband by law.

No coercion or intimidation in the acquisitions of land or buildings shall be permitted, and the land-rent as fixed by the authorities of Chosen shall be paid. And it is expressly agreed that land so acquired in the open ports of Chosen still remains an integral part of the Kingdom, and that all rights of jurisdiction over persons and property within such areas remain vested in the authorities of Chosen, except in so far as such rights have been expressly relinquished by this Treaty.

American citizens are not permitted either to transport foreign imports to the interior for sale, or to proceed thither to purchase native produce. Nor are they permitted to transport native produce from one open port to another open port.

Violations of this rule will subject such merchandise to confiscation, and the merchant offending will be handed over to the Consular Authorities to be dealt with.

Article VII.

The Governments of the united States and of Chosen mutually agree and undertake that subjects of Chosen shall not be permitted to import opium into any of the ports of the United States, and citizens of the United States shall not be permitted to import opium into any of the open ports of Chosen, to transport it from one open port to another open port, or to traffic in it in Chosen. This absolute prohibition which extends to vessels owned by the citizens or subjects of either Power, to foreign vessels employed by them, and to vessels owned by the citizens or subjects of either Power and employed by other persons for the transportation of opium, shall be enforced by appropriate legislation on the part of the United States and of Chosen, and offenders against it shall be severely punished.

Article VIII.

Whenever the Government of Chosen shall have reason to apprehend a scarcity of food within the limits of the Kingdom, His Majesty may by Decree temporarily prohibit the export of all breadstuffs, and such Decree shall be binding on all citizens of the United States in Chosen upon due notice having been given them by the Authorities of Chosen through the proper officers of the United States; but it is to be understood that the exportation of rice and breadstuffs of every description is prohibited from the open port of Yin-Chuen.

Chosen having of old prohibited the exportation of red gingseng, if citizens of the United States clandestinely purchase it for export, it shall be confiscated and the offenders punished.

Article IX.

The purchase of cannon, small arms, swords, gunpowder, shot and all munitions of war is permitted only to officials of the Government of Chosen, and they may be imported by citizens of the United States only under a written permit from the authorities of Chosen. If these articles are clandestinely imported, they shall be confiscated and the offending party shall be punished.

Article X.

The officers and people of either nation residing in the other, shall have the right to employ natives for all kinds of lawful work.

Should, however, subjects of Chosen, guilty of violation of the laws of the Kingdom, or against whom any action has been brought, conceal themselves in the residences or warehouses of United States citizens, or on board United States merchant-vessels, the Consular Authorities of the United States, on being notified of the fact by the local authorities, will either permit the latter to dispatch constables to make the arrests, or the persons will be arrested by the Consular Authorities and handed over to the local constables.

Officials or citizens of the United States shall not harbour such persons.

Article XI.

Students of either nationality, who may proceed to the country of the other, in order to study the language, literature, laws or arts shall be given all possible protection and assistance in evidence of cordial good will.

Article XII.

This being the First treaty negotiated by Chosen, and hence being general and incomplete in its provisions, shall in the first instance be put into operation in all things stipulated herein. As to stipulations not contained herein, after an interval of five years, when the officers and people of the two Powers shall have become more familiar with each others language, a further negotiation of commercial provisions and regulations in detail, in conformity with international law and without unequal discriminations on either part shall be had.

Article XIII.

This Treaty, and future official correspondence between the two contracting Governments shall be made, on the part of Chosen, in the Chinese language.

The United States shall either use the Chinese language, or, if English is to be used, it shall be accompanied with a Chinese version, in order to avoid misunderstanding.

Article XIV.

The High Contracting Powers hereby agree that, should at any time the King of Chosen grant to any nation or to the merchants or citizens of any nation, any right, privilege or favour, connected either with navigation, commerce, political or other intercourse, which is not conferred by this Treaty, such right, privilege and favour shall freely inure to the benefit of the United States, its public officers, merchants and citizens, provided always, that whenever such right, privilege or favour is accompanied by any condition, or equivalent concession granted by the other nation interested, the United States, its officers and people shall only be entitled to the benefit of such right, privilege or favour upon complying with the conditions or concessions connected therewith.

In faith whereof the respective Commissioners Plenipotentiary have signed and sealed the foregoing at Yin-Chuen in English and Chinese, being three originals of each text of even tenor and date, the ramifications of which shall be exchanged at Yin-Chuen within one year from the date of its execution, and immediately thereafter this Treaty shall be in all its provisions publicly proclaimed and made known by both Governments in their respective countries, in order that it may be obeyed by their citizens and subjects respectively.

Chosen, May the 22nd, A. D. 1882.
[L. S.](Signed) R. W. Shufeldt, Commodore, U.S.N., Envoy of the U.S. to Chosen
[L. S.](Signed) Shin Chen, Chin Hong Chi [In Chinese.]
Chosen, May the 22nd, A. D. 1882.

조미수호통상조약(영어본)의 한글 번역문

대조선국과 대아메리카합중국은 우호 관계를 두텁게 하기를 절실히 원하며 피차 인민을 은혜로이 돌아보고자 한다. 이로써 대조선국 군주는 전권대관 신헌, 전권부관 김홍집을 특별히 파견하고, 대미국 대통령은 전권대신 수사 총병 슈펠트를 특별히 파견하여 각자 장차 받은 전권을 위임한 신임장을 상호 교열하고 속한 바를 갖추어 훌륭히 의논해 조관을 바로 세워 좌측에 나열한다.

제1조
사후 대조선국 군주와 대아메리카 대통령과 아울러 그 인민은 각각 모두 영원히 화평하고 우호를 다진다. 만약 타방 체약국이 어떤 불공평하고 경시당하는 일이 있으면 한 번 통지를 거쳐 반드시 서로 도와주며 중간에서 잘 조정해 두터운 우의와 관심을 보여 준다.

제2조
이번에 통상화호를 맺은 다음 두 나라는 전권대신을 파견해 피차 체약국의 수도에 주재시킬 수 있으며 아울러 피차 통상 항구에 영사 등의 관원을 설치해 모두 그 편의를 들어준다. 이들 관원은 현지 관원와 더불어 교섭하기 위해 왕래하면 모두 마땅히 품급이 서로 맞는 예의를 사용한다. 양국 전권대신 및 영사 등 관원이 누리는 여러 가지 우대는 피차 더불어 최혜국 대우를 받는 나라의 관원과 다름이 없다. 단 영사는 반드시 주재하는 나라의 비준 문서를 받들어야 바야흐로 사무를 볼 수 있다. 파견한 영사 등 관원은 반드시 참된 정식 관원이어야 하고 상인으로 겸해 채울 수 없고 또한 무역을 겸해 할 수 없다. 각 항구에 아직 영사를 설치하지 못해 혹은 타국 영사를 청해 대신 겸임케 하더라도 또한 상인으로 겸해 채울 수 없고 혹은 지방관이 현재 정해진 조약에 따라 대리로 처리한다. 만약 조선에 주재한 미국 영사 등 관원들의 일 처리가 맞지 않으면 반드시 미국 공사에게 알려 피차 의견이 서로 같아야 장차 비준 문서를 회수할 수 있다.

제3조
만약 미국 선박이 조선의 근해에서 바람을 만나거나 혹은 양식·연료·물이 모자라 통상 항구와 매우 먼 곳에 거하면 마땅히 어느 곳이라도 정박해 바람을 피하고 식량을 구매하고 선박을 수리하되 경비는 선주가 스스로 부담한다. 지방관과 백성은 마땅히 불쌍히 여겨 원조하고 그 수요품을 제공해야 한다. 만약 해당 선박이 통상하지 않는 항구에 몰래 가 무역을 하면 선박과 화물을 붙잡아 관에 몰수한다. 만약 미국 선박이 조선 해안에서 파괴되면 조선 지방관은 한 번 소식을 듣고 즉시 마땅히 영을 내려 선원을 먼저 구호하고 그 식량 등 제반 사항을 제공하는 한편 보호할 대책을 마련하는 동시에 영사에게 알려 장차 선원은 본국으로 돌려보낸다. 아울러 장차 선박과 화물을 건져낸 일체의 비용은 선주가 혹은 미국이 인허해 돌려준다.

제4조
조선에 거주하는 미국 인민이 본분을 지키고 법을 준수하면 그 생명과 재산은 조선의 지방관이 마땅히 대신 보호해 주고 조금이라도 속이고 모욕하거나 손해를 주고 파괴하는 일이 없도록 해야 한다. 만약 법을 지키지 않는 무리들이 장차 미국의 집과 재산을 겁탈하고 불태우거나 훼손시키려 하면 지방관은 한 번 영사에게 통지하여 즉시 마땅히 군사를 파견해 탄압하는 동시에 범죄자를 조사해 체포하고 법률에 따라 무겁게 처리한다. 만약 조선 인민이 미국 인민을 모욕하면 마땅히 조선 관원에게 귀속시켜 조선 법률에 따라 징계 처리한다. 만약 미국 인민이 상선이나 해안에서를 마련하고 모욕하고 소란을 일으켜 조선 인민의 생명과 재산 능을 손상시키면 마땅히 미국 영사 혹은 미국에서 파견한 관원에게 귀속시켜 미국 법률에 따라 조사해 징계 처리한다. 조선 국내에서 조선 인민과 미국 인민이 만약 송사하는 일이 생기면 마땅히 피고가 소속된 관원이 본국 법률에 따라 심의 처리하고 원고가 소속한 나라는 청심관을 파견할 수 있고 청심관은 마땅히 예의로써 서로 대해야 한다. 만약 청심관이 전해 들어 신문하거나 조사해 신문하거나, 증인을 서로 바꾸어 신문하거나 검증해 보려고 하면 마땅히 그 편의를 들어준다. 만약 청심관이 판단해 불공평하다고 여기면 마땅히 그 상세한 반박 변론을 허락해 준다. 대미국과 대조선국은 피차 명확히 정한다. 만약 조선이 이후 법률 및 사안을 심의하고 처리하는 절차를 개정하여 미국에서 보아 본국 법률 및 처리 방법이 서로 부합하면 즉시 장차 미국 관원이 조선에서 사안을 심의하는 권한을 회수하고 이후 조선 경내의 미국 사람은 즉시 지방관의 관할로 귀속시킨다.

제5조
조선국 상인과 그 상선이 미국에 가서 무역하면 무릇 납부하는 선세와 일체의 각 비용은 마땅히 미국 해관장정에 따라 처리하고 미국 인민과 상대되는 최혜국에게 징수하는 세금을 같이 하고 액수 외에 더할 수 없다. 미국 상인과 그 상선이 조선에 가서 무역해 입출항하는 화물은 모두 마땅히 세금을 납부해야 하며 그 수세의 권리는 마땅히 조선의 자주로부터 나온다. 입출항세 항목 및 누세와 여러 폐단을 금지하는 해관의 규정은 모두 조선 정부가 세운 규정을 듣고 먼저 미국 관리에게 알려 상인들에게 보여 주어 준수하도록 한다. 현재 헤아려 먼저 정한 세칙은 대략 각 종류의 입항한 화물 중에 민생을 위한 일상 용품이 있으면 가격에 따라 세금이 100분의 10을 초과할 수 없고, 그 사치품과 기호품인 양주·여송연·시계와 같은 종류는 가격에 따라 세금이 100분의 30을 초과할 수 없으며 출항하는 토산물은 가격에 따라 세금이 100분의 5를 초과할 수 없다. 무릇 입항한 서양 화물은 항구에서 정해진 세금을 완납하는 경우를 제외하고 해당 항목의 화물이 혹 내륙 지방에 들어가거나 혹은 항구에 있으면 영원히 다른 항목의 세금을 납부하지 않는다. 미국 상선이 조선 항구에 들어오면 반드시 선세로 매번 은 5전을 납부하고 매번 선박은 중국력에 따라 한 계절에 한 번씩 납부한다.

제6조
조선국 상인이 미국의 각 지방에 가면 그 해당 지역에서 거주해 주택을 임대하고 땅을 사며 가게를 짓는 것을 그 스스로의 편의에 맡길 것을 승인하고 그 무역과 생산은 일체 가지고 있는 토산물 및 제조한 물건과 금지하지 않는 화물은 모두 매매를 허락한다. 미국 상인이 이미 개항한 조선 항구에 가면 그 해당 지역에서 지정한 경계 내에서 거주해 주택을 임대하고 땅을 빌려 건물을 짓는 것을 그 스스로의 편의에 맡길 것을 승인하고 그 무역과 생산은 일체 가지고 있는 토산물 및 제조한 물건과 금지하지 않은 화물은 모두 매매를 허락한다. 단, 땅을 빌릴 때에는 조금도 강박할 수 없으며 해당 땅의 빌리는 가격은 모두 조선이 정한 등급 규칙에 따라 완납하며 그 빌린 땅은 조선 판도에 귀속시킨다. 이 조약 내에 미국 관원에게 귀속시켜 마땅히 관리하기로 한 상인들의 재산을 제외하고는 모두 조선 지방관에게 귀속시켜 관할하도록 한다. 미국 상인은 서양 화물을 내륙 지방에 운반해 판매할 수 없으며 또한 내륙 지방에 들어가 토산물을 구매할 수 없고 아울러 토산물을 이 항구에서 저 항구로 운반해 팔 수 없다. 위반하면 장차 화물을 관에 몰수하고 아울러 해당 상인은 영사에게 넘겨 징계 처리한다.

제7조
조선국과 미국은 피차 상의해 정한 바 조선 상인이 수입 아편을 미국 통상 항구에 들여가는 것을 승인하지 않고 역시 미국 상인이 수입 아편을 조선 통상 항구에 들여가는 것을 승인하지 않으며 아울러 이 항구에서 저 항구로 실어 가면 또한 일체 수입 아편을 무역하는 것을 승인하지 않는다. 두 나라의 상인이 본국 선박과 타국 선박을 사용하는 것을 막론하고 본국 상선으로 타국 상인을 위해 수입 아편을 사용하면 모두 각 본국이 스스로 처리해 영원히 금지시키고 조사해 나오면 무겁게 징계 처벌한다.

제8조
만약 조선국이 사고로 인해 국내의 식량이 모자랄 것이 두려워 대조선국 군주가 잠시 미곡 수출을 금지하면 지방관이 통지한 후에 미국 관원이 각 항구에 있는 미국 상인에게 일체 준수해 처리하도록 단단히 주의를 준다. 단, 이미 개항한 인천항에서 각 종류의 양곡은 모두 수출을 금지한다. 홍삼 수출은 조선에서 예로부터 금지해 만약 미국인이 몰래 구매해 바다로 내가면 모두 조사해 관에 몰수하고 분별해 징계 처벌한다.

제9조
무릇 대포창, 칼·화약·탄환 등 일체 군기는 마땅히 조선 관원이 스스로 분별해 구입한다. 혹 미국인은 조선 관원이 구매를 승인한 명문을 받들어야 비로소 입항할 수 있다. 만약 사적으로 팔다가 발각되면 화물은 관에 몰수하고 분별해 징계 처벌한다.

제10조
무릇 양국 관원과 상인이 피차 통상 지방에 거주하면 모두 각 종류의 사람을 고용해 직분상의 작업을 도와 맡게 할 수 있다. 단, 조선 사람이 본국의 금령을 위반하거나 혹은 연루되어 고발을 당해 무릇 미국 상인의 주택·창고·상선에 숨으면 지방관이 영사에게 통지해 혹은 말단 관리를 보내는 것을 승인하거나 혹은 영사가 사람을 파견해 조선의 말단 관리에게 체포해 넘겨준다. 미국 관리와 백성은 조금이라도 비호하거나 머무르게 할 수 없다.

제11조
양국 생도가 왕래하여 언어·문자·법률·기술 등을 학습하면 피차 모두 마땅히 도와주어 우의를 두텁게 한다.

제12조
이에 조선국이 처음으로 조약을 맺어 정한 조항은 잠시 간략함을 따랐으므로 마땅히 조약을 준수해 이미 기재한 것은 먼저 처리하고 아직 기재하지 않은 것은 5년 뒤를 기다려 양국 관리와 백성이 피차 언어가 소통되면 다시 의논하여 정한다. 상세한 통상장정에 이르러서는 반드시 만국공법의 통례를 따라 참작해 서로 경중대소의 차별이 없도록 공평하게 상의해 결정한다.

제13조
이번에 양국이 정해 맺은 조약은 이후 왕래하는 공식 문건과 더불어 조선은 오로지 한문을 사용하고 미국 또한 한문을 사용하거나 혹은 영문을 사용하되 반드시 한문으로 주석을 달아 밝혀 오류를 면하도록 한다.

제14조
현재 양국이 의논해 정한 이후 대조선국 군주가 어떤 혜택·은전의 이익을 타국 혹은 그 나라 상인에게 베풀면 바다를 건너 배를 운항해 통상·무역·왕래하는 일을 막론하고 해당국과 그 나라 상인이 종래 점유하지 않고 이 조약에 없는 것은 또한 미국 관리와 백성이 일체 균점하도록 승인한다. 단, 이러한 종류의 타국의 이익에 대한 우대는 만약 타국이 상호 보답하는 특별 조항이 있으면 미국 관리와 백성은 반드시 장치해 이와 같이 보답하는 특별 조항을 서로 정해 일체 준수해야 바야흐로 우대하는 이익을 균점하도록 승인한다.

이상 각 조관은 대조선국과 대미국 대신이 조선 인천부에서 의논해 정하고 한문·영문으로 각 3부를 작성해 조문과 구절이 서로 같아 먼저 서명해 도장을 찍어 신뢰를 표하고 양국 통치자의 비준을 기다려 모두 1년을 기한으로 해 조선 인천부에서 상호 교환한다. 그런 후에 장차 이 조약의 각 조관은 피차 본국 관원과 상민에게 알리고 깨우쳐 모두 각자 준수하도록 할 수 있다.

2. 조영수호통상조약(1883)

한승훈

○ 명칭
- 영어: Treaty of Friendship and Commerce Between Great Britain and Corea

○ 체결 국가: 영국, 조선

○ 체결일: 1883년 11월 26일(음 10월 27일)
- 비준일: 1884년 4월 24일

○ 체결 장소: 서울

○ 서명자(또는 전권대사)
- 영국 전권대사: 해리 파크스[巴夏禮: Harry Smith Parkes]
- 조선 전권대신: 민영목(閔泳穆)

○ 작성 언어: 영어, 한문

○ 체결 배경 및 과정

19세기 후반 영국은 러시아의 남하를 막기 위한 전략적 목적으로 조선과의 조약 체결을 고려하고 있었다. 1882년 3월 조선과 미국의 조약 체결을 위한 교섭 소식이 알려지자, 주청 영국공사 웨이드(T. F. Wade)는 청국 정부에 조선과의 조약 체결을 위한 중재를 요청하였다. 청국 정부는 웨이드에게 조미수호통상조약과 동일한 내용의 조약을 영국이 조선과 체결해야 한다는 조건을 제시했고, 웨이드는 이를 수락하였다. 1882년 6월 6일 제물포에서 조선 측 전권대신 조영하(趙寧夏)와 부대신 김홍집(金弘集)은 영국 측 전권대사 윌레스(G. O. Wiilles) 제독과 제1차 조영수호통상조약을 체결하였다.

그런데 영국 내부에서는 제1차 조영수호통상조약에 반대하는 여론이 형성되었다. 주일 영국공사 파크스(Harry Parkes)는 제1차 조영수호통상조약의 수입관세율(일반품 10%, 사치품 30% 이하)이 청국과 일본의 수입관세율 5%보다 높을 뿐만 아니라, 조선에서 영국인의 무역활동을 제약한다고 비판하였다. 나아가 장차 청국과 일본이 제1차 조영수호통상조약을 근거로 영국에 관세율 인상 등의 내용이 담긴 조약 개정을 요구할 것을 우려하였다. 파크스의 주장은 동아시아의 영국 상인들의 이익을 대변하는 것이었다. 그런 이유로 홍콩·상하이·요코하마에 주재하는 영국상공회의소에서도 파크스와 동일한 의견을 제시하였다.

결국 영국은 제1차 조영수호통상조약의 비준을 거부하기로 결정하였다. 이에 독일을 설득해서 1882년에 조선과 체결한 수호통상조약의 비준을 함께 거부하기로 합의하였다. 1883년 3~5월 파크스는 주일 영국영사 애스턴(W. G. Aston)을 서울에 파견하였다. 애스턴으로 하여금 영국공사관 자리를 물색하도록 지시하는 한편, 수입관세율 5%를 보장한 조청상민수륙무역장정의 균점을 관철시키도록 했다. 하지만 김홍집을 비롯한 통리교섭통상사무아문 관리들은 수입관세율 10%를 주장하면서 애스턴의 요구를 거부하였다. 결국 파크스는 동아시아에서 적용 중이던 조약 내용을 영국에 유리하게 집약한 내용의 신조약 초안을 작성하였다.

1883년 11월 영국의 전권대사로 임명된 파크스가 서울에 도착하였다. 조선 정부는 통리교섭통상사무아문 독판 민영목(閔泳穆)을 전권대신으로 임명하였다. 민영목은 1883년 7월에 체결한 조일통상장정을 근거로 수입품의 관세율을 8%를 기준으로 하고자 했다. 이에 대해 파크스는 청과 일본에서 시행 중인 5%와는 다른 7.5%를 기준으로 5%, 10%, 20%로 세분화하는 수입관세율을 제시하였다. 결국 조선 정부는 몇 가지 품목의 세율을 상향 조정하는 대신에 파크스가 제시한 관세율에 합의하였다. 1883년 11월 26일 민영목과 파크스는 13개조로 구성된 수호통상조약, 통상장정, 그리고 세칙으로 구성된 조약에 서명하였다.

○ 주요 내용

제2차 조영수호통상조약은 전문과 13개조로 구성된 수호통상조약과 통상장정, 그리고 세칙으로 구성되었다. 주요한 내용은 다음과 같다.

(1) 영국인의 전면적인 치외법권(영사재판권) 적용

제1차 조영수호통상조약에는 조선에서 영국인과 제3국인의 민·형사 사건에 대한 규정이 없었다. 조선 당국이 조선 법률에 의해서 해당 사건을 처리할 것을 우려한 파크스는 제2차 조약의 3관에 영국인과 제3국인 사이에 사건이 발생했을 경우, 법적 관할이 영국 혹은 제3국에 있음을 명시하였다.

(2) 영국의 무역 특권과 조선의 관세 자주권 부정

제4관에서는 조선에서 영국 상인의 내지 통상의 자유를 보장하였다. 제5관에는 조약에는 영국 상인의 개항장 간 무역을 허가한 반면에 조선의 관세 자주권을 부정하고 협정관세에 의거해서 관세율을 조정하도록 규정하였다. 이에 따라 세칙에서는 수입관세율을 5%, 7.5%, 10%, 20%로 규정하였다. 조영조약의 수입관세율은 5%를 적용받는 청국과 일본에 비해서 유리한 조건으로 보일 수 있다. 하지만 파크스는 청국에서 실질적으로 시행(수입 관세율 5%+내지세 2.5%) 중이던 7.5%의 세율을 세칙에 적용시켰다. 게다가 파크스는 5%의 세율을 적용받는 수입품을 다수 배치함으로써, 조선에서 적용하는 실질적인 관세율을 7% 이하로 낮추었다. 한편 일본에서는 개항장을 제외하고는 영국 상인의 상행위가 금지되어 있었다. 결국 제2차 조약의 통상 조항은 동아시아에서 영국에 적용되었던 유리한 부분을 집약한 것으로 볼 수 있다.

(3) 기타 사항

제4관에는 개항장(제물포, 부산, 원산)의 조계지 설정 및 운영 지침이 명시되었다. 그 지침에 의거해서 개항장에는 조계지를 운영하는 신동공사가 설립되었다.

○ 결과 또는 파급 효과

제2차 조영수호통상조약은 청과 일본에서 시행 중인 조약의 내용 중에서 서구 열강에 유리한 조문들이 집약되어서 반영된 것이었다. 그런 이유로 1883년 11월 26일 제2차 조영수호통상조약이 체결되던 날, 독일이 그 조약과 동일한 내용의 조약을 조선과 체결(제2차 조독수호통상조약)하였다. 1884년 4월 24일 조선과 영국이 제2차 조약의 비준서를 교환하자, 미국은 조미수호통상조약의 최혜국 대우 조항을 근거로 제2차 소약의 내용을 균점하였다. 그밖에 조선이 러시아(1884), 이탈리아(1884), 프랑스(1886)를 비롯해서 서구 열강과 체결한 조약은 제2차 조영수호통상조약을 모본으로 해서 작성되었다. 그런 이유로 제2차 조영수호통상조약을 일컬어 조선이 서구 열강과 체결한 조약의 원형이라고 평가한다.

○ (조약문) 출처
- 『고종실록』
- FO 1080/189, 영국국립기록보존소(The National Archives in UK) 소장

○ 기타

※ 조영조약에 추가된 선후속약의 주요 내용

1. 영국 상민이 개항장에서 통상하는 경우 일본이 원산, 부산, 인천에서 통상하는 것에 따른다.
2. 공법에 따르면 각국의 군함은 다른 국가의 어떠한 항구에도 들어간다. 조영조약이 체결되었기에, 영국의 군함이 조선의 모든 항구에 들어가 식용품, 담수를 구입하고 선박을 수리할 수 있다.
3. 조선의 해안에 대한 측량이 이루어지지 않아서 위험한바, 영국 군함이 이를 자세히 측량해 해도를 작성한다.

조영수호통상조약(한문본) 원문

大朝鮮國大君主、大英國大君主兼膺五印度大后帝, 切願永敦兩國和好, 議定彼此往來久遠通商事宜. 是以大朝鮮大君主, 特簡【督辦交涉通商事務從一品崇祿大夫行議政府左參贊兼奎章閣提學世子左副賓客】閔泳穆, 大英國大君主五印度大后帝, 特簡【頭等邁吉利寶星兼二等拔德寶星駐箚中華便宜行事大臣】巴夏禮, 均作爲便宜行事全權大臣. 各將所奉全權大臣便宜行事之上諭, 互相較閱畢, 俱屬妥宜, 卽將會議, 各款臚列於左.

第一款
一, 大朝鮮國大君主、大英國大君主兼膺五印度大后帝及兩國後代嗣君與其人民, 彼此皆各永遠和平友睦. 此國人民住彼國者, 必受該國妥行保護身、家、財産之益.
二, 彼國日後, 倘有與別國相岐之處, 此國一經彼國相約, 應卽設法, 從中善爲調處.

第二款
一, 【大朝鮮、大英】君主, 均互相簡派使臣, 駐箚【大朝鮮、大英】國京師, 或隨時往來. 亦可彼此酌設總領事官, 領事官或副領事官, 在各通商口岸處所駐箚. 所有以上使臣、總領事官等, 與彼此駐箚之國官員, 會晤及往來文件. 必須享獲他國互相款待使臣、領事最優之禮及一切種種利益之處.
二, 兩國所派使臣、總領事官等及一切隨員, 均可聽其互相前往各處游歷勿阻. 在朝鮮國者, 由大朝鮮國官員, 發給護照, 並行斟酌派人護送, 以重妥爲保護之義.
三, 兩國總領事等官, 必須奉到駐箚之國勅準, 或政府允文, 方可躬親任事, 其所派總領事等官, 不得兼行貿易.

第三款
一, 英國民人及其財産在朝鮮者, 應歸英國所派辦理刑名詞訟之員, 專行管轄. 凡英國民人, 互相涉訟, 或別國人控告英民之案, 均由英國刑訟之員審理. 與朝鮮官員無涉.
二, 朝鮮官員及民人等, 若有控告居住朝鮮、英民之案, 應歸英國刑訟之員審斷.
三, 英國官員及民人等, 若在朝鮮, 遇有控告朝鮮民人案件, 應歸朝鮮官員審斷.
四, 英國民人, 在朝鮮者, 如有犯法之事, 應由英國刑訟之員, 按照英國律例審辦.
五, 朝鮮民人, 在朝鮮境內, 如有欺凌、擾害、損傷英國民人身家、性命、財産等事, 應由朝鮮官員, 按照朝鮮律例, 查挐審辦.
六, 凡有控告英國民人, 因違背此約及附立章程, 並將來按約續立各章有涉, 罰款入官及一切罪名, 應歸英國刑訟之員, 自行審斷. 其所罰之款以及入官財貨, 全歸朝鮮國充公.
七, 凡有朝鮮國官員, 在通商口岸. 因事扣留英民貨物, 應由朝鮮官員, 會同英國領事官, 先行查報. 暫由朝鮮官員看管, 俟英國刑訟之員審定, 以後發落. 如審明貨主, 並無非是, 卽應將所封貨物全數, 送交領事官發還. 惟所封貨物, 應聽貨主, 將貨物估價, 折銀若干, 暫存朝鮮官員處所, 立卽將貨領

出。俟英國刑訟之員審定後, 其折價存款分別充公、發還。

八, 在朝鮮境內, 所有兩國民人, 一應詞訟刑名交涉之案, 如應在英署審訊者, 朝鮮國卽可遴派妥員聽審, 如應在朝鮮署內審訊者, 英國亦可遴派妥員聽審。其奉派聽審之員, 彼此承審各官, 皆應優禮如儀相待。聽審官如欲轉請傳訊人證, 以便自行駁詰, 亦聽其便。如以承審官, 審斷爲不符, 猶許聽審官逐一駁辯。

九, 凡有首告朝鮮民人, 有犯本國律禁, 在英國商民開設行棧居住寓所等處及英國商船隱匿者, 由地方官照知英國領事官, 應由領事官設法, 將隱匿之人, 查挐交出審辦。領事官尙未照諾, 除寓主自行依允外, 朝鮮官役, 概不得擅入英國商民行棧寓所等處。其在船上者, 應由船主相許, 始可登船搜緝。

十, 凡有英國民人, 被人控告違犯法律, 或師商各船, 在逃人犯, 一經英國領事等官, 照知朝鮮官員, 卽應設法, 查緝交出。

第四款

一, 兩國所立條約, 從施行之日起, 朝鮮國 仁川府之濟物浦、元山、釜山各口【釜山一口設有不宜之處, 則可另揀附近別口】, 竝漢陽 京城 楊花津【或附近便宜別處】, 皆作爲通商之處, 任聽英民來往貿易。

二, 英國商民, 前往以上指定處所, 或欲永租地段, 或欲賃購房屋、起蓋房室、設立棧房作房等工, 均聽其便。至於本敎典禮各儀, 均聽隨意自行。在朝鮮通商口岸處所, 所有揀擇地畝, 立定界限, 經營基址, 作爲洋人居住之處, 及轉行永租地段, 各事宜應由朝鮮官員, 會同各國所派官員, 妥行商辦。

三, 以上地段, 應由朝鮮政府, 先向該地業主價買, 加以經營用費選擇。俟永租有人, 將原出地價及經營之費, 由所得永租價內, 先行扣除, 該地年稅, 應由朝鮮及各國官員, 會同議定, 其年稅, 應納於朝鮮政府。由朝鮮政府, 公平酌留若干, 其餘年稅及所得永租地段餘價, 一竝歸入充公存備金內。至充公存備金, 何人取同, 應由管理租界事務紳董公司, 支取。應如何設立公司之處, 日後由朝鮮官員, 會同各國所派官員, 酌商。

四, 如英人欲行永租, 或暫租地段, 賃購房屋, 在租界以外者聽。惟相離租界, 不得逾十里【朝鮮里】而租住此項地段之人, 於居住、納稅各事, 應行一律遵守, 朝鮮國自定地方稅課章程。

五, 朝鮮官員, 應在各通商處所, 讓出妥善之地, 作爲外國營葬之區, 其地價及一應年租課稅等項, 一律蠲免。所有管理塋地章程, 統由以上紳董公司, 自行定奪擧辦。

六, 離通商各處百里內者【朝鮮里】, 或將來兩國所派官員, 彼此議定界內, 英民均可任便游歷, 勿庸請領執照。惟英國民人, 亦準持照, 前往朝鮮各處, 游歷、通商, 竝將各貨, 運進出售【惟朝鮮政府不允之書籍、印板、字帖等, 不準在內地銷售。】, 及購買一切土貨。所持執照, 應由英國領事官繕發, 朝鮮地方官, 或加蓋印信, 或秉筆書押。所有經過之處, 如地方官, 飭交驗照, 卽應隨時呈驗, 無訛放行。至雇覓所需車船人夫等, 裝運行李貨物, 亦聽其便。如英民逾越以上界限, 竝無執照, 或在內地, 有不法情事, 應行挐交就近領事官, 懲辦。其逾界無照英民, 卽可酌罰, 竝行監禁, 或只罰不禁。惟罰款, 不得逾墨洋百元, 禁期不得逾一月。

七, 英國民人, 居住朝鮮, 應遵兩國所派官員, 會同議定, 租界以內街道規則、巡査匪類及一切除莠安良之章。

第五款
一, 英國商民, 由別國口岸, 或由朝鮮各通商口岸, 欲將貨物, 載入朝鮮某通商口岸, 均聽其便。其一切進出貨物, 除條約明禁之物不計外, 應準英國民人與朝鮮國人及在朝鮮之他國人等, 概行買賣交易, 竝所交易貨物, 任便載往朝鮮通商各口及他國口岸。朝鮮官員等, 概勿阻止。惟進出口貨, 先應按照, 後開稅則完納稅項, 始可聽其出入。凡英國商民, 一切工作、改造洋土各貨之事, 朝鮮官員等, 亦可任聽其便。
二, 凡由他國口岸, 販來一切貨物, 進入朝鮮口岸, 旣經貨主或寄交之人, 納淸以上稅課。復欲載往他國口岸者, 由進口之日起, 期在十三箇月內。如係原貨、原包, 應行發給, 該貨物已經完稅存票一紙, 以抵該貨已納之稅。此項存票, 該商或持往朝鮮海關, 領價, 卽應照付, 或持往朝鮮通商各口, 抵作貨物納稅之款, 均聽商便。
三, 朝鮮土貨, 如由朝鮮此通商口岸, 載往朝鮮彼通商口岸, 所已納出口稅項, 應於原出之口, 全行給還。惟載貨之人, 先宜呈交所進口之海關給發進口憑單, 始可發還。倘該貨中途有失, 亦應呈出失物確據, 方能將稅發還。
四, 英國商民, 將貨物, 載入朝鮮國, 旣經按照, 後開稅則, 完納稅項, 該貨或轉往朝鮮通商別口, 或轉往內地, 無論何處, 所有一切抽收稅釐、規費等項, 永勿再事征收。凡朝鮮一切土貨, 由內地無論何處, 意欲運出朝鮮各通商口岸, 聽便勿阻。其貨在出産之地, 或在沿途, 所有一切稅釐及各項規費, 亦槪免其征收。
五, 朝鮮政府, 如欲雇賃英國商船, 裝載客貨, 前赴朝鮮境內未通商口岸, 亦聽其便。朝鮮商民, 如欲雇賃英國商船, 裝載客貨, 赴朝鮮未通商口岸者, 應行一體酌準。惟宜先蒙本國官員允許, 方可施行。
六, 如朝鮮政府, 因有事故, 恐致境內缺食, 大朝鮮國大君主降旨, 暫禁米糧出某通商口岸, 或各通商口岸, 經朝鮮官員照知某口領事官一月之後, 則該口英國商民, 卽應一體遵守。惟此禁旣係因時制宜, 自當設法, 酌爲早弛。
七, 英國商船, 駛進朝鮮各通商口岸, 應納船鈔, 每噸墨洋三十先時。【卽洋元百分之三十】各船所完鈔項, 每四箇月, 征納一次, 其已完鈔項之船, 在四箇月內, 準其前往朝鮮各通商口岸, 無須再納。所征船鈔, 皆須用爲建立燈樓、浮椿塔、表望樓等項, 在於進朝鮮通商各口門次及沿海各處, 竝備辦船隻停泊處所, 淘挖、整頓各工之費。其在通商口岸, 撥貨船隻, 不得完納船鈔。
八, 所有約後, 附續稅則及通商章程, 兩國議定, 應由此約施行之日, 一竝飭遵, 以便條約內所指各節, 統歸畫一遵守。以上各章, 均可由兩國所派官員, 隨時隨事, 一竝會同酌宜增改。

第六款
英國商民, 如將貨物, 偸運非通商口岸及禁往處所, 不論已行、未行, 均應將貨物入官。違犯之人, 按

入官貨物之價, 加倍示罰。以上違禁貨物, 可由朝鮮地方官, 酌量扣留。其希圖違禁之英民, 無論事成與否, 並可查拿, 隨即轉送就近英國領事官。由英國所派刑訟之員, 審讞。貨物扣留, 俟定案後, 再行分別辦理。

第七款
一, 英國船隻, 在朝鮮海面, 如遇颶風失事及擱淺不測之虞, 朝鮮地方官, 應卽一面速行設法, 妥行往救, 並保護被難人、船、貨物, 免致本地莠民肆行搶掠、欺凌。一面速卽知照附近英國領事官, 並將救護被難英民, 分別資送附近通商口岸。
二, 凡朝鮮政府, 所出救護英國難民衣食、解送及一切打撈、葬埋屍身、醫治傷病各資, 應由英國政府, 照數付還。
三, 撈救保護被難船隻及打撈該船貨物之費, 應將船貨交還原主時, 由原主照數付還, 不得向英國政府索償。
四, 朝鮮國所派官員及地方委弁巡役人等, 前赴英國難船失事處所及護送被難英民之員弁人等, 所用資費, 以及文函往來脚力, 均由朝鮮政府, 自行辦理, 不得向英國政府取償。
五, 英國商船, 在朝鮮左近海面, 如遇颶風, 或缺糧食煤水等需用之物, 無論是否通商口岸, 應許其隨處收泊, 以避狂颶, 兼修船隻, 購買一切缺少之物。所有花費, 全由船主, 自行備辦。

第八款
一, 兩國師船, 無論是否通商口岸, 彼此均許駛往, 其所需一切修船材料及食用各等物件, 均應彼此互相幫同購取。以上船隻, 勿庸遵守通商及口岸章程, 其購取勿料, 一應鈔稅各等規費, 均應豁免。
二, 英國師船, 駛往朝鮮非通商口岸, 其船上員弁兵役, 槪準登岸。惟未曾執領護照者, 不準前往內地。
三, 英國師船所用軍裝物料及一切餉需各件, 可在朝鮮通商各口, 存寄交英國委派之員看管。此項軍裝物料, 槪行免征稅項。倘有因事轉售者, 則由買客, 將應完稅課, 照例補交。
四, 英國師船, 在朝鮮沿海處所, 踏看水路形勢, 朝鮮政府, 亦應竭力相助。

第九款
一, 英國官民人等在朝鮮者, 均可約雇朝鮮民人, 作爲幕友、通事及服役人等, 勷執分內一切事業、工作之端。朝鮮官民人等, 亦可分別, 約請雇用英國民人, 幫同辦理一切未干例禁之事。朝鮮官員, 槪應聽準。
二, 兩國民人, 均許互相前赴各國境內, 學習語言、文字、律例及織造、格致、肄業等事。彼此皆宜妥行相助, 以敦睦誼。

第十款
現經兩國議定, 自以上條約施行日期之後, 大朝鮮國大君主, 於各項進出口貨稅則及一切事宜, 今後有何惠政、利權, 施及他國, 並他國臣民人等之處, 英國及英國臣民人等, 亦可一體均霑。

第十一款
兩國議立此約, 自施行之日起, 十年爲限, 所有條約及附約通商稅則, 如有應行更改之處, 均可互相請爲會同重修。庶將彼此交接日久, 所識因革損益之處, 酌量增刪, 惟應一年之先, 豫爲聲明。

第十二款
一, 兩國議立此約, 原係【漢、英】兩國文字, 均經詳細校對, 詞意相同。嗣後, 倘有文辭分岐之處, 應歸英文講解, 以免彼此辯論之端。
二, 凡由英國官員, 照會朝鮮官員文件, 暫可譯成漢文, 與英文配達。

第十三款
本約立定後, 俟兩國御筆批準, 自畫押之日起, 速行【遲則一年爲限】各派大臣於漢陽 京城, 互相交換, 卽以交換之日, 作爲此約施行之期。彼時兩國, 均應刊刻約文, 通行曉諭。玆由前列兩國欽派全權大臣, 在漢陽 京城, 將約文【漢、英】各三分, 先行畫押, 蓋用印章, 以昭信守。

大朝鮮國開國四百九十二年, 卽中國 光緖九年十月二十七日。特簡全權大臣【督辦交涉通商事務從一品崇祿大夫行議政府左參贊兼奎章閣提學世子左副賓客】閔泳穆。西曆一千八百八十三年十一月二十六日。特簡全權大臣【頭等邁吉利寶星兼二等拔德寶星駐箚中華便宜行事大臣】巴夏禮。

附續通商章程。

第一款. 船隻進出海口。
一, 凡英國船隻, 進入朝鮮通商口岸, 應由船主, 在二十四箇時辰內【禮拜及停公日不計】, 將該船所持領事官發給船牌收據, 呈交該口海關驗收。一面將船名、由何口駛至及船主姓名、搭客人數【如海關欲知搭客姓名亦應逐一開列】、竝該船頓數若干、水手幾名列單, 由船主押結爲據。一面按照運單, 將該船所載貨物, 復繕淸摺, 摺內詳細註明箱包數目、貨色、記號及寄交何人姓名, 亦由船主, 畫押爲據, 同時竝呈。此卽報船之法也。船隻一經如法報到, 卽由海關, 發給開艙準單, 令押船巡役寓目, 始可開艙起貨。如未領準單, 擅行開艙起貨者, 船主可以酌罰。惟罰款不得逾墨洋百元。
二, 進口總單內, 倘查有錯誤者, 從遞單之時起, 在十二箇時辰內【禮拜及停公日不計】, 卽可改正, 勿庸納費。如在十二箇時辰之外, 遇有增刪更改, 應納規費墨洋五元。
三, 凡船隻進口, 已逾前定限期, 該船主尙未如法報到者, 每逾十二箇時辰, 卽罰, 墨洋不得逾五十元。
四, 凡英國船隻, 停泊通商口岸時, 在二十四箇時辰內【禮拜及停公日不計】, 未曾開艙起貨及遇颶進口躱避, 或專欲購買食用等物, 未經貿易者, 槪無須到關呈報, 亦不得征收船鈔。
五, 凡船隻欲行出口, 應由船主, 將出口總單【卽如進口所繕淸摺】呈報, 由海關, 發給準行出口單票, 竝將前呈領事官船牌收據, 附還。該船主卽將以上票據, 呈交領事官, 領事官始可將前收船牌, 飭還

放行.

六, 凡船隻不遵以上章程報明海關, 擅行出口者, 卽可將該船船主, 分別示罰, 其罰款不得逾墨洋二百元.

七, 英國輪船, 進出各口, 均可同日報明出入, 其貨物總單, 除在本口起卸竝撥載他船外, 其餘貨物, 勿庸報明.

第二款. 上下貨物納稅.
一, 凡商賈運貨進口, 欲行起卸者, 應赴海關, 呈遞報單. 單內載明本商姓名、船名及運進貨色、數目、記號、價值各節, 畫押以爲實據. 如海關欲驗各貨原處發票, 應卽呈驗, 若無發票, 亦不言明未能呈票之故, 應由該貨主, 加倍納稅, 始可聽其起卸. 俟發票呈驗時, 應將多納之稅, 卽行飭還.
二, 凡照以上規例報明, 準行起卸之貨, 可由海關, 在於定準驗貨處所, 委員查驗. 惟查驗各貨, 勿致損傷, 亦不得耽誤遲延. 貨物查驗畢, 卽宜勉照前式, 歸裝原箱、原包.
三, 進出口貨, 如貨主所報照估價納稅之貨價値, 似有不符, 應許海關專派估價之人, 另行重估, 卽令貨主照納稅項. 如貨主以海關專派估價之人所估爲不符, 應在十二箇時辰內【禮拜及停公日不計】, 報明海關稅務司, 竝聲明所以不符之故, 隨卽自行倩人, 再爲復估. 海關或照所報復估之價征稅, 或照復估之價値, 百加五, 由稅務司價買. 其價銀, 無論進出口貨, 統自所報復估之日起, 限五日內付淸.
四, 各項進口貨物, 如在中途受有損壞者, 應行酌量, 分別持平, 減免稅課. 如所減之稅, 貨主以爲不足, 應照前條辦理.
五, 凡欲運出貨物, 應行豫向海關報明, 始可裝載上船出口. 其報單上, 應將船名、貨色、數目、記號及件數幾何, 竝價値若干, 逐一開列, 由運貨者, 押詰爲據.
六, 凡進出貨物, 除朝鮮海關指定處所, 不能起卸裝載. 其時在日出之前、日沒之後、竝禮拜日及停公之期, 須由海關特允, 方能起卸裝載. 然應公平酌納酬勞規費.
七, 凡進出口貨主, 如欲追回多納之稅, 或海關欲行追取未足之稅, 均應自原收納之日起, 在三十日內, 卽行聲明. 倘逾限期, 槪不得追取.
八, 英國船隻水手、搭客人等食用物件及搭客行李、箱隻, 勿庸專開報單, 惟俟海關查驗畢, 卽可隨時聽其上下.
九, 凡船隻應行修理者, 所載貨物, 均可起卸上岸存放, 勿庸納稅. 此項上岸貨物, 全由朝鮮官員, 自行看管, 其一切運物脚力、存棧租銀及看守辛工, 統由該船船主楚付. 惟各價均需核實取索, 不得浮冒. 倘上岸之貨, 間有出售者, 其出售之貨, 自必照例納稅.
十, 凡欲將貨物, 由此船起運彼船者, 先應呈領海關發給撥貨準單, 方可照數分撥.

第三款. 防守偸漏逸越.
一, 英國商船, 一經進口, 卽可由海關, 飭派巡役, 隨船管押, 所有裝貨各處, 聽其省視. 該巡役到船時, 應行禮待, 竝妥爲安置起坐之處.
二, 船隻裝貨艙口各處, 可由海關巡役, 於日出之前、日沒之後、竝禮拜日及停公之期, 設法鎖封. 如

不候海關明示, 擅行揭啓封鎖者, 除擅爲者示罰外, 該船主亦可一體酌罰。惟罰款均不得逾墨洋百元。
三, 凡英國商民, 進出各貨, 未經遵照前法豫向海關報明, 擅行裝卸及單貨不符, 竝違禁者, 無論事成與否, 貨物均應入官。違犯之人, 按入官貨物之價, 加倍示罰。
四, 凡押結報單不實, 希圖偸漏朝鮮稅課者, 卽可酌罰。惟罰款不得逾墨洋二百元。
五, 以上章程內所開各節, 如有違犯, 未經載明如何懲治者, 均應隨時隨勢, 酌擬示罰。惟罰款槪不得逾墨洋百元。以上章程內所列報單、淸摺等件, 均可以英文書寫。

大朝鮮國開國四百九十二年十月二十七日。特簡全權大臣【督辦交涉通商事務從一器崇祿大夫行議政府左參贊兼奎章閣提學世子左副賓客】閔泳穆。西曆一千八百八十三年十一月二十六日。特簡全權大臣【頭等邁吉利寶星兼二等拔德寶星駐箚中華便宜行事大臣】巴夏禮。

大朝鮮國開國四百九十二年卽中國 光緖九年十月二十七日。特簡全權大臣【督辦交涉通商事務從一品崇祿大夫行議政府左參贊兼奎章閣提學世子左副賓客】閔泳穆。西曆一千八百八十三年十一月二十六日。特簡全權大臣【頭等邁吉利寶星兼二等拔德寶星駐箚中華便宜行事大臣】巴夏禮。

稅則
進口貨

第一等免稅貨物
農器各種
書籍地圖冊幅
紋足金銀
金銀貨幣
救火水龍
機器式樣各種
包裹類如口袋包席茶箱鉛裏綱物繩線
植物類如大小樹株各種花卉
各貨式樣惟數不宜過多
格物類如考究堪輿所用與醫家治病刀鋸及相配各物
鉛字不論新舊
旅客行李.

第二等值百抽五貨物
白礬
船雙鐵錨鐵鍊

製鞹樹皮

竹竿條板各式

豆各種

骨

磚瓦

樟腦

煤煤渣

棉花

藥材各類

魚鮮

毛麻苧麻各種

火石

糧麵各種

生水果各種

膠

五穀

糞田各料

生皮及角蹄各種 除別項載明者

煤炭油及別項地出各油

提燈紙造者

石灰

自來火

席疊(地席椶席中國東洋常品各種)

生肉

金類(除別項載明之外無論塊錠片條杆籀圓扁及丁乙各式以及陳雜鐵塊)

油糟豆餅

桐油

紙張常品

胡椒

煤內取出各種油(松香油吧嗎油)

籐條籐線

權衡類如(天秤 戥子秤)

籽種各類

胰皂(常品)

醬油

油紙傘
茶(鮮乾鹹各種)
羊毛
棉麻毛各種 繩線(絨線不計)
凡未載明之各項生料及未成作物件

第三等值百抽七五貨物
氣水(如檸檬薑荷蘭及各種地出氣水)
氈被各項
鈕釦扣子等物
蠟燭
帆布
毯子(苧麻麻氈及織成常氈英名大博斯地立)
上等建造之灰各種(英音爲西問德)
木灰
化學各種藥品類
蠶繭
繩索(大小)各種
衣服各種(除純綢製成者如帽鞋靴等件)
布疋各種
絨棉布各種
棉綢各種
刀匕各種
染料顏料各種
陶瓦各器
扇子
羽毛
毡子
魚(乾鹹)
地氈(小塊各種)
銅錫等箔
水果(乾鹹)
䶣黃
戶牖玻璃片(色素各種)
夏布(麻及苧麻 織成各種)

畜毛各種(及馬尾馬鬃)

熟皮各種(常品)

寒天菜魚膠

燈檠各式

葛布(及葛棉葛毛葛絨各種)

席疊(上品)

肉(乾鹹)

金類(具製成筒凸凹形止銹粗細各名絲鋼馬口鐵水白各銅木紋足金銀)

金類(製成器物如釘螺啣釘匠人器機器火輪車及鐵路物料鐵皿各種)

蚊幬(常品)

針及釘針

菜油各種

油布(及鋪地者各種)

紙張各種(除別項載明外)

瓷器(常品)

松香

鹽

蘇木

海味各種(如海菜海蔘)

生糸絲絨及亂糸類

糸織各種(如綢紬 縐絹 及 別項未載明者)

眼鏡

酒(陶瓷瓶類)

文房所用之物(如紙筆墨硯空冊各種)

石塊及靑石片(斲成者)

糖(赤白各種及糖水各類)

硫磺

食物各種

蠟油

菜葉

布傘

傘架

油漆

掛麵

黃白蠟

軟木材及木板
毛絨布各種
絨絲交織各種
凡未載明一切將成未成各物.

第四等 值百抽十貨物
酒(皮兒博德蘋界三種)
龍腦
洋胭脂
地毯(上品如布羅斯几德民斯得及未載明各種)
時辰鍾(及鍾內機輪)
純綢衣服
精製糖點心各種
開礦等工所用爆發類(無準單不能進口)
金銀箔
桌椅器具各種
洋鏡玻璃(不論有無曾鋪水銀及已嵌未嵌者)
玻璃料貨器皿各種
頭髮
橡皮(無論成器與否又名印度膠)
漆器(常品)
熟染皮張各種上品及印色紋皮料各項
印材及印泥
絲造蚊幮
八音盒
樂器各種
色紙紋紙糊壁紙張各樣(上品)
撮影器
畫印刻照各種畫片(無論已嵌未嵌)
鍍(金銀)器皿各種物件
瓷器(上品)
鞍韂鞦轡各件
紗緞(綢紗緞子繻子綾類琥珀絹羽二重)
絲線及絨線各種
胰皂(上品)

氷糖
遠鏡(單筒雙筒)
磨齒粉
行篋衣箱
綢傘
硃
時辰表(及表內機輪除金賣及鍍金賣者)
葡萄酒各種(無論瓶桶)
硬木料及木板
凡未載明一切已成各物

第五等 值百抽二十貨物
琥珀
兵器(各式火槍鳥槍佩刀及火藥大小彈子爲打獵護身用之須由朝鮮特准)
紙花
絨花
燕窩
地毯絨
馬車
呀蘭米(英名谷急泥兒)
珊瑚(無論製成與否)
金銀絲線錦繡各物
琺瑯各貨
烟火類
皮貨(上品如貂海龍水獺駝絨等)
紅白人蔘(及蔘下揀淨蔘鬚蔘)
金銀首飾
長香
象牙
玉器
寶石各種(無論眞假)
油漆各貨(上品)
麝香
珍珠
香水香粉各種

金銀器皿

犀牛角

香木各種

香料各種

上品美酒(無論甁桶如撲蘭德惟斯吉櫻酒英國總名爲斯彼利德斯及哩九爾)

菸各種各樣

玳瑁(無論成物與否)

絲絨

金賣及鍍金賣時辰表

古玩(上品)

外國船隻若賣於朝鮮境內應納稅項如係夾板船火輪船每噸(二十五先時五十先時)

第六等違禁貨物

各項藥品之攙假者

兵器各項軍物(如大小礮位及礮子開花彈子各種火槍裝槍藥筒附槍刀刺佩帶腰刀等丸槍硝火藥綿火藥烈火藥英名代納買德及別項自行轟烈各藥惟火槍鳥槍佩刀火藥物等如實爲防護自身或出圍行獵呈有確據者應有朝鮮地方官特准運進)

僞造各品貨幣

鴉片(入藥者不計).

出口貨

第一等免稅貨物

紋足金銀

金銀貨幣各種

植物類如大小樹株花卉各種

各貨式樣(惟數不宜過多)

旅客行李.

第二等值百抽五貨物

除第一等外一切他項出國土貨

紅蔘不准運載出口

稅則章程

第一款　進口貨物估價照則納稅者應視原産原造之處價本加以原處運載船脚竝保險等費通合若干

卽爲該貨估價至出口土貨估價應以韓國市價爲准
第二款 所有稅項或以墨洋或日本銀洋均可
第三款 前列進出口貨稅則當卽早行斟酌更變作爲每貨一件抽稅幾何其貨件抽稅之數應由兩國所派官員會同議訂

善後續條。前列兩國全權大臣, 將後開二條, 附錄於左。

一, 本約第三款內, 所指各節, 現經兩國, 彼此言明。此條約內, 朝鮮準以英民服英國官員管轄。如日後朝鮮, 整頓, 改變律例及審案辦法, 在英國政府視之, 以爲英民現在難服朝鮮官員管轄之處, 俱已革除, 竝朝鮮審案官員, 與英國審案官員, 同一明晣律例之能及同一承受獨斷權位, 則卽可將英國官員, 在朝鮮審理本國民人之權, 收回。
二, 本約第四款內所載各節, 現經彼此明訂, 中國政府, 日後, 倘將去年所議中國商民, 準入漢城開設行棧之益, 允爲撤消, 英國商民, 則不得援引此款之例。惟朝鮮政府, 若將此益利, 濟他國商民, 則英國商民, 亦應一體均沾。
三, 本約內載各節, 彼此言明, 所有英國屬下各邦, 皆當一律遵守。惟日後, 倘查有某邦宜行變通之處, 應由英國政府, 於此約互換日起, 一年爲限, 將應行變通者, 向朝鮮政府, 逐一聲明, 方可議更。
以上善後各條, 均應彼此竝同約文, 具奏呈覽, 與約文齊蒙批準, 勿勞專邀特旨允行。玆由前列兩國欽派全權大臣, 在漢陽 京城, 先行畫押蓋用印章, 以昭信守。

조영수호통상조약(영어본) 원문

Her Majesty the Queen of the United Kingdom of Great Britain and Ireland, Empress of India, and His Majesty the King of Corea, being sincerely desirous of establishing permanent relations of Friendship and Commerce between their respective dominions, have resolved to conclude a Treaty for that purpose, and have therefore named as their Plenipotentiaries, that is to say:

Her Majesty the Queen of the United Kingdom of Great Britain and Ireland, Empress of India, Sir Harry Smith Parkes, Knight Grand Cross of the Most Distinguished Order of St. Michael and St. George, Knight Commander of the Most Honourable Order of the Bath, Her Majesty's Envoy Extraordinary and Minister Plenipotentiary to His Majesty the Emperor of China;

His Majesty the King of Corea, Min Yong-Mok, President of His Majesty's Foreign Office, a Dignitary of the First Rank, Senior Vice-President of the Council of State, Member of His Majesty's Privy Council, and Junior Guardian of the Crown Prince;

Who, after having communicated to each other their respective full powers, found in good and due form, have agreed upon and concluded the following Article:

Article I.
1. There shall be perpetual peace and friendship between Her Majesty the Queen of the United Kingdom of Great Britain and Ireland, Empress of India, Her heirs and successors, and His Majesty the King of Corea, His heirs and successors, and between Their respective dominions and subjects, who shall enjoy full security and protection for their persons and property within the dominions of the other.
2. In case of difference arising between one of the High Contracting Parties and a third Power, the other High Contracting Party, if requested to do so, shall exert its good offices to bring about an amicable arrangement.

Article II.
1. The High Contracting Parties may each appoint a Diplomatic Representative to reside permanently or temporarily at the Capital of the other, and may appoint a Consul-General, Consuls, or Vice-Consuls, to reside at any or all of the ports or places of the other which are open to foreign commerce. The Diplomatic Representatives and Consular functionaries of both countries shall freely enjoy the same facilities for communication, personally or in writing, with the Authorities of the country where they respectively reside, together with all other privileges and immunities as are enjoyed by Diplomatic or Consular functionaries in other countries.
2. The Diplomatic Representative and the Consular functionaries of each Power and the members of

their official establishments shall have the right to travel freely in any part of the dominions of the other; and the Corean Authorities shall furnish passports to such British officers traveling in Corea, and shall provide such escort for their protection as may be necessary.

3. The Consular officers of both countries shall exercise their functions on receipt of due authorisation from the Sovereign or Government of the country in which they respectively reside, and shall not be permitted to engage in trade.

Article III.

1. Jurisdiction over the persons and property of British subject in Corea shall be vested exclusively in the duly authorised British Judicial Authorities, who shall hear and determine all cases brought against British subjects by any British or other foreign subject or citizen, without the intervention of the Corean Authorities.

2. If the Corean Authorities or a Corean subject make any charge or complaint against a British subject in Corea, the case shall be heard and decided by the British Judical Authorities.

3. If the British Authorities or a British subject make any charge or complaint against a Corean subject in Corea, the case shall be heard and decided by the Corean Authorities.

4. A British subject who commits any offence in Corea shall be tried and punished by the British Judical Authorities according to the laws of Great Britain.

5. A Corean subject who commits in Corea an offence against a British subject shall be tried and punished by the Corean Authorities according to the laws of Corea.

6. Any complaint against a British subject involving a penalty or confiscation by reason of any breach either of this Treaty or of any Regulation annexed thereto, or of any Regulation that may hereafter be made in virtue of its provisions, shall be brought before the British Judical Authorities for decision; and any penalty imposed, and all property confiscated in such cases, shall belong to the Corean Government.

7. British goods, when seized by the Corean Authorities at an open port, shall be put under the sales of the Corean and the British Consular Authorities, and shall be detained by the former until the British Judical Authorities shall have given their decision. If this decision is in favour of the owner of the goods, they shall be immediately placed at the Consul's disposal. But the owner shall be allowed to receive them at once on depositing their value with the Corean Authorities pending the decision of the British Judical Authorities.

8. In all cases, whether civil or criminal, tried either in Corean or British Courts in Corea, a properly authorised official of the nationality of the plaintiff or prosecutor shall be allowed to attend the hearing, and shall be treated with the courtesy due to his position. He shall be allowed, whenever he thinks it necessary to call, examine, and cross examine witnesses, and to protest against the

proceedings or decision.

9. If a Corean subject who is charged with an offence against the laws of his country takes refuge on premises occupied by a British subject, or on board a British merchant vessel, the British Consular Authorities, on receiving an application from the Corean Authorities, shall take steps to have such person arrested and handed over to the latter for trial. But, without the consent of the proper British Consular Authorities, no Corean officer shall enter the premises of any British subject without his consent, or go on board any British ship without the consent of the officer in charge.

10. On the demand of any competent British Consular Authorities, the Corean Authorities shall arrest and deliver to the former any British subject charged with a criminal offence, and any deserter from a British ship of war or merchant vessel.

Article IV.

1. The ports of Chemulpo(jenchuan), Wonsan(Gensan), and Pusan(Fusan), of it the latter port should not be approved, then such other port as may be selected in its neighbourhood, together with the city of Hanyang and the town of Yangwha Chin, or such other place in that neighbourhood as may be deemed desirable, shall, from the day on which this Treaty comes into operation, be opened to British commerce.

2. At the above-named places British subjects shall have the right to rent or to purchase land or houses, and to erect dwellings warehouse, and factories. They shall be allowed the free exercise of their religion. All arrangements for the selection, determination of the limits, and laying out of the sites of the Foreign Settlements, and for the sale of land at the various ports and places in Corea open to foreign trade, shall be made by the Corean Authorities in conjunction with the competent foreign authorities.

3. These sites shall be purchased from the owners and prepared for occupation by the Corean Government, and the expense this incurred shall be a first charge on the proceeds of the sale of the land. They yearly rental agreed upon by the Corean Authorities in conjunction with the foreign authorities shall be paid to the former, who shall retain a fixed amount thereof as a fair equivalent for the land tax, and the remainder, together with any balance left from the proceeds of land sales, shall belong to a municipal fund to be administered by a Council, the constitution of which shall be determined hereafter by the Corean Authorities in conjunction with the competent foreign authorities.

4. British subjects may rent or purchase land or houses beyond the limits of the Foreign Settlements, and within a distance of ten Corean li from the same. But all land so occupied shall be subject to such conditions as to the observance of Corean local regulations and payment of land tax as the Corean Authorities may see fit to impose.

5. The Corean Authorities will set apart, free of cost, at each of the places open to trade, a suitable piece of ground as a foreign cemetery, upon which no rent, land tax, or other charges shall be payable, and the management of which shall be left to the Municipal Council above mentioned.

6. British subjects shall be allowed to go where they please without passports within a distance of one hundred Corean li from any of the ports and places open to trade, or within such limits as may be agreed upon between the competent authorities of both countries. British subjects are also authorised to travel in Corea for pleasure or for purposes of trade, to transport and sell goods of all kinds, except books and other printed matter disapproved of by the Corean Government, and to purchase native produce in all parts of the country under passports, which will be issued by their Consuls and countersigned or sealed by the Corean local authorities. These passports, if demanded, must be produced for examination in the districts passed through. If the passport be not irregular, the bearer will be allowed to proceed, and he shall be at liberty to procure such means of transport as he may require. Any British subject travelling beyond the limits above named without a passport, or committing when in the interior any offence, shall be arrested and handed over to the nearest British Consul for punishment. Traveling without a passport beyond the said limits will render the offender liable to a fine not exceeding one hundred Mexican dollars, with or without imprisonment for a term not exceeding one month.

7. British subject in Corea shall be amenable to such municipal, police, and other regulations for the maintenance of peace, order, and good government as may be agreed upon by the competent authorities of the two countries.

Article V.

1. At each of the ports or places open to foreign trade, British subjects shall be at full liberty to import from any foreign port or from any Corean open port, to sell to or to buy from any Corean subjects or others, and to export to any foreign or Corean open port, all kinds of merchandise not prohibited by this Treaty, on paying the duties of the Tariff annexed thereto. They may freely transact their business with Corean subjects or others without the intervention of Corean officials or other persons, and they may freely engage in any industrial occupation.

2. The owners or consignees of all goods imported from any foreign port upon which the duty of the aforesaid Tariff shall have been paid shall be entitled, on re-exporting the same to any foreign port at any time within thirteen Corean months from the date of importation, to receive a drawback certificate for the amount of such import duty, provided that the original packages containing such goods remain intact. These drawback certificate shall either be redeemed by the Corean Customs on demand, or they shall be received in payment of duty at any Corean open port.

3. The duty paid on Corean goods, when carried from one Corean open port to another, shall be

refunded at the port of shipment on production of a Customs certificate shewing that the goods have arrived at the port of destination, or on satisfactory proof being produced of the loss of the goods by shipwreck.

4. All goods imported into Corea by British subjects, and on which the duty of the Tariff annexed to this Treaty shall have been paid, may be conveyed to any Corean open port free of duty, and, when transported into the interior, shall not be subject to any additional tax, excise, or transit duty whatsoever in any part of the country. In like manner, full freedom shall be allowed for the transport to the open ports of all Corean commodities intended for exportation and such commodities shall not, either at the place of production, or when being conveyed from any part of Corea to any of the open ports, be subject to the payment of any tax, excise, or transit duty whatsoever.

5. The Corean Government may charter British merchant vessels for the conveyance of goods or passengers to unopened ports in Corea, and Corean subject shall have the same right, subject to the approval of their own authorities.

6. Whatever the Government of Corea shall reason to apprehend a scarcity of food within the Kingdom, His Majesty the King of Corea may, by Decree, temporarily prohibit the export of grain to foreign countries from any or all of the Corean open ports, and such prohibition shall become binding on British subjects in Corea on the expiration of one month from the date on which it shall have been officially communicated by the Corean Authorities to the British Consul at the port concerned, but shall not remain longer in force than is absolutely necessary.

7. All British ships shall pay tonnage dues at the rate of thirty cents(Mexican) per register ton. One such payment will entitle a vessel to visit any or all of the open ports in Corea during a period of four months without further charge. All tonnage dues shall be appropriated for the purposes of erecting lighthouses and beacons, and placing buoys on the Corean coast, more especially at the approaches to the open ports, and in deepening or otherwise improving the anchorages. No tonnage dues shall be charged on boats employed at the open ports in landing or shipping cargo.

8. In order to carry into effect and secure the observance of the provisions of this Treaty, it is hereby agreed that the Tariff and Trade Regulations hereto annexed shall come into operation simultaneously with this Treaty. The competent authorities of the two countries may, from time to time, revise the said Regulations with a view to the insertion therein, by mutual consent, of such modifications or additions as experience shall prove to be expedient.

Article VI.

1. Any British subject who smuggles, or attempts to smuggle, goods into any Corean port or place not open to foreign trade shall forfeit twice the values of such goods, and the goods shall be confiscated. The Corean local authorities may seize such goods, and may arrest any British subject

concerned in such smuggling or attempt to smuggle. They shall immediately forward any person so arrested to the nearest British Consul for trial by the proper British Judical Authority, and may detain such goods until the case shall have been finally adjudicated.

Article VII.
1. If a British ship be wrecked or standed on the coast of Corea, the local authorities shall immediately take such steps to protect the ship and her cargo from plunder, and all the persons belonging to her from ill-treatment, and to render such other assistance as may be required. They shall at once inform the nearest British Consul of the occurrence, and shall furnish the shipwrecked persons, if necessary, with means of conveyance to the nearest open port.
2. All expenses incurred by the Government of Corea for the rescue, clothing, maintenance, and travelling of shipwrecked British subjects for the recovery of bodies of drowned, for the medical treatment of the sick and injured, and for the burial of the dead, shall be repaired by the British Government to that of Corea.
3. The British Government shall not be responsible for the repayment of the expenses incurred in the recovery or preservation of a wrecked vessel, or the property belonging to her. All such expenses shall be a charge upon the property saved, and shall be paid by the parties interested therein upon receiving delivery of the same.
4. No charge shall be made by the Government of Corea for the expenses of the Government officers, local funtionaries, or police who shall proceed to the wreck, for the travelling expenses of officers escorting the shipwrecked men, nor for the expenses of official correspondence. Such expenses shall be borne by the Corean Government.
5. Any British merchant ship compelled by stress of weather or by want of fuel or provisions to enter an unopened port in Corea shall be allowed to execute repairs and to obtain necessary supplies. All such expenses shall be defrayed by master of the vessel.

Article VIII.
1. The ships of war of each country shall be at liberty to visit all the ports of the other. They shall enjoy every facility for procuring supplies of all kinds, or for making repairs, and shall not be subject to trade or harbour regulations, nor be liable to the payment of duties or port charges of any kind.
2. When British ships of war visit unopened ports in Corea the officers and men may land, but shall not proceed into the interior unless they are provided with passports.
3. Supplies of all kinds for the use of British Navy may be landed at the open ports of Corea, and stored in the custody of a British officer, without the payment of any duty. But if any such supplies are sold, the purchaser shall pay the proper duty to the Corean Authorities.

4. The Corean Government will afford all the facilities in their power to ships belonging to the British Government which nay be engaged in making surveys in Corean waters.

Article IX.
1. The British Authorities and British subjects in Corea shall be allowed to employ Corean subjects as teachers, interpreters, servants, or in any other lawful capacity, without any restriction on the part of the Corean Authorities; and, in like manner, no restrictions shall be placed upon the employment of British subjects by Corean Authorities and subjects in any lawful capacity.
2. Subjects of either nationality who may proceed to the country of the other to study its language, laws, arts or industries, or for the purpose of scientific research, shall be afforded every reasonable facility for doing so.

Article X.
1. It is hereby stipulated that the Government, public officers, and subjects of Her Britannique Majesty shall from the day on which this Treaty comes into operation, participate in all privileges, immunities, and advantages, especially in relation to import or export duties on goods and manufactures, which shall then have been granted or may thereafter be granted by His Majesty the King of Corea to the Government, public officers, or subjects of any other Power.

Article XI.
1. Ten years from the date on which this Treaty shall come into operation, either of the High Contracting Parties may, on giving one year's previous notice to the other, demand a revision of the Treaty or of the Tariff annexed thereto, with a view to the insertion therein, by mutual consent, of such modifications as experience shall prove to be desirable.

Article XII.
1. This Treaty is drawn up in the English and Chinese languages, both of which versions have the same meaning; but it is hereby agreed that any difference which may arise as to interpretation shall be determined by reference to the English text.
2. For this present, all official communications addressed by British authorities to those of Corea shall be accompanied by a translation into Chinese.

Article XIII.
1. The present Treaty shall be ratified by Her Majesty the Queen of the United Kingdom of Great Britain and Ireland, Empress of India, and by His Majesty the King of Corea, under Their hands

and seals; the ratifications shall be exchanged at Hanyang(Söul) as soon as possible, or at least within one year from the date of signature, and the Treaty, which shall be published by both Governments, shall come into operation on the day on which the ratifications are exchanged.

In witness whereof, the respective Plenipotentiaries above named have signed the present Treaty, and have thereto affixed their seals.

Done in triplicate at Hanyang, this twenty-sixth day of November, in the year eighteen hundred and eighty-three, corresponding to the twenty-seventh day of the tenth month of the four hundred and ninety-second year of the Corean era, being the ninth year of the Chinese reign Kuang Hsü.

Regulations wider which British Trade is to he conducted in Corea.

I. Entrance and Clearance of Vessels.

1. Within forty-eight hours (exclusive of Sundays and holidays) after the arrival of a British ship in a Corean port, the master shall deliver to the Corean Customs authorities the receipt of the British Consul showing that ho has deposited the ship's papers at the British Consulate, and he shall then make an entry of his ship by handing in a written paper stating the name of the ship, of the port from which she comes, of her master, the number, and, if required, the names of her passengers, her tonnage, and the number of her crew, which paper shall be certified by the master to be a true statement, and shall be signed by him. He shall, at the same time, deposit a written manifest of his cargo, setting forth the marks and numbers of the packages and their contents as they are described in the bills of lading, with the names of the persons to whom they are consigned. The master shall certify that this description is correct, and shall sign his name to the same. When a vessel has been duly entered, the Customs authorities will issue a permit to open hatches, which shall be exhibited to the Customs officer on board. Breaking bulk without having obtained such permission will render the master liable to a fine not exceeding 100 Mexican dollars.

2. If any error is discovered in the manifest, it may be corrected within twenty four hours (exclusive of Sundays and holidays) of its being handed in, without the payment of any fee, but for any alteration or post entry to the manifest made after that time a fee of 5 Mexican dollars shall be paid.

3. Any master who shall neglect to enter his vessel at the Corean Custom-house within the time fixed by this Regulation shall pay a penalty not exceeding 50 Mexican dollars for every twenty-four hours that he shall so neglect to enter his ship.

4. Any British vessel which remains in port for less than forty-eight hours (exclusive of Sundays and holidays) and does not open her hatches, also any vessel driven into port by stress of weather, or only in want of supplies, shall not be required to enter or to pay tonnage dues so long as such vessel does not engage in trade.

5. When the master of a vessel wishes to clear, he shall hand in to the Customs authorities an export manifest containing similar particulars to those given in the import manifest. The Customs authorities will then issue a clearance certificate and return the Consul's receipt for the ship's papers. These documents must be handed into the Consulate before the ship's papers are returned to the master.

6. Should any ship leave the port without clearing outwards in the manner above prescribed, the master shall be liable to a penalty not exceeding 200 Mexican dollars.

7. British steamers may enter and clear on the same day, and they shall not be required to hand in a manifest except for such goods as are to be landed or transhipped at the port of entry.

II. Landing and Shipping of Cargo, and Payment of Duties.

1. The importer of any goods who desires to land them shall make and sign an application to that effect at the custom house, stating his own name, the name of the ship in which the goods have been imported, the marks, numbers, and contents of the packages and their values, and declaring that this statement is correct. The Customs authorities may demand the production of the invoice of each consignment of merchandize. If it is not produced, or if its absence is not satisfactorily accounted for, the owner shall be allowed to land his goods on payment of double the Tariff duty, but the surplus duty so levied shall be refunded on the production of the invoice.

2. All goods so entered may be examined by the Customs officers at the places appointed for the purpose. Such examination shall be made without delay or injury to the merchandize, and the packages shall be at once restored by the Customs authorities to their original condition, in so far as may be practicable.

3. Should the Customs authorities consider the value of any goods paying an nd valorem duty as declared by the importer or exporter insufficient, they shall call upon him to pay duty on the value determined by an appraisement to be made by the Customs appraiser. But should the importer or exporter be dissatisfied with that appraisement, he shall within twenty-four hours (exclusive of Sundays and holidays) state his reasons for such dissatisfaction to the Commissioner of Customs, and shall appoint an appraiser of his own to make a re-appraisement. He shall then declare the value of the goods as determined by such re-appraisement. The Commissioner of Customs will thereupon, at his option, either assess the duty on the value determined by this re-appraisement, or will purchase the goods from the importer or exporter at the price thus determined, with the addition of 5 per cent. In the latter case the purchase-money shall be paid to the importer or exporter within five days from the date on which lie lias declared the value determined by his own appraiser.

4. Upon all goods damaged on the voyage of importation a fair reduction of duty shall be allowed, proportionate to their deterioration. If any disputes arise as to the amount of such reduction, they shall be settled in the manner pointed out in the preceding clause.

5. All goods intended to be exported shall be entered at the Corean Custom-house before they are shipped. The application to ship shall be made in writing, and shall state the name of the vessel by which the goods are to be exported, the marks and number of the packages, and the quantity, description, and value of the contents. The exporter shall certify in writing that the application gives a true account of all the goods contained therein, and shall sign his name thereto.

6. No goods shall be landed or shipped at other places than those fixed by the Corean Customs authorities, or between the hours of sunset and sunrise, or on Sundays or holidays, without the special permission of the Customs authorities, who will be entitled to reasonable fees for the extra duty thus performed.

7. Claims by importers or exporters for duties paid in excess, or by the Customs authorities for duties which have not been fully paid, shall be entertained only when made within thirty days from the date of payment.

8. No entry will be required in the case of provisions for the use of British ships, their crews and passengers, nor for the baggage of the latter which may be landed or shipped at any time after examination by the Customs officers.

9. Vessels needing repairs may land their cargo for that purpose without the payment of duty. All goods so landed shall remain in charge of the Corean authorities, and all just charges for storage, labour, and supervision shall be paid by the master. But if any portion of such cargo be sold, the duties of the Tariff shall be paid on the portion so disposed of.

10. Any person desiring to tranship cargo shall obtain a permit from the Customs authorities before doing so.

III. Protection of the Revenue.

1. The Customs authorities shall have the right to place Customs officers on board any British merchant-vessel in their ports. All such Customs officers shall have access to all parts of the ship in which cargo is stowed. They shall be treated with civility, and such reasonable accommodation shall be allotted to them as the ship affords.

2. The hatches and all other places of entrance into that part of the ship where cargo is stowed may be secured by the Corean Customs officers between the hours of sunset and sunrise, and on Sundays and holidays, by affixing sealsj locks, or other fastenings, and if any person shall, without due permission, wilfully open any entrance that has been so secured, or break any seal, lock, or other fastening that has been affixed by the Corean Customs officers, not only the person so offending, but the master of the ship also, shall be liable to a penalty not exceeding 100 Mexican dollars.

3. Any British subject who ships, or attempts to ship, or discharges, or attempts to discharge, goods which have not been duly entered at the custom-house in the manner above provided, or packages

containing goods different from those described in the import or export permit application, or prohibited goods, shall forfeit twice the value of such goods, and the goods shall be confiscated.

4. Any person signing a false declaration or certificate with the intent to defraud the revenue of Corea shall be liable to a fine not exceeding 200 Mexican dollars.

5. Any violation of any provision of these Regulations, to which no penalty is specially attached herein, may be punished by a fine not exceeding 100 Mexican dollars.

Note. All documents required by these Regulations, and all other communications addressed to the Corean Customs authorities, may be written in the English language.

Import Tariff
Classified according to rate of duty

Class I. Duty Free Goods
Agricultural Implements
Books, Maps and Charts
Bullion being gold and silver refined
Coins gold and silver
Fire Engines
Models of Inventions
Packing bags, Packing matting, tea lead and ropes for packing goods
Plants, Trees and shrubs of all kinds
Samples in reasonable quantities
Scientific Instruments, as physical, mathematical, meteorological and surgical instruments and their appliances.
Travellers baggage
Types, new and old.

Class II. Import Goods subject to an ad valorem duty of 5 per cent.
Alum
Anchors and Chains
Bark for tanning
Bamboo, Split or not
Beans, peas, and pulse, all kinds
Bones
Bricks and Tiles

Camphor, crude

Cotton, raw

Drugs and medicines, all kinds

Fish, fresh

Flax, hemp and jute

Flints

Flour and meal, all kinds

Fruit, fresh, all kinds

Glue

Grain and corn, all kinds

Grains and manures, all kinds

Hides and skins, raw and undressed

Horns and hoofs, all kinds not otherwise provided for

Kerosene and petroleum, and other mineral oils

Lanterns, paper

Lime

Matches

Matting, Floor, Chinese and Japanese, coir and common qualities

Meat, fresh

Metals, all kinds in pig, block, ingot, slab, bar, rod, plates, sheet, hoop, strip, bond and flat

Tend angle iron, old and scrap iron

Oil can

Oil, wood (Sung gu)

Paper, common qualities

Pepper, unground

Pitch end tar

Ratans, slit or not

Seales and balances

Seeds, all kinds

Soap, common qualitiesSoy, Chinese and Japanese

Twine and Thread, all kinds except in silk

Umbrella, Paper

Vegetables, fresh, dried and salted

Wool, Sheeps, raw

Yarns, all kinds, in cotton, wool hemp

All unenumerated articles raw or unmanufactured.

Class Ⅲ. Import goods subject to an ad valorem duty of 7 1/2 per cent

Beverages, such as lemonade, ginger beer, soda and mineral waters

Blankets and rugs

Buttons, Buckles, books and eyes

Candles

Canvas

Carpets of Jute, hemp or felt patent tapestry

Charcoal

Chemicals, all kinds

Creams

Cement, as Portland and other kinds

Cordage and rope, all kinds and sizes

Clothing and wearing apparel of all kinds, hats, boots, shoes,

Cotton manufacturers, all kinds

Cotton and woolen mixtures, all kinds

Cotton and silk mixtures all kinds

Dyes, Colours, and paints, paint oils and materials used for mixing apints

Earthenware

Fans

Feathers Felt

Fish, dried and salted

Floor rugs, all kinds

Foil, tin, copper, and all other kinds except gold and silver

Fruits, dried, salted or preserved

Gem bages

Glass, window, plain and colored, all qualities

Grass cloth and all textiles in hemp, jute

Hair, all kinds except human

Hides and skins tanned and dressed

Isinglass, all kinds

Lamps, all kinds

Leather, all ordinary kinds, plain

Linen, linen and cotton, linen and woolen, linen and silk mixtures, grey, white or pointed

Matting, superior quality, Japanese tatamis

Meat, dried and salted

Metals, all kinds in pipe and tube, corrugated or galvanized, wire steel, implates, nickel, platinum, quicksilver, german silver, tutenegue or white copper, yellow metal, unrefined gold and silver

Metal manufactures, all kinds as nails, screws, tools, machinery, railway plant and hardware

Mosquito netting not made of silk

Needles and pins

Oils, vegetable all kinds

Oil and floor cloth, all kinds

Paper, all kinds not otherwise provided for

Planks, soft wood

Porcelain, common quality

Rosin

Salt

Sapan wood

Sea products as seaweed, beche le mer etc.

Silk, raw, reeled, thown, flors or waste

Silk manufactures not otherwise provided for

Spectacles

Spirits in jars

Stationary and writing materials of all kinds, blank books etc.

Stones and slate cut and dressed

Sugar, Brown and white, all qualities, molasses and syrups

Sulphur

Table stores, all kinds, and preserved provisions

Tullow

Tea

Umbrellas, cotton

Umbrella frames

Varnish

Vermiculite

Wax, bees or vegetable

Wax cloth

Woods and time, soft

Woollen manufactures, all kinds

Woollen and silk mixtures, all kinds

All unenumerated articles partly manufactured

Class IV. Import goods subject to an ad valorem duty of ten per cent

Beer, Portes, and cider

Camphor refined

Carmine

Carpets, superior qualities, as Brussells, Kiddermiester, and other kinds not enumerated

Clocks and parts thereof

Clothing made wholly of silk

Confectioneries and sweetments, all kinds

Explosives used for mixing and etc (imported under special permit)

Foil, gold and silver

Furniture of all kinds

Glass, plate, silvered or unsilvered, framed or unframed

Glass ware all kinds

Hair, human

India rubber manufactured or not

Leather, superior kinds, or stamped, figured or coloured

Leather manufactures, all kinds

Lacquered ware, common

Materials for seals etc.

Musical boxes

Musical instruments, all kinds

Mosquito netting made of silk

Paper, coloured, fancy, wall and hanging

Photographic apparatus

Planks hardwood

Plated ware, all kinds

Pictures, Prints, Photographs, Engravings, all kinds, framed or unframed

Porcelain, superior quality

Saddlery and harness

Silk thread and floss silk in skin

Silk manufactures, as graze, crape, Japanese amber lustering, satins, satin damasks, figured satins, Japanese white silk (hibutee)

Soap, superior qualities

Sugar candy

Telescopes and binocular glasses

Tooth powder

Trunks and portnenteaux

Umbrellas, silk

Vermilion

Watches and parts thereof in common metal, nickel or silver

Wines in wood or bottles, all kinds

Wood or timber, herd and all unenumerated Articles completely manufactured.

Class V. Import Goods subject to an ad valorem duty of 20 per cent

Amber

Arms, firearms, fowling pieces etc imported under special permit

Artificial flowers

Birds nests

Carpets, velvet

Carriages

Cochineal

Coral, manufactured or not

Embroideries in gold, silver or silk

Enamel ware

Fireworks

Furs superior, as sible, sea otter, seal, otter, beaver etc

Ginseng, red white crude and clarified

Hair ornaments, gold and silver

Incense sticks

Ivory, manufactured or not

Jade ware

Jewelry, real or imitation

Incapered ware, superior
Musk
Pearls
Perfumes and scents
Plate, gold and silver
Precious stones
Rhinoceros horns
Scented woods, all kinds
Spices, all kinds
Spirits and liquers in wood or bottle, all kinds
Tobacco, all forms and kinds
Tortoise shell, manufactured or not
Velvet silk
Watches and parts thereof, in gold or gilt
Works of art

Class VI. Prohibited Goods
Adulterated drugs or medicines
Arms, munitions and implements of war, as ordinance or cannon, shot and shell, firearms of all kinds, cartridges, side arms, spears, or pikes, salt petre, gunpowder, gunchothon, dynamite, and other explosive substances. The Corean Authorities will grant special permits for the importation of arms firearms and ammunition for purposes of sport or self defence, on satisfactory proof being furnished to them of the bonifide character of the application.
Counterfeit coins, all kinds Opium, except medicinal opium

Foreign ships when sold in Corea will pay a duty of twenty five cents per ton on sailing vessels and fifty cents per ton on steamers.

Export Tariff
Class I. Duty Free export Goods
Bullion being gold and silver refined
Coins, gold and silver, all kinds
Plants, trees and shrubs, all kinds
Samples in reasonable quantity
Travellers baggage

Class II

All other native good or productions, not commented in Class I, will pay an ad valorem duty of five per cent. The exportation of Red Ginseng is prohibited.

Rules

1. In the case of imported articles the ad valorem duties of this Tariff will be calculated on the actual cost of the goods at the place of production or fabrication, with the additions of freight, insurance etc. In the case of export articles the ad valorem duties will be calculated on market values in Corea.

2. Duties may be paid in Mexican dollars or Japanese silver yen.

3. The above Tariff of Import and Export Duties shall be converted as soon as possible, and as far as may be deemed desirable, into specific rates by agreement between the competent authorities of the two countries.

조영수호통상조약(영어본)의 한글 번역문

대영 및 아일랜드 연합왕국의 여왕 겸 인도 여제 폐하는 조선 국왕 폐하와 양국 사이에 우호적이고 통상을 영원토록 수립하기를 진심으로 염원하기에 그 목적을 위해서 조약을 체결하며, 그러므로 그들의 전권대사로서 다음 언급하는 인물을 지명한다.

대영 및 아일랜드 연합왕국의 여왕 겸 인도 여제 폐하는 1등 미첼 훈장 겸 2등 베스 훈장을 받은 주청 영국 전권공사인 해리 파크스 경.

조선 국왕 폐하는 통리교섭통상사무아문의 독판으로 종1품 숭록대부 행 의정부좌참찬 겸 규장각제학 겸 세자시강원좌부빈객인 민영목.

그들은 각각의 전권을 교환한 이후 적절하고 합당한 형식을 갖추었음을 확인하였기에 다음 조항을 동의하고 결론을 내렸다.

제1조
1항: 대영 및 아일랜드 연합왕국의 여왕 겸 인도 여제 폐하, 그의 계승자와 후계자, 그리고 조선 국왕 폐하, 그의 계승자와 후계자 그리고 각각의 영토와 신민들 사이에는 영원한 평화와 우호 관계가 있으며, 상대 국가 영토에 있는 그들의 완전한 안전과 보호를 향유한다.
2항: 체약국이 제삼국과 분쟁에 처해 있을 경우, 해당 체약국이 다른 체약국에게 요청을 할 경우에 다른 체약국은 우호적인 조정을 낳기 위한 거중조정을 발휘한다.

제2조
1항: 체약국은 각각 외교 대표를 임명하여 상시 또는 임시로 수도에 상주할 수 있으며, 외국과의 무역을 위해서 개방된 어떤 혹은 모든 항구와 장소에 상주할 총영사, 영사, 또는 부영사를 임명한다. 양국의 외교 담당자와 영사 업무 담당자는 각각 거주하는 국가의 당국자와 의사소통을 위해 개인적으로나 서면으로나 자유롭게 동일한 편리시설을 향유할 수 있으며, 다른 국가의 외교 담당자나 영사 업무 담당자가 누리는 다른 모든 특권과 면책도 누릴 수 있다.
2항: 각국의 외교 대표 및 영사 업무 담당자와 그들의 공식 기관의 구성원들은 상대국 영토의 어느 지역에서든지 자유롭게 여행할 수 있는 권리가 있다. 그리고 조선 당국은 조선에서 여행하는 영국 관리들에게 여권을 제공해야 하며, 필요하다고 여겨지면 그들의 보호를 위해서 그와 같은 호위를 한다.
3항: 양국의 영사관 직원은 해당 통치권자 혹은 정부로부터 인가장을 받으면 그들의 업무를 수행하며, 무역에 종사하는 것을 허락하지 않는다.

제3조
1항: 조선에 있는 영국 신민 개인과 재산에 대한 재판권은 전적으로 영국 사법 당국에 귀속되며, 조선 당국의 개입 없이 영국 또는 다른 외국 신민이나 시민에 의해 영국 신민에게 제기된 모든 사건을 심의하고 판결한다.

2항: 조선 당국이나 조선 신민이 조선에 있는 영국인에 대해 고발 또는 고소를 할 경우, 영국 사법 당국에 의해 사건을 심의하고 판결한다.

3항: 영국 당국이나 영국 신민이 조선에 있는 조선 신민에 대해 어떤 고발이나 불만을 제기할 경우, 조선 당국에 의해 그 사건을 심의하고 판결한다.

4항: 조선에서 어떤 범죄를 저지른 영국인은 영국 법에 따라 영국 사법 당국에 의해 재판과 처벌을 받는다.

5항: 조선에서 영국 신민에 대해 범죄를 저지른 조선 신민은 조선 법률에 따라 조선 당국에 의해서 재판과 처벌을 받는다.

6항: 본 조약 또는 부록에 첨부된 장정 또는 이후 장정에 따라 앞으로 시행될 규정의 위반으로 인한 형벌 또는 몰수와 관련된 영국 신민에 대한 모든 고소는 판결을 위해서 영국 사법 당국에 의해서 소환되어야 하며, 이러한 경우에 부과된 벌금 및 몰수된 모든 재산은 조선 정부에 귀속된다.

7항: 개항장에서 조선 당국이 압수한 영국 물품은 조선 당국과 영국 영사 당국자의 봉인 아래 보관되며, 영국 사법 당국이 판결을 내릴 때까지 조선 당국에 의해 유치된다. 그 판결이 물품의 소유주에게 유리할 경우, 즉시 영사관에 맡겨야 한다. 그러나 소유주는 영국 사법 당국의 판결이 진행되는 동안에 조선 당국에 그 상품의 가격을 보증금으로 내는 즉시 그것들을 받는 것이 허용된다.

8항: 조선에서 조선 법정 또는 영국 법정 두 곳에서 열리는 모든 민사재판이건 형사재판이건 간에 원고 또는 검사 국적의 적절히 권한을 부여받은 관리는 심의에 참석하는 것이 허용되며, 그의 지위에 따라서 예우를 갖춰야 한다. 그는 언제든지 필요하다고 생각한다면 증인을 소환, 심문, 반대심문, 그리고 진행 과정 또는 판결에 불복하는 것이 허용된다.

9항: 만약 자국의 법률 위반으로 기소된 조선 신민이 영국 신민 소유의 토지나 가옥, 또는 영국 상선의 선상으로 도피할 경우, 영국 영사 당국은 조선 당국으로부터 신청서를 받는 즉시 체포하여 후자에게 인계하는 조치를 취해야 한다. 그러나 영국 영사관의 적절한 동의가 없다면, 조선 관리 어느 누구도 어떠한 영국 신민의 동의 없이 그의 토지나 가옥에 들어갈 수 없으며, 책임을 맡은 관리의 동의 없이 어떠한 영국 선박에 승선할 수 없다.

10항: 자격이 있는 영국 영사관의 당국자의 요구가 있을 경우, 조선 당국자는 형사 범죄로 기소된 영국인과 영국군의 선박 또는 상선에서 탈주한 어떠한 사람이든지 체포하여 영국 영사관의 당국자에게 인도한다.

제4조

1항: 제물포, 원산, 그리고 부산, 또는 후자의 항구가 승인되지 않을 경우 인접한 지역에 선택되는 또 다른 항구는 한양과 양화진 혹은 바람직하다고 여겨지는 인근의 다른 지역과 함께 조약이 효력을 발휘하는 날부터 영국 무역에 개방된다.

2항: 위의 지명된 장소에서 영국인은 토지 또는 주택을 임대하거나 구입할 권리와 주거 창고 및 공장을 세울 권리를 가진다. 그들은 자유롭게 그들의 종교 활동을 할 수 있다. 외국인의 무역에 개방된 조선의 다양한 항구와 지역에서 외국인 거류 지역을 선정, 제한, 그리고 배치하고 토지의 매매를 위한 모든 조정은 적절한 외국 당국자와 함께 조선 당국자에 의해서 처리된다.

3항: 이들 부지는 소유자로부터 구매되며, 조선 정부에 의해서 점유를 준비한다. 그리고 토지의 매매 과정에서 발생한 비용은 첫 번째 부과금이 된다. 조선 당국이 외국 당국과 함께 합의하는 연간 임대료는 전자에게 지불되며, 전자는 토지세와 동등한 금액으로 일정 금액을 보유해야 하며, 나머지는 토지 매매 대금에서 남은 잔액과 함께 적절한 외국 당국자와 함께 조선 당국자에 의해서 설립이 결정되는 회의체에 의해서 운영되는 자치 기금에 귀속된다.

4항: 영국 사람이 조계 밖에서 토지를 영구히 또는 잠시 임차하거나 가옥을 세내거나 사려고 하면 허가한다. 다만 조계지에서 10리(里)【조선의 이수(里數)다】를 넘지 못하며, 이러한 지역에서 임차해 거주하는 사람은 거주와 납세의 각 사안에 조선국이 자체 제정한 지방 세금 부과 장정을 일률적으로 준수해야 한다.

5항: 조선 관원은 각각의 통상하는 지역에서 적합한 토지를 내주어서, 외국인 묘지 구역을 만들되, 그 지가(地價) 및 모든 연조(年租), 과세(課稅) 등은 일률적으로 면제한다. 묘지 관리 장정은 모두 신동공사에서 자체 결정하고 집행한다.

6항: 개항장으로부터 100리【조선의 이수이다】이내의 거리에 있는 지역, 또는 장래 양국에서 파견하는 관원이 서로 의논해 정하는 경계 내에서 영국 인민들은 모두 마음대로 여행할 수 있다. (조선 관원들은 해당 지역 내에 다니는 영국인들에게) 여권을 받아서 가지고 다니라고 요구할 수 없다. 단, 영국 인민이 호조를 가지고 조선의 각처를 돌아다니면서 여행, 통상하고, 아울러 각종 재화를 운반해 들여와 팔거나【단, 조선 정부가 허락하지 않는 서적, 인판(印板), 자첩(字帖) 등을 내지에서 파는 것은 허가하지 않는다】일체 토산물을 구매하는 것을 역시 허가한다. 소지한 여권은 영국 영사관에서 발급하며, 조선 지방관은 관인(官印)을 찍거나 붓으로 서명한다. 경유하는 어느 장소에서든 지방 관원이 여권을 검사하려고 할 때에는 즉시 응해 수시로 제시해 검사를 받아야 하며, 오류가 없으면 통과할 수 있다. 필요한 마차, 수레, 배 그리고 인부 등을 고용해 행장과 화물을 꾸리고 운반하려 할 때에는 역시 그 편의를 들어준다. 영국 인민이 여권 없이 위에서 언급한 경계를 벗어나거나, 혹은 내지에서 불법적인 일을 할 때에는 체포해 가까운 곳의 영국 영사관에게 넘겨 처벌하게 한다. 여권 없이 경계를 넘은 영국 인민에 대해서는 즉시 헤아려서 처벌하고 감금할 수 있으며, 혹은 벌만 주고 감금하지 않을 수도 있다. 단, 벌금은 멕시코 은화 100원을 넘지 못하며, 감금하는 기간은 1개월을 넘기지 못한다.

7항: 조선에 거주하는 영국 인민은 양국이 파견한 관원이 회동해 의정한 조계 지역의 자치 규칙, 비적을 순찰하고 조사하는 규칙 등 일체 비적을 제거하고 양민을 편안하게 하는 법을 준수해야 한다.

제5조

1항: 영국 상인이 다른 나라의 항구, 혹은 조선의 각 통상 항구로부터 화물을 조선의 모(某) 통상 항구로 실어 들이려고 할 경우에는 모두 그 편의를 들어준다. 입출항하는 모든 화물에 대해서는 조약에서 명백히 금지한 물건을 제외하고는 영국 인민이 조선 인민 및 조선에 있는 타국 인민과 매매 교역을 할 수 있고 아울러 교역한 화물을 마음대로 조선의 각 통상 항구 및 타국의 항구로 실어가는 것을 허가한다. 조선 관원 등은 그것을 저지할 수 없다. 단, 입출항하는 화물은 먼저 검열을 받은 뒤 세칙을 확인해 세액을 완납해야 출입을 허가할 수 있다. 영국 상인이 외국이나 국내의 상품을 일체 공작하고 개조하는 일을 하는 경우 조선 관원 등은 그 편의를 들어줄 수 있다.

2항: 타국 항구로부터 사온 일체의 화물을 조선 항구에 들여올 때 화주나 혹은 화물 위탁자가 위에서 말한 세금을 모두 납부하고, 다시 타국 항구로 실어 가려고 할 때에는 입항한 날로부터 13개월(음력) 이내에 실어가야 하며, 화물과 포장이 원래 그대로인 때에 해당 화물이 세금을 완납했다는 증명서를 한 장 발급해 해당 화물이 세금을 납부한 것을 대신한다. 이러한 종류의 증명서를 해당 상인이 혹 조선 해관에 가지고 가서 환급받으려 하면 즉시 지불되어야 하며, 혹 이 증서를 조선의 각 통상 항구에 가지고 가서 화물 납세 금액으로 대신하려는 경우 다 상인의 편의를 들어준다.

3항: 조선의 토산물을 조선의 이 통상 항구에서 조선의 저 통상 항구로 실어 갈 때에는 이미 납부한 수출관세(輸出關稅)는 처음에 출항한 통상 항구에서 전부 환급해 준다. 단, 물건을 실어 간 사람이 입항한 해관에서 발급한 입항 증명서를 먼저 제출해야만 환급해 줄 수 있다. 해당 화물을 도중에서 유실했을 경우에는 화물을 분실했다는 확실한 증거를 제출해야만 세금을 반환해 줄 수 있다.

4항: 영국 상인이 화물을 조선국에 싣고 가서 이미 검사를 받은 다음 세칙을 확인하고 완납하면 해당 화물을 조선의 다른 통상 항구로 실어가거나 혹은 내지의 어느 곳으로 실어 가거나를 막론하고 일체 부가적 세금과 지방 통과세, 소정 수수료 등은 영구히 다시 징수하지 못한다. 조선의 일체의 토산물을 내지의 어느 곳에서든지 간에 조선의 각 통상 항구로 운반해 가려고 할 때에는 편의를 들어주고 저지하지 못한다. 그 화물에 대해서는 생산지에서나 연로(沿路)에서나 일체의 세금과 지방 통과세 및 각 항목의 소정 수수료의 징수를 역시 다 면제한다.

5항: 조선 정부에서 영국 상선을 임대해 여객과 화물을 싣고 조선 경내의 통상하지 않는 항구로 가려고 하는 경우 역시 그 편의를 들어준다. 조선 상인이 영국 상선을 임대해 여객과 화물을 싣고 조선의 통상하지 않는 항구로 가려고 하는 때에는 일체를 참작해 허가해야 한다. 단, 먼저 본국 관원의 승인을 받아야만 시행할 수 있다.

6항: 만일 조선 정부에서 어떤 사정으로 국내의 식량이 부족하게 될 것을 염려해 대조선국 대군주가 미곡을 모 통상 항구나 혹은 각 통상 항구에서 내가는 것을 일시 금지한다는 유지(諭旨)를 내리면 (이를) 조선 관원이 모 항구의 영사관에게 통지한 때로부터 1개월을 경과한 후에는 해당 항구의 영국 상인들은 곧 일체 준수해야 한다. 단, 이 금령은 원래 임시로 취한 조치이므로 응당 대책을 강구하고 의논하여 빨리 해제해야 한다.

7항: 영국 상선이 조선의 각 통상 항구로 들어갈 때에 납부해야 할 톤세(噸稅)는 매 톤당 멕시코 은화로 30센트이다【즉 서양 은화의 100분의 30이다】. 각 선박이 납부하는 톤세는 4개월마다 1회씩 납부하며, 이미 톤세를 납부한 선박은 4개월 동안 조선의 각 통상 항구에 나아가는 것을 허가받으며 톤세를 재납부하지 않는다. 징수한 톤세는 모두 등루(燈樓), 등대, 부표, 탑표(塔表), 망루(望樓) 등을 세우고, 조선의 각 통상 항구의 입구와 연해 각처에 선척이 정박할 장소를 마련하기 위해 바닥을 파내고 정돈하는 각종 공사비로 쓴다. 통상 항구에 머무르면서 화물을 운송하는 선척은 톤세를 납부하지 않는다.

8항: 조약 뒤의 부속 세금 세칙 및 통상 규정들은 두 나라가 의정한 것이므로 이 조약이 시행되는 날부터 다 같이 삼가 준수함으로써 조약 내에 지적된 각 조목들이 모두 한결같이 준수되도록 한다. 앞서 말한 부속 세금 세칙 및 통상 규정들에 대해서는 모두 두 나라에서 파견한 관리들이 그때그때 제기되는 일에 따라 함께 토의해 보충하고 고칠 수 있다.

제6조

1항: 영국 상인이 만일 통상하지 않은 항구 및 통행이 금지된 처소에서 화물을 밀수하는 자는 이미 시행 여부를 막론하고 모두 화물을 몰수하며, 위반한 사람은 몰수한 화물의 가격을 따져서 갑절에 해당하는 벌금을 물린다. 이상의 금령을 위반한 화물은 조선 지방관이 참작해 압류하고, 금령을 위반하려고 시도한 영국민은 성사 여부를 막론하고 모두 조사하고 체포해 즉시 부근의 영국 영사에게 전송해 영국에서 임명, 파견한 형송 관원이 심의, 평의하며 화물은 압류했다가 그 판결을 기다린 후 다시 분별해 처리한다.

제7조

1항: 영국 선척이 조선의 연안에서 만일 풍랑을 만나 사고를 당하거나 좌초하는 뜻밖의 화를 입으면 조선의 지방관은 한편으로 속히 대책을 강구해 적절히 가서 구제하고 아울러 조난당한 사람과 배와 화물을 보호해 본 지역의 불량한 자들이 제멋대로 약탈하거나 모욕하는 것을 면하게 하며, 다른 한편으로는 속히 부근의 영국 영사에게 통지하고 아울러 구호한 영국 조난민들을 분별해 여비를 주어서 부근의 통상 항구로 보낸다.

2항: 무릇 조선 정부가 지출한 영국 조난민을 구호하고, 의복, 식량을 공급하며 호송하는 데 든 비용과 시신을 인양해 매장하고 상처와 병을 치료한 일체 비용은 영국 정부가 그 액수대로 갚아야 한다.

3항: 조난당한 선척을 구하고 보호하는 데 든 비용 및 그 배의 화물을 건지는 데 든 비용은 배와 화물을 원주인에게 반환할 때에 원주인이 그 액수대로 갚아야 하며, 영국 정부에 보상을 청구할 수 없다.

4항: 조선국에서 파견한 관원 및 지방에서 위임한 무관, 경관, 역부 등이 영국 조난선이 사고를 당한 장소에 갔을 때에 쓴 비용과 조난당한 영국 사람들을 호송하는 관원과 통역원이 쓴 비용 및 문서가 왕래하는 데 든 운임은 모두 조선 정부가 자체로 처리하고 영국 정부에게서 보상을 받을 수 없다.

5항: 영국 상선이 조선 근해에서 풍랑을 만났거나 혹은 식량, 석탄, 물 등 필수품들이 떨어졌을 때에는 통상 항구이건 아니건 관계하지 않고 곳에 따라 정박시켜 풍랑을 피하고 선척을 수리하고 부족한 물건들을 일체 구매하는 것을 허가한다. 소비한 모든 비용은 전부 선주가 자체로 조달한다.

제8조

1항: 양국의 군함은 통상 항구이건 아니건 간에 피차 항해하는 것을 승인한다. 필요한 일체 배의 수리 재료 및 각종 식료품은 모두 서로 도와서 구매하도록 한다. 이상의 선척은 통상 및 항구 장정을 준수할 필요가 없으며, 구매한 물자에 대한 일체 세금과 각종 수수료는 모두 면제한다.
2항: 영국 군함이 조선 내 통상하지 않은 항구에 입항하면서 승선한 문관, 무관, 병사, 역부 들이 해안에 상륙하는 것을 허가한다. 단 호조를 발급받지 못한 자가 내지에 들어가는 것은 불허한다.
3항: 영국 군함에서 쓰는 군수물자 및 일체 군량과 필수품은 조선의 각 통상 항구에 보관할 수 있으며 영국에서 임명, 파견한 관원들이 관리한다. 이런 군수물자는 세금 징수를 일체 면제한다. 어떤 이유가 있어서 샀던 물건을 다시 파는 경우에는 즉시 구매자가 납부해야 할 세금 액수를 규례에 따라 추가로 지불해야 한다.
4항: 영국 군함이 조선 연해에서 수로의 형세를 현지 조사하면 조선 정부도 역시 힘껏 도와야 한다.

제9조
1항: 조선에 있는 영국 관리와 인민들은 모두 조선 인민을 고용하여 막우(幕友), 통역 및 관리 등으로 삼아서 직분에 맞는 일체의 사업과 작업을 돕게 할 수 있다. 조선 관리와 인민들 역시 분별해 불러 영국 인민을 고용해 일체의 금령을 범하지 않는 일을 함께 도와서 처리할 수 있다. 조선 관원들은 모두 허가해야 한다.
2항: 양국 사람들은 누구나 상호 간 각국의 경내에 가서 언어, 문자, 법률 및 직조, 과학, 기술 등의 일을 학습하도록 허락하고, 모두 서로 잘 도와서 친목과 우위를 돈독하게 한다.

제10조
1항: 현재 양국이 의정한 이상의 조약을 시행하는 날로부터 대조선국 대군주가 입출항하는 각종 화물의 세칙 및 일체의 사물에 금후 제삼국이나 제삼국의 관리와 인민들에게 어떤 혜택과 이권을 베풀 경우에 영국 및 영국 인민들 또한 똑같이 균점할 수 있다.

제11조
1항: 양국이 협의해 세운 이 조약은 시행일로부터 10년을 기한으로 한다. 조약 및 부속통상 세칙은 만약 다시 고쳐야 할 곳이 있다면, 모두 서로 회동하여 다시 수정하도록 요청할 수 있다. 장차 서로 접촉함이 오래되어 따르거나 고치며, 줄이거나 늘릴 곳을 알게 된 바는 더하거나 덜기를 참작해 헤아린다. 단, 마땅히 1년 전에 미리 공표한다.

제12조
1항: 양국이 의논해 세운 이 조약은 원래 [한문과 영문] 양국 문자를 묶어서 모두 상세한 대조를 거쳤으므로 글의 뜻이 서로 같다. 사후 만약 그래도 갈라지는 곳이 있으면, 마땅히 영문 해석으로 돌아가 피차 변론하는 발단을 면한다.
2항: 무릇 영국 관원이 조선 관원에게 조회하는 문건은 당분간은 한문으로 번역해 영문본과 함께 배송할 수 있다.

제13조

1항: 본 조약이 체결된 후, 양국 군주의 친필 비준을 기다려서 그것을 화압한 날로부터 속히【늦어도 1년을 기한으로】한양(서울)에 각각 대신을 파견해 서로 교환하며, 즉시 교환한 날을 이 조약의 시행일로 삼는다. 그때 양국은 모두 마땅히 조약문을 간행해 널리 알린다. 이에 양국 전권대신들은 한양(서울)에서 장차 조약문을(한문과 영문) 각각 3통으로 나누어서 먼저 서명하고, 인장을 찍어서 성실히 지킬 것을 밝힌다.

부속통상장정(附續通商章程)

제1조 선박의 출입항
1항: 무릇 영국 선박이 조선의 통상 항구에 들어오면 마땅히 선주가 48시간 내에【예배일 및 공휴일은 계산하지 않는다】장차 해당 선박이 소지한 선패에 대해서 영사가 발급한 선패 접수증을 해당 해관에 제출해 검사를 받아야 한다. 한편으로 장차 배의 이름, 어느 항구로부터 왔는지, 선주의 성명, 탑승객 인원수【만약 해관이 탑승객의 성명을 알고자 원하면 또한 마땅히 일일이 다 적는다】, 아울러 해당 선박의 톤수, 선원의 숫자와 명단을 선주가 서명해 증거로 삼는다. 한편으로 운송장에 따라 해당 선박이 적재한 화물을 다시 정서해 대장에 올린다. 대장 내에는 상자와 포장의 수량, 화물의 종류, 기재된 호칭 및 발송인 성명을 상세히 밝히고 또한 선주가 서명해 증거로 삼아 함께 제출한다. 이것이 곧 선박을 보고하는 방법이다. 선박을 일단 규정대로 보고하면 즉시 해관은 선창을 여는 면허증을 발급하고 선박을 감독하는 순시원으로 하여금 살펴보도록 해야 비로소 선창을 열어 화물을 내릴 수 있다. 만약 면허증을 받지 않고 제멋대로 선창을 열어 화물을 내리면 선주에게 헤아려 벌금을 물릴 수 있다. 단, 벌금은 멕시코 은화 100원을 넘을 수 없다.
2항: 만약 화물 적하 목록을 조사해 착오가 있으면 목록이 제출한 때로부터 12시간 내에【예배일 및 공휴일은 계산하지 않는다】즉시 개정할 수 있고 비용을 납부하지 않는다. 만약 12시간이 지난 다음에 첨가, 삭제, 변경하게 되는 경우에는 마땅히 소정 수수료로 멕시코 은화 5원을 납부한다.
3항: 무릇 선박이 입항해 앞에서 정한 기한을 이미 넘겨 해당 선주가 오히려 아직 규정대로 도착을 보고하지 않으면 매번 48시간을 넘길 때마다 즉시 멕시코 은화로 벌금을 매기되 50원을 넘을 수 없다.
4항: 무릇 영국 선박이 통상 항구에 정박할 때 48시간 내에【예배일 및 공휴일은 계산하지 않는다】아직 일찍이 선창을 열어 화물을 내리지 않거나 풍랑을 만나 항구에 들어가 피하거나 혹은 특별히 식료품 등 물품을 구매하려고 하는데 아직 무역을 행하지 않으면 대개 반드시 해관에 도착해 보고할 필요가 없고 또한 톤세를 징수할 수 없다.
5항: 무릇 선박이 출항하려고 하면 마땅히 선주가 장차 출항하는 총목록을【즉 입항할 때 작성한 대장과 같다】보고하면 해관은 출항을 승인하는 증명서를 발급하고 아울러 장차 전에 제출한 영사가 발급한 선패 접수증을 돌려주어야 한다. 해당 선주는 즉시 이상의 증명서와 선패 접수증을 영사에게 건네주면 영사는 비로소 전에 받은 선패를 돌려주고 항해하도록 승인한다.
6항: 무릇 선박이 이상의 장정에 따라 해관이 보고하지 않고 제멋대로 출항하면 즉시 장차 해당 배의 선주에게 분별해 벌금을 물릴 수 있다. 그 벌금은 멕시코 은화 200원을 넘을 수 없다.
7항: 영국 화륜선이 각 항구에 입출항하면 모두 당일에 입출항을 보고해야 한다. 그 화물의 총목록은 본 항구에 내린 것과 아울러 다른 배에 적재한 것을 제외하고 그 나머지 화물은 보고해 밝힐 필요가 없다.

제2조 상품의 양륙과 적재 및 납세
1항: 무릇 상인이 화물을 싣고 항구에 들어가 내리고자 원하면 마땅히 해관에 가 통관신고서를 제출한다. 통관신고서 내에 기재되어 밝힌 본 상인의 성명, 배의 이름 및 운반한 화물의 종류, 수량, 기재한 호칭, 가격 등 각 절목은 서명해 실제 증거로 삼는다. 만약 해관이 각 화물의 본처에서 발급한 증서를 검사하기를 원한다면 마땅히 즉시 제시하여 검사를 받아야 한다. 만약 발급한 증서가 없고 또한 증서를 드러내지 못하는 까닭을 말해 밝히지 않으면 마땅히 해당 화물 주인이 배를 더하여 세금을 내야 비로소 그 화물을 내리는 것을 들어줄 수 있다. 발급한 증서를 제시해 검사받을 때를 기다려 마땅히 장차 많이 낸 세금은 즉시 삼가 반환한다.

2항: 무릇 이상의 규례에 따라서 보고하고 하선을 승인한 화물은 해관에서 정한 화물 검사소에서 위원이 검사할 수 있다. 단, 각 화물을 검사하면 손상시키지 말아야 하며 또한 지연시킬 수 없다. 화물 검사를 마치면 즉시 마땅히 이전 방식에 따라 원래의 상자에 포장해 주어야 한다.

3항: 항구에 출입하는 화물에 만약 화물 주인이 보고한 가격과 세금을 낸 화물의 가격이 빗대어 맞지 않으면 마땅히 해관에서 가격을 매기는 사람을 파견해 따로 다시 가격을 매겨 즉시 화물 주인이 세금을 내는 항목을 따르도록 한다. 만약 화물 주인과 해관에서 특별히 파견한 가격을 매기는 사람이 매긴 가격이 맞지 않으면 마땅히 12시간 내에【예배일과 공휴일은 계산하지 않는다】해관 세무사에게 명확히 보고하고 아울러 맞지 않는 까닭을 명확히 밝혀 즉시 자체적으로 사람을 고용하여 다시 가격을 매긴다. 해관은 혹 다시 매긴 가격에 따라 세금을 거두고 혹은 다시 매긴 가격을 따라 100분의 5를 더해 세무사에서 매긴 가격으로 산다. 그 대금은 항구에 들어오거나 나간 화물을 막론하고 모두 다시 가격을 매긴 날로부터 5일 한도 내에 지불하여 청산한다.

4항: 만약 각 항의 항구에 들어온 화물 중 중도에서 손상 파괴된 것이 있으면 마땅히 헤아려 공평함을 분별해 과세를 감면한다. 만약 감한 세금이 화물 주인이 부족하다고 여기면 마땅히 앞의 조관에 따라 처리한다.

5항: 무릇 화물을 운반하려고 하면 마땅히 미리 해관에 명확히 보고해야 비로소 배에 화물을 실어 출항할 수 있다. 그 통관신고서상에는 마땅히 장차 배의 이름, 화물의 종류, 수량, 기재한 호칭 및 가짓수와 가격이 얼마인지를 일일이 열거하고 화물을 운반하는 자가 서명해 증거로 삼는다.

6항: 무릇 조선 해관이 지정한 장소를 제외하고는 출입하는 화물을 내리거나 실을 수 없다. 그 시각이 해가 뜨기 전이나 해가 진 다음과 아울러 예배일 및 공휴일이면 반드시 해관의 특별한 허락을 받아 비로소 내리거나 실을 수 있다. 그러나 마땅히 공평하게 헤아려 위로금으로 수수료를 납부해야 한다.

7항: 무릇 입출항한 화물 주인이 만약 더 낸 세금을 미루어 환급받고자 하거나 혹은 해관이 부족한 세금을 추가로 거두고자 하면 모두 마땅히 원래 수납한 날로부터 30일 내로 즉시 명확히 밝힌다. 혹 기한을 넘기면 대개 추가로 거둘 수 없다.

8항: 영국 선박의 선원과 탑승객 등의 식료품 및 탑승객의 행장과 짐은 특별히 통관신고서를 내도록 하지 않고 오직 해관이 검사를 마치기를 기다려 즉시 수시로 그 싣고 내리는 것을 들어줄 수 있다.

9항: 무릇 마땅히 수리해야 하는 선박에 실은 화물은 모두 해안에 올려놓아 풀어놓을 수 있으며 세금을 바치게 할 수 없다. 해안에 올린 이러한 화물은 전적으로 조선 관원이 자체로 간수하며 그 일체 화물을 운송한 비용과 창고 보관세 및 간수 비용은 모두 해당하는 배의 선주가 지불한다. 단, 각 가격은 모두 사실대로 요구해 거두고 턱없이 높은 가격을 요구할 수 없다. 혹 해안에 올린 화물 중에 내어 판 것이 있으면 그 내어 판 화물에 대해서 반드시 규례에 따라 세금을 낸다.
10항: 무릇 장차 화물을 이 배에서 저 배로 옮기려면 먼저 마땅히 해관에서 발급한 운송 허가서를 제출해야 비로소 수량대로 발송할 수 있다.

제3조 세금 탈루 방지
1항: 영국 상선이 항구에 들어오면 즉시 해관에서 순시원을 파견해 배마다 단속할 수 있으며, 화물을 적재해 놓은 각 장소는 그 감시를 받는다. 해당 순시원이 배에 도착하면 마땅히 예의 있게 대하고 아울러 그가 있을 장소를 적당히 마련한다.
2항: 화물을 적재한 선박의 승강구의 각 장소는 해관 순시원이 해 뜨기 전이나 해 진 후 아울러 예배일 및 공휴일에 대책을 마련해 자물쇠로 잠글 수 있다. 만약 해관의 지시를 기다리지 않고 제멋대로 잠근 자물쇠를 열면 제멋대로 연 자를 처벌하는 외에 해당 선주 또한 마찬가지로 헤아려 벌금을 물린다. 단, 벌금은 모두 멕시코 은화 100원을 넘을 수 없다.
3항: 무릇 영국 상민이 각 화물을 내가면 앞의 규정에 따라 미리 해관에 명확히 보고하지 않고 제멋대로 화물을 싣거나 내리고 화물 대장과 맞지 않거나 아울러 금령을 어기면 일의 성사 여부를 막론하고 화물은 모두 마땅히 관청에서 몰수한다. 규정을 위반한 사람에게는 관청에서 몰수한 화물의 가격에 따라 배를 더하여 벌금을 물린다.
4항: 무릇 압결한 통관신고서가 부실하고 조선에서 부과한 세금을 탈루하려 기도하면 즉시 헤아려 벌금을 물린다. 단, 벌금은 멕시코 은화 200원을 넘을 수 없다.
5항: 이상의 장정 내 소개한 각 절목을 만약 위반했으나 어떻게 처벌할지를 명확히 밝혀 놓지 않은 경우에는 모두 마땅히 시세에 따라 여러 가지를 고려해 벌금을 물린다. 단, 벌금은 대개 멕시코 은화 100원을 넘을 수 없다. 이상 장정에서 열거한 통관신고서, 목록 등의 문건은 모두 영문으로 쓸 수 있다.

세칙

수입품

항목 1. 무관세
농기구
출판물, 지도, 해도
금괴, 은괴
금은화
소방파이프

신발명품의 모델
포장용품: 예를 들면 자루, 멍석, 끈과 차상자용 납으로 만든 그릇
각종 초목과 관목
용량이 크지 않은 견본
과학기구: 예를 들면 물리 수학 기상 외과용 및 그 부속품
여행용 가방
활자(신형, 구형 모두)

항목 2. 5%
명반(백반) 추가 매염제, 의약품
닻과 쇠사슬
대나무(인도산) 자른 것과 옹근 것
탠 껍질(가죽 무두질용)
각종 콩류
뼈
벽돌, 기와(초안에는 목재도 포함)
천연 장뇌(휘발성과 방향의 효과)
석탄, 코크스
가공하지 않은 솜(목화)
의약용 약품
날생선
인도산 삼(마), 아마, 주트(황마줄기에서 얻은 섬유 포장용, 마대 캔버스)
밀가루와 정제하지 않은 모든 가루
신선한 과일
풀(아교, 접착제)
모든 종류의 곡물과 곡류
인조 질소비료, 비료
짐승의 생가죽/피혁(미가공품)
짐승의 뿔과 발굽
등유, 석유, 다른 천연기름
랜턴(손잡이가 달린 등불)
석회
성냥
일본산 바닥에 까는 재료, 마루에 까는 재료, 야자 껍질
육류

각종 금속: 괴상, 덩어리형, 주괴상, 판상, 각재상, 봉상, 엽상, 환상, 포상, 평상철, 낙인용 철, 각형철 및 고철과 분철
깻묵(가축의 비료)
동유(목재에서 짠 기름)
종이
후추
짐승 기름, 타르(기름 찌꺼기)
등나무(제품) 지팡이
저울
씨앗
일반용 비누
청, 일본산 간장
실크를 제외한 실
종이우산
야채(날것, 소금에 절인 것, 말린 것)
양털 모직물(천연 그대로)
면직물(목화), 모직물(양털), 인도삼으로 만든 꼰 실
가공하지 않은 모든 열거한 품목

항목 3. 7.5%
음료수(레모네이드, 생강차, 소다수, 광천수)
담요, 무릎 덮개
단추, 버클, 갈고리, 단추구멍
양초
무명(올이 굵은 삼베)
황마, 인도산 삼 또는 천으로 만든 카펫, 에나멜 가죽으로 만든 벽걸이 융단
포트랜드산 시멘트 그리고 그 이외 것
목탄
모든 종류의 화학 제품
피복과 신발, 예를 들면 모자, 구두, 장화
보호피막(덮개)
선박용 밧줄
모든 종류의 면직물 가공품
모든 종류의 면직물과 실크 혼합
모든 종류의 면직물과 모직물 혼합

염료
토기, 질그릇
부채
양탄자(전자)
펠트(양털, 짐승털을 열로 압축한 두꺼운 천, 모자 등을 만듦)
마른 생선, 소금 절인 생선
모든 종류의 바닥에 까는 융단(모피)
주석, 구리 박(얇게 만든 것) 금과 은제품 제외
보관용으로 말리거나 소금에 절인 과일
자황(노란색 채료: 황과 비소의 결합물)
모든 종류의 유리, 창문(무색, 유색)
모시, 인도산과 황마로 만든 모든 직물
가발(사람의 것으로 만든 것 제외)
가공된 가죽(무두질, 손질)
젤라틴
등불
두무질한 모든 일반적인 가죽(무채색)
아마포, 아마포와 면직물, 아마포와 모직물(회색, 흰색, 염색한 것)
최고급 깔개, 일본 다다미
말리거나 소금 절인 육류
금속: 관상, 파상, 또는 주철, 철조망, 백금, 수은, 주석놋쇠, 정제되지 않은 금과 은, 못, 나사, 도구, 기계, 철도 레일, 철물 등에 쓰이는 모든 종류의 제품화된 금속
실크로 만들지 않은 모기장
바늘과 핀
식물성 기름
기름을 먹인 무명(유포)
종이(특별히 명시된 것 제외)
연한 나무로 만든 두꺼운 판자
자기 제품
송진
소금
소방(빨강, 노랑 색깔을 얻는 것) 염료
해초 등등 바다에서 나는 것
꼰 명주실
실크 제품(특별히 명시하지 않은 것)

안경
술
문방구
돌과 슬레이트 자르는 도구
설탕
유황
식료품
소기름(수지)
차
면으로 만든 우산
우산의 뼈대
광택 니스
가는 국수류
꿀벌 또는 식물성 왁스
방수천(초를 입힌 천)
연성 목재
모든 종류의 모직물 제품
모직물과 견직물의 혼합품 모두
부분적으로 열거한 모든 제품

항목 4. 10%
흑맥주, 사과즙
장뇌(휘발성 있음)
카빈, 양홍색의 염료
브루쉘 영국산 최고급 카펫
100% 실크로 만든 옷
과자류, 사탕류
광산 개발을 위한 도구
금박, 은박
가구
거울
유리 제품
가발
인도산 고무(완제품 아니면 자연산)
칠기

무늬나 색깔을 입힌 최상품의 가죽
모든 종류의 가죽 제품
의자
모기장(실크)
악기 가방
악기
벽지, 커튼용 꾸민 종이
사진기
사진
단단한 나무로 만든 합판
무명실로 짠 상품
최상품의 자기
마차 등등 마구
비단 실
견직 옷감, 예를 들면 모스라, 측면사, 일본산의 번쩍거리는 호박색의 비단, 공단, 비단 농직물, 무늬 있는 공단, 일본산 백색 실크
최상품 비누
사탕
망원경
치약
여행용 가방
견직물 우산
수은과 황의 화합물(물감용) 주사
손목시계/회중시계
와인(병, 나무)
목재(단단한 것)
완제품으로 명시되어 있는 것

항목 5. 20%
호박
특별한 허가 아래 들어오는 무기류
조화(인공꽃)
새장
벨벳 카펫
마차

양홍(연지벌레로 만든 물감)
산호
자수(금, 은 혹은 견직물)
법랑철기(양재기)
화공품(火工品)
모피(수달, 담비, 비버)
인감(홍삼, 인삼, 정제된 것)
금은으로 만든 머리 장식품
향
상아
옥
보석(진품, 모조품)
칠기(최상품)
사향
진주
향수
코뿔소 뿔
금은제 식기류
향기 나는 나무
모든 종류의 향신료
술, 알코올
담배
거북딱지
벨벳, 견직물
금, 선물용 손목시계
예술 도구

항목 6. 수입금지 품목
불법 마약 혹은 약품
무기, 탄약, 대포, 포탄과 같은 전쟁 도구, 모든 종류의 화기, 탄약통, 권총, 창, 초석, 화약, 면화약, 다이너마이트 및 기타 폭발성 물질. 신뢰할 만한 성격의 신청서가 제출되었다고 만족스럽게 증명된다면, 조선 당국은 사냥 혹은 자위 수단을 목적으로 무기, 화기, 병기의 수입을 특별히 허가할 것이다.
위조화폐
아편(의학용 아편 제외)

수출품

항목 1. 면세제품
금괴, 은괴
각종 금화 및 은화
모든 종류의 식물, 나무 및 관목
합리적인 양의 견본
여행자 소화물

항목 2. 5%
항목 1에 포함되지 않은 기타 모든 토착 상품 또는 제작물에 대해서 5%의 종가세를 부과한다.

홍삼의 수출을 금지한다.

세칙장정

제1관
수입 화물에 대한 관세의 종가세는 그 생산지 혹은 제조지역에서 그 상품의 실질적 가격에 운반비 및 보험료 등을 더해서 계산한다. 수출화물에 대한 종가세는 조선의 시장가격에 의하여 계산한다.

제2관
세금은 「멕시코」 달러 혹은 일본은화 엔으로 지불되어야 한다.

제3관
수출입세의 상기 관세는 가능한 한 속히 변경하여야 하며 양호 타당하다고 인정되는 한, 양국의 해당 당국 간의 협의에 의하여 종량세로 변경하여야 한다.

대조선국 개국 492년 중국 광서 9년 10월 27일

특간전권대신【교섭통상사무아문독판 종1품 숭록대부 행 의정부좌참찬 겸 규장각제학 세자시강원좌부빈객이다】 민영목(閔泳穆)

서력(西曆) 1883년 11월 26일
특간전권대신(特簡全權大臣) 해리 파크스[巴夏禮: Harry Smith Parkes]【1등 매길리 훈장(邁吉利寶星) 겸 2등 발덕 훈장(拔德寶星)을 받은 주차중화 편의행사대신(駐箚中華便宜行事大臣)이다.】

선후속약(善後續條)

1항
본 조약 제3관에서 지적한 각 절목은 현재 양국이 피차 말해 밝혔다. 이 조약 내에 조선은 영국 사람이 영국 관원의 관할을 복종하는 것을 승인한다. 만약 뒷날 조선이 율례 및 안건을 심의하는 재판법을 정돈, 개정하고 영국 정부에서 그것을 보기에 영국 사람이 현재 조선 관원이 관할하는 장소에서 복종하기 어려운 것을 이미 혁파, 제거하고 아울러 조선의 안건을 심의하는 관원이 영국의 안건을 심의하는 관원과 더불어 동일하게 율례의 능함에 밝고 동일하게 홀로 판단하는 권위를 이어받는다면 곧 즉시 장차 영국 관원이 조선에서 본국의 사람을 심리하는 권한을 회수할 수 있다.

2항
본 조약 제4조에서 기재한 각 절목은 현재 피차 명확히 바로잡았고, 청국 정부가 뒷날 혹시 장차 작년에 의논한 중국 상민이 한성에 들어와 행장을 개설하는 이익을 진실로 철회, 취소할 경우 영국 상민은 곧 이 조관의 예를 인용할 수 없다. 단, 조선 정부가 만약 장차 이 이익을 타국 상민에게 더하면 영국 상민은 또한 마땅히 마찬가지로 균점한다.

3항
본 조약 내에 기재한 각 절목은 피차 말해 밝혔으니 영국에 속한 각 지방은 모두 마땅히 일률적으로 준수한다. 단, 뒷날, 혹 어떤 지방이 마땅히 변경의 조처를 행하는 것이 있으면 마땅히 영국 정부가 이 조약을 서로 교환한 날로부터 1년을 기한으로 해 장차 마땅히 변경하는 것은 조선 정부에게 일일이 표명해야 비로소 변경을 의논할 수 있다.

이상의 선후 각 조관은 모두 마땅히 피차 아울러 조약문과 같이 갖추어 진주해 열람하도록 하고 조약문과 더불어 모두 비준을 받고 특별히 특지를 윤허받기를 노력하지 않는다.
이에 앞에 열거한 양국 흠차 전권대신은 한양 경성에서 먼저 서명해 인장을 찍고 준수할 것을 밝힌다.

3. 조불수호통상조약(1886)

김현철

○ 명칭
- 한국어: 조불수호통상조약(朝佛修好通商條約); 한불수호통상조약; 朝法條約[4]
- 프랑스: Traité d'Amitié et de Commerce entre la France et la Corée[5]

○ 체결 국가: 조선, 프랑스

○ 체결일 및 장소: 1886년(광서 12) 6월 4일(음력 5월 3일), 서울에서 체결됨
- 비준일 및 장소: 1887년 5월 30일(음력 4월 8일), 서울에서 상호 비준됨

○ 서명자(또는 전권대사)
- 조선 전권대신: 정2품 자헌대부 한성부판윤 김만식(金晩植), 가선대부 협판내무부사 겸 외아문 장교 당상 데니(德尼, Owen Nickerson Denny)
- 프랑스 특명전권대사: 프랑스 외무부 정치국 부국장 겸 레지옹 도뇌르 기사 프랑수와 죠르즈 코고르당(戈可當, François George Cogordan)

○ 작성(체결) 언어: 중국어(한문), 프랑스어

---

[4] 중국어(한문) 원문이 실린 『조선왕조실록』에는 당시 프랑스를 法國이라 불러서 동 조약을 朝法條約으로 한다.

[5] 국사편찬위원회 편, 2002, 『한국근대사자료집 11: 프랑스외무부분서 1 1854~1899』에는 1886년 6월 4일 체결된 조약 명칭이 "Traité d'Amitié et de Commerce et de Navigation entre la France et la Corée"로, '항해(Navigation)' 라는 단어가 추가되어 표기됨.

○ 체결 배경 및 과정

1845년 영국 선박 사마랑호가 조선에서 통상을 요구한 사건이 일어나자, 조선 측은 청조가 서양 국가와 조약을 체결해 5개 항구를 열어 주는 조건으로 해금을 유지하고 있다는 인식에 기초하여 자신들에게도 '금단(禁斷)의 도(道)'를 적용해 달라고 요청했다.[6] 청의 도광제는 조선 측의 요청을 받아들여 양광총독 치잉(耆英)을 통해 영국인들에게 '조약'을 준수하여 청조의 속국인 조선의 해안에 가지 말 것을 요구했다.[7] 도광제는 조선이 청조의 '속국'이고, 청조와 열강이 체결한 조약에서 5개 통상항을 제외한 다른 지역에서의 무역은 금지되어 있기 때문에 서양인은 조선에 가서 통상을 요구해서는 안 된다는 입장을 천명한 것이다. 그리고 양광총독 치잉의 보고에 따르면 영국인들은 이를 준수하겠다고 응답했다.[8]

1846년과 1847년 사이 프랑스의 군함이 두 차례 조선의 해안에 출몰하여 조선 정부가 프랑스인 선교사 3명을 처형한 것에 항의하며 조약의 체결과 통상을 요구하였다. 이에 조선 측의 요청을 받아들인 청 정부는 다시 사마랑호 사건 때와 같은 해법을 시도하였다. 그러나 프랑스인들은 '통상과 선교 두 일에 대해서는 명확히 답변하지 않고', 군함이 조선 해역에 가는 이유는 오직 무역을 감시하고 해도를 그리고 전에 부서진 배의 물건을 찾기 위해서라고 변명했다.[9] 이에 교섭을 담당한 양광총독 치잉은 도광제에게 프랑스 군함이 조선에 가는 것을 금지하기 어렵게 되었다고 토로한다.[10] 조선이 청의 '속국'이기 때문에 5개의 통상항구를 제외한 곳에서 통상을 금지한다는 조약이 적용되어야 한다는 청의 주장은, 이제 조약이 적용되는 해역에서 교역 감시 또는 보호의 명분으로 군함이 자유롭게 항행하고 어느 항구나 들어갈 수 있다는 중미 간 왕샤조약(1844)과 중불 간 황푸조약(1844)의 규정에 의해 무력화되고 있었다.

그리고 1860년 이후가 되면 서구 열강에 의해 강제로 개방된 공간의 확대로 인해 청조는 더 이상 '속국'이 조약의 적용 범위가 아니라는 입장을 유지할 수 없게 되었다. 1858년

---

6 「請禁斷英夷船來往咨」, 『同文彙考』 四, 「原編續」 漂民 六 上國人.
7 文慶 等 編, 2008, 『道光朝籌辦夷務始末』 卷七十四, 中華書局, 2936~2937쪽.
8 文慶 等 編, 2008, 『道光朝籌辦夷務始末』 卷七十四, 中華書局, 2943~2944쪽.
9 文慶 等 編, 2008, 『道光朝籌辦夷務始末』 卷七十八, 道光二十七年十一月壬辰, 中華書局, 3112~3114쪽; 道光二十七年十二月壬子, 3121-3122쪽.
10 文慶 等 編, 2008, 『道光朝籌辦夷務始末』 卷七十九, 道光二十八年十二月乙酉, 中華書局, 4쪽.

에 체결된 톈진(天津)조약으로 중국 내 내지 여행과 선교가 허용되게 되자, 청조는 육로를 통한 조선 선교 여행을 위해 통행증을 발급해 달라는 프랑스 공사의 요구에 직면하게 되었다. 이렇게 되자 청 정부의 관리들은 '속국'이 청조의 관할권 안에 있다는 주장을 더 이상 유지할 수 없어서, 조선은 속국이지만 정교금령을 '자주'로 하는 나라이기 때문에 청조가 프랑스 선교사들에게 조선 입국을 위한 통행증을 발급해 줄 수 없다고 선언하게 된다. 이는 19세기 말 동아시아 국제관계의 중요한 문제였던 조선의 국제법적 지위에 대한 논쟁의 기원—속국자주론—이 처음으로 공문서상에 등장하게 되는 배경이 된다. 이러한 입장 표명은 프랑스 측이 조선을 침략할 때 청조의 개입을 거부하는 명분으로 이용되었으며, 훗날 운요호 사건(1875)을 시작으로 일본이 청의 조선에 대한 종주권을 부정하는 데 반복적으로 이용되었다.[11]

1882년 미국과 영국이 청의 중재 아래 조선과 수호통상조약을 체결하자, 주청 프랑스 공사 부레는 청국 정부에 조선과 조약 체결을 주선해 줄 것을 요청하였다. 이러한 부레의 요청에 대해 청의 총리아문은 조선 측과 교섭하는 과정에서 천주교 선교사 문제를 언급하지 말 것을 조선으로 제시하였다. 부레 공사가 청의 요구에 강하게 반발하자, 결국 청은 중재를 허락하는 추천서를 부레에게 주었다. 이후 청 정부의 추천서를 받은 톈진주재 프랑스 영사 디용은 1882년 7월 19일(음력 6월 5일) 제물포에 도착하였다. 조선 측 대표는 디용에게 병인양요의 배상을 요구하였으며, 천주교 선교사를 보호할 권리를 주장한 프랑스 측 요구를 거부했다. 당시 조선 정부와 서구 열강 간의 조약 체결 실무를 위해서 리훙장이 파견한 마젠중(馬建忠)도 천주교 선교 허용에 대해 반대를 표명하였다. 결국 1882년에 진행된 조선과 서구 열강 사이에 체결한 조약에서 프랑스만 조약 체결을 이루지 못하였다.

조선과 프랑스와의 조약 체결 교섭은 미국, 영국의 경우와 달리 천주교의 포교 문제로 쉽게 합의를 이루지 못하였다. 당시 조선 정부로서는 구미 각국과 조약 체결 시 아편의 수입과 천주교, 개신교 등 서양 종교의 전래를 염려하였으며, 1882년 말까지도 천주교의 포교 문제는 쉽사리 수용할 수 없는 사항이었다. 그 예로서 비록 조선 정부가 국내 유학자들의 반대 여론을 무릅쓰고 서양 각국과 조약 체결을 추진하였지만, 이러한 의사를 공식적으

---

[11] 이상 청조의 '속국'에 대한 조약 적용 여부에 관한 입장 변화의 자세한 내용은 이동욱, 2020, 「1840-1860년대 청조의 '속국' 문제에 대한 대응」, 『중국근현대사연구』 86을 참조하기 바람.

로 밝힌 1882년 양력 9월 16일(음력 8월 5일)자 고종(高宗)이 내린 전교(傳敎)에서도 조약 체결과 기독교 금지는 엄격히 구별해야 한다고 명시하는 등 천주교 전래 반대라는 조선 정부의 입장은 이 시기까지도 변함이 없었다.

당시 프랑스로서도 주일 프랑스 공사 트리콩(Tricon)이 조선의 국제법적 관계가 해명될 때까지 조선과의 조약 협상을 단념하는 것이 좋을 것이라고 언급하는 등 조선과의 조약 체결에 소극적인 태도를 취하고 있었다. 조불 양국이 위와 같이 명백하게 이견을 노정하고 있는 상황에서 1882년 임오군란의 발발 이후 수신사절로 일본을 방문한 박영효는 주일프랑스 공사에게 조약 체결을 희망한다는 의사를 표명하였다. 박영효는 1882년 음력 11월 7일 프랑스 공사와 만났을 때, 조불 간 조약 체결 문제를 상의하였으며, 그다음 날인 음력 11월 8일 프랑스 공사에게 서신을 보내서 천주교의 포교에 대하여 조선 정부의 부정적 입장을 전달하였다. 이에 대해 프랑스 공사로부터 청한종주권과 천주교의 포교 문제를 이유로 조선과의 조약 체결을 유보한다는 입장을 전달받았다.

당시 박영효와 프랑스 공사 간의 구체적인 대담 내용은 파크스(Harry S. Parkes) 주일 영국 공사에게도 전달되었으며, 박영효는 1882년 12월 23일 파크스 영국 공사를 만난 자리에서 프랑스 외교관들과 대담한 내용을 다음과 같이 전하면서 자문을 구하였다. 이에 의하면 박영효는 프랑스의 요구를 받아들여서 조선에서 교회를 건립할 경우, 사람들을 자극시켜서 혼란이 초래될 것이 우려된다는 입장을 표명하였다. 이에 파크스 공사는 중국과 일본의 경우 조약에 의하여 외국 교회가 허용되었으며, 자신들의 신앙을 존중하는 외국인들은 조선에 가서 종교의 자유를 박탈당한다면 차라리 조선에 가지 않을 것이라고 말하였다. 이에 박영효는 조선에서 교회 건립을 금지시키는 것은 외국인의 감정을 자극하겠지만, 거꾸로 교회건물을 건립하는 것은 조선인들의 감정을 자극하게 될 것이며, 만약 조선 정부가 이러한 조선인들의 감정을 억누르기 위해 조치를 취한다면 사태는 단지 악화될 뿐이라고 전망하였다.

한편 트리콩 주일 프랑스 공사도 박영효와 만나서 선교사 문제 등에 대해 대담한 내용을 파크스 영국 공사에게 다음과 같이 전하였다. 그에 의하면, 프랑스 선교사들은 조선과 조약을 체결한 구미 국가들과 똑같은 국가의 국민으로서 조선에서 거주 시 프랑스의 다른 국민들과 똑같은 권리를 갖고 있다고 주장하였다. 그리고 그는 외국인에게 교회를 건립할 권리를 부여하는 조항이 조불조약에 포함될 수 없는 이유를 납득할 수 없다고 박영효에게 전달하였다. 이에 박영효는 현재 조선의 일반 대중들의 감정 상태를 고려할 때, 프랑스 측의 이 같은 요구는 수용하기 불가능하다고 답변함으로써 프랑스 측의 양해를 구하고자 하였다.

그러나 박영효의 설명에도 불구하고 당시 트리콩 공사는 조선 정부가 자국 국민들을 통제하지 못할 만큼 무능력하다고 비판하였으며, 프랑스 정부로서는 임오군란 당시 자행된 살인행위(아마도 일본인을 살해한 사건을 지칭함) 소식을 전해 듣고서 조선과의 조약 체결을 연기시키게 되었다고 박영효에게 전하였다. 그리고 트리콩 공사는 조약 체결의 연기 이유로서 조선이 아직도 외국(프랑스를 지칭)과 조약관계에 들어갈 상태에 있지 않으며, 외국과의 조약 체결에 관련된 책임을 질 만한 상태에 있지 않다는 점을 내세웠다.

이와 같은 박영효와 트리콩 주일 프랑스 공사 간의 대담으로 미루어 볼 때, 프랑스는 교회당 건립 및 천주교 허용이라는 자국의 국가이익을 반영한 요구 조건이 박영효를 통해 조선 정부에게 수용되기 어렵다는 답변을 전해 듣고서, 조선이 외국과 조약을 체결할 상황에 있지 않다는 점을 표면적인 이유로 내세워서 조불 간 조약 체결을 거절하였다.[12]

1883년 11월 영국과 독일이 조선과 새로운 조약을 체결하고, 이를 원형으로 1884년 러시아와 이탈리아가 조선과 조약을 체결했다. 그러다가 1884년 갑신정변 이후 조선에서 청의 종속이 심화되면서 조선과 프랑스 사이의 관계가 새로운 전기를 맞게 되었다.

1885년 청국에 건너간 묄렌도르프는 프랑스 측 외교관 및 블랑 주교에게 조선과 프랑스 사이의 조약 체결을 위해서 협력할 의사를 전하였다. 그 과정에서 리훙장 역시 천주교 선교 자유에 반대하지 않겠다는 뜻을 전하였다. 이에 프랑스 정부는 1886년 3월에 베이징 주재 프랑스 공사 코고르당(François George Cogordan)을 전권대사로 임명했다. 코고르당은 1886년 5월 1일(음력 3월 28일)에 프리모게(Primauguet)호로 제물포에 도착하였다. 조선 정부는 외아문 독판 김윤식(金允植)을 전권대신으로 임명해, 5월 6일(음력 4월 3일) 서울에서 프랑스와 조약 체결을 위한 교섭을 시작했다.

조선과 프랑스 간 교섭에서 쟁점이 되었던 부분은 '교회(教誨)'라는 단어를 추가하는 데

---

12 이상 박영효와 트리콩 주일 프랑스 공사 간 만남에 대해서는 김현철, 1992, 「朴泳孝의 '近代國家' 구상에 관한 연구」, 서울대학교 대학원 외교학과 박사학위논문, 105~108쪽 참조.

있었다. 조불수호통상조약 체결에서 프랑스가 가장 역점을 둔 사항은 전교의 자유 문제였다. 코고르당의 수석보좌관(首席參贊)인 팔레올로그(Paléologue)는 5월 2일(음 3월 29일) 서울의 위안스카이를 방문하여 조선 측에서 전교를 허락하여 주도록 요청했다. 이러한 요청에 대해 위안스카이는 전교를 허락할 수 없다고 거절하였다. 김윤식도 5월 6일(음 4월 8일)부터 시작된 코고르당과의 협상에서 전교의 자유 문제는 인정할 뜻이 없다고 맞섰다. 김윤식은 첫째, 선교를 허락할 수 없지만 선교사가 해를 받게 되지 않을 것이며, 둘째, 시급한 일은 선교를 허락하고 안하는 일이 아니고 조약을 맺는 일이라는 입장을 전하였다.

이에 대해 민씨 척족 등은 위안스카이의 직은 상무관이므로 상무만을 다룰 뿐 다른 일에 간섭할 수 없다고 항의하였으며, 그 이후 김윤식은 고종으로부터 배척되었다. 조불조약 협상 과정에서 위안스카이와 밀접한 관계에 있던 김윤식이 김만식(金晩植)으로 교체되었다. 조선은 프랑스와 조약 체결 시 청의 영향력을 배제하려는 의도하에 김만식을 한성판윤에 임명하고 동시에 전권대신으로 임명하였다. 이어서 조선 정부는 음력 4월 18일자로 김윤식을 사직하게 하는 동시에 당시 묄렌도르프의 후임으로 조선 정부의 고문으로 와 있던 데니(O. N. Denny)를 김만식과 함께 조약 체결을 협상하도록 하였다. 당시 조불수호통상조약의 체결을 성공시키고 청의 간섭을 배제한 데에는 데니의 역할도 매우 컸던 것으로 보인다.

조불조약 협상 과정에서 프랑스 측은 조불수호통상조약 제9관에서 학습(學習)에 '교회(教誨)'를 삽입하여 간접적으로 전교의 자유를 명문화하고자 했다. 이때 '교회'는 잘 가르쳐서 잘못을 뉘우치게 하다는 뜻으로, 그 이면에는 종교적인 교화도 내포하고 있었다. 이에 조선 측에서는 삭제를 주장했다. 그러나 조선 측 전권대신으로 참여한 데니가 '교회'를 반드시 수정할 필요가 없다고 발언함으로써, 조선 정부는 '교회'의 명문화에 합의했다. 4월 23일 양국 간 회담에서 프랑스 대표는 '교회(教誨)' 2자를 남겨 둘 것을 제안하였고, 이에 조선 대표도 동의하였다. 결국 조불수호통상조약의 초안에서 조영수호통상조약 9조의 '학습(學習)' 대신 '교회(教誨)'로 대체되어 프랑스의 제의에 조선이 동의하였다. '내지거주(內地居住)'는 프랑스의 양보로 삭제되었으나, 그 대신 조영수호통상조약에서와 같이 여행 목적을 구체적으로 밝히지 않아도 호조(護照)만 소지하고 있으면 여행을 할 수 있도록 조선이 양보하였다. 그리하여 프랑스 선교사는 프랑스인의 자격으로 '교회(教誨)', 즉 전교를 위해서 내지를 여행할 수 있게 되었다.

청국의 여러 방해에도 불구하고 조선 정부가 적극적인 자세로 추진함으로써 조불수호통상조약을 체결하는 데 성공하였다. 조선의 전권대신 김만식과 데니와, 프랑스 전권대신 코고르당이 1886년 6월 4일(음력 5월 3일) 조약문에 서명함으로써 조약이 조인되었다. 그리고 그다음 해인 1887년 5월 30일(음력 4월 8일) 당시 베이징 주재 프랑스 영사 빅토르 콜랭 드 플랑시(Victor Collin de Plancy)가 전권위원의 자격으로 조선에 파견되어 1887년 5월 30일 외무독판 김윤식과 비준서를 교환하면서 양국의 국교 관계가 정식으로 성립되었다.

고종을 비롯한 조선 정부가 국제사회에서 주권국가로서 대우받고 청의 영향력으로부터 벗어나기를 염원하여서 서울에 상주하는 각국 대표의 직위에 많은 관심을 가졌다. 파견국 대표의 직급에 따라 그 나라가 조선을 주권, 독립국가로 대우하는가 또는 청의 종속국으로 보는가 하는 대조선 인식 태도를 짐작할 수 있었다. 이에 1886년 고종은 조약 체결을 위해 조선에 코고르당 프랑스 전권대사에게 공사(Minister)나 대리공사(Charge d'affaires)의 직위를 대표를 가진 대표를 파견해 줄 것을 요청하였다. 플랑시가 영사(Consul) 겸 꼬미세르(Commissaire)의 직위를 가지고 서울에 도착하자, 고종은 당초 기대에 부응하지 못했으나 프랑스가 단순한 영사 이상의 직위를 가진 외교관을 파견해 준 데 대해 기뻐하였다. 이에 대해 당시 영국도 프랑스가 영사의 직과 꼬미세르(Commissaire)를 겸직하여 파견한 것이 조선에서 프랑스가 외교관의 서열상 총영사(Consul-General)를 주조선 영국 대표로 파견한 영국보다 상위를 점한 것이라고 인정하였다.[13]

○ 조약의 주요 내용

조불수호통상조약은 당시 '조법조약(朝法條約)'이라는 명칭으로 13조의 본문을 비롯하여 3조의 부속통상장정(附續通商章程) 및 4조의 선후속조(善後續條)로 구성되었다.

앞 절에서 살펴본 바와 같이 조선은 미국, 영국과 수호통상조약을 체결한 후 프랑스뿐만 아니라 독일(1883), 이탈리아(1884), 러시아(1884), 오스트리아(1892), 벨기에(1901), 덴마

---

[13] 이상 조선과 프랑스 간 조약 체결 배경과 과정은 최덕수 외 저, 2010, 『조약으로 본 한국 근대사』, 열린책들, 236~239·249쪽; 우철구, 2016, 「개항기 프랑스의 대조선 정책」, 대한민국역사박물관, 『현대사과정』 제8호, 97~109쪽; 임경석·김영수·이항준 공편, 2012, 『한국근대외교사전』, 성균관대학교 출판부, 514~516쪽, "조불수호통상조약"을 참조함. 조불수호통상조약의 체결 이후 조선의 기대와 요청 및 이에 대한 프랑스의 반응 등 양국 간 관계에 대해서는 우철구, 2016, 107~121쪽을 참조하기 바람.

크(1902)와도 통상조약을 체결하였다. 당시 프랑스를 포함하여 서구 열강이 조선과 체결한 조약의 내용을 보면, 큰 틀에서 '조영수호통상조약'을 원형으로 하고 있다고 볼 수 있다. 이들 각 조약별로 차이점이 있지만, 치외법권, 개항장에서의 무역, 내지 통행 및 통상의 자유, 조계지 규정 등의 조항들이 이를 실행하는데 차이점이 거의 나타나지 않았다. 이것은 영국을 위시한 서구 열강들이 청과 일본에 관철시켰던 조약체제가 조영수호통상조약에 종합적으로 반영되었기 때문인 것으로 해석할 수 있다. 서구 국가들의 입장에서 볼 때, 조영수호통상조약이 당시 동아시아에서 시행 중이었던 조약들을 가장 집약적으로 반영했기 때문인 것으로 볼 수 있다.[14]

이러한 측면에서 조불수호통상 본문의 각 조항들의 내용을 살펴보면 다음과 같다.

본문 제1조는 양국 간의 평화·친선·생명과 재산의 보호·조약을 언급하였다. 특히 제1조 2항의 경우 조선이 요청한 '거중조정'으로 당사국과 제삼국 간의 분쟁에 관한 조정에 대해 "제3국과 조약 당사자들 중 한 국가 사이에 분규가 있을 경우, 다른 한 국가가 개입하여 적절한 조치를 취할 수 있도록 거중조정한다"는 내용이 포함되어 있다. 이러한 '거중조정' 조문은 조미수호조약에서부터 조불수호조약에도 명문화되어 있다.

제2조는 영사 업무에 대한 규정을 명문화하여서 양국의 외교 대표 임명과 주재, 치외법권 등에 관련한 3개항으로 되어 있다. 제2조 1항에서는 양국의 외교관과 영사는 그들이 거주하는 국가에서 타국 외교관과 영사들이 누리는 사면권과 모든 외교적 혜택(면책특권 지칭)을 누린다고 되어 있다. 제2조 2항에서는 조선 정부는 조선에서 항해하는 프랑스 외교관에게 이동의 자유를 보장하고 적절한 편의를 제공한다고 되어 있다. 이와 관련 조불수호조약의 '선후속조(善後續條)' 제1조에서는 영사 등 관원을 파견하여 주재시키지 못했을 경우에는 역시 권한을 다른 나라 영사관에게 대리하도록 위탁할 수 있다고 되어 있다. 이와 같이 타국의 영사 업무를 대리하는 조항은 조불수호조약뿐만 아니라 조선이 오스트리아, 벨기에 및 덴마크와 체결한 조약에도 포함되어 있다. 이는 현실적으로 타방 체약국에 주재하는 것이 불가능하거나, 또는 불필요한 경우를 대비해서 영사 업무를 타국에서 대리할 수 있는 규정을 마련한 것이다. 실제로 조불수호통상조약이 체결된 이후에 프랑스의 조선에

---

[14] 이상 조불수호통상조약의 내용을 당시 서구 국가들이 조선과 체결한 조약들의 내용과 비교하여 분석한 것에 대해서는 최덕수 외 저, 2010, 『조약으로 본 한국 근대사』, 열린책들, 246~251쪽을 참조함.

대한 관심과 태도는 적극적이지 않았다. 플랑시는 1887년 5월 31일 고종을 알현한 후에 프랑스의 모든 사무를 주한 러시아공사관의 베베르(Weber) 공사에게 위임하고 6월 2일 귀국하였다. 서울에 주한 프랑스공사관이 정식으로 설치된 것은 최초의 프랑스 공식 대표의 자격으로 1888년 6월 6일 플랑시가 공사로 부임하면서부터이다.

본문 제3조는 치외법권과 중재재판소의 역할에 대해 언급하여, 조선에 머무는 프랑스인들의 생명과 재산에 미치는 재판 관할권을 프랑스 재판 당국에 위임하는 사항과 관련된 10개항으로 되어 있다. 제3조 1항에서 조선에 있는 프랑스인들은 오직 프랑스 법에 적용받으며, 조선에서 프랑스인이나 프랑스인과 연루된 외국인은 프랑스 영사에 의해 재판받을 것이며, 조선 관리는 결코 개입할 수 없다고 되어 있다. 이와 관련 조불수호조약 선후속조 제2조에서는 영사재판권의 조건부 폐지를 다음과 같이, 즉 조선의 재판소 직원들이 프랑스 재판소 직원과 형법의 율례를 명확하게 해석하는 능력이 동일하고 독자적으로 판결할 수 있는 권위를 동일하게 가진 것으로 인정되는 때에는 프랑스 정부는 즉시 프랑스 관원이 조선에서 본국 프랑스인들을 심리하는 권한을 회수한다고 규정하고 있다. 프랑스는 영국과 독일의 선례를 따라서 치외법권의 조건부 폐지 조항을 명문화하였다. 그러나 이 조항이 본문이 아닌 선후속약에 실려 있어 그 실효성은 떨어지며, 이는 조선에서 치외법권의 특권을 계속 유지하려는 정책에서 나온 것으로 판단된다.

제4조는 제물포(인천), 원산, 부산의 각 항구와 한양(漢陽) 경성(京城)의 양화진(楊花津)의 개항장에서의 무역, 내지 통행 및 통상의 자유 등을 규정하고 있다. 특히 제4조 2항에서는 개항장 등에서 프랑스인들은 주택과 토지를 임차하거나 구매할 수 있으며, 6항에서는 개항장 10리 혹은 양국이 정한 관리가 인정하는 지역 범위 내에서 프랑스인들이 자유롭게 이동할 수 있다고 명문화하였다. 그럼에도 제4조 6항에서는 내지에서의 상점 개설을 다음과 같이, 즉 프랑스인이 여행증명서를 가지고 조선의 각처를 여행하는 것을 허가하되 내지(內地)에 창고 및 상용 무역 점포는 개설할 수 없다고 금지하고 있다. 이전의 조영수호통상조약에서 여행허가증을 소지한 영국인들에게 조선 내지에서의 여행과 통상을 허가한 것에 비해 볼 때, 조불수호조약에서는 통상의 허용 범위와 제한 범위를 좀 더 명확하게 규정하고 있다. 당시 조선 정부는 외국 상인이 한양에 상점을 설치하는 것 자체를 원하지 않았으나, 조중상민수륙무역장정(1882)에서 청국 상인에게 그 권리를 부여했기 때문에 청국 상인

의 권리를 균점해야 한다는 영국의 요구를 거절할 수 없었다. 그 뒤 조선 정부가 청국 정부가 청국 상인이 한성에 들어와서 상점을 개설하는 이익을 철회할 경우 영국 상인들도 이 예를 따를 것을 명문화하였다. 그리고 프랑스에 대해서도 조불수호통상조약 선후속조 제3조에서 한성에서의 외국인 상점 철수에 대해 다음과 같이, 즉 현재 각각 조약이 있거나 혹 앞으로 조약을 체결할 나라의 상인들이 한성(漢城)에 들어가 창고를 설치할 편의와 철회하게 되는 경우에는 프랑스 상인들도 위 제4조의 예를 인용하지 못한다라고 조건부로 규정하고 있다.

　제5조는 해관 및 각국이 무역하는 상품의 관세에 대해 규정하고 있다. 제5조 1항에서는 외국 상인에게 개방된 모든 지역에서 프랑스인들은 매매인의 국적과 상관없이 매매할 수 있으며, 프랑스인은 조선 관리나 다른 중개인의 방해 없이 조선인이나 다른 국가의 사람들과 상업을 할 수 있는 완전한 자유를 누린다고 되어 있다. 이와 관련 '부속통상장정' 제3조 6항에서는 조선 정부가 해관 및 개항장 관련 법령을 제정할 때 원칙을 기재하고 있으며, 해당 장정과 규칙을 시행하기 전에 프랑스 당국에 먼저 통지해야 한다고 규정하고 있다. 이는 사실상 조선 정부가 해관 및 개항장 운영을 자주적으로 운영할 수 없도록 규정한 것이며, 조선 정부의 자주적인 법령 제정 권리를 프랑스가 침해했다고고 볼 수 있다.

　제6조는 밀수입 상품에 대한 벌금과 위법행위 처벌에 관한 2개항으로 되어 있다.

　제7조는 양국 선박 중 난파선의 구조와 보호에 관한 5개항으로 되어 있다.

　제8조는 양국의 군함이 각 항구에 입항 시 그 처리와 관련한 4개항으로 되어 있다. 특히 제8조 1항에서는 조약 당사국의 군함은 상대국 항구에 자유롭게 내항할 수 있다고 규정하여 프랑스 군함의 조선 내 자유로운 통해 및 항해를 보장하고 있다. 그리고 제8조 4항에서는 조선 정부는 조선 해역에서 수심 측정이나 해양 측정을 하고 있는 프랑스 정부에 소속된 선박을 성심껏 보조하도록 규정하고 있다.

　제9조는 양국의 교사와 통역의 임명과 학문 교류, 포교에 관한 2개항으로 되어 있다. 조선 정부가 영국, 미국 등 서구 열강과의 수호통상조약 체결 시 개항장에서 자유로운 종교 활동을 보장한 것과 대조적으로, 프랑스에 대해서는 선교의 자유를 인정하지 않으려고 하였다. 뒤에서 설명하겠지만, 결국 조선 정부가 프랑스의 요구를 받아들여서 본문 제9조 2항의 다음과 같은 조문, 즉 문어 혹은 구어체의 조선어, 조선의 학문, 법률, 미술을 배우거

나 가르치기 위해 조선에 왕래하는 프랑스인은 조약 당사국이 조약에 명시한 우호의 증거인으로서 모든 도움과 편의가 제공될 것이라고 규정하여 선교 자유를 불완전한 형태로 보장하게 되었다.

제10조는 본 조약 실시일로부터 프랑스인의 특권, 면제 및 수출입 관세에 관계되는 이권 등에 관한 사항으로 되어 있다.

제11조에서는 조약 개정의 원칙을 명기하여서, 현 조약의 효력을 발휘되고 10년 후, 필요성이 인정될 경우 조약 당사국은 상대국에 미리 언급한 후 조약 및 부속조약의 개정을 요구할 수 있다고 규정하고 있다.

제12조는 본 조약은 프랑스어본과 중국어본(한문)으로 작성하며, 해석에 이견이 있을 경우 프랑스어본이 더 유효하다고 규정하고 있다.

제13조는 본 조약은 체결 후 1년 이내에 비준될 것이며, 비준서가 교환되는 날부터 효력이 발생한다고 규정하고 있다.

본문에 이어 부속통상장정은 3조로 되어 있다. 제1조는 선박의 출입항 수속에 관한 7개항이고, 제2조는 하물의 양육(揚陸) 적재와 납세에 관한 10개항이며, 제3조는 세관 수입 보호에 관한 5개항으로 되어 있다.

○ 결과 또는 파급 효과

프랑스가 조선과 조약을 체결한 가장 중요한 동기는 종교의 자유, 즉 프랑스 선교사들의 보호와 선교의 자유, 그리고 조선 내 천주교도들의 보호에 있었다. 조불수호통상조약의 제4조 6항과 제9조 2항으로 프랑스는 조선에서 천주교 전교의 자유를 사실상 획득하게 되었다. 조불 간 조약이 체결된 이후, 프랑스 선교사뿐만 아니라 다른 서구의 선교사들이 조불수호통상조약에 의거하여 조선 내에서 선교 활동을 전개하기 시작하였다. 심지어 일부 선교사들은 비개항지에 성당을 짓고 선교 활동에 종사하였다.

그러나 조불조약의 체결 후에도 선교활동으로 인해 분쟁이 자주 발생하였다. 조선 정부는 특히 조약의 제9조 2항의 "學習或教誨語言文字"라는 구절에서 사용된 '교회(教誨)'를 '가르친다'라는 의미로만 해석하였다. 조선 정부는 '교회(教誨)' 두 글자에 대해 전교와 종교의 자유를 허락한 것으로 생각하지 않고 단지 프랑스말이나 문명을 습득하는 정도로 양해한 것으로 이해했다. 이에 조선 정부는 1888년 3월에 미국, 러시아 공사관 등에 서한을 보내서 조약 내에서 선교사들의 포교 활동을 보장하지 않고 있음을 상기시키기도 하였다. 조선 정부가 종교의 자유를 온전히 허락하지 않았다는 사실은 조약 체결 후인 1888년 대구에서 천주교 신도 허(許)라는 여인이 옥살이를 하던 중 플랑시 공사의 수차례에 걸친 석방 요구로 풀어준 사건에서도 잘 나타난다.

조선 정부의 이 같은 방침에도 불구하고 선교사들은 조선에서 포교의 지역을 확대해 나갔다. 그 과정에서 성당 등은 조선의 법률이 통용되지 않는 치외법권 지역으로 인식되었으며, 교인과 비교인 사이에 갈등이 계속 발생하였다. 조약 체결 후에도 지속된 갈등 중의 하나는 선교사들이 각지를 여행하면서 선교하고, 비개항지(非開港地)에서도 교회를 짓고, 신부주관(神父住館)을 짓기 위한 토지 가옥 매입으로 지방관원 및 소유주와 갈등이 자주 일어났다. 어려움에 처한 선교사들은 주한 프랑스 플랑시 공사에게 협조를 요청하였다. 이에 주한 프랑스 공사는 1888년 10월 조선 정부 외아문(外衙門)에게 개항장에서의 토지 매입만 허용할 것이 아니라 교회(敎誨) 활동의 실질적 보장을 위해 여행하는 각 지역에서도 토지를 취득할 수 있도록 문서로 보장해 줄 것을 요구하였다. 나아가 주한 프랑스 공사관은 조선인의 신앙의 자유를 허용해 줄 것을 요구하였다.

이와 같이 조선과 프랑스 간에 종교로 인한 문제가 자주 발생하자 주한프랑스 공사관의 적극적 지원도 있었으며, 조선 정부도 장기적으로 문제를 해결하기 위해 시세의 흐름을 따르지 않을 수 없다고 판단하여 조선인의 천주교도에 대한 금지 방침을 완화시켜 나갔다. 그리하여 1899년 조선교구장 뮈텔(Mutel) 주교와 내부지방국장 정준시(鄭駿時) 간에 '교민조약(敎民條約)'을 체결함으로써, 조선인들에게도 종교의 자유가 허락되었다. 이어 1904년 조선 정부의 외부대신과 주한프랑스 공사가 '선교조약(宣敎條約)'을 체결하여, 선교사들이 합법적으로 비개항지에서 토지를 매입하고 성당 등 종교시설을 건축할 수 있는 권리를 획득했다.[15]

---

15 최덕수 외 저, 2010, 『조약으로 본 한국 근대사』, 열린책들, 249~250쪽; 우철구, 2016, 「개항기 프랑스의 대조선 정책」, 대한민국역사박물관, 『현대사과정』 제8호, 104~107쪽을 참조함.

○ (조약문) 출처

- 조불수호통상조약 원문(한문, 프랑스)은 국사편찬위원회 편, 2002, 『한국근대사자료집 11: 프랑스외무부문서 1 1854~1899』, 국사편찬위원회, 283~343쪽, "조불수호통상조약문(불어본과 한문본) 동봉(1888.7.17.)"에 실림.
  - 위 조약문들은 1888년 7월 17일 빅토르 콜랭 드 플랑시 주조선 프랑스 공사가 본국 프랑스 외무부장관에게 1886년 6월 4일 체결된 조불수호조약의 불어본과 한문본 2부를 동봉하여 보낸다는 편지와 함께 보내진 문서들의 영인본임.
- 조불수호통상조약의 원문(한문, 프랑스)이 활자화된 것으로 국회도서관 입법조사국, 1965, 『구한말 조약휘찬』 하권, 85~112쪽에 "25. 한·불수호통상조약(Traité d'Amitié et de Commerce entre la France et la Corée)"의 개요, 본문(한글 번역), 조약 원문(한문본, 불문본)이 실림. 1886년 6월 4일 조불수호통상조약과 같이 조인된 부속 규정들로서 위 책 『구한말 조약휘찬』 하권, 113~124쪽, "26. 한·불수호통상조약 부속통상장정(附屬通商章程), Règlements Concernant le Commerce Français en Corée)"의 본문(한글 번역)과 조약 원문(한문본, 불문본); 위 책 125~136쪽, "27. 한·불수호통상조약 "세칙(稅則)(Tarifs)"의 본문(한글 번역)과 조약 원문(한문본, 불문본); 위 책 137~138쪽, "28. 한·불수호통상조약 "세칙장정(稅則章程)(Règlement)"의 본문(한글 번역)과 조약 원문(한문본, 불문본); 위 책 139~141쪽, "29. 한·불수호통상조약 "선후속약(善後續約)(Declaration)"의 본문(한글 번역)과 조약 원문(한문본, 불문본)이 실림.
- 조불수호통상조약의 한문 원문 "朝法條約," "附續通商章程," "善後續條"는 『조선왕조실록』의 『고종실록』, 고종 23년(1886년) 음력 5월 3일자에 실림. 위 조불수호통상조약의 한자 원문과 이를 현재 한글로 번역한 내용이 현재 국사편찬위원회 홈페이지에서 "조선왕조실록"을 클릭하여 검색하면 다운 가능함. (http://sillok.history.go.kr/id/kza_12305003_001)

조불수호통상조약(朝佛修好通商條約)(한문) 원문[16]

朝法條約

大朝鮮國大君主、大法民主國大伯理璽天德, 切願永願兩國和好, 議定彼此往來久遠通商事宜。是以大朝鮮國大君主特簡【全權大臣正二品資憲大夫漢城府判尹金晩植、嘉善大夫協辦內務府事兼外衙門掌交堂上德尼】, 大法民主國大伯理璽天德, 特簡【欽差出使朝鮮全權大臣御賜佩帶榮光四等寶星竝義國冠冕二等大星外務部交涉科侍郎戈可當】, 均作爲便宜行事全權大臣。各將所奉便宜行事之上諭, 互相較閱畢, 俱屬妥宜, 卽將會議名款, 臚列於左。

第一款。一, 大朝鮮國大君主、大法民主國大伯理璽天德, 與兩國人民, 彼此皆各永遠和平友睦, 此國人民, 住彼國者, 必受該國妥行保護身家財産之益。二, 彼國, 日後倘有與別國相岐之處, 此國一經彼國相約, 應卽設法, 從中善爲調處。

第二款。一, 大朝鮮國大君主、大法民主國大伯理璽天德, 均可互相簡派使臣, 駐箚大【朝鮮、法】國京師, 或隨時往來亦可, 彼此酌設總領事官、領事官或副領事官, 在各通商口岸處所駐箚。所有以上使臣總領事官等, 與彼此駐箚之國官員會語及往來文件, 必須享獲他國互相款待使臣領事最優之禮及一切種種利益之處。二, 兩國所派使臣、總領事等官及一切隨員, 均可聽其互相前往各處遊歷勿阻。在朝鮮國者, 由大朝鮮國官員, 發給護照, 竝行斟酌, 派人護送, 以重妥爲保護之義。三, 兩國總領事等官, 必須奉到駐箚之國勅準或政府允文, 方可躬親任事, 其所派總領事等官, 不得兼行貿易。

第三款。一, 法國民人及其財産在朝鮮者, 應歸法國所派辦理刑名詞訟之員, 專行管轄。凡法國民人, 互相涉訟, 或別國人控告法民之案, 均由法國領事等官審理, 與朝鮮官員無涉。二, 朝鮮官員及民人等, 若有控告居住朝鮮 法民之案, 應歸法國領事等官審斷。三, 法國官員及民人等, 若在朝鮮, 遇有控告朝鮮民人案件, 應歸朝鮮官員審斷。四, 法國民人在朝鮮者, 如有犯法之事, 應由法國刑訟之員, 控照法國律例審辦。五, 朝鮮民人, 在朝鮮境內, 如有欺凌擾害, 損傷法國民人身家性命、財産等事, 應由朝鮮官員, 按照朝鮮律例, 査拿審辦。六, 凡有控告法國民人, 因違背北約及附立章程, 竝將來按約續立各章, 有涉罰款入官及一切罪名, 應歸法國領事等官, 自行審斷。其所罰之款, 以及入官財貨, 全歸朝鮮國充公。七, 凡有朝鮮國官員, 在通商口岸, 因事扣留法民貨物, 應由朝鮮官員, 會同法國領事官, 先行査封, 暫由朝鮮官員看管, 俟法國刑訟之員審定以後發落。如審明貨主, 竝無非是, 卽應將所封貨物, 全數送交領事官發還。惟所封貨物, 應聽貨主, 將貨物估價, 折銀若干, 暫存朝鮮

---

[16] 이하『조선왕조실록-고종실록』, 고종 1886년 음력 5월 3일 자 (【원본】27책 23권 21장 A면【국편영인본】2책 239면)에 실린 조불수호통상조약 한문본의 한문 입력은 국사편찬위원회 조선왕조실록(http://sillok.history.go.kr/id/kza_12305003_001〉)에서 다운로드한 것임.

官員處所, 立即將貨領出, 俟法國刑訟之官審定後, 其折價存款分別, 充公發還。八, 在朝鮮境內所有兩國民人一應詞訟刑名交涉之案, 如應在法署審訊者, 朝鮮國卽可遴派妥員聽審; 如應在朝鮮署內審訊者, 法國亦可遴派妥員聽審。其奉派聽審之員, 彼此承審, 各官皆應優禮如儀相待。聽審官如欲轉請傳訊人證, 以便自行駁詰, 亦聽其便。如以承審官審斷爲不符, 猶許聽審官逐一駁辯。九, 凡有首告朝鮮民人, 有犯本國律禁, 在法國商民開設行棧居住寓所等處及法國商船隱匿者, 由地方官, 照知法國領事官, 應由領事官設去, 將隱匿之人, 查拿交出審辦。領事官尙未照諾, 除寓主自行依允外, 朝鮮官役, 槪不得擅入法國商民行棧寓所等處。其在船上者, 應由船主相許, 始可登船搜緝。十, 凡有法國民人, 被人控告, 違反法律, 或師商各船在逃人犯, 一經法國領事等官照知, 朝鮮官員, 卽應設法, 查緝交出。

第四款。一, 兩國所立條約, 從施行之日起, 朝鮮國 仁川府之濟物浦、元山、釜山各口,【釜山一口, 設有不宜之處, 則可另揀附近別口。】並漢陽京城 楊花津【或附近便宜別處。】皆作爲通商之處, 任聽法民來往貿易。二, 法國商民前往以上指定處所, 或欲永租地段, 或欲賃購房屋, 起蓋房室, 設立棧房作房等工, 均聽其便。至於本敎典禮之儀, 均聽隨意自行。在朝鮮通商口岸處所有揀擇地畝, 立定界限, 經營基址, 作爲洋人居住之處及轉行永租地段各事宜, 應由朝鮮官員, 會同各國所派官員, 妥行商辦。三, 以上地段, 應由朝鮮政府, 先向該地業主價買, 加以經營, 用備選擇, 俟永租有人將原出地價及經營之費, 由所得永租價內, 先行扣除。該地年稅, 應由朝鮮及各國官員會同, 義定其年稅, 應納於朝鮮政府。由朝鮮政府, 公平酌留若干, 其餘年稅及所得永租地段餘價, 一竝歸入充公存備金內。至充公存備金, 何人取用, 應由管理租界事務紳董公司支取應如何。設立公司之處, 日後由朝鮮官員, 會同各國所派官員酌商。四, 如法人欲行永租, 或暫租地段, 賃購房屋, 在租界以外者聽, 惟相離租界, 不得逾十里【朝鮮里】, 而租住此項地段之人, 於居住納稅各事應行, 一律遵守, 朝鮮國自定地方稅課章程。五, 朝鮮官員, 應在各通商處所, 讓出妥善之地, 作爲外國營葬之區, 其地價及一應年租課稅等項, 一律蠲免, 所有管理塋地章程統由以上, 紳董公司, 自行定奪擧辦。六, 離通商各處百里內者【朝鮮里】, 或將來兩國所派官員, 彼此議定界內, 法民均可任便游歷, 勿庸請領執照。惟法國人民, 亦準持照, 前往朝鮮各處游歷, 而不得在內地開設行棧及常用貿易鋪店。法國商民, 亦準將各貨, 運進內地出售【惟朝鮮政府不允之書籍、印板、字帖等, 不準在內地銷售。】及購買一切土貨。所持執照, 應由法國領事官繕發, 朝鮮地方官, 或加蓋印信, 或秉筆書押。所有經過之處, 如地方官飭交驗照, 卽應隨時呈驗, 無訛放行。至雇覓所需車、船人夫等裝運行李貨物, 亦聽其便。如法民逾越以上界限, 竝無執照, 或在內地, 辭不法情事, 應行拿交, 就近領事官懲辦。其逾界無照法民, 卽可酌罰, 竝行監禁, 或只罰不禁。惟罰款不得逾墨洋百元, 禁期不得逾一月。七, 法國民人, 居住朝鮮, 應遵兩國所派官員, 會同議定租界以內街道規則, 巡査匪類及一切除莠安良之章。

第五款。一, 法國商民, 由別國口岸, 或由朝鮮各通商口岸, 欲將貨物, 載入朝鮮某通商口岸, 均聽其便。其一切進出貨物, 除條約明禁之物不計外應準, 法國民人, 與朝鮮國人及在朝鮮之他國人等, 槪行買賣交易, 竝所交易貨物, 任便載往朝鮮通商各口及他國口岸, 朝鮮官員等, 槪勿阻止。惟進出

口貨, 先應按照後開稅, 則完納稅項, 始可聽其出入。凡法國商民, 一切工作改造洋土各貨之事, 朝鮮官員等, 亦可任聽其便。二, 凡由他國口岸販來一切貨物, 進入朝鮮口岸, 旣經貨主或寄交之人, 納淸以上稅課, 復欲載往他國口岸者, 由進口之日起, 期在十三箇月內, 如係原貨原包應行發給, 該貨物, 已經完稅, 存票一紙, 以抵該貨已納之稅, 此項存票, 該商或持往朝鮮海關領價, 卽應照付, 或持往朝鮮通商各口, 抵作貨物納稅之款, 均聽商便。三, 朝鮮土貨, 如由朝鮮此通商口岸, 載往朝鮮彼通商口岸, 所已納出口稅項, 應於原出之口, 全行給還。惟載貨之人, 先宜呈交所進口之海關, 給發進口憑單, 始可發還。倘該貨中途有失, 亦應呈出失物確據, 方能將稅發還。四, 法國商民, 將貨物載入朝鮮國, 旣經按照後開稅, 則完納稅項, 該貨或轉往朝鮮通商別口, 或轉往內地, 無論何處, 所有一切抽收稅釐規費等項, 永勿再事徵收。凡朝鮮一切土貨, 由內地無論何處, 意欲運出朝鮮各通商口岸, 聽便勿阻。其貨在出產之地, 或在沿途, 所有一切稅釐及各項規費, 亦槪免其徵收。五, 朝鮮政府, 如欲雇賃法國商船, 裝載客貨, 前赴朝鮮境內未通商口岸, 亦聽其便。朝鮮商民, 如欲雇賃法國商船, 裝載客貨, 赴朝鮮未通商口岸者, 應行一體, 酌準惟宜, 先蒙本國官員允許, 方可施行。六, 如朝鮮政府, 因有事故, 恐致境內缺食, 大朝鮮國大君主降旨, 暫禁米糧出某通商口岸, 或各通商口岸, 經朝鮮官員照知某口領事官, 一月之後, 則該口法國商民, 卽應一體遵守。惟此禁, 旣係因時制宜, 自當設法, 酌爲早弛。七, 法國商船, 駛進朝鮮各通商口岸, 應納船鈔, 每噸墨洋三十先時【卽洋元百分之三十。】, 各船所完鈔項, 每四箇月, 征納一次。其已完鈔項之船, 在四箇月內, 準其前往朝鮮各通商口岸, 無須再納。所徵船鈔, 皆須用爲建立鐙樓浮樁塔表望樓等項, 在於進朝鮮通商各口門次及沿海各處, 竝備辦船隻停泊處所, 淘挖整頓各工之費。其在通商口岸, 撥貨船隻, 不得完納船鈔。八, 所有約後附續稅則及通商章程, 兩國議定, 應由此約施行之日, 一竝飭遵, 以便條約內所指各節, 統歸畫一遵守。以上各章, 均可由兩國所派官員, 隨時隨事, 一倂會同, 酌議增改。

第六款。一, 法國商民, 如將貨物偸運非通商口岸及禁往處所, 不論已行未行, 均應將貨物入官, 違犯之人, 按入官貨物之價, 加倍示罰。二, 以上違禁貨物, 可由朝鮮地方官, 酌量扣留。其希圖違禁之法民, 無論事成與否, 竝可查拿, 隨卽轉送法國領事官, 審讞貨物酌留, 俟定案後, 再行分別辦理。

第七款。一, 法國船隻, 在朝鮮海面, 如遇颶風失事及擱淺不測之虞, 朝鮮地方官, 應卽一面速行設法, 妥行往救, 竝保護被難人船貨物, 免致本地莠民, 肆行搶掠欺凌, 一面速卽知照附近法國領事官, 竝將救護被難法民, 分別資送附近通商口岸。二, 凡朝鮮政府所出救護法國難民衣食解途及一切打撈, 葬埋屍身, 醫治傷病各資, 應由法國政府, 照數付還。三, 撈救保護被難船隻及打撈該船貨物之費, 應將船貨, 交還原主時, 由原主照數付還, 不得向法國政府索償。四, 朝鮮國所派官員及地方委弁巡役人等, 前赴法國難船失事處所及護送避難法民之員弁人等所用資費, 以及文函往來腳力, 均由朝鮮政府自行辦理, 不得向法國政府取償。五, 法國商船, 在朝鮮在近海面, 如遇颶風, 或缺糧食煤水等需用之物, 無論是否, 通商口岸, 應許其隨處收泊, 以避狂颶, 兼修船隻購買一切缺少之物, 所有花費, 全由船主自行備辦。

第八款。一, 兩國師船, 無論是否, 通商口岸, 彼此均許駛往, 其所需一切修船材料及食用各等物件, 均應彼此互相幫同購取。以上船隻, 勿庸遵守通商及口岸章程, 其購取物料, 一應鈔稅, 各等規費, 均應豁免。二, 法國師船, 駛往朝鮮非通商口岸, 其船上員弁兵役, 概準登岸, 惟未曾執領護照者, 不準前往內地。三, 法國師船所用軍裝物料及一切餉需各件, 可在朝鮮通商各口, 存寄交法國委派之員看管。此項軍裝物料, 概行免征稅項。倘有因事轉售者, 則由買客將應完租課, 照例補交。四, 法國師船, 在朝鮮沿海處所, 踏看水路形勢, 朝鮮政府, 亦應竭力相助。

第九款。一, 法國官民人等在朝者, 均可約雇朝鮮民人, 作爲幕友通事及服役人等, 勤執分內一切事業工作之端, 朝鮮官民人等, 亦可分別約請, 雇用法國民人, 幫同辦理, 一切未干例禁之事, 朝鮮官員, 概應聽準。二, 凡有法國民人, 前往朝鮮國, 學習或敎誨語言文字, 格致律例技藝者, 均得保護相助, 以照兩國敦篤友誼, 至朝鮮國人, 前往法國, 亦照此一律優待。

第十款, 現經兩國議定, 自以上條約施行日期之後, 大朝鮮國大君主於各項進出口貨稅則及一切事宜, 今後有何惠政利權, 施及他國竝他國臣民人等之處, 法國及法國臣民人等, 亦可一體均霑。

第十一款, 兩國議立此約, 自施行之日起, 十年爲限。所有修約及附約通商稅則, 如有應行更改之處, 均可互相請爲會同重修, 庶將彼此交接日久, 所識因革損益之處, 酌量增刪, 帷應一年之先, 豫爲聲明。

第十二款。一, 兩國議立此約, 原係兩國【漢, 法】文字, 均經詳細校對, 詞意相同, 嗣後倘有文辭分岐之處, 應歸法文講解, 以免彼此辯論之端。二, 凡由法國官員照會朝鮮官員文件, 暫可譯成漢文與法文配送。

第十三款, 本約立定後, 俟兩國御筆批準, 自畫押之日起速行【遲則一年爲限。】, 各派大臣於漢陽京城, 互相交換, 卽以交換之日, 作爲此約施行之期。彼時兩國, 均應刊刻約文, 通行曉諭。玆由前列兩國欽派全權大臣, 在漢陽京城, 將約文 漢, 法】各三分, 先行畫押, 蓋用印章, 以昭信守。大朝鮮國開國四百九十五年, 卽中國 光緒十二年五月初三日。特簡全權大臣正二品資憲大夫漢城府判尹金晩植、嘉善大夫協辦內務府事兼外衙門掌交堂上 德尼。西曆一千八百八十六年六月初四日。大法國特簡欽差出使朝鮮全權大臣御賜佩帶榮光四等寶星竝義國冠冕二等大星外務部交涉科侍郎。戈可當。

附續通商章程:

第一款, 船隻進出海口。一, 凡法國船隻, 進入朝鮮通商口岸, 應由船主在二十四箇時辰內【禮拜及停公日不計。】, 將該船所持領事官發給船牌收據, 呈交該口海關驗收。一面將船名由何口駛至及船主姓名搭客人數。【如海關欲知搭客姓名, 亦應逐一開列。】竝該船噸數若干, 水手幾名列單, 由船主押

結爲據. 一, 面按照運單, 將該船所載貨物復繕淸摺, 摺內詳細註明箱包數目, 貨色記號及寄交何人姓名, 亦由船主畫押爲據, 同時竝呈, 此卽報船之法也. 船隻一經如法報到, 卽由海關, 發給開艙準單, 令押船巡役寓目, 始可開艙起貨. 如未領準單, 擅行開艙起貨者, 船主可以酌罰, 惟罰款, 不得逾墨洋百元. 二, 進口總單內, 倘查有錯誤者, 從遞單之時起, 在十二箇時辰內【禮拜及停公日不計.】, 卽可改正, 勿庸納費. 如在十二箇時辰之外, 遇有增删更改, 應納規費墨洋五元. 三, 凡船隻進口, 已逾前定限期, 該船主尙未如法報到者, 每逾十二箇時辰, 卽罰墨洋, 不得逾五十元. 四, 凡法國船隻, 停泊通商口岸時, 在二十四箇時辰內【禮拜及停公日不計.】, 未曾開艙起貨及遇颶進口躱避, 或專欲購買食用等物, 未經貿易者, 槪無須到關呈報, 亦不得征收船鈔. 五, 凡船隻欲行出口, 應由船主, 將出口總單【卽如進口所繕淸摺.】早報, 由海關發給準行出口單票, 竝將前呈領事官船牌收據附還. 該船主, 卽將以上票據, 呈交領事官, 領事官始可將前收船牌, 飭還放行. 六, 凡船隻不遵以上章程, 報明海關, 擅行出口者, 卽可將該船船主, 分別示罰, 其罰款不得逾墨洋二百元. 七, 法國輪船, 進出各口, 均可同日報明, 出入其貨物, 進口總單, 除在本口起御, 竝撥載他船外, 其餘貨物, 勿庸報明.

第二款. 一, 凡商買運貨進口, 欲行起御者, 應赴海關, 呈遞報單. 單內, 載明本商姓名船名及運進貨色數目記號價値各節畫押, 以爲實據. 如海關, 欲驗各貨原處發票, 應卽呈驗, 若無發票, 亦不言明未能呈票之故, 應由該貨主, 加倍納稅, 始可聽其起御. 俟發票呈驗時, 應將多納之稅, 卽行飭還. 二, 凡照以上規例, 報明準行, 起御之貨, 可由海關, 在於定準驗貨處所委員査驗. 惟査驗各貨, 勿至損傷, 亦不得耽誤遲延, 貨物査驗畢, 卽宜勉照前式, 歸裝原箱原包. 三, 進出口貨, 如貨主所報照估價納稅之貨, 價値似有不符應, 許海關專派估價之人, 另行重估, 卽令貨主, 照納稅項. 如貨主以海關專派估價之人所估, 爲不符應, 在十二箇時辰內【禮拜及停公日不計.】, 報明海關稅務司, 竝聲明所以不符之故, 隨卽自行倩人, 再爲復估. 海關或照所報復估之價征稅, 或照復估之價値, 百加五, 由稅務司價買, 其價銀, 無論進出口貨, 統自所報復估之日起, 限五日內付淸. 四, 各項進口貨物, 如在中途, 受有損壞者, 應行酌量, 分別持平, 減免稅課. 如所減之稅, 貨主以爲不足, 應照前條辦理. 五, 凡欲運出貨物, 應行豫向海關報明, 始可裝載, 上船出口. 其報單上, 應將船名貨色數目記號及件數幾何, 竝價値若干, 逐一開列, 由運貨者押結爲據. 六, 凡進出貨物, 除朝鮮海關指定處所, 不能起御裝載. 其時在日出之前日沒之後, 竝禮拜日及停公之期, 須由海關特允, 方能起御裝載. 然應公平酌納酬勞規費. 七, 凡進出口, 貨主如欲追回多納之稅, 或海關欲行追取未足之稅, 均應自原收納之日起, 在三十日內, 卽行聲明, 倘逾限期, 槪不得追取. 八, 法國船隻搭客人等行李箱隻, 勿庸專開報單, 惟俟海關査明, 竝無應納稅項, 貨物卽可隨時聽其上下. 至法國船隻搭客水手人等食用物件, 應由該船報明, 海關卽發免稅準單. 九, 凡船售應行修理者, 所載貨物, 均可起御, 上岸存放. 勿庸納稅. 此項上岸貨物, 全由朝鮮官員, 自行看管, 其一切運物脚力存棧租銀及看守辛工, 統由該船船主楚付. 惟各價均需核實取索, 不得浮冒. 倘上岸之貨, 間有出售者, 其出售之貨, 自必照例納稅. 十, 凡欲將貨物, 由此船起運彼船者, 先應呈領, 海關發給撥貨準單, 方可照數分撥.

第三款, 防守偸漏逸越。一, 法國商船, 一經進口, 卽可由海關飭派巡役, 隨船管押, 所有裝貨各處, 聽其省視。該巡役到船時, 應行禮待, 竝妥爲安置起坐之處。二, 船隻裝貨艙口各處, 可由海關巡役 於日出之前、日沒之後, 竝禮拜日及停公之期, 設法鎖封。如不候海關明示, 擅行揭啓封鎖者, 除擅 爲者示罰外, 該船主亦可一體酌罰, 惟罰款, 均不得逾墨洋百元。三, 凡法國商民, 進出各貨, 未經 遵照前法, 豫向海關報明, 擅行裝御及單貨不符, 竝違禁者, 無論事成與否, 貨物均應入官, 違犯之 人, 按入官貨物之價, 加倍示罰。四, 凡押結報單不實, 希圖偸漏朝鮮稅課者, 卽可酌罰, 惟罰款, 不 得逾墨洋二百元。五, 以上章程內所開各節, 如有違犯, 未經載明, 如何懲治者, 均應隨時隨勢, 酌 擬示罰, 惟罰款, 槪不得逾墨洋百元。六, 如日後朝鮮海關, 另行酌訂, 善後章程, 或各口理船規則, 以防虧負稅項, 而俾海關, 易於施行分內之事, 卽應由朝鮮國, 將此等章程規則, 先行知照, 週悉查 與, 以上通商章程, 竝無分岐之處, 且與法國商民, 照本約所載各程應得之利益, 亦無相背者, 則卽 由法國駐箚朝鮮領事等官, 飭令本國商民, 一體遵守, 如本約各款無異。

善後續條。

前列兩國全權大臣, 將後開四條, 附錄於左: 一, 兩國按照條約第二款所載簡派領事等官, 駐紮彼此 通商口岸一節如此。國未經照派領事等官往駐, 亦可將其權託交別國領事官代理。二, 本約第三款內 所指各節, 現經兩國彼此言明, 此條約內, 朝鮮準以法民服法國官員管轄。如日後朝鮮整頓改變律例 及審案辦法, 在法國政府視之以爲法民現在難服, 朝鮮官員管轄之處, 俱已革除, 竝朝鮮審案官員, 與法國審案官員, 同一明晰律例之能同一承受擲斷權位, 則卽可將法國官員, 在朝鮮審理本國民 人之權收回。三, 如現在各有約, 或將來有約之國, 將商民入漢城, 開設行棧之益, 允爲撤銷, 法國 商民, 亦不援引第四款之例。四, 本約內, 載各節彼此言明, 所有法國屬下及保護各邦, 皆當一律照 辦。以上善後各條約, 均應彼此, 竝同約文, 具奏呈覽, 與約文, 齊蒙批準, 勿勞專邀, 特旨允行。玆 由前列兩國欽派全權大臣, 在漢陽 京城, 先行畫押, 蓋用印章, 以昭信守。

조불수호통상조약(중국어본-한문)의 한글 번역[17]

조법조약(朝法條約)

대조선국(大朝鮮國) 대군주(大君主)와 대프랑스 민주국〔大法民主國〕 대통령〔大伯理璽天德〕은 양국의 영원한 우호를 간절히 염원하여 피차 왕래하면서 오랫동안 통상하는 일을 의정하였다.

그리하여 대조선국 대군주는 특별히 【전권대신(全權大臣) 정2품 자헌 대부(資憲大夫) 한성부 판윤(漢城府判尹) 김만식(金晩植), 가선대부(嘉善大夫) 협판 내무부사 겸 외아문 장교 당상(協辦內務府事兼外衙門掌交堂上) 데니〔德尼 : Denny, Owen N.〕를】 선발하고, 대프랑스 민주국 대통령은 특별히 【흠차 출사 조선 전권대신(欽差出使朝鮮全權大臣) 어사 영광(御賜榮光) 4등 훈장 이탈리아〔義國〕 관면(冠冕) 2등 대성 훈장 패용(大星勳章佩用) 외무부 교섭과 시랑(外務部交涉科侍郞) 코고르당〔戈可當: Cogordan〕을】 선발하여 편의한 대로 행사할 수 있는 전권대신으로 삼는다. 각기 편의한 대로 행사하라는 유시를 서로 대조 검사하고 모두 타당하므로 곧 회의한 각 조항을 아래에 열거한다.

제1관
1. 대조선국 대군주와 대프랑스 민주국 대통령은 양국의 인민과 피차 모두 영원히 평화롭고 화목하게 지내며, 이 나라 인민으로 저 나라에서 사는 자는 그 나라에서 본인과 가족의 재산상 이익을 적절히 보호해 준다.
2. 저 나라가 앞으로 다른 나라와 서로 분쟁이 생기면 이 나라는 일단 저 나라와 서로 조약을 맺은 만큼 즉시 대책을 세워 중간에서 잘 조절하여 조처한다.

제2관
1. 대조선국 대군주와 대프랑스 민주국 대통령은 다같이 서로 사신을 파견하여 【대조선국과 대프랑스국】 서울에 주재시키거나 수시로 왕래할 수 있게 하며, 피차 참작하여 총영사관·영사관 혹은 부영사관을 설치할 수 있으며, 각 통상 항구에 주재시킨다. 이상의 모든 사신과 총영사관 등은 피차 주재하는 나라의 관원과 면담하거나 문건을 교환할 때 반드시 외국과 서로 사신(使臣) 및 영사(領事)를 대하는 최고 예우 및 일체의 갖가지 이익을 보장받는다.
2. 양국에서 파견하는 사신·총영사관 등 관원 및 일체 수행원 모두 상호 주재하는 나라의 각처를 여행하는 것을 허락하고 저지시키지 않는다. 조선국에 있는 자에게는 대조선국 관원이 여권을 발급하고 아울러 파견할 사람을 잘 가려서 숙고하여 파견하여 호송함으로써 보호하는 뜻을 거듭 적

[17] 이하 『조선왕조실록』, 1886년 음력 5월 3일자 【원본】 27책 23권 21장 A면【국편영인본】 2책 239면)에 실린 조불수호통상조약 한문본의 한글 번역은 국사편찬위원회 조선왕조실록(http://sillok.history.go.kr/id/kza_12305003_001〉)에서 다운로드한 것임.

절하게 한다.
3. 양국의 총영사 등 관원은 주재국 칙준(勅準) 혹은 정부의 승인 문건을 받아야 직접 사무를 볼 수 있으며, 파견된 총영사 등 관원은 무역을 겸행할 수 없다.

제3관
1. 조선에 있는 프랑스 인민과 그들의 재산은 프랑스에서 파견한, 형명(刑名)과 사송(詞訟)을 처리하는 관원에게 돌려보내서 전적으로 관할하도록 한다. 프랑스 인민 상호 간의 송사나 혹은 다른 나라 사람이 프랑스 사람을 고소한 안건은 모두 프랑스 영사 등 관원이 심리하고 조선 관원과는 관계가 없다.
2. 조선 관원 및 인민 등이 조선에 거주하는 프랑스 사람을 고소한 안건이 있으면 프랑스 영사 등 관원에게 돌려보내서 심의 판단하도록 한다.
3. 프랑스 관원 및 인민 등이 조선에서 조선 인민을 고소한 사건이 있으면 조선 관원에게 돌려보내서 심의 판단하도록 한다.
4. 조선에 있는 프랑스 인민이 범법한 사실이 있으면 프랑스의 형송 관원이 프랑스 법률에 따라 심의 처리한다.
5. 조선 사람이 조선 경내에서 프랑스 인민 본인과 가족의 생명, 재산 등을 모욕하고 해치고 손상시키는 등의 일이 있으면 조선 관리가 조선 법률에 의하여 조사 체포하여 심의 처리한다.
6. 프랑스 인민이 이 조약 및 부속 장정(章程)과 장래 조약에 따라 계속 규정되는 각 조항을 위반하여 고소되어 벌금이나 재산 몰수 및 일체 죄명에 관계되는 것은 프랑스 영사 등 관원에게 돌려보내어 심의 판단하도록 한다. 그 벌금과 몰수당한 재화는 전부 조선국에 돌려보내어 공공 비용에 충당한다.
7. 조선국 관원이 통상 항구에서 일로 인하여 프랑스 사람의 화물을 압류하면 조선 관원이 프랑스 영사관과 회동하여 먼저 조사하여 봉하고, 잠시 조선 관원이 간수하다가 프랑스 형송원(刑訟員)이 심의 결정한 다음에 처리한다. 화물 주인이 명백히 밝혀지고 아울러 아무런 문제가 없으면 즉시 봉한 화물의 전량을 영사관에 넘겨 반환한다. 단, 봉한 화물은 화주가 화물의 값을 은(銀) 얼마로 환산하여 잠시 조선 관원에게 보관하고 즉시 화물을 수령해가는 것을 허락하며, 프랑스의 형송관이 심의 결정한 다음 돈으로 환산한 보관금은 분별하여 공공 비용에 충당하거나 반환한다.
8. 조선 경내에 있는 모든 양국 인민의 일체 사송과 형명(刑名)에 관계된 안건은 프랑스 관서에서 심문할 것이면 조선국에서 즉시 적임자를 파견하여 청심(聽審)하고, 조선 관서에서 심문할 것이면 프랑스국에서도 역시 적임자를 파견하여 청심한다. 파견되는 청심원(聽審員)과 피차 각 승심관(承審官)은 모두 규정대로 서로 우대한다. 청심관이 자기의 논박에 편하게 하려고 증인의 소환을 청하면 역시 그 편리를 도모해 준다. 승심관의 심사 판결이 적합하지 않으면 청심관이 하나하나 논박함을 허락한다.
9. 조선 인민이 본국의 금률을 범하고 프랑스 상인이 개설한 창고나 주거지 등 및 프랑스 상선에 숨어 있는 것을 고발한 자가 있으면 지방관에서 프랑스 영사관에 통지하면 영사관은 대책을 세워

숨어 있는 사람을 조사 체포하여 넘겨주어 심문 처리하게 한다. 영사관이 승낙하기 전에는 집주인이 직접 허락한 경우를 제외하고는 조선 관역(官役)이 함부로 프랑스 상인의 창고, 주택 등에 들어갈 수 없다. 배 위에 있는 사람은 선주의 허락을 받아야 승선하여 수색 체포할 수 있다.
10. 프랑스 인민이 법률을 위반하였다고 고소되거나 혹은 군함이나 상선에서 도망한 범인이 있을 경우에 일단, 프랑스 영사 등의 관원이 통지하면, 조선 관원은 즉시 대책을 세워 조사 체포해서 넘겨준다.

제4관
1. 양국이 체결한 조약이 시행되는 날로부터 조선국 인천부의 제물포·원산·부산 등 각 항구와【부산항이 만일 적합하지 않을 때는 따로 부근의 다른 항구를 선택할 수 있다.】한양 경성의 양화진을【혹은 부근의 편리한 다른 곳】모두 통상하는 장소로 삼고 프랑스 사람들이 마음대로 왕래하면서 무역하는 것을 들어준다.
2. 프랑스 상인이 이상의 지정된 장소에 가서 구역을 영조(永租)하려고 하거나, 혹은 집을 세내고 주택을 지으며 창고와 작업장을 설립하는 등의 공사를 하려고 하면 모두 그 편의를 들어준다. 나아가 자기 종교의 각종 전례 의식도 마음대로 거행하도록 들어준다. 조선의 통상 항구의 선정한 토지에 경계를 정하고 부지를 경영하여 서양 사람들의 거주지 및 영조지(永租地)로 전용하는 갖가지 일은 조선 관원이 각국에서 파견한 관원과 회동하여 적당히 협상하여 처리한다.
3. 이상의 구역은 조선 정부에서 먼저 그 땅 업주에게 값을 주고 사서 경영하여 선택하도록 준비하고 영조하는 사람이 있으면 원래 지출한 땅값 및 경영한 비용을 영조가(永租價)에서 먼저 공제한다. 그 땅의 연세(年稅)는 조선 및 각국 관원이 회동하여 의정하며 그 연세는 조선 정부에 납부한다. 조선 정부에서는 공평하게 얼마간의 금액을 남겨 놓고 그 나머지 연세 및 획득한 영조 구역의 나머지 값은 모두 공동 존비금에 귀속시킨다.
공동 존비금을 어떤 사람이 쓸 때는 조계(租界) 사무를 관리하는 신동공사(紳董公司)에서 지출 받아야 한다. 공사 설립의 방법은 금후 조선 관원이 각국에서 파견한 관원과 회동하여 상의한다.
4. 프랑스 사람이 조계 밖에서 구역을 영조 혹은 잠조(暫租)하거나 집을 임대하려고 하면 들어준다. 단, 조계와의 거리가 10리를【조선리(朝鮮里)】넘지 못하며, 이런 구역에서 임차하여 거주하는 사람은 거주와 납세의 갖가지 일에서 조선국이 자체로 정한 지방 세과 장정(地方稅課章程)을 일률적으로 준수해야 한다.
5. 조선 관원은 통상하는 각 지역에 적당한 장소를 내어 외국인들의 묘지 구역으로 삼고 그 지가(地價) 및 연조(年租)와 과세(課稅) 등을 일률적으로 면제하며, 묘지 관리 장정은 모두 이상의 신동공사에서 자의로 결정하고 처리한다.
6. 통상하는 각 지역으로부터 100리 내【조선리】혹은 장래 양국이 파견하는 관원이 피차 의정(議定)하는 경계 내에서는 프랑스 사람들이 모두 임의로 여행할 수 있으며, 여행증명서의 제시를 요구할 수 없다. 단, 프랑스 인민도 여행증명서를 가지고 조선의 각처를 여행하는 것을 허가하되 내지(內地)에 창고 및 상용 무역 점포는 개설할 수 없다. 프랑스 상인도 역시 각종 화물을 내지에 운반

해 들여가 팔거나【단, 조선 정부가 허가하지 않은 서적, 인쇄판, 글자첩 등은 내지에서 팔 수 없다.】일체 토산물을 구매하는 것을 허가한다. 가지고 다니는 여행증명서는 프랑스 영사관이 발급하고 조선 지방관에서 도장을 찍거나 붓으로 서압한다. 경과하는 모든 곳에서 지방관이 여행증명서를 검사하려고 하면, 즉시 수시로 제시하여 검사를 받아야 하며, 틀림이 없어야 통과할 수 있다. 수레, 배에 필요한 인부를 고용하여 짐과 화물을 꾸리고 운반하는 것도 그 편의를 들어준다. 프랑스 사람이 여행증명서가 없이 이상의 경계를 넘거나 내지에서 불법적인 일을 했을 때는 체포하여 가까운 영사관에 넘겨 처벌한다. 여행증명서가 없이 경계를 넘은 프랑스 사람은 즉시 참작하여 처벌하고 감금하거나, 혹은 벌만 주고 감금하지 않을 수도 있다. 단, 벌금은 멕시코 은화(墨洋)100원(元)을 넘을 수 없으며, 감금하는 기한은 1개월을 넘지 못한다.

7. 프랑스 인민이 조선에 거주할 때는 양국에서 파견한 관원이 회동하여 의정한 조계 내의 가도 규칙(街道規則)과 비류(匪類)를 조사하고 나쁜 자를 제거하고 선량한 주민을 보호하는 일체 규정을 준수해야 한다.

제5관

1. 프랑스 상인이 다른 나라의 항구나 혹은 조선의 각 통상 항구에서 화물을 조선의 어떤 통상 항구로 실어올 경우에는 모두 그 편의를 들어준다. 출입하는 일체 화물은 조약에 명백히 금지하는 물건을 제외하고는 프랑스 사람이 조선국 사람 및 조선에 있는 다른 나라 사람들과 매매 교역하며 아울러 교역 화물을 마음대로 조선의 각 통상 항구 및 다른 나라 항구로 실어가는 것을 승인하며, 조선 관원 등은 모두 저지하지 말아야 한다. 단, 입출항할 화물은 먼저 검사한 다음에 세금이 정해지면 그 세금을 완납해야 출입을 들어줄 수 있다. 프랑스 상인이 각종 서양 물건이나 조선 토산물을 가공 개조하는 모든 일에 대해서 조선 관원 등은 역시 그 편의를 들어줄 수 있다.

2. 다른 나라 항구로부터 사들인 일체 화물을 조선 항구로 들여와 이미 화물 주인 혹은 탁송인이 이상의 세금을 전부 납입하고 다시 다른 나라 항구로 실어가려고 할 경우에는 입항한 날로부터 그 기간이 13개월 이내에 하며, 원래의 화물대로 포장되어 있는 것이라면 그 화물에 대해서는 세금 완납 증서를 한 장 발급하여 그 화물이 이미 세금을 납부한 것으로 한다. 이 증서는 당해 상인이 조선 해관(海關)에 가지고 가서 돈을 찾고 즉시 돌려주거나 혹은 조선의 각 통상 항구에 가지고 가서 화물에 대한 납세 증서로 삼거나 모두 상인의 편의를 들어준다.

3. 조선의 토산물을 조선의 이 통상 항구에서 조선의 저 통상 항구로 실어가면 이미 납부한 출항세는 처음에 출항한 통상 항구에 전부 돌려주어야 한다. 단, 화물을 실어가는 사람이 입항한 해관에서 발급한 입항 증명서를 먼저 제출해야만 돌려줄 수 있다. 당해 화물이 중도에서 유실되었을 경우에는 화물을 분실하였다는 확실한 증거를 제출해야만 세금을 반환해 줄 수 있다.

4. 프랑스 상인이 화물을 조선국에 실어 들여와 검사를 받은 다음 정해 준 세금을 완납하면 그 화물은 조선의 다른 통상 항구로 실어가거나 혹은 내지의 어느 곳에 실어가더라도 일체 징수하는 세금과 소정 수수료 등은 영구히 다시 징수하지 못한다. 조선의 일체 토산물을 내지의 어느 곳을 막론하고 조선의 각 통상 항구로 운반해 가려고 할 때는 편의를 들어주고 저해하지 말아야 한다. 그

화물은 생산지에서나 연도에서나 일체 세금 및 각종 소정 수수료도 일률적으로 징수를 면한다.
5. 조선 정부에서 프랑스 상선을 임대하여 승객과 화물을 싣고 조선 경내의 통상하지 않은 항구에 가려고 하는 경우에도 그 편의를 들어준다. 조선 상인이 프랑스 상선을 임대하여 승객과 화물을 싣고 조선의 통상하지 않은 항구로 가려고 하는 경우에는 일체 참작하여 허가하되 먼저 본국 관원의 승인을 받아야만 시행할 수 있다.
6. 조선 정부에서 사고(事故)로 인하여 국내 식량의 결핍을 염려하여 대조선국 대군주가 식량을 어느 통상 항구 혹은 각 통상 항구에 내가는 것을 잠시 금지하는 명령을 내리면 조선 관원이 어느 항구의 영사관에게 통지한 때로부터 1개월 후에는 그 항구의 프랑스 상인은 곧 일체 준수해야 한다. 단, 이 금령은 임시로 적절하게 한 조치이므로 대책을 세워 참작하여 해제해야 한다.
7. 프랑스 상선이 조선의 각 통상 항구로 들어갈 때 납부해야 할 선세는 매 톤(噸)당 멕시코 은 30센스〔先時〕이며【즉 서양 은화의 100분의 30】, 각 배에서 납부하는 세금은 4개월마다 한 차례 납부한다. 이미 세금을 완납한 배는 4개월 동안 조선의 각 통상 항구에 갈 수 있고, 다시 세금을 납부하지 않는다. 징수한 선세〔船鈔〕는 모두 등루(鐙樓)·부표(浮標)·탑표(塔表)·망루(望樓) 등을 세우는 데 쓰며 조선의 각 통상 항구의 입구 및 연해 각처에 선척이 정박할 장소를 마련하기 위하여 바다을 준설하고 정돈하는 각종 공사비로 사용한다. 통상 항구에서 화물을 운송하는 선척은 선세를 납부하지 않는다.
8. 모든 조약 뒤 부속 세칙(附屬稅則) 및 통상 장정(通商章程)은 양국에서 의정한 것이므로 이 조약이 시행되는 날로부터 다같이 잘 준수하여 조약 내에 지정된 각 조목이 일률적으로 준수되도록 한다. 이상의 각 조항은 모두 양국에서 파견한 관원이 수시로 일에 따라 함께 회동(會同)하여 참작하여 의논하고 늘리거나 고칠 수 있다.

제6관
1. 프랑스〔法國〕 상인이 통상하지 않은 항구와 통행을 금지한 곳에 화물을 몰래 운반하는 경우에는 이미 시행했거나 안 했거나를 막론하고 화물을 다 몰수하며, 위반한 자에게는 몰수한 화물의 값을 따져 2배로 벌금을 물린다.
2. 이상의 금령을 위반한 화물은 조선 지방관이 참작하여 압류하며 금령을 위반하려고 시도한 프랑스 사람은 일의 성사 여부를 막론하고, 모두 조사 체포하여 즉시 프랑스국 영사관에 넘겨 죄를 심문하며, 화물은 압류하였다가 그 안건이 결정된 뒤에 다시 분별하여 처리한다.

제7관
1. 프랑스 선척이 조선의 영해에서 풍랑을 만나 사고를 당했거나 좌초하여 뜻밖의 재난을 만났을 때는 조선의 지방관이 즉시 한편으로는 대책을 적절히 강구하여 구제하고 아울러 조난당한 사람과 배와 화물을 보호하여 그 지역의 불량한 자들이 함부로 약탈하고 모욕하는 것을 면하게 하며, 다른 한편으로는 속히 부근의 프랑스 영사관에게 통지하고 아울러 구호한 프랑스 난민자에게 여비를 분별하여 주어 부근의 통상 항구에 보낸다.

2. 조선 정부가 프랑스 난민을 구호하여 지출한 의복, 식량, 호송비 및 일체 건져내고 시신을 매장하고 상처와 병을 치료한 각 비용은 프랑스국 정부에서 그 액수대로 보상한다.
3. 조난당한 선척을 구제하고 보호하는 데 드는 비용 및 그 배의 화물을 건지는 데 든 비용은 배와 화물을 원래 주인에게 돌려줄 때 원래 주인이 그 액수대로 보상하며 프랑스국 정부에 배상을 요구할 수 없다.
4. 조선국에서 파견한 관원과 지방에서 위임한 순역인(巡役人) 등이 프랑스국 조난선이 사고를 당한 곳에 갈 때 쓴 비용 및 프랑스 난민을 호송하는 관원과 통역에 쓴 비용 및 문건 왕래 운임은 모두 조선 정부에서 자체로 처리하고 프랑스국 정부에서 배상을 받을 수 없다.
5. 프랑스 상선이 조선의 근해에서 풍랑을 만났거나 혹은 식량과 석탄, 물 등 필수품이 모자랄 때는 통상 항구이건 아니건 곳에 따라 정박하여 풍랑을 피하며 겸하여 선척을 수리하고 일체 모자라는 물품을 구매하는 것을 허락한다. 소비한 모든 비용은 전부 선주가 자체로 조달한다.

제8관
1. 양국의 군함은 통상 항구이건 아니건 간에 다니는 것을 피차 다 허가하며 필요한 일체 배 수리 재료 및 각종 식료품 등의 물건은 모두 피차 서로 도와서 구매한다. 이상의 선척은 통상 및 항구 장정을 지킬 필요가 없으며, 구입한 물자는 일체 세금과 각종 소정 수수료를 다 면제해 준다.
2. 프랑스 군함이 조선 내의 통상하지 않은 항구에 갈 때는 승선 관원, 하급 무관, 인부들이 상륙하는 것을 일률적으로 허락한다. 단, 여권을 가지지 않은 사람이 내지에 가는 것은 허가하지 않는다.
3. 프랑스 군함에서 쓰는 군수 물자 및 일체 군량과 필수품은 조선의 각 통상 항구에 보관할 수 있는데 그것은 프랑스에서 파견한 관원에게 넘겨 보관하도록 한다. 이런 군수 물자에 대해서는 일체 세금을 면제시킨다. 만약 일로 인하여 팔 때는 그것을 사는 사람이 납부해야 할 세금을 규례대로 더 지불해야 한다.
4. 프랑스 군함이 조선 연해에서 수로의 형세를 조사할 때는 조선 정부에서도 힘껏 도와주어야 한다.

제9관
1. 조선에 있는 프랑스의 관원 인민 등은 모두 조선 사람을 고용하여 서기, 통역 및 인부 등으로 삼아서 직분 내의 모든 사업과 작업을 돕게 할 수 있고, 조선의 관리와 인민 등도 역시 분별하여 불러 프랑스 인민을 고용하여 일체 규례와 금령을 저촉하지 않는 일을 처리하는 것을 돕게 할 수 있으며, 조선 관원은 일률적으로 허가해 주어야 한다.
2. 프랑스국 인민으로서 조선국에 와서 언어 문자를 배우거나 가르치며 법률과 기술을 연구하는 사람이 있으면 모두 보호하고 도와줌으로써 양국의 우의를 돈독하게 하며, 조선국 사람이 프랑스국에 갔을 때에도 똑같이 일률적으로 우대한다.

제10관
현재 양국이 의정한 이상의 조약을 시행하는 날로부터 대조선국 대군주는 입출항하는 각종 화물

세칙(貨物稅則) 및 일체 일에 대해 금후에 다른 나라나 다른 나라의 신하와 인민이 어떤 혜택과 이권을 받으면 프랑스국 및 프랑스국 신하와 인민들도 똑같이 균등하게 받게 한다.

제11관
양국이 협의하여 체결한 이 조약은 시행되는 날로부터 10년을 기한으로 한다. 모든 조약 및 부약 통상 세칙(附約通商稅則)을 변경할 곳이 있으면 모두 상호 회동하여 거듭 수정할 것을 청할 수 있으며, 피차 교접한 날짜가 오래되어 따르거나 고치며 줄이거나 늘릴 곳을 알게 되면 참작하여 보충하거나 삭제하되 1년 전에 미리 표명해야 한다.

제12관
1. 양국이 협의하여 체결한 이 조약문은 원래【한문과 프랑스어】양국 문자로 써서 모두 상세히 대조하여 내용이 서로 같게 하되 이후에 내용에서 차이 나는 곳이 있으면 프랑스어로 강해(講解)하여 피차 변론의 발단을 면한다.
2. 프랑스국 관원이 조선 관원에게 조회하는 문건은 잠정적으로 한문과 프랑스문으로 번역하여 함께 배송할 수 있다.

제13관
본 조약은 체결된 후 양국 임금의 비준을 받아 화압(畵押)한 날로부터 속히【늦어도 1년을 기한으로 한다.】한양(漢陽) 경성(京城)에 각각 대신을 파견하여 상호 교환하며, 바로 교환하는 날을 이 조약의 시행일로 한다. 이때에 양국은 모두 조약문을 찍어서 반포하여 효유해야 한다. 이에 앞에서 열거한 양국의 흠파 전권대신(欽派全權大臣)은 한양 경성에서 조약문【한문과 프랑스어】각각 3통에 먼저 화압하고 도장을 찍어 준수할 것을 밝힌다.

대조선국 개국 495년 즉 중국 광서(光緖) 12년 5월 3일
특간 전권대신(特簡全權大臣) 정2품 자헌대부(資憲大夫) 한성부 판윤(漢城府判尹) 김만식(金晩植)
가선대부(嘉善大夫) 협판 내무부사 겸 외아문 장교 당상(協辦內務府事兼外衙門掌交堂上) 데니〔德尼：Denny, Owen N.〕

서력 1886년 6월 4일
대프랑스국 특간 흠차 출사 조선 전권대신(特簡欽差出使朝鮮全權大臣), 어사 영광(御賜榮光) 4등(等) 훈장 이탈리아국〔義國〕의 관면(冠冕) 2등 대성 훈장 패용(大星勳章佩用) 외무부 교섭과 시랑(外務部交涉科侍郎) 코고르당〔戈可當：Cogordan〕

〈부속 통상 장정(附屬通商章程)〉

제1관: 선박의 입출항

1. 프랑스국(法國) 선척이 조선의 통상 항구에 입항할 때는 선주가 24시간 내에 【일요일과 공휴일은 계산하지 않는다.】 당해 선척이 소지한 영사관에서 발급한 선패(船牌) 영수증을 당해 항구의 해관(海關)에 제출하여 검사를 받는다. 한편으로 선명(船名), 발선 항구 및 선주의 성명, 탑승객 인원수【해관에서 탑승객 성명을 알려고 하면 역시 일일이 다 기재한다.】 그리고 해당 선박의 톤수(噸數)는 얼마, 선원 몇 명을 명세표에 적고 선주가 압결(押結)을 하여 증거로 삼으며, 다른 한편으로 운송장에 근거하여 당해 선박에 적재한 화물에 대해 다시 대장을 정리하되 그 대장에는 상자와 포장의 수목, 상품의 기호 및 탁송인 성명을 상세하게 밝히고 역시 선주가 화압하여 증거로 삼으며 동시에 함께 제출한다. 이것이 곧 선박을 보고하는 법이다. 선척을 일단 규정대로 보고하면 해관에서는 즉시 개창(開艙) 허가증을 발급해 주고 압선(押船) 순역(巡役)에게 살펴보게 한 뒤에 개창하며 하선(下船)할 수 있다. 허가증을 수령하지 않고 마음대로 승강구를 열고 하선하는 자는 선주에게 벌금을 물린다. 단, 벌금은 멕시코 은(墨洋) 100원(元)을 초과할 수 없다.

2. 입항 총목록을 조사하여 착오가 있으면 목록을 제출한 때로부터 12시간 내에 【일요일과 공휴일은 계산하지 않는다.】 즉시 개정해야 하며 수수료는 내지 않는다. 12시간이 지난 다음에 보태거나 덜거나 수정할 경우에는 멕시코 은 5원을 규비(規費)로 납부해야 한다.

3. 선척이 입항하여 앞에서 정한 기한이 넘도록 당해 선주가 규정대로 보고하지 않았을 경우에는 12시간을 넘을 때마다 벌금을 물리는데 멕시코 은 50원을 초과할 수 없다.

4. 프랑스국 선척이 통상 항구에 정박하는 경우 24시간 내에 【일요일과 공휴일은 계산하지 않는다.】 아직 개창하지 않고 하선하지 않을 경우 및 풍랑을 만나 입항하여 대피하거나 혹은 순전히 식료품 등 물건을 구입하고 무역을 하지 않는 경우에는 해관에 가서 보고할 필요가 없으며, 선세도 징수할 수 없다.

5. 선척이 출항하려고 할 때는 선주가 출항의 총목록을【즉 입항한 때에 만든 대장과 같다.】 제출하면, 해관에서 출항을 승인하는 증명서를 발급하고 아울러 전에 제출한 영사관의 선패 영수증을 돌려준다. 당해 선주가 즉시 이상의 증명서와 영수증을 영사관에 제출하면 영사관에서는 전에 받았던 선패를 돌려주고 항해하도록 한다.

6. 선척이 이상의 장정(章程)을 준수하지 않아 해관에 보고하지 않고 마음대로 출항하는 경우에 즉시 당해 선주에게 분별하여 벌금을 물린다. 벌금은 멕시코 은 200원을 초과할 수 없다.

7. 프랑스국 기선이 각 항구에 입출항할 때는 모두 당일에 보고하되 출입하는 화물의 입항 총목록 가운데서 본 항구에 하선하는 것과 다른 배에 선적하는 것만 보고하고 그 나머지 화물은 보고하지 않는다.

제2관

1. 상인이 화물을 싣고 입항하여 하선하려고 하는 경우에는 해관에 통관 신고서를 제출해야 한다.

신고서에는 본 상인의 성명, 선명 및 운반해 온 상품의 수목, 기호, 가격 등 각 조항을 명확히 기재하고 화압하여 확실한 증거로 삼는다. 해관에서 각 화물의 발송처에서 발급한 증명서를 검사하려고 하면 즉시 제출하여 검사를 받는다. 발급한 증명서가 없고 또 증명서를 제출하지 못하는 이유에 대해 명확히 말하지 못하는 경우에는 그 화물 주인이 세금을 2배로 납부해야 하선하도록 허가한다. 발급한 증명서를 제출하여 검사를 받을 때에는 더 납부한 세금을 즉시 반환해 준다.

2. 이상의 규례에 의하여 보고하고 하선을 승인 받은 화물은 해관으로부터 지정한 화물 검사소에서 위원의 검사를 받는다. 단, 각 화물을 검사할 때는 손상되지 않게 해야 하며, 또한 시간을 끌면서 지연시키지 말아야 한다. 화물 검사를 마치면 즉시 이전의 방식에 따라 원래의 화물 상태로 포장해 주어야 한다.

3. 입출항 화물은 화물 주인이 보고한 가격에 따라 납세한 화물과 가치가 맞지 않을 때는 해관에서 가격 사정인을 전속 파견하여 특별히 값을 다시 사정한 다음 즉시 화물 주인에게 규정대로 세금을 납부하게 한다. 화물 주인이 해관에서 파견한 가격 사정인이 매긴 가격이 맞지 않는다고 생각될 경우에는 12시간 내에 【일요일과 공휴일은 계산하지 않는다.】 해관 세무사(海關稅務司)에 보고하고 아울러 맞지 않는 이유를 표명하고, 즉시 자체적으로 사람을 시켜 다시 사정하여 보고한다. 해관에서는 재사정하여 보고한 값대로 세금을 징수할 수도 있고 재사정한 가격에 비추어서 100에 5를 가산하여 세무사 가격으로 살 수도 있다. 그 값은 입출항 화물을 막론하고 모두 재사정하여 보고한 날로부터 5일 이내에 지불 청산한다.

4. 각종 입항 화물이 중도에서 손상된 것이 있을 때는 참작 분별하여 공평하게 세금을 면제한다. 화주가 감한 세액이 부족하다고 여기면 앞 조항에 의하여 처리한다.

5. 화물을 운반해 가려고 할 경우에는 미리 해관에 보고해야 배에 선적하여 출항할 수 있다. 통관 신고서에는 선명, 상품의 수목(數目), 기호 및 건수(件數) 얼마와 가격 약간을 아울러 일일이 기재하고 화물을 운반하는 사람이 압결하여 증거로 삼는다.

6. 화물을 들여오고 내갈 때는 조선 해관에서 지정한 장소 외에는 하선과 선적을 할 수 없다. 그 시간이 일출 전 일몰 후 그리고 일요일이나 공휴일인 경우에는 해관으로부터 특별한 승인을 받아야만 하선과 선적을 할 수 있다. 그러나 공평하게 참작하여 위로금과 소정 수수료를 납부해야 한다.

7. 입출항 할 때 화물 주인이 더 납부한 세금을 추후로 찾으려 하거나 혹은 해관에서 부족한 세금을 추징하려고 할 때는 모두 원래 수납한 날로부터 30일 이내에 의사를 표명하며 기한이 넘으면 추후로 수납할 수 없다.

8. 프랑스국 선척 탑승객들의 행장과 짐은 따로 통관 신고서를 내지 않는다. 단, 해관의 검사를 받으며 면세 화물은 수시로 싣고 부리도록 허가한다. 프랑스국 선척의 탑승객들과 선원들의 식용품에 대해서는 당해 선박에서 보고해 오면 해관에서는 즉시 면세 허가증을 발급해 준다.

9. 수리해야 할 선척에 적재한 화물은 모두 하선하면서 해안에 보관할 수 있으며 화물세는 납부하지 않는다. 해안에 올려놓은 이러한 화물은 전부 조선 관원이 자체적으로 관리하며 일체 물품 운반비용과 창고에 보관세 및 화물을 간수하는 노임은 모두 당해 선주가 지불한다. 단, 그 값은 모두 실제 가격대로 요구하며 턱없이 할 수 없다. 해안에 올려놓은 화물 가운데서 간혹 매각한 것이 있으

면 그 매각한 화물은 반드시 규정대로 세금을 납부해야 한다.
10. 화물을 이 배로부터 저 배로 옮길 경우에는 먼저 해관에서 발급한 운송 허가증을 제출해야만 수량대로 발송할 수 있다.

제3관: 세금 탈루 방지

1. 프랑스국 상선이 일단 입항하면 즉시 해관에서 순역을 파견하여 배마다 통제하며 화물을 적재한 모든 장소에서는 그의 시찰을 받아야 한다. 당해 순역(巡役)이 배에 오면 예우하는 동시에 기거할 자리를 잘 마련해 주어야 한다.
2. 화물을 적재한 선척의 선창 출입구 각처는 해관 순역이 일출 전 일몰 후 그리고 일요일과 공휴일에는 대책을 마련하여 봉쇄한다. 해관의 지시를 기다리지 않고 봉쇄한 것을 마음대로 여는 경우에는 마음대로 행한 자에게 벌금을 물리는 외에 당해 선주도 일체 참작하여 벌금을 낸다. 단, 그 벌금은 모두 멕시코 은 100원을 초과할 수 없다.
3. 프랑스국 상인이 각종 화물을 들여오고 내가는 경우에 이전의 법 조항대로 미리 해관에 보고하지 않고 마음대로 화물을 싣거나 부려 적재 목록과 맞지 않거나 규정을 위반한 경우에는 성사 여부를 막론하고 그 화물을 다 몰수하며, 규정을 위반한 사람에게는 몰수한 화물의 가격을 따져 2배로 벌금을 물린다.
4. 압결한 통관 신고서가 부실하고 조선의 세과(稅課)를 탈루하려고 시도한 경우에는 즉시 벌금을 물린다. 단, 그 벌금은 멕시코 은 200원을 초과할 수 없다.
5. 이상의 장정 내에 적혀 있는 각 조항을 위반했으나 처벌 방법이 명확히 기재되지 않은 경우에는 모두 때와 형편에 따라 참작하여 벌금을 물린다. 단, 벌금은 멕시코 은 100원을 초과할 수 없다.
6. 금후 조선 해관에서 특별히 선후(善後) 장정이나 혹은 각 항구에서 이선(理船) 규칙을 만들어 납세액 부족을 방지하고 해관에서 직분상의 모든 일을 시행하는 데에 편리하게 하려고 할 때는 즉시 조선국은 이런 장정과 규칙을 먼저 통지해야 한다. 자세히 따져보아 이상의 통상 장정과 어긋남이 없고 또 프랑스국 상인이 본 조약에 기재되어 있는 각종 규정대로 획득해야 할 이익과도 서로 배치되는 것이 없으면 즉시 조선주재 프랑스국 영사 등 관원은 본국 상인들에게 본 조약의 각 조항과 다름없이 일체 준수하게 한다.

〈선후속조(善後續條)〉

앞에 열거한 양국 전권대신은 다음의 4개 조를 아래에 부록(附錄)한다.

1. 양국은 조약 제2관에 기재된, 영사 등 관원을 선발 파견하여 피차의 통상 항구에 주재시키는 문제에 이러한 나라에서 영사 등 관원을 파견하여 주재시키지 못했을 경우에는 역시 권한을 다른 나라 영사관에게 대리하도록 위탁할 수 있다.
2. 본 조약 제3관에서 지적된 각 절(節)은 현재 양국에서 피차 언명(言明)한 것으로, 이 조약 내에서 조선은 프랑스 사람들이 프랑스 관원의 관할에 복종한다는 것을 승인한다. 금후 조선에서 형법의 율례(律例) 및 심리 처리 방법을 정돈하고 변경하여 프랑스 사람들이 현재 주선 관원의 관할에 복종하기 어려운 점들이 다 제거되고, 아울러 조선 심안 관원(審案官員)이 프랑스 심안 관원과 형법의 율례를 명확하게 해석하는 능력이 동일하고 독자적으로 판결할 수 있는 권위를 동일하게 가진 것으로 인정되는 때에는 프랑스 정부는 즉시 프랑스 관원이 조선에서 본국 인민을 심리하는 권한을 회수한다.
3. 현재 각각 조약이 있거나 혹 앞으로 조약을 체결할 나라의 상인들이 한성(漢城)에 들어가 창고를 설치할 편의와 철회하게 되는 경우에는 프랑스 상인들도 제4관의 예를 인용하지 못한다.
4. 본 조약 내에 기재된 피차 언명한 각 절은 프랑스 소속 및 보호 받는 각 나라에 대해서도 모두 일률적으로 적용된다.

이상 선후(善後)의 각 조약은 피차 조약문과 아울러 상주하여 열람을 청하고 조약문과 함께 비준을 받으며 따로 특별 전지로 윤허하기를 청하지는 않는다.

이에 앞에서 열거한 양국의 흠파 전권대신은 한양 경성에서 먼저 화압하고 인장을 찍어 충실히 준수할 것을 밝힌다.

조불수호통상조약(프랑스어본) 원문[18]

TRITÉ D'AMITÉ, DE COMMERCE ET DE NAVIGATION, ENTRE LA FRANCE ET LA COREÉ.

SIGNÉ A SÉOUL LE 4 JUIN 1886,
RATIFIÉ LE 30 MAI 1887

Le Président de la République française et Sa Majesté le Roi de Corée, animés du désir d'établir entre la France et la Corée des relations d'amitié et de commerce, ont résolu de conclure dans ce but un traité, et ont, à cet effet, nommé pour leurs plénipotentiaires, savoir :

Le Président de la République française, le sieur François George Cogordan, ministre plénipotentiaire, sous-directeur des affaires politiques au ministère des affaires étrangères, officier de la Légion d'honneur, etc., etc., envoyé en mission extraordinaire en Corée;

Et Sa Majesté le Roi de Corée, Kim Man-Sik, gouverneur de la ville de Séoul, dignitaire du deuxième rang, premier degré, etc.;

Et le sieur Owen Nickerson Denny, vice-président du conseil privé de Sa Majesté, directeur des affaires étrangères, etc.;
Lesquels, après s'être communiqué leurs pleins pouvoirs, qui ont été trouvés en bonne et due forme, sont convenus des dispositions suivantes :

Article I.
1. Il y aura paix et amitié perpétuelles entre le Président de la République française, d'une part, et Sa Majesté le Roi de Corée, d'autre part, ainsi qu'entre les ressortissants des deux Etats, sans exception de personnes ni de lieux. Les Français et les Coréens jouiront, dans les territoires relevant respectivement des hautes parties contractantes, d'une pleine et entière protection pour leurs personnes

---

[18] 이하 조불수호통상조약의 프랑스어 원문은 국사편찬위원회 편, 2002,『한국근대사자료집 11: 프랑스외무부문서 1 1854~1899』, 국사편찬위원회, 283~209쪽,「조불수호통상조약문(불어본과 한문본) 동봉(1888. 7. 17.)」에 실린 것을 입력한 것임. 앞의 한문본에 실린 부속통상장정(Règlement) 및 선후속조(Declaration)는 위의 책, 2002, 297~308쪽에 실려 있으며, 중복을 피하기 위해 프랑스본 원문의 입력 및 한글 번역은 생략함. 조불수호통상조약 본문은 처음에는 서지민 서울대학교 외교학과 대학원생이 프랑스어 원문을 입력하고 한글로 번역하였으며, 그 후 한글 번역문에 대해서는 국회도서관 입법조사국,『구한말 조약휘찬』하권(1964-1965), 96~112쪽에 실린 내용을 참조하여 반영하거나 수정함.

et leurs propriétés.

2. S'il s'élevait des différends entre une des hautes parties contractantes et une puissance tierce, l'autre haute partie contractante pourrait être requise par la première de lui prêter ses bons offices, afin d'amener un arrangement amiable.

Article II.

1. Chacune des hautes parties contractantes pourra nommer un représentant diplomatique qui aura la faculté de résider d'une façon permanente ou temporaire dans la capitale de l'autre, et aussi désigner un consul général, des consuls ou vice-consuls qui résideront dans les villes ou ports de l'autre Etat ouverts au commerce étranger.
Les agents diplomatiques et consulaires des deux Etats jouiront, dans le pays de leur résidence, de tous les avantages et immunités dont jouissent les agents diplomatiques et consulaires des autres Etats.

2. Les agents diplomatiques, et consulaires, ainsi que les personnes attachées à leurs missions, pourront librement voyager sur tout le territoire du pays de leur résidence. Les autorités coréennes fourniront aux agents français voyageant en Corée des passeports et une escorte suffisante pour les protéger en cas de nécessité.

3. Les agents consulaires des deux pays exerceront leurs fonctions après avoir été dûment autorisés par le souverain ou le gouvernement du pays de leur résidence. Il leur sera interdit de se livrer au commerce.

Article III.

1. En ce qui concerne leurs personnes et leurs biens, les Français en Corée relèveront exclusivement de la juridiction française. Les procès qu'un Français ou un étranger intenterait en Corée contre un Français seront jugés par l'autorité consulaire française, sans que l'autorité coréenne puisse aucunement intervenir.

2. Tout Français mis en cause par les autorités françaises ou par un sujet coréen sera de même, en Corée, jugé par l'autorité consulaire française.

3. Tout Coréen mis en cause par les autorités françaises ou par un Français sera jugé par l'autorité coréenne.

4. Les Français qui commettraient en Corée des délits ou des crimes seront punis par l'autorité française compétente et conformément à la loi française.

5. Les crimes ou délits, dont un Coréen se rendrait coupable en Corée au préjudice d'un Français, seront jugés et punis par les autorités coréennes et conformément à la loi coréenne.

6. Toute plainte dirigée contre un Français et susceptible d'entraîner une peine pécuniaire ou la confiscation, pour violation soit du présent traité, soit des règlements y annexés ou des règlements

futurs à intervenir, devra, être portée devant l'autorité consulaire française : les amendes et confiscations prononcées demeureront au profit du gouvernement coréen

7. Les marchandises françaises saisies par les autorités coréennes dans un port ouvert seront mises sous scellés conjointement par les autorités de deux pays. Les autorités coréennes en auront la garde, jusqu'à ce que l'autorité consulaire française ait rendu sa décision. Si cette décision est en faveur du propriétaire des marchandises, celles-ci seront immédiatement mises à la disposition du consul. En tout état de cause, le propriétaire pourra toujours rentrer en possession de marchandises, à la condition d'en déposer la valeur entre les mains des autorités coréennes en attendant la décision de l'autorité consulaire française.

8. Dans toutes les causes, soit civiles, soit pénales, portées devant un tribunal coréen ou un tribunal consulaire français en Corée, un fonctionnaire appartenant à la nationalité du demandeur ou plaignant et dûment autorisé à cet effet, pourra toujours assister à l'audience et sera traité avec les égards convenables. Il pourra, quand it le jugera nécessaire, citer, interroger contradictoirement les témoins et protester contre la procédure et la sentence.

9. Si un Coréen, prévenu d'une infraction aux lois de son pays, se réfugie dans une maison occupée par une Français ou à bord d'un navire de commerce français, les autorités coréennes s'adresseront au consul de France. Celui-ci prendra les mesures nécessaires pour le faire arrêter et pour le remettre entre les mains des autorités coréennes à qui il appartient de le juger. Aucun fonctionnaire ni agent coréen ne pourra, sans la permission du consul de France, pénétrer dans les magasins ou la demeure d'un Français, ni à bord d'un bâtiment français, à moins que le résident français ou le commandant du navire n'y donne son consentement.

10. Les autorités coréennes arrêteront et remmettront à l'autorité consulaire française compétente, sur sa requête, tout Français prévenu de crime ou délit et tout déserteur d'un navire français de guerre ou de commerce.

Article IV.

1. Les ports de Tchemoulpo(In-Tchyen), de Wonsan et de Pousan ou, dans le cas où ce dernier port ne serait pas agréé, tel autre port voisin qui serait choisi, ainsi que les villes de Hanyang(Séoul) et de Yang-houa-tjin ou telle autre ville voisine qui serait jugée plus convenable seront, du jour de la mise en vigueur du présent traité, ouverts au commerce français.

2. Dans les localités susnommées, les Français auront le droit de louer ou d'acheter des terrains et des maisons, d'élever des constructions et d'établir des magasins et des manufactures. Ils auront la liberté de pratiquer leur religion. Tous les arrangements relatifs au choix, à la délimitation, à l'aménagement des concessions étrangères, ainsi qu'à la vente des terrains dans les différents ports ou villes ouverts à commerce au commerce étranger, seront concertés entre les autorités étrangères compétentes.

3. Les emplacements affectés aux concessions seront achetés aux propriétaires et aménagés pour leur nouvelle destination par les soins du gouvernement coréen: le remboursement des frais d'expropriation et d'aménagement sera prélevé par privilège, sur le produit de la vente des terrains. Une redevance annuelle, dont le montant sera fixé, d'un commun accord, par l'administration coréenne et les autorités étrangères, sera payée à l'autorité locale qui en retiendra une part à titre de compensation pour la taxe foncière; le reste de cette redevance, ainsi que le reliquat provenant de la vente des terrains constitueront un fonds municipal administré par un conseil dont la constitution sera ultérieurement réglée par une entente entre les autorités coréennes et les autorités étrangères.

4. Les Français pourront louer ou acheter des terrains et des maisons au delà des limites des concessions étrangères et dans une zone de dix lis de Corée autour de ces limites. Mais les terrains ainsi occupés seront soumis aux règlements locaux et aux taxes foncières, dans les conditions que les autorités coréennes croiront devoir fixer.

5. Dans chacune des localités ouvertes au commerce, les autorités coréennes affecteront gratuitement à la sépulture des Français un terrain convenable sur lequel aucune redevance, taxe, ni impôt ne sera établi, et dont l'administration sera confiée au conseil municipal susmentionné.

6. Les Français pourront circuler librement dans une zone de cent lis autour des ports et des villes ouverts au commerce, ou dans telles limites que les autorités compétentes des deux pays auront déterminées d'un commun accord.

Les Français pourront également, à la seule condition d'être munis de passeports, se rendre dans toutes les parties du territoire coréen et y voyager, sans pouvoir, toutefois, ouvrir des magasins ni créer des établissements commerciaux permanents dans l'intérieur. Les commerçants français pourront y transporter et vendre des marchandises de toute espèce, sauf les livres et publications interdits par le gouvernement coréen, et acheter les produits indigènes.

Les passeports seront délivrés par les consuls et revêtus de la signature ou du sceau de l'autorité locale. Ils deveront être produits à toute réquisition. Si le passeport est en règle, le porteur pourra circuler librement et il lui sera loisible de se procurer les moyens de transport nécessaires. Le Français qui voyagerait: sans passeport au delà des limites susmentionnées ou qui, dans l'intérieur, commettrait quelque délit ou crime, sera arrêté et remis au plus prochain consul de France pour être puni. Une amende de cent piastres mexicaines au maximum, avec ou sans emprisonnement d'un mois au plus, pourra être prononcée contre toute personne voyageant sans passeport en dehors des limites fixées.

7. Les Français en Corée seront soumis aux règlements municipaux, de police ou autres, qui seront établis, de concert, par les autorités compétentes des deux pays dans l'intérêt du bon ordre et de la paix publique.

Article V.

1. Dans toute localité ouverte au commerce étranger, les Français pourront, après acquittement des droits inscrits au tarif ci-annexé, importer d'un port étranger ou d'un port coréen ouvert, vendre ou acheter, quelle que soit la nationalité de l'acheteur ou du vendeur, exporter à destination d'un port étranger ou d'un port coréen ouvert toutes espèces de marchandises non prohibées par le présent traité. Ils auront pleine liberté de faire, sans l'intervention de l'autorité coréenne ni d'autres intermédiaires, tous actes de commerce avec les sujets coréens ou autres; ils pourront également, et en toute liberté, se livrer à l'industrie.

2. Les propriétaires ou consignataires de toute marchandise importée d'un port étranger, et pour la quelle le droit du tarif visé ci-dessus aura été acquitté, pourront obtenir un certificat de drawback pour le montrant du droit d'importation, si toutefois la marchandise est réexportée vers un port étranger dans un délai de treize mois coréens à dater de l'importation et pourvu que les enveloppes en soient reconnues intactes. Ces drawback seront remboursés sur demande par la douane coréenne ou reçus à l'acquit des droits dans tout port coréen ouvert.

3. Les droits acquittés sur des marchdandises coréennes expédiées de port ouvert à port ouvert en Corée seront restitués, au port d'expédition, si l'intéressé produit un certificat des douanes attestant l'arrivée des marchandises au port de destination ou s'il peut être dûment prouvé qu'elles ont péri par fortune de mer.

4. Toutes les marchandises importées par des Français en Corée et pour lesquelles les droits inscrits au tarif ci-annexé auront été acquittés, pourront être réexpédiées dans tout autre port coréen ouvert en franchise de droits et, si elles sont transportées dans l'intérieur, elles ne seront, sur quelque point du pays que ce soit, soumises à aucune taxe additionnelle ni à aucun droit d'accise ou de transit. De la même manière, le transport vers les ports ouverts de tous les produits coréens destinés à l'exportation se fera en pleine franchise, et ces produits ne seront, soit au lieu de production, soit durant le trajet d'un point quelconque du pays vers un port ouvert, soumis au payement d'aucune taxe ni d'aucun droit d'accise ou de transit.

5. Le gouvernement coréen pourra affréter des navires français pour le transport des marchandises ou des voyageurs vers les ports coréens non ouverts; les sujets coréens jouiront de la même faculté, après autorisation des autorités locales.

6. Lorsque le gouvernement coréen aura lieu de craindre une disette dans le royaume, sa majesté le roi de Corée pourra, par décret, interdire temporairement l'exportation des grains pour l'étranger par un ou par tous les ports coréens ouverts; cette prohibition deviendra obligatoire pour les Français en Corée un mois après la date de la communication officielle faite par l'autorité coréenne au consul de France du port intéressé, mais elle ne restera en vigueur que le temps strictement nécessaire.

7. Tout navire de commerce français payera des droits de tonnage à raison de trente cents mexicains

par tonneau de registre. Cette somme une fois payée, il sera permis au navire de se rendre dans tout port coréen ouvert durant une période de quatre mois sans acquitter d'autre taxe. Le produit des droits de tonnage sera affecté à la construction de phares, de balises et de bouées, à l'éclairage et au balisage des côtes de Corée, principalement aux approches des ports ouverts, à l'aménagement et à l'amélioration des mouillages.

Aucun droit de tonnage ne sera perçu sur les bateaux employés, dans les ports ouverts, au chargement ou au déchargement des cargaisons.

8. Pour assurer l'exécution pleine et entière du présent traité, il est convenu que le tarif et les règlements commerciaux ci-après insérés entreront en vigueur en même temps que le traité lui-même. Les autorités compétentes des deux pays pourront, quand elles le jugeront opportun, réviser ces règlements en vue d'y introduire, d'un commun accord, telles modifications ou additions dont l'expérience démontrerait l'utilité.

Article VI.

1. Tout Français qui introduirait ou tenterait d'introduire en fraude des marchandises dans un port ou dans une localité non ouverts au commerce étranger en Corée, encourra, outre la confiscation, une amende égale au double de la valeur des marchandises.

2. Les autorités coréennes pourront arrêter tout Français prévenu de contrebande ou de tentative de ce délit, à charge de le remettre sans retard entre les mains du consul de France compétent pour le juger. Elles pourront également saisir les marchandises et les conserver jusqu'au jugement définitif de l'affaire.

Article VII.

1. Si un navire français fait naufrage ou s'échoue sur les côtes de Corée, les autorités locales prendront immédiatement les mesures nécessaires pour défendre contre le prillage, le navire et la cargaison, pour protéger contre tout mauvais traitement l'équipage et les passagers et pour leur prêter aide et assistance. Elles donneront aussitôt avis du naufrage au consul de France le plus voisin et fourniront, le cas échéant, aux naufragés le moyen de gagner le port ouvert le plus proche.

2. Toutes les dépense faites par le gouvernement coréen pour porter secours à des Français naufragés, pour leur fournir des vêtements, des vivres, des soins médicaux et des moyens de transport, pour recueillir les corps des décédés et procéder à leurs funérailles seront remboursées par le Gouvernement français.

3. Le Gouvernement français ne sera pas garant du remboursement des dépenses faites pour le sauvetage et la conservation des navires naufragés ou de leur cargaison. Ce remboursement reste garanti par la valeur des objets sauvés et devra être effectué par les parties intéressées, lors de la remise

desdits objets.

4. Le gouvernement coréen ne réclamera aucun remboursement ni pour les dépenses de ses agents, fonctionnaires locaux ou employés de police qui auront procédé au sauvetage, ni pour les frais de voyage des agents chargés d'escorter les naufragés, ni pour les frais de correspondance officielle. Ces dépenses resteront à la charge du gouvernement coréen.

5. Tout navire marchand français, que le mauvais temps, le manque de vivres ou de combustible obligerait à relâcher dans un port de Corée non ouvert, pourra y faire des réparations et s'y procurer les provisions nécessaires. Les dépenses seront payées par le capitaine du navire.

Article VIII.

1. Les navires de guerre de chacune des hautes parties contractantes auront libre accès dans tous les ports de l'autre. Toutes facilités leur seront données pour se procurer des approvisionnements de toutes sorte ou faire des réparations. Les règlements de commerce ou de port ne leur seront pas applicables et ils seront exempts de droits ou taxes de port de toute espèce.

2. Quand des navires de guerre français entreront dans un port de Corée non ouvert, les officiers et l'équipage pourront descendre à terre, mais il leur sera interdit de se rendre dans l'intérieur, à moins qu'ils ne soient munis de passeports.

3. Des approvisionnements de toute nature à l'usage de la marine militaire français pourront, en franchise de tous droits, être débarqués dans les ports ouverts de Corée et consignés à la garde d'un agent français. Si ces approvisionnements sont vendus, l'acheteur payera aux autorités coréennes les droits ordinaires.

4. Le gouvernement coréen assistera de tout son pouvoir les navires appartenant au gouvernement français qui procéderaient dans les eaux coréennes à des opérations de relèvements ou de sondages.

Article IX.

1. Les autorités françaises et les Français en Corée pourront engager des sujets coréens à titre de lettré, d'interprète, de serviteur ou à tout autre titre licite, sans que les autorités coréennes puissent y mettre obstacle. Réciproquement, des Français pourront être engagés dans les mêmes conditions au service du gouvernement ou des sujets coréens.

2. Les Français qui se rendraient en Corée pour y étudier ou y professer la langue écrite ou parlée, les sciences, les lois et les arts, devront, en témoignage des sentiments de bonne amitié dont sont animées les hautes parties contractantes, recevoir toujours aide et assistance. Les Coréens qui se rendront en France y jouiront des mêmes avantages.

Article X.

A dater du jour de l'entrée en vigueur du présent traité, le Gouvernement français, ses agents et ses ressortissants jouiront de tous les privilèges, immunités et avantages que sa majesté le roi de Corée a concédés ou concéderait ultérieurement au gouvernement, aux agents ou aux ressortissants de toute autre puissance.

Article XI.

Dix ans après l'entrée en vigueur du présent traité, chacune des hautes parties contractantes pourra, à charge de prévenir l'autre partie un an à l'avance, demander une révision du traité et des tarifs y annexés, en vue d'y introduire, d'un commun accord, telles modifications dont l'expérience aurait démontré l'utilité.

Article XII.

1. Le présent traité est rédigé en français et en chinois. Les deux textes ont été soigneusement confrontés et il a été reconnu qu'ils avaient le même sens. Il est convenu, toutefois, que le texte français ferait foi, si quelque divergence venait à se produire dans l'interprétation.
2. Toutes les communications officielles adressées aux autorités coréennes par les autorités françaises seront provisoirement accompagnées d'une traduction en langue chinoise.

Article XIII.

Le présent traité sera ratifié par le Président de la République française et par sa majesté le roi de Corée et revêtu de leurs signatures et de leurs sceaux respectifs; les ratifications seront échangées à Séoul dans le délai d'un an, ou plus tôt, si faire se peut. Il sera promulgué par les soins des deux gouvernements et entrera en vigueur le jour de l'échange des ratifications.

En foi de quoi, les plénipotentiaires respectifs ont signé le présent traité et y ont apposé leurs cachets. Fait à Séoul, en trois expéditions, le quatre juin mil huit cent quatre-vingt six, correspondant au troisième jour de la cinquième lune de la quatre cent quatre-vingt-quinzième année de l'ère coréenne ou de la douzième année du règne chinois Kouang-Siu.

[L. S.] (Signé) G. Gogordan.
[L. S.] (Signé) Kim Man-Sik
[L. S.] (Signé) O.-N. Denny

조불수호통상조약(프랑스어본)의 한글 번역문

조불수호통상항해조약

1886년 6월 4일 서울에서 조인됨
1887년 5월 30일 상호 비준됨

프랑스 공화국 대통령과 조선 국왕 폐하는 조불 간 통상우호관계를 수립하고자 조약을 체결하기로 결정하였고, 그러한 목적으로 특명전권대사를 임명하였다.
프랑스 공화국 대통령은 외무부의 정치국 부국장이자 레지옹 도뇌르 기사인 프랑수와 죠르즈 코고르당 특명전권대사를 파견하였고,
조선 국왕 폐하는 정2품 한성부판윤 김만식을 파견하였으며,
조선 외아문 고문이자 협판내무부사인 오웬 니커슨 데니와 함께
전권위원들은 전권 위임장을 상호 대조하여 살펴보고 형식과 내용에 합당하여 다음과 같은 내용으로 조약을 체결하기로 하였다.

제1조
1. 프랑스 공화국 대통령과 조선 국왕 폐하 및 양국 백성 사이에, 사람과 장소를 불문하고 영구적인 우호와 평화가 있을 것이다. 조불 양국은 그들의 신민에게 온전한 보호와 그들의 사유물에 대해 완전한 보전을 제공한다.
2. 제3국과 조약 당사자들 중 한 국가 사이에 분규가 있을 경우, 다른 한 국가가 개입하여 적절한 조치를 취할 수 있도록 거중조정한다.

제2조
1. 각 조약 당사국은 상대국 수도에 영구적으로 혹은 일시적으로 파견될 외교 대표를 임명하며, 상대국 개항장에 상주할 총영사나 부영사를 임명한다. 양국의 외교관과 영사는 그들이 거주하는 국가에서 타국 외교관과 영사들이 누리는 사면권과 모든 외교적 혜택을 누린다.
2. 외교관과 영사 및 그들의 외교 임무에 관련된 모든 인물들은 거주국에서 이동의 자유를 누린다. 조선 정부는 조선에서 항해하는 프랑스 외교관에게 이동의 자유를 보장하고 적절한 편의를 제공한다.
3. 양국의 영사는 거주국 정부나 주권자에 의해 적법하게 승인된 후 그들의 임무를 수행한다. 해당 관원들의 상업 종사는 금지된다.

제3조
1. 조선에 있는 프랑스인들은 그들의 개인과 재산과 관련하여 오직 프랑스 법에 적용받는다. 조선

에서 프랑스인이나 프랑스인과 연루된 외국인은 프랑스 영사에 의해 재판받을 것이며, 조선 관리는 결코 개입할 수 없다.
2. 프랑스 관리나 조선 백성에 의해 제소된 조선 거주 프랑스인은 프랑스 영사에 의해 재판받는다.
3. 프랑스 관리나 프랑스인에 의해 제소된 조선인은 조선 관리에 의해 재판받는다.
4. 조선에서 범죄를 저지른 프랑스인은 프랑스 법에 따라 적법한 프랑스 법관에 의해 처벌받는다.
5. 조선에서 조선인이 프랑스인에게 저지른 범죄는 조선법에 따라 조선 법관에 의해 재판받고 처벌될 것이다.
6. 현 조약이나 부속조약을 위반하여 벌금형이나 몰수에 해당되는 것으로 기소된 프랑스인은 모두 프랑스 영사당국에서 심판하며, 판결에 의한 몰수나 벌금은 조선 정부에게 귀속된다.
7. 개항장에 조선 당국에 의해 압수된 프랑스 화물들은 두 국가의 당국에 의해 함께 봉인되어 유치될 것이다. 프랑스 영사관이 결정을 내릴 때까지 조선 당국이 이를 보관할 것이다. 만약 이 결정이 상품 소유자에게 유리할 경우, 그 결정은 즉시 영사관에게 인도되어야 한다. 어떤 경우에도, 상품 소유자는 프랑스 영사관의 결정을 기다리는 동안 그것의 가격을 조선 당국에 공탁하면 여전히 그 상품을 다시 소유할 수 있다.
8. 민사사건이든 형사사건이든 조선의 프랑스 영사재판소나 조선 재판소에서 피고 또는 원고의 국적과 동일한 국적을 가지며 이 재판 참정이 허가된 관리가 늘 배석할 것이며, 그 관리에게는 필요한 편의가 제공된다. 그는 필요하다면 증인을 소환할 수 있으며, 증인에게 증거를 인용하고, 심문하고, 재판 결과나 과정에 대해 항변할 수 있다.
9. 조선에서 법률 위반으로 제소당한 조선인이 프랑스인이 거주하는 주택으로 도망가거나 프랑스 상선 등에 탑승하는 경우, 조선 당국은 프랑스 영사관에게 이를 조회해야 한다. 프랑스 영사 당국은 그를 체포하고 그를 심판할 권한이 있는 조선 당국에 그를 넘겨주기 위하여 필요한 조치를 취한다. 조선의 어떠한 관리나 경찰도 그 프랑스인 거주자나 프랑스 상선 선장이 동의하지 않는다면 프랑스 영사의 허가 없이는 프랑스인의 가게나 거주지, 건물에도 들어갈 수 없으며, 프랑스 상선에 승선하지 못한다.
10. 조선 관리는 프랑스 관할 영사가 요청하면 범죄를 저지르거나 범죄를 저지른 것으로 기소당한 모든 프랑스인과 프랑스 군함이나 상선의 탈주범을 체포하여 프랑스 영사관에게 인도해야 한다.

제4조
1. 제물포(인천), 원산, 부산, (만약 부산이 불가하다면 근처의 다른 항구를 택한다.) 및 한양(서울)과 양화진 혹은 적절해 보이는 근처의 다른 마을(포구)들이, 현 조약이 실행되는 날부터, 프랑스 상인에게 개항될 것이다.
2. 앞에 언급한 지역에서 프랑스인들은 주택과 토지를 임차하거나 구매할 수 있고, 상업 및 산업 시설을 세울 수 있는 권리를 가진다. 프랑스인들은 종교 활동을 할 자유가 있다. 외국인 조계지의 구획, 선정 및 개항지와 다른 항구의 토지 구매와 관련한 제 문제는 조선 관리와 관할 외국 관리가 상의하여 결정한다.

3. 조계에서 충당된 부지는 그 새로운 사용목적을 위하여 조선 정부의 주선으로 소유자로부터 구입하여 매수하여 정리한다. 토지 소유 및 개발에 드는 비용의 상환은 토지 판매 금액에서 특혜로 특별 공제된다. 조선 정부와 외국 당국이 합의하여 그 금액을 책정하는 연간 수수료는 그 금액 중 일부를 재산세를 보상하기 위해 지방 당국에 지급된다. 그 나머지 수수료와 토지 매각에서 발생하는 잔액은 나중에 조선 당국과 외국 당국 간의 합의에 의해 결정되는 조계지 공사가 관리하는 조계 기금으로 한다.

4. 프랑스인들은 외국 조계지나 개항장 10리 안에 있는 토지나 집을 임대하거나 구매할 수 있다. 그러나 거주하는 그 토지에서도 조선 정부와 지방 법규를 준수하여 토지세를 내야 한다.

5. 상업에 개방된 각 지역에서, 조선 당국은 프랑스인에게 묘지에 적당한 토지를 무료로 제공하며, 이 토지에 대해서는 어떠한 수수료, 세금, 세금도 부과되지 않으며, 그 관리는 위에서 언급한 조계지 공사에 위임한다.

6. 프랑스인들은 개항장 항구와 도시 주변 100리 이내에 있는 지역에서 또는 양국의 관할 당국이 합의한 범위 내에서 자유롭게 이동할 수 있다.

프랑스인들은 또한 여행증명서(여권)를 소지한다는 유일한 조건하에서 조선 영토의 전 지역을 갈 수 있으며 여행할 수 있다. 단, 내지에서 점포를 개설하거나 상설영업소를 설치할 수는 없다. 프랑스 상인들은 조선 정부에 의하여 금지된 서적과 간행물을 제외하고는 각종 상품을 내지로 반입 또는 판매할 수 있으며 지방 산물을 구매할 수 있다.

여행증명서는 영사에 의하여 교부되며 지방 당국의 서명 또는 날인이 구비되어야 한다. 이 여행증명서는 조선 관리가 요구할 때에는 반드시 제시하여야 한다. 그 여행증명서가 정규의 것이면 소유자는 자유롭게 통행할 수 있으며 필요한 수송기관을 자유롭게 이용할 수 있다. 여행증명서가 없이 앞에서 언급한 경계 이외로 여행하거나 또는 내지에서 어떠한 중범죄 또는 경범죄를 범한 프랑스인은 체포하여 가장 가까이 있는 프랑스 영사에게 인도하여 처벌케 한다. 상기 규정한 경계 이외로 여행권이 없이 여행하는 자는 모두 최고 1개월의 금고형 또는 멕시코 은화로 최고 100달러의 벌금에 처한다.

7. 조선의 프랑스인들은 양호한 질서와 공공의 평화를 위해 양국의 관계 당국이 공동으로 협정한 지방정부와 경찰, 또는 기타 규정에 따라야 한다.

제5조

1. 외국 상인에게 개방된 모든 지역에서 프랑스인들은 조약에 부속된 관세표에 기입되어 있는 세금을 납부한 후에는 본 조약에 의해 금지되지 않은 각종 상품들을 외국 항구로부터 또는 조선 통상항으로부터 수입하며 구매인 또는 판매인의 국적과 상관없이 판매 또는 구매하며 외국 항에서 또는 조선 통상항에서 목적지로 수출할 수 있다. 프랑스인들은 조선 당국 또는 다른 중개인의 방해 없이 조선인이나 기타 다른 사람들과 모든 통상을 행사할 완전한 자유를 가진다. 아울러 프랑스인들은 자유롭게 공업에 종사할 수 있다.

2. 외국 항구로부터 이상에서 지적된 관세표의 세금을 납부하고 수입한 모든 상품의 소유주 또는

위탁판매인은 만약 그 상품을 수입일로부터 조선 달력으로 13개월의 기간 내에 외국 항에 재수출할 때에는 그 포장이 완전히 전과 같다고 인정된다면 수출입 총액에 대한 관세 환급 증명서를 취득할 수 있다. 이 관세 환급은 요청이 있다면 조선 세관에서 환급되거나 또는 조선 개항장 어디에서나 세금을 변제할 수 있다.

3. 조선 상품을 조선의 한 통상항에서 다른 통상항으로 발송할 때 부과된 세금은 만일 당사자가 화물들이 목적지 항구에 도착했음을 증명하는 세관 증명서를 제출하거나 또는 그 상품들이 해상 재난으로 소실되었음을 충분히 증명할 수 있다면, 발송항(출하항)에서 반환될 것이다.

4. 프랑스인들이 조선으로 수입한 모든 상품은 그 상품에 대해 본 조약에 부수된 관세표에 기입되어 있는 세금을 완납하면 조선의 어느 통상 항구에서든지 세금 없이 재발송될 수 있으며, 또한 그 상품을 내지로 수송할 때에는 조선의 어떤 지방에서도 어떠한 부가세나 소비세 또는 통과세도 부과하지 못한다. 이와 동일하게 수출을 위한 모든 조선 산물은 완전히 세금 없이 통상하에 운송될 것이며, 이 산물에는 생산지에서나 조선의 어떤 지방으로부터 통상항으로 운송하는 도중에서나 어떠한 세금이나 소비세, 또는 통과세가 부과되지 않는다.

5. 조선 정부는 조선 내 개방되지 않은 항구로 화물 또는 여행객을 수송하기 위해 프랑스 선박들을 용선할 수 있다. 조선인들도 지방 당국의 허가를 받은 후 동일한 권리를 누릴 수 있다.

6. 조선 정부가 국내의 기근을 우려하게 될 때에 조선 국왕은 조칙을 내려 어느 한 개항장이나 모든 개항장에서 외국에 대한 곡물 수출을 일시적으로 금지할 수 있다. 이 금지령은 해당 항구의 프랑스 영사에게 조선 관리가 공식적으로 통지한 날짜로부터 한 달 동안 조선에 거주하는 프랑스인들에게 의무적으로 효력을 발휘한다. 그러나 이 금지령은 극히 필요한 시기에만 실시되어야 한다.

7. 모든 프랑스 상선은 담당 재무관의 계량기로 톤당 멕시코 은화 30센트의 톤세를 지불한다. 이 금액을 한 번 지불하면 4개월 동안 추가적으로 세금을 납부하지 않고 조선의 어느 통상항에든지 항행할 수 있다. 톤세의 수입은 헤드라이트, 조명, 구명대의 제조를 포함하며, 개항장에 접근할 때 조선에 설치된 등대와 경표, 닻 내리고 정박하는 것을 조정하고 개선하는 데 충당한다.

통상항에서 선박 화물의 적재 또는 양육에 사용되는 소함선에 대해서는 어떠한 톤세도 징수하지 않는다.

8. 현 조약의 이행이 완전하고 확실하게 이행되는 것을 보장하기 위해 첨부한 관세표와 통상규칙이 조약 본문과 함께 동시에 효력을 발휘하기로 합의한다. 조약의 양 당사국은 수정이 필요하다면 상호 합의에 의해 이것들을 증보 개정할 수 있다.

제6조

1. 조선에서 외국 통상에 개항되지 않은 항구 또는 지방에 상품을 밀수입하거나 밀수출하려고 시도하는 모든 프랑스인들은 상품을 몰수당하는 것 이외에 상품가격의 두 배에 해당하는 벌금 처분을 받는다.

2. 조선 당국은 밀수 또는 이러한 범법행위를 시도하였다고 인정되는 프랑스인을 누구든지 그를 판결하기 위한 관계 프랑스 영사관에 지체 없이 인도할 책임을 가지고 체포할 수 있다. 또한 조선

당국은 상품을 압수하며 사건의 확정 판결이 내려질 때까지 그 상품을 보관하여야 한다.

제7조

1. 만일 프랑스 상선이 조선 해역에서 조산하거나 좌초하면 지방당국은 약탈로부터 선박과 화물을 방어하기 위하여, 모든 박해로부터 선원과 탑승객들을 보호하기 위하여, 그리고 또한 그들에게 원조와 구조를 주기 위하여 즉시 필요한 조치를 취하여야 한다. 지방 당국은 즉시 가장 가까이 있는 프랑스 영사에게 난파에 대한 소식을 알려야 하며, 그리고 필요한 경우에는 난파객이 가장 가까운 개항장으로 갈 수 있는 수단을 제공해야 한다.
2. 조선 정부가 프랑스 난파선을 구조하고 적절한 의료와 식량과 운송을 제공하고 사망자의 시신을 운구하고 장례를 치르는 데 지불된 모든 비용은 프랑스 정부가 상환한다.
3. 프랑스 정부는 난파선 또는 해당 선박 내 화물의 구출 및 보관을 위해 지불된 비용의 상환은 보장하지 않는다. 이 상환액은 건진 물품들의 가격으로서 담보되며, 위에서 언급한 물품들을 인도할 때에는 관계당국, 당사자들에 의하여 상환된다.
4. 조선 정부는 구조에 종사한 관리 및 지방관리 또는 경찰들의 비용에 대해서나 난파자들을 호위할 책임을 진 관리들의 여비에 대해서나, 공적 통신 비용에 대해서도 어떠한 상환액도 청구하지 않고 이 비용을 부담한다.
5. 악천후를 만나거나 식료품이나 연료가 부족할 때 조선의 비개항장에 기항하지 않을 수 없게 되는 프랑스 상선은 모두 그 기항지에서 수선할 수 있으며 이에 필요한 물품들을 구매할 수 있다. 이 때의 비용은 상선의 선장이 지불한다.

제8조

1. 조약 당사국의 군함들은 상대국 항구에 자유롭게 내항할 수 있다. 각종 수요품을 구매하게 하며 군함의 수선을 할 수 있게 하기 위하여 그들에게 모든 편의를 제공한다. 개항장의 규칙 또는 통상 규칙은 군함에 적용되지 않으며, 개항장의 각종 세금 또는 항구세도 면제된다.
2. 프랑스 군함이 조선의 비개항장에 입항할 때, 장교와 선원들이 상륙할 수 있다. 그러나 그들이 여행증명서(여권)를 소지하지 않으면 내지로 들어가는 것을 금지한다.
3. 프랑스 해군이 사용하는 각종 수요품들은 어떠한 세금도 지불하지 않고 조선 개항장에 하역할 수 있으며 프랑스 관원에게 넘겨 보관할 수 있다. 만일 이 수요품이 팔리면 구매자는 적법한 세금을 조선 당국에 납부하여야 한다.
4. 조선 정부는 프랑스 정부에 소속된 선박들이 조선 해역에서 수심 측정이나 해로 조사 작업을 수행할 때에 힘껏 돕는다.

제9조

1. 조선에 있는 프랑스 당국과 프랑스인들은 조선인을 문관, 통역, 용인(傭人)으로 또는 기타 모든 합법적 권한으로 고용할 수 있으며 조선 당국은 이를 방해할 수 없다. 이와 반대로 프랑스인들도

같은 조건하에서 조선 정부 또는 조선인에게 고용될 수 있다.
2. 조선에서 학문을 연구하기 위하여 또는 조선의 언어문자, 과학, 법률 또는 예술을 공부하거나 가르치기 위하여 조선에 오는 프랑스인은 조약 당사국이 조약에 명시한 우호의 증거로서 항상 도움을 받아야 한다. 프랑스에 가는 조선인도 똑같은 혜택을 누린다.

제10조
본 조약의 효력이 발휘하기 시작한 날부터, 프랑스 정부의 관리와 이에 속한 사람들은 조선 국왕이 다른 국가의 정부 관리 또는 이에 속한 자들에게 승인한 또는 후에 승인할 모든 특권, 면제 및 편의를 향유한다.

제11조
본 조약의 효력이 발휘되고 10년 후에 양 체약국은 미리 1년 전에 상대국에게 통지한다는 조건하에 이 조약과 이에 부수된 관세표에 대한 수정을 요청할 수 있으며, 이는 경험상 유용성이 입증된 개정안을 상호 합의하에 도입하기 위한 것이다.

제12조
1. 본 조약은 프랑스어와 중국어로 작성된다. 두 조약은 복본으로 세심히 대조되었으며 양 조약문이 같은 의미를 가지고 있음을 인정받았다. 그러나 해석에서 약간의 차이가 발생할 경우 프랑스어 원문에 기준할 것에 동의한다.
2. 프랑스 당국이 조선 당국에 보내는 모든 공적 통첩은 잠정적으로 중국어본(한문본)을 첨부한다.

제13조
본 조약은 프랑스 공화국 대통령과 조선 국왕 폐하에 의해 비준되고, 그들 각자의 서명과 날인이 구비되어야 한다. 비준서는 1년 또는 가능하다면 그보다 더 빨리 서울에서 교환한다. 본 조약은 양국 정부에 의해 공포될 것이며, 비준서가 교환된 날부터 효력이 발생한다.

이에 그 증거로서 양국의 특명전권대사들이 서울에서 본 조약문(한문과 프랑스어) 각 3통에 서명하고 날인하였다.

대조선국 개국 495년 즉 중국 광서(光緒) 12년 5월 초3일
서력 1886년 6월 4일

서명: 전권대신 정2품 자헌대부 한성부판윤 김만식
서명: 가선대부 협판내무부사 겸 외아문 장교당상 데니
서명: 프랑스의 특명전권대사 프랑스 외무부 정치국 부국장 겸 레지옹 도뇌르 기사 코고르당

4. 한-러 간 조약 및 문서들

이재훈

1) 조러수호통상조약(1884)

○ 명칭
- 한문: 朝俄修好通商條約; 朝露修好通商條約
- 러시아어: Русско-Корейский договор о дружбе и торговле от 7 июля (25 июня) 1884 года

○ 체결 국가: 조선, 러시아

○ 체결일: 1884년 6월 25일(7월 7일)

○ 체결 장소: 서울

○ 서명자(또는 전권대사)
- 조선: 김병시
- 러시아: 카를 베베르(К. Вебер)

○ 작성 언어: 한문, 러시아어

○ 체결 배경 및 과정

1876년 강화도조약이 체결되자 러시아도 조선과 유사한 조약을 체결하려는 움직임을 보이기 시작하였다. 러시아는 1880년 3월에 남우수리 지역 경비사령관 마튜닌을 경흥에 보내 통상조약 체결의 가능성을 타진했으나, 조선 정부의 거부로 성과를 거두지 못하였다. 1882년 조선이 서양 국가들과 통상조약을 체결하자 러시아는 재차 공식 통상을 위한 교섭을 본격적으로 재개하였다. 애초에 러시아는 조선과 국경을 접하고 있음을 들어 조선이 서양 국가들과 체결한 기존의 통상조약들과 달리 육로통상 문제를 제기하였다. 하지만 두만강 유역의 3국 접경지대에 대한 러시아의 진출을 저지하려는 청의 반대와 조선의 거부로 이러한 시도는 성과를 거두지 못하였다. 이렇듯 육로통상 문제가 해결되지 않자 러시아는 일단 해상무역에 관한 조약을 체결하고 육로통상 문제는 추후 협상을 통해 해결하기로 하였으며, 그 결과 1884년에 양국 간 해상교역을 규정한 조러수호통상조약이 체결되었다.

○ 주요 내용

양국 간의 평화, 우호, 생명과 재산의 보호, 조약 당사국과 제삼국 간의 분쟁에 관한 조정.

양국의 외교 대표 임명 및 주재.

조선에 머무는 러시아인의 생명 및 재산에 미치는 재판 관할권을 러시아 재판 당국에 위임.

인천, 원산, 부산을 개항하고 한양이나 양화진, 혹은 그 부근에 편리한 다른 곳을 선정하여 본 조약 시행일로부터 러시아 무역을 지원.

양국 교역 상품의 관세.

밀수품에 대한 벌금과 위법행위 처벌.

양국 난파선의 구조 및 보호.

양국의 군함이 각 항구에 입항 시 그 처리 방법.

양국의 교사 및 통역의 임명과 학문 교류.

러시아인의 특권, 면제 및 수출입 관세 관련 이권.

○ 결과 또는 파급 효과

조선과 수교조약을 체결한 다른 제국주의 열강들과는 달리 육지로 국경을 접하고 있는 러시아로서는 이 조약이 결코 만족스러운 것은 아니었다. 물론 조약 체결 결과 조선의 정치무대에서 열강들과 어깨를 나란히 할 수는 있었지만, 당시 양국 간 핵심 문제였던 이주민 문제와 육로를 통한 무역 문제는 이 조약을 통해서는 결코 해결할 수 없는 것이었다. 따라서 이 문제를 해결하기 위하여 러시아는 육로통상장정이 체결될 때까지 4년을 더 기다릴 수밖에 없었다.

○ (조약문) 출처

- 『고종실록』 21권

- *АВПРИ Фонд Японский стол. Опись 493. Год 1884-97. Дело 214. Листы 6-14 об.*

조러수호통상조약(한문본) 원문

朝露修好通商條約

大朝鮮國大君主、大俄羅斯國大皇帝, 切願永敦兩國和好, 議彼此往來久遠通商事宜。是以大朝鮮國大君主, 特簡【督辦交涉通商事務正一器輔國崇祿大夫行知中樞府事原任奎章閣提學兼世子左賓客】金炳始, 大俄羅斯國大皇帝, 特簡從二品官佩帶安訥二等寶星韋具, 均作爲便宜行事全權大臣, 各將所奉全權大臣便宜行事之上諭, 互相較閱畢, 俱屬妥宜, 卽將會議, 各款臚列於左。

第一款: 一, 大朝鮮大君主、大俄國大皇帝與兩國人民, 彼此皆各永遠和平友睦, 此國人民住彼國者, 必受該國妥行保護身家財産之益。二, 彼國日後, 倘有與別國相岐之處, 此國一經彼國相約, 應卽設法, 從中善爲調處。

第二款: 一,【大朝鮮國君主、大俄國皇帝】均可互相簡派使臣駐箚【大朝鮮、大俄】國京師, 或隨時往來, 亦可彼此酌設總領事官, 領事官或副領事官在許立別國領事官之各通商口岸駐箚。所有以上使臣總領事官等與彼此駐箚之國官員, 會晤及往來文件, 必須享獲他國互相款待, 使臣領事最優之禮及一切種種利益之處。二, 兩國所派使臣總領事官等及一切隨員, 均可聽其互相前往各處游歷勿阻。在朝鮮國者, 由大朝鮮國官員, 發給護照, 竝行斟酌派人護送, 以重妥爲保護之義。三, 兩國總領事等官, 必須奉到駐箚之國勅准, 或政府允文, 方可躬親任事, 其所派總領事等官, 不得兼行貿易。

第三款: 一, 俄國民人及其財産在朝鮮者, 應歸俄國總領事官, 或別項官員, 有此職任者管理。凡俄國民人互相涉訟, 或別國人控告俄民之案, 均由俄國刑訟之員審理, 與朝鮮官員無涉。二, 朝鮮官員及民人等, 若有控告居住朝鮮 俄民之案, 應歸俄國司刑官員, 照俄國律例審斷。三, 俄國官員及民人等, 若在朝鮮, 遇有控告朝鮮民人案件, 應歸朝鮮官員審斷。四, 俄國民人在朝鮮者, 如有犯法之事, 應由俄國刑訟之員, 按照俄國律例審斷。五, 朝鮮民人, 在朝鮮境內, 如有違例犯法侮及我人者, 應由朝鮮官員, 照朝鮮律例, 查拏審辦。六, 凡有控告俄國民人, 因違背此約及附立章程, 並將來按約, 續立各章, 有涉, 罰款入官, 及一切罪名, 應歸俄國刑訟之員, 自行審斷, 其所罰之款, 以及入官財貨, 全歸朝鮮國充公。七, 凡有朝鮮國官員, 在通商口岸, 因事扣留俄民貨物, 應由朝鮮官員, 會同俄國領事官, 先行査封, 暫由朝鮮官員看管, 俟俄國刑訟之員審定, 以後發落。如審明貨主, 並無非是, 卽應將所封貨物全數, 送交領事官發還。惟所封貨物, 應聽貨主, 將貨物估價折銀若干, 暫存朝鮮官員處所, 立卽將貨領出, 俟俄國刑訟之員審定後, 其折價存款, 分別充公發還。八, 在朝鮮境內, 所有兩國民人, 一應詞訟交涉之案, 如應在俄署審訊者, 朝鮮國卽可遴派妥員聽審。如應在朝鮮署內審訊者, 俄國亦可遴派妥員聽審。其奉派聽審之員, 彼此承審各官, 皆應優禮如儀相待。聽審官, 如欲轉請傳訊人証, 以便自行駁詰, 亦聽其便, 如以承審官審斷爲不符, 猶許聽審官, 逐一駁辯。九, 凡有首告朝鮮民人, 有犯本國律禁, 在俄國商民, 開設行棧居住寓所等處及俄國商船隱匿者, 由地方官, 照知俄國領事官, 應由領事官設法, 將隱匿之人, 查拏交出審辦。領事官, 尙未照諾, 除寓主自行依允外, 朝鮮官役, 槪不得擅入俄國商民行棧寓所等處, 其在船上者, 應由船主相許, 始可登船搜緝。十, 凡有俄國民人, 被人控告違犯法律, 或師商各船, 在逃人犯, 一經俄國領事等官, 照知朝

鮮官員, 卽應設法, 査緝交出.

第四款: 一, 兩國所立條約, 從施行之日起, 朝鮮國仁川府之濟物浦, 元山, 釜山各口【釜山一口, 設有不宜之處, 則可另揀附近別口】, 竝漢陽 京城 楊花津【或附近便宜別處】, 皆作爲通商之處, 任聽俄民來往貿易. 二, 俄國商民, 前往以上指定處所, 或欲永租地段, 或欲賃購房屋, 起蓋房室, 設立棧房作房等工, 均聽其便. 至於本敎典禮各儀, 均聽隨意自行. 在朝鮮通商口岸處所, 所有揀擇地畝, 立定界限, 經營基址, 作爲洋人居住之處及轉行永租地段各事宜, 應由朝鮮官員, 會同各國所派官員妥行商辦. 三, 以上地段, 應由朝鮮政府, 先向該地業主價買. 加以經營用費, 由所得永租價內, 先行扣除. 該地年稅, 應由朝鮮及各國官員, 會同議定其年稅, 應納於朝鮮政府. 由朝鮮政府, 公平酌留若干, 其餘年稅及所得永租地段餘價, 一竝歸入充公存備金內. 至充公存備金, 何人取用, 應由管理租界事務紳董公司支取. 應如何設立公司之處, 日後由朝鮮官員, 會同各國所派官員酌商. 四, 如俄人欲行永租, 或暫租地段, 賃購房屋, 在租界以外者聽. 惟相離租界, 不得逾十里【朝鮮里】, 而租住此項地段之人, 於居住納稅各事應行, 一律遵守朝鮮國自定地方稅課章程. 五, 朝鮮官員, 應在各通商處所, 讓出妥善之地, 作爲外國營葬之區, 其地價及一應牛租, 課稅等項, 一律蠲免, 所有管理塋地章程, 統由以上紳董公司, 自行定奪擧辦. 六, 現在離通商各處百里內者【朝鮮里】, 或將來兩國所派官員, 彼此議定界內俄民, 均可任便游歷, 勿庸請領執照. 惟俄國民人, 亦准持照前往朝鮮各處游歷通商, 竝將各貨運進出售【惟朝鮮政府不允之書籍刊印各物等, 不准在內地銷售】及購買一切土貨, 所持執照. 應由俄國領事官繕發, 朝鮮地方官, 或加蓋印信, 或秉筆書押, 所有經過之處, 如地方官飭令交照査閱, 卽應隨時呈驗, 無訛放行. 至雇覓所需車船人夫等, 裝運行李貨物, 亦聽其便. 如俄民逾越以上界限, 竝無執照, 或在內地有不法情事, 應行拿交, 就近領事官懲辦. 其界無照俄民, 卽可酌罰, 竝行監禁, 或只罰不禁. 惟罰款, 不得逾墨洋百元, 禁期不得逾一月. 七, 俄國民人居住朝鮮, 應遵兩國所派官員, 會同議定租界以內街道規則巡査匪類及一切除莠安良之章.

第五款: 一, 俄國商民, 由別國口岸, 或由朝鮮各通商口岸, 欲將貨物, 載入朝鮮某通商口岸, 均聽其便. 其一切進出貨物, 除條約明禁之物不計外, 應准俄國民人與朝鮮國人及在朝鮮之他國人, 槪行買賣交易, 竝所交易貨物, 任便載往朝鮮通商各口及他國口岸, 朝鮮官員等, 槪勿阻止. 惟進出口貨, 先應按照後開稅, 則完納稅項, 始可聽其出入. 凡俄國商民, 亦可做一切工作局廠生理, 朝鮮官員等, 亦可任聽其便. 二, 凡由他國口岸, 販來一切貨物, 進入朝鮮口岸, 旣經貨主, 或寄交之人, 納淸以上稅課復欲載往他國口岸者, 由進口之日起期, 在十三箇月內, 如係原貨原包, 應行發給該貨物, 已經完稅存票一紙, 以抵該貨已納之稅. 此項存票, 該商或持往朝鮮海關領價, 卽應照付, 或持往朝鮮通商各口, 抵作貨物納稅之款, 均聽其便. 三, 朝鮮土貨, 如由朝鮮此通商口岸, 載往朝鮮彼通商口岸, 所已納出口稅項, 應於原出之口全行給還. 惟載貨之人, 先宜呈交所進口之海關, 給發進口憑單, 始可發還. 倘該貨中途有失, 亦應呈出失物確據, 方能將稅發還. 四, 俄國商民, 將貨物, 載入朝鮮國, 旣經按照後開稅則, 完納稅項, 該貨或轉往朝鮮通商別口, 或轉往內地無論何處, 所有一切, 抽收稅釐規費等項, 永勿再事徵收. 凡朝鮮一切土貨, 由內地無論何處, 意欲運出朝鮮各通商口岸, 聽便勿阻. 其貨在出産之地, 或在沿途, 所有一切稅釐及各項規費, 亦槪免其徵收. 五, 朝鮮政府, 如欲雇賃俄國商船, 裝載客貨, 前赴朝鮮境內, 未通商口岸, 亦聽其便. 朝鮮商民, 如欲雇賃俄國商船裝

載客貨赴朝鮮未通商口岸者, 應行一體酌準, 惟宜先蒙本國官員允許, 方可施行。六, 如朝鮮政付, 因有事故, 恐致境內缺食, 大朝鮮國大君主降旨, 暫禁米糧出某通商口岸, 或各通商口岸, 經朝鮮官員, 照知某口領事官一月之後, 則該口俄國商民, 卽應一體遵守。惟此禁, 旣係因時制宜, 自當設法, 早爲停止。七, 俄國商船駛進朝鮮各通商口岸, 應納船鈔每噸墨洋三十先時【卽洋元百分之三十】, 各船所完鈔項, 每四箇月, 征納一次, 其已完鈔項之船, 在四箇月內, 准其前往朝鮮各通商口岸, 無須再納。所徵船鈔, 皆須用爲建立燈樓、浮椿、塔表、望樓等項, 在於進朝鮮通商各口門次及沿海各處, 竝備辦船隻停泊處所, 淘挖整頓, 各工之費, 其在通商口岸, 撥貨船隻, 不得完納船鈔。八, 所有約後, 附續稅則及通商章程, 兩國議定, 應由此約施行之日, 一竝飭遵, 以便條約內。所指各節, 統歸畫一遵守, 以上各章, 均可由兩國所派官員, 隨時隨事, 一併會同, 酌議增改。

第六款: 俄國商民, 如將貨物, 偸運非通商口岸及禁往處所, 不論已行、未行, 均應將貨物入官, 違犯之人, 按入官貨物之價, 加倍示罰。以上違禁貨物, 可由朝鮮地方官, 酌量扣留, 其希圖違禁之俄民, 無論事成與否, 竝可查拿, 隨卽轉送就近俄國領事官, 由俄國所派刑訟之員審讞, 貨物扣留, 俟定案後, 再行分別辦理。

第七款: 一, 俄國船隻, 在朝鮮海面, 如遇颶風失事及擱淺不測之虞, 朝鮮地方官, 應卽一面, 速行設法, 妥行往救, 竝保護被難人船貨物, 免致本地莠民, 肆行搶掠欺凌, 一面速卽知照附近俄國領事官, 竝將救護被難俄民, 分別資送附近通商口岸。二, 凡朝鮮政府所出, 救護俄國難民衣食解送及一切打撈葬埋屍身, 醫治傷病各資, 應由俄國政府照數付還。三, 撈救保護, 被難船隻及打撈該船貨物之費, 應將船貨, 交還原主時, 由原主照數付還, 不得向俄國政府索償。四, 朝鮮國所派官員, 及地方委弁巡役人等, 前赴俄國, 難船失事處所及護送被難俄民之員弁人等, 所用資費, 以及文函往來腳力, 均由朝鮮政府, 自行辦理, 不得向俄國政府取償。五, 俄國商船, 在朝鮮左近海面, 如遇颶風, 或缺糧食、煤、水等需用之物, 無論是否通商口岸, 應許其隨處收泊, 以避狂颷, 兼修船隻購買一切缺少之物。所有花費, 全由船主, 自行備辦。

第八款: 一, 兩國師船, 無論是否通商口岸, 彼此均許駛往。其所需一切修船材料及食用各等物件, 均應彼此互相幫同購取。以上船隻, 勿庸遵守, 通商及口岸章程, 其購取物料, 一應鈔稅各等規費, 均應豁免。二, 俄國師船, 駛往朝鮮, 非通商口岸, 其船上員弁兵役, 槪准登岸, 惟未曾執領護照者, 不准前往內地。三, 俄國師船, 所用軍裝物料及一切餉需各件, 可在朝鮮通商各口, 存寄交俄國委派之員看管。此項軍裝物料, 槪行免征稅項。倘有因事轉售者, 則由買客, 將應完稅課, 照例補交。四, 俄國師船, 在朝鮮沿海處所, 踏看水路形勢, 朝鮮政府, 亦應竭力相助。

第九款: 一, 俄國官民人等在朝鮮者, 均可約雇朝鮮民人, 作爲幕友通事及服役人等, 勤執分內, 一切事業工作, 朝鮮官民人等, 亦可分別, 約請雇用俄國民人, 幫同辦理, 一切未干例禁之事, 朝鮮官員, 槪應聽准。二, 兩國人民, 均許互相前赴各國境內, 學習語言、文字、律例及織告格致肄業等事, 彼此皆宜妥行相助, 以敦睦誼。

第十款: 現經兩國議定, 自以上條約, 施行日期之後, 大朝鮮國大君主, 於各項進出, 口貨稅則及一切事宜, 今後有何惠政利權, 施及他國, 竝他國臣民人等之處, 俄國及俄國臣民人等, 亦可一體均霑。

第十一款: 兩國議立此約, 自施行之日起, 十年爲限, 所有條約及附約通商稅則, 如有應行更改之

處, 均可互相請爲會同重修. 庶將彼此交接日久, 所議因革損益之處, 酌量增刪, 惟應一年之先, 豫爲聲明.

第十二款: 一, 兩國議立此約, 原係【漢, 俄】兩國文字, 均經詳小細校對, 詞意相同, 嗣後, 倘有文辭分岐之處, 應歸俄文講解, 以免彼此辯論之端. 二, 凡由俄國官員, 照會朝鮮官員文件, 暫可譯成漢文與俄文配送.

第十三款: 本約立定後, 俟兩國御筆批准自畫押之日起, 速行【遲則一年爲限】各簡派大臣, 於漢陽 京城, 互相交換, 卽以交換之日, 作爲此約施行之期. 彼時兩國均應刊刻約文, 通行曉諭. 玆由兩國欽派全權大臣, 在漢陽 京城, 將約文【漢, 俄】各三分, 先行畫押, 蓋用印章, 以昭信守. 大朝鮮國開國四百九十三年卽中國 光緖十年閏五月十五日. 特簡全權大臣【督辦交涉通商事務正一品輔國崇祿大夫行知中樞府事原任奎章閣提學兼世子左賓客】金炳始. 俄曆一千八百八十四年六月二十五日. 特簡全權大臣【從二器官佩帶安訥二等寶星】韋貝.

俄約附續通商章程

第一款: 船隻進出海口. 一, 凡俄國船隻, 進入朝鮮通商口岸, 應由船主, 在二十四箇時辰內【禮拜及停公日不計】將該船所持領事官發給船牌收據, 呈交該口海關驗收, 一面將船名, 由何口駛至及船主姓名搭客人數,【如海關欲知搭客姓名, 亦應逐一開列】並該船噸數若干水手幾名列單由船主押結爲據, 一面按照運單, 將該船所載貨物, 復繕淸摺. 摺內, 詳細註明箱包, 數目貨色記號及寄交何人姓名, 亦由船主, 畫押爲據, 同時並呈. 此卽報船之法也. 船隻一經如法報到, 卽由海關, 發給開艙准單, 令押船巡役寓目, 始可開艙起貨. 如未領准單擅行開艙起貨者, 船主可以酌罰. 惟罰款, 不得逾墨洋百元. 二, 進口總單內, 倘查有錯誤者, 從遞單之時起, 在十二箇時辰內【禮拜及停公日不計】, 卽可改正, 勿庸納費. 如在十二箇時辰之外, 遇有增刪更改, 應納規費墨洋五元. 三, 凡船隻進口, 已逾前定限期, 該船主, 尙未如法報到者, 每逾十二箇時辰, 卽罰墨洋, 不得逾五十元. 四, 凡俄國船隻, 停泊通商口岸時, 在二十四箇時辰內【禮拜及停公日不計】, 未曾開艙起貨及遇颶進口躱避, 或專欲購買食用等物未經貿易者, 槪無須到關呈報, 亦不得征收船鈔. 五, 凡船隻欲行出口, 應由船主, 將出口總單【卽如進口所繕淸摺】呈報, 由海關發給准行出口單票, 並將前呈領事官船牌收據, 附還該船主. 卽將以上票據, 呈交領事官, 領事官, 始可將前收船牌, 飭還放行. 六, 凡船隻, 不遵以上章程報明海關擅行出口者, 卽可將該船主, 分別示罰, 其罰款, 不得逾墨洋二百元. 七, 俄國輪船進出各口, 均可同日幸明出入, 其貨物進口總單, 除在本口起卸, 並撥載他船外, 其餘貨物, 勿庸報明.

第二款: 上下貨物納稅. 一, 凡商買運貨進口欲行起卸者, 應赴海關, 呈遞報單. 單內, 載明本商姓名船名, 及運進貨色數目記號價値各節, 畫押以爲實據. 如海關, 欲驗各貨, 原處發票, 應卽呈驗. 若無發票, 亦不言明未能呈票之故, 應由該貨主, 加倍納稅, 始可聽其起卸, 俟發票呈驗時, 應將多納之稅, 卽行飭還. 二, 凡照以上規例報明, 准行起卸之貨, 可由海關, 在於定准驗貨處所委員查驗. 惟查驗各貨, 勿致損傷, 亦不得耽誤遲延, 貨物查驗畢. 卽宜勉照前式, 歸裝原箱原包. 三, 進出口貨, 如貨主所報, 照估價納稅之貨, 價値, 似有不符應許, 海關專派估價之人, 另行重估, 卽令貨主, 照納

稅項。如貨主, 以海關專派估價之人所估, 爲不符應, 在十二箇時辰內【禮拜及停公日不計】, 報明海關稅務司, 竝聲明以所以不符之故, 隨卽自行倩人。再爲復估, 迨復行報明海關, 或照所報復估之價征稅, 或照復估之價値, 百加五, 由稅務司價買其價銀, 無論進出口貨, 統自所報復估之日起, 限五日內付淸。四, 各項進口貨物, 如中途受有損壞者, 應行酌量, 分別持平, 減免稅課, 如所減之稅, 貨主以爲不足, 應照前條辨理。五, 凡欲運出貨物, 應行豫向海關報明, 始可裝載上船出口。其報單上, 應將船名貨色數目記號, 及件數幾何, 竝價値若干, 逐一開列, 由運貨者, 押結爲據。六, 凡進出貨物, 除朝鮮海關指定處所, 不能起卸裝載。其時在日出之前、日沒之後, 竝禮拜日及停公之期, 須由海關特免, 方能起卸裝載。然應公平酌納, 酬勞規費。七, 凡進出口貨主, 如欲追回多納之稅, 或海關欲行追取未足之稅, 均應自原收納之日起, 在三十日內, 卽行聲明, 倘逾限期, 槪不得追取。八, 俄國船隻水手搭客人等食用物件, 及搭客行李箱隻, 勿庸專開報單, 惟俟海關查驗畢, 卽可隨時聽其上下。九, 凡船隻應行修理者, 所載貨物, 均可起卸上岸存放, 勿庸納稅。此項上岸貨物, 全由朝鮮官員, 自行看管, 其一切運物脚力, 存棧租銀及看守辛工, 統由該船船主楚付。惟各價, 均需核實取索, 不得浮冒。倘上岸之貨間有出售者, 其出售之貨, 自必照例納稅。十, 凡欲將貨物, 由此船起運彼船者, 先應呈領海關發給撥貨准單, 方可照數分撥。

第三款: 防守偸漏逸越。一, 俄國商船, 一經進口, 卽可由海關, 飭派巡役, 隨船管押, 所有裝貨各處, 聽其省視。該巡役到船時, 應行禮待, 竝妥爲安置起坐之處。二, 船隻裝貨, 艙口各處, 可由海關, 巡役於日出之前、日沒之後, 竝禮拜日及停公之期, 設法鎖封。如不候海關明示擅行揭啓封鎖者, 除擅爲者示罰外, 該船主亦可一體酌罰, 惟罰款, 均不得逾墨洋百元。三, 凡俄國商民, 進出各貨, 未經遵照前法, 豫向海關報明, 擅行裝卸, 及貨單不符, 竝違禁者, 無論事成與否, 貨物均應入官, 違犯之人, 按入官貨物之價, 加倍示罰。四, 凡押結報單不實希圖偸漏朝鮮稅課者, 卽可酌罰, 惟罰款, 不得逾墨洋二百元。五, 以上章程內, 所開各節, 如有違犯未經載明如何懲治者, 均應隨時隨勢, 酌擬示罰, 惟罰款, 槪不得逾墨洋百元。以上章程內, 所列報單淸摺等件, 均可以英文書寫。

조러수호통상조약(러시아어본) 원문

Русско-Корейский договор о дружбе и торговле от 7 июля (25 июня) 1884 года

Его величество Император и Самодержец Всероссийский и Его величество Король Корейский, движимые искренним желанием установить между обоими Государствами постоянные дружественные и торговые отношения и утвердить оныя договором, назначили для сего Своими Уполномоченными :

Его Величество Император и Самодержец Всероссийский : Статского Советника Карла Вебера, Кавалера Ордена Святой Анны стпрой стпени,

и Его Величество Король Корейский : Президента Министерства Иностранных Дел, Сановника первого класса, Президента Государственного Совета, Члена Тайного Совета Его Величества и старшего Наставника Наследника - Ким-пенг-си.

Означенные Уполномоченные, снабженные полномочиями, найденными в надлежащем порядке, согласились и постановили нижеследующие статьи :

Статья I

1) Отныне да будет постоянный мир и дружба между Его Величеством Императором Всероссийским и Его Величеством Королем Корейским и их подданными, которые во владениях того и другого Государства будут пользоваться покровительством и полной безопасностью, как относительно их личности, так и собственности.

2) В случае какого-нибудь несогласия между одной из Высоких договаривающихся сторон и третьей Державой, другая договаривающаяся сторона, по просьбе первой, окажет свое содействие к мирному окончанию возникшего недоразумения.

Статья II

1) Каждая из Высоких договаривающихся сторон может назначать дипломатического представителя для постоянного или временного пребывания в столице другой, а такаже Генеральных Консулов и Вице-Консулов во все или некоторые из открытых для иностранной торговли портов, в которые допускаются Консульские Агенты других Держав. Дипломатические представители и Консульские Агенты обеих Держав будут полсоваться всеми без исключения удобствами в личных или письменных сношениях с местными властями, а также всеми правами и преимуществами, предоставляемыми Дипломатическим или Консульским Агентам в других странах.

2) Дипломатические представители и Консульские Агенты Высоких договаривающихся сторон и

все лица, состоящие при них, будут посоваться правом свободного путешествия по всем частям владении другой, и Корейские власти будут снабжать таковых Русских чинов, путешествующих по Корее, паспортами и, если нужно, конвоем для их охраны.

3) Консульские Агенты обеих Держав будут вступать в отправление своих обязанностей лишь по признании их в этом звании Государем или Правительством страны, в которой они имеют пребывание, но заниматься торговлей им воспрещается.

Статья III

1) Юрисдикция над Русскими подданными в Корее и их собственностью будет исключительно принадлежать Русским Консульским агентам или другим должностным лицам, надлежащим образом на то уполномоченным, которые будут разбирать и решать, без всякого вмешательства со стороны Корейских властей, все дела, возбужденные против Русских подданных их соотечественниками или же иностранными подданными.

2) Все обвинения и жалобы, как Корейских властей, так и Корейских подданных, против Русских подданных в Корее, будут разбираться и решаться Русским судом и на основании Русских законов.

3) Все обвинения и жалобы, как Русских властей, так и Русских подданных, против Корейских подданных в Корее, будут разбираться и решаться Корейскими властями и на основании Корейских законов.

4) Русский подданный, учинивший в Корее какой-либо проступок или преступление, будет судиться и наказываться Русскими властями по Русским законам.

5) Корейский подданный, учинивший в Корее какой-либо проступок или преступление против Русского подданного, будет судиться и наказываться Корейскими властями по Корейским законам.

6) Всякая жалоба на Русского подданного в нарушении настоящего договора или приложенных к нему правил, или же правил, которые будут постановлений впоследствии в силу настоящего, должна быть подана на рассмотрение и решение Русского Консула, наложенный им штраф или конфискованное имущество поступают в пользу Корейского Правительства.

7) Русские товары, задержанные в открытых портах Корейскими властями, должны быть опечатаны ими сообща с Русскими Консульскими чинами и потом удержаны ими до постановления решения Русских властей. Если это решение будет в пользу владельца товаров, они немедленно должны быть переданы в распоряжение Консула. Впрочем, владельцу предоставляется право получить товары еще до постановления решения, если он внесет стоимость их Корейским властям.

8) Во всяких делах гражданских и уголовных, разбираемых в Корейских или Русских судах в

Корее, власти истца могут назначать должностное лицо для присутствия при оных. Откомандированный для того чиновник будет пользоваться подобающим его положению вниманием и ему разрешается, по своему желанию, вызывать свидетелей, допрашивать их и подвергать очной ставке, или протестовать против судопроизводства или решения суда.

9) В случае если бы Корейский подданный, обвияемый в нарушении законов своего отсечества, скрылся в доме или товарном складе Русского подданного или на Русском купеческом судне, Российский Консул по получениии извещения о сем от местных властей, примет меры к арестованию и выдаче его последним для суда. Но без дозволения Консула никакой Корейский чиновник не имеет права входить в дом Русского подданного без его согласия или вступать на Русское судно без согласия шкипера или другого заступающего его место лица.

10) По требованию подлежащей Русской власти Корейские власти должны арестовать и выдать всякого Русского подданного, обвиняемого в уголовном преступлении, и также всякого дезертира с Русского военного и коммерческого судна.

Статья IV

1) Нижеследующие порты открываются для Русской торговли со дня вступления в силу этого договора : Цзи-у-ну (или Чамульпо) в Женьчуаньском Округе, Юаньшан (или Генсан), Фишан (или Фукан) или если последний оказался бы неудобным, то какое-нибудь другое место по близости его ; потом города : Хань-ян (Сеул) и Ян-куа-цзин или другое более удобное место в его окрестностях.

2) В вышеозначенных местах Русским подданным дозволяется нанимать или покупать землю или дома и строить дома, склады или фабрики. Им предоставляется также право свободного отправления богослужения. Все распоряжения по выбору, определению границ и размежеванию местностей для иностранных поселений и по продаже земли в различных портах и местах Кореи, открытых для иностранной торговли, должны быть делаемы Корейскими властями совместно с подлежащими иностранными властями.

3) Места эти должны быть приобретены от владельцев Корейским Правительством и быть удобными для жительства, а издержки, таким образом произведеннные, возмещаются главным образом из доходов от продажи земли. Размер годичной поземельной подати будет установлен Корейскими властями по соглашению с иностранными, и деньги эти должны быть уплачиваемы первым. Часть этих доходов будет удерживаться Корейским Правительством, а остаток вместе с чистыми доходами, вырученными от продажи земли свыше издержек на покупку ее, поступают в пользу муниципального фонда, находящегося во владении совета, учреждение которого должно быть впоследствии обсуждаемо Корейскими властями совместно с подлежащими иностранными.

4) Русские подданные могут нанимать или покупать земли или дома за чертою иностранных поселений на расстоянии десяти Корейских ли. Но все занятые таким образом земли подчинены местным постановлениям и за них должна платиться поземельная подать по усмотрению Корейских властей.

5) В каждом из открытых для торговли мест Корейские власти отведут безвозмездно подлежащий участок земли под иностранное кладбище, с которого не будет взимаемо ни арендной платы, ни поземельной подати, ни других каких-либо сборов и заведование которым будет предоставлено вышеозначенному муниципальному Совету.

6) Русские подданные могут путешествовать без паспорта куда пожелают, на расстояние ста Корейских ли от открытых для иностранной торговли портов и мест, или же в пределах, установленных впоследствии по взаимному соглашению между подлежащими властями обоих Государств. Русские подданные имеют также право путешествовать по всем частям Кореи для своего удовольствия или для торговых целей, покупать местные произведения, равно как перевозить и продавать всякого рода товары, за исключением книг и печатных произведений, не одобренных Корейским Правительством. Как путешественники, так и купцы должны быть, однако, снабжены паспортами, выданными их Консулами за подписью или печатью Корейских местных властей.

Паспорта эти должны быть предъявляемы, по требованию, в тех местах, через которые путешественники будут проезжать. Если паспорт не будет найден неправильным, то предъявитель его будет иметь право продолжать путешествие и доставить себе необходимые для того перевозочные средства. Если Русский подданный будет путешествовать без паспорта в указанных выше пределах или учинит внутри страны какой-либо проступок, то он должен быть арестован и доставлен к ближайшему Русскому Консулу для показания. Если кто, не не имея паспорта, перейдет установленные пределы, то подвергается денежному штрафу, не свыше ста мексиканских долларов, с заключением в тюрьму на срок не свыше одного месяца или без оного.

7) Русские подданные в Корее будут подчинены всем муниципальным, полицейским и другим правилам, какие будут постановлены подлежащими властями обоих Государств для поддержания спокойствия и порядка.

Статья V

1) Во всех открытых для торговли и местах русские подданные будут пользоваться полной свободой заниматься торговлей всякого рода товарами, не запрещенными ностоясим договором, покупать пошлины по тарифу к нему приложенному ; ввозить товары из всех иностранных или Корейских открытых портов, продавать оные Корейским или другим подданным, или покупать

от них таковые и вывозить в другие иностранные или Корейские откытые порты. Они могут свободно вести дела с Корейскими или другими подданными без всякого вмешательства со стороны Корейских властей или других лиц и могут беспрепятственно заниматься всякой промышленностью.

2) Владелец и получатель товаров, ввезенных из иностранного порта и очищенных пошлиной, будут иметь право, при обратном вывозе оных в какой-либо иностранной порт, в течение тринадцати Корейских месяцев со дня привоза их, получить свидетельство о праве на обратное получение уплаченной пошлины, но лишь в том случае, если первоначальная укопорка товаров окажется в целости. Вышеозначенные свидетельства должны быть или выкупаемы, по требованию, Корейскими таможнями, или принимаемы во всех Корейских открытых местах в уплату пошлины.

3) Если Корейские произведения будут перевозиться из одного открытого Корейского порта в другой, то уплаченная за них вывозная пошлина должна быть возвращаема в порт вывоза, по предъявлении таможенного свидетельства о прибытии товаров в порт назначения или по представлении достаточных доказательств об страте таковых при кораблекрушении.

4) Все товары, ввезенные в Корею Русскими подданными и оплаченные уже пошлиной по тарафу, могут быть перевозимы беспошлинно в какой-либо другой Корейский открытый порт, и при ввозе их внутрь страна не будет подлежать никакому дополнительному налогу, акцизу, или транзитной пошлине. подобным же образом полная свобода должна быть допущена для перевоза в открытые порты всех Корейских произведений, предназначенных для вывоза, и таковые произведения не должны подлежать никаким налогам, акцизу или транзитной пошлине, ни на месте производства, ни при перевозке их из какой-либо чати Кореи в открытые порты.

5) Корейское Правительство может фрахтовать Русские купеческие суда для перевозки товаров и пассажиров в неоткрытые порты Кореи ; этим же правом могут пользоваться и Корейские подданные, если они будут иметь на то разрешение от своих властей.

6) В случаях, когда Корейское Правительство будет иметь основание опасаться недостатка в хлебе в Корее, то Его Величество Король Корейский может на время запретить вывоз его за границу из одного или всех Корейских открытых портов ; соблюдение этого запрещения будет обязательно для Русских подданных в Корее по изтечении одного месяца со дня официального извещения о том Русского Консула в подлежащих портах. Но запрещение это не должно оставаться в силе дольше, чем это необходимо.

7) Русские купеческие суда будут обложены местной пошлиной по тридцати мексиканских центов с регистрированной тонны. Таковая плата будет давать судну право на посещение Корейских открытых портов в продолжение четырех месяцев, без дальнейшей уплаты какого-либо налога. Все… пошлины должны быть употребляемы на постройку у Корейских берегов, в

особенности же при входе в открытые порты, маяков, бакенов и на постановку… а также на углубление или другие улучшения якорных стоянок. С лодок, употребляемых в открытых портах для выгруски или погрузки судов, никакая грузовая пошлина не будет взиматься.

8) Сим постановляется, что одновременно с настоящим договором получат силу и действие приложения по оному тарифу и торговые правила. По мере необходимости надлежащие власти обоих Государств могут по взаимному соглашению, необходимые в них изменения или прибавления.

Статья VI
Если бы Русский подданный ввозил или покушался ввести товары контрабандой в не открытый для торговли Корейский порт или другое место, то сверх конфискации оных он подвергается штрафу в размере двойной стоимости товаров. Корейские местные власти могут отобрать таковые и апрестовать всех Русских подданных, замешанных в контрабанде или попытке на оную. Задержанных таким образом лиц она обязана немедленно препроводит в ближайшее Русское Консульство для суда, а товары могут удержать до произнесения окончательного приговора.

Статья VII
1) Если какое-либо Русское судно претерпит крушение или сядет на мель у берегов Кореи, местные власти немедленно примут меры к охранению судна и его груза от разграбления и находящийся на нем лиц от насилия, и окажут всякое другое необходимое содействие. Они должны немедленно известить о случившемся ближайшего Русского Консула и снабдить, в случае надобности, лиц, претерпевших крушение, необходимыми средствами для следования в ближайший открытый порт.

2) Все расходы, сделанные Корейским Правительством по спасению, снабжению одеждой, содержанию и отправлению потерпевших крушение Русских подданных, по отысканию тел утонувших. погребению умерших и на лечение больных и увечных, будут возмещены Русским Правительством- Корейскому.

3) Русское Правительство не обязано вознаграждать издержки, произведенные по спасению или сохранению потерпевшего крушение судна или находящегося на нем имущества. Подобные расходы должны пасть на спасенное имущество и должны быть уплачены заинтересованными в этом лицами по получении такового.

4) Корейское Правительство не будет ставить в счет ни издержки правительственных чинов или местных полицейских властей, отправлятущихся к месту крушения, ни путевые расходы чиновников, сопровождающих потерпевших кораблекрушение, ни расходы на официальную

корреспонденцию. Все эти расходы должно нести Корейское Правительство.

5) Русские купеческие суда, вынужденные непогодою или недостатком запасов, топлива или свежей воды, зайти в неоткрытри порт Кореи, могут исправить свои повреждения и запастись необходимыми припасами, причем все потребные на это расходы должны уплачиваться шкипером судна.

Статья VIII

1) Военные суда каждой из Высоких договаривающихся сторон будут иметь право посещать все порты другой. Они будут пользоваться всеми облегчениями для закупки разных припасов или для всякого рода исправлений и не будут подчинены торговым или портовым правилам. Точно также с них не будут взиматься никакого рода пошлины или портовые сборы.

2) Когда Русское военное судно будет заходить в не открытый для иностранной торговли порт Кореи, то офитесрат и комаде предоставляется съезжать на берег, но не отправляться внутрь страны, если они не имеют на это паспортов.

3) Запасы всякого рода для потребностей Русского флота могут быть выгружаемы в открытых портах Кореи и сохраняемы в складах под надзором Русского правительственного лица, будь оплата какой-либо пошлины. Но в случае продажи чего-либо из этих запасов, покупатель обязан внести следующие с них пошлины Корейским властям.

4) Корейское Правительство будет оказывать все возможное содействие Русским военным судам, занимающимся съемочными и промерными работами в Корейских водах.

Статья IX

1) Корейское Правительство никоим образом не будет препятствовать, если Русские власти и подданные в Корее будут нанимать к себе на службу Корейских подданных в качестве учителей, переводчиков, слуг или для каких-либо других законных занятий. Подобным же образом не будет никаких органичений относительно найма Русских подданных Корейскими властями и подданными для всяких законных занятий.

2) Подданным обоих Государств, отправляющимся в ту или другую страну для изучения языка, литературы, законов, искусств или промышленности, или же для ученных изысканий, будет оказываться всякое возможное содействие.

Статья X

Сим определяется, что со дня вступления в силу настоящего договора Правительство, должностные лица и подданные его Величества Императора Всероссийского будут пользоваться всеми правами, выгодами и преимуществами, — в особенности относительно ввозных и вывозных пошлин, — каковые предоставлены или впредь будут предоставлены Его Величеством Королем Корейским Правительству, должностным лицам или подданным какой-либо другой Державы.

Статья XI
По прошествии десяти лет со дня вступления настоящего договора в силу каждая из Высоких договаривающихся сторон может, предупредив о том другую или приложенного к нему тарифа для включения в него, по взаимному соглашению, таких изменей, какие окажутся желательными.

Статья XII
1) настоящий договор составлен на русском и китайском языках, и оба текста вполне тождественны, но сим постановляется, что Русский текст будет принимаем за основной пры толковании смысла всех статей.
2) Все официальные сообщения, посылаемые Русскими властями Корейским, будут писаны на Русском языке, а на первое время будут сопровождаемый Китайским переводом.

Статья XIII
Настоящий договор будет ратифицирован его Величеством Императором Королем Корейским за их подписями и печатями, и размен ратификации последует в Ханьяне(Сеул) в течение года или ранее, если обстоятельства позволят. Договор должен быть обнародован обоими Правительствами ко всеобщему сведению и получить обязательную силу со дня размена ратификации. —
Во свидетельство чего Уполномоченные обоих Государств подписали настоящий договор и утвердили оный своими печатями. — Учинено в трех экземплярах в городе Ханьян(Сеул), в лето от Рождества Христова тысяча восемьсот восемьдесят четвертое, июня в двадцать пятый день, по Корейкому летоисчислению пятнадтатого числа, пятой II луны четыреста девяносто третьего года, или в десятый год царствования Гуань-Сюй, по Китайскому летоисчислению.

(подписал) К. Вебер
М. П.
(подписал) Ким-пен-си
М. П.

조러수호통상조약(러시아어본)의 한글 번역문

1884년 7월 7일(6월 25일) 조러수호통상조약

전 러시아, 모스크바, 키예프, 블라디미르, 노브고로드의 황제이시자 군주이시며, 카잔의 차르, 아스트라한의 차르, 폴스크의 차르, 시베리아의 차르, 헤르소니스 타브리다의 차르, 그루지아의 차르이시며, 프스코프의 군주이시며, 스몰렌스크, 라트비아, 볼린스크, 포돌스크, 핀란드의 대공이시며, 에스틀란디아, 리플란디아, 쿠를란디아, 세미갈스키, 사모깃스키, 벨로스톡스키, 코렐스키, 트베리, 유고르스키, 페름, 비야츠크, 불가리아 등등의 공후이시며, 노브고로드 니제프스키, 체르니고프, 랴잔, 폴로트스크, 로스토프, 야로슬라블, 므스틸라프의 군주이시자 대공이시며, 나라의 북부 전역의 주권자이시며, 이베르스크, 카르탈린스크, 카바르딘스크 땅과 아르메니아, 체르카스크 지역의 군주이시며, 고르스크의 공후이시며, 다른 모든 지역의 계승 군주이시자 소유자이시며, 노르웨이, 게르쪼그 슐레즈비크-골스틴스크, 스토르만스크, 디트마르센스크, 올덴부르그 등등, 등등, 등등의 계승자인 우리의 알렉산드르 3세(Александр III)에게 신의 은총이 깃들기를 기원하면서 우리와 조선국 국왕 사이에 진행된 협상의 결과 1884년 6월 25일 한양(서울)에서 우리의 전권대표들이 조약을 체결하고 서명하였음을 공포한다. 조약의 문구는 다음과 같다.

러시아 제국 황제이자 전 러시아의 군주와 조선국 국왕은 진심으로 양국 간의 영원한 우정과 통상 관계를 수립하고, 이를 조약으로 확정하고자 진정으로 원하여 자신의 전권대표들을 임명하였다.
러시아 제국 황제이자 전 러시아의 군주는 성 안나 2등 훈장을 수여받은 5등문관 카를 베베르(Карл Вебер)를, 그리고 조선국 국왕은 조선 외부아문 총리대신 의정태자대부 추밀고문 일품 김병시를 임명하였다.
전술한 양국의 전권대표는 부여된 전권에 따라 각 일방의 권능을 정당하다고 인정하고, 다음의 조항들을 합의 및 결정하였다.

제1조.
1) 이제부터 전 러시아 황제와 조선국 국왕 사이에는 영원한 평화와 우호가 있을 것이며, 양국의 공민은 그 일방의 영토 내에서 신체 및 재산에 대하여 보호를 받고 완전한 안전을 향유한다.
2) 체약국 일방과 제3국 사이에 분쟁이 발생할 경우 그 일방의 청원에 따라 타의 일방은 발생한 분쟁의 평화적 해결에 협력하여야 한다.

제2조.
1) 양 체약국은 타 일방의 수도에 외교 대표를 영구히 또는 임시로 임명할 수 있으며, 또한 기타 열강 영사의 주재를 허락한 개항장 전부 또는 일부에 총영사, 영사와 부영사를 주재시킬 수 있다. 양국의 외교 대표와 영사관은 예외 없이 타 일방의 관리와 개인적으로 또는 문서로써 교섭하는 모든

편리를 가지게 되며, 또한 다른 나라들의 외교 대표와 영사관에 주어진 것과 동일한 권리와 특권을 향유한다.
2) 양 체약국의 외교 대표와 영사관, 그리고 이에 속하는 모든 직원들은 타방의 영토 각지를 자유롭게 여행할 수 있는 권리를 가지며, 조선국 당국은 조선국을 여행하고자 하는 전술한 러시아 관리들에게 여행증명서를 발급해야 하고, 필요한 때에는 그들을 호송하여야 한다.
3) 양국의 영사관은 그 주재국의 황제 또는 정부의 승인을 얻은 후에야 자기의 직무를 수행할 수 있다. 단 그들에게는 상업(무역)에 종사하는 것이 허용되지 않는다.

제3조.
1) 조선국에 체류하는 러시아 공민과 그 재산에 대한 재판권은 러시아 영사관이나 이에 대하여 전권을 갖는 여타의 러시아 관리들에게만 속하며, 이들은 조선국 당국으로부터 어떠한 간섭도 받음이 없이 러시아 공민에 대하여 동국인 또는 외국 공민이 제기하는 일체의 소송 사건을 심의하고 재판한다.
2) 조선국에 체류하는 러시아 공민에 대하여 조선국 당국과 조선국 공민이 제기하는 모든 소송은 러시아 법률에 의거하여 러시아 재판소가 심의하고 재판한다.
3) 조선국에서 러시아 당국과 러시아 공민이 조선국 공민에 대하여 제기하는 모든 소송은 조선국 법률에 의거하여 조선국 당국이 심의하고 재판한다.
4) 조선국에서 여하한 과실 혹은 범죄를 저지른 러시아 공민은 러시아 법률에 따라 러시아 당국이 재판하고 처벌한다.
5) 조선국에서 러시아 공민에게 여하한 과실이나 범죄를 저지른 조선국 공민은 조선국 법률에 의거하여 조선국 당국이 재판하고 처벌한다.
6) 본 조약 또는 본 조약의 부칙, 혹은 본 조약이 발효한 이후에 확정되는 규칙을 위반하는 러시아 공민에 대한 소송은 러시아 영사가 심의하고 판결하며, 러시아 영사가 부과한 벌금과 몰수 재산은 조선국 정부의 수입으로 한다.
7) 개항장에서 조선국 당국이 억류한 러시아 상품은 봉인함과 동시에 러시아 영사관의 관리에게 통지하여야 하며, 그런 다음에 러시아 당국의 결정이 내려질 때까지 유치한다. 상품의 주인에게 유리한 결정이 내려지는 경우에는 그 상품을 지체 없이 러시아 영사에게 이관시켜야 한다. 상품의 주인이 조선국 당국에 그 상품의 가격을 기탁하면 상품의 주인은 결정이 내려지기 전이라 할지라도 그 상품을 인수할 권리를 갖는다.
8) 민사이건 형사이건 조선국 재판소와 조선국에 있는 러시아 재판소에서 심의되는 모든 소송 사건에 있어 원고 측은 그 심의에 입회할 관리를 지명할 수 있다. 이를 위하여 파견되는 관리는 그 지위에 합당한 대우를 받으며, 희망에 따라 주민을 소환하여 신문과 반대신문을 하거나 소송 절차 또는 재판소의 결정에 대하여 항고할 수 있다.
9) 자기 본국의 법률을 위반한 조선국 공민이 러시아 공민의 가옥이나 상품 창고, 혹은 러시아 상선에 숨어드는 경우 러시아 영사는 조선국 지방 당국으로부터 이에 관한 통지를 받는 즉시 그 범죄

인을 체포하여 조선국 당국에 인도하여야 한다. 단, 러시아 영사의 허락이 없거나 러시아 공민의 동의가 없이는 러시아 공민의 가옥에 들어가지 못하며, 선장이나 여타 대리인의 동의가 없이는 러시아 선박에 들어가지 못한다.
10) 조선국 당국은 당해 러시아 관리의 요구에 따라 모든 형사범이나 러시아 군대와 상선에서 도망한 자를 체포하여 인도해야 한다.

제4조.
1) 본 조약의 효력이 발생하는 날부터 러시아의 무역을 위하여 인천부에 있는 제물포, 원산, 부산 항구를 개방한다. 만약 부산이 불편할 경우에는 부산 근처에 있는 다른 장소를 선정한다. 도시로서는 한양(서울)과 양화진 또는 양화진 부근에 있는 보다 편리한 장소를 개방한다.
2) 러시아 공민은 전술한 장소에서 토지나 가옥을 임차하거나 구입하고, 가옥, 창고 또는 공장을 건설할 수 있다. 또한 러시아 공민에게는 자유롭게 예배를 할 수 있는 권리가 부여된다. 외국인 거류지의 선정, 경계선의 설정과 구획, 외국인들의 무역을 위해서 개방한 조선국의 제 항구에서의 토지 판매에 관한 사항에 대해서는 조선국 당국이 해당 외국 당국과 협의하여 처리한다.
3) 이들 장소는 조선국 정부가 토지 소유주로부터 구입하여 마련하는데, 거주하기에 편리하여야 한다. 이에 지출되는 비용은 주로 토지 판매에서 생기는 수입으로 상환한다. 연간 세액은 조선국 당국이 외국 당국과 협의하여 결정하는데, 조선국 당국에게 당해 액수를 지불하여야 한다. 이 수입의 일부는 조선국 정부의 소유로 하며, 그 잔액과 토지 판매대금에서 토지 구입비를 공제하고 남은 순수입은 후에 조선국 당국과 해당 외국 당국과 협의하여 설치하도록 되어 있는 거류지회의(居留地會議)의 관리에 속하는 기금으로 들어간다.
4) 러시아 공민은 외국인 거류지의 경계 밖 10리 이내의 장소에서 토지나 가옥을 임차하거나 구입할 수 있다. 이러한 방법을 통하여 점유한 토지는 그 토지 소재지에서 시행하는 모든 법률적 통제에 따라야 하며, 토지를 점유한 대가로 조선국 당국이 판단한 바에 따라 정해진 지세를 지불하여야 한다.
5) 조선국 당국은 무역을 위하여 개방한 모든 곳에 외국인의 묘지에 적합한 구역을 무상으로 배정한다. 이러한 묘지에 대해서는 임차료, 지세, 기타 어떠한 세금도 부과하지 않으며, 묘지의 관리는 전술한 거류지회의에 위임한다.
6) 러시아 공민은 외국과의 무역을 위하여 개방한 항구로부터 100리 이내의 장소에서, 혹은 차후에 양국의 관련 당국 간의 상호 협의하에 규정되는 범위 내에서 여행증명서가 없이도 원하는 곳을 여행할 수 있다. 또한 러시아 공민은 유람이나 상업상의 목적으로 조선국의 모든 지역을 여행하거나 지역 생산물을 구입할 권리를 갖는다. 마찬가지로, 조선국 정부가 금지하고 있는 서적과 인쇄물을 제외하고 모든 종류의 상품을 수송하고 판매할 권리를 갖는다. 하지만 여행자나 상인을 막론하고 러시아 영사가 발행하고 조선국 당국이 서명하거나 날인한 여행증명서를 소지하여야 한다. 여행자가 통과하고자 하는 각 지점에서 제시 요구가 있을 경우에는 여행증명서를 제시하여야 한다. 여행증명서가 합법적인 것으로 판명되는 경우 그 여행증명서의 소지자는 여행을 계속할 수 있으며, 이

를 위하여 필요한 이동수단을 획득할 권리를 갖는다. 러시아 공민이 여행증명서를 소지하지 않고 앞에서 규정한 한계 밖으로 나가거나, 조선국 안에서 범죄를 저질렀을 경우에는 그를 체포하여 가장 가까운 곳에 위치한 러시아 영사에게 인도하여 처벌을 받도록 하여야 한다. 여행증명서를 소지하지 않고 규정된 한계를 벗어나는 자에 대해서는 1월 이내의 금고형과 함께 멕시코화 100달러 이하의 벌금을 부과한다.

7) 조선국에 있는 러시아 공민은 안녕 질서의 유지를 위하여 거류지회의, 경찰, 그리고 양국의 해당 관리가 규정하는 모든 규칙을 준수하여야 한다.

제5조.
1) 이제부터 러시아 공민은 무역을 위하여 개방한 모든 항구와 장소에서 본 조약이 금지하고 있지 않는 각종 상품을 본 조약의 부칙에서 정한 세율에 따른 세금을 납부한 후 판매하며, 모든 외국의 항구 혹은 조선국의 개항장에서 상품을 구입하여 그것을 조선국 공민 또는 기타의 공민에게 판매하거나, 조선국 공민과 기타의 공민으로부터 그러한 상품을 구입하여 기타의 외국 항구와 조선국의 개항장으로 수입할 수 있는 완전한 자유를 가진다. 러시아 공민은 조선국 당국이나 기타의 인물로부터 일체의 간섭을 받음이 없이 조선국 공민 또는 기타의 공민과 자유로운 사업 관계를 가질 수 있으며, 일체의 방해를 받음이 없이 모든 산업에 종사할 수 있다.

2) 외국 항구로부터 수입한 후 세금 납부를 완료한 상품의 소유주와 수취인이 그 상품을 여하한 외국 항구로 재수출하고자 할 경우에는, 수입일로부터 조선력으로 13개월 이내에는 이미 납부한 관세의 환급증서를 받을 권리를 갖는다. 단, 이 경우 상품은 애초에 포장되어 있던 상태 그대로여야 한다. 전술한 관세 환급증서는 요구가 있을 경우에 조선국 세관이 금전으로 환급해 돌려주거나, 조선국의 다른 모든 개항장에서 관세를 대신하여 수령한다.

3) 조선국의 생산품이 한 개항장에서 다른 개항장으로 운송이 되면, 그때 납입된 수출세는 그 상품이 목적지로 되어 있는 항구에 도착하였다는 세관의 증명서를 제시하거나, 혹은 선박이 파손되었을 경우에는 해당 상품이 손실되었다는 확실한 증거를 제시할 경우, 수출항에서는 이를 환급하여야 한다.

4) 러시아 공민이 조선국으로 수입하여 세율에 의거한 관세를 납부한 상품은 여타의 세금을 납부함이 없이 조선국의 다른 개항장으로 수송할 수 있으며, 해당 상품을 내지로 운송할 경우에도 부가세나 물품세, 또는 통과세가 부과되지 않는다. 한편 수출을 하기로 되어 있는 조선국의 모든 상품을 개항장으로 운송하는 데 있어 완전한 자유가 보장되어야 하며, 이러한 상품에 대해서는 생산지나 조선국의 한 지역에서 개항장으로 운송할 경우에도 부가세나 물품세, 또는 통과세를 부과해서는 안 된다.

5) 조선국 정부는 조선국의 몇몇 비개항장으로 상품과 승객을 수송하기 위하여 러시아 상선을 용선할 수 있다. 당국의 승인을 얻을 경우에는 조선국 공민도 동일한 권리를 갖는다.

6) 조선국 정부가 국내의 식량 부족이 우려된다고 판단할 경우에는 조선국 황제 폐하는 개항장 1개소 혹은 모든 개항장에서 외국으로의 곡물 수출을 일시적으로 금지시킬 수 있다. 조선국에 있는 러

시아 공민은 이 금지 조치와 관련하여 조선국 당국이 해당 항구에 주재하는 러시아 영사에게 이를 공식적으로 통보한 날로부터 1개월이 경과한 후에야 이를 준수할 의무를 갖게 된다. 단, 이 금지 조치는 필요 이상으로 지속시켜서는 안 된다.

7) 러시아 상선은 등록 톤수 1톤당 멕시코화 30센트를 입항세로 지불한다. 이러한 입항세를 지불한 상선은 이후 어떠한 세금도 지불함이 없이 4개월 동안 조선국의 개항장을 방문할 권리를 갖는다. 모든 입항세는 조선국 해안의 시설, 특히 개항장의 입구에 있는 등대, 수로표(水路標) 설비, 해로표(海路標) 설비, 준설 또는 기타 정박소의 계량 등을 위하여 사용되어야 한다. 개항장에서 선박의 화물 하역 또는 선적에 사용되는 작은 선박에는 어떠한 화물세도 부과하지 않는다.

8) 본 조약과 동시에 본 조약에 부속되는 관세 세율과 무역 규칙의 효력이 발생함을 이에 약정한다. 필요하다고 인정될 때는 양국의 해당 당국은 전술한 규칙들을 재검토하고 상호 협의하에 개정하거나 부가할 수 있다.

제6조.
러시아 공민이 무역을 위하여 개방된 항구 혹은 기타 장소로 밀수품을 수입하였거나 수입하려고 기도할 경우에는 그 밀수품은 몰수되고, 밀수입자에게는 상품 가액의 2배에 해당하는 벌금을 추징한다. 조선국의 지방 당국은 이러한 밀수품을 몰수하며, 밀수입을 하였거나 밀수를 기도한 모든 러시아 공민을 체포할 수 있다. 조선국의 지방 당국은 이렇게 억류된 자를 재판에 회부할 수 있도록 가장 가까운 곳에 위치한 러시아 영사관에 지체 없이 인도하고, 밀수품은 최종판결이 날 때까지 억류한다.

제7조.
1) 러시아 선박이 조선국의 연안에서 난파당하거나 곤경에 처하게 될 경우에 조선국의 지방 당국은 선박과 화물을 현지에 살고 있는 사람들의 약탈과 폭력으로부터 보호하는 조치를 지체 없이 강구하고, 기타의 필요한 모든 협조를 제공한다. 조선국의 지방 당국은 발생한 사건에 관하여 가장 가까운 곳에 위치한 영사에게 지체 없이 통지하고, 필요한 경우 난파 선원들을 가장 가까운 개항장으로 보내는 데 필요한 수송 수단을 제공하여야 한다.
2) 조선국 정부가 난파를 당한 러시아 선원을 구조하고 지급한 피복, 급양 및 운송, 시신의 수색, 사체의 매장과 병상자의 치료에 사용한 모든 비용은 러시아 정부가 조선국 정부에 상환한다.
3) 러시아 정부는 난파당한 선박 또는 선박에 있는 재산의 구호나 보존에 사용된 비용에 대해서는 상환의 의무를 지지 않는다. 재산의 구호에 사용된 비용은 이에 이해관계를 가지고 있고 구호와 보전을 받은 자가 상환하여야 한다.
4) 조선국 정부는 조선국 관리 혹은 지방경찰을 난파된 장소로 파견하는 데 사용된 비용, 난파 선원을 호송하는 관리의 여비, 공식적인 통신에 소요된 비용 등에 대하여 이를 청구하지 못한다. 이러한 지출은 모두 조선국 정부가 부담한다.
5) 악천후나 물자, 연료, 혹은 식수의 부족으로 부득이 조선국의 여하한 비개항장에 기항하게 되는

러시아 상선은 파손된 부분을 수리하고, 필요한 물자를 비축할 수 있다. 이 경우 선장은 일체의 비용을 지불하여야 한다.

제8조.
1) 양 체약국 일방의 군함은 타방의 모든 항구를 방문할 권리를 가진다. 이 군함은 각종 물자의 구입 혹은 각종의 수리를 위하여 모든 편의시설을 이용할 수 있으며, 항구 규칙 또는 무역 규칙에 구속되지 않는다. 또한 이 군함으로부터는 어떠한 종류의 관세나 입항세도 징수하지 않는다.
2) 러시아 군함이 외국과의 무역을 위하여 개방되지 않은 항구에 기항하였을 경우에도 장교와 기타 승무원이 해안에 상륙할 수 있다. 단, 그들이 이에 필요한 여행증명서를 소지하고 있지 않을 경우에는 내지로 들어갈 수 없다.
3) 러시아 함대에 필요한 각종 물자는 조선국의 개항장에 하역할 수 있으며, 러시아 정부 관리의 감시하에 관세를 지불하지 않고 창고에 보관한다. 그러나 이들 물자 중에 일부를 판매하는 경우에는 구매자는 규정된 관세를 조선국 당국에 지불하여야 한다.
4) 조선국 정부는 조선국의 수역에서 측도(測圖) 및 측량 작업에 종사하는 러시아 군함에게 가능한 모든 협력을 제공한다.

제9조.
1) 조선국 정부는 어떠한 경우에도 조선국에 있는 러시아 당국과 러시아 공민이 조선국 공민을 교사, 통역관, 혹은 기타의 적법한 업무에 고용하는 것을 방해하여서는 안 된다. 마찬가지로 조선국 당국과 조선국 공민이 러시아 공민을 적법한 업무에 고용하는 것도 제한받지 않는다.
2) 양국 정부는 언어, 문학, 법률, 예술, 산업 또는 학문적인 조사를 위하여 각 상대방의 나라에 파견하는 양국 공민에 대하여 온갖 가능한 협력을 제공한다.

제10조.
본 조약의 효력이 발생하는 날로부터 러시아 황제 폐하의 관리와 공민은 조선국 국왕 폐하께서 어떤 다른 열강의 관리나 공민에게 이미 허용하고 있거나 금후에 허용할 모든 권리와 특권(특히 수출입 관세에 있어)을 향유하게 됨을 약정한다.

제11조.
양 체약국 중 일방은 본 조약의 효력이 발생하는 날로부터 10년이 경과하기 1년 전에 타의 일방에게 통보하여 본 조약 또는 본 조약에 부속된 관세 세율의 개정을 요구할 수 있으며, 상호 협의하에 필요하다고 인정되는 것을 개정할 수 있다.

제12조.
1) 본 조약은 러시아어와 한문으로 작성되었으며, 양 조약문은 완전히 동일한 내용으로 구성되어

있다. 하지만 각 조항의 의미를 해석할 경우에는 러시아어 조문을 기초로 한다.
2) 러시아 당국이 조선국 당국에 보내는 모든 공식 문서는 러시아어로 작성되며, 초기에는 한문으로 된 역본이 첨부된다.

제13조.
본 조약은 러시아 황제 폐하와 조선국 국왕 폐하께서 각기 서명하고 날인하여 비준한다. 비준서는 1년 이내에, 혹은 사정이 허락한다면 그 이전에 한양(서울)에서 교환한다. 본 조약은 양국 정부에 의하여 공포되어야 하며, 비준서를 교환한 날로부터 효력이 발생한다.

이의 증거로서 양국의 전권대표가 본 조약에 서명하고 날인한다.
본 조약은 서기 1884년 6월 25일, 조선력 493년 음력 5월 15일, 중국력 광서 10년에 한양(서울)에서 원본 3부가 작성되었다.

(서명) 카를 베베르(K. Вебер)
(서명) 김병시

2) 조러육로통상장정(1888)

○ 명칭
- 한자: 朝俄陸路通商章程; 朝露陸路通商章程
- 러시아어: Правила для сухопутной торговли с Кореи, заключенные в Сеуле 8 августа 1888 гойда

○ 체결 국가: 한국, 러시아

○ 체결일: 1888년 8월 8일(음력 7월 13일)

○ 체결 장소: 서울

○ 서명자(또는 전권대사)
- 한국: 조병식
- 러시아: 카를 베베르(K. Вебер)
- 오웬 N. 데니(Denny, O. N.)

○ 작성 언어: 한문, 러시아어

○ 체결 배경 및 과정

1860년 베이징조약을 통해 조선과 국경을 접하게 된 러시아는 이후 국경 교역이 차츰 확대되면서 양국 간의 공식적 육로통상 관계를 수립하는 데 관심을 갖고 있었다. 지방정부 차원이기는 하지만 공식적 육로통상 관계를 수립하려는 러시아의 노력은 1860년대 중반부터 계속 있어 왔다. 하지만 그러한 노력은 조선 정부의 거부로 성과를 거두지 못하였다. 1884년 조러수호통상조약의 협상 과정에서도 러시아에게 육로통상 문제는 초미의 관심사였지만, 이 역시 중국의 영향을 받은 조선의 반대로 해결되지 못하였다.

하지만 러시아는 조러수호통상조약 체결 직후부터 공식적 육로통상체계를 세우기 위한 노력을 재개한다. 1885년 조선에 부임하는 베베르는 조선에서 수행해야 할 자신의 업무와 관련한 훈령을 외무성으로부터 받았는데, 이 훈령에는 육로통상장정의 체결이 포함되어 있었다.

러시아의 요구에 따라 1885년부터 육로통상 협상이 시작되었다. 당시 러시아는 두만강 양안 국경지대에 자유무역지대를 창설할 것과 관세율의 인하, 소의 수출세 면제 등을 요구했으나 청의 방해, 조선의 회담 기피 등으로 성과를 거두지 못하였다. 결국 러시아는 자신의 요구를 포기했으며, 1888년 육로통상장정이 체결됨으로써 두만강 하류에서 양국 간의 육로를 통한 통상이 공식적 차원에서 이루어지게 되었다.

○ 주요 내용

경흥을 개방하고, 러시아인들에게 경흥에서부터 100리 이내의 거리를 통행권 없이 자유롭게 활동할 수 있는 상업상 특권 부여.

상품의 밀수 방지에 관한 규정.

무세 품목(無稅品目)·금수 품목(禁輸品目) 및 관세 등에 관한 규정.

경흥에 부영사관 설립.

치외법권.

조차권.

종교의 자유.

○ 결과 또는 파급 효과

육로통상장정의 체결은 러시아가 장정 체결을 계기로 조선으로 남하할 수 있다는 영국을 비롯한 열강의 우려감을 더욱 심화시켰으며, 이러한 우려감은 조선을 둘러싼 열강의 이해관계를 보다 다변화시켰다. 하지만 조선의 입장에서 러시아를 이용하는 정책은 조선이 청국의 간섭에서 벗어나 자주독립국으로 존재하기 위한 생존 전략이었으며, 장정도 그중 하나였다.

○ (조약문) 출처

- *АВПРИ. Фонд Японский стол. Опись 493. Год 1884-97. Дело 214. Листы 58-69 об.*

조러육로통상장정(러시아본) 원문

Правила для сухопутной торговли с Кореи, заключенные в Сеуле 8 августа 1888 гойда

Для большего скрепления взаимной дружбы между Российским и Корейским Государствами и для развития торговых сношений на общей между ними границе,

Великого Российского Государства Поверенный в Делах, Действительный Статский Советник Карл Вебер и

Президент Корейского Министерства Иностранных Дел, Чжо-пянь-сик, Сановник II-й степени и проч. и

Г. Оуен Н. Дении, Вице-Президент Тайного Совета Его Величества, Советник по иностранным делам, и проч.,

по взаиному согласию заключили нижеследующие правила :

Статья I

1) Кроме открытых для русской торговли портов : Чемульпо (Цзи-у-пу), Генсан (Юань-Шань), Фусан (Фу-шань) и городов : Сеул (Хань-янь) и Янь-хуа-цзинь (или другого места по близости его), торговля также может производиться в города Кёнг-Хонг.

Примечание : Если Сеул закроется для иностранной торговли, то одновременно отменено будет и право русских подданных торговать в этом пункте.

2) В Кёнг-Хонг Российское Правительство будет иметь право учредить Консульство или Вице-Консульство.

Консульский Агент будет вступать в отправление своих обязанностей лишь по признании его в этом звании Королем или Корейским Правительством.

Впредь до вступления в должность означенного Консульского Агента, Пограничный Комиссар в Южно-Уссурийском Крае или другое должностное лицо, надлежащим образом на то уполномоченное, может, с согласия Корейского Правительства, временно исправлять его обязанности.

3) В личных или письменных сношениях своих с местными властями Российский Консульский Агент в Кёнг-Хонг будет пользоваться всеми без исключения правами и преимуществами, предоставленными Консульским Агентам в других, отрытых для торговли, местах.

4) Как дипломатические, так и Консульские Агенты и пограничные власти могут свободно и беспрепятственно путешествовать по всем частям Кореи ; местные власти будут оказывать им при этом всякое содействие и снабжать их паспортами, и если нужно, конвоем для их охраны.

Для пересылки корреспонденции таковые русские чины могут позоваться существующими в Корее правительственными почтовыми учреждениями. В случае же для особой важности, бумаги от означенных лиц могут быть отправляемы с курьером русской или другой национальности, который будет снабжаем особым свидетельством и на пути своем не должен быть задерживаем.

Статья II

1) Русским подданным в Кёнг-Хонг дозволяется нанимать или покупать землю или дома и строить дома, склады или фабрики. Им предоставляется также право свободного отправления богослужения. Все распоряжения, как по выбору, определению границ и размежеванию местности для русского поселения, так и по продаже земли и размеру годичной поземельной подати, должны быть делаемы корейскими совместно с подлежащими русскими властями. Впоследствии может выть учрежден также муниципальный совет. Во всех этих отношениях, точно так же и относительно отвода места под кладбище, будут руководствоваться правилами, установленными для иностранных поселений в других откытых для торговли местах. Кроме того, подлежащие корейские власти отведут у города Кёнг-Хонг, но не дальше пяти корейских ли от него, пустопорожнее место, имеющее в длину не больше одной корейской ли под пастбище для принадлежащего русским подданным виючного и убойного скота. Относительно выбора этого места, надзора за оным и других условий, касающихся позования пастбищем, местные власти имеют войти впоследствии в соглашение с подлежащими русскими властями. Что касается до скота, предназначенного для торговли, то таковой будет подлежать, при ввозе или вывозе его, оплате пошлин, но с виючного скота, которым русские подданные позуются лично для себя или для провоза товаров, пошлина не будет взиматься.

Русским подданным разрешается покупать и арендовать земли, нанимать или покупать дома также вне пределов собственного поселения на расстоянии десяти корейских ли, но что касается до взимания следующих за то поземельных податей, то таковые определяются по усмотрению Корейского Правительства.

2) Русские подданные могут путешествовать без паспорта, куда пожелают, на расстояние ста корейских ли от Кёнг Хонга, или же в пределах, установленных впоследствии по взаимному соглашению между подлежшими властями обоих государств. Русские подданные, снабженные билетами, имеют право путешествовать по всем частям Кореи для своего удовольствия или для торговых целей, покупать местные произведения, равно как перевозить и продавать всякого рода товары, за исключением книг и печатных произведений, не одобренных Корейским Правительством. Означенные билеты будут выдаваемы русскими властями, за подписью или печатью Корейских местных властей, и должны быть предъявлямы по требованию в тех местах,

через которые путешественники будут проезжать. Если билеты не будут найдены неправильными, то местные власти должны, без замедления, таковых лиц пропускать, которые затем имеют право продолжать путешествие и доставать себе необходимые перевозочные средства.

Если русский подданный будет путешествовать без надлежащего билета вне указанных выше педелов, или учить внутри страны какой-нибудь проступок, то он должен быть аэрстован и передан ближайшей русской власти для наказания. Перешедние установленные пределы без билета будут подвергаемы денежному штрафу не свыше ста мексиканских долларов с заключением в тюрьму на срок не свыше одного месяца или без оного.

3) Корейские подданные также могут свободно отправляться в Россию для торговых всякого рода товары, не запрещенные к ввозу в Россию, а равным образом покупать местные произведения. При этом они обязаны испросить от своих таможенных властей паспорт в удостоверении их личности, который, при вступлении в русские пределы, дложен быть предоставлен русскому начальству для засвидетельствования и на пути следования предъявляем местным властям, которые, если найдут билет правильным, должны таковых лиц перевозки товаров они по своему усмотрению могут нанимать людей, телеги, лодки и другие перевозочные средства.

4) Если корейский подданный будет пытаться перейти границу без билета, то русские власти, по расследовании дела, не дозволят ему следовать дальше и, задержав его, будут отсылать его обратно через границу. Точно также будут поступать и корейские власти с русскими подданными, пытающимися переходит границу без билета.

5) Как русские подданные в Корее, так и корейские подданные в России будут иметь право, по желанию своему, возвратиться на родину, и подлежащие власти должны будут выдавать им паспорта, если к тому не имется препятствий.

Статья III

1) В Кёнг-Хонг русские подданные будут пользоваться полной свободой торговать всякого рода товарами, не запрещенными настоящими правилами, они могут ввосит в Кёнг-Хонг или же вывозить оттуда произведения русские, корейские или иностранные, покупать и продавать такие на деньги или посредством мены, без всяких стеснении со стороны корейских властей. Они могут также беспрепятственно заниматься там всякой промышленностью.

2) по прибытии товаров в пограничную таможню русский подданный должен заявить о них таможенному начальству и представить заверенное объявление, с показанием в нем : имени лица, подающего объявление, числа торговых мест с их знаками или пометками, количества, рода и цены заключающихся в них товаров.

3) Все товары, таким образом объявленные, могут быть осматриваемы таможенными чиновниками на месте, особо для того отведенном. По осмотру их, который должен быть произведен без всяких напрасных промедлений или повреждений товаров, они вновь упаковываются таможенными властями и приводятся, по тарифу в течение пяти дней по прибытии их в таможню, последней выдается разрешительное свидетельство (чжунь-дань), по которому они могут быть вывозимы или ввозимы внутрь страны.

5) Все товары, ввезенные в Корею русскими подданными и оплаченные уже тарифу, могут быть ввозимы внутрь страны беспошлинно, и при этом не будут подлежать некакому дополнительному налогу, акцизу или транзитной пошлине. Подобным же образом и товары, предназначенные для вывоза, не должны подлежать, корме вывозной пошлины, никаким налогам, акцизу или транзитной пошлине, ни на месте производства, ни при перевозке оных.

6) владелец или получатель русских илил иностранных товаров, привезенных на продажу в Кёнг-Хонг и очищенных пошлиной, будет иметь право, при обратном вывозе оных, в течение тринадцати месяцев со дня привоза, получить свидетельство о праве на обратное получение уплаченной пошлины, но лишь в том случае, если первоначальная укупорка товаров окажется в целости. вышеозначенные свидетельства должны быть выкупаемы, по требованию, корейскими таможнями, или, открытых для торговли местах в уплату пошлин.

7) Если кореские произведения, купленные в одном из открытых для торговли месте или внутри страны для вывоза их сухим путем в русские пределы и оплаченные пошлиной, будут опять продаваться в Корее, а не будут вывозиться, или, если таковые дорогой будут потеряны, то по представлении несомнительных доказательств на то, пошлина должна быть возвращаема подлежащей таможней.

Статья IV

1) Корейские власти имеют право принимать меры, какие признают нужными, против контрабандной торговли.

2) Если бы русский подданный ввозил или покушался ввести товары контрабадной, следуя не ближайшей дорогой в таможню, а окольными нитями мимо таможни, то сверх конфискации оных, он подвергается штрафу в размере двойной стоимости товаров. Корейские власти могут отобрать таковые и арестовать всех русских подданных, замешанных в контрабанде или попытке на оную. Задержанных таким образом лиц они обязаны немедленно препроводить к ближайшему русскому начальству для суда, а товары могут удержать до произнесения окончательного приговора.

3) Русские подданные не имеют права провозить в открытые для торговли места товары,

принадлежащие Корейским подданным под видом собственных. Виновные в нарушении этого правила подвергаются взысканию, согласно содержащемуся в этих правилах постановлению о контрабандной торговле.

4) Если окажется, что Русский купец, потребовавший обратно уплаченную за русские или иностранные товары пошлину, под предлогом, что таковые он желает вывести в русские пределы, получил надлежащее таможенное свидетельство, согласно Ⅲ-ей статье настоящих Правил, и потом скрытно продал эти товары или часть оных в Корее, то он подвергается взысканиям, определенным за контрабанду, соразмерно количеству проданного товара.

5) купцу предоставляется право выкупить конфискованные товары уплатой суммы, равной стимости товаров, по оценке, произведенной по соглашению с Корейскими властями.

Статья V

1) Следующие предметы допускаются к ввозу в Корею и вывозу из нее сухим путем беспошлинно : Багаж дорожный ; живность всякая, как-то : куры, утки, гуси ; земледельческие орудия ; золото и серебро очищенное (золотой песок не включается в это правило) ; золотая и серебряная монета всякая ; инструменты научные, как-то : физические, математические, метеорологические и хирургические и пренадлежности к оным ; книги, атласы и географические карты ; литеры для книгопечатания ; модели всякого рода ; образчики в небольшом количестве экземпляров ; овощи ; плоды ; растения, деревья и кусты всякие ; рыба ; трубы пожарные ; укупорочный материал, как-то : мешки, рогожки, бечевки.

2) Следующие предметы запрещаются к ввозу и, в случае нарушения этого постановления, подлежат конфискации :

Опиум ; поддельные москательные и аптекарские товары ; оружие, огнестрельные и военные припасы, как-то : тяжелые и полевые орудия, ядра и пустотельные снаряды, всякое отнестрельное оружие, картузы с порохом и патроны, всякое холодное оружие, копья, пики ; селитра, обыкновенный и хлопчатобумажный порох, динамит и другие взрывчатые составы.

Кроме вышеозначенных предметов, запрещен ввоз хлебного спирта в Россию и вывоз из Кореи красного женьшеня.

Примечание : Русские подданные, путешествующие в Корее, могут иметь при себе, для самозащиты, каждый по одному ружью или них билетах.

3) За исключением вышеупомянутых предметов, не подлежащих оплате пошлиной или запрещенных к провозу, со всех остальных товаров, ввозимых в Корею или вывозимых оттуда сужим путем, взимается пошлина в размере пяти процентов с их стоимости. Товары, привозимые русскими купцами в открытые для торговли порта морем или вывозимые ими этом путем, оплачиваются пошлиной по тарифу для морской торговли, и к ним не может быть

применимо натоящее правило о взимании пошлины с товаров, провозимых сухим путем.

4) При определении стоимости ввозимых сухим путем товаров, для взимания с них пошлины по тарифи, принимается в соображение рыночная цена оных во Владивостоке и расходы на провоз, страхование и прочее. Стоимость вывозимых из Кореи туземных товаров определяется рыночной ценой их в Корее. Если стоимость товаров, подлежащих оплате пошлиною, объявлена владельцем неверно, то для устранения разногласия следует руководствоваться общими правилами для иностранной морской торговли. Со всех поврежденных на пути в Кёнг-Хонг товаров соразмероное понижение пошлины будет допущено, по степени их повреждения.

5) Упалта пошлины долхна производиться серебряной или, по желанию, Корейской медной монетой, посуществующему курсу.

6) Процентная пошлина может быть, по соглашению между подлежащими властями обоих Государств и насколько оно окажется желательным, превращена впоследствии в постоянную.

7) Все документы, бумаги и объявления, подаваемые русскими купцами в Кёнг-Хонгскую таможню, могут быть писаны на одном русском языке или с присоединением корейского текста.

Статья VI

1) Юрисдикция над русскими подданными в Корее и их собственностью будет исключительно принадлежать русским Консульским Агентам или другим должностным лицам, надлежащим образом на то уполномоченным, которые будут разбирать и решать без всякого вмешательства со стороны корейских властей все дела, возбужденные против русских подданных их соотечественниками или же иностранными подданными.

2) Все обвинения и жалобы, как корейских властей, так и корейских подданных, против русских подданных в Корее, будут разбираться и решаться русскими судами и на основании русских законов.

3) Все обвинения и жалобы, как русских властей, так и русских подданных, против корейских подданных в Корее будут разбираться и решаться Корейскими властями и на основании Корейских законов.

4) Русский подданный, учинивший в Корее какой-либо проступок или преступление, будет судиться и на казываться русскими властями по русским законам.

5) Корейский подданный, учинивший в Корее какой-либо проступок или преступление против русского подданного, будет судиться и наказываться корейскими властями по корейским законам.

6) Всякая жалоба на русского подданного в нарушении ранее заключенного договора или настоящих правил, или же правил, которые будут постановлены впоследствии по соглашению между обоими Правительствами, влекущая за собою штраф или конфискацию, должна быть

подана на рассмотрение и решение Русского Консула ; наложенный им страф или конфискованное им имущество поступают в пользу Корейского Правительства.

7) Русские товары, задержанные в Кёнг-Хонг корейскими властями, должны быть опечатаны или сообща с русскими консульскими чнами, и потом удержаний ими до постановления решения русских властей. Если это решение будет в пользу владельца товаров, они немедленно должны быть переданы в распоряжение Консула. Впрочем, владельцу предоставляется право получить товары еще до постановления решения, если он внесет стоимость их корейским властям.

8) Во всех делах гражданских и уголовных, разбираемых в Корейских или Русских судах в Корее, власти истца могут назначать должностное лицо для присутствия при оных. Откомандированнный для того чиновник будет пользоваться подобающим его положению внимание и ему разрешается, по своему желанию, вызывать свидетелей, допрашивать их и подвергать очной ставке, или протестовать против судопроизводства или решения суда.

9) В случае, если бы Корейский подданный, обвиняемый в нарушении законов своего отечества, скрылся в доме или товарном складе русского подданного, или на русском купеческом судне, Российский Консул, по получении извещения о сем ут местных властей, примет меры к аресту и выдаче его последним для суда. Но без дозволения Консула никакой корейский чновник не имеет права входить в дом русского подданного без его согласия шкипера или другого заступающего его место лица.

10) По требованию подлежащей русской власти, корейские власти должны арестовать и выдать всякого русского подданного, обвиняемого в уголовном преступлении, и также всякого дезертира с русского военного или коммерческого судна. При этом следует сообразоваться с постановлениями предыдущего параграфа.

Статья VII

Русские и корейские каботажные суда будут свободно плавать по Туминуцзяну. Для урегулирования сообщения между обиты берегами и плавания по реке, подлежащими властями обоих Государств, будут выработаны впоследствии особые правила о судоходстве и речной полиции.

Статья VIII

1) Настоящие торговые правила составлены на русском и корейско-китайском языках, и оба текста вполне тождественны ; но сим постановляется, что русский текст будет принимаем за основание при толковании смысла всех статей.

2) Все официальные сообщения, посылаемые русскими властями корейским, будут писаны на

русском языке, а на первое время будут сопровождаемы китайским или корейским переводом.

Статья IX

Настоящие правила возымеют силу со дня их подписания и утверждаются на пять лет.

Если какая-нибудь из договаривающихся сторон пожелает подвергнуть их пересмотру, то должна заявить стороне за шесть месяцев до окончания этого срока. Но если ни одна сторона не сделает такого заявления, то правила останутся в силе на новый пятилетний срок.

Заключены и подписаны в городе Сеуле, в лето от Рождества Христова тысяча восемьсот восемьдесят восьмое, Августа восьмого дня, или по корейскому летосчислению в лето, от основания Династии четыреста девяносто седьмое, седьмой луны, тринадцатого числа.

(Подписано :) К. Вебер   (подписано :) Чжо-пянь -сик

(М. П.)   (М. П.)

(Подписано :) Owen N. Denny

조러육로통상장정(러시아어본)의 한글 번역문

1888년 8월 8일 서울에서 체결된 조러육로통상장정

러시아와 조선의 우호 증진과 양국이 접한 국경에서의 통상 발전을 위해
대러시아 대리공사 5등문관 카를 베베르와
조선 정2품 자헌대부, 교섭통상사무아문 독판 조병식과 국왕의 중추원 부대표 겸 외교 고문 오웬 N. 데니 등은 상호 합의에 의해 아래와 같은 장정을 체결하였다.

제1조
1) 러시아인의 통상을 위해 개방된 제물포, 원산, 부산 항구들과 서울(한양)과 양화진(혹은 그 인근의 다른 장소) 외에 경흥에서도 통상이 이루어질 수 있다.
주석: 서울의 대외 통상이 폐쇄될 경우, 이 지점에서 러시아 신민들의 통상할 수 있는 권리 역시 동시에 폐지될 것이다.
2) 러시아 정부는 경흥에 영사관 혹은 부영사관을 설치할 권리를 가진다.
해당 영사 등 관리는 조선 국왕 혹은 조선 정부가 그 직위를 인정한 후에야 자신의 직무를 수행할 수 있다.
상기 영사 관리가 직무를 수행하기 전에는 남우수리 변경 주의 국경 수비대장 혹은 그 대리자로서 적절한 다른 관리가 조선 정부의 승인을 얻어 그 역할을 잠정적으로 수행할 수 있다.
3) 경흥의 러시아 영사 등 관리는 지방 관리와 만나거나 문서를 주고받을 때 무역을 위해 개방된 다른 지역들에서 영사들에게 부여된 권리와 특권을 예외 없이 향유한다.
4) 외교관은 물론 영사대리와 국경 당국자는 조선의 모든 지역을 자유롭고 장애 없이 여행할 수 있다. 지방 당국은 그들에게 모든 협조를 제공하고, 증명서를 발급해 주며, 필요한 경우 그들의 보호를 위해 호위병을 제공한다.
위의 러시아 관리들은 우편물의 수발신을 위해 조선에 현존하는 정부 우편기관을 이용할 수 있다. 각별히 중요한 경우 상기 자들이 보내는 서류는 러시아 혹은 다른 나라 급사를 통해 발송될 수 있는데, 이 급사에게는 특별증명서를 발급하여 도중에 지체되지 않도록 한다.

제2조
1) 경흥의 러시아 신민에게는 토지 혹은 주택을 임대하거나 구입하고, 주택이나 영업소, 작업장을 건조할 수 있도록 허용한다. 또한 그들에게 자유롭게 예배할 권리를 부여한다. 러시아인이 거주할 지역을 선정하고 경계를 만들고 배치하는 것만 아니라 토지의 판매 및 연간 토지세 규모에 관련된 모든 조치는 조선과 해당 러시아 당국이 공동으로 행해야 한다. 이후 자치기구를 설치할 수 있다. 이 모든 면에서 그리고 공동묘지를 위한 장소 할당에 대해서도 동일하게, 무역을 위해 개방된 다른 지역에서의 외국인 거주지에 적용되는 규칙을 따른다. 그 밖에 해당 조선 당국은 경흥 인근에 그로

부터 조선리(朝鮮里)로 5리 이내의 거리에 공지를 제공하되 러시아 신민이 소유하는 운수용 및 식용 가축을 키울 목초지로서 조선리로 1리 이하의 땅을 할당한다. 그 지역의 선정 및 이런저런 조건의 감독에 대해 지방 당국은 그 후 해당 러시아 당국과 협의할 수 있다. 거래용 가축에 관해서는 그 반입과 반출 시에 세금을 내야 하지만 러시아 신민이 자신을 위해 혹은 화물 운반을 위해 개인적으로 부리는 운수용 가축은 세금을 징수하지 않는다.

러시아 신민은 자기 주거지에서 조선리로 10리 이내의 곳에서 토지의 매입과 임대, 건물의 임대 혹은 매입을 허용하지만, 그에 따르는 토지세의 징수는 조선 정부의 규정에 따라 결정한다.

2) 러시아 신민은 경흥에서 조선리로 100리 내에서, 혹은 그 후 양국의 해당 당국 사이에 체결할 상호 합의로 설정한 한계 내에서 여행증명서를 소지하지 않고 원하는 대로 여행할 수 있다. 여행증명서를 받은 러시아 신민은 유람이나 상업적 목적으로 조선 전역을 여행할 권리를 가지며, 조선 정부가 승인하지 않은 서적과 출판물을 제외하고 모든 종류의 화물의 반입과 판매를 할 수 있는 것과 마찬가지로 지역 생산물을 구매할 권리가 있다. 상기 여행증명서는 러시아 당국이 교부하여 조선의 지역 당국의 인장이나 수표를 받아야 하며, 여행자가 통과하는 지역에서 요구가 있으면 제시해야 한다. 여행증명서가 잘못된 것이라고 밝혀지지 않는 한 지방 당국은 지체 없이 그 사람을 통과시키며, 그 사람은 그 후 여행을 계속할 권리와 필요한 운송 수단을 확보할 권리를 갖는다.

러시아 신민이 해당 여행증명서 없이 위에서 말한 경계 밖으로 여행을 하거나 영토 내에서 어떠한 과실을 범하면 처벌을 위해 체포하여 가장 가까운 러시아 당국에 인계해야 한다. 여행증명서 없이 설정된 경계를 넘은 자는 1개월 이내의 금고형을 가하거나 그러지 않으면 멕시코 달러로 100달러의 벌금을 부과한다.

3) 조선 신민도 상업적 목적이나 유람을 위해 자유로이 러시아에 입국하여 러시아로의 반입이 금지되지 않은 모든 종류의 화물을 운반, 판매할 수 있으며, 지역 산물도 동일하게 구입할 수 있다. 이 경우 그들은 자국 세관에 신분을 증명하는 여권을 발급받아야 하며, 러시아 경계로 들어오면 증명을 위해 러시아 관청에 제시하고 이동하는 중에는 지방 당국에 제시해야 하며, 지방 당국은 여행증명서가 올바른 것으로 확인되면 지체 없이 당사자를 통과시켜야 한다. 그들은 여행이나 화물 운반을 위해 자기 재량으로 사람이나 짐마차, 선박 및 기타 운송 수단을 빌릴 수 있다.

4) 조선 신민이 여행증명서 없이 월경을 시도할 경우 러시아 당국은 이 문제를 심리한 후 더 이상의 여행을 불허하며, 그를 억류하여 다시 국경 밖으로 돌려보낸다. 여행증명서 없이 월경을 시도하는 러시아 신민에 대해 조선 당국도 이와 동일하게 처리한다.

5) 조선 내의 러시아 신민뿐 아니라 러시아 내의 조선 신민도 스스로 원하면 본국으로 돌아갈 권리를 가지며 해당 당국은 지장이 없는 한 여권을 발급해야 한다.

제3조

1) 러시아 신민은 경흥에서 현행 규정으로 금지되지 않은 모든 화물을 거래할 수 있는 완전한 자유를 가지며 러시아, 조선 혹은 외국의 생산물을 경흥으로 반입하거나 반출할 수 있고, 그러한 물품을 조선 당국 측의 아무런 제한도 받지 않고 돈을 지불하거나 교환을 통해 매매할 수 있다. 또한 러

시아 신민은 그곳에서 장애 없이 모든 산업을 행할 수 있다.
2) 화물이 세관에 도착하면 러시아 신민은 이를 세관 당국에 신고하고 그가 보증하는 신고서를 제출해야 하는데, 이 신고서에는 신고서를 제출하는 사람의 이름, 거래 물품의 숫자와 그 기호 혹은 표식, 안에 들어 있는 화물의 숫자, 종류, 가격을 적어야 한다.
3) 이렇게 신고한 모든 화물은 지정한 장소에서 세관 관리가 조사할 수 있다. 조사는 그 어떠한 고의적인 지체나 화물의 훼손 없이 이루어져야 하며 조사가 종료되면 다시 세관 당국이 포장하여 가능한 한 세관에서 개봉하기 전의 상태로 복구한다.
4) 화물이 세관에 도착한 후 5일 이내에 세율에 따라 세금을 납부하며 세관은 이 화물의 국내 반입 및 반출을 할 수 있는 허가증을 발부한다.
5) 러시아 신민이 조선에 반입하여 이미 관세를 납부한 모든 화물은 국내로 세금 없이 반입할 수 있고, 이 경우 그 어떤 추가적인 세금이나 간접세, 또는 통행세도 납부하지 않는다. 이와 마찬가지로 수출하게 될 화물에 대해서도 생산지에서나 반출 시에 수출세 이외에 어떤 세금이나 간접세, 통행세도 부과해서는 안 된다.
6) 판매를 위해 경흥에 반입되어 관세를 납부한 러시아 혹은 외국 화물의 소유자나 수령자는 반입 일자로부터 13개월 기간 내에 다시 반출할 경우 납부한 세금을 상환받을 권리를 증명하는 증서를 받을 권리를 가지되, 이는 최초의 화물 포장이 온전한 상태일 경우에 한한다. 상기 증서는, 그런 요구가 있으면 조선 세관이 변제하거나, 상인이 원하면 무역을 위해 개방된 모든 지역에서 관세로 대납한다.
7) 무역을 위해 개방된 지역이나 국내에서 육로를 통해 러시아 경계 내로 반출을 위해 구입하여 관세를 납부한 조선 물품을 반출하지 않고 조선에서 다시 판매하거나, 또는 그 물품을 도중에 분실했다면 이에 대한 의심할 바 없는 증거를 제시할 때 해당 세관은 관세를 되돌려주어야 한다.

제4조
1) 조선 당국은 밀수품에 대해 필요하다고 인정하는 조치를 취할 권리를 갖는다.
2) 러시아 신민이 세관으로 가는 가장 가까운 길을 거치지 않고 세관을 피하는 우회로를 통해 화물을 밀수로 들여왔거나 들여오려고 기도했다면 화물 가격의 2배를 벌금으로 부과한다. 조선 당국은 해당 화물을 몰수하고 밀수 혹은 밀수 기도에 개입한 모든 러시아 신민을 체포할 수 있다. 조선 당국은 이렇게 억류된 사람을 즉시 가장 가까운 러시아 법정에 송치시킬 의무가 있으며 화물은 최종 선고가 날 때까지 압류할 수 있다.
3) 러시아 신민은 조선 신민 고유의 품목인 화물을 무역을 위해 개방된 지역에 몰래 들여올 권리가 없다. 이 규정을 어긴 자는 이 장정에 포함된 밀수 규정에 따라 처벌받는다.
4) 러시아 혹은 외국 화물을 러시아 영내로 반출하고 싶다는 핑계로 이 물품에 대해 지불된 관세를 되돌려달라고 요구한 러시아 상인이 이 장정의 3조에 따라 해당 관세 증명을 받은 뒤 이 화물이나 그 일부를 조선에서 몰래 판매한 것이 밝혀진다면 그는 판매한 화물의 양에 따라 밀수죄로 처벌받는다.

5) 상인은 몰수된 화물을, 조선 당국과 합의로 이루어진 평가에 따른 화물 가치에 상응하는 액수를 지불하고 되돌려받을 권리를 갖는다.

제5조
1) 다음 품목은 육로를 통한 조선으로의 무관세 반출입이 허용된다.
행장, 닭·오리·거위 같은 각종 동물, 농기구, 정제한 금과 은(사금은 이 규범에 포함하지 않는다), 각종 금화와 은화, 화학·수학·기상학·외과의 및 그 부속물 같은 과학 장비, 서적, 도감, 지도, 인쇄 활자, 각종 주형, 적은 수의 견본, 채소, 과일, 각종 식물과 나무, 관목, 어류, 소방 호스, 자루, 멍석, 끈 같은 포장 재료.
2) 다음 품목은 반입을 금지하며, 이 규정을 어길 시 몰수한다.
아편, 위조한 유화(油化) 제품과 약품, 중포·야포·포탄·작렬탄·각종 총기, 화약통·탄약통·도검·창·작살 같은 무기와 포탄류, 초석·일반 화약과 목화씨 화약·다이너마이트 등의 폭발물.
상기 품목 외에 러시아로의 곡물 주정 반입과 조선에서의 홍삼 반출은 금지한다.
주석 : 조선을 여행하는 러시아 신민은 호신을 위해 각기 1정의 엽총이나 권총을 소지할 수 있으며, 이는 소지한 여권에 기재해야 한다.
3) 관세 부과 대상이 아니거나 반입이 금지된 상기 품목을 제외하고, 육로로 조선으로 반입되거나 조선에서 반출되는 나머지 모든 화물에 대해서는 그 가격의 5% 내에서 관세를 징수한다. 러시아 상인이 해로를 통해 개항지로 들여오는 화물은 해상무역 관세율에 따라 관세를 지불하며, 육로로 반출입하는 화물에 부과하는 관세의 징수에 관한 본 규칙을 여기에 적용할 수 없다.
4) 육로로 반입하는 화물 가격을 결정할 때는 세율에 따른 관세 징수를 위해 블라디보스토크에서의 화물 시장 가격 및 운송비, 보험료 등을 반영한다. 조선에서 반출하는 토산품 가격은 조선의 시장 가격에 따라 결정한다. 관세 대상 화물의 가격에 대해 소유주가 잘못되었다는 견해를 밝히면 이견 해소를 위해 외국 해상 무역의 일반 규칙을 따른다. 경흥으로 가는 도중에 훼손된 모든 화물에 대해 그 훼손 정도에 따라 관세의 인하를 허용한다.
5) 관세는 은화로 납부하거나, 원할 경우, 조선 동전으로 시가에 따라 납부해야 한다.
6) 백분율 관세(процентная пошлина)는 양국 관련 당국의 합의에 따라 바람직하다고 인정되면 이후 고정관세로 변경할 수 있다.
7) 러시아 상인이 경흥 세관에 제출하는 모든 증명서와 서류, 신고서는 러시아어로만 작성해도 되지만 조선어 역본을 첨부할 수 있다.

제6조
1) 조선의 러시아 신민과 그 재산에 대한 사법권은 러시아 영사대리 혹은 그에 상당한 전권을 가진 다른 관리에게 귀속시켜 관리하며, 러시아 신민 내부나 혹은 외국인이 러시아인에게 제기한 모든 송사는 이들이 조선 당국의 어떠한 개입도 받지 않고 심리, 해결한다.
2) 조선 내의 러시아 신민에 대한 조선 당국과 조선 신민의 모든 고소와 고발은 러시아 법정이 러

시아 법률에 의거하여 심리하고 해결한다.

3) 조선 내 조선 신민에 대한 러시아 당국과 러시아 신민의 모든 고소와 고발은 조선 당국이 조선 법률에 의거하여 심리하고 해결한다.

4) 조선에서 어떠한 과실 혹은 범죄를 저지른 러시아 신민은 러시아 당국이 러시아 법률에 따라 재판하고 처벌한다.

5) 조선에서 러시아 신민에 대해 어떠한 과실 혹은 범죄를 저지른 조선 신민은 조선 당국이 조선 법률에 따라 재판하고 처벌한다.

6) 이전에 체결한 조약 혹은 현행 장정, 혹은 이후 양국 정부 간 합의로 이루어질 규약의 위반으로 러시아 신민에 대해 제기되는 벌금형 혹은 몰수형의 모든 제소는 러시아 영사가 검토하고 결정해야 하며, 그가 부과한 벌금 혹은 그가 몰수한 재산은 조선 정부의 수입이 된다.

7) 조선 당국이 경흥에서 압류한 러시아 화물은 봉인하거나 러시아 영사 관원에 통지해야 하며 이후 러시아 당국의 결정이 날 때까지 영사 관원이 보관한다. 그 결정이 화물 소유주에게 유리하게 나면 화물은 즉시 영사의 처분에 맡겨야 한다. 하지만 화물 소유주가 화물 가격을 조선 당국에 납부하였다면 소유주는 결정이 나기 전이라도 화물을 수령할 권리를 갖는다.

8) 조선 내의 러시아인 혹은 조선인 재판에서 심의하는 민형사상의 모든 문제에서 원고 측 당국은 재판에 배석할 관리를 임명할 수 있다. 이를 위해 파견된 관리는 그 지위에 맞는 대우를 받으며, 원한다면 증인의 소환, 심문을 할 수 있고 대질심문을 할 수 있으며 소송 절차 혹은 법원의 결정에 이의를 제기할 수 있다.

9) 자국법을 위반한 혐의가 있는 조선 신민이 러시아 신민의 가옥이나 창고, 또는 러시아 상선에 은신할 경우 러시아 영사는 지역 당국으로부터 이러한 보고를 받으면 그를 체포하여 재판을 위해 지역 당국에 인도하는 조치를 취한다. 하지만 영사관의 허가 없이는 어떤 조선 관리도 러시아인의 허가 없이 그 가옥에 들어가거나, 선장이나 그 지위를 대신하는 사람의 동의 없이 러시아 선박에 오를 수 없다.

10) 해당 러시아 당국의 요구가 있으면 조선 당국은 형사범 피의자인 모든 러시아 신민, 그리고 러시아 군함 혹은 상선에서 도주한 자를 체포하여 인도해야 한다. 이 경우 전항의 규정에 따른다.

제7조
러시아와 조선의 연안 운행 선박은 두만강을 자유롭게 운항한다. 관련 당국이 양안 사이의 교통과 강의 운행을 조정하기 위해 추후 항행과 하천 경찰에 관한 특별법을 만든다.

제8조
1) 본 통상장정은 러시아어와 한문으로 작성되었으며 양 원문은 완전히 일치한다. 하지만 모든 조항의 의미를 해석할 때 러시아어 원문을 토대로 할 것이라고 규정한다.

2) 러시아 당국이 조선 당국에 보내는 모든 공식적 통지는 러시아어로 작성되며, 단 초기에는 중국어 혹은 조선어 번역문을 동봉한다.

제9조

이 장정은 서명한 날로부터 효력을 가지며 5년간 유지된다.

조약 쌍방 중 어느 일방이 개정을 원하면 기간 종료 6개월 전에 상대방에 이를 알려야 한다.

하지만 어느 한쪽도 그와 같은 의사를 표명하지 않으면 본 장정은 차기 5년 동안 계속 효력을 가진다.

서울에서 서기 1888년 8월 8일, 대조선국 개국 497년 음력 7월 13일에 체결하여 서명하였다.

(서명) K. 베베르   (서명) 조병식
(직인)   (직인)

(서명) 오웬 N. 데니
(직인)

3) 마산포조차비밀협정(마산포 지소 조차에 관한 한러조약, 1900)

○ 명칭
- 한국어: 馬山浦 地所 租借에 관한 韓露 條約
- 러시아어: Русско-корейское соглашение 30(17) марта 1900 г. о предоставлении России концессии в Мазампо.

○ 체결 국가: 대한제국, 러시아

○ 체결일: 1900년 3월 17일

○ 체결 장소: 서울

○ 서명자(또는 전권대사)
- 대한제국: 박제순
- 러시아: А. 파블로프(А. И. Павлов)

○ 작성 언어: 러시아어

○ 체결 배경 및 과정

러시아와 일본 양국은 한반도를 둘러싸고 본격적인 군사적 충돌에 돌입하지는 않았지만, 각기 군사력 증강에 박차를 가하면서 한반도와 만주 지역에서 각종 정보 수집 경쟁을 치열하게 전개하고 있었다. 이러한 와중인 1898년 5월 대한제국 정부는 마산포, 군산, 성진 등 3개 항구를 개방한다는 사실을 서울 주재 각국 공사관에 통보하였고, 다음 해인 1899년 3월에는 동년 5월 1일자로 개항하겠다고 공포하였다.

러시아는 1897년부터 마산포에 관심을 가지고 있었지만, 정작 마산포 지역의 토지를 확보하려는 움직임은 개항 일자가 공표된 1899년 3월에야 보이기 시작했고, 러시아 정부의 토지 매입 지시는 개항일로 공표된 5월 1일을 불과 10여 일 남긴 4월 20일에야 서울 주재 러시아공사관으로 하달되었다. 이에 서울 주재 공사였던 파블로프는 대한제국 외부대신을 만나 개항일을 연기하고 러시아가 선정한 토지의 타국과의 매매를 방지해 달라는 요청을 하여 외부대신으로부터 개항일을 6월 2일로 연기한다는 등의 긍정적인 답변을 받아냈다.

하지만 러시아인들이 마산포를 방문하여 토지 매입을 추진하고 있다는 보고를 접한 일본 정부는 러시아를 견제하기 위하여 러시아가 확보하기를 원하는 토지에 대한 선점을 지시하였고, 일본 측이 해당 토지를 선점하는 데 성공하였다. 이에 러시아는 마산포에서 러시아의 조차지를 획득하기 위한 구체적인 정책을 실천해 나가는데 그 결과로 체결된 것이 1900년 3월 30일 외부대신 박제순과 러시아공사 파블로프 간의 마산포 조차협정이다.

○ 주요 내용

첫째, 마산포의 각국 거류지 밖 10리 이내 지역을 러시아가 조차할 수 있도록 러시아가 원하는 토지의 구입 및 이용에 관한 구체적인 절차가 규정되어 있다.

둘째, 거제도와 인근 도서를 외국 열강이나 외국인 개인에게 할양하지 않을 의무를 대한제국 정부가 지는 것으로 규정하고 있다.

○ 결과 또는 파급 효과

애초에 러시아의 마산포 조차의 목적은 자국 해군을 위한 것이었다. 하지만 러시아 측은 이미 마산포가 러시아의 군항이 되기에는 부적절하다는 판단을 내리고 있었고, 그 결과 마산포의 용도는 대규모 해군기지가 아니라 블라디보스토크와 뤼순에 위치한 군항의 경유지로서의 보조적인 역할에만 기대하였다. 하지만 영국, 일본의 견제가 심화되면서 러시아는 마산포의 중요성에 대하여 보다 적극적인 의미를 부여하게 되었다. 이해에 러시아는 마산포 지역에 조차지를 설정하는 데 그치지 않고 부영사관을 신설하였으며, 1901년까지 여관과 저탄소까지 마련하였다.

마산포에 대한 이와 같은 러시아의 적극적인 정책은 국제정세의 변화와 맞물리면서 다른 양상을 보이게 되었다. 1900년 중국에서 의화단의 난이 발생하자 러시아가 군사적으로 개입하였고, 더 나아가 자국 소유인 동청철도를 보호한다는 명분으로 만주에 군대를 주둔시키게 되었다. 이로써 사실상 만주를 장악한 러시아로서는 마산포에서 눈에 띄는 활동을 함으로써 일본 등을 자극할 이유가 없었다. 따라서 이후 마산포에서의 러시아인들의 군사적, 경제적 활동은 급격하게 위축되었고, 결국에는 마산포 조계에서 철수한다는 방침이 정해지면서 1902년 12월 마산포에는 러시아인이 거의 남아 있지 않게 되었고, 러시아 공민이 구입한 토지는 버려졌으며, 여관은 방치되었다.

○ (조약문) 출처

АВПРИ. Фонд Японский стол. Опись 493. Год 1900. Дело 10. Листы 44-45 об.

마산포조차비밀협정(러시아어본) 원문

Соглашение

К No 2

Миссии в Сеуле 1900 г.

Нижеподписавшиеся Российской-Императорский Поверенный в Делах в Сеуле и Министр Иностранных Дел Его Величества Императора Корейского, обсудив вопрос относительно устройства в удобном месте угольного склада, лазарета и прочих приспособлений, необходимых для мирных надобностей русской эскадры в Тихом Океане, условились в нижеследующем.

I. Корейское Правительство, в видах оказания в этом деле дружеского содействия Русскому Правительству, отчудить в порт Масанпо соответствующий свободный участок земли на морском берегу и предоставить таковой в полное распоряжение Русского Правительства на правах концессии.

II. Точное положение сказанного участка и его границы будут на месте определены, обозначены столбами и нанесены на план Российским Консулом в Масанпо, совместно со специально назначенным для сего Корейским чиновником, о чем или совместно же будет составлен и подписан соотвествующий протокол. Одновременно упомянутый Корейский чиновник, во избежание недоразумений, объявить во всеобщее сведение об отчуждении сего учстка для надобностей Корейского Правительства.

III. Если на пространстве указанного участка окажутся земли или постройки, принадлежащие частным корейцам, то все таковые земли и постройки должны быть выкуплены самим Корейским Правительством, которое примет меры к тому, чтобы прежние их владельцы выселились из пределов участка, когда он будет передан Русскому Правительству.

IV. Выкуп сказанных частных земель и построек и окончательная передача всего участка в распоряжение Русского Правительства должны состояться не позже, чем через месяц со дня подписания Российским Консулом в Масанпо совместно с означенным Корейским чиновником упомянутого выше протокола. Срок для выселения Корейских подданных будет установлен по соглашению Российского Консула с тем же чиновником, но не должен превышать двух месятев.

V. Все расходы по выкупу Корейским Правительством означенных частных земель и построек и по перенесению могли, а равно действительная стоимость входящих в состав участка казенных земель будут возмещены Корейскому Правительством одновременно с передачею в распоряжение последнего всего участка. Общий размер суммы, подлежащий возмещению, а равно размер ежегодного поземельного налога будут определены на месте по соглашению между Россиисим Консулом и упомянутым Корейским чиновником.

VI. К выгрузке и хранению запасов для судов Российского флота, а равно и ввозу, и вывозу товаров, и к прочим подобным вопросам на представляемом Русскому Правительству участке будут применяться общие соответствующие постановления действующих трактатов.

Марта семнадцатого дня тысяча девятисотого года, а по Корейкому Календарю тридцатого числа третьего месяца Гуам-му.

Российской-Императорский	Министр Иностранных
Поверенный в Делах	Дел Его Вличества
Камер-Юнкер	Императора Корейского
Высочайшего Двора	
/подп./ А Павлов	/подп./ Пак-чжу-сун
место печати	место печати

마산포조차비밀협정(러시아어본)의 한글 번역문

협 정

아래 서명한 서울 주재 러시아 제국 대리공사와 대한제국 외부대신은 러시아 태평양 분함대가 평화적인 목적에 사용할 저탄소, 야전병원 및 기타 부대시설을 적절한 장소에 설립하는 문제를 검토한 후 아래와 같이 약정하였다.

I. 대한제국 정부는 이 문제에서 러시아 정부에 대한 우호적 협력의 형태로써 마산포에 상응하는 해안 구역을 수용하여 이를 이권으로써 러시아 정부의 전적인 관리 하에 맡긴다.

II. 상기 구역의 정확한 위치와 그 경계는 현지에서 확인하고, 말뚝으로 표시하며, 대한제국 정부가 이를 위해 임명한 전담 관리와 공동으로 마산포 주재 러시아 영사가 지도에 표기하고, 이에 관해 상응하는 의정서를 공동 작성하여 서명한다. 동시에 상기 대한제국 관리는 오해를 피하기 위해 대한제국 정부의 필요로 이 지역을 수용한다는 점을 공표한다.

III. 상기 구역의 공간에 한국인 개인 소유의 토지나 건물이 있으면 그와 같은 토지와 건물은 모두 대한제국 정부가 매입해야 하며, 대한제국 정부는 이 구역이 러시아 정부에 양도될 때 그 이전 소유자를 구역의 경계 밖으로 이주하도록 조치를 취한다.

IV. 상기 개인 토지와 건물을 매입하여 러시아 정부가 이 구역 전체를 관리하도록 최종 양도하는 것은 마산포 주재 러시아 영사와 상기 대한제국 관리가 공동 작성한 의정서에 서명한 날로부터 1개월을 넘기지 않는다. 한국인의 이주 기간은 러시아 영사와 상기 관리의 합의로 정하지만 2개월을 초과해서는 안 된다.

V. 대한제국 정부가 해당 개인 토지와 건물을 매입하고 묘지를 이장하는 데 사용한 모든 비용, 그리고 구역에 편입된 국유지의 정가(正價)는 해당 구역 전체를 양도함과 동시에 러시아 정부가 대한제국 정부에 보상한다. 보상 총액, 그리고 연간 토지세액은 러시아 공사와 상기 대한제국 관리의 합의로써 현지에서 결정한다.

VI. 러시아 정부가 관할하게 될 구역에서의 러시아 함대 선박들의 비축 물자의 하역과 보관, 그리고 상품의 반입과 반출 등 기타 제반 문제에 대해서는 현행 조약들의 해당 일반 규정을 적용한다.

1900년 3월 17일, 광무 3월 30일.

러시아 제국 대리공사 　　대한제국 황궁 시종보 외부대신
/서명/ A. 파블로프 　　/서명/ 박제순

V

근대 중국(청)과 일본 간 체결한 조약들

조국 성신여자대학교 사학과 조교수
유바다 고려대학교 한국사학과 조교수

1. 청일수호조규(1871)

조국

○ 명칭
- 일본어(한문): 大日本國大淸國修好條規(大淸國大日本國修好條規)

○ 체결 국가: 일본, 청

○ 체결일: 1871년 9월 13일
- 비준일: 1873년 4월 30일(비준서 교환)

○ 체결 장소: 톈진(체결) / 베이징(비준)

○ 서명자(또는 전권대사)
- 일본: 다테 무네나리
- 청: 리훙장

○ 작성 언어: 일본어, 한문

○ 체결 배경 및 과정

에도 막부 시기의 쇄국체제하에서 일본은 청과 통상관계를 유지하고 있었다. 안세이 5개국 조약을 통해 개국을 맞이하면서 청과의 전통적 관계 또한 변용되기 시작했다. 나가사키의 당인관에서 머물며 무역업에 종사하고 있던 청 상인들은 일본의 개국 이후 요코하마, 하코다테와 같은 개항장으로까지 활동을 넓혀 나갔다. 일본 또한 일본 상인이 외국으로 나가 무역을 하는 이른바 출무역을 청국과 시도하였으나 막부가 붕괴하고 메이지 신정부가 수립되며 현실에 이르지는 못했다.

이후 메이지 신정부는 서구 열강과의 조약 관계를 조선, 청에 대해서도 구축하고자 하였다. 1870년 상하이에 일본 영사관을 개설하고 조약 체결을 위한 교섭이 시작되었다. 일본 측은 다테 무네나리, 청국은 북양대신 리훙장이 각각 전권을 부여받아, 이듬해 1871년 조약 체결에 이른다. 교섭 과정에서 청국은 일본을 압도하며 조약 내용을 청국의 의도대로 관철시킬 수 있었다. 이는 조선과의 외교를 유리하게 이끌어나가고 서구 열강에 대항하기 위해 청일 간 제휴를 필요로 한 일본이 조약 체결을 서둘렀기 때문이었다.

○ 주요 내용

청일수호조규는 조약명에서부터 조약이 아닌 조규라는 표현을 사용함으로써 기존의 서구 열강과 체결한 조약과는 성격이 다름을 상징적으로 보여 주고 있다. 또한 조약 전문(前文)에 양국의 원수명이 기재되지 않은 점도 특징이다. 조약문에 일본의 덴노(천황)가 명기되는 것을 기피한 청국의 의견이 반영된 결과였다.

제1조에서 양국 간 '방토'를 침월하지 않는 것이 규정되었다. 청국은 이를 통해 일본의 조선 침략 등을 사전에 막고자 하는 의도가 있었으나 '방토'의 구체적인 의미를 둘러싼 논쟁의 여지를 남겨 두었다. 제2조의 양국 간 우호를 규정한 조문은 서구 열강으로부터 청일 공수동맹의 함의가 있는 것이라는 의심을 받기도 하였다. 제3조는 법령과 정치에 관한 양국의 자주권을 규정하여 내정간섭의 여지를 배제하였다. 그 밖에 상호 간 영사재판권을 규정한 제8조, 범죄 발생 시의 체포 규정(제12조, 제13조) 등이 포함되었다.

수호조규와 함께 체결된 통상장정은 대체로 양국이 각각 서구 열강과 체결한 규정을 상호 승인하는 내용으로 구성되었다. 협정관세가 규정되었으며 내지 통상은 양국에서 모두 금지되었다.

○ 결과 또는 파급 효과

동아시아 내의 전통적인 조공 책봉 체제에서 벗어나 청일 간 자주적이고 대등한 근대적인 조약 관계가 최초로 맺어졌다. 다만 영사재판권, 협정관세 등이 규정된 점에서 온전한 대등 관계라 보기 힘든 측면이 존재했다. 조문 내용은 청국의 의도가 반영된 점이 많았기에 일본은 비준을 미루며 개정을 요구하였으나 결국 체결 당시의 내용으로 1873년에 비준이 이루어진다. 그러나 일본 또한 청과 대등한 조약 관계를 형성함으로써 청과 종주국 관계에 있던 조선에 우위를 점하는 논리를 획득할 수 있었다. 청일수호조규를 통해 동아시아의 전통적 국제질서가 변동을 맞이하기 시작한 것이다.

○ (조약문) 출처
- 『舊條約彙纂』 제1권 제1부, 393~409쪽.

청일수호조규(일본어본)의 원문

明治四年七月二十九日天津ニ於テ調印(日、支文)
明治六年三月九日批准

大日本國と大淸國は古來友誼敦厚なるを以て今般一同舊好を修め益邦交を固くせんと欲し大日本國欽差全權大臣從二位大藏卿伊達大淸國欽差全權大臣辨理通商事務太子太保協辨大學士兵部尙書直隷總督部堂一等肅毅伯李各奉したる上諭の旨に遵ひ公同會議して修好條規を定め以て雙方信守し久遠替らさる事を期す其議定せし各條左の如し

第一條
此後大日本國と大淸國は彌和誼を敦くし天地と共に窮まり無るへし又兩國に屬したる邦土も各禮を以て相待ち聊侵越する事なく永久安全を得せしむへし

第二條
兩國好を通せし上は必す相關切す若し他國より不公及ひ輕藐する事有る時其知らせを爲さは何れも互に相助け或は中に入り程克く取扱ひ友誼を敦くすへし

第三條
兩國の政事禁令各異なれは其政事は己國自主の權に任すへし彼此に於て何れも代謀干預して禁したる事を取り行はんと請ひ願ふ事を得す其禁令は互に相助け各其商民に諭し土人を誘惑し聊違犯有るを許さす

第四條
兩國秉權大臣を差出し其眷屬隨員を召具して京師に在留し或は長く居留し或は時々往來し內地各處を通行する事を得へし其入費は何れも自分より拂ふへし其地面家宅を賃借して大臣等の公館と爲し並に行李の往來及ひ飛脚を仕立書狀を送る等の事は何れも不都合なき樣世話いたすへし

第五條
兩國の官位何れも定品有りと雖も職を授る事各同からす因て彼此の職掌相當する者は應接及ひ文通とも均く對待の禮を用ふ職卑き者と上官と相見るには客禮を行ひ公務を辨するに付ては職掌相當之官へ照會して其上官へ轉申し直達する事を得す又雙方禮式の出會には各官位の名帖を用ふ凡兩國より差出したる官員初て任所に到着せは印證ある書付を出し見せ假冒なき樣の防きをなすへし

第六條
此後兩國往復する公文大淸は漢文を用ひ大日本は日本文を用ひ漢譯文を副ふへし或は只漢文のみ

を用ひ其便に從ふ

第七條
兩國好みを通せし上は海岸の各港に於て彼此共に場所を指定め商民の往來貿易を許すへし猶別に通商章程を立て兩國の商民に永遠遵守せしむへし

第八條
兩國の開港場には彼此何れも理事官を差置き自國商民の取締をなすへし凡家財産業公事訟訴に干係せし事件は都て其裁判に歸し何れも自國の律例を按して糺辨すへし兩國商民相互の訴訟には何れも願書體を用ふ理事官は先つ埋解を加へ成丈訴訟に及はさる樣にすへし其儀能はさる時は地方官に掛合ひ雙方出會し公平に裁斷すへし尤盜賊欠落等の事件は兩國の地方官より召捕り吟味取上け方致す而已にして官より償ふ事はなさゝるへし

第九條
兩國の開港場に若し未た理事官を置さる時は其人民貿易何れも地方官より取締り世話すへし若し罪科を犯さは本人を捕て吟味を遂け其事情を最寄開港場の理事官へ掛合ひ律を照して裁斷すへし

第十條
兩國の官吏商人は諸開港場に於て何れも其地の民人を雇ひ雜役手代等に用ふる事勝手に爲へし尤其雇主より時々取締を爲し事に寄せ人を欺く事なからしめ別して其私言を偏聽して事を生せしむへからす若犯罪の者有らは其地方官より召捕り糺辨するに任せ雇主より庇ふ事を得す

第十一條
兩國の商民諸開港場にて彼此往來するに付ては互に友愛すへし刀劍類を携帶する事を得す違ふ者は罰を行ひ刀劍は官に取上くへし又何れも其本分を守り永住暫居の差別無く必す自國理事官の支配に從ふへし衣冠を替へ改め其地の人別に入り官途に就き紛はしき儀有る事を許さす

第十二條
此國の人民此國の法度を犯せし事有て彼國の役所商船會社等の内に隱れ忍ひ或は彼國各處に遁け潛み居る者を此國の官より查明して掛合越さは彼國の官にて早速召捕へ見遁す事を得す囚人を引送る時は途中衣食を與へ凌虐すへからす

第十三條
兩國の人民若し開港場に於て兇徒を語合盜賊惡事を爲し或は内地に潛み入り火を付け人を殺し劫奪を爲す者有らは各港にては地方官より嚴く捕へ直に其次第を理事官へ知らすへし若し兇器を用

て手向ひせは何れに於ても挌殺して論無かるへし併し之を殺せし事情は理事官と出會して一同に査驗すへし若し其事內地に發りて理事官自ら赴き查驗する事屆きかねる時は其地方官より實在の情由を理事官に照會して查照せしむへし尤縛して取りたる罪人は各港にては地方官と理事官と會合して吟味し內地にては地方官一手にて吟味し其事情を理事官に照會して查照せしむへし若し此國の人民彼國に在て一揆徒黨を企て十人以上の數に及ひ並に彼國人民を誘結通謀し害を地方に作すの事有らは彼國の官より早速查拏し各港にては理事官に掛合ひ會審し內地にては地方官より理事官に照會して查照せしめ何れも事を犯せし地方に於て法を正すへし

第十四條
兩國の兵船開港場に往來する事は自國の商民を保護する爲めなれは都て未開港場及び內地の河湖支港へ乘入る事を許さす違ふ者は引留て罰を行ふへし尤風に遇ひ難を避るために乘入りたる者は此例に在らす

第十五條
此後兩國若し別國と兵を用ゆる事有るに付防禦致すへき各港に於て布告をなさは暫く貿易並に船隻の出入を差止め誤て傷損を受けさらしむへし又平時に於て大日本人は大淸の開港場及ひ最寄の海上大淸人は大日本の開港場及ひ最寄の海上にて何れも不和の國と互に爭鬪搶劫する事を許さす

第十六條
兩國の理事官は何れも貿易を爲す事を得す亦條約無き國の理事官を兼勤する事を許さす若し事務の計ひ方衆人の心に協はさる實據有らは彼此何れも書面を以て秉權大臣に掛合ひ査明して引取らしむへし一人事を破るに因て兩國の友誼を損傷するに至らしめす

第十七條
兩國の船印は各定式あり萬一彼國の船此國の船印を假冒して私に不法の事を爲さは其船並に荷物とも取上くへし若し其船印官員より渡したる者ならは其筋に申立官を罷めしむへし又兩國の書籍は彼此誦習はんと願はゝ互に賣買する事を許すへし

第十八條
兩國議定せし條規は何れも預め防範を爲し偶嫌隙を生するを免れしめ以て講信修好の道を盡す所なり是に因て兩國欽差全權大臣證據の爲め先つ花押調印をなし置き兩國御筆の批准相濟み互に取替はせし後に卽ち版刻して各處に通行し彼此の官民に普く遵守せしめ永く以て好みを爲すへし

　明治四年辛未七月廿九日
　同治十年辛未七月廿九日

청일수호조규(일본어본)의 한글 번역문

메이지 4년 7월 29일 천진에서 조인(일문, 한문)
메이지 6년 3월 9일 비준

대일본국과 대청국은 고래로 우의 돈독함으로 금번 일동 구호(舊好)를 다지고 더욱 국교를 공고히 하고자 하여 대일본국 흠차전권대신 종2위 대장경(大藏卿) 다테(伊達), 대청국 흠차전권대신 변리 통상사무 태자태보(太子太保) 협판 대학사 병부상서 직예총독 당부(部堂) 일등숙위백 이(李)가 각각 받든 상유의 뜻에 따라 공동 회의하여 수호조규를 결정하고 이로써 쌍방은 신수(信守)하고 오랫동안 바뀌지 않을 것임을 기한다. 의정한 각 조문은 다음과 같다.

제1조
차후 대일본국과 대청국은 점차 화의를 두터이 함이 천지와 함께 무궁할 것이다. 또한 양국에 속한 방토(邦土)도 각각 예로써 대우하여 조금이라도 침월(侵越)하는 일 없이 영구히 안전을 얻게 할 것이다.

제2조
양국이 통호한 이상 반드시 서로 긴밀히 관심을 갖고 만일 타국으로부터 불공정하고 멸시받는 일이 있을 경우, 이를 알리면 어느 쪽이든 서로 돕고 혹은 중간에 개입하여 적절히 취급하여 우의를 돈독히 한다.

제3조
양국의 정사(政事), 금령(禁令)은 각각 다르므로 그 정사는 자국 자주의 권리에 맡긴다. 피차 모두 권한을 넘어 간여하여 금지한 일을 취해 달라고 청원할 수 없다. 금령에 대해서는 서로 협조하여 각각 그 상민에게 설유하고 백성을 유혹하여 조금이라도 법을 어기는 것을 허락하지 않는다.

제4조
양국 병권대신을 차출하여 그 권속, 수행원을 불러모아 경사에 재류하거나 장기간 거류하고 혹은 수시로 왕래하여 내지 각처를 통행할 수 있다. 이에 대한 경비는 모두 스스로 지불하며 부지, 가택을 임차하여 대신 등의 공관으로 하며 사신의 왕래 및 파발 작성 서장을 보내는 등의 일은 모두 불편함이 없도록 살핀다.

제5조
양국의 관위는 모두 정품(定品)이 있으나 직을 받는 일은 각각 다르다. 이에 피차 직장(職掌)에 상당하는 자는 응접 및 문통(文通) 모두 균등한 대우의 예를 사용하여 직이 낮은 자가 상관과 접견할 때는 객례(客禮)를 행하고 공무를 함에 직장이 상당하는 관리에 조회하여 그 상관에 전신(轉申)하고 직달하지 않는다. 또한 쌍방 예식의 회동에는 각 관위의 명첩(名帖)을 사용한다. 무릇 양국에서 파견된 관원은 최초로 임소에 도착하면 인증(印證)이 있는 문서를 내보여 사칭하는 일이 없도록 방지한다.

제6조
이후 양국 왕복하는 공문은 대청(大淸)은 한문을 사용하고 대일본(大日本)은 일본문을 사용하여 한문 역문을 첨부한다. 혹은 한문만을 사용하여 편의에 따른다.

제7조
양국이 통호한 이상, 해안의 각 항구에서 피차 모두 장소를 지정하여 상민의 왕래와 무역을 허락한다. 또한 별도로 통상장정을 세워 양국 상민에게 영원히 준수하게 한다.

제8조
양국의 개항장에는 피차 모두 이사관을 두고 자국 상민의 단속을 한다. 무릇 가재, 산업, 공사 소송에 관계한 사건은 모두 재판에 붙이고 자국의 율례(律例)를 살펴 규명한다. 양국 상민 상호의 소송에는 모두 원서체(願書體)를 사용하고 이사관은 우선 이해를 더하여 가능한 소송에 이르지 않도록 한다. 일이 잘되지 않을 경우는 지방관과 협의하여 쌍방이 함께 공평히 재단한다. 다만 도적, 도피 등의 사건은 양국 지방관이 체포하여 조사, 처리할 뿐으로 관이 보상하지는 않는다.

제9조
양국 개항장에 만일 아직 이사관을 두지 않은 경우, 인민, 무역 모두 지방관이 단속하고 관리한다. 만일 죄를 범한다면 본인을 붙잡아 조사하고 그 사정을 가장 가까운 개항장의 이사관에게 협의하여 율(律)에 비추어 재단한다.

제10조
양국 관리, 상인은 모든 개항장에서 모두 그 지역 인민을 고용하여 잡역, 보조 등으로 사용하는 데 지장이 없다. 다만 고용주가 때때로 단속을 하여 일에 기대어 남을 속이지 않도록 하고 결코 사언(私言)을 편청(偏聽)하여 일을 키우지 않는다. 만일 범죄자가 있다면 지방관이 붙잡아 조사하게 하고 고용주가 비호하지 않는다.

제11조
양국의 상민은 제 개항장에서 피차 왕래함에 관해서는 서로 우애를 가지며 도검류를 휴대할 수 없다. 어기는 자는 벌을 받고 도검은 관에서 몰수한다. 또한 모두 그 본분을 지키고 영주, 잠거(暫居)의 차별 없이 반드시 자국 이사관의 지배에 따를 것이다. 의관을 바꾸어 입고 해당 지역의 호적에 들어가거나 관직에 나아가는 혼란스러운 일은 허락하지 않는다.

제12조
이쪽 나라의 인민이 저쪽 나라의 법도를 어기는 일이 있고 저쪽 나라의 관청, 상선, 회사 등에 숨어 들거나 저쪽 나라의 각처에 도망쳐 숨는 자를 이쪽의 관에서 조사하여 협의해 온다면 저쪽 나라의 관에서는 신속히 붙잡고 간과하지 않는다. 수인(囚人)을 이송할 때는 도중에 의식을 제공하고 능멸, 학대해서는 안 된다.

제13조
양국 인민이 만일 개항장에서 흉도(兇徒)와 일을 꾸려 도적, 악행을 하거나 내지에 잠입해 불을 붙이고 사람을 살해, 겁탈을 하는 자가 있다면 각 개항장에서는 지방관이 엄격히 붙잡아 곧바로 그 사정을 이사관에 알려야 한다. 만일 흉기를 사용해 저항할 경우 격살(挌殺)해도 불문에 붙인다. 그러나 이를 살해한 사정은 이사관과 만나 함께 사험(査驗)해야 한다. 만일 사건이 내지에서 발생해 이사관이 스스로 가서 사험하기 여의치 않을 경우, 그 지방관으로부터 실재 사정을 이사관에게 조회하여 조사하게 한다. 다만 포박한 죄인은 각 항구에서 지방관과 이사관이 만나 조사하고 내지에서는 지방관 단독으로 조사하여 그 사정을 이사관에게 조회하고 조사하게 한다. 만일 이 나라의 인민이 저 나라에서 소요를 일으키는 도당을 꾀하여 10인 이상의 수에 이르고 저 나라 인민을 끌어들여 공모하고 지방에 해악을 끼치는 일이 있다면 저 나라의 관으로부터 신속히 조사하고 붙잡으며 각 항구에서는 이사관과 협의하여 회심(會審)하고 내지에서는 지방관이 이사관에 조회하고 조사하게 하여 어느쪽이든 범죄를 저지른 지방에서 법을 바르게 한다.

제14조
양국의 병선이 개항장에 왕래하는 일은 자국의 상민을 보호하기 위한 것이므로 모든 미개항장 및 내지의 강과 호수, 지항(支港)에 들어오는 일을 허락하지 않는다. 어기는 자는 구류하고 벌을 받을 것이다. 다만 풍랑을 만나 조난을 피하기 위해 들어오는 자는 이에 해당하지 않는다.

제15조
이후 양국이 만일 다른 나라와 전쟁을 할 경우에 방어할 각 항구에서 포고가 있다면 잠시 무역과 선박의 출입을 금지하고 오인하여 손상을 받지 않도록 한다. 또한 평시에 대일본인은 대청의 개항장과 가까운 해상, 대청인은 대일본의 개항장 및 가까운 해상에서 모두 불화(不和)한 나라와 서로 싸우거나 강탈하는 일을 허락하지 않는다.

제16조
양국의 이사관은 모두 무역을 할 수 없다. 또한 조약을 체결하지 않은 나라의 이사관으로 겸무할 수 없다. 만일 사무의 처리 방법이 중인(衆人)의 마음과 맞지 않다는 실 증거가 있다면 피차 모두 서면으로 병권대신과 협의하고 사명하여 물러나게 한다. 한 개인이 일을 그르치는 것으로 양국의 우호를 손상케 하지 않는다.

제17조
양국의 선인(船印)은 각각 정식이 있다. 만일 한 나라의 선박이 다른 한 나라의 선인을 사칭하여 사사로이 불법의 일을 벌인다면 그 선박과 하물 모두 몰수한다. 만일 그 선인이 관원으로부터 건네받은 것이라면 담당자의 관직을 파면시킨다. 또한 양국의 서적은 피차 읽고 배우고자 한다면 서로 매매하는 것을 허락한다.

제18조
양국이 의정한 조규는 모두 미리 방범(防範)하여 우연히 혐극(嫌隙)을 낳는 일을 면하게 하여, 강신수호(講信修好)의 도리를 다하는 바이다. 이에 따라 양국 흠차전권대신은 증거로 우선 화압(花押) 조인해 두고 양국 어필(御筆) 비준을 끝내고 서로 교환한 후에 즉 판각하여 각처에 통행하고 피차의 관민에게 널리 준수하게 하여 영구한 우호를 맺는다.

메이지 4년 신미 7월 29일
동치 10년 신미 7월 29일

2. 타이완 출병에 따른 청·일 양국 간 호환조관 체결[일·청 양국 간 호환조관 및 호환증서] (1874)

조국

○ 명칭
- 日清兩國間互換條款及互換憑單

○ 체결 국가: 일본, 청

○ 체결일: 1874년 10월 31일

○ 체결 장소: 베이징

○ 서명자(또는 전권대사)
- 일본: 오쿠보 도시미치(大久保利通)
- 청: 공친왕 이신(奕訢)

○ 작성 언어: 한문

○ 체결 배경 및 과정

1871년 류큐(琉球) 선원들이 타이완에 표착하여 원주민에게 살해당하는 사건이 발생한다. 이 사건이 청일 간 외교 현안으로 부상한 것은 1873년 청일수호조규 비준서 교환을 위해 소에지마 다네오미(副島種臣) 전권대사가 청국에 파견되었을 때이다. 당시 청국은 타이완 원주민이 '화외지민'이며, 류큐민은 일본인이 아니라는 논리로 문제를 해결하려 하였다. 한편 일본은 정한론 정변 이후 남아 있는 정부 내의 불만을 외부로 돌리기 위해 이 사건을 이용하였다. 즉, 청국이 주장한 화외지민의 논리에서 타이완 남부를 '무주지'로 간주하고 침공을 결정한 것이다. 이듬해 사이고 쓰구미치(西鄕從道)가 이끄는 일본군이 타이완을 침공, 류큐민을 살해한 원주민 빠이완족을 '토벌'하였다.

일본의 타이완 침공에 청국은 청일수호조규 제1조(상호 불가침)에 위배되는 행위라 항의하고 병사를 파병하여 대치하였다. 그러나 양국 간 직접적인 전투는 발생하지 않았고 오쿠보 도시미치가 전권변리대신으로 베이징에 파견되어 양국 간 교섭이 진행되었다. 양국의 주장이 팽팽히 맞서며 교섭은 교착 상태에 빠졌으나 청국 주재 영국공사 웨이드(Thomas Francis Wade)의 중재하에 타협이 이루어져 호환조관이 체결되었다.

○ 주요 내용

교섭 결렬로 치달은 양국이 각자의 주장을 서로 양보하는 형태로 조관 내용이 성립되었다. 즉, 청국은 일본의 타이완 침공을 백성을 보호하기 위한 의거(보민의거)로 인정하고 희생자들에 대한 무휼금을 지원하였다. 한편 일본은 타이완에서 즉각 철병하며 한편으로 타이완에 대한 청의 관할권을 인정하였다.

○ 결과 또는 파급 효과

이 조관에서 류큐의 귀속 문제는 명확히 규정되지 않았다. 그러나 일본은 청의 무휼금을 배상금으로 해석하였으며, 또한 청이 류큐의 일본 귀속을 인정한 것이라 주장하였다. 이에 따라 일본은 1879년 류큐번을 폐지하고 오키나와현을 설치하며 류큐 '병합'을 강행(류큐처분)한다. 이 같은 조치에 대한 류큐민들의 저항과 청국의 항의 속에서 류큐 귀속 문제를 둘러싼 청일 간 외교 교섭이 1880년을 전후로 전개되기에 이른다.

○ (조약문) 출처
- 『舊條約彙纂』 제1권 제1부, 628~631쪽.

타이완 출병에 따른 청일 양국 간 호환조관(일본어본) 원문

互換條款

明治七年十月三十一日北京ニ於テ調印(支文)
同年十一月十七日太政官布告

(譯文)
大日本全權辨理大臣參議兼內務卿大久保
　　理藩院右侍郎　　成
　　工部尙書　　崇
　　戶部尙書　　董
　　軍機大臣協辨大學士吏部尙書　　寶
大淸欽命總理各國事務
　　和碩恭親　　王
　　軍機大臣大學士管理工部事務　　文
　　吏部尙書　　毛
　　軍機大臣兵部尙書　　沈
　　頭品頂戴兵部左侍郎　　崇
　　三品頂戴通政使司副使　　夏

條款ヲ會議シ、互ヒニ辨法ノ文據ヲ立ル爲メノ事、照シ得タリ各國人民、應サニ保護シテ害ヲ受ルヲ致サザルベキノ處有レハ、應サニ各國由リ自カラ法ヲ設ケ保全ヲ行フベシ、何國ニ在テ事有ルガ如キハ、應サニ何國由リ自カラ査辨ヲ行フベシ、茲ニ台灣生蕃曾テ日本國ノ屬民等ヲ將モツテ、妄リニ害ヲ加フルコトヲ爲スヲ以テ、日本國ノ本意ハ該ソノ蕃ヲ是レ問フガ爲メ、遂ニ兵ヲ遣リ彼ニ往キ該ソノ生蕃題等ニ向ヒ詰責ヲナセリ、今淸國ト、兵ヲ退キ並ヒニ後ヲ善クスル辨法ヲ議明シ三條ヲ後ニ開列ス、
一　日本國此次辨スル所ハ、原ト民ヲ保ツ義擧ノ爲メニ見ヲ起ス、淸國指テ以テ不是ト爲サス、
二　前次有ル所ノ害ニ遇フ難民之家ハ、淸國定テ撫卹銀兩ヲ給スベシ、日本有ル所ノ該ソノ處ニ在テ、道ヲ修メ房ヲ建ル等件ハ、淸國留メテ自カラ用ユルヲ願ヒ、先ツ籌補ハカリヲギナウヲ議定スルヲ行ヒ、銀兩ハ別ニ議辨ハカリベンズルスルノ據ショフコ有リ、
三　有ル所ノ此ノ事ニツキ兩國一切來往ノ公文ハ、彼此徹回シテ註鎖シ、永ク爲メニ論ヲ罷ム、該ソノ處ノ生蕃ニ至ツテハ、淸國自カラ宜ク法ヲ設ケ、妥ク約束ヲ爲スヘシ、以テ永ク航客ヲ保シ、再ヒ兇害ヲ受ケシム能ハザルコトヲ期ス

　　明治七年十月三十一日

大日本欽差全權大臣柳原　加押
　　同治十三年九月二十二日

互換憑單

(譯文)
大日本全權辨理大臣參議兼內務卿大久保
　　理藩院右侍郎　成
　　工部尙書　崇
　　戶部尙書　董
　　軍機大臣協辨大學士吏部尙書　寶
大淸欽命總理各國事務
　　和碩恭親　王
　　軍機大臣大學士管理工部事務　文
　　吏部尙書　毛
　　軍機大臣兵部尙書　沈
　　頭品頂戴兵部左侍郞　崇
　　三品頂戴通政使司副使　夏

憑單ヲ會議スル爲メノ事、台蕃ノ一事、現在業スデニ英國威大臣、兩國ト同トモニ議明シ、並ニ本日互ニ辦法文據ヲ立ツルヲ經ヘタリ、
日本國從前害ヲ被ムル難民之家、淸國先ツ撫卹銀十萬兩テールヲ給ス、又日本兵ヲ退クヤ、台地ニ在テ有ル處ノ道ヲ修メ房ヲ建ツル等件、淸國留メテ自カラ用ユルコトヲ願ヒ、費銀四十萬兩テールヲ給ス、亦タ議定ヲ經テ、
日本國明治七年十二月二十日 淸國同治十三年十一月十二日ニ於テ、
日本國全ク退兵ヲ行フヲ 淸國全數付給スルコトヲ准ス、均ク期ヲ愆ツヲ得ス
日本國兵未タ全數退キ盡スヲ經ザルノ時ハ淸國銀兩モ亦タ全數付給セズ、此ヲ立テ據ト爲シ、彼此各各一紙ヲ執テ存照ス、

　　明治七年十月　　　花押　日
大日本欽差全權大臣柳原　加押　花押
同治十三年九月

타이완 출병에 따른 청일 양국 간 호환조관(일본어본)의 한글 번역문

호환조관

메이지 7년 10월 31일 베이징에서 조인(한문)
이해 11월 17일 태정관 포고

(번역문)
대일본전권변리대신참의 겸 내무경 오쿠보(大久保)

대청흠명총리각국사무
이번원우시랑　성(成)
　공부상서　숭(崇)
　호부상서　동(董)
　군기대신협판대학사이부상서　보(寶)
　화석 공친왕
　군기대신대학사관리공부사무　문(文)
　이부상서　모(毛)
　군기대신병부상서　심(沈)
　두품정대병부좌시랑　숭(崇)
　삼품정대통정사사부사　하(夏)

조관을 회의하고 상호 변법의 문거를 세우기 위한 일은 각국 인민을 보호하고 해를 받지 않아야 함에 있으므로 마땅히 각국이 스스로 법을 세워 보전을 행해야 한다. 어느 나라에서도 사건이 있을 경우에는 마땅히 어느 나라라도 스스로 사변(查辦)을 행해야 한다. 이에 타이완 생번(生蕃)이 일찍이 일본국의 속민 등을 함부로 해를 가한 일이 있기에 일본국의 본의는 생번에게 죄를 묻기 위해 마침내 병사를 보내 생번에 힐책을 하였다. 현재 청국과 병사를 물러나게 하고 선후책을 의명(議明)하여 3조항을 아래와 같이 열거한다.
첫째, 일본국의 이번 처리는 원래 민을 보호하기 위한 의거(義擧)로 일어난 것으로 청국은 이를 잘못이라 하지 않는다.
둘째, 이전의 사건으로 해를 입은 난민의 집안은 청국이 정한 무휼(撫卹) 은량을 지급한다. 일본이 그곳에서 길을 닦고 건물을 세운 등의 일은 청국이 머물며 사용하기를 원하며 우선 보수를 의정하고 은량은 별도로 마련하기로 하기로 한다.
셋째, 이번 일에 관한 양국의 일체의 왕래 공문은 피차 철회하여 없애고 영구히 논하지 않는다. 그곳 생번에 관해서는 청국이 스스로 적절한 법을 세워 타당한 약속을 할 것이다. 이로써 영구히 항객(航客)을 보호하고 재차 흉해(兇害)를 겪지 않기를 기한다.

메이지 7년 10월 31일
대일본 흠차전권대신 야나기와라(柳原) 가압(加押)
　　동치 13년 9월 22일

호환증서

대일본전권변리대신참의 겸 내무경 오쿠보(大久保)

대청흠명총리각국사무
이번원우시랑 성(成)
　공부상서 숭(崇)
　호부상서 동(董)
　군기대신협판대학사이부상서 보(寶)
　화석 공친왕
　군기대신대학사관리공부사무 문(文)
　이부상서 모(毛)
　군기대신병부상서 심(沈)
　두품정대병부좌시랑 숭(崇)
　삼품정대통정사사부사 하(夏)

빙단을 회의한 일, 타이완 생번의 일은 현재 이미 영국 위(威) 대신, 양국과 함께 의명(議明)하였고 본일 서로 방법을 논하여 문거(文據)를 세웠다.
일본국은 종전 해를 입은 난민의 집에 청국이 우선 무휼은 10만 냥을 지급하고 또한 일본 병사를 물리는 일, 타이완에 있는 길을 수선하고 집을 지은 일 등은 청국이 머무르며 사용하고자 하여 비용으로 은 40만 냥을 지급하였기에 또한 의정을 거쳐, 일본국 메이지 7년 12월 20일, 청국 동치 13년 11월 12일에 일본국은 완전히 철병할 것, 청국은 모두 지급을 할 것을 확정하여 모두 기대에 어긋나지 않도록 한다.
일본국 병력이 아직 완전히 철병하지 않을 경우 청국도 양은을 또한 모두 지급하지 않는다. 이를 작성하여 증거로 삼아 피차 각 한 부씩을 취하여 보존한다.

메이지 7년 10월 화압 일
대일본흠차전권대신(大日本欽差全權大臣) 야나기와라(柳原) 가압 화압
동치 13년 9월

3. 류큐분할조약 (1880)

조국

○ 명칭
- 球案專條

○ 체결 국가: 일본, 청

○ 체결일: 1880년 10월 21일(조약안 의결)

○ 체결 장소: 베이징

○ 서명자(또는 전권대사)
- 일본: 시시도 다마키(宍戶璣)
- 청: 공친왕 이신(奕訢)

○ 작성 언어: 한문

○ 체결 배경 및 과정

1872년 메이지 정부는 류큐왕국을 번으로, 류큐국왕인 쇼타이를 번왕으로 책봉하여 번속화하였다. 1879년 3월 11일에는 류큐번을 폐지하고 오키나와현을 설치함으로써 강제적으로 류큐를 병합하였다(류큐처분). 종래 류큐왕국은 청국에 대한 조공-책봉과 에도 막부 하의 사쓰마 번에 의한 지배-종속 관계가 공존하는 청일 양속 관계에 놓여 있었다. 1879년 류큐처분이 이루어지자, 청국은 류큐의 청일 양속 관계를 독단적으로 무시한 일본의 행위를 항의하였으며 청국뿐 아니라 미국·영국·프랑스 등의 주일 외국 공사들도 일본 정부에 비판적인 태도를 보였다.

청국공사 허루장은 류큐처분 철회를 요구하였고 이에 대해 당시 외무경 데라지마는 일본의 내정 문제임을 주장하며 양국의 의견은 평행선을 달렸다. 이후에도 류큐 귀속 문제를 둘러싸고 도쿄에서는 허루장과 데라지마가, 베이징에서는 총리아문과 시시도 공사 사이에서 청일 담판이 계속되었다. 교섭이 난항을 겪는 가운데 세계 순방 중이었던 전 미국 대통령 그랜트의 중재를 거쳐 류큐를 분할하여 타이완에 가까운 섬들을 일본이 청국에 양보하는 대신, 청일수호조규를 개정하는 이른바 분도개약안이 제기되었다. 일본은 류큐 문제를 통해 청국에서의 내지통상권을 획득하고자 하였으며 이를 위해 청일수호조규에 최혜국 조항을 삽입하는 조약 개정을 요구하였다. 당시 청국은 이리 문제를 둘러싸고 러시아와의 긴장관계가 높아져 가던 상황이었기에 이 같은 일본의 무리한 요구에 적절히 대응할 수 없었다. 결국 수차례의 교섭 끝에 1880년 10월 21일, 일본의 주장이 관철된 형태로 류큐 분도와 청일 간 조약 개정안이 의결되었다.

○ 주요 내용

청일 간 담판 과정에서 류큐를 3분할하여 중도에 류큐왕국을 부활시키는 논의도 청 측에 의해 제기되었으나 결과적으로는 오키나와 섬 이북을 일본 관할로, 미야코 야에야마 섬을 청국 관할로 하는 2분할 안으로 결정되었다. 조약 공포 다음 달에는 청일수호조규에 최혜국 조항을 추가하는 추가 조약안을 시행하기로 하였다.

○ 결과 또는 파급 효과

교섭이 종료된 이후 청국 내에서 비판이 높아지며 조인, 비준을 연기하기로 결정하였다. 청의 조약 조인을 기다리던 전권공사 시시도는 1881년 청일교섭 중단을 통고하고 귀국하면서 조약안은 시행되지 않고 파약에 이른다. 이후 청일전쟁의 승리로 일본이 타이완을 할양받으며 류큐의 일본 귀속이 당연시될 때까지, 이 문제를 둘러싼 청일 간 정식 교섭은 재개되지 않았다.

○ (조약문) 출처
- 『일본외교문서』 19권 문서번호 59 부기9.

류큐분할조약(중국어본) 원문

球案專條

大淸國大日本國以專重和好, 故將琉球一案, 所有從前議論, 置而不提, 大淸國大日本國公同商議, 除沖縄島以北, 屬大日本國管理外, 其宮古八重山二島, 屬大淸國管轄, 以淸兩國彊界, 各聽自治, 彼此永遠不相干預, 大淸國大日本國現議酌加兩國條約, 以表眞誠和好之意, 玆大淸國總理各國事務王大臣大日本國欽差全權大臣全權大臣勳二等宍戶璣各憑所奉上喩, 便宜辨理, 定立專條, 畫押鈐印爲據, 現今所立條約, 應由兩國御筆批准, 於三個月限內, 在大淸國都中互換, 光緖七年正月交割兩島後之次月, 開辦加約事宜.

加約

大淸國大日本國辛未年所訂條約, 允宜永遠信守, 惟以其內條款有須一二變通, 是以大淸國欽命總理各國事務王大臣, 大日本國欽差全權大臣勳二等宍戶璣, 各遵所奉諭旨, 公同會議, 酌加條款, 所有議定各條, 開列於左.

第一款　兩國所有與各通商國已定條約內載豫通商人民便益各事, 兩國人民, 亦莫不同獲其益, 嗣後兩國與各國加有別項利益之處, 兩國人民, 亦均霑其惠, 不得較各國有彼厚此薄之偏, 但此國與他國立有如何施立專章, 彼國若欲援他國之益, 使其人民同霑, 亦應於所議專章一體遵守, 其後另有相酬條款, 纔豫特優者, 兩國如欲均霑, 當遵守其相酬約條.

第二款　辛未年兩國所定修好條規及通商章程各條款, 與此次增加條項有相碍者, 當照此次增加條項施行, 現今所立加約, 應由兩國御筆批准, 於三個月限內, 在大淸國都中互換.

류큐분할조약(중국어본)의 한글 번역문

류큐분할조약

대청국과 대일본국은 화호(和好)를 중시하여 류큐 안건을 의론한바, 재차 이의를 제기하지 않는다. 대청국과 대일본국 공동으로 상의하여 오키나와 섬 이북은 대일본국 관리로 두고, 미야코, 야에야마 두 섬은 대청국 관할하에 두어 양국 경계를 분명히 한다. 각각 자치로 다스리며 피차 영원히 간섭하지 않는다. 대청국과 대일본국은 양국 조약을 가약(加約)하여 진정한 화호(和好)의 뜻을 보이고자 하며 이에 대청국 총리각국사무 왕대신, 대일본국 흠차전권대신 전권대신 2등 시시도 다마키가 상유를 받들어 적절히 변리하여 전조를 정할 것을 날인하여 증거로 삼는다. 이 조약은 마땅히 양국의 비준을 얻어 3개월 이내에 청국 수도에서 교환하고 1881년 정월 양섬의 분할 교환 후 다음 달에 가약의 일을 처리한다.

가약(加約)

대청국과 대일본국이 1871년에 체결한 조약은 진실로 마땅히 영원히 신수(信守)할 것이나 그 가운데 한두 가지 변통을 필요로 하는 조관이 있다. 이에 대청국 흠명 총리각국사무 왕대신, 대일본국 흠차전권대신 훈2등 시시도 다마키는 각각 유지를 준봉하여 공동으로 회의하고 조관을 참작하여 각 조관을 의정한바, 다음과 같다.

제1관
양국이 각 통상국과의 이미 체결한 조약 내에 기재한 바 통상, 인민의 편익을 꾀하는 일은 양국 인민 또한 그 이익을 동일하게 획득해야 한다. 사후 양국이 각국과 이익이 있는 별도의 항목을 추가할 경우, 양국 인민 또한 그 혜택을 균점하여 각국과 후박(厚薄)의 편차를 두어서는 안 된다. 다만 한 나라가 타국과 전장(專章)을 체결하여 시행할 경우, 다른 한 나라가 만일 타국의 이익을 취하고자 하며 그 인민이 균점하게 하려면 또한 마땅히 논의된 전장(專章) 일체를 준수해야 한다. 사후 별도로 보상 조관이 있어 대우할 경우 양국이 균점을 원한다면 마땅히 그 보상 조약을 준수해야 한다.

제2관
1871년의 양국 수호조규 및 통상장정 각 조관은 이번 증가 조항에 있는 항목이 있으면 이번 증가 조항을 살펴 시행한다. 이번 가약 성립은 마땅히 양국의 비준을 얻어 3개월 이내에 청국 수도에서 교환한다.

4. 톈진조약(1885)

조국

○ 명칭
- 天津條約

○ 체결 국가: 일본, 청

○ 체결일: 1885년 4월 18일

○ 체결 장소: 톈진

○ 서명자(또는 전권대사)
- 일본: 이토 히로부미(伊藤博文)
- 청: 리훙장(李鴻章)

○ 작성 언어: 일본어, 한문

○ 체결 배경 및 과정

갑신정변 사후 처리를 둘러싼 청일 간 교섭 결과 톈진조약이 체결된다. 정변 당시 창덕궁에서 양국 군사가 충돌하였고 이후에도 양국 군대가 조선에 주둔하며 긴장이 고조된 상황이었다. 이에 톈진에서 청국 전권대표 리훙장과 일본의 특파전권대사 이토 히로부미 사이에 6차례에 걸쳐 회담이 진행되었다.

이토는 조선에서 양국 군대가 동시 철병하는 것을 비롯한 요구 조건을 제시하였고 이에 대해 청국은 철병 문제에 소극적인 자세를 취했다. 또한 청국은 교전으로 발생한 일본의 피해에 대해 일본 측이 요구한 손해배상과 청국군 지휘자 처벌 등에 대해서도 분명한 거부

의사를 밝히며 강경한 자세를 보였다. 그러나 베트남을 둘러싼 청불전쟁이 끝나지 않은 상황에서 전황이 청국에 불리하게 진행되자, 청 측은 일본과의 협상 결렬을 피하고자 철병안을 비롯한 일본 측의 요구를 받아들이게 된다. 결국 일본에 유리한 결과로 협상이 마무리되며 1885년 4월 18일 텐진조약이 체결되었다.

○ 주요 내용

총 3조항으로 이어진 조약 내용은 양국 군대의 조선 철수(제1조), 청일 양국 이외의 제3국의 교관 고용(제2조), 조선에 군사 파견 시 상호 통보 의무(제3조)로 구성되었다.

○ 결과 또는 파급 효과

조약 체결 이후 양국 군대는 조선에서 철수하였다. 이후 조선을 둘러싼 청일 간의 표면적인 대립이 드러나지 않는 '세력 균형'이 10여 년간 지속된다. 이 시기 조선은 러시아를 끌어들여 청일 양 세력을 견제하고자 하였으나, 이는 러시아의 남하를 경계한 영국이 거문도를 무단으로 점령하는 거문도 사건으로 이어졌다. 또한 텐진조약에 규정된 양국의 조선 파병은 조선 측의 의지와는 무관한 것이었다. 1894년 동학농민운동이 발발하자 일본은 텐진조약의 규정을 명분으로 조선 출병을 강행하였으며 이는 청일전쟁으로 이어지게 되었다.

○ (조약문) 출처
- 『舊條約彙纂』 제1권 1부, 633~636쪽.

텐진조약(일본어본) 원문

天津條約

明治十八年四月十八日天津ニ於テ調印(日、支文)
同年五月二十七日太政官告示
大日本國特派全權大使參議兼宮內卿勳一等伯爵伊藤
大淸國特派全權大臣太子太傅文華殿大學士北洋通商大臣兵部尙書直隸總督一等肅毅伯爵李
　各々奉スル所ノ諭旨ニ遵ヒ公同會議シ專條ヲ訂立シ以テ和誼ヲ敦クス有ル所ノ約款左ニ臚列ス
　一議定ス中國朝鮮ニ駐紮スルノ兵ヲ撤シ日本國朝鮮ニ在リテ使館ヲ護衞スルノ兵辨ヲ撤ス畫押蓋印ノ日ヨリ起リ四箇月ヲ以テ期トシ限內ニ各々數ヲ盡シテ撤囘スルヲ行ヒ以テ兩國滋端ノ虞アルコトヲ免ル中國ノ兵ハ馬山浦ヨリ撤去シ日本國ノ兵ハ仁川港ヨリ撤去ス
　一兩國均シク允ス朝鮮國王ニ勸メ兵士ヲ敎練シ以テ自ラ治安ヲ護スルニ足ラシム又朝鮮國王ニ由リ他ノ外國ノ武辨一人或ハ數人ヲ選僱シ委ヌルニ敎演ノ事ヲ以テス嗣後日中兩國均シク員ヲ派シ朝鮮ニ在リテ敎練スル事勿ラン
　一將來朝鮮國若シ變亂重大ノ事件アリテ日中兩國或ハ一國兵ヲ派スルヲ要スルトキハ應ニ先ツ互ニ行文知照スヘシ其ノ事定マルニ及テハ仍卽チ撤囘シ再タヒ留防セス

　大日本國明治十八年四月十八日
大日本國特派全權大使參議兼宮內卿勳一等伯爵　伊藤博文　花押
　大淸國光緖十一年三月初四日
大淸國特派特全權大臣太子太傅文華殿大學士北洋通商大臣兵部尙書直隸總督一等肅毅伯爵　李鴻章花押

톈진조약(일본어본)의 한글 번역문

메이지 18년 4월 18일 톈진에서 조인(일문, 한문)
동년 5월 27일 태정관 고시

대일본국 특파전권대사참의 겸 궁내경 훈1등 백작 이토(伊藤)
대청국 특파전권대신태자태부 문화전 대학사 북양통상대신 병부상서 직예총독 일등 숙의백작 리(李)
각각 받들어 받은 유지(諭旨)를 따라 공동으로 회의하고 전조(專條)를 정립(訂立)하여 화의를 돈독히 하고자 약관을 다음과 같이 나열한다.

  하나, 의정한다. 중국은 조선에 주차하는 병사를 물리고 일본국은 조선에 있는 공사관을 보호하는 병사를 물린다. 화압 개인한 날로부터 4월을 기한으로 각각 모두 철회하여 양국에서 쟁단이 발생할 우려를 없앤다. 중국 병사는 마산포에서 철수하고 일본국 병사는 인천항에서 철수한다.
하나, 양국은 함께 승인한다. 조선 국왕에 권하여 병사를 교련하고 스스로 치안을 지키기에 충분토록 한다. 또한 조선 국왕에 의해 다른 외국의 무관 한 명 혹은 수 명을 고용해 교련을 맡긴다. 이후 중일 양국 모두 인원을 파견해 조선에서 교련하는 일은 금지한다.
하나, 장래 조선국에서 만일 변란, 중대한 사건이 있어 중일 양국, 혹은 어느 한 나라가 병사를 파견할 필요가 발생할 경우 마땅히 우선 서로 조회하여 알려야[行文知照] 한다. 사건이 안정되면 곧 철회하여 재차 배치해 두지 않는다.

대일본국 메이지 18년 4월 18일
대일본국 특파전권대사참의 겸 궁내경 훈1등 백작 이토 히로부미 화압
대청국 광서 11년 3월 초4일
대청국 특파전권대신태자태부 문화전 대학사 북양통상대신 병부상서 직예총독 일등 숙의백작 리홍장 화압

5. 청일강화조약[시모노세키조약] 및 부속 별약(1895)

조국, 유바다

○ 명칭

　日淸媾和條約; 下關條約; 中日馬關條約

○ 체결 국가: 일본, 청

○ 체결일: 1895년 4월 17일
　• 비준일: 1895년 5월 8일

○ 체결 장소: 시모노세키(체결) / 지부(비준)

○ 서명자 (또는 전권대사)
　• 일본: 이토 히로부미(伊藤博文), 무쓰 무네미쓰(陸奧宗光)
　• 청: 리훙장(李鴻章), 리징팡(李經方)

○ 작성 언어: 일본어, 한문

○ 체결 배경 및 과정

　1894년 7월 23일 경복궁 점령과 25일의 풍도 해전, 8월 1일의 선전포고로 청일전쟁이 발발하였다. 이후 평양전투, 황해해전 등에서 일본의 승리가 이어지며 전장은 중국 본토로 확대되었다. 전황이 일본에 유리하게 흘러가자 영국, 미국을 비롯한 열강들은 일본을 견제하고 중국에서의 이권을 보호하기 위해 청일전쟁 강화를 제안하게 된다.

　1895년 2월 초, 청의 강화사로 장인후안 등이 히로시마를 방문하여 강화회담이 진행되었으나 일본 측 전권대사인 이토 히로부미는 장인후안이 소지한 전권대사 위임장을 문제 삼으며 강화 교섭 자체를 거부하였다. 결국 히로시마 회담은 결렬되고 이해 3월 리훙장이 전권대신으로 파견되어 시모노세키에서 회담이 시작되었다. 강화회담에서 일본은 청 측이 제안한 휴전 문제를 철회시키기 위해 청이 수용하기 힘든 조건을 제시하는 전략을 꾀했다. 그러나 3차 회담 후 리훙장이 일본인에게 피습당하는 사건이 발생하면서 국내외 여론을 의식한 일본은 휴전을 받아들였다. 이후 강화조약안을 둘러싼 양국의 회담이 이어졌다. 리훙장은 일본의 요구안에 대해 배상금의 축소, 타이완 할양 제외, 상호적 최혜국 대우 규정 등 수정안을 제시하며 일본의 양보를 거듭 요청했으나 6차 회담에 이를 때까지 일본은 이를 거부하였다. 결국 7차 회담에서 일본의 요구가 관철되는 형태로 청일강화조약이 조인되었다.

○ 주요 내용

전체 11개조와 부속 별약 3개조로 구성되었다. 제1조에서 청은 조선의 독립을 확인하고 제2조에서 펑톈성(奉天省) 남부의 땅, 랴오둥반도, 타이완 및 부속도서, 펑후열도의 일본 할양을 규정하였다. 제4조는 2억 냥의 군비 배상금과 구체적인 지불 방법을 규정하였다. 제6조는 1871년 체결된 청일수호조규를 비롯한 기존의 청일 간 조약을 대신할 통상항해조약 및 무역에 관한 약정을 체결할 것을 규정하였다. 또한 신조약은 청이 서구와 체결한 조약을 기초로 하도록 하여 상호 대등을 바탕으로 한 청일 관계가 일본 우위의 관계로 변하였다. 또한 후베이성 사스(沙市), 쓰촨성 충칭(重慶), 장쑤성 쑤저우(蘇州), 저장성 항저우(杭州) 등 추가적인 개항장, 개시장의 설치 및 항로의 확장, 일본인의 대청 무역에 대한 경제적 특권이 제6조에 규정되었다. 조약 이행의 담보로 일본 군대의 산둥성 웨이하이웨이 점령(제8조), 전쟁 포로 교환(제9조) 등도 강화조약을 통해 규정되었다.

○ 결과 또는 파급 효과

강화조약 제1조가 조선의 독립을 규정한 것은 이 전쟁이 청일 양국의 조선을 둘러싼 주도권 다툼이었음을 보여 주고 있으며, 중국을 중심으로 한 전통적인 조공책봉 체제가 붕괴되었음을 의미하였다. 청일전쟁을 승리로 일본은 타이완을 식민지로 획득하였고 청국으로부터 받은 막대한 전쟁 배상금을 바탕으로 본격적인 산업화를 추진하며 제국주의 열강의 대열에 합류하기 시작하였다. 다만 이 같은 일본의 세력 신장을 경계하여 러시아를 중심으로 이른바 삼국간섭이 발생, 랴오둥반도를 청국에 반환하는 '랴오둥환부조약'이 체결된다.

○ 관련 지도

일본이 이 조약을 통하여 얻은 랴오둥반도를 지도[19]로 표현하면 다음과 같다.

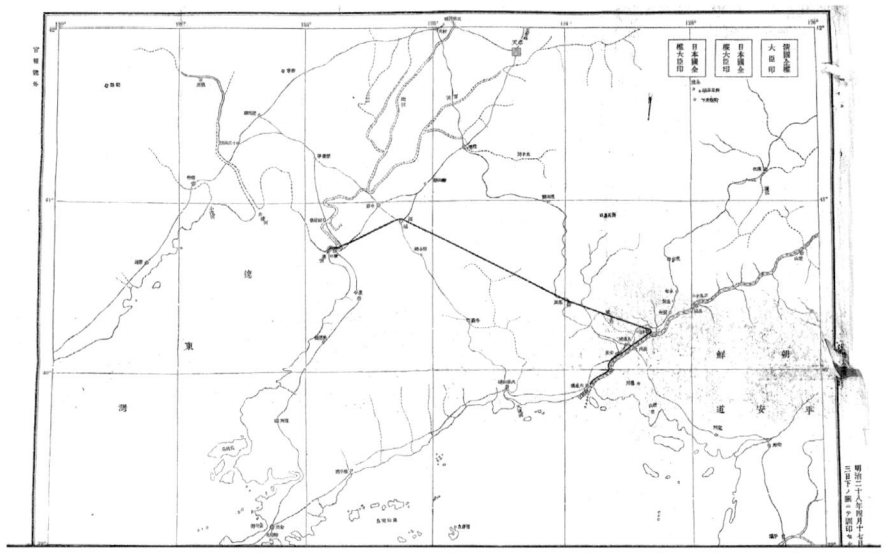

---

19 『官報』号外, 明治 28年 5月 13日.

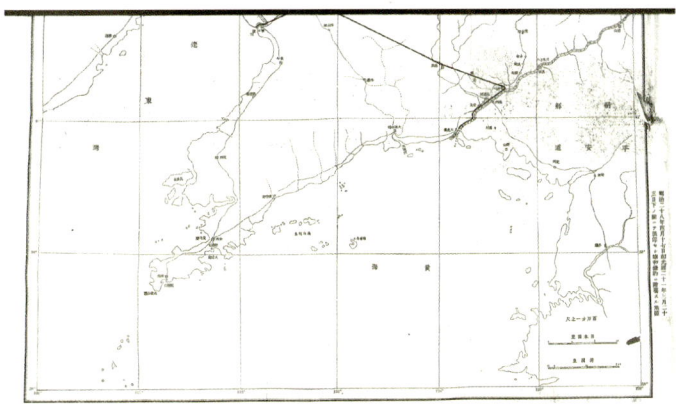

강화조약 체결의 계기가 된 청일전쟁 전개도 및 이로 인한 일본의 타이완 획득 관련 지도[20]는 다음과 같다.

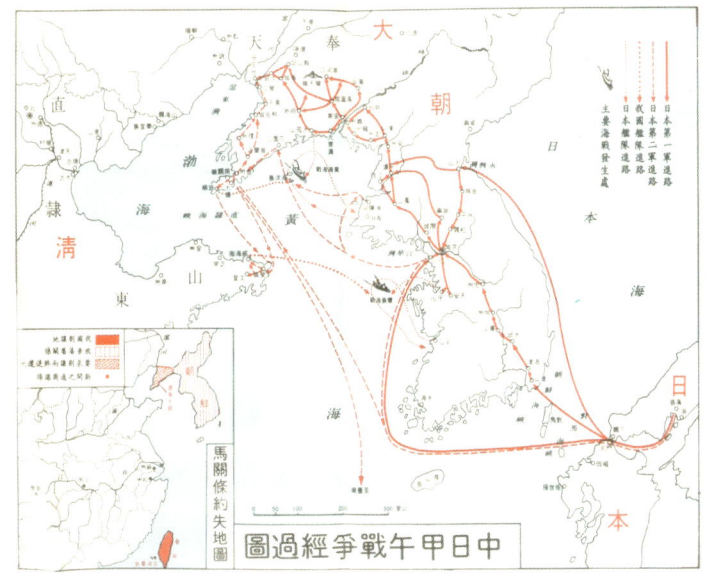

○ (조약문) 출처
- 『日本外交文書』 제28권 제2책, 문서번호 1089 부기1.

20 陳致平, 1980, 『中華通史』 제十一冊, 黎明文化, 405쪽.

청일강화조약(일본어본) 원문

大日本國皇帝陛下及大淸國皇帝陛下ハ兩國及其ノ臣民ニ平和ノ幸福ヲ回復シ且將來紛議ノ端ヲ除クコトヲ欲シ媾和條約ヲ訂結スル爲メニ大日本國皇帝陛下ハ内閣總理大臣從二位勳一等伯爵伊藤博文外務大臣從二位勳一等子爵陸奧宗光ヲ大淸國皇帝陛下ハ太子太傅文華殿大學士北洋大臣直隷總督一等肅毅伯李鴻章二品頂戴前出使大臣李經方ヲ各其ノ全權大臣ニ任命セリ因テ各全權大臣ハ互ニ其ノ委任狀ヲ示シ其ノ良好妥當ナルヲ認メ以テ左ノ諸條款ヲ協議決定セリ

第一條
淸國ハ朝鮮國ノ完全無缺ナル獨立自主ノ國タルコトヲ確認ス因テ右獨立自主ヲ損害スヘキ朝鮮國ヨリ淸國ニ對スル貢獻典禮等ハ將來全ク之ヲ廢止スヘシ

第二條
淸國ハ左記ノ土地ノ主權竝ニ該地方ニ在ル城壘兵器製造所及官有物ヲ永遠日本國ニ割與ス
一　左ノ經界内ニ在ル奉天省南部ノ地
鴨綠江口ヨリ該江ヲ溯リ安平河口ニ至リ該河口ヨリ鳳凰城海城營口ニ亘リ遼河口ニ至ル折線以南ノ地併セテ前記ノ各城市ヲ包含ス而シテ遼河ヲ以テ界トスル處ハ該河ノ中央ヲ以テ經界トスルコトト知ルヘシ
遼東灣東岸及黃海北岸ニ在テ奉天省ニ屬スル諸島嶼
二　臺灣全島及其ノ附屬諸島嶼
三　澎湖列島即英國「グリーンウィチ」東經百十九度乃至百二十度及北緯二十三度乃至二十四度ノ間ニ在ル諸島嶼

第三條
前條ニ揭載シ附屬地圖ニ示ス所ノ經界線ハ本約批准交換後直チニ日淸兩國ヨリ各二名以上ノ境界共同劃定委員ヲ任命シ實地ニ就テ確定スル所アルヘキモノトス而シテ若本約ニ揭記スル所ノ境界ニシテ地形上又ハ施政上ノ點ニ付完全ナラサルニ於テハ該境界劃定委員ハ之ヲ更正スルコトニ任スヘシ
該境界劃定委員ハ成ルヘク速ニ其ノ任務ニ從事シ其ノ任命後一箇年以内ニ之ヲ終了スヘシ
但シ該境界劃定委員ニ於テ更定スル所アルニ當リテ其ノ更定シタル所ニ對シ日淸兩國政府ニ於テ可認スル迄ハ本約ニ揭記スル所ノ經界ヲ維持スヘシ

第四條
淸國ハ軍費賠償金トシテ庫平銀貳億兩ヲ日本國ニ支拂フヘキコトヲ約ス右金額ハ都合八回ニ分チ初回及次回ニハ每回五千萬兩ヲ支拂フヘシ而シテ初回ノ拂込ハ本約批准交換後六箇月以内ニ次回

ノ拂込ハ本約批准交換後十二箇月以內ニ於テスヘシ殘リノ金額ハ六箇年賦ニ分チ其ノ第一次ハ本約批准交換後二箇年以內ニ其ノ第二次ハ本約批准交換後三箇年以內ニ其ノ第三次ハ本約批准交換後四箇年以內ニ其ノ第四次ハ本約批准交換後五箇年以內ニ其ノ第五次ハ本約批准交換後六箇年以內ニ其ノ第六次ハ本約批准交換後七箇年以內ニ支拂フヘシ又初回拂込ノ期日ヨリ以後未タ拂込ヲ了ラサル額ニ對シテハ每年百分ノ五ノ利子ヲ支拂フヘキモノトス但シ清國ハ何時タリトモ該賠償金ノ全額或ハ其ノ幾分ヲ前以テ一時ニ支拂フコトヲ得ヘシ如シ本約批准交換後三箇年以內ニ該賠償金ノ總額ヲ皆濟スルトキハ總テ利子ヲ免除スヘシ若夫迄ニ二箇年半若ハ更ニ短期ノ利子ヲ拂込ミタルモノアルトキハ之ヲ元金ニ編入スヘシ

第五條
日本國ヘ割與セラレタル地方ノ住民ニシテ右割與セラレタル地方ノ外ニ住居セムト欲スルモノハ自由ニ其ノ所有不動產ヲ賣却シテ退去スルコトヲ得ヘシ其ノ爲メ本約批准交換ノ日ヨリ二箇年間ヲ猶豫スヘシ但シ右年限ノ滿チタルトキハ未タ該地方ヲ去ラサル住民ヲ日本國ノ都合ニ因リ日本國臣民ト視爲スコトアルヘシ
日清兩國政府ハ本約批准交換後直チニ各一名以上ノ委員ヲ臺灣省ヘ派遣シ該省ノ受渡ヲ爲スヘシ而シテ本約批准交換後二箇月以內ニ右受渡ヲ完了スヘシ

第六條
日清兩國間ノ一切ノ條約ハ交戰ノ爲メ消滅シタレハ清國ハ本約批准交換ノ後速ニ全權委員ヲ任命シ日本國全權委員ト通商航海條約及陸路交通貿易ニ關スル約定ヲ締結スヘキコトヲ約ス而シテ現ニ清國ト歐洲各國トノ間ニ存在スル諸條約章程ヲ以テ該日清兩國間諸條約ノ基礎ト爲スヘシ又本約批准交換ノ日ヨリ該諸條約ノ實施ニ至ル迄ハ清國ハ日本國政府官吏商業航海陸路交通貿易工業船舶及臣民ニ對シ總テ最惠國待遇ヲ與フヘシ
清國ハ右ノ外左ノ讓與ヲ爲シ而シテ該讓與ハ本約調印ノ日ヨリ六箇月ノ後有效ノモノトス
第一　清國ニ於テ現ニ各外國ニ向テ開キ居ル所ノ各市港ノ外ニ日本國臣民ノ商業住居工業及製造業ノ爲メニ左ノ市港ヲ開クヘシ但シ現ニ清國ノ開市場開港場ニ行ハルル所ト同一ノ條件ニ於テ同一ノ特典及便益ヲ享有スヘキモノトス
一　湖北省荊州府沙市
二　四川省重慶府
三　江蘇省蘇州府
四　浙江省杭州府
日本國政府ハ以上列記スル所ノ市港中何レノ處ニモ領事官ヲ置クノ權利アルモノトス
第二　旅客及貨物運送ノ爲メ日本國汽船ノ航路ヲ左記ノ場所ニ迄擴張スヘシ
一　揚子江上流湖北省宜昌ヨリ四川省重慶ニ至ル
二　上海ヨリ吳淞江及運河ニ入リ蘇州杭州ニ至ル

日清兩國ニ於テ新章程ヲ妥定スル迄ハ前記航路ニ關シ適用シ得ヘキ限ハ外國船舶清國内地水路航行ニ關スル現行章程ヲ施行スヘシ

第三　日本國臣民カ清國内地ニ於テ貨品及生産物ヲ購買シ又ハ其ノ輸入シタル商品ヲ清國内地へ運送スルニハ右購買品又ハ運送品ヲ倉入スル爲メ何等ノ税金取立金ヲモ納ムルコトナク一時倉庫ヲ借入ルルノ權利ヲ有スヘシ

第四　日本國臣民ハ清國各開市場開港場ニ於テ自由ニ各種ノ製造業ニ從事スルコトヲ得ヘク又所定ノ輸入税ヲ拂フノミニテ自由ニ各種ノ器械類ヲ清國ヘ輸入スルコトヲ得ヘシ

清國ニ於ケル日本國臣民ノ製造ニ係ル一切ノ貨品ハ各種ノ内國運送税内地賦課金取立金ニ關シ又清國内地ニ於ケル倉入上ノ便益ニ關シ日本國臣民カ清國ヘ輸入シタル商品ト同一ノ取扱ヲ受ケ且同一ノ特典免除ヲ享有スヘキモノトス

此等ノ讓與ニ關シ更ニ章程ヲ規定スルコトヲ要スル場合ニハ之ヲ本條ニ規定スル所ノ通商航海條約中ニ具載スヘキモノトス

第七條

現ニ清國版圖内ニ在ル日本國軍隊ノ撤回ハ本約批准交換後三箇月内ニ於テスヘシ但シ次條ニ載スル所ノ規定ニ從フヘキモノトス

第八條

清國ハ本約ノ規定ヲ誠實ニ施行スヘキ擔保トシテ日本國軍隊ノ一時山東省威海衛ヲ占領スルコトヲ承諾ス而シテ本約ニ規定シタル軍費賠償金ノ初回次回ノ拂込ヲ了リ通商航海條約ノ批准交換ヲ了リタル時ニ當リテ清國政府ニテ右賠償金ノ殘額ノ元利ニ對シ充分適當ナル取極ヲ立テ清國海關税ヲ以テ抵當ト爲スコトヲ承諾スルニ於テハ日本國ハ其ノ軍隊ヲ前記ノ場處ヨリ撤回スヘシ若又之ニ關シ充分適當ナル取極立タサル場合ニハ該賠償金ノ最終回ノ拂込ヲ了リタル時ニ非サレハ撤回セサルヘシ尤通商航海條約ノ批准交換ヲ了リタル後ニ非サレハ軍隊ノ撤回ヲ行ハサルモノト承知スヘシ

第九條

本約批准交換ノ上ハ直チニ其ノ時現ニ有ル所ノ俘虜ヲ還附スヘシ而シテ清國ハ日本國ヨリ斯ク還附セラレタル所ノ俘虜ヲ虐待若ハ處刑セサルヘキコトヲ約ス

日本國臣民ニシテ軍事上ノ間諜若ハ犯罪者ト認メラレタルモノハ清國ニ於テ直チニ解放スヘキコトヲ約シ清國ハ又交戰中日本國軍隊ト種々ノ關係ヲ有シタル清國臣民ニ對シ如何ナル處刑ヲモ爲サス又之ヲ爲サシメサルコトヲ約ス

第十條

本約批准交換ノ日ヨリ攻戰ヲ止息スヘシ

第十一條
本約ハ大日本國皇帝陛下及大淸國皇帝陛下ニ於テ批准セラルヘク而シテ右批准ハ芝罘ニ於テ明治二十八年五月八日即光緖二十一年四月十四日ニ交換セラルヘシ

右證據トシテ兩帝國全權大臣ハ茲ニ記名調印スルモノナリ
明治二十八年四月十七日即光緖二十一年三月二十三日下ノ關ニ於テ二通ヲ作ル

大日本帝國全權辨理大臣 內閣總理大臣從二位勳一等伯爵 伊藤博文 (記名) 印
大日本帝國全權辨理大臣 外務大臣從二位勳一等子爵 陸奧宗光 (記名) 印

大淸帝國欽差頭等全權大臣 太子太傅文華殿大學士北洋大臣 直隸總督一等肅毅伯 李鴻章 (記名) 印
大淸帝國欽差全權大臣 二品頂戴前出使大臣 李經方 (記名) 印

청일강화조약(일본어본)의 한글 번역문

대일본국 황제 폐하 및 대청국 황제 폐하는 양국 및 그 신민에 평화와 행복을 회복하고 또한 장래 분의의 발단을 없애고자 강화조약을 체결한다. 이를 위해 대일본국 황제 폐하는 내각총리대신 종2위 훈1등 백작 이토 히로부미, 외무대신 종2위 훈1등 자작 무쓰 무네미쓰를, 대청국 황제 폐하는 태자태부 문화전 대학사 북양대신 직예총독 1등 숙의백 리훙장, 2품 정재 전 출사대신 리징팡을 각각 그 전권대신에 임명하였다. 이에 각 전권대신은 상호 그 위임장을 확인하고 양호 타당함을 인정하여 다음의 조관을 협의, 결정하였다.

제1조
청국은 조선국이 완전 무결한 독립 자주국임을 확인한다. 이에 위 독립 자주를 훼손하는 조선국의 청국에 대한 공헌전례(貢獻典禮) 등은 장래 완전히 폐지한다.

제2조
청국은 다음의 토지 주권 및 해당 지방에 있는 성루, 병기 제조소 및 관유물을 영원히 일본국에 할여한다.

하나, 다음의 경계 내에 있는 봉천성 남부 지역
압록강구에서 강을 거슬러 안평하구에 이르고 하구에서 봉황성(鳳凰城), 해성(海城), 영구(營口)를 걸쳐 요하구에 이르는 절선(折線) 이남의 지역을 합쳐 위 각 성시를 포함한다. 그리고 랴오허강을 경계로 하는 곳은 해당 강의 중앙을 경계로 한다.
랴오둥만 동안 및 황해 북안에 있는 봉천성에 속하는 제 도서

둘, 타이완 전도 및 그 부속 도서

셋, 펑후열도 즉 영국 그리니치 동경 119도에서 120도 및 북위 23도에서 24도 사이의 제 도서

제3조
위 조항에 게재하고 부속지도에 표시한 경계선은 본 조약 비준 교환 후 곧바로 청일 양국에서 각 2명 이상의 경계공동획정위원을 임명해 실지에 가서 확정한다. 그리고 만일 본 조약에 게재한 경계로 지형상 또는 시정상 완전하지 못한 부분은 해당 경계획정위원이 이를 경정(更正)한다.
다만, 해당 경계획정위원이 경정한 바는 이에 대해 청일 양국 정부가 인가하기까지 본 조약에 기재한 경계를 유지한다.

제4조
청국은 군비배상금으로 고평은(庫平銀) 2억 냥을 일본국에 지불할 것을 약속한다. 위 금액은 도합

8회로 나누어 1회 및 2회는 매회 5천만 냥을 지불한다. 그리고 1회의 불입은 본 조약 비준 교환 후 6개월 이내에, 2회의 불입은 본 조약 비준 교환 후 12개월 이내에 한다. 남은 금액은 6년으로 나누어 제1차는 본 조약 비준 교환 후 2년 이내에, 제2차는 본 조약 비준 교환 후 3년 이내에, 제3차는 본 조약 비준 교환 후 4년 이내에, 제4차는 본 조약 비준 교환 후 5년 이내에, 제5차는 본 조약 비준 교환 후 6년 이내에, 제6차는 본 조약 비준 교환 후 7년 이내에 지불한다. 또한 1회 불입 기일로부터 이후 아직 불입을 끝내지 않은 개수에 대해서는 매년 5%의 이자를 지불한다. 다만 청국은 언제라도 해당 배상금의 전액 혹은 그 일부를 미리 일시 지불할 수 있다. 본 조약 비준 교환 후 3년 이내에 해당 배상금의 총액을 모두 지불할 경우 모든 이자를 면제한다. 만일 그때까지 2년 반 혹은 더욱 단기의 이자를 불입한 경우 이를 원금에 편입한다.

제5조
일본국에 할여된 지방의 주민으로 위 할여된 지방 외에 주거하고자 할 경우 자유로이 소유 부동산을 매각하고 퇴거할 수 있다. 이를 위해 본 조약 비준 교환일로부터 2년간을 유예로 한다. 다만 위 연한을 채울 경우 아직 해당 지방을 떠나지 않은 주민을 일본국의 형편에 따라 일본국 신민으로 간주할 것이다.
청일 양국 정부는 본 조약 비준 교환 후 곧바로 각각 1명 이상의 위원을 타이완성(臺灣省)에 파견하고 해당 성의 양도 작업을 한다. 그리고 본 조약 비준 교환 후 2개월 이내에 위 양도를 완료한다.

제6조
청일 양국 사이의 모든 조약은 교전으로 소멸되었으므로 청국은 본 조약 비준 교환 후 신속히 전권위원을 임명하고 일본국 전권위원과 통상항해조약 및 육로 교통 무역에 관한 약정을 체결할 것을 약속한다. 그리고 현재 청국과 구주(歐洲) 각국 사이에 존재하는 모든 조약장정으로 해당 청일 양국 간의 모든 조약의 기초로 삼을 것이다. 또한 본 조약 비준 교환일로부터 해당 제 조약의 실시에 이르기까지는 청국은 일본국 정부 관리, 상업, 항해, 육로 교통, 무역, 공업, 선박 및 신민에 대해 모두 최혜국 대우를 부여한다.
청국은 이상 외에 다음의 양여를 하고 해당 양여는 본 조약 조인일로부터 6개월 후 유효하다.

제1. 청국에서 현재 각 외국에 개방된 각 시항(市港) 외에 일본국 신민의 상업, 주거, 공업 및 제조업을 위해 다음의 시항을 개항한다. 다만 현재 청국의 개시장, 개항장에서 이루어지는 바와 동일한 조건으로 동일한 특전 및 편익을 향유할 수 있다.
   1 허베이성 징저우부 사스(湖北省荊州府沙市)
   2 쓰촨성 충칭부(四川省重慶府)
   3 장쑤성 쑤저우부(江蘇省蘇州府)
   4 저장성 항저우부(浙江省杭州府)
일본국 정부는 이상 열거한 시항 중 어느 곳이든 영사관을 설치할 권리를 갖는다.

제2. 여객 및 화물 운송을 위해 일본국 증기선의 항로를 다음의 장소까지 확장한다.
  1 양쯔강 상류 허베이성 이창에서 쓰촨성 충칭까지
  2 상하이에서 우쑹강 및 훈허강에 진입하여 쑤저우, 항저우까지
청·일 양국이 새로운 장정을 체결할 때까지 위 항로에 관해 적용하는 한은 외국 선이 청국 내지 수로 항행에 관한 현행 약정을 시행한다.

제3. 일본국 신민이 청국 내지에서 화물 및 생산물을 구입하거나 수입한 상품을 청국 내지에 운송함에 위 구매품 또는 운송품을 창고에 보관하기 위한 어떠한 세금 징수금도 납부하지 않으며 일시 창고를 차입하는 권리를 갖는다.

제4. 일본국 신민은 청국 각 개시장, 개항장에서 자유로이 각종 제조업에 종사할 수 있다. 또한 소정의 수입세를 지불할 뿐으로 자유로이 각종 기계류를 청국에 수입할 수 있다.
청국에서 일본국 신민이 제조에 관계한 일체의 상품은 각종 내국 운송세, 내지 부과금, 징수금에 관해 또한 청국 내지에서 창고 보관상의 편익에 관해 일본국 신민이 청국에 수입한 상품과 동일한 취급을 받는다. 또한 동일한 특전 면제를 향유할 수 있다.
이들 양여에 관해 더욱이 장정을 규정할 필요가 있을 경우에는 이를 본 조약에 규정한 바의 통상항해조약 중에 자세히 기재하는 것으로 한다.

제7조
현재 청국 판도 내에 있는 일본국 군대의 철병은 본 조약 비준 교환 후 3개월 이내로 한다. 다만 다음 조항에 기재한 규정에 따른다.

제8조
청국은 본 조약 규정을 성실히 시행할 담보로 일본국 군대가 일시적으로 산둥성 웨이하이웨이를 점령하는 것을 승낙한다. 그리고 본 조약에 규정한 군비 배상금의 1회, 2회 불입이 끝나고 통상항해조약의 비준 교환이 종료한 때에 청국 정부가 위 배상금의 잔액 원리금에 대해 충분, 적당한 결정을 하여 청국 해관세를 저당으로 하는 것을 승낙함에 있어서는 일본국은 그 군대를 위 장소에서 철병해야 한다. 만일 또한 이에 관해 충분, 적당한 결정이 세워지지 않을 경우는 해당 배상금의 최종회의 불입을 종료한 경우가 아니라면 철병하지 않는다. 마땅히 통상항해조약의 비준 교환이 끝난 후가 아니면 군대의 철병이 이루어지지 않을 것임을 승낙한다.

제9조
본 조약 비준 교환 후에는 곧바로 현재 있는 포로를 환부한다. 그리고 청국은 일본국으로부터 이같이 환부될 포로를 학대 혹은 처형하지 않을 것을 약속한다.
일본국 신민으로 군사상의 간첩 혹은 범죄자라 인정받은 자는 청국에서 곧바로 해방할 것을 약속

한다. 청국은 또한 교전 중 일본국 군대와 다양한 관계를 맺은 청국 신민에 대해 어떠한 처형도 하지 않으며 이를 하지 않을 것을 약속한다.

제10조
본 조약 비준 교환일로부터 공전(攻戰)을 종식한다.

제11조
본 조약은 대일본국 황제 폐하 및 대청국 황제 폐하가 비준하실 것이다. 위 비준은 지부(芝罘)에서 메이지 28년 5월 8일 즉 광서 21년 4월 14일에 교환된다.

이상 증거로 양 제국 전권대신은 이에 기명 조인한다.
메이지 28년 4월 17일 즉 광서 21년 3월 23일 시모노세키(下ノ關)에서 2통을 작성하다.

대일본제국 전권변리대신내각총리대신 종2위 훈1등 백작 이토 히로부미 (기명) 인
대일본제국 전권변리대신외무대신 종2위 훈1등 자작 무쓰 무네미쓰 (기명) 인

대청제국 흠차두등 전권대신태자태부문화전 대학사 북양대신 직예총독 1등숙의백 리훙장 (기명) 인
대청제국 흠차전권대신2품정대전출사대신 리징팡 (기명) 인

〈부속 지도〉

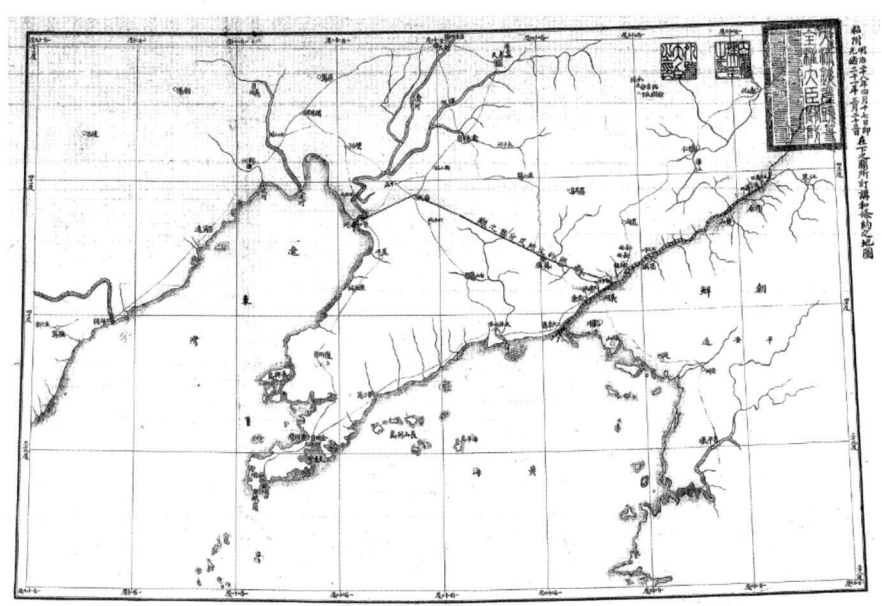

청일강화조약 부속별약(일본어본) 원문

日清媾和條約 附屬別約

別約

第一條
本日調印シタル媾和條約第八條ノ規定ニ依リテ一時威海衛ヲ占領スヘキ日本國軍隊ハ一旅團ヲ超過セサルヘシ而シテ該條約批准交換ノ日ヨリ清國ハ毎年右一時占領ニ關スル費用ノ四分ノ一庫平銀五十萬兩ヲ支拂フヘシ

第二條
威海衛ニ於ケル一時占領地ハ劉公嶋及威海衛灣ノ全沿岸ヨリ日本里數五里ヲ以テ其ノ區域ト爲スヘシ

右一時占領地ノ經界線ヲ距ルコト日本里數五里ノ地内ニ在リテハ何レノ所タリトモ清國軍隊ノ之ニ近ツキ若ハ之ヲ占領スルコトヲ許ササルヘシ

第三條
一時占領地ノ行政事務ハ仍ホ清國官吏ノ管理ニ歸スルモノトス但シ清國官吏ハ常ニ日本國占領軍司令官カ其ノ軍隊ノ健康安全紀律ニ關シ又ハ之カ維持配置上ニ付必要ト認メ發スル所ノ命令ニ服從スヘキ義務アルモノトス

一時占領地内ニ於テ犯シタル一切ノ軍事上ノ罪科ハ日本國軍務官ノ裁判管轄ニ屬スルモノトス

此ノ別約ハ本日調印シタル媾和條約中ニ悉ク記入シタルト同一效力ヲ有スルモノトス
右證據トシテ兩帝国全權大臣ハ之ニ記名調印スルモノナリ
明治二十八年四月十七日即光緒二十一年三月二十三日下ノ關ニ於テ二通ヲ作ル

大日本帝國全權辨理大臣 内閣總理大臣從二位勳一等伯爵 伊藤博文(記名) 印
大日本帝國全權辨理大臣 外務大臣從二位勳一等子爵 陸奧宗光 (記名) 印

大淸帝國欽差頭等全權大臣 太子太傅文華殿大學士北洋大臣 直隷總督一等肅毅伯 李鴻章 (記名) 印
大淸帝國欽差全權大臣 二品頂戴前出使大臣 李經方 (記名) 印

청일강화조약 부속별약(일본어본)의 한글 번역문

청일강화조약 부속별약

별약

제1조
본일 조인된 강화조약 제8조 규정에 따라 일시 웨이하이웨이를 점령할 일본국 군대는 1여단을 초과하지 않는다. 그리고 해당 조약 비준 교환일로부터 청국은 매년 이상 일시 점령에 관한 비용의 4분의 1인 고평은(庫平銀) 50만 냥을 지불한다.

제2조
웨이하이웨이에서 일시 점령지는 류궁다오(劉公嶋)와 웨이하이웨이만의 전 연안에서부터 일본리 5리를 그 구역으로 한다.
위 일시 점령지의 경계선에서 일본리 5리 내에서는 모든 곳에서 청국 군대가 접근하거나 점령하는 것을 허락하지 않는다.

제3조
일시 점령지의 행정사무는 또한 청국 관헌의 관리에 속하는 것으로 한다. 다만 청국 관헌은 항상 일본국 점령군 사령부가 군대의 건강, 안전, 기율에 관해 혹은 이를 유지, 배치하는 데 필요하다고 인정하여 발포하는 명령에 복종할 의무가 있다.
일시 점령지 내에서 벌어지는 모든 군사상의 죄과는 일본국 군무관의 재판 관할에 속하는 것으로 한다.

이 별약은 본일 조인한 강화조약 중에 모두 기입한 것과 동일한 효력을 갖는다.
이상의 증거로 양 제국 전권대신은 이에 기명 조인한다.
메이지 28년 4월 17일 즉 광서 21년 3월 23일 시모노세키(下ノ關)에서 2통을 작성한다.

대일본제국 전권판리대신내각총리대신 종2위 훈1등 백작 이토 히로부미 (기명) 인
대일본제국 전권판리대신외무대신 종2위 훈1등 자작 무쓰 무네미쓰 (기명) 인

대청제국 흠차1등전권대신태자태부 문화전대학사 북양대신 직례총독 1등숙의백 리훙장 (기명) 인
대청제국 흠차전권대신이품정대전출사대신 이징팡 (기명) 인

청일강화조약(한문) 원문

《中日馬關條約》

大淸帝國大皇帝陛下及大日本帝國大皇帝陛下爲訂立和約, 俾兩國及其臣民重修平和, 共享幸福, 且杜絕將來紛紜之端, 大淸帝國大皇帝陛下特簡大淸帝國欽差頭等全權大臣太子太傅文華殿大學士北洋通商大臣直隸總督一等肅毅伯爵李鴻章, 大淸帝國欽差全權大臣二品頂戴前出使大臣李經方, 大日本帝國大皇帝陛下特簡大日本帝國全權辦理大臣內閣總理大臣從二位勳一等伯爵伊藤博文, 大日本帝國全權辦理大臣外務大臣從二位勳一等子爵陸奧宗光爲全權大臣, 彼此校閱所奉諭旨, 認明均屬妥善無闕。會同議定各條款, 開列於左:

第一款　中國認明朝鮮國確爲完全無缺之獨立自主。故凡有虧損獨立自主體制, 卽如該國向中國所修貢獻典禮等, 嗣後全行廢絕。

第二款　中國將管理下開地方之權幷將該地方所有堡壘、軍器、工廠及一切屬公物件, 永遠讓與日本:

一、下開劃界以內之奉天省南邊地方。從鴨綠江口遡該江以抵安平河口, 又從該河口劃至鳳凰城、海城及營口而止, 畫成折線以南地方; 所有前開各城市邑, 皆包括在劃界線內。該線抵營口之遼河後, 卽順流至海口止, 彼此以河中心爲分界。
　遼東灣東岸及黃海北岸在奉天省所屬諸島嶼, 亦一幷在所讓境內。

二、臺灣全島及所有附屬各島嶼。

三、澎湖列島。卽英國格林尼次東經百十九度起, 至百二十度止及北緯二十三度起, 至二十四度之間諸島嶼。

第三款　前款所載及黏附本約之地圖所劃疆界, 俟本約批准互換之後, 兩國應各選派官員二名以上爲公同劃定疆界委員, 就地踏勘確定劃界。若遇本約所訂疆界於地形或治理所關有礙難不便等情, 各該委員等當妥爲參酌更定。

各該委員等當從速辦理界務, 以期奉委之後限一年竣事。但遇各該委員等有所更定劃界, 兩國政府未經認准以前, 應據本約所定劃界爲正。

第四款　中國約將庫平銀二萬萬兩交與日本, 作爲賠償軍費。該款分作八次交完: 第一次伍千萬兩, 應在本約批准互換後六個月內交淸; 第二次五千萬兩, 應在本約批准互換後十二個月內交淸; 餘款

平分六次, 遞年交納; 其法列下: 第一次平分遞年之款於兩年內交清, 第二次於三年內交清, 第三次於四年內交清, 第四次於五年內交清, 第五次於六年內交清, 第六次於七年內交清; 其年分均以本約批准互換之後起算。又第一次賠款交清後, 未經交完之款應按年加每百抽五之息; 但無論何時將應賠之款或全數或幾分先期交清, 均聽中國之便。如從條約批准互換之日起三年之內能全數清還, 除將已付利息或兩年半或不及兩年半於應付本銀扣還外, 餘仍全數免息。

第五款　本約批准互換之後限二年之內, 日本准中國讓與地方人民願遷居讓與地方之外者, 任便變賣所有產業, 退去界外。但限滿之後尚未遷徙者, 酌宜視爲日本臣民。

又臺灣一省應於本約批准互換後, 兩國立即各派大員至臺灣限於本約批准互換後兩個月內交接清楚。

第六款　中日兩國所有約章, 因此次失和自屬廢絕。中國約俟本約批准互換之後, 速派全權大臣與日本所派全權大臣會同訂立通商行船條約及陸路通商章程; 其兩國新訂約章。

應以中國與泰西各國現行約章爲本。又本約批准互換之日起、新訂約章未經實行之前, 所有日本政府官吏臣民及商業、工藝、行船船隻、陸路通商等, 與中國最爲優待之國禮遇護視一律無異。

中國約將下開讓與各款, 從兩國全權大臣畫押蓋印日起, 六個月後方可照辦。

第一、現今中國已開通商口岸之外, 應准添設下開各處, 立爲通商口岸; 以便日本臣民往來僑寓、從事商業、工藝製作。所有添設口岸, 均照向開通商海口或向開內地鎮市章程一體辦理; 應得優例及利益等, 亦當一律享受:
　　一、湖北省荊州府沙市,
　　二、四川省重慶府,
　　三、江蘇省蘇州府,
　　四、浙江省杭州府。

日本政府得派遣領事官於前開各口駐紮。

第二、日本輪船得駛入下開各口附搭行客、裝運貨物:
　　一、從湖北省宜昌溯長江以至四川省重慶府,
　　二、從上海駛進吳淞江及運河以至蘇州府、杭州府。
中日兩國未經商定行船章程以前, 上開各口行船務依外國船隻駛入中國內地水路現行章程照行。
第三、日本臣民在中國內地購買經工貨件若自生之物, 或將進口商貨運往內地之時欲暫行存棧, 除勿庸輸納稅鈔、派徵一切諸費外, 得暫租棧房存貨。
第四、日本臣民得在中國通商口岸、城邑任便從事各項工藝製造; 又得將各項機器任便裝運進口, 只

交所訂進口稅。

日本臣民在中國製造一切貨物, 其於內地運送稅、內地稅鈔課雜派以及在中國內地沾及寄存棧房之益, 即照日本臣民運入中國之貨物一體辦理; 至應享優例豁除, 亦莫不相同。

嗣後如有因以上加讓之事應增章程規條, 即載入本款所稱之行船通商條約內。

第七款　日本軍隊現駐中國境內者, 應於本約批准互換之後三個月內撤回; 但須照次款所定辦理。

第八款　中國爲保明認眞實行約內所訂條款, 聽允日本軍隊暫行佔守山東省威海衛。又, 於中國將本約所訂第一、第二兩次賠款交淸、通商行船約章亦經批准互換之後, 中國政府與日本政府確定周全妥善辦法, 將通商口岸關稅作爲剩款並息之抵押, 日本可允撤回軍隊。倘中國政府不卽確定抵押辦法, 則未經交淸末次賠款之前, 日本應不允撤回軍隊; 但通商行船約章未經批准互換以前, 雖交淸賠款, 日本仍不撤回軍隊。

第九款　本約批准互換之後, 兩國應將是時所有俘虜盡數交還。中國約將由日本所還俘虜並不加以虐待若或置於罪戾。

中國約將認爲軍事間諜或被嫌逮繫之日本臣民, 卽行釋放。倂約此次交仗之間所有關涉日本軍隊之中國臣民, 槪予寬貸; 倂飭有司, 不得擅爲逮繫。

第十款　本約批准互換日起, 應按兵息戰。

第十一款　本約奉大淸帝國大皇帝陛下及大日本帝國大皇帝陛下批准之後, 定於光緖二十一年四月十四日, 卽明治二十八年五月初八日在煙台互換。爲此, 兩國全權大臣署名蓋印, 以昭信守。

大淸帝國欽差頭等全權大臣 太子太傅文華殿大學士北洋通商大臣直隸總督一等肅毅伯爵　李鴻章(押)
大淸帝國欽差全權大臣 二品頂戴前出使大臣　李經方(押)
大日本帝國全權辦理大臣 內閣總理大臣從二位勳一等伯爵　伊藤博文(押)(印)
大日本帝國全權辦理大臣 外務大臣從二位勳一等子爵　陸奧宗光(押)(印)

光緖二十一年三月二十三日
明治二十八年四月十七日

訂於下之關, 繕寫兩分

청일강화조약(한문본)의 한글 번역문

중일 시모노세키조약

대청 제국 대황제 폐하 및 대일본 제국 대황제 폐하는 화약(和約)을 정립(訂立)하여 양국 및 그 신민의 평화를 다시 닦고 모두 행복을 누리도록 하며 장래 분란의 단서를 두절한다. 대청 제국 대황제 폐하는 대청제국 흠차1등 전권대신 태자태부 문화전대학사 북양통상대신 직례총독 1등 숙의백작 리훙장, 대청제국 흠차전권대신 2품 정대 전출사대신(頂戴 前出使大臣) 리징팡을 특별히 가리고, 대일본 제국 대황제 폐하는 대일본제국 전권판리대신 내각총리대신 종2위 훈1등 백작 이토 히로부미, 대일본제국 전권판리대신 외무대신 종2위 훈1등 자작 무쓰 무네미쓰를 가리어 전권대신으로 삼고, 피차 유지를 받든 바를 교열하고, 모두 타당함에 속하여 빠짐이 없음을 명확히 인식한다. 만나서 의논하고 정한 각 조관은 아래에 열어 늘어놓는다.

제1조
중국은 조선국이 확실히 완전 무결한 독립자주임을 명확히 인식한다. 그러므로 독립자주의 체제에 해가 되는 해당 국가가 중국을 향하여 닦은 공헌, 전례 등은 사후 완전히 폐절한다.

제2조
중국은 장차 관리하고 있는 아래에 열거한 지방에 대한 권한 및 해당 지방에 있는 보루, 군기, 공창 및 일체 관유물은 영원히 일본에 양여한다.

1. 아래에 열거한 경계 이내의 펑톈성(奉天省) 남쪽의 지방. 압록강 하구로부터 해당 강이 안평(安平) 하구에 이르러, 또 해당 하천의 구획으로부터 펑후앙청(鳳凰城), 해성 및 영구에 이르러 그치고 절선 이남의 지방에 획정한 곳. 앞에 열거한 각 도시와 고을은 모두 획정된 경계선 내에 포괄한다. 해당 선에서 영구의 랴오허강에 이른 후는 곧 순류가 해구에 이르러 그치니 피차 이 하천을 중심으로 경계로 삼는다.
랴오둥만 동안 및 황해 북안에 있는 펑톈성(奉天省)에 소속된 여러 도서는 또한 모두 경계 내에 양도한 바에 있다.

2. 타이완 전도 및 부속 도서

3. 펑후 열도. 즉 영국 그리니치 동경 119도부터 120도에 이르러 그치고, 북위 23도부터 24도 사이의 여러 도서.

제3조
앞의 조관에서 언급하고 본 조약에서 첨부한 지도에 획정된 경계는 본 조약이 비준되어 서로 교환하기를 기다린 후 양국이 마땅히 각각 관원 2명 이상을 공동획정강계위원으로 선발하여 파견하고 토지에 나아가 답사하고 획정된 경계를 확정하도록 한다. 만약 본 조약에서 의정한 강계가 지형 혹은 다스림에서 장애가 되고 불편한 정황이 있으면 각 해당 위원들은 타당히 참작하여 다시 정한다. 각 해당 위원들은 마땅히 속히 경계의 업무를 처리하고 위원을 맡긴 후 1년을 기한으로 하여 일을 마쳐야 한다. 다만 각 해당 위원들이 획정된 경계를 다시 정하게 되면 양국 정부가 아직 인준을 거치기 이전까지는 마땅히 본 조약에서 획정한 경계를 근거로 정식을 삼아야 한다.

제4조
중국은 장차 고평은 2억 냥을 일본에 주어 배상 군비로 삼을 것을 약속한다. 해당 금액은 8차로 나누어 완납한다. 제1차는 5천만 냥이며 마땅히 본 조약을 비준하고 서로 교환한 뒤 6개월 이내에 교부한다. 제2차는 5천만 냥이며 마땅히 본 조약을 비준하고 서로 교환한 뒤 12개월 이내에 교부한다. 나머지 금액은 고루 6차로 나누어 해마다 완납한다. 그 법칙은 다음과 같다. 제1차는 고루 나눈 매년의 금액을 2년 내에 교부하고, 제2차는 3년 내에 교부하고, 제3차는 4년 내에 교부하고, 제4차는 5년 내에 교부하고 제5차는 6년 내에 교부하고 제6차는 7년 내에 교부한다. 그해에 나누어 내는 것은 본 조약을 비준하고 서로 교환한 뒤로부터 기산한다. 또 제1차 배상금을 교부한 후 아직 완납하지 않은 금액은 마땅히 해마다 100 중에 5를 식리로 더한다. 다만 어느 때를 막론하고 장차 마땅히 배상할 금액 혹은 전액 혹은 얼마간을 먼저 교부하는 것은 모두 중국의 편의에 따른다. 만약 조약 비준을 서로 교환한 날로부터 3년 내에 전액을 상환하면 장차 이미 부여한 식리 혹은 2년 반 혹은 2년 반에 미치지 못하여 마땅히 은화를 붙여 돌려주는 것을 제외하고 나머지는 모두 전액 면제한다.

제5조
본 조약을 비준하고 서로 교환한 뒤 2년 내를 기한으로 하여 일본은 중국이 양여한 지방의 인민이 양여 지방 밖으로 옮기어 거주하고자 한다면 소유한 산업을 판매하고 경계 밖으로 퇴거할 수 있도록 한다. 다만, 기한을 채운 후 아직 옮기지 않은 자는 참작하여 일본 신민으로 본다. 또 타이완 1성은 마땅히 본 조약을 비준하고 서로 교환한 뒤 양국은 즉시 각자 대원(大員)을 타이완에 파견하여 본 조약을 비준하고 서로 교환한 뒤 2개월 이내를 한도로 하여 확실히 접촉하도록 한다.

제6조
중국, 일본 양국이 소유한 조약은 이번에 화친을 잃어 모두 폐절되었다. 종국은 본 조약을 비준하고 서로 교환한 뒤를 기다려 속히 전권대신을 파견하여 일본이 파견한 전권대신과 회동하여 통상행선조약 및 육로통상장정을 의정하여 세우도록 약속한다. 양국이 새로 의정한 조약은 마땅히 중국과 유럽 각국이 현재 행하는 조약을 근본으로 한다. 또 본 조약을 비준하고 서로 교환한 날로부터 새로 의정한 조약을 아직 실행하기 전까지 일본 정부의 관리, 신민 및 상업, 공예, 항해하는 선박, 육로통상 등은 중국과 더불어 가장 우대하는 나라의 예우에 따라 일률적으로 다르지 않게 보도록 한다. 중국은 장차 아래에 열거하여 양여한 각 조관을 양국 전권대신이 서명하고 도장을 찍은 날로부터 6개월 후에 가히 처리할 수 있도록 약속한다.

제1. 지금 중국이 이미 개방한 통상 항구 외에 마땅히 아래에 열거하는 각각의 장소를 첨가하여 통상하는 항구로 세운다. 그럼으로써 일본 신민의 왕래, 거주, 상업 종사, 공예 제작을 편하게 한다. 첨가하여 세운 항구는 모두 향후 개방하는 통상 항구 혹은 향후 개방하는 내지, 진시(鎭市)의 장정에 비추어 일체 처리한다. 그리고 마땅히 우대 및 이익을 얻는 것들은 또한 일률적으로 향유한다.
1. 허베이성 징저우 사스
2. 쓰촨성 충칭부
3. 장쑤성 쑤저우부
4. 저장성 항저우부
일본 정부는 영사관을 앞에 열거한 각 항구에 파견하여 주찰시킬 수 있다.

제2. 일본 윤선은 아래에 열거한 각 항구에 들어가 여행객 및 화물을 운송할 수 있다.
1. 허베이성 이창에서 거슬러 올라가는 장강부터 쓰촨성 충칭부까지.
2. 상하이로부터 오송강 및 운하로 들어가 쑤저우부, 항저우부에 이르기까지.
중국, 일본 양국은 행선장정을 아직 상정하기 이전까지는 위에 열거한 각 항구에 들어가는 선박 업무는 외국 선박이 중국 내지 수로에 들어가는 현행 장정에 비추어 한다.

제3. 일본 신민이 중국 내지에서 공산품 및 농산물을 구매하거나 혹은 장차 항구에 들어가 내지로 화물을 팔고 운송할 때 잠시 창고를 마련하고자 한다면 수납세와 일체의 여러 경비를 내지 않는 것을 제외하고 잠시 창고를 빌려 화물을 두도록 한다.

제4. 일본 신민은 중국의 통상하는 항구, 성읍에서 임의대로 각 항목의 공예 제조에 종사할 수 있다. 또한 장차 각 항목의 기기는 임의대로 항구 밖으로 운송할 수 있으며 다만 소정의 출항세를 교부한다.
일본 신민이 중국에서 제조한 일체의 화물은 내지운송세, 내지세, 각종 과세 및 중국 내지에서의 창고에 보존하는 이익에서 일본 신민이 중국에 운송하여 들여온 화물에 비추어 일률적으로 처리한다. 그리고 마땅히 우대와 면세를 누려야 할 것은 또한 서로 같음이 없지 않도록 한다.

사후 만약 이상에서 양여를 더한 일에서 장정과 조규를 더한다면 즉시 본 조관에서 칭한 행선통상조약 안에 기재하도록 한다.

제7조
일본 군대는 현재 중국 경내에 주둔하고 있는데 마땅히 본 조약을 비준하고 서로 교환 뒤 3개월 이내에 철수해야 한다. 다만, 반드시 다음 조관에 정해진 바를 따른다.

제8조
중국은 조약 내에 의정한 조관을 진실로 행하기를 명확히 인식한다는 것을 보증하기 위하여 일본 군대가 잠시 산둥성 웨이하이웨이를 점령하는 것을 승낙한다. 또한 중국이 장차 본 조약에서 의정한 제1, 제2 두 차례의 배상금을 교부하고 통상행선약장 또한 비준하고 서로 교환한 뒤 중국 정부와 일본 정부가 타당히 대책을 마련하는 것을 확정하고 장차 통상하는 항구의 관세를 배상금 잔금과 식리의 담보로 삼아야 일본이 가히 군대 철수를 승낙할 수 있다. 만약 중국 정부가 즉시 담보에 대한 대책을 확정 짓지 않으면 마지막 배상금이 교부되기 전까지 일본은 마땅히 군대의 철수를 승낙할 수 없다. 다만 통상행선약장의 비준이 아직 교환되기 이전에 비록 배상금을 교부한다 하더라도 일본은 거듭 군대를 철수하지 않는다.

제9조
본 조약을 비준하고 서로 교환한 뒤 양국은 마땅히 그때 가지고 있는 포로를 모두 교환한다. 중국은 장차 일본으로부터 귀환한 포로를 학대하거나 혹은 처벌하지 않을 것을 약속한다.
중국은 장차 군사 간첩 혹은 혐의가 있어 체포된 일본 신민을 즉시 석방할 것을 약속한다. 아울러 이번 교전 중 관계된 일본 군대의 중국 신민은 관대함을 베푼다. 아울러 삼가 벼슬아치도 제멋대로 체포할 수 없다.

제10조
본 조약을 비준하고 서로 교환한 날부터 마땅히 전쟁을 종식한다.

제11조
본 조약은 대청제국 대황제 폐하 및 대일본 제국 대황제 폐하가 비준한 후 광서 21년 4월 14일, 즉 메이지 28년 5월 8일 옌타이에서 서로 교환한다. 이를 위하여 양국 전권대신은 서명하고 조인함으로써 믿음을 지킬 것을 밝힌다.

대청제국 흠차두등전권대신태자태부 문화전대학사 북양통상대신 직예총독 1등 숙의백작 리훙장(李鴻章)(압)
대청제국(大淸帝國) 흠차전권대신(欽差全權大臣)2품 정대 전 출사대신 리징팡(李經方)(압)
대일본제국(大日本帝國) 전권판리대신(全權辦理大臣)내각총리대신 종2위 훈1등 백작 이토 히로부미(伊藤博文)(압)(인)
대일본제국 전권판리대신외무대신 종2위 훈1등 자작 무츠 무네미츠(陸奧宗光)(압)(인)

광서 21년 3월 23일
메이지 28년 4월 7일

시모노세키에서 의정하고 베끼어 양분한다.

6. 랴오둥환부조약[펑톈반도 환부에 관한 조약] (1895)

조국

○ 명칭
- 일본어: 奉天半島還付ニ關スル條約

○ 체결 국가: 일본, 청

○ 체결일: 1895년 11월 8일

○ 체결 장소: 베이징

○ 서명자(또는 전권대사)
- 일본: 하야시 다다스(林董)
- 청: 리훙장(李鴻章)

○ 작성 언어: 일본어, 한문, 영문

○ 체결 배경 및 과정

청일강화조약은 3억 냥에 이르는 배상금과 타이완 및 랴오둥반도 할양 등, 패배한 청국에 가혹한 조건으로 체결되었다. 강화조약 내용에 대해 일본의 세력 확대를 경계한 서구 열강은 강하게 반발하였다. 특히 러시아는 랴오둥반도를 포함한 남만주의 일본 점령을 인정할 수 없다고 주장하며 군사행동까지 무릅쓸 수 있음을 일본에 경고하였다. 독일, 프랑스가 러시아의 행보에 가담하면서 이들 3국이 군함을 집결시켜 일본에 무력시위를 벌이는 삼국간섭이 발생하였다. 일본은 어전회의를 개최하여 대응 방안을 모색하는 한편, 영국,

미국 등 다른 열강의 협조를 구하고자 하였으나 별다른 소득을 얻지 못했다. 결국 일본은 청국에 추가적인 배상금을 요구하는 조건으로 랴오둥반도를 포기하게 된다.

○ 주요 내용

총 6개 조약으로 구성되었다. 제1조에서 강화조약 2조 규정에 따라 획득한 랴오둥반도에 대한 영구적인 반환을 규정하였다. 그 대가로 3천만 냥의 보상금을 청국은 추가로 지불하게 되었다(제2조). 제3조는 보상금 지불 후의 랴오둥반도의 일본 주둔 군대의 철수를 규정하였으며 이에 따른 일본군 협조 청국인에 대한 보호 조항(제4조)이 마련되었다. 제5조는 조약 언어로 일·중·영문이 작성되고 정본을 영문으로 하는 규정이었으며 마지막 제6조는 비준 교환 일정을 규정하였다.

○ 결과 또는 파급 효과

열강의 압력에 굴복하여 결국 일본은 랴오둥반도를 포기하였다. 이로써 청일전쟁 승리를 통해 이익선을 랴오둥반도까지 확대하려던 일본의 대외 구상이 좌절되었다. 일본 국내에서는 러시아에 대한 적개심이 커지고 굴욕을 갚기 위해 와신상담하는 여론이 확산되었다. 이후 일본은 육해군의 규모를 확대하는 군비 증강 정책을 추진해 나갔다.

○ (조약문) 출처
- (일본)외무성 외교사료관

랴오둥환부조약(일본어본) 원문

大日本國皇帝陛下及大淸國皇帝陛下ハ日本國ヨリ奉天省南部ノ地一切ヲ淸國ニ還付スル爲メニ條約ヲ締結スルコトニ決シ之カ爲メ大日本國皇帝陛下ハ北京駐劄特命全權公使正四位勳一等男爵林董ヲ大淸國皇帝陛下ハ欽差全權大臣太子太傅文華殿大學士一等肅毅伯爵李鴻章ヲ各其ノ全權大臣ニ任命シタリ因テ兩國全權大臣ハ互ニ其ノ全權委任狀ヲ示シ其ノ善良妥當ナルヲ認メ左ノ諸條ヲ協議決定セリ

第一條
日本國ハ明治二十八年四月十七日卽光緒二十一年三月二十三日締結ノ下ノ關條約第二條ニ因リ淸國ヨリ日本國ヘ讓與シタル奉天省南部ノ地方卽鴨綠江口ヨリ安平河口ニ至リ鳳凰城海城及營口ニ亘ル以南ノ各城市及遼東灣東岸竝ニ黃海北岸ニ在テ奉天省ニ屬スル諸島嶼ノ主權ヲ擧ケ本條約第三條ノ規定ニ依リ日本國軍隊カ總テ撤退スル時該地方ニ現在スル城壘兵器製造所及官有物ト共ニ永遠淸國ニ還付ス因テ下ノ關條約第三条及同條約中陸路交通及貿易ヲ律スル爲メ一ノ條約ヲ締結スヘシトノ規定ハ之ヲ取消ス

第二條
淸國政府ハ奉天省南部ノ地還付ノ報酬トシテ庫平銀三千萬兩ヲ明治二十八年十一月十六日卽光緒二十一年九月三十日迄ニ日本國政府ヘ拂入ルコトヲ約ス

第三條
本條約第二條ニ規定シタル報償金庫平銀三千萬兩ヲ淸國ヨリ日本國ヘ拂入レタルトキハ其ノ日ヨリ三箇月以内ニ還付地ヨリ日本國軍隊ヲ總テ撤退スヘシ

第四條
淸國ハ日本國軍隊還付地占領中之ト種々ノ關係ヲ有シタル淸國臣民アルモ之ヲ處罰シ若ハ處罰セシメサルコトヲ約ス

第五條
本條約ハ日本文漢文英文ニテ各二通ヲ作ル而シテ此三本文ハ總テ同一ノ意義ヲ有スト雖モ若シ日本文ト漢文トノ間ニ解釋ヲ異ニシタルトキハ英文ニ依テ決裁スヘキモノトス

第六條
本條約ハ大日本國皇帝陛下及大淸國皇帝陛下ニ於テ批准セラルヘク而シテ其批准書ハ本條約調印ノ日ヨリ三週間以内ニ北京ニ於テ之ヲ交換スヘシ

右證據トシテ兩國全權大臣ハ之ニ記名調印スルモノナリ
明治二十八年十一月八日即光緒二十一年九月二十二日北京ニ於テ作ル

大日本帝國北京駐劄特命全權公使 ^(正四位勲一等男爵) 林董 (記名) 印

大淸帝國欽差全權大臣 ^(太子太傅文華殿大學士一等肅毅伯爵) 李鴻章 (記名) 印

랴오둥환부조약(일본어본)의 한글 번역문

대일본국 황제 폐하 및 대청국 황제 폐하는 일본국에서 펑톈성(奉天省) 남부의 지역 일체를 청국에 환부하기 위해 조약을 체결하기로 결정하였다. 이를 위해 대일본국 황제 폐하는 베이징 주차 특명 전권공사 정4위 훈1등 남작 하야시 다다스(林董)를, 대청국 황제 폐하는 흠차전권대신 태자태부 문화전 대학사 1등 숙의백작 리훙장을 각각 그 전권대신에 임명하였다. 이에 양국 전권대신은 서로 그 전권위임장을 보이고 선량, 타당함을 인정하여 다음의 조항들을 협의, 결정하였다.

제1조
일본국은 메이지 28년 4월 17일, 즉 광서 21년 3월 23일 체결한 시모노세키조약 제2조에 의해 청국에서 일본국에 양여한 펑톈성 남부 지방, 즉 압록강 어구에서 안평하 어구에 이르고 펑후앙청(鳳凰城), 하이청(海城), 잉커우(營口)에 이르는 이남의 각 성시(城市)와 랴오둥만(遼東灣) 동안(東岸) 및 황해북안(黃海北岸)에서 펑톈성에 속하는 제 도서의 주권을 모두 본 조약 제3조 규정에 의해 일본국 군대가 모두 철수할 때에 해당 지방에 현존하는 성루, 병기 제조서, 관유물 모두 영구히 청국에 환부한다. 이에 시모노세키조약 제3조 및 동 조약 중 육로 교통, 무역을 규율하기 위한 하나의 조약을 체결한다는 규정은 취소한다.

제2조
청국 정부는 펑톈성 남부 지역 환부의 보상으로 고평은(庫平銀) 3천만 냥을 메이지 28년 11월 16일 즉 광서 21년 9월 30일까지 일본국 정부에 불입할 것을 약속한다.

제3조
본 조약 제2조에 규정한 보상금 고평은 3천만 냥을 청국이 일본국에 불입할 때에는 그날로부터 3개월 이내에 환부 지역에서 일본국 군대를 모두 철수해야 한다.

제4조
청국은 일본국 군대 환부 지역 점령 중 다양한 관계를 맺은 청국 신민이 있어도 이를 처벌하거나 처벌케 하지 않을 것임을 약속한다.

제5조
본 조약은 일본문, 한문, 영문으로 각 2통을 작성한다. 이 세 언어본은 모두 동일한 의의를 가지나 만일 일본문과 한문 사이에 해석을 달리할 경우 영문에 의해 결재한다.

제6조
본 조약은 대일본국 황제 폐하 및 대청국 황제 폐하가 비준하시어 그 비준서는 본 조약 조인일로부터 3주 이내에 베이징에서 교환한다.

이상 증거로 양국 전권대신은 이에 기명 조인한다.
메이지 28년 11월 8일, 즉 광서 21년 9월 22일 베이징에서 작성하다.

대일본제국 베이징 주차 특명전권공사정4위 훈 1등 남작 하야시 다다스(林董)　(기명)　인

대청제국 흠차전권대신 태자태부문화전 대학사 1등 숙의 백작 리훙장(李鴻章)　(기명)　인

7. 청일통상항해조약 (1896)

조국

○ 명칭
- 日淸通商航海條約

○ 체결 국가: 일본, 청

○ 체결일: 1896년 7월 21일
- 비준일: 1896년 10월 20일

○ 체결 장소: 베이징

○ 서명자 (또는 전권대사)
- 일본: 하야시 다다스(林董)
- 청: 장인후안(張蔭桓)

○ 작성 언어: 일본어, 한문, 영어

○ 체결 배경 및 과정

시모노세키조약 제6조에 따라 청일 간 새로운 조약 체결을 위한 회담이 1895년 9월 말부터 시작되었다. 일본 측은 특명전권공사 하야시 다다스가, 청 측은 리훙장이 전권위원이 되어 시작된 회담은 일본 우위의 불평등한 내용을 기조로 한 일본 측 조약안과 상호 대등성을 강조한 청 측의 수정안이 오가는 가운데 약 1년간 수차례 진행되었다. 7차 회담을 끝으로 청 측의 전권위원은 리훙장에서 장인후안(張蔭桓)으로 교체되었는데, 장인후안 역시 리훙장과 마찬가지로 청일 간의 상호 대등성을 조약안에 반영하길 주장하였다. 특히 최혜국 대우가 편무적으로 규정되는 것을 문제삼으며 상호 간 최혜국 대우를 요구했으나 일본은 이를 거부했다. 총 16차례에 걸쳐 진행된 회담 결과, 영사재판권, 최혜국 대우 등에 대한 일본의 편무적 권리만이 규정된 새로운 조약이 체결되었고 1896년 7월 21일 베이징에서 조인이 이루어졌다.

○ 주요 내용

총 29개조로 이루어졌으며 구체적인 내용은 대부분 일본이 청에서 누리는 편무적인 권리만이 나열된 특징을 보인다. 제1조에서는 양국 신민이 '신체 및 재산에 대한 똑같이 완전한 보호'를 받음을 규정하면서도 제3조 규정처럼 영사의 권한에서 청국 영사관의 재판관할권은 제외되었다. 제5조에서는 1871년의 청일 간 통상장정에서 금지가 명문화되었던 내지 통상에 대해, 일본인의 청국 내지 통상 허가와 개항장 100리 이내의 여권 소지가 불필요한 자유 여행을 규정하였다. 제9조~제12조는 일본인의 청국 수출입 관세 문제를 규정하였다. 일본만이 편무적으로 행사하는 영사재판권을 포함하여, 재판권에 관한 구체적인 내용은 제20조~제24조에 규정되었다.

○ 결과 또는 파급 효과

1871년 상호 대등을 원칙으로 한 청일수호조규를 대신하는 조약으로 성립되었다. 영사재판권, 협정 관세권, 편무적 최혜국 대우 등 서구 열강이 청과의 조약에서 획득한 불평등한 내용이 반영되었다. 이 조약을 통해 청일 간에 일본 우위의 불평등 관계가 성립된 것이다. 한편 1899년에 한청통상조약이 체결되어 최혜국 대우, 관세자주권, 영사재판권 등을 상호 인정하여 청과 대한제국의 대등관계가 명문화되었다. 동아시아의 지역 질서가 중국 중심의 전통적 관계에서 일본을 우위로 한 관계로 재편된 것이다.

○ (조약문) 출처
- (일본)외무성 외교사료관

청일통상항해조약(일본어본) 원문

大日本國皇帝陛下及大淸國皇帝陛下ハ明治二十八年四月十七日卽光緖二十一年三月二十三日下ノ關ニ於テ調印セラレタル條約第六條ノ規定ニ依リ通商航海條約ヲ締結スルコトニ決セリ因テ大日本國皇帝陛下ハ北京駐箚特命全權公使正四位勳一等男爵林董ヲ大淸國皇帝陛下ハ欽差全權大臣總理各國事務大臣尙書銜戶部左侍郞張蔭桓ヲ各其ノ全權大臣ニ任命シタルヲ以テ兩國ノ全權大臣ハ互ニ其ノ委任狀ヲ示シ其ノ良好妥當ナルヲ認メ左ノ諸條ヲ協議決定セリ

第一條
大日本國皇帝陛下ト大淸國皇帝陛下トノ間竝ニ兩國臣民ノ間ニ永遠無窮ノ平和及親睦アルヘシ而シテ兩國臣民ハ各々兩締盟國ノ一方ニ於テ其ノ身體及財産ニ對シ等シク完全ナル保護ヲ享有スヘシ

第二條
大日本國皇帝陛下ハ便宜ニ從ヒ其ノ外交官ヲ淸國ニ駐箚セシムルコトヲ得大淸國皇帝陛下モ亦便宜ニ從ヒ其ノ外交官ヲ日本國ニ駐箚セシムルコトヲ得
右駐箚外交官ハ各々國際公法ニ因リ之ニ附與スル一切ノ權利、特權及免除ヲ享有シ且總テ最惠國ノ同樣ノ外交官ニ附與スル所ノ待遇ヲ受クルコトヲ得其ノ身體、家族、隨員、衙署、居館及往復書信ハ犯スヘカラサルモノトス
右外交官ハ毫モ障碍セラルルコトナク其ノ役員、使丁、通譯人、僕婢及從者ヲ隨意ニ選用スヘシ

第三條
大日本國皇帝陛下ハ外國通商ノ爲メニ現ニ開カレ若ハ將來開カルヘキ淸國ノ港市ノ內日本帝國ノ利害ニ必要ナリト認ムル場所ニ總領事、領事、副領事及代辨領事ヲ駐在セシムルコトヲ得
右領事官ハ淸國官吏ヨリ相當ノ禮遇ヲ受ケ且最惠國ノ領事官ニ現ニ附與シ若ハ將來附與スヘキ總テノ資格、職權、裁判管轄權、特權及免除ヲ享有スヘキモノトス
大淸國皇帝陛下モ亦同シク日本國內ニ於テ他國ノ領事官カ現ニ駐在シ若ハ將來駐在スヘキ場所ニ總領事、領事、副領事及代辨領事ヲ駐在セシムルコトヲ得而シテ右領事官ハ日本國ニ在ル淸國臣民及財産ニ對スル日本帝國裁判所ノ裁判管轄權ニ屬スル事項ヲ除クノ外通常領事官ニ附與スル權利及特典ヲ享有スヘシ

第四條
日本國臣民ハ其ノ家族、雇員及僕婢ト共ニ現ニ外國人ノ居住貿易ノ爲メ開キ又ハ將來開クヘキ所ノ淸國ノ諸港諸市ニ往來シ、住居シ商工業、製造業ヲ營ミ又ハ其ノ他一切合法ノ職業ニ從事シ且其ノ商品及携帶品ヲ搭載シ前記諸開港地ノ間ニ隨意ニ往來スヘク又其ノ地ニ於テ外國人ノ使用及占有ノ爲メ旣ニ選定シ若ハ將來選定セラルヘキ地區內ニ於テ家屋ヲ貸借賣買シ地所ヲ貸借シ寺院、

墓所、病院ヲ建設スルコトヲ得但シ此等一切ノ事項ニ付最惠國ノ臣民或ハ人民ニ現ニ附與シ若ハ將來附與スヘキモノト同一ノ特權及免除ヲ享有スヘキモノトス

第五條
日本國船舶ハ現ニ立寄港ナル安慶、大通、湖口、武穴、陸溪口及吳淞併ニ將來立寄港トセラルヘキ總テノ場處ニ於テ外國貿易ニ關スル現行章程ニ從ヒ旅客商品ヲ上陸セシムル爲メ之ニ寄港スルコトヲ得清國ノ諸開港及諸立寄港外ノ港ニ不法ニ進入シ若ハ沿海及河筋ニ於テ密商ニ從事スル船舶ハ其ノ積荷ト共ニ淸國政府ニ於テ之ヲ沒收スヘキモノトス

第六條
日本國臣民ハ自國領事ヨリ下附シ地方官ノ副署シタル旅券ヲ携帶スルトキハ游歷又ハ商用ノ爲メ淸國内地ノ各部ニ旅行スルコトヲ得而シテ該旅券ハ旅行地方ニ於テ檢査ヲ求メラレタルトキハ之ヲ示スヘキモノトス該旅券ニ不正ノ點ナキニ於テハ携帶者ハ進行ヲ許可セラレ且其ノ旅行用ノ爲メ又ハ携帶品商品運搬ノ爲メ人夫、畜類、車輛、船隻ヲ雇入ルルニ故障アルヘカラス若シ旅行者ニシテ旅券ヲ携帶セス又ハ法律ヲ犯ストキハ之ヲ處分スル爲メ最寄ノ領事官ニ引渡スヘシ但シ其ノ際唯必要ノ拘束ヲ加フルノミニシテ決シテ之ヲ虐待スヘカラス旅券ハ之ヲ發シタル日ヨリ淸曆十三箇月間效力ヲ有スヘシ日本國臣民旅券ヲ携帶セスシテ内地ニ旅行シタルトキハ三百兩ヲ超過セサル罰金ニ處スヘシ尤モ日本國臣民ハ各開港地ヨリ一百淸里以內ニハ五日間ヲ限トシ旅券ヲ携帶セスシテ游歷スルコトヲ得但シ本條ノ規定ハ之ヲ船舶乘組ノ水夫ニ適用スルコトヲ得ス

第七條
淸國ノ開港地ニ住居スル日本國臣民ハ淸國臣民ヲ雇入レ總テ正當ノ業務ニ之ヲ使用スルコトヲ得但シ淸國政府又ハ官吏ニ於テ之ヲ制限シ或ハ妨碍スルコトヲ得ス

第八條
日本國臣民ハ荷物又ハ旅客運搬ノ爲メ一切ノ艇隻ヲ賃借スルコトヲ得而シテ之カ爲メ拂フヘキ金額ハ貸借人相互ノ間ニ於テ之ヲ定メ淸國政府又ハ官吏之ニ干涉スルコトヲ得ス艇數ニ對シ制限ヲ置クヘカラス又ハ右艇隻ニ關シ若ハ貨物運搬ニ從事スル人夫ニ關シ何人ニモ專業免許ヲ附與スルコトヲ得ス而シテ右艇隻ヲ以テ密商ニ從事スルモノハ法ニ照シ之ヲ處罰スヘシ

第九條
淸國ト泰西諸國トノ間ニ實施スル稅目及稅則ハ日本國臣民カ淸國ヘ輸入シ若ハ日本國ヨリ淸國ヘ輸入シ又ハ日本國臣民カ淸國ヨリ輸出シ若ハ淸國ヨリ日本國ヘ輸出スル際一切ノ物品ニ適用スヘシ淸國ト泰西諸國トノ間ニ存在スル稅目及稅則ニ於テ特ニ輸入若ハ輸出ヲ制限シ若ハ禁止セサル物品ハ規定ノ輸入若ハ輸出稅ヲ拂フノミニテ自由ニ淸國ヘ輸入シ若ハ淸國ヨリ輸出スルコトヲ得

ヘシ但日本國臣民ハ何等ノ場合ニ於テモ最惠國臣民若ハ人民カ清國ニ於テ現ニ納メ若ハ將來納ム
ヘキ輸出入税ニ異ナルカ或ハ之ヨリ多額ノ納税ヲ要セラルルコトナカルヘシ又日本國ヨリ清國ヘ
輸入シ或ハ清國ヨリ日本國ヘ輸出スル一切ノ物品ハ其ノ輸出入ニ際シ最惠國ヨリ輸入シ或ハ之ヘ
輸出スル同様ノ物品ニ對シ清國ニ於テ現ニ課セラレ若ハ將來課セラルヘキモノト異ナルカ或ハ之
ヨリ多額ノ税ヲ課セラルルコトナカルヘシ

第十條
日本國臣民カ清國ヘ輸入シ或ハ日本國ヨリ清國ヘ輸入シタル一切ノ物品ハ現行章程ニ從ヒ開港場
ト開港場ノ間ヲ運搬中其ノ所有者ノ國籍或ハ之ヲ運搬スル運具船舶ノ國籍如何ニ拘ハラス之ニ對
シ全ク各種ノ税金、賦課金、手數料、釐金等
ヲ取立ツヘカラス

第十一條
日本國臣民ニシテ輸入物品ヲ清國内地ノ市場ニ運搬セント欲スルモノハ其ノ物品ノ有税品ナルト
キハ輸入税ノ二分ノ一、無税品ナルトキハ從價二分半ニ當ル抵代税ヲ拂ヒ以テ其ノ物品ニ對スル
一切ノ通過税ノ免除ヲ受クコト其ノ勝手タルヘシ而シテ右抵代税ヲ拂ヒタルトキハ該物品ニ對シ
一切ノ内地税ヲ免除スル爲メ證書ヲ發附スヘキモノトス
但シ本條ハ輸入阿片ニハ適用セサルコトト知ルヘシ

第十二條
清國ニ在ル日本國臣民カ清國開港外ノ地ニ於テ買入レタル一切ノ清國生産物及物品ニシテ輸出セ
ラレムトスルモノハ前條ニ記載シタル税率ニ依リ輸入税ノ代リニ輸出税ヲ基礎トシテ算出シタル
抵代税ヲ拂ヒタル上其ノ輸出ニ際シ單ニ輸出税ヲ拂フ外ハ清國各地ニ於テ各種ノ税金、賦課金、手
數料、釐金等ヲ免セラルヘシ但シ右ハ前記ノ生産物及物品ニシテ通過税仕拂ノ日ヨリ十二箇月ノ
期限内ニ現ニ外國ニ輸出セラレタル場合ニ限ル
日本國臣民カ清國ノ開港地ニ於テ買入レタル一切ノ清國生産物及物品ニシテ海外輸出ヲ禁セラレ
サルモノハ輸出ノ際單ニ輸出税ヲ納ムル外ハ一切ノ内地税、賦課金、手數料、釐金等ヲ免除セラル
ヘシ且日本國臣民カ清國各地ニ於テ輸出ノ爲メ買入レタル一切ノ物品モ亦現行章程ニ從ヒ各開港
間ニ運搬スルヲ得ルモノトス

第十三條
商品ニシテ其ノ出所外國ニ屬スルコト僞ナク且之ニ對シ已ニ輸入税ヲ完納シタルトキハ其ノ輸入
ノ日ヨリ三箇年内何時モ日本國臣民ニ於テ何等ノ輸出税ヲ納ムルコトナクシテ之ヲ清國ヨリ何レ
ノ外國ヘモ輸出スルヲ得又該再輸出者ハ已ニ右商品ニ對シテ納メラレタル輸入税額ニ向テ清國税
關ヨリ税金拂戻證書ヲ受クヘシ但シ該商品ハ原荷作ノ儘完全ニ保存セラレ異動ナキヲ要ス右拂戻

證書ハ其ノ所有者ノ望ニ因リ淸國稅關官吏ニ於テ現金ヲ以テ之ヲ償辨スルヲ得ヘキモノトス

第十四條

淸國政府ハ其ノ諸開港地ニ於テ官設倉庫ヲ設クルコトニ同意ス本件ニ關スル規則ハ追テ之ヲ設クヘシ

第十五條

日本國ノ商船ニシテ噸數百五十噸以上ノモノハ淸國ノ開港ニ入航スルニ當リ其ノ登記噸數壹噸ニ付淸銀四錢メースノ割ヲ以テ噸稅ヲ課セラルヘシ噸數百五十噸及其ノ以下ノモノハ登記噸數壹噸ニ付壹錢メースノ割トス然レトモ右船舶ニシテ其ノ積荷ニ異動ナク入港後四十八時間以內ニ出港スルモノハ噸稅ヲ免除セラルヘシ

日本國ノ船舶前記ノ噸稅ヲ納メタル上ハ該稅ヲ納メタル港口出發ノ日ヨリ向フ四箇月間ハ淸國ノ何レノ開港或ハ立寄港ニ於テモ噸稅ヲ免除セラルヘシ但シ日本國ノ船舶ハ淸國ニ於テ現ニ修繕ヲ加ヘ居ル間ハ噸稅ヲ納ムルヲ要セス

淸國ノ何レノ開港間ニ於テ旅客、手荷物、書束、無稅品運搬ノ爲メ日本國臣民ノ使用スル小船及艇隻ハ噸稅ヲ納ムルコトナカルヘシ尤モ其ノ運搬ノ時ニ當リ稅金ヲ課セラルヘキ商品ヲ運搬スル所ノ小船及荷舟ハ總テ壹噸ニ付壹錢メースノ割ヲ以テ四箇月每ニ一囘噸稅ヲ納ムヘシ

日本國ノ船舶及艇隻ニ對シテハ噸稅ノ外別ニ手數料或ハ賦金ヲ課スルコトナカルヘシ但シ日本國ノ船舶及艇隻ハ最惠國ノ船舶及艇隻ノ噸稅ニ異ナルカ又ハ之ヨリ多額ノ噸稅ヲ納ムルコトナシト知ルヘシ

第十六條

淸國ノ開港ニ來航スル日本國ノ商船ハ其ノ入港ノ際隨意ニ水先案內者ヲ雇入ルルコトヲ得該商船總テ正當ノ諸稅皆納ノ上出發セムトスル時ハ出港ノ際ニモ亦水先案內者ヲ使用スルコトヲ得

第十七條

日本國ノ商船破損又ハ其ノ他ノ理由ヲ以テ避難所ヲ要スルノ止ムヲ得サルニ至リタルトキハ最寄ノ何レノ淸國港口ニモ入航スルコトヲ得尤モ其ノ船舶ノ修繕ヲ遂ル爲メ陸揚シタル物品ニ對シテハ諸稅若ハ噸稅ヲ拂フコトナカルヘシ但シ該物品ハ稅關吏ノ監督ニ屬スルモノトス右等ノ船舶淸國沿岸ニ於テ淺瀨ニ乘揚ケ又ハ難破シタルトキハ淸國官吏ハ直ニ其ノ乘客及乘組員ヲ救助シ該船舶並ニ其ノ積荷ヲ安全ナラシムルノ措置ヲ施スヘシ而シテ救助シタル人々ニハ懇篤ノ待遇ヲ與ヘ必要ノ場合ニハ最寄ノ領事館マテ送屆クヘシ

淸國ノ商船破損又ハ其ノ他ノ理由ヲ以テ最寄ノ日本港口ニ避難所ヲ要スルノ止ムヲ得サルニ至リタルトキハ該船舶ハ日本官吏ヨリ同一ノ待遇ヲ享有スヘシ

第十八條
諸開港地ニ於ケル淸國官吏ハ詐僞又ハ密商ノ爲メ收入ニ減少ヲ來タササル樣其ノ必要ナリト認ムル措置ヲ施スヘシ

第十九條
日本國ノ船舶淸國ノ强盜又ハ海賊ノ掠奪ニ遇フトキハ該强盜海賊ヲ逮捕處罰シ其ノ贓品ヲ取戾シ之ヲ其ノ持主ニ還付スルコトヲ務ムルハ淸國官吏ノ職務タルヘシ

第二十條
淸國ニ在ル日本國臣民ノ身體財産ニ關スル裁判管轄權ハ當該日本國官吏ニ專屬ス日本國臣民或ハ一切ノ他國臣民又ハ人民ヨリ日本國臣民幷ニ其ノ財産ニ係ル訴訟ハ總テ淸國官吏ノ干涉ヲ受クルコトナク右官吏ニ於テ審理判決スヘシ

第二十一條
淸國官吏又ハ臣民カ淸國ニ在ル日本國臣民ニ對シ又ハ其ノ財産ニ關シ民事訴訟ヲ起ストキハ日本國官吏ニ於テ之ヲ審理判決スヘシ
淸國臣民ニ對シ又ハ其ノ財産ニ關シ淸國ニ在ル日本國官吏或ハ臣民ヨリ起ス所ノ民事訴訟ハ總テ淸國官吏ニ於テ之ヲ審理判決スヘシ

第二十二條
淸國ニ於テ犯罪ノ被告トナリタル日本國臣民ハ日本國ノ法律ニ依リ日本國官吏之ヲ審理シ其ノ有罪ト認メタルトキハ之ヲ處罰スヘシ
淸國ニ在ル日本國臣民ニ對シ犯罪ノ被告トナリタル淸國臣民ハ淸國ノ法律ニ依リ淸國官吏之ヲ審理シ其ノ有罪ト認メタルトキハ之ヲ處罰スヘシ

第二十三條
淸國臣民カ日本國臣民ニ對シテ負債ヲ償辦セス又ハ詐僞逃亡スルトキハ淸國官吏之ヲ逮捕シ其ノ負債ヲ償還セシムルコトヲ務ムヘシ日本國官吏ニ於テモ日本國臣民カ淸國臣民ニ對シテ詐僞逃亡シ又ハ其ノ負債ヲ償辦セサルモノハ處分スルコトヲ務ムヘシ

第二十四條
淸國ニ在ル日本人ニシテ罪ヲ犯シ又ハ負債ヲ償辦セスシテ詐僞逃亡シタル者淸國ノ內地ニ遁レ淸國臣民ノ住居若ハ淸國船舶中ニ潛伏スルトキハ淸國官吏ハ日本國領事ヨリ請求次第日本國官吏ニ之ヲ引渡スヘシ
又淸國ニ在ル淸國人ニシテ罪ヲ犯シ又ハ負債ヲ償辦セスシテ詐僞逃亡シタル者淸國ニ在ル日本國

臣民ノ住居若ハ淸國領海ニ於ケル日本國船舶中ニ潛伏スルトキハ淸國官吏ヨリ日本國官吏ヘ請求次第之ヲ引渡スヘシ

第二十五條
日本國ノ政府及臣民ハ其ノ現在效力ヲ有スル日淸間條約諸條款ニ據リ得タル一切ノ特權免除及利益ヲ享有スルコトヲ更ニ茲ニ確定ス
且日本國ノ政府及臣民ハ大淸國皇帝陛下ヨリ他國ノ政府又ハ臣民ニ現ニ附與シ又ハ將來附與スヘキ一切ノ特權、免除及利益ヲ享有スヘキコトヲ特ニ茲ニ規定ス

第二十六條
締盟國ノ一方ハ本條約批准交換ノ日ヨリ十箇年ノ終ニ於テ稅目及本條約ノ通商ニ關スル條款ノ改正ヲ要求スルコトヲ得然レトモ若シ最初十箇年ノ終ヨリ起算シ六箇月以內ニ兩締盟國ノ何レヨリモ右要求ヲ爲サス改正ヲ行ハサルトキハ本條約竝ニ稅目ハ前十箇年ノ終ヨリ起算シ更ニ十箇年間其ノ儘效力ヲ有スヘシ而シテ其ノ後各十箇年ノ終ニ於ケルモ亦同樣タルヘシ

第二十七條
締盟國ハ本條約ノ效力ヲ完全ナラシムルニ必要ナル章程ヲ協議決定スヘシ尤モ右章程ノ實施セラルルニ至ル迄ハ現ニ淸國ト泰西諸國トノ間ニ存スル取極及章程ニシテ其ノ本條約ノ規定ニ矛盾セスシテ適用セラレ得ル限ハ締盟國ニ於テ之ヲ遵守スヘキモノトス

第二十八條
本條約ハ日本文漢文及英文ニ調印スヘシ然レトモ將來議論ヲ防ク爲メ締盟國ノ全權大臣ハ日本文本文ト漢文本文トノ間ニ解釋ヲ異ニシタルトキハ其ノ異ナル點ハ英文本文ニ依テ之ヲ決裁スヘキコトヲ協議決定セリ

第二十九條
本條約ハ大日本國皇帝陛下及大淸國皇帝陛下ニ於テ之ヲ批准セラルヘク而シテ其ノ批准書ハ本條約調印ノ日ヨリ三箇月以內ニ可成速ニ北京ニ於テ之ヲ交換スヘシ

右證據トシテ兩國ノ全權大臣本條約ニ記名調印スルモノナリ

明治二十九年七月二十一日卽光緖二十二年六月十一日北京ニ於テ作ル

大日本帝國北京駐箚特命全權公使 正四位勳一等男爵　林董 (記名) 印

大淸帝國欽差全權大臣 總理各國事務大臣向書衛戶部左侍郞　張蔭桓 (記名) 印

청일통상항해조약(일본어본)의 한글 번역문

대일본국 황제 폐하와 대청국 황제 폐하는 메이지 28년 4월 17일, 즉 광서 21년 3월 23일 시모노세키에서 조인된 조약 제6조 규정에 의해 통상항해조약을 체결하기로 결정하였다. 이에 대일본국 황제 폐하는 베이징 주차 특명전권공사 정4위 훈1등 남작 하야시 다다스(林董)를, 대청국 황제 폐하는 흠차전권대신 총리각국사문대신 상서 호부좌시랑 장인후안(張蔭桓)을 각각 그 전권대신으로 임명하여 양국 전권대신은 서로 그 위임장을 보이고 양호, 타당함을 인정하여 다음의 제 조항을 협의, 결정하였다.

제1조
대일본국 황제 폐하와 대청국 황제 폐하 사이 및 양국 신민 사이에 영원 무궁한 평화와 친목이 있을 것이다. 그리고 양국 신민은 각각 양 체맹국의 한쪽에서 신체 및 재산에 대해 똑같이 완전한 보호를 향유한다.

제2조
대일본국 황제 폐하는 편의에 따라 외교관을 청국에 주차하게 할 수 있다. 대청국 황제 폐하도 또한 편의에 따라 외교관을 일본국에 주차하게 할 수 있다.
이상 주차 외교관은 각각 국제 공법에 의해 부여받은 일체의 권리, 특권, 면제를 향유하고 또한 모든 최혜국과 같이 외교관에 부여한 대우를 받을 수 있다. 그 신체, 가족, 수행원, 관청, 관저 및 왕래 서신은 침해할 수 없다.
이상 외교관은 조금도 방해받지 않고 관리, 시종, 통역가, 노복, 종자를 임의로 고용할 수 있다.

제3조
대일본국 황제 폐하는 외국 통상을 위해 현재 개방된, 혹은 장래 개방될 청국의 항시(港市) 내에 일본 제국의 이해에 필요하다고 인정되는 장소에 총영사, 영사, 부영사, 대행영사(代辨領事)를 주재하게 할 수 있다.
이상 영사관은 청국 관리로부터 상당한 예우를 받고 또한 최혜국 영사관에 현재 부여된, 혹은 장래 부여될 모든 자격, 직권, 재판관할권, 특권 및 면제를 향유할 수 있다.
대청국 황제 폐하 또한 동일하게 일본국 내에서 타국의 영사관이 현재 주재하고 장래 주재할 장소에 총영사, 영사, 부영사 및 대행영사를 주재하게 할 수 있다. 위 영사관은 일본국에 있는 청국 신민 및 재산에 대해 일본 제국 재판소의 재판관할권에 속하는 사항을 제외하고 통상 영사관에 부여된 권리와 특권을 향유할 수 있다.

제4조
일본국 신민은 그 가족, 고용인 및 노복과 함께 현재 외국인의 거주, 무역을 위해 열리거나 장래 열릴 청국의 제 항구, 제 도시를 왕래, 거주하고 상공업 및 제조업을 운영하거나 기타 일체의 합법적 직업에 종사하고 상품 및 휴대품을 탑재하여 이상의 제 개항지 사이를 임의로 왕래할 수 있다. 또한 그 지역에서 외국인의 사용, 점유를 위해 이미 선정되거나 장래 선정될 지구 안에서 가옥을 대차, 매매하고 지소를 대차하여 사원, 묘소, 병원을 건설할 수 있다. 다만 이러한 일체의 사항에 관해 최혜국 신민 혹은 인민에게 현재 부여하거나 장래 부여될 동일한 특권 및 면제를 향유할 수 있다.

제5조
일본국 선박은 현재 기항장인 안칭(安慶), 다통(大通), 후커우(湖口), 우쉐(武穴), 루지커우(陸溪口) 및 우쑹(吳淞)과 장래 기항장이 될 모든 장소에서 외국 무역에 관한 현행장정에 따라 여객, 상품을 상륙하기 위해 기항할 수 있다.
청국의 제 개항장과 제 기항장 외의 항구에 불법으로 진입하거나 연해와 강줄기에서 밀상(密商)에 종사하는 선박은 적하물과 함께 청국 정부가 이를 몰수할 수 있다.

제6조
일본국 신민은 자국 영사가 발급하고 지방관이 부서(副署)한 통행증[旅券]을 휴대할 경우 유력(遊歷) 또는 상용으로 청국 내지의 각지를 여행할 수 있다. 그리고 해당 통행증은 여행 지방에서 검사를 요구받을 경우 이를 제시해야 한다. 해당 통행증에 부정한 점이 없으면 휴대자는 계속 여행을 진행하는 것을 허가받는다. 또한 여행용으로 또는 휴대품 상품 운반을 위해 인부, 가축, 차량, 선박을 고용하는 데에 지장이 없을 것이다. 만일 여행자가 통행증을 휴대하지 않거나 법률을 어길 경우는 이를 처분하기 위해 가까운 영사관에 인도한다. 다만, 그 경우 필요한 구속을 가할 뿐으로 결코 학대해서는 안 된다. 통행증은 발행한 날로부터 청력(淸曆)으로 13개월 간 효력을 갖는다. 일본국 신민이 통행증을 휴대하지 않고 내지를 여행할 경우 300냥을 초과하지 않는 벌금에 처한다. 다만 일본국 신민은 각 개항지에서 청국 이수로 100리 이내에서는 5일을 한도로 통행증을 휴대하지 않고 유력할 수 있다. 다만, 본 조약 규정은 이를 선박 승무원인 수부(水夫)에 적용하지 않는다.

제7조
청국 개항장에 거주하는 일본국 신민은 청국 신민을 고용하여 모두 정당한 업무에 이를 이용할 수 있다. 한편 청국 정부 또는 관리가 이를 제한하거나 방해할 수 없다.

제8조
일본국 신민은 화물 또는 여객 운반을 위한 일체의 선박을 임차할 수 있다. 그리고 이를 위해 지불할 금액은 대차인 상호 간에 정하며 청국 정부 또는 관리가 이에 간섭할 수 없다. 선박 수에 대한 제한을 두지 않는다. 또는 위 선박에 관해, 혹은 화물 운반에 종사하는 인부에 관해 누구에게도 전업(專業) 면허를 부여할 수 없다. 그리고 위 선박으로 밀상에 종사하는 것은 법에 비추어 처벌한다.

제9조
청국과 서양 각국 사이에 실시 중인 세목과 세칙은 일본국 신민이 청국에 수입하거나 일본국에서 청국으로 수입하거나 혹은 일본국 신민이 청국에서 수출 혹은 청국에서 일본국으로 수출할 경우 일체의 물품에 적용한다. 청국과 서양 각국 사이에 존재하는 세목 및 세칙에서 특히 수입 혹은 수출을 제한하거나 금지하지 않은 물품은 규정의 수입, 수출세를 지불할 뿐으로 자유로이 청국에 수입 혹은 청국에서 수출할 수 있다. 다만 일본국 신민은 어떠한 경우에도 최혜국 신민 혹은 인민이 청국에서 현재 납부하고 또한 장래에 납부할 수출입세와 다르거나, 혹은 그보다 다액의 납세를 요구받지 않는다. 또한 일본국에서 청국으로 들여오거나 청국에서 일본국으로 보내는 일체의 물품은 그 수출입 시에 최혜국으로부터 수입하거나 수출하는 것과 동일한 물품에 대해 청국에서 현재 부과되거나 장래 부과될 것과 다르거나 이보다 다액의 세가 부과되어서는 안 된다.

제10조
일본국 신민이 청국으로 반입하거나 일본국에서 청국으로 반입하는 일체의 물품은 현행 장정에 따라 개항장과 개항장 사이를 운반 중에 그 소유자의 국적 혹은 이를 운반하는 운구 선박의 국적 여하에 상관없이 이에 대해 전적으로 세금, 부과금, 수수료, 이금(釐金) 등을 징수해서는 안 된다.

제11조
일본국 신민으로 수입 물품을 청국 내지의 시장에 운반하고자 하는 자는 그 물품이 유제품일 경우 수입세의 2분의 1, 무세품일 경우 종가(從價) 2분 반에 해당하는 저대세(抵代稅)를 지불함으로써 그 물품에 대한 일체의 통과세를 자유로이 면제받는다. 그리고 위 저대세를 지불할 경우는 해당 물품에 대해 일체의 내지세를 면제받기 위한 증서를 발급하는 것으로 한다.
다만, 본 조항은 수입 아편에는 적용되지 않음을 알아야 한다.

제12조
청국에 있는 일본국 신민이 청국 개항 외의 지역에서 사들이는 일체의 청국 생산물 및 물품을 수출하고자 하는 자는 앞의 조항에 기재한 세율에 의해 수입세를 대신하여 수출세를 기초로 하여 산출한 저대세를 지불하는 한, 그 수출 시에 단순히 수출세를 지불하는 것 이외의 청국 각지에서 각종 세금, 부과금, 수수료, 이금 등을 면제받는다. 다만, 이상은 전술한 생산물 및 물품으로 통과세 지불일로부터 12개월 기한 내에 현재 외국에 수출되는 경우에 한정한다.
일본국 신민이 청국의 개항지에서 매입한 일체의 청국 생산물 및 물품으로 해외 수출을 금지하지 않은 것은 수출 시에 단순히 수출세를 납부하는 것 외에 일체의 내지세, 부과금, 수수료, 이금 등을 면제받는다. 또한 일본국 신민이 청국 각지에서 수출을 위해 매입한 일체의 물품도 또한 현행 장정에 따라 각 개항장 사이를 운반할 수 있다.

제13조
상품으로 그 출소(出所)가 이국에 속하는 것이 틀림없고 또한 이에 대해 이미 수입세를 완납한 경우 그 수입한 날로부터 3년 이내에 언제라도 일본국 신민은 어떠한 수출세를 납부하지 않고 이를 청국에서 다른 어떤 외국으로도 수출할 수 있다. 또한 해당 재수출자는 이미 위 상품에 대해 납부한 수입세액에 관해 청국 세관에서 세금 환급증서를 받아야 한다. 다만 해당 상품은 원화물 그대로 완전히 보존되어 이동이 없어야 한다. 이상의 환급증서는 그 소유자의 희망에 따라 청국 세관 관리가 현금으로 이를 변상한다.

제14조
청국 정부는 그 제 개항장에서 관설(官設) 창고를 세우는 것에 동의한다. 본건에 관한 규칙은 추후에 마련한다.

제15조
일본국 상선으로 톤수 150톤 이상의 배는 청국의 개항장에 입항할 때에 그 등기 톤수 1톤당 청은(淸銀) 4전(錢)메이스mace의 비율로 톤세를 부과받는다. 톤수 150톤 및 그 이하의 경우 등기 톤수 1톤당 1전의 비율로 한다. 그러나 위 선박으로 그 적하물에 이동이 없고 입항 후 48시간 이내에 출항할 경우 톤세를 면제받는다.
일본국 선박이 전술한 톤세를 납부한 이상은 해당 세금을 납부한 항구의 출발일로부터 4개월 동안은 청국의 어느 개항지 혹은 기항지에서도 톤세를 면제받는다. 또한 일본국 선박은 청국에서 현재 수선을 하는 동안은 톤세를 납부할 필요가 없다.
청국의 어느 개항장 사이에서든 여객, 수하물, 서한, 무세품 운반을 위해 일본국 신민이 사용하는 소형선 및 거룻배는 톤세를 납부할 필요가 없다. 다만, 그 운반 시에 세금을 부과한 상품을 운반하는 소형선과 하물선은 모두 1톤당 1전의 비율로 4개월에 한 번씩 톤세를 납부해야 한다.
일본국 선박 및 거룻배에 대해서는 톤세 외에 별도의 수수료 혹은 부금(賦金)을 부과할 수 없다. 더하여 일본국 선박 및 거룻배는 최혜국 선박 및 거룻배의 톤세와 다르거나 이보다 다액의 톤세를 납부하지 않음을 안다.

제16조
청국의 개항장에 내항하는 일본국 선박은 그 입항 시에 임의로 도선사를 고용할 수 있다. 해당 상선은 모두 정당한 모든 세금을 완납한 후에 출발할 경우에는 출항 시에도 도선사를 사용할 수 있다.

제17조
일본국 상선의 파손 또는 기타의 이유로 피난 장소를 부득이 필요로 할 경우, 가장 가까운 청국의 어느 항구에도 입항할 수 있다. 마땅히 그 선박 수선을 위해 하역한 물품에 대해서는 모든 세금 혹은 톤세를 지불하지 않는다. 다만, 해당 물품은 세관 관리의 감독에 속하는 것으로 한다. 이들 선박이 청국 연안에서 여울에 걸리거나 난파할 경우, 청국 관리는 즉시 그 승객과 승무원을 구조하고 해당 선박 및 그 하물이 안전하도록 조치를 취해야 한다. 그리고 구조한 사람들에게는 친밀한 대우를 하고 필요에 따라 가장 가까운 영사관에 보낸다.

청국의 상선이 파손 또는 기타 이유로 가장 가까운 일본 항구의 피난 장소를 부득이 필요로 할 경우 해당 선박은 일본 관리로부터 동일한 대우를 향유할 수 있다.

제18조
제 개항지에서 청국 관리는 사기 또는 밀상으로 인해 수입 감소를 불러오지 않도록 필요하다고 인정되는 조치를 취해야 한다.

제19조
일본국의 선박이 청국의 강도 또는 해적의 약탈과 조우할 경우, 해당 강도, 해적을 체포, 처벌하고 그 장물을 되찾아 그 주인에게 환부하도록 힘쓰는 일은 청국 관리의 직무이다.

제20조
청국에 있는 일본국 신민의 신체, 재산에 관한 재판관할권은 해당 일본국 관리에게 전속(專屬)한다. 일본국 신민 혹은 일체의 타국 신민, 인민으로부터 일본국 신민 및 그 재산에 관한 소송은 모두 청국 관리의 간섭을 받는 일 없이 이상의 관리가 심리, 판결한다.

제21조
청국 관리 또는 신민이 청국에 있는 일본국 신민에 대해 혹은 그 재산에 관해 민사소송을 제기할 경우 일본국 관리가 이를 심리, 판결한다.

청국 신민에 대해 또는 그 재산에 관해 청국에 있는 일본국 관리 혹은 신민으로부터 제기된 민사소송은 모두 청국 관리가 이를 심리, 판결한다.

제22조
청국에서 범죄 피고인이 된 일본국 신민은 일본국의 법률에 의해 일본국 관리가 이를 심리하고 유죄가 인정될 경우 처벌한다.

청국에 있는 일본국 신민에 대해 범죄 피고인이 된 청국 신민은 청국 법률에 의해 청국 관리가 이를 심리하고 유죄가 인정될 경우 이를 처벌한다.

제23조
청국 신민이 일본국 신민에 대해 부채를 변상하지 않거나 사기, 도망칠 경우 청국 관리가 이를 체포하여 그 부채를 상환케 하도록 힘쓴다. 일본국 관리도 일본국 신민이 청국 신민에 대해 사기, 도망칠 경우 또는 부채를 갚지 않은 자는 처분하도록 힘쓴다.

제24조
청국에 있는 일본인으로 죄를 저지르거나 부채를 변상하지 않고 사기, 도망친 자가 청국 내지에 숨어 청국 신민의 주거, 혹은 청국 선박에 잠복할 경우, 청국 관리는 일본국 영사로부터 청구가 있는 대로 일본국 관리에게 인도한다.
또한 청국에 있는 청국인으로 죄를 범하거나 부채를 변상하지 않고 사기, 도망친 자가 청국에 있는 일본국 신민의 주거지 혹은 청국 영해의 일본국 선박에 잠복할 경우 청국 관리로부터 일본국 관리에 청구하는 대로 이를 인도한다.

제25조
일본국 정부 및 신민은 현재 효력이 있는 청일 간 조약 제 조관에 의거해 얻는 일체의 특권, 면제, 이익을 향유할 수 있음을 재차 확정한다.
또한 일본국 정부 및 신민은 대청국 황제 폐하로부터 타국 정부 또는 신민에게 현재 부여하거나 장래 부여할 일체의 특권, 면제, 이익을 향유할 수 있음을 특별히 이에 규정한다.

제26조
체맹국 일방은 본 조약 비준 교환일로부터 10년을 끝으로 세목 및 본 조약 통상에 관한 조관의 개정을 요구할 수 있다. 그러나 만일 최초 10년의 종결부터 기산해 6개월 이내에 양 체맹국 모두 위 요구를 하지 않고 개정을 행하지 않을 경우, 본 조약 및 세목을 10년을 끝으로 기산해 재차 10년간 그대로 효력을 갖는다. 그리고 그 후 10년을 끝으로 하여 또한 동일한 방식으로 적용한다.

제27조
체맹국은 본 조약의 효력을 완전하게 하기에 필요한 장정을 협의, 결정할 수 있다. 다만, 위 장정이 실시되기까지는 현재 청국과 서양 각국 사이에 존재하는 결정, 장정으로 본 조약 규정과 모순되지 않고 적용할 수 있는 한은 체맹국은 이를 준수해야 한다.

제28조
본 조약은 일본어, 한문, 영문으로 조인한다. 그러나 장래의 논쟁을 막기 위해 체맹국 전권대신은 일본어 본문과 한문 본문 사이에 해석이 다를 경우, 그 다른 점은 영문 본문에 의거해 이를 결재할 것을 협의, 결정하였다.

제29조
본 조약은 대일본국 황제 폐하 및 대청국 황제 폐하가 비준하시며 그 비준서는 본 조약 조인일로부터 3개월 이내에 가능한 신속히 베이징에서 교환한다.

이상 증거로 양국 전권대신은 본 조약에 기명, 조인한다.

메이지 29년 7월 21일, 즉 광서 22년 6월 11일 베이징에서 작성하다.

대일본제국 베이징 주차 특명전권공사정4위 훈1등 남작 하야시 다다스(林董) (기명) 인
대청국 흠차전권대신총리각국사무대신 상서함 호부좌시랑 장인후안(張蔭桓) (기명) 인

8. 청국 신개항장 일본 전관거류지 설치에 관한 의정서(1896)

조국

○ 명칭
- 청국 신개시장에 일본 전관거류지 설치, 기타에 관한 청일 의정서(淸國新開市場ニ日本專管居留地設置其他ニ關スル日淸議定書)

○ 체결 국가: 일본, 청

○ 체결일: 1896년 10월 19일

○ 체결 장소: 베이징

○ 서명자(또는 전권대사)
- 일본: 하야시 다다스(林董)
- 청: 장인후안(張蔭桓)

○ 작성 언어: 일본어, 한문

○ 체결 배경 및 과정

1896년 7월 21일에 체결된 청일통상항해조약으로 일본은 새로운 개시장 및 개항장을 획득하였다. 그리고 기존의 개항장과 함께 이들 개시, 개항장에 전관조계지를 설치하고자 하였다. 전관조계지는 개항장에서 한 국가가 독립적인 조계 운영을 하는 것으로 여러 국가들로 구성된 공동 조계와 구별된다. 대표적으로 사례로, 상하이의 공동 조계가 영국 주도로 이뤄지는 것에 반발하여 프랑스가 전관조계지를 설치(1849년)한 것을 들 수 있다.

○ 주요 내용

전체 4개 조항으로 구성된 본 의정서의 주요 내용은 중국의 개항장, 개시장 내에 일본의 전관조계 설치를 승인하는 것이었다. 제1조에서 통상항해조약으로 개방된 4개의 개시, 개항장에 일본의 전관조계를 설정한 권한을 규정하였으며 제3조 2항에서는 제1조에 제시된 지역 이외에 상하이, 텐진, 샤먼, 한커우에서도 전관거류지를 설치할 수 있도록 규정하였다. 이들 전관조계에서는 도로 관할, 경찰 권한을 영사에 전속하는 것으로 청국의 지방행정권이 미치지 못하는 지역으로 설정되었다(제1조). 한편 제4조에서 일본군 점령, 주둔지에 대해 청국 군대가 접근하지 못하도록 규정하여 본 의정서의 군사적인 목적 또한 반영되었다.

○ 결과 또는 파급 효과

본 의정서에 따라 전관조계는 1897년부터 1899년에 걸쳐 설치되었다. 이 가운데 가장 발전한 텐진의 경우 1898년 8월 일본거류지 취극서, 일본조계조관, 1902년 8월 텐진일본조계규칙 등이 실시되면서 본격적인 일본인의 도항이 시작되었다. 일본의 전관조계 설정에 따라 다른 열강들 또한 전관조계 설정을 요구하게 되면서 중국을 둘러싼 각국의 이권다툼이 고조되었다. 조계지가 사실상 '외국 영토'화되며 주권 침탈 및 과분(瓜分)에 대한 중국 내의 위기의식 또한 높아졌다.

○ (조약문) 출처
- (일본)외무성 외교사료관

청국 신개항장 일본 전관거류지 설치에 관한 의정서(일본어본) 원문

議定書

大日本國特命全權公使正四位勳一等男爵林董ハ大淸欽命總理各國事務王大臣ト左ノ四箇條ヲ議定ス

第一條
新開通商市港場ニ日本專有ノ居留地ヲ置クコトヲ妥定シ道路管轄及ヒ地方警察ノ權ハ日本領事ニ專屬スルモノトス

第二條
光緒二十二年八月初三日上海稅關ヨリ發布セシ洋商蘇杭滬三處通商試辨章程內其ノ汽船及ヒ傭入又ハ所有ノ船隻ニ關スル事ハ日本ト妥商シテ定ムヘシ之ヲ商定スル迄ハ適用シ得ヘキ限ハ長江章程ヲ施行スルモノトス

第三條
日本政府ハ淸國政府カ淸國ニ於テ日本臣民ノ製造セル物品ニ對シ便宜酌量シテ課稅ヲナスコトヲ允スヘシ但シ其稅ハ淸國臣民カ納ムヘキ稅ニ異ナルカ惑ハ之ヨリ多額ナルコトヲ得ス
淸國政府ハ日本政府ヨリ請求ノ上ハ早速上海天津廈門漢口等處ニ日本專有ノ居留地ヲ設クルコトヲ允スヘシ

第四條
條約ニ依リ凡テ日本國軍隊占領地ノ境界線ヲ距ルコト日本里數五里此淸國里數大約四十里ノ地內ニハ淸國軍隊ノ之ニ近ツキ若ハ之ヲ占領スルヲ許スヘカラサルコトヲ山東巡撫ニ電達スヘシ

右日本文及漢文各二通ヲ作リ對照シテ記名調印シ雙方其各一通ヲ執テ證據トス

明治二十九年十月十九日 林董 (記名) 印

光緒二十二年九月十三日 敬信 榮祿 張蔭桓 (記名) 印

청국 신개항장 일본 전관거류지 설치에 관한 의정서(일본어본) 한글 번역문

의정서

대일본국 특명전권공사 정4위 훈1등 남작 하야시 다다스는 대청 흠명 총리각국 사무왕대신과 다음의 4조항을 의정한다.

제1조
신개항장에 일본 전유의 거류지를 설치할 것을 협의하고 도로 관할 및 지방 경찰의 권한은 일본 영사에 전속하는 것으로 한다.

제2조
광서 22년 8월 3일 상하이 세관에서 발포한 양상소항호삼처통상시변장정(洋商蘇杭滬三處通商試辦章程) 가운데 기선 및 고용 또는 소유한 선박에 관한 사항은 일본과 협의하여 정한다. 이를 정할 때까지는, 적용할 수 있는 한 장강장정(長江章程)을 시행하는 것으로 한다.

제3조
일본 정부는 청국 정부가 청국에서 일본 신민이 제조한 제품에 대해 편의, 작량하여 과세할 것을 윤허한다. 다만 그 세금은 청국 신민이 납부하는 세와 다르거나 그보다 다액이어서는 안 된다.
청국 정부는 일본 정부로부터 청구가 있는 이상은 신속히 상하이, 톈진, 샤먼, 한커우 등에서 일본 전관거류지를 설치할 것을 윤허한다.

제4조
조약에 의해 모든 일본국 군대 점령지의 경계선으로부터 일본 5리, 청국 대략 40리 내에는 청국 군대가 이에 접근하거나 점령하는 것을 허락하지 않음을 산둥 순무에 전달(電達)한다.

이상 일본문, 한문 각 2통을 작성, 대조하여 기명 조인하고 쌍방이 각 1통을 취하여 증거로 삼는다.

메이지 29년 10월 19일 하야시 다다스 (기명) 인

광서 22년 9월 13일 경신(敬信) 영록(榮祿) 장인후안 (기명) 인

9. 간도협약[만주 및 간도에 관한 청일 협약] (1909)

유바다

○ 명칭
- 세칭: 간도협약(間島協約)
- 정식 명칭: 도문강중한계무조관(圖們江中韓界務條款)

○ 체결 국가: 일본, 청

○ 체결일: 1909년 9월 4일

○ 체결 장소: 베이징

○ 서명자(또는 전권대사)
- 일본: 이주인 히코치키(伊集院彦吉)
- 중국: 량둔옌(梁敦彦)

○ 작성 언어: 한문, 일본어

○ 체결 배경 및 과정

1897년 대한제국 성립 이후 황제 고종은 이범윤을 북간도 지역에 함북간도시찰원으로 파견하였다. 이범윤은 1903년 7월 간도관리사가 되어 본격적으로 북간도 지역 한국인을 관리하기 시작하였다. 따라서 한국과 청 간의 감계 문제가 대두되었다. 양국은 변계선후장정을 체결하여 이범윤을 소환하고 두만강을 잠정적인 국경으로 유지하고자 하였으나 러일전쟁의 발발 및 한일의정서의 체결과 함께 결국 감계회담은 결렬되고 이범윤은 소환되었다.

1905년 을사조약 체결 이후 일제는 1907년 8월 북간도 지역에 헌병대를 파견하여 임시 간도파출소를 설치하였다. 그러나 이에 대한 열강의 개입 시도가 있었고 일본은 북간도를 포기하기에 이른다. 이에 따라 간도협약이 체결되어 간도에 대한 청의 영유권이 확정되었다.

○ 주요 내용

이 조약으로 인하여 도문강(圖們江)이 청한 양국의 국경임이 확인되었다(전문, 제1관). 그리고 용정촌(龍井村), 국자가(局子街), 두도구(頭道溝), 백초구(百草溝) 등지에 대한 일본의 영사관 설치가 인정되었다(제2관). 다만, 도문강 이후의 개간지에 대한 한국인의 주거는 승인되었다(제3관). 그럼에도 불구하고 도문강 이북 지방의 잡거지 구역 내 개간지에 거주하는 한국인은 청의 관할재판에 귀부하도록 하였다(제4관).

○ 결과 또는 파급 효과

간도에 대한 청의 영유가 확정되었다. 이를 지도[21]로 표현하면 다음과 같다.

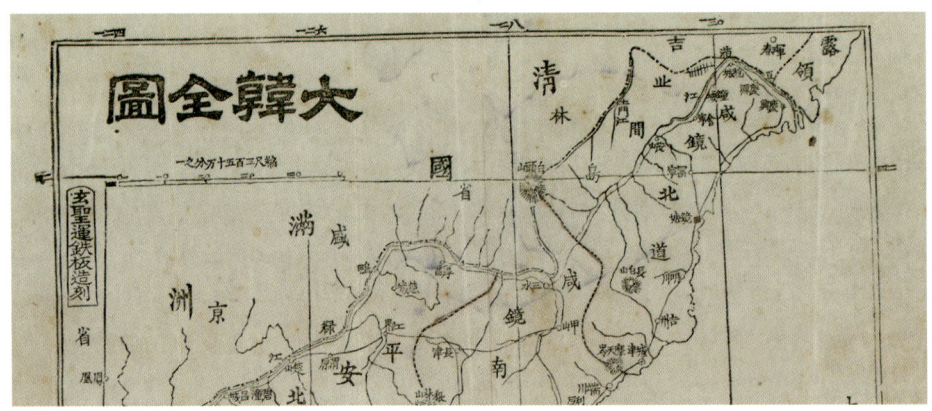

○ (조약문) 출처

- 『純宗實錄』
- The Statistical Department of The Inspectorate General of Customs, 1973, *Treaties, conventions, etc., between China and foreign states*, Volume 2, Kelly & Walsh, Limited, pp.762~764.

21　玄聖運, 1907, 「大韓全圖」, 張志淵, 「大韓新地誌 乾」.

간도협약(한문본) 원문

圖們江中韓界務條款

一九〇九年九月四日, 宣統元年七月二十日, 明治四十二年九月四日, 北京.

大淸國政府及大日本政府, 顧念善鄰交誼, 彼此認明圖們江爲中、韓兩國交界, 並妥協商定一切辦法, 俾中、韓兩國邊民永遠相安, 共享幸福, 所訂各條款並列於左:

第一款　中、日兩國政府彼此聲明, 以圖們江爲中、韓兩國國界, 其江源地方自定界碑起至石乙水爲界.

第二款　中國政府俟本協約簽定後, 從速開放左開各處, 准各國人居住、貿易. 日本國政府同於各該埠設立領事館或領事館分館, 其開埠日期應行另定:
　　　　龍井村、局子街、頭道溝、百草溝.

第三款　中國政府仍准韓民在圖江北墾地居住, 其地界四址另附圖說.

第四款　圖們江北地方雜居區域內之墾地居住之韓民, 服從中國法權, 歸中國地方官管轄裁判. 所有應納稅項及一切行政上處分, 亦與中國民同. 至於關系該韓民之民事、刑事一切訴訟案件, 應由中國官員, 按照中國法律秉公審判. 日本國領事官, 或由領事官委派官史, 可任便到堂聽審, 惟人命重案, 則須先行知照日本國領事官, 到堂聽審. 如日本國領事官能指出法律判斷之處, 可請中國另派員複審, 以昭信讞.

第五款　所有圖們江北雜居區域內韓民之地產、房屋等, 由中國政府與華民產業一律切實保護, 並在沿江擇地設船. 彼此人民任便來往, 惟無護照公文, 不得持械過境. 雜居區域內所產米穀, 准韓民販運, 如遇歉收仍得禁止, 柴草援引照辦.

第六款　中國政府將來將吉長鐵路接展造至延吉南邊界, 在韓國會寧地方與韓國鐵路連絡, 其一切辦法, 與吉長鐵路一律辦理. 至應何時開辦, 由中國政府酌量情形, 再與日本國政府商定.

第七款　本協約簽定後, 本約各條卽當實行. 其日本統監府派出所及文武人員, 亦卽從速撤退, 限於兩月內退淸. 日本國政府在第二款所開商埠, 亦於兩月內設立領事館.
爲此, 兩國大臣各奉本國政府合宜委任, 繕備漢文、日本文各二本, 卽於此約內簽名蓋印, 以昭信守.

宣統元年七月二十日

明治四十二年九月四日

大淸國欽命外務部尙書、會辦大臣　梁敦彥

大日本國特命全權公使　伊集院彥吉

간도협약(한문본)의 한글 번역문

도문강중한계무조관(圖們江中韓界務條款)

대청국 정부와 대일본 정부는 선린 관계와 상호 우의에 비추어 도문강이 청국과 한국 양국의 국경으로 된 것을 서로 확인하고 아울러 타협의 정신으로, 일체 처리법을 상정(商定)하여 청국과 한국의 변방 백성들에게 영원히 치안의 행복을 누리도록 하기 위하여 다음의 조관(條款)을 정립한다.

제1관
중국, 일본 양국 정부는 도문강을 청국과 한국의 국경으로 하고 강 원천지에 있는 정계비를 기점으로 하여 석을수(石乙水)를 두 나라의 경계로 함을 성명한다.

제2관
중국 정부는 본 협약이 조인된 뒤에 되도록 빨리 다음의 각지를 외국인의 거주 및 무역을 위하여 개방해야 한다. 일본국 정부는 이 지방에 영사관 혹은 영사관 분영을 설치할 수 있으나 개방하는 날짜는 별도로 정한다. 용정촌(龍井村), 국자가(局子街), 두도구(頭道溝), 백화구(百草溝).

제3관
중국 정부는 이전과 같이 도문강 이북의 개간지에 한국 국민이 거주하는 것을 승인한다. 그 지역의 경계는 별도로 이를 표시한다.

제4관
도문강 이북 지방의 잡거 구역 안에 있는 개간지에 거주하고 있는 한국 국민은 중국의 법적 권한에 복종하고 중국 지방관의 관할 재판에 귀속한다. 중국의 관헌은 이상의 한국 국민을 중국 국민과 똑같이 대우하여야 하며 납세, 그 밖의 일체 행정상의 처분도 중국 국민들과 똑같이 하여야 한다.
이상의 한국 국민에 관계되는 민사와 형사 등 일체 소송 사건은 중국 관헌이 중국 법률에 따라서 공평하게 재판하여야 한다. 일본국 영사관 또는 그 위임을 받은 관리는 자유로이 법정에 입회할 수 있으며, 단, 인명에 관한 중요 사안에 대하여는 반드시 사전에 일본국 영사관에 통지하는 것으로 한다. 일본국 영사관은 만약 법률에 따라서 판결하지 않는 문제가 있다고 인정될 때에는 공정한 재판을 하도록 하기 위하여 따로 관리를 파견해서 다시 심리할 것을 중국에 청구할 수 있다.

제5관
도문강 이북의 잡거 구역 안에 있는 한국 국민 소유의 토지와 가옥은 중국 정부로부터 청국 국민들의 재산과 똑같이 완전히 보호하여야 한다. 또한 당해 도문강 연안에는 장소를 선택하여 나룻배를 놓고 두 나라 국민들이 자유롭게 오갈 수 있게 하여야 한다. 단, 병기를 휴대한 사람은 공문이나 또는 여권이 없이는 국경을 넘을 수 없다. 잡거 구역 안에서 나는 곡식을 한국 국민이 가져다 파는 것을 허락하되 심한 흉년이 들었을 때에는 금지할 수 있으며 땔나무는 이전대로 장만할 수 있다.

제6관
중국 정부는 앞으로 길장철도(吉長鐵道)를 연길(延吉) 이남으로 연장하여 한국의 회령(會寧)에서 한국의 철도와 연결할 수 있다. 그 일체의 처리법은 길장철도와 똑같이 하며 공사를 시작하는 시기는 중국 정부에서 형편을 참작하여 일본국 정부와 상의한 뒤 정한다.

제7관
본 협약은 조인한 뒤 즉시 효력을 지닌다. 통감부 파출소와 문무(文武) 각 관리들은 되도록 빨리 철거하기 시작하여 2개월 동안에 끝내야 하며 일본국 정부는 2개월 이내로 제2조에 열거한 통상지(通商地)에 영사관을 개설하여야 한다.
이상을 증거로 하여 아래에 이름을 쓴 사람은 각각 본국 정부로부터 해당한 위임을 받고 일문과 한문으로 작성한 각 2부의 본 협약에 기명하고 조인한다.

선동 원년 7월 20일.

메이지 42년 9월 4일.

대청국흠명외무부상서 회판 대신   량둔옌(梁敦彦)

대일본국특명전권공사   이주인 히코치키(伊集院彦吉)

VI

근대 한국(조선/대한제국)이 중국(청)과 체결한 조약

유바다 고려대학교 한국사학과 조교수

1. 조중상민수륙무역장정
[朝中商民水陸貿易章程](1882)

유바다

○ 명칭
- 조중상민수륙무역장정(朝中商民水陸貿易章程)

○ 체결 국가: 조선, 청

○ 체결일: 1882년 10월 1일(음력 8월 20일)

○ 체결 장소: 톈진

○ 서명자(또는 전권대사)
- 조선: 조선국(朝鮮國) 주정사(奏正使) 조영하(趙寧夏), 주부사(奏副使) 김굉집(金宏集, 김홍집), 문의관(問議官) 어윤중(魚允中)
- 청: 2품관(二品銜) 진해관도(津海關道) 저우푸(周馥), 2품관(二品銜) 후선도(候選道) 마젠중(馬建忠)

○ 작성 언어: 한문

○ 체결 배경 및 과정

조중상민수륙무역장정은 1882년 10월 1일(음력 8월 20일) 천진에서 체결되었다. 청 진해관도(津海關道) 저우푸(周馥), 후선도(候選道) 마젠중(馬建忠), 조선 주정사(奏正使) 조영하(趙寧夏), 주부사(奏副使) 김굉집(金宏集, 김홍집), 문의관(問議官) 어윤중(魚允中) 사이에 의정된 장정이다. 조약이라는 명칭을 사용하고 있지 않다.

○ 주요 내용

　이 장정으로 인하여 청 북양대신은 상무위원(商務委員)을 조선에 파견하고 조선 국왕 또한 대원(大員)을 청으로 파견하여 각자의 상업을 관장하도록 하였다(제1조). 그리고 조선에서의 중국 상민에 대한 치외법권이 인정되었다(제2조). 풍랑을 만날 경우 중국 선박이 아무 항구에나 정박할 수 있는 권리도 인정되었다(제3조). 중국 상인의 조선에서의 내지통상권 또한 사실상 인정되었다(제4조). 관세는 홍삼(15%)을 제외하고는 5%로 고정되었다(제5조, 제6조). 이는 이후 서구 열강의 최혜국 대우 제기의 근거가 된다. 마지막으로 장정의 내용에 대해서는 수시로 북양대신과 조선 국왕이 논의하도록 하였다(제8조).

　주권국 사이에 조약을 체결하면 각국의 주권자가 공사를 파견하여 주경(駐京)하도록 하는 것이 관례이나 청은 이를 따르지 않았다. 청의 주권자인 청 황제가 아니라 북양대신이 상무위원을 조선에 파견하고 이에 대응하여 조선 국왕이 상무위원을 청 톈진에 파견하도록 한 것이다. 이는 속국 조선의 주권자가 종주권자인 청 황제의 봉신이기 때문에 일어나는 일이었다. 이로써 조선의 주권자인 국왕 고종은 청의 북양대신 리훙장과 동격의 존재가 되었다.

○ 결과 또는 파급 효과

　이 장정을 근거로 청은 상무위원을 조선에 파견하여 주찰(駐紮)하도록 하였다. 대신을 파주(派駐)시켜 통상(通商)을 주지하도록 하여 조선을 서양 속국과 같이 삼고자 하였던 리훙장의 의도가 반영되었음을 알 수 있다. 이는 훗날 조선에 파견될 상무위원(商務委員) 천수탕(陳樹棠), 주찰조선총리교섭통상사의(駐紮朝鮮總理交涉通商事宜) 위안스카이(袁世凱)가 존립하는 법적 근거가 되는 것이었다.

○ (조약문) 출처
　•『高宗實錄』

조중상민수륙무역장정(한문) 원문

朝中商民水陸貿易章程

朝鮮久列藩封, 典禮所關一切, 均有定制, 毋庸更議。惟現在各國, 旣由水路通商, 自宜亟開海禁, 令兩國商民, 一體互相貿易, 共霑利益。其邊界互市之例, 亦因時量爲變通。惟此次所訂水陸貿易章程, 係中國優待屬邦之意, 不在各與國一體均霑之列。玆定各條如左。

第一條: 嗣後, 由北洋大臣札派商務委員, 前往駐紮朝鮮已開口岸, 專爲照料本國商民。該員與朝鮮官員往來, 均屬平行, 優待如禮。如遇有重大事件, 未便與朝鮮官員擅自定議。則詳請北洋大臣咨照, 朝鮮國王轉札其政府籌辦。朝鮮國王亦遣派大員, 駐紮天津, 並分派他員至中國已開口岸, 充當商務委員。該員與道·府·州·縣等地方官往來, 亦以平禮相待。如遇有疑難事件, 聽其由駐津大員, 詳請【北南】洋大臣定奪。兩國商務委員應用經費, 均歸自備, 不得私索供億。若此等官員執意任性, 辦事不合, 則由北洋大臣與朝鮮國王, 彼此知會, 立卽撤回。

第二條: 中國商民在朝鮮口岸, 如自行控告, 應歸中國商務委員審斷。此外財産罪犯等案, 如朝鮮人民爲原告, 中國人民爲被告, 則應由中國商務委員追拏審斷, 如中國人民爲原告, 朝鮮人民爲被告, 則應由朝鮮官員, 將被告罪犯交出, 會同中國商務委員, 按律審斷。至朝鮮商民在中國已開口岸, 所有一切財産罪犯等案, 無論被告原告爲何人民, 悉由中國地方官按律審斷, 並知照朝鮮委員備案。如所斷案件, 朝鮮人民未服, 許由該國商務委員稟請大憲復訊, 以昭平允。凡朝鮮人民, 在其本國, 至中國商務委員處, 或在中國, 至各地方官處, 控告中國人民·各邑商役人等, 不得私索絲毫規費。違者查出, 將該管官從, 嚴懲辦。若兩國人民, 或在本國, 或在彼此通商口岸, 有犯本國律禁, 私逃在彼此地界者, 各地方官, 一經彼此商務委員知照, 卽設法拏交就近商務委員, 押歸本國懲辦。惟於途中, 止可拘禁, 不得凌虐。

第三條: 兩國商船, 聽其駛入彼此通商口岸交易。所有御載貨物與一切海關納稅, 則例悉照兩國已定章程辦理。倘在彼此海濱, 遭風擱淺, 可隨處收泊, 購買食物, 修理船隻。一切經費, 均歸船主自備, 地方官第妥爲照料。如船隻破壞, 地方官當設法救護, 將船內客商水手人等, 送交就近口岸彼此商務委員, 轉送回國, 可省前此互相護送之費。若兩國商船於遭風觸損需修外, 潛往未開口岸貿易者査拏, 船·貨入官。惟朝鮮 平安·黃海道與山東·奉天等省濱海地方, 聽兩國漁船往來捕魚, 並就岸購買食物甛水。不得私以貨物貿易。違者, 船貨入官。其於所在地方有犯法等事, 卽由該地方官拏交就近商務委員, 按第二條懲辦。至彼此漁船應徵魚稅, 俟遵行兩年後, 再行會議酌定。【査: 山東漁戶, 因海濱之魚爲輪船驚至對岸, 每年私至朝鮮黃海道 大小靑島捕魚者, 歲以千計】

第四條: 兩國商民, 前往彼此已開口岸貿易, 如安分守法, 准其租地, 賃房建屋, 所有土産與非干例

禁之貨, 均許交易。除進出貨物應納貨稅船鈔悉照彼此海關通行章程完納外, 其有欲將土貨由此口運往彼口者, 於已納出口稅外, 仍於進口時, 驗單, 完納出口稅之半。朝鮮商民, 除在北京例准交易與中國商民準入朝鮮楊花津, 漢城開設行棧外, 不准將各色貨物運入內地坐肆售賣。如兩國商民欲入內地採辦土貨, 應稟請彼此商務委員, 與地方官會銜, 給與執照填明採辦處所。車馬船隻, 聽該商自雇, 仍照納沿途, 應完釐稅。如有彼此入內地遊歷者, 應稟請商務委員, 與地方官會銜, 給予執照。然後前往。其於沿途地方, 有犯法等事, 統由地方官押交就近通商口岸。照第二條懲辦, 途中止可拘禁, 不得凌虐。

第五條: 向來兩國邊界如義州、會寧、慶源等處, 例有互市。統由官員主持, 每多窒礙。茲定於鴨綠江對岸柵門與義州二處, 又圖們江對岸琿春與會寧二處, 聽邊民隨時往來交易。兩國, 第於彼此開市之處, 設立關卡, 稽察匪類, 徵收稅課。其所徵稅, 則無論出入口貨, 除紅蔘外, 概行值百抽五, 從前館宇、廩餼、芻糧、迎送等費, 悉予罷除。至邊民錢財罪犯等案, 仍由彼此地方官按照定律辦理, 其一切詳細章程, 應俟北洋大臣與朝鮮國王派員至該處, 踏勘會商, 稟請奏定。

第六條: 兩國商民, 無論在何處口岸與邊界地方, 均不准將洋藥、土藥與製成軍器販運售賣。違者, 查出分別, 嚴加處治。至紅蔘一項, 例准朝鮮商民帶入中國地界, 應納稅則按價值百抽十五。其有中國商民, 將紅蔘私運出朝鮮地界, 未經政府特允者, 查出, 將貨入官。

第七條: 兩國驛道, 向由柵門陸路往來, 所由供億極為煩費。現在海禁已開, 自應就便, 聽由海道來往。惟朝鮮現無兵商輪船, 可由朝鮮國王商請北洋大臣, 暫派商局輪船, 每月定期往返一次, 由朝鮮政府協貼船費若干。此外中國兵船往朝鮮海濱遊歷, 並駛泊各處港口, 以資捍衛, 地方官所有供應, 一切豁除。至購辦糧物經費, 均由兵船自備, 該兵船, 自管駕官以下, 與朝鮮地方官俱屬平行, 優禮相待。水手上岸, 由兵船官員, 嚴加約束, 不得稍有騷擾滋事。

第八條: 此次所定貿易章程, 姑從簡約, 兩國官民, 均須就已載者, 一體恪遵。以後, 有須增損之處, 應隨時由北洋大臣與朝鮮國王, 咨商妥善。

光緒八年八月。

中國二品銜津海關道 周馥、二品銜候選道 馬建忠、朝鮮國陳奏正使 趙寧夏、陳奏副使 金弘集、問議官 魚允中

조중상민수륙무역장정(한문본)의 한글 번역문

조중상민수륙무역장정(朝中商民水陸貿易章程)

조선은 오랫동안 번봉(藩封)이었으며 전례(典禮)와 관계된 바는 모두 정해진 제도가 있어 다시 논의할 필요가 없다. 현재 각국은 이미 수로로 통상을 하고 있다. 마땅히 빨리 해금을 열고 양국 상민으로 하여금 모두 상호 무역하도록 하여 이익을 균점해야 한다. 변경에서 호시(互市)하는 규정도 또한 때를 헤아려 변통해야 한다. 이번에 의정(議訂)한 수륙무역장정은 중국이 속방(屬邦)을 우대하는 뜻에서 나온 것이지 다른 나라들이 모두 균점할 수 있는 사례가 아니다. 이에 정한 각 조관은 아래와 같다.

제1조
사후 북양대신은 상무위원을 파견하여 조선에서 이미 개항한 항구에 가서 주찰(駐紮)하도록 하고 오로지 본국 상민을 보살핀다. 해당 관원은 조선 관원과 왕래할 때 모두 평행(平行)하며 예의로 우대한다. 만약 중대한 사건을 만나 조선 관원과 마음대로 결정하기 어려울 때에는 북양대신에게 상세히 청하고 조선 국왕에게 알려 그 정부가 처리하도록 한다. 조선 국왕 또한 대원(大員)을 파견하여 톈진에 주찰하도록 하고 아울러 다른 관원을 나누어 파견하여 중국이 이미 개항한 항구에 이르도록 하고 상무위원으로 충당한다. 해당 관원은 도(道), 부(府), 주(州), 현(縣)의 지방관과 왕래할 때 또한 평행으로 상대한다. 만약 어려운 사건이 있으면 주진대원(駐津大員)이 북양대신, 남양대신에게 상세히 청하여 결정하도록 한다. 양국 상무위원들이 사용하는 경비는 모두 자비로 하고 사사로이 비용을 수색할 수 없다. 만약 이들 관원들이 임의대로 집행하여 일처리가 맞지 않으면 북양대신이 조선 국왕과 피차 알려 즉각 철수시킨다.

제2조
중국 상민이 조선 항구에서 만약 스스로 고소하면 마땅히 중국 상무위원이 심판한다. 이외 재산, 범죄 등의 일들은 만약 조선 인민이 원고가 되고 중국 인민이 피고가 되면 마땅히 중국 상무위원이 체포하여 심판한다. 만약 중국 인민이 원고가 되고 조선 인민이 피고가 되면 마땅히 조선 관원이 피고 범죄자를 내어주고 중국 상무위원과 함께 법률에 의거하여 심판한다. 조선 상민이 중국이 이미 개항한 항구에서 일체의 재산 범죄 등의 일이 있으면 피고, 원고가 어떤 나라의 인민이건을 막론하고 모두 중국 지방관이 법률에 따라 심판하고 아울러 조선 위원에게 알려 사안을 준비하도록 한다. 만약 심판한 안건에 대하여 조선 인민이 불복하면 해당국 상무위원이 대헌(大憲)에게 아뢰어 다시 신문하도록 함으로써 공평함을 밝힌다. 모든 조선 인민이 그 본국에서 중국 상무위원에게, 혹은 중국에서 각 지방관에게 중국 인민을 고소하면 각 고을 관아의 역인(役人)들은 조금도 사사로이 수수료를 수색할 수 없다. 위반한 자는 조사하여 찾아내고 해당 관할 관원이 엄히 징계한다. 만약 양국 인민이 혹 본국에서 혹 피차 통상하는 항구에서 본국 법률을 위반하고 몰래 피차 지역의 경계로 도주하면 각 지방관은 피차 상무위원에게 통지하고 즉시 대책을 마련하여 체포해 가까운 상무위원에게 넘겨주어 본국의 처리에 귀속하도록 한다. 도중에는 구금만 하고 학대할 수 없다.

제3조
양국 상선은 피차 통상하는 항구에 들어가 교역할 수 있다. 싣고 부리는 화물과 일체 해관에 납세하는 규칙은 모두 양국이 이미 정한 장정에서 처리한다. 만약 피차 바닷가에서 바람을 만나고 얕은 물에 걸리면 곳곳에 정박할 수 있다. 식료품을 구매하고 선박을 수리한 일체의 경비는 모두 선주 자비로 귀속되며 지방관은 적당히 돌본다. 만약 선박이 파괴되면 지방관은 마땅히 대책을 마련하여 구호한다. 선 내의 손님, 상인, 선원 등은 가까운 항구에 보내어 피차의 상무위원이 본국으로 돌려보내어 이전에 서로 호송하던 비용을 줄일 수 있다. 만약 양국 상선이 파람을 만나 훼손되어 수리가 필요한 경우를 제외하고 몰래 개항하지 않은 항구에 들어가서 교역하면 조사하여 선박과 화물을 나포하고 관아에 몰수한다. 조선 평안도, 황해도와 산둥성, 펑톈성의 연해 지방은 양국이 어선이 왕래하여 고기를 잡고 아울러 항구에 들어가 식료품, 담수를 구매할 수 있게 하고 사사로이 화물을 무역할 수 없다. 위반한 자는 선박과 화물을 관아에 몰수한다. 그들이 있는 지방에서 범법 등의 일이 있으면 즉각 해당 지방관이 체포하여 가까운 상무위원에게 넘겨주어 제2조에 따라 심판한다. 피차 어선에게 마땅히 징수해야 할 어세는 2년 후 다시 만나서 정한 것을 따른다. (조사하건대 산둥의 어부들이, 해변의 물고기들이 윤선(輪船)에 놀라 해안가에 이르러 매년 사사로이 조선 황해도 대청도(大靑島), 소청도(小靑島)에서 어획하는 자가 해마다 1,000명을 헤아리게 되었다)

제4조
양국 상민이 피차 이미 개항한 항구에서 무역할 때 만약 분수를 지켜 법을 준수하면 땅을 빌리고 방을 임대하며 가옥을 짓도록 해 주며 토산물과 규정에 금지하지 않는 화물은 모두 교역을 허락한다. 출입하는 화물에 대한 화물세, 선박세, 피차 해관에서 통행장정으로 완납한 것을 제외한 토산물을 이 항구에서 저 항구로 운송하고자 한다면 이미 납부한 출항세 외에 거듭 입항 때 명단을 확인하고 출항세의 반을 완납하도록 한다. 조선 상민이 베이징에서 규정에 따라 교역하며 중국 상민이 조선 양화진, 한성에 들어가 가게를 설치하는 것을 제외하고 각종 화물을 내지에 운송하여 자리를 펴놓고 매매할 수 없다. 만약 양국 상민이 내지에 들어가 토산물을 구입하고자 한다면 마땅히 피차 상무위원과 지방관에게 아뢰어 연명으로 서명하게 하여 집조(執照)를 발급해 주어 구입할 곳을 명기한다. 마차, 선박은 해당 상민이 스스로 고용하고 거듭 길에서 납부해야 할 것에 따라 이금세를 완납한다. 만약 피차 내지에 들어가 여행할 자가 있으면 마땅히 상무위원과 지방관에게 아뢰어 연명으로 서명하게 하여 집조를 발급해 준 연후에 가도록 한다. 가는 길에 지방에서 범법 등의 일이 있으면 지방관이 가까운 통상 항구로 압송하여 제2조에 따라 심판한다. 도중에 구금만 하고 학대할 수 없다.

제5조
종전 양국 변경에 의주, 회령, 경원과 같은 곳에는 호시(互市)를 하였는데, 관원이 주지(主持)하여 매번 지장이 많았다. 이에 압록강을 마주 보는 책문과 의주 두 곳을, 또 도문강을 마주 보는 훈춘과 회령 두곳을 지정하여 변경민들이 수시로 왕래하고 교역하도록 한다. 양국이 피차 시장을 연 곳에 관문을 설치하고 비류(匪類)를 감시하며 세금을 징수한다. 징수하는 세금은 나가고 들어가는 화물은 막론하고 홍삼을 제외하고는 대개 100분의 5로 행한다. 종전의 객사, 식량, 마초, 영송 등의 비용은 모두 혁파한다. 변경민의 재산, 범죄 등의 사안들은 거듭 피차 지방관이 법률에 의거하여 처리한다. 그 일체 상세한 장정은 마땅히 북양대신과 조선 국왕이 대원을 파견하여 해당 지역에서 조사하고 상의한 뒤에 아뢰어 정하도록 한다.

제6조
양국 상민은 어느 항구나 변경 지방을 막론하고 모두 양약(洋藥), 토약(土藥), 제작된 군수품을 매매힐 수 없다. 위반한 자는 조사해 내어 분별하고 엄격하게 처리한다. 홍삼 한 가지는 규칙에 따라 조선 상민이 중국 국경에 가지고 들어갈 수 있다. 마땅히 납부해야 할 세금은 100분의 15로 한다. 중국 상민이 홍삼을 사사로이 운송하여 조선 국경을 나가면서 정부의 특별한 허락을 얻지 않으면 조사해 화물을 관아에 몰수한다.

제7조
양국 역도(驛道)는 책문에서 육로로 왕래하면서 비용이 매우 많이 들었다. 현재 해금이 이미 열렸으니 마땅히 편의에 따라 해로로 왕래한다. 조선이 현재 병선과 상선이 없으므로 조선 국왕은 북양대신에게 잠시 상국 윤선을 파견하도록 청하여 매월 정기적으로 1회 왕래하도록 하고 조선 정부는 뱃삯 약간을 보태 준다. 이 외 중국 병선이 조선 바닷가에 와서 거닐고 아울러 곳곳의 항구에 정박함으로써 방위에 보탬이 될 때 지방관이 공급하는 바는 일체 해제한다. 식량을 구매하는 경비는 모두 병선의 자비로 한다. 해당 병선의 관가관(管駕官) 이하는 조선 지방관과 모두 평행하며 예의로 상대한다. 선원이 상륙하면 병선 관원이 엄히 단속하여 조금이라도 소란스러운 일이 없도록 한다.

제8조
이번에 의정한 무역장정은 잠시 간략함을 따랐으나 양국 관민은 모두 마땅히 기재된 바를 일체 준수해야 한다. 이후 더하거나 덜 것은 마땅히 수시로 북양대신이 조선 국왕과 자문으로 상의하여 온당히 하고 결정을 따라 시행한다.

광서(光緒) 8년 8월

중국(中國) 2품관(二品銜) 진해관도(津海關道) 저우푸(周馥), 2품관(二品銜) 후선도(候選道) 마젠중(馬建忠)
조선국(朝鮮國) 진주정사(陳奏正使) 조영하(趙寧夏), 진주부사(陳奏副使) 김홍집(金弘集), 문의관(問議官) 어윤중(魚允中)

2. 한청통상조약[韓淸通商條約](1899)

유바다

○ 명칭
- 한청통상조약(韓淸通商條約) 혹은 중한통상조약(中韓通商條約)
- 대한국대청국통상조약(大韓國大淸國通商條約)

○ 체결국가: 대한제국, 청

○ 체결일: 1899년 9월 11일

○ 체결(및 비준) 장소: 한성

○ 서명자(또는 전권대사)
- 대한제국: 외무대신 박제순(朴齊純)
- 청: 특파전권대신 쉬서우펑(徐壽朋)

○ 작성(체결) 언어: 한문

○ 체결 배경 및 과정

1894년 7월 청일전쟁의 발발과 함께 조선과 청의 국교는 단절되었다. 1895년 4월 청과 일본 사이에 시모노세키조약이 체결되면서 청은 조선의 완전한 자주독립을 인정하였다. 이에 따라 조선과 청 사이에 새로운 외교관계가 수립되어야 할 필요성이 생겼다. 특히 전쟁 이후에도 조선에 잔존하고 있는 청 상인에 대한 보호를 위해서도 양국 관계의 정상화는 시급히 요청되었다.

1898년 8월 청은 새롭게 수립한 대한제국과 국교를 잇기로 결정하고 특파전권대신 서

수붕을 한국에 파견하였다. 이에 따라 1899년 2월부터 8월 사이에 외부대신 박제순과 특파전권대신 쉬서우펑 사이에 8차례 회담이 전개되었고 그 결과 한청통상조약이 체결되었다.

○ 주요 내용

한청통상조약은 1899년 9월 11일 대한제국의 박제순, 청의 쉬서우펑 사이에 체결된 조약이다. 이 조약으로 인하여 단절된 국교가 복구되었다(제1관). 단순히 복구되었을 뿐만 아니라 최초로 한중 간에 평등한 관계가 규정되었다. 이로 인하여 상호 간에 전권대신과 영사관을 파견할 수 있게 되었다(제2관). 쌍방의 관세 자주권이 규정되었으며(제3관), 쌍무적 영사재판권이 인정되었다(제5관). 그 밖에 내지통상이 허용되었다(제8관).

○ 결과 또는 파급 효과

이로 인하여 한국의 완전무결한 자주독립은 청으로부터도 인정받을 수 있었다. 그러나 1905년 을사조약 체결과 함께 한청통상조약은 중지되고 주한청국공사관은 영사관으로 격하되었다.

○ (조약문) 출처
- 許同莘 等編, 1974, 『光緒條約』, 文海出版社
- 『高宗實錄』

한청통상조약(한문본) 원문

韓淸通商條約

大淸國、大韓國切欲敦崇和好, 惠顧彼此人民。是以大韓國大皇帝特派全權大臣從二品議政府贊政外部大臣樸齊純、大淸國大皇帝特派全權大臣二品銜太仆寺卿徐壽朋, 各將所奉全權字據, 互相校閱, 俱屬妥善, 訂立通商約款, 臚列於左:

第一款
嗣後大淸國、大韓國永遠和好, 兩國商民人等彼此僑居, 皆全獲保護優待利益。若他國遇有不公輕藐之事, 一經照知, 均須相助, 從中善爲調處, 以示友誼關切。

第二款
自此次訂立通商和好之約後, 兩國可交派秉權大臣駐紮彼此都城, 並於通商口岸設立領事等官, 均可聽便。

此等官員與本地方官交涉往來, 俱用品級相當之禮。

兩國秉權大臣與領事等官, 享獲種種恩施, 與彼此相待最優之國官員無異。

領事官必須奉到駐紮之國, 批准文憑, 方可視事。

使署人員往來及專差送文等事, 均不得留難阻滯。

惟所派領事等官, 必須眞正官員, 不得以商人兼充, 亦不得兼作貿易。

倘各口未設領事官, 或請別國領事兼代, 亦不得以商人兼充。

若兩國所派領事官辦事不合可知, 照駐京公使, 撤回更換。

第三款
韓國商民並其商船前往中國通商口岸貿易, 凡應完進出口貨稅、船鈔並一切各費, 悉照中國海關章程, 與征收相待最優之國商民稅鈔相同。

中國商民並其商船前往韓國通商口岸貿易, 應完進出口貨稅、船鈔並一切各費, 亦悉照韓國海關章

程, 與征收相待最優之國商民稅鈔相同.

凡兩國已開口岸, 均准彼此商民前往貿易, 其一切章程稅則, 悉照相待最優之國訂定章程、稅則相同.

第四款
1. 韓國商民前往中國通商口岸, 在所定租界內賃房居住, 或租地起蓋棧房, 任其自便. 所有土產以及制造之物與不違禁之貨, 應許售賣. 中國商民, 前往韓國通商口岸, 在所定租界內賃房居住, 或租地起蓋棧房, 任其自便. 所有土產以及制造之物與不違禁之貨, 均許售賣. 在彼此通商口岸租地蓋房、修建墳塋及交完地租地稅等事, 均應遵守該租界章程及紳董公司章程辦理, 不得違越.
2. 兩國通商口岸, 除各外國公同租界外, 如有一外國專管之租界, 則租地、賃房等事, 一遵該租界章程, 不得違越.
3. 在韓國通商口岸所定租界外, 准外國人永租或暫租地段、賃購房屋之處, 中國商民亦應享獲一切利益. 惟租住此項地段之人, 於居住、納稅各事, 應行一律遵守韓國自定地方稅課章程. 在中國通商口岸所定租界外, 准外國人永租或暫租地段、賃購房屋之處, 韓國商民亦應享獲一切利益. 惟租住此項地段之人, 於居住、納稅各事, 應行遵守中國自定地方稅課章程.
4. 兩國商民在兩國口岸通商界限外, 不得租地、賃房、開棧. 違者將地段、房、棧入官, 按原價加倍施罰.
5. 凡在各口租地時, 均不得租有勒逼. 其出租之地, 仍歸各本國版圖.
6. 兩國商民, 由貨物所在之國內此通商口岸輸運彼通商口岸, 一遵相待最優之國民人所納之稅鈔及章程禁例.

第五款
1. 中國民人在韓國者, 如有犯法之事, 中國領事官按照中國律例審辦 ; 韓國民人在中國者, 如有犯法之事, 韓國領事官按照韓國律例審辦. 韓國民人性命、財產在中國者被中國民人損傷, 中國官按照中國律例審辦 ; 中國民人性命、財產在韓國者被韓國民人損傷, 韓國官按照韓國律例審辦. 兩國民人如有涉訟, 該案應由被告所屬之國官員按照本國律例審斷, 原告所屬之國可以派員聽審, 承審官當以禮相待. 聽審官如欲傳詢證見, 亦聽其便. 如以承審官所斷爲不公, 猶許詳細駁辯.
2. 兩國民人, 或有犯本國律禁, 私逃在彼國商民行棧及船上者, 由地方官一面知照領事官, 一面派差協同設法拘拿, 聽憑本國官懲辦, 不得隱匿袒庇.
3. 兩國民人, 或有犯本國律禁, 私逃在彼國地方者, 一經此國官員知照應即查明交出, 押歸本國懲辦, 不得隱匿袒庇.
4. 日後兩國政府整頓、改變律例及審案辦法, 視以爲現在難服之處俱已革除, 即可將兩國官員在彼國審理己國民人之權收回.

第六款

中國向不准將米穀運出外洋。韓國雖無此禁, 如或因事恐致境內缺食, 暫禁米糧出口, 經地方官知照後, 自應由中國官轉飭在各口貿易商民, 一體遵辦。

第七款
倘有兩國商民欺罔炫賣、貸借不償等事, 兩國官吏嚴拿該逋商民, 令追辦債欠。但兩國政府不能代償。

第八款
中國民人准領護照, 前往韓國內地遊歷、通商, 但不准座肆賣買。違者將所有貨物入官, 接原價加倍施罰。韓國民人亦准請領執照, 前往中國內地遊歷、通商, 照相待最優之國民人遊歷章程一律辦理。

第九款
1. 凡兵器各項軍物, 如大小炮位及炮子、開花彈子、各種火槍、裝槍藥筒、附槍刀刺、佩帶腰刀等, 劄槍、硝火藥、棉花藥、烈火藥及他轟烈各藥等, 應由兩國官員自行采辦, 或商人領有進口之國官員准買明文, 方許進口。如有私販運售者, 查拿入官, 按原價加倍施罰。
2. 鴉片在韓國系禁運之物。中國人如有將洋藥、土藥運進韓國地方者, 查拿入官, 按原價加倍施罰。
3. 紅參一項, 韓國舊禁出口。中國人如有潛買及出口未經政府特允者, 均查拿入官, 仍分別懲罰。

第十款
兩國船只在彼此附近海面, 如遇颶風或缺糧食、煤、水, 應許其收進口內, 避風購糧, 修理船只。所有經費, 均由船主自備。

地方官民應加援助, 供其所需。如該船在不通商口岸及禁往處所私行貿易, 不論已行未行, 由地方官及附近海關官員拿獲船只貨物入官。

違犯之人, 按原價加倍施罰。如兩國船只在彼此海岸破壞, 地方官一經聞知, 即應飭令將水手先行救護, 供其糧食, 一面設法保護船只、貨物, 並行知照領事官, 俾將水手送回本國, 並將船、貨撈起。

一切費用, 或由船主, 或由本國認還。

第十一款
凡兩國官員、商民, 在彼此通商地方居住, 均可雇請各色人等, 襄執分內工藝。

第十二款
兩國陸路交界處所, 邊民向來互市。此次應於訂約後重訂陸路通商章程稅則。邊民已經越墾者, 聽其安業, 俾保生命財產。以後如有潛越邊界者, 彼此均應禁止, 以免滋生事端。至開市應在何處, 俟議

章時會同商定。

第十三款
兩國師船, 無論是否通商口岸, 彼此均許駛往, 船上不准私帶貨物。惟有時買取船上食用各物, 均准免稅。其船上水手人等, 准聽隨時登岸, 但非請領護照, 不准前往內地。如有因事將船上所用雜物轉售, 則由買客將應完稅項補交。

第十四款
此次所立條約, 俟兩國禦筆批准, 至遲以一年爲期, 在韓國都城互換, 然後將此約各款彼此通諭本國官商, 俾得鹹知遵守。

第十五款
中、韓兩國本屬同文, 此次立約及日後公牘往來, 自應均用華文, 以歸簡易。

한청통상조약(한문본)의 한글 번역문

한청통상조약

대청국과 대한국은 우호를 돈독히 하고 피차 인민을 돌보기를 절실히 원한다. 이러므로 대한국 대황제의 특파 전권 대신 종2품 의정부찬정 외부대신 박제순(朴齊純)과 대청국 대황제의 특파전권대신 2품함 태복시 경 쉬서우펑(徐壽朋)은 각각 받들고 온 전권 위임의 증빙 문건을 상호 교열(較閱)하니 모두 타당하므로 통상 약관을 다음과 같이 맺는다.

제1관
앞으로 대청국과 대한국은 영원히 우호를 다지며 양국 상인과 인민이 피차 교거(僑居)하는 경우에는 모두 온전히 보호와 우대의 이익을 얻는다. 다른 나라가 공평치 못하고 경멸을 당하는 일이 있을 경우에 통지하면 모두 서로 도와야 하며 중간에서 잘 조처하여 두터운 우의를 보인다.

제2관
이번에 통상 우호 조약을 맺은 뒤로부터 양국은 서로 병권대신(秉權大臣)을 파견하여 피차 수도에 주재시키고 아울러 통상 항구에 영사 등의 관원을 설립하는 데 모두 편의를 들어줄 수 있다. 이러한 관원이 본 지방 관원과 교섭 왕래할 때에는 모두 품급에 상당하는 예로 대한다. 양국의 병권대신과 영사 등 관원은 각종 특전을 향유하며 피차 서로 최혜국 관원과 다름이 없이 대우한다.
영사관(領事官)은 주재국의 비준 문빙(文憑)을 가지고 와야만 일을 볼 수 있다. 영사관 인원의 왕래 및 특별 문서 송달 등의 일은 모두 트집을 잡아 지체시킬 수 없다. 다만 파견하는 영사 등 관원은 정식 관원이어야 하며 상인에게 겸임시킬 수 없고 무역을 겸해서 할 수도 없다. 각 항구에 아직 영사관을 두지 못하여 혹 다른 나라 영사에게 대신 겸하게 하는 경우에도 상인에게 겸임시킬 수 없다. 양국이 파견한 영사관이 일의 처리를 잘못하는 경우에는 수도에 주재하는 공사에게 통지하여 소환하고 교체시킬 수 있다.

제3관
한국의 상인과 그 상선이 중국의 통상 항구에 가서 무역할 때에는 납부해야 할 입출항 화물세와 선세 및 일체의 각종 수수료를 모두 중국의 해관장정에 의하여 최혜국 상인에게 징수하는 세금과 같이 한다. 중국의 상인과 그 상선이 한국의 통상 항구가 무역할 때에 납부해야 하는 입출항 화물세와 선세 및 일체 각종 수수료를 역시 모두 한국의 해관 장정에 의하여 최혜국 상인에게 징수하는 세금과 같이 한다.
양국이 이미 개항한 항구는 모두 피차 상인이 가서 무역할 수 있으며 그 일체의 장정과 세칙은 모두 최혜국과 맺은 장정과 세칙에 의하여 같이 한다.

제4관
1. 한국의 상인이 중국의 통상 항구에 가서 지정된 조계(租界) 내에서 집을 임대하여 거주하거나 혹은 땅을 조차(租借)하여 창고를 지을 경우에는 편의에 따라 하도록 하며, 모든 토산물 및 제조물과 금지되지 않은 화물의 판매를 허가해야 한다. 중국의 상인이 한국의 통상 항구에 가서 지정된 조계 내에서 집을 임대하여 거주하거나 혹은 땅을 조차하여 창고를 지을 경우에는 편의에 따라 하도록 하며 모든 토산물 및 제조물과 금지되지 않은 화물의 판매를 허가해야 한다.
2. 피차 통상 항구에서 땅을 조차하여 집을 짓고 건설을 하고 분묘를 쓰는 것과 그 지조(地租) 지세(地稅)의 완납 등의 일은 모두 해당 조계 장정 및 신동공사(紳董公司) 장정을 준수하여 처리해야 하고 위반할 수 없다. 양국 통상 항구의 각 외국 공동 조계 외에 어느 외국을 전담하는 조계가 있을 경우에는 땅을 조차하거나 집을 임대하는 등의 일은 당해 조계 장정에 따라야 하며 위반할 수 없다.
3. 한국 통상 항구의 지정된 조계 밖 외국인에게 영조(永租) 혹 잠조(暫租)와 가옥의 임대와 구입이 허가된 곳에서는 중국 상인도 일체의 이익을 획득해야 한다. 다만, 이런 지역을 조차하여 사는 사람은 거주, 납세의 각 일에 대하여 한국의 지방세 부과 장정을 준수해야 한다.
중국 통상 항구의 지정된 조계 밖의 외국인에게 영조 혹은 잠조와 가옥의 임대와 구입이 허가된 곳에서는 한국 상인도 일체의 이익을 획득해야 한다. 다만, 이런 지역을 조차하여 사는 사람은 거주, 납세의 각 일에 대하여 중국의 지방세 부과 장정을 준수해야 한다.
4. 양국 상인은 양국 항구의 통상 한계 밖에서 땅을 조차하거나 집을 임대하거나 창고를 열 수 없다. 위반하는 자는 그 땅과 집 및 창고를 몰수하고 원가를 따져 배로 벌금을 물린다.
5. 각 항구에서 땅을 조차할 때에 모두 강압적으로 조차할 수 없다. 그 조차한 땅은 이어 각 본국의 판도에 귀속한다.
6. 양국의 상인은 화물이 소재한 나라 안에서 이 통상 항구로부터 저 통상 항구로 수송 운반하는 경우에는 최혜국 인민이 납부하는 세액 및 장정과 금지 규례를 준수해야 한다.

제5관
1. 재한국 중국 인민이 범법한 일이 있을 경우에는 중국 영사관이 중국의 법률에 따라 심판 처리하며, 재중국 한국 인민이 범법한 일이 있을 때에는 한국 영사관이 한국의 법률에 따라 심판 처리한다. 재중국 한국 인민이 생명과 재산이 중국 인민에 의해 손상당했을 때에는 중국 관청에서 중국 법률에 따라 심판 처리하며, 재한국 중국 인민의 생명 재산이 한국 사람에 의해 손상당했을 때에는 한국 관청에서 한국 법률에 따라 심판 처리한다.
양국 인민이 소송에 관련되었을 때 당해 안건은 피고 소속국 관원이 본국의 법률에 따라 심사 판결해야 하며 원고 소속국에서는 관원을 파견하여 심리를 들을 수 있으며 승심관(承審官)은 예로 대해야 한다. 청심관(聽審官)이 증인을 소환하여 심문할 때에는 역시 그 편의를 들어주어야 한다. 승심관의 판결이 공정치 못하다고 여길 때에는 상세히 반박 변론을 하도록 한다.
2. 양국 인민에 혹 본국의 금률을 범하고 사사로이 저 나라 상인의 창고 및 배에 도망친 자가 있을 때에 지방관이 한편으로 영사관에게 통지하고 한편으로 관리를 파견하여 협동으로 대책을 세워 체

포하여 본 국의 관청에서 처벌하도록 맡기고 숨기거나 비호할 수 없다.
3. 양국 인민에 혹 본국의 금률을 범하고 사사로이 저 나라 지방에 도망쳐 간 자가 있을 때에 이 나라 관원이 통지하는 경우 즉시 조사하여 밝혀내어 본국으로 압송해 보내 처벌하도록 하며 숨기거나 비호할 수 없다.
4. 이후 양국 정부에서 법률 및 심리 방법을 정돈하고 고쳐 현재 복종하기 어려운 점을 모두 혁파하였다고 인정할 때에는 즉시 양국 관원이 저 나라에서 자기 나라 인민을 심리하는 권리를 철회할 수 있다.

제6관
중국은 전부터 미곡(米穀)을 해외로 수출하는 것을 허가하지 않는다. 한국에서는 이를 금지한 일이 없으나 혹 어떤 일로 인하여 경내의 식량 결핍이 염려되어 잠시 미량(米糧)의 수출을 금지할 경우 지방관이 통지한 뒤에는 중국 관청에서 각 항구에 있는 무역 상인에게 일체 준수하도록 전칙(轉飭)해야 한다.

제7관
양국 상인이 물품을 속여 팔거나 빚을 상환하지 않는 등의 일이 있을 때에는 양국 관리가 그 체납한 상인을 엄히 잡아서 빚을 상환하게 한다. 다만 양국 정부에서 대신 상환할 수 없다.

제8관
중국 인민이 여권을 수령하고 한국의 내지에 가서 유람하고 통상하는 것을 허가한다. 다만 점포를 차려 매매하는 것은 허락하지 않는다. 위반하는 자에 대해서는 모든 화물을 몰수하고 원가를 따져 배로 벌금을 물린다. 한국의 인민 역시 여권을 수령하고 중국의 내지에 가 유람하고 통상하는 것을 허가하되 최혜국 인민의 유람 장정에 의하여 다같이 처리한다.

제9관
1. 무릇 병기(兵器)와 각종 군물(軍物) 즉 크고 작은 포(礮) 및 포탄(礮彈), 작렬포탄, 각종 총, 총에 장전하는 약통, 대검, 허리에 차는 요도(腰刀) 등과 총에 재워 넣는 염초 화약, 면(綿) 화약, 열(烈) 화약 및 기타 폭발하는 각종 화약 등은 양국 관원을 거쳐 마음대로 구입할 수 있다. 혹 상인이 입항하는 나라의 관원이 승인한 판매 증명서를 소유한 경우에는 입항을 허가한다. 사사로이 판매하기 위하여 운반하는 자가 있을 때에는 조사 체포하고 몰수하며 원가를 따져 배로 벌금을 물린다.
2. 아편(鴉片)은 한국에서 운반을 금하는 물건에 속한다. 중국인으로 수입 아편이나 토종 아편을 한국 지방에 들여오는 자가 있을 때에는 조사 체포하고 몰수하며 원가를 따져 배로 벌금을 물린다.
3. 홍삼 한 가지는 한국이 예로부터 수출을 금지하는 것이다. 중국인이 정부의 특별 승인을 받지 않고 잠매(潛買)하거나 수출하는 자가 있을 때에는 모두 조사 체포하고 몰수하며 분별하여 처벌한다.

제10관
양국의 선척이 피차 부근 바다에서 풍랑을 만나거나 혹은 식량과 석탄, 물이 떨어진 경우에는 항구 안으로 들어가 바람을 피하고 식량을 구입하며 선척을 수리하는 것을 허가해야 하며 모든 경비는 모두 선주가 부담하되 그 지방의 관민은 원조하여 필요한 물자를 제공해야 한다. 당해 배가 통상하지 않는 항구 및 왕래가 금지된 곳에서 사사로이 무역을 하는 경우에는 이행, 미행을 막론하고 지방 관청 및 부근의 해관 관원이 선척을 나포하고 화물을 몰수하며 법을 위반한 사람에게는 원가를 따져 배로 벌금을 물린다.
양국의 선척이 피차 해안에서 파괴되었을 때에는 지방관이 소식을 들어 알게 되자마자 즉시 신칙하여 수부(水夫)를 데리고 가서 우선 구호하고 양식을 공급해 주며 한편으로 대책을 마련하여 선척과 화물을 보호하고 아울러 영사관에 통지하여 수부를 본국에 돌려보내고 아울러 배와 화물을 건져낸 일체의 비용은 선주나 혹은 본국에서 변제한다.

제11관
무릇 양국의 관원과 상인이 피차의 통상 지방에 거주하는 경우 모두 각색 사람들을 고용하여 직분 내의 공예(工藝)를 돕게 할 수 있다.

제12관
양국의 육로가 교차하는 곳에서 변방 백성은 종래부터 교역을 해 왔다. 이번에 조약을 맺은 뒤에 다시 육로 통상 장정과 세칙을 정하였다. 변방 백성으로서 이미 국경을 넘어 농사를 짓는 자는 자기 직업에 안주하게 하고 생명과 재산을 보호해 주되 이후 몰래 변계를 넘어가는 자가 있을 때에는 피차 모두 금지하여 사단을 일으키는 일에서 면하게 해야 한다.
시장을 어느 곳에 여는가 하는 문제는 장정을 협의할 때에 회동하여 상의하여 결정한다.

제13관
양국의 군함은 통상 항구의 여부를 막론하고 피차 모두 들어갈 수 있으나 선상에 사사로이 화물을 싣는 것은 허용하지 않는다. 다만 선상의 각종 식용품을 구매하는 경우에는 모두 면세하도록 한다. 그 선상의 수부 등은 수시로 상륙하는 것을 허가한다. 다만, 여권의 교부를 신청하지 않았을 경우에는 내지에 들어가는 것을 허가하지 않는다.
일로 인하여 선상의 소용 잡물을 되파는 경우에는 사는 사람이 납부해야 할 세금을 보충해 내야 한다.

제14관
이번에 체결한 조약은 양국의 어필(御筆) 비준을 기다려 늦어도 1년을 기한으로 하여 한국의 수도에서 상호 교환한 뒤에 이 조약의 각 관을 피차 본국의 관원과 상인에게 널리 효유하여 모두 알고 준수하게 한다.

제15관
중국, 한국 양국은 본래 같은 글을 써 왔다. 이번에 체결한 조약 및 일후 공독(公牘)의 왕래에는 모두 중국 글을 사용하여 간이하게 한다.

찾아보기

ㄱ

가나가와 173, 174, 185, 197~199, 205
가라후토(樺太) 23, 30, 41, 42
가와지 도시아키라(川路聖謨) 14, 15
간도 540
강화도조약 419
개세약서(改稅約書) 187
개항장 384, 413~417
거제도 460
거중조정 305, 306, 357, 413,
경원 551
고메이텐노 186, 187
고무라 주타로(小村壽太郎) 54, 57, 60, 79, 80
고종 378, 380, 381, 383
관세 384, 385
교민조약 386
교회(敎誨) 379, 380, 385
군함 396, 399, 414, 417,
김만식 381, 394, 397, 400, 406, 413, 418
김병시 419, 435, 441
김윤식 305, 379~381
김홍집 304, 305, 317, 322, 546, 552

ㄴ

나가사키 173~175, 183~185, 197, 198, 218~220, 235, 236, 237
나하 120
내지 통행 382, 383

ㄷ

다카히라 고고로(高平小五郎) 79
데니 381, 394, 397, 400, 406, 413, 418
데지마 120
도문강 551, 543, 540
농정철노 460
동해해전 79

ㄹ

라파카 곶 35
라페루즈 해협 52
랴오둥 493, 500, 509
량둔옌(梁敦彥) 539
러일협약 82, 105
로만 로마노비치 로젠 72
로바노프 로스토브스키 61, 66
로바노프-야마가타 의정서 55, 61, 72, 73
로젠-니시 협정 55, 72
루스벨트 80
리징팡(李經方) 492, 500, 503, 509, 512
리훙장(李鴻章) 305, 547

ㅁ

마산포 74, 459~461
마쓰마에 120, 128
마젠중(馬建忠) 305, 546, 552
만주 54, 55, 62, 72~74, 81, 459~461
면책특권 382
묄렌도르프 379

무라비요프-아무르스키 15, 34
미국 동인도함대 120
민영목(閔泳穆) 321, 322, 357, 373

ㅂ

박영효 378, 379
박제순 459, 460, 465, 553, 554, 559
베베르-고무라 각서 54, 62, 72
베이징 551
베이징 주재 프랑스 공사 코고르당 379
베이징 주재 프랑스 영사 빅토르 콜랭 드 플랑시 381
봉천전투 80
부레 377
부산 324, 358, 396, 400, 414
부속통상장정 381, 385, 387
북간도 540
북양대신 547, 550, 552

ㅅ

사스 493, 501, 511
사할린 15~17, 34~36, 79~81
사할린가규칙 35
사할린-치시마교환조약 51
산둥성 551
상점 개설 383
상트페테르부르크조약 34, 35
서울 383, 394
선교 자유 379, 385
선교조약 386
선후속조 381~383
세르게이 비테 79
소야해협 35
속국 376

쉬서우펑(徐壽朋) 553, 559
슈무슈 섬 35, 52
슈펠트 304, 305, 317
시모다(下田) 16, 23~25, 30~33, 119~121, 128~130
시모다조약 17, 34, 36
쑤저우(蘇州) 493, 501, 502, 511
쓰쓰이 마사노리(筒井政憲) 14

ㅇ

아관파천 54, 55, 62
안세이 5개국 조약 182, 187
알렉산드르 미하일로비치 고르차코프 34
압록강 551
야마가타 아리토모 61, 62
양광총독 기영 376
어윤중 546, 552
에노모토 다케아키(榎本武揚) 34, 35, 41~43
에토로후 섬 16, 30
엘긴 182, 183
여행증명서 396, 415, 417
영사재판권 383
예브피미 푸탸틴 14
오웬 N. 데니 442, 453, 458
왕샤조약 376
용정촌 540, 543
우라가 120
우르프 섬 16, 30, 35
원산 324, 358, 396, 400, 414
웨이드 321
웨이하이웨이 493, 502, 505, 512
위안스카이 380, 547
윌레스 322
의주 551
이범윤 539

ㅈ

자주 377, 384
저우푸(周馥) 546, 552
제물포 321, 358, 383, 396, 400, 414,
제임스 스털링(James Stirling) 143
조계지 414, 415,
조러수호통상조약 419, 420, 435, 442, 443
조러육로통상장정 442, 453
조법조약 381, 394
조병식 442, 453, 458
조불수호통상조약 375, 380~382, 384, 385, 387, 388
조사시찰단 305
조선 376~382, 493
조선책략 305
조영수호통상조약 321, 380, 382, 383
조영하 322, 546, 552
조일수호조규 304
조청상민수륙무역장정 322
주일 프랑스 공사 트리콩 378
주청 프랑스 공사 377
중재재판소 383

ㅊ

천수탕 547
충칭(重慶) 493
치외법권 123, 182, 241, 383, 386

ㅋ

카를 베베르 54, 419, 435, 441, 442, 453

ㅌ

타이완 500, 509, 510

ㅌ

톈진(天津)조약 377, 488
토지 매입 386
통리기무아문 305
통상의 자유 382, 383

ㅍ

파크스(Harry S. Parkes) 229, 378
펑후열도 493
페리 130, 131
평안도 551
평양 492
포츠머스조약 81
프랑스 선교사 377, 378, 380, 385

ㅎ

하코다테 128, 129, 173, 174, 184, 185, 197~199, 218~220, 236, 237
한불수호통상조약 375
항저우 493, 502, 511
허루장 304
홋카이도 17
황푸조약 376
황해도 551
회령 551, 552
효고 173, 175, 184, 186, 197, 198, 218, 219, 230
흥선대원군 305
히로시마 492

동북아역사재단 자료총서 61
근대 조약과 동아시아 영토침탈 관련 자료 선집 Ⅱ

초판 1쇄 인쇄 2021년 3월 20일
초판 1쇄 발행 2021년 3월 31일

지은이 김현철, 유바다, 이동욱, 이재훈, 조국, 한승훈
펴낸이 이영호
펴낸곳 동북아역사재단

등 록 제312-2004-050호(2004년 10월 18일)
주 소 서울시 서대문구 통일로 81 NH농협생명빌딩
전 화 02-2012-6065
팩 스 02-2012-6189
홈페이지 www.nahf.or.kr
제작·인쇄 (주)동국문화

ISBN 978-89-6187-629-2 94910
         978-89-6187-627-8 (세트)

• 이 책은 저작권법으로 보호를 받는 저작물이므로 어떤 형태나 어떤 방법으로도 무단전제와 무단복제를 금합니다.
• 책값은 뒤표지에 있습니다. 잘못된 책은 바꾸어 드립니다.